Le nouveau MANAGEMENT selon HARRINGTON

Gérer l'amélioration totale

Les Éditions Transcontinental inc.
1253, rue de Condé
Montréal (Québec) H3K 2E4

Tél. : (514) 925-4993
        (888) 933-9884 (sans frais)

Données de catalogage avant publication (Canada)
    H. James Harrington
    Le nouveau management selon Harrington — Gérer l'amélioration totale
    Traduction de Total Improvement Management
    ISBN 2-89472-040-8

    1. Gestion d'entreprise. 2. Réingénierie organisationnelle. 3. Qualité — Contrôle.
    4. Changement organisationnel. 5. Relations avec la clientèle. 6. Projet d'entreprise. I. Titre

HD31.H3414 1997   658   C97-940249-2

Traduction :
Jean-Jacques Hechler

Révision bilingue :
Thérèse Le Chevalier

Correction :
Lyne Roy

Mise en pages et conception de la page couverture :
Studio Andrée Robillard

Les Éditions Transcontinental est une maison d'édition agréée par les organismes
d'État responsables de la culture et des communications.

H. James Harrington
James S. Harrington

AD.

Le nouveau MANAGEMENT selon HARRINGTON

Gérer l'amélioration totale

Traduit de l'américain par
Jean-Jacques Hechler

Les Éditions
TRANSCONTINENTAL inc.

J.C. SAVARD
CONSULTANTS

*Je dédie ce livre à trois personnes
dont la contribution a été déterminante
tout au long de ma vie.*

*Je remercie Walter L. Hurd Jr.,
Robert Maas et Armand (Val) Feigenbau
pour leur soutien constant et leur amitié durable.*

*Grâce à eux, Marguerite et moi
avons une vie plus agréable et fructueuse.*

Remerciements

*Je tiens à remercier mes collègues de Ernst & Young
pour leurs nombreuses contributions à ce livre :*

*Linda Gardner et Debi Guido, pour avoir transcrit et édité d'innombrables heures d'enregistrement
afin d'en faire un produit fini,*

*Mes collègues de Ernst & Young, présents et passés, qui m'ont aidé à élaborer ces concepts
ou qui ont rédigé certains chapitres et parties de chapitre :*

Craig A. Anderson

Chuck Bayless

Charles Cheshire

C. Keith Cox

Jeff Ellis

Mark B. Hefner

Norm Howery

Paul C. Kitka

Ken Lomax

Ralph Ott

M. Melanie Polack

Jose R. Rodriguez-Soria

Ben T. Smith

Jennifer Whalen

William D. Wilstead

Don K. Yee

Je n'oublie pas de remercier Terry Ozan pour son soutien à la réalisation de ce livre et son rôle de premier plan lors de l'élaboration du concept de l'« amélioration du rendement ». J'aimerais également remercier Dorey J. (Jim) Talley, président de Talley-Ho Entreprises, pour la rédaction du chapitre concernant les mesures.

Plus particulièrement, je tiens à remercier mon épouse Marguerite pour sa contribution. Elle a passé de nombreuses nuits blanches et d'innombrables fins de semaines à réviser le texte, à rectifier la grammaire et à ramener en un tout les parties de ce livre. Son aide, son amour et ses paroles encourageantes ne m'ont jamais fait défaut.

Il est important de souligner que ce livre est basé sur Objectif qualité totale, que j'ai publié en 1991 aux Éditions Transcontinental. Je n'ai pas donc repris un certain nombre de concepts. Ce livre est le fruit de mon expérience de huit années supplémentaires consacrées à l'application de concepts fondamentaux à de nombreuses entreprises, mais aussi de l'expérience de centaines de personnes-années d'Ernst & Young. Ce livre couvre ainsi des domaines qui s'étendent bien au-delà de la gestion de la qualité totale.

H. JAMES HARRINGTON

Table des matières

PARTIE 1
LES PROBLÉMATIQUES ET LES SOLUTIONS

CHAPITRE 1 99
**Le leadership de la haute direction :
les personnes qui doivent changer en premier**

CHAPITRE 4 195
**L'orientation vers le client externe :
les meilleures pratiques pour d'excellentes relations**

CHAPITRE 5 227
Les systèmes de gestion de la qualité :
ISO 9000 et les autres systèmes

CHAPITRE 6 253
L'implication des cadres : donner l'exemple

PARTIE 2
L'IMPLANTATION DES SOLUTIONS

CHAPITRE 8 343

L'excellence individuelle : au-delà des équipes

CHAPITRE 9 389
**Les relations avec les fournisseurs :
la création d'un processus de gestion de l'approvisionnement**

CHAPITRE 10 421
**La percée des processus :
le démarrage accéléré des processus**

CHAPITRE 13 513
Le processus de mesure : un tableau de mesures bien équilibré

CHAPITRE 14 549

L'organisation de l'entreprise :
sa restructuration pour le XXIe siècle

CHAPITRE 15 573
La reconnaissance et les récompenses : la politique recommandée

PARTIE 1

LES PROBLÉMATIQUES
ET LES SOLUTIONS

Introduction

Arrêtez de vous soucier de la qualité, de la productivité,
du coût et du temps d'exécution. Concentrez vos efforts sur
l'amélioration de la performance de votre organisation et
tout ira en s'améliorant.

H. JAMES HARRINGTON

Nous jouons la Série mondiale : les entreprises américaines contre le monde entier. Voici les résultats :

	1	2	3	4	5	6	7	8	9	Total
Monde	0	2	1	0	2	1	0			6
États-Unis	0	0	0	0	0	0				0

En deuxième manche, le monde a gagné à deux reprises en remportant l'industrie du vêtement et la sidérurgie. En troisième manche, il a pris le contrôle des chantiers navals. En cinquième manche, il a marqué deux fois et a remporté l'industrie automobile et le secteur de l'électronique. En sixième manche, il a remporté le secteur des semi-conducteurs.

Quel est le prochain secteur qu'il enlèvera ? Celui de l'aviation civile, des banques ou de l'informatique ? Nombreux sont ceux qui pensent que le secteur de l'informatique subira le même sort que celui des semi-conducteurs. En 1980, les États-Unis contrôlaient 57 % du marché des puces électroniques. En 1989, cette part est tombée à 35 %, et elle ne cesse de décroître depuis. À la fin de 1994, le Japon et les États-Unis avaient une part égale de ce marché. Actuellement, les États-Unis perdent leur part de marché en informatique deux fois plus vite qu'ils ne l'ont fait dans le secteur des semi-conducteurs. Alors que ce marché devrait créer des emplois, les États-Unis en perdent. La circulaire *Workplace Trends* affirme que, depuis 1986, les fabricants d'ordinateurs ont licencié ou ont prévu licencier 196 729 employés, ce qui correspond à une chute de 40 % de la main-d'œuvre dans ce secteur industriel. Quelle importance cela a-t-il pour les États-Unis ? Le secteur de l'électronique est la principale activité industrielle des États-Unis, même plus importante que le secteur de l'automobile : perdre son contrôle aura un impact économique énorme sur chacun de ses habitants. En 1993, on comptait 27 fabricants d'ordinateurs qui employaient 733 656 personnes. Les pertes de ces entreprises s'élevaient à 9 220 $ par employé. Aucune entreprise ne peut supporter longtemps des pertes d'une telle ampleur.

■ NOUS NE POUVONS PERDRE NOS INDUSTRIES DE PRODUCTION

Aux États-Unis, le monde des affaires a décidé de concentrer ses efforts sur les industries de service. Mais qu'est-ce qui nous fait croire que nous pouvons nous distinguer dans ce secteur ? La vérité est que si nous ne pouvons réussir dans les technologies de base, nous ne pourrons réussir ailleurs. Si nous nous retirons des industries de production, nous mettons notre sécurité en jeu. Nous dépendons déjà de composantes fabriquées à l'étranger pour construire nos radars militaires. Nous consacrer uniquement à des industries de service nous occasionnera des pertes financières. On gagne bien moins d'argent en travaillant chez McDonald's que chez

McDonnel-Douglas. En trois ans, entre 1990 et 1993, le salaire horaire moyen (en dollars de 1982) a chuté de 7,92 $ à 7,39 $.

Nous voici à la septième manche, et les États-Unis sont au bâton. Nous devons modifier notre stratégie si nous voulons gagner. Dans les années 70, nous avons constaté que les processus de management qui nous avaient permis de devenir les champions mondiaux étaient démodés. Nos concurrents ont copié nos stratégies et s'en sont servi pour mettre au point d'excellentes tactiques destinées à contrer toutes nos actions. Les années 80 ont été une période d'essais. Chacun recherchait la solution rapide, le philtre magique, la fontaine de jouvence ou la panacée. Les chefs d'entreprises recherchaient la solution facile pour améliorer le fonctionnement de leurs entreprises sans exiger qu'elles changent leurs habitudes fondamentales. Ils essayèrent les cercles de qualité ; quand ce fut l'échec, ils passèrent au contrôle statistique des procédés. Et quand celui-ci ne résolut pas leurs problèmes, ils essayèrent la dernière technique à la mode.

Malgré cela, nous avons fait des progrès dans les années 80, mais trop lentement. L'industrie automobile en est un excellent exemple. La qualité des voitures américaines a augmenté de 10 % par an. Cadillac remporta le *Malcolm Baldrige National Quality Award* et nous nous sommes tous félicités. Vu sous un autre angle, cela peut signifier que Lincoln, Pontiac, Oldsmobile, Buick, Chevrolet, Chrysler, Dodge, Plymouth et Ford ne le méritaient pas et que, si ce prix avait pu être attribué à une entreprise étrangère, Cadillac ne l'aurait sans doute pas remporté. Dans son numéro d'avril 1994, soit plus de trois ans après que Cadillac eut remporté le prix, le magazine *Consumer Report* rapporte que la fiabilité de ses voitures était au-dessous de la moyenne et que le niveau de satisfaction des propriétaires n'était que moyen. Ce qui n'est guère remarquable pour une voiture de 45 000 $. La part de marché des voitures américaines est passée de 51 % à 43 %, soit une perte de 15,6 % en cinq ans. Au cours des dix dernières années, General Motors, pour ne citer qu'elle, a perdu presque 9 % de son marché, ce qui lui a fait perdre 13 milliards de dollars de ventes par an. Les trois grands de l'automobile produisent actuellement moins qu'il y a cinq ans, contrairement aux sept fabricants automobiles du Japon et de l'Europe. En 1978, les opérations de General Motors mobilisaient 612 000 employés. En 1992, ce chiffre était de 368 000 et il ne cesse de diminuer depuis. Pour aggraver la situation, le licenciement d'un employé de l'automobile entraîne celui de deux employés en sous-traitance des pièces.

La qualité des produits de Detroit a considérablement augmenté depuis 1981 : la moyenne des défauts par voiture était alors de 7,0. En 1992, selon l'étude annuelle effectuée par J.D. Power and Associates, il n'y avait plus que 1,5 défaut par voiture. Cela signifie qu'en moyenne une voiture américaine n'a que 0,4 défaut de plus qu'une voiture japonaise. En fait, Ford offre une qualité supérieure à celle de Nissan, Mazda et Mitsubishi, mais inférieure à celle de Toyota et de Honda.

■ LE DÉCLIN DE GENERAL MOTORS

Au début des années 80, les voitures de General Motors étaient tellement mal construites qu'en 1983 la *Federal Trade Commission* ordonna à General Motors d'implanter des procédures arbitrales très strictes pour une période de huit ans. Le propriétaire d'un véhicule de General Motors nécessitant la réparation du moteur ou de la transmission pouvait avoir recours à un arbitrage pour remboursement quels que soient l'âge ou le kilométrage du véhicule. Il pouvait même exiger que General Motors rachète ou remplace le véhicule.

Pouvons-nous être fiers quand General Motors, le plus grand constructeur de voitures aux États-Unis, paye une pleine page de publicité dans *USA Today* pour montrer, graphiques à l'appui, que la qualité de ses véhicules n'est que de 25 % inférieure à celle de la voiture japonaise moyenne ? Il n'est guère étonnant que General Motors ait perdu plus de 25 % de sa part du marché américain, part qui est passée de presque 50 % à 36 %.

En 1991, cette diminution entraîna une perte de 4,5 milliards de dollars, ce qui resta la plus grosse perte jamais subie par une grande entreprise aux États-Unis jusqu'en février 1992, mois où General Motors battit son propre record. Les opérations de General Motors en Amérique du Nord subirent une perte de 12 milliards de dollars en 1991-1992. Il faut ajouter à ce chiffre des pertes de 970 millions de dollars durant les neuf premiers mois de 1992 pour l'ensemble de l'entreprise, dont 753 millions pour le seul troisième trimestre. Cela mit General Motors dans une situation très critique. À la fin de septembre 1992, elle avait 5,2 milliards de dollars en caisse, mais comme il lui fallait un minimum de 3 millions de dollars par jour pour fonctionner, celle-ci se vida en neuf mois. General Motors avait puisé déjà copieusement dans son fonds de retraite de 15 milliards de dollars au cours des deux dernières années pour compenser son manque de liquidité, laissant un trou de 8,9 milliards dans ce fonds. Ainsi, cette source interne de financement était tarie.

General Motors corrigea la situation en modifiant son équipe dirigeante de fond en comble comme elle ne l'avait jamais fait depuis sa création, 84 ans plus tôt. Le limogeage de la haute direction eut lieu en novembre 1992 avec le départ de M. Robert Stempel, président et directeur général, et d'un bon nombre de dirigeants qui lui étaient fidèles. M. John Smale remplaça M. Stempel comme président, devenant le premier président à ne pas être en même temps directeur général de General Motors. M. Smale venait de Procter and Gamble.

Mais qu'allait-il se passer au point de vue de la qualité ? Eh bien, les dirigeants de General Motors ont de toute évidence compris son importance. Le fait qu'une division de General Motors ait par la suite obtenu le *Malcolm Baldrige Award* en témoigne. Ses plus hauts dirigeants étaient déjà gagnés au concept de la qualité. M. Stempel était en effet le président de l'*American Quality Foundation* depuis sa création. La différence entre la qualité des véhicules de General Motors et celle des voitures japonaises est maintenant si infime que l'acheteur ne peut s'en rendre compte. Par contre, il y a une différence importante dans la productivité des entreprises de ces deux pays ainsi que dans leur façon de diriger et de dépenser leur budget de recherche et développement.

Le modèle Saturn, voiture de référence pour la satisfaction des clients et pour la qualité chez General Motors, entraîne pourtant une perte nette pour chaque exemplaire vendu. Selon un analyste du Michigan, James Harbour, les coûts de main-d'œuvre par voiture dépassent de 795 $ ceux de Ford, ce qui constitue une perte de 4 milliards de dollars par an. General Motors construit une voiture de taille intermédiaire en 39 heures de travail environ; Ford, en 22 et Toyota, en 17. Les entreprises japonaises sont également plus rapides et dépensent moins de ressources pour concevoir un nouveau modèle. Au Japon, il faut 1,7 million d'heures pour une telle conception alors qu'il en faut 3 millions en Europe et aux États-Unis.

La grande erreur de la direction de General Motors, comme de tous les autres constructeurs de voitures, a été sa stratégie d'investissement. En accord avec leur gouvernement, les constructeurs japonais se sont imposé des quotas pour permettre à l'industrie automobile des États-Unis de se ressaisir. Cela a permis à l'industrie automobile américaine de faire de gros profits pendant presque toutes les années 80. Ses profits allant en augmentant, elle s'est lancée dans une diversification qui, en fin de compte, n'a guère été une réussite. Pendant ce temps, l'industrie automobile japonaise a investi fortement dans les domaines où elle excellait : c'est ainsi qu'elle a très bien supporté les effets de la récession du début des années 90 ainsi que la levée des quotas.

■ LE PROGRAMME D'AMÉLIORATION DE LA QUALITÉ CHEZ FORD

Il y a peu de temps, j'ai pris connaissance d'un article très intéressant de la revue *Quality Engineering* (vol. 5, n° 2), écrit par William H. Smith et C.R. Burdick, de la Ford Motor Company. On peut lire au deuxième paragraphe : « Tout produit possède en soi une certaine qualité. Le produit sera d'autant plus en demande que sa qualité sera meilleure. Ceci a été très bien rendu dans le slogan "Qualité et demande vont de pair". Nous savons que nos ventes et, par conséquent, le bien-être de notre entreprise et de nos employés dépendent de la qualité. C'est sur cette dépendance que tout le programme d'amélioration de la qualité a été conçu à la Ford Motor Company. » Les auteurs énumèrent ensuite les plus importantes réalisations du programme d'amélioration de la qualité chez Ford :

La campagne d'affichage. Réalisant qu'il fallait absolument gagner l'engagement des employés, Ford lança une campagne de sensibilisation à la qualité. Le raisonnement était simple : « La mobilisation du personnel et l'obtention de la qualité sont inséparables. L'une entraîne l'autre. » Ford commença sa campagne par des affiches destinées à introduire la notion de qualité dans l'effort de travail de chaque employé en mettant l'accent sur la satisfaction du travail bien fait, sur la sécurité d'emploi et sur l'effort collectif. On pouvait voir ces affiches non seulement dans les usines de Ford, mais aussi dans celles de ses nombreux fournisseurs.

Le concours de slogans.   Tout ouvrier pouvait soumettre un slogan sur la qualité. La participation fut importante et juger les slogans s'est révélé une opération particulièrement difficile. Finalement, John Hislop, de l'usine de Chester, reçut le premier prix ainsi qu'une voiture neuve pour « Qualité et demande vont de pair ».

Le magazine du contrôle de qualité.   Ce magazine mensuel avait pour but de reconnaître les réalisations, d'annoncer les prochains événements et de faire connaître les nouveaux développements au personnel du contrôle de la qualité.

Les récompenses et la reconnaissance.   Ford organisa sa propre exposition sur le contrôle de la qualité. Elle institua un système de récompenses destiné à reconnaître les mérites dans les usines qui obtenaient des résultats et des améliorations remarquables. Un concours « reine de la qualité » fut organisé pour « stimuler la réflexion sur la qualité à l'échelle de la "famille" et à l'échelle nationale ».

Le contrôle statistique de la qualité.   L'implantation des méthodes du contrôle statistique de la qualité des produits fit faire un progrès énorme. « Le contrôle statistique de la qualité a surtout été considéré comme un outil qui nous ferait bénéficier des avantages économiques d'opérations bien contrôlées et qui, en même temps, nous permettrait d'offrir de meilleurs produits à nos clients, ces produits n'étant pas seulement les meilleurs mais surtout meilleurs que les meilleurs. »

La formation.   Pour permettre à l'entreprise d'entrer dans l'ère du contrôle statistique, il fallait s'assurer que les employés puissent suivre. Cela nécessitait la création d'un important programme de formation. Le meilleur apprenti est un apprenti motivé, et pour être motivé, il faut désirer s'instruire. Ainsi, le premier objectif du programme de formation a été de faire comprendre l'importance du contrôle statistique de la qualité aux employés.

« Notre service de formation, en collaboration avec le service du contrôle de la qualité, a mis sur pied plusieurs cours destinés à former à la fois les ouvriers et les cadres. Il a été démontré sans ambiguïté qu'un inspecteur tout comme un employé de production moyen pouvaient assimiler, comprendre et appliquer les principes du contrôle statistique des procédés. Bien sûr, il est tout aussi important que les cadres connaissent ces nouvelles méthodes et c'est pour cela que tous les responsables de l'inspection et de la production doivent suivre ces cours. Nous avons maintenant plus de 3 000 cartes de contrôle utilisées dans nos usines de fabrication et de montage ; nous en avons également 5 000 dans nos services de l'inspection à la réception. Ces chiffres augmentent de jour en jour. »

L'amélioration chez les fournisseurs. Ford n'a pas seulement implanté le contrôle statistique de la qualité (CSQ) dans ses usines : elle s'en sert également pour améliorer ses relations avec les fournisseurs. Elle ne se contenta pas d'exiger l'implantation de ces méthodes chez ces derniers, mais elle alla également dans leurs usines donner des cours de formation en CSQ.

« Pour résumer, nous avons découvert que qualité, économie et mobilisation des employés sont si liées que l'on peut les comparer à un tabouret à trois pieds. S'il manque un pied, tout s'écroule. Par contre, si les trois éléments — qualité, économie et mobilisation des employés — sont présents à un niveau suffisamment élevé, nous sommes assurés d'être en bonne position par rapport à nos concurrents. »

Après la lecture de cette vue d'ensemble, vous vous demandez certainement pourquoi j'ai choisi de souligner cet exemple particulier d'amélioration continue. Celui-ci n'est guère différent de ce que de nombreuses entreprises réalisent déjà. Ce que je n'ai pas révélé, c'est que l'article de la revue *Industrial Quality Control* mentionné précédemment date de 1950 et qu'il exposait ce qui s'était passé chez Ford dans les années 40. Une des nombreuses leçons de cet exemple est que l'équipe dirigeante doit rester en contact étroit avec le processus d'amélioration si elle veut conserver les gains acquis. L'amélioration est un processus continu, et non un effort sur une, deux ou même cinq années. Ford avait pris un bon départ, mais avait relâché ses efforts dans les années 50 et 60.

■ LE PROBLÈME D'IBM

Sous la direction terne de John Ackers, IBM a enclenché le déclin de la dominance mondiale des États-Unis dans le domaine des ordinateurs (sa part de marché est passée de 30 % en 1985 à 18 % en 1992). Pendant la même période, IBM a été très active au chapitre de l'amélioration de la qualité durant de nombreuses années, ayant commencé ses activités dans le domaine à la fin des années 70. En 1984, tous les dirigeants et les cadres supérieurs avaient suivi les cours de Phil Crosby donnés au Quality College de Winter Park, en Floride. La plupart des employés avaient reçu une formation d'un minimum de 32 heures en qualité. IBM avait créé sa propre école de qualité, avait mis sur pied une politique de qualité précisant les objectifs à atteindre pour les années 80, politique qu'elle avait très largement diffusée. Des postes de vice-président qualité et de directeurs de la qualité avaient été créés dans toutes les filiales. Des « champions de la qualité » avaient également été nommés un peu partout. Par la suite, IBM a renouvelé son engagement et a concentré ses efforts sur la qualité dans la deuxième moitié des années 80 en implantant un programme appelé « Qualité imposée par le marché ». Le groupe situé à Rochester dans le Minnesota reçut le prix Malcolm Baldrige en 1990. Son président, John Ackers, présidait en même temps les activités du « mois national de la qualité », montrant ainsi son engagement personnel en qualité. IBM est reconnue comme le chef de file mondial de la qualité. En 1992, les usines IBM de Sumare, au Brésil, de Guadalajara, au Mexique, et de Jarfalla, en Suède, obtinrent des récompenses nationales pour leur qualité et leurs méthodes de management. En Malaisie, IBM obtint l'*Industrial Excellence Award* pour la satisfaction du client et l'obtention de la qualité dans ses réalisations.

Les résultats ont cependant été désastreux pour IBM. La part de son marché mondial n'a pas cessé de diminuer, sans amélioration en vue. Au cours des trois dernières années, ses profits ont chuté de 8 %, alors que le secteur a bénéficié d'une croissance de 19 %. À la fin de 1993, 150 000 employés ont été licenciés ou mis en retraite anticipée ; la garantie d'un emploi permanent à vie a disparu. La valeur de ses actions est tombée de 68 %, soit d'environ 160 $ à moins de 46 $ l'action. Du point de vue financier, ses profits ont diminué et se sont transformés en pertes en 1991. En janvier 1993, IBM annonça la plus grande perte annuelle de son histoire : 4,97 milliards pour 1992, ce qui dépassait même celle de General Motors pour 1991. À la suite de ces mauvais résultats, un groupe de 772 000 actionnaires s'est formé pour sommer le conseil d'administration d'IBM d'adopter immédiatement des mesures correctives. En conséquence, le conseil d'administration a tenu une réunion extraordinaire le 26 janvier 1993. Lors de cette réunion, le conseil a réduit de 50 ¢ les dividendes annuels jadis intouchables de 4,84 $ par action. Immédiatement après cette réunion, le pdg, le chef des finances et le président d'IBM prirent une retraite anticipée, ce qui correspondait à un limogeage des hauts dirigeants les plus importants. Pour la première fois, IBM est allé chercher son nouveau président à l'extérieur, Louis Gerstner, ancien pdg de R.J.R Nabisco. Cela montre que la planification de la succession ne fonctionne guère chez IBM. Quand John Ackers était devenu président, IBM se trouvait dans une situation semblable à celle qui existait quand T.J. Watson fils prit la relève de T.J. Watson père, le premier voulant favoriser les calculateurs, le second, les ordinateurs. T.J. Watson fils l'emporta et c'est ainsi que la série 360 a vu le jour. John Ackers avait à choisir entre les ordinateurs centraux et les ordinateurs de bureau. Il choisit les ordinateurs centraux. C'est dans cette erreur d'orientation, combinée avec de nombreuses mauvaises décisions suivies de réorganisations pour en cacher les conséquences et en diminuer les effets, que se trouvait le problème d'IBM, et non dans la qualité. Le problème de qualité dont souffre IBM se trouve dans la qualité des décisions de la direction.

Le cas de Louis Gerstner est unique. C'est la première fois que l'une des plus grandes entreprises des États-Unis se donne un pdg qui n'appartient pas au même secteur industriel. Si M. Gerstner veut transformer IBM, ce sera en développant une bonne orientation de l'entreprise par des décisions d'affaires très pragmatiques et non en essayant de changer sa culture. M. Gerstner devra faire en sorte que cette culture redevienne celle du début des années 80. La culture d'IBM est très orientée vers les réalisations. Donnez un objectif aux employés et ils l'atteindront. Les employés d'IBM sont parmi les meilleurs au monde. Ce sont des battants quand leurs objectifs sont bien définis. Espérons que le travail de M. Gerstner sera plus efficace chez IBM que chez R.J.R. Nabisco pour augmenter la valeur des actions (l'action R.J.R. Nabisco est passée de 12 $ au deuxième semestre de 1992 à 8 $ en mars 1993, au moment de son départ). Pour sa première année chez IBM, il a établi un nouveau record mondial des pertes : 8,1 milliards pour 1993. IBM doit faire mieux que cela pour survivre.

■ WALLACE INC.

Gagnant du prix Malcolm Baldrige, ce distributeur de plastiques et d'acier situé à Houston, au Texas, a atteint le niveau du chapitre 11 dans l'année qui suivit l'obtention du prix.

■ EN RÉSUMÉ

Il est devenu évident que le secret de la rentabilité et de la survie ne réside pas uniquement dans la qualité. Il réside dans la manière avec laquelle nous utilisons nos ressources pour augmenter la qualité de nos produits et dépend du rendement de nos opérations. Il réside aussi dans la manière de choisir et d'intégrer les technologies tout en utilisant au maximum les capitaux et les équipements disponibles dans l'entreprise. Pour obtenir l'amélioration maximale dans votre entreprise, de manière à répondre aux attentes et aux besoins des actionnaires, il faut trouver le juste équilibre entre :

- la qualité;

- le rendement;

- les technologies;

- les coûts.

Comme l'a dit C. Jackson Grayson, président de l'*American Productivity and Quality Center* : « Nous devons être économes, ambitieux, rapides, esclaves de l'excellence, inventifs dans nos actions, plus méchants que les chiens galeux, mais plus rusés que les renards. »

La gestion de l'amélioration totale (GAT) utilisée efficacement vous offre le scénario « gagnant-gagnant » pour faire fructifier les investissements de tous vos actionnaires. Les entreprises qui désirent vraiment se lancer dans la gestion de l'amélioration totale suivent les 12 cases du carré « gagnant-gagnant » de l'amélioration (fig. 1.1).

Case 1 : l'augmentation de la volonté d'améliorer

Case 2 : l'augmentation de la valeur des investissements des propriétaires

Case 3 : l'augmentation de la qualité du management

Case 4 : l'augmentation de la qualité des processus

Case 5 : l'augmentation de la satisfaction des employés

Case 6 : l'augmentation de la confiance

Case 7 : l'augmentation de la collaboration

Case 8 : l'augmentation de la qualité des produits et des services

Case 9: la réduction des plaintes des clients

Case 10: une plus grande fidélisation des clients

Case 11: l'augmentation de la croissance et des profits

Case 12: l'augmentation du retour sur investissement des propriétaires

1	2	3	4
12	Carré		5
11	gagnant-gagnant		6
10	9	8	7

Figure 1.1 Le carré « gagnant-gagnant »

Vue d'ensemble

◼ INTRODUCTION

Ces 15 dernières années ont été une période d'euphorie pour les professionnels de la qualité. Tout s'est passé comme si les chefs d'entreprises avaient soudainement compris que la qualité et les profits étaient intimement liés alors que, pendant des années, ils avaient été convaincus que ces deux éléments s'excluaient l'un l'autre.

La qualité est maintenant à l'honneur partout. Ouvrez des magazines prestigieux comme *Fortune* et vous trouverez des colonnes entières consacrées à la qualité. Ouvrez votre journal et vous lirez la chronique de Tom Peters sur la qualité. Mettez votre téléviseur en marche et vous verrez la publicité vanter la qualité de produits à l'aide de phrases-chocs comme «La qualité est notre première préoccupation». Assistez à des conférences et vous verrez les présidents d'entreprises discourir sur l'engagement inconditionnel de la haute direction et de l'entreprise envers la qualité, puis présenter les moyens mis en œuvre pour améliorer la qualité. Ils ne comprennent peut-être pas toujours le contenu de leurs discours, bien qu'ils utilisent les termes exacts. Ils parlent de «faire bien à chaque coup» et affirment «qu'il faut éviter les erreurs plutôt que de les corriger», «qu'il faut améliorer en continu tout ce que nous faisons», etc. C'est certainement un pas dans la bonne direction.

Promenez-vous dans une rue et vous verrez des magasins utiliser le mot «qualité» dans leur raison sociale. Vous trouverez les noms suivants: Nettoyage Qualité, Charcuterie Qualité, Garage Qualité, Compagnie d'assurances Qualité, etc. En me promenant à Londres, j'ai même vu un magasin qui s'appelle «Occasions de qualité»… Il y a même des rebuts de qualité!

D'ailleurs, c'est peut-être là que se trouve le problème. Tout le monde parle de qualité et les entreprises lui consacrent de gros budgets. Malheureusement, les résultats sont d'un niveau peu acceptable pour plusieurs d'entre elles. Quelques entreprises, comme la Florida Power & Light, ont été très déçues des résultats de leurs efforts d'amélioration. En 1992, une enquête de la firme Gallup semblait montrer que c'était le cas pour environ 10 % des entreprises qui avaient entrepris des activités d'amélioration.

Remarquez, ce n'est pas le pourcentage exact d'entreprises ayant échoué dans leurs efforts d'amélioration qui est important. Que ce soit 1 % ou 20 %, les États-Unis ne s'améliorent pas assez vite de toute façon. Il y a 10 ans, nous étions la nation la plus riche au monde; maintenant, nous sommes la nation la plus endettée et les prévisions sont peu encourageantes. Les États-Unis devront-ils suivre l'exemple de l'Union soviétique et se fractionner en petits pays pour échapper à leur énorme déficit national?

La part des États-Unis dans les exportations mondiales est passée de 13,4 % en 1973, à 12,1 % en 1983, et à environ 11,6 % en 1992. Actuellement, les récents diplômés des universités doivent faire face au marché du travail le plus dépressif depuis longtemps, qui, de plus, leur offre de bas salaires. Le salaire horaire moyen offert aux diplômés ne fait que décroître: en tenant compte de l'inflation, ce salaire était de 16,45 $ en 1973, de 15,24 $ en 1987, de 14,77 $ en 1991 et de 14,21 $ en 1993. Cela représente une baisse du pouvoir d'achat de 13,6 %.

Vous ne pouvez ouvrir un journal sans constater de nouveaux licenciements. Des entreprises comme Hewlett-Packard, AT&T, Sears, IBM et General Motors réduisent leur effectif. Depuis 1989, 440 000 employés de l'industrie de la défense ont été licenciés ainsi que 100 000 employés civils travaillant dans les services du ministère de la Défense. En 1995, la réduction des forces armées a redirigé 500 000 militaires sur un marché du travail déjà saturé. Des villes déclarent faillite. C'est la première fois depuis la grande Dépression que la prochaine génération vivra dans des conditions moins favorables que celles de leurs parents. Les États-Unis ont-ils atteint un apogée, subissent-ils un déclin ou sont-ils au creux d'une vague, prêts à rebondir ? Tous les indicateurs montrent que nous sommes au sommet de la vague et que nous retombons.

Entre 1976 et 1992, 60 % des Américains ont vu leur pouvoir d'achat diminuer, en moyenne, de 33 %. Une famille a maintenant besoin de deux salaires pour ne pas en perdre davantage. Un deuxième salaire a permis au revenu familial moyen (compte tenu de l'inflation) d'augmenter de 0,67 % par an durant les 10 dernières années. Aux États-Unis, 30 millions de personnes souffrent de la faim un jour sur deux. Nous devons arrêter ce déclin et remonter la pente pour éliminer tous les dommages que nous avons causés à notre pays ces 25 dernières années. Cela signifie que nous devons transformer nos entreprises perdantes en entreprises survivantes et nos entreprises survivantes en entreprises gagnantes. Nous devons accélérer nos efforts d'amélioration par rapport aux années 80 si nous voulons conserver notre niveau de vie.

■ LES ENTREPRISES GAGNANTES, SURVIVANTES ET PERDANTES

En 1997, le budget du Pentagone devrait être réduit à 234 milliards de dollars (dollars actuels). Les emplois militaires et paramilitaires ainsi que les emplois en défense vont en subir les conséquences. La *Federal Reserve* prévoit la disparition de 2,6 millions de postes (3).

Votre service, votre entreprise et votre pays font partie d'une des catégories suivantes : catégorie gagnante, survivante ou perdante. Parmi ces trois catégories, choisissez celle qui convient le mieux à l'entreprise qui vous emploie :

- perdante _____

- survivante _____

- gagnante _____

Comment vous assurer que votre choix est le bon ? Rien de plus simple. Examinez les résultats de votre entreprise dans les domaines suivants :

- son taux de rendement sur l'actif ;

- sa valeur ajoutée par employé (VAE) ;

- sa part de marché ;

- la satisfaction de ses clients.

Une analyse comparative du rendement de l'entreprise doit être faite afin d'évaluer sa situation à court et à long terme. De plus, il est nécessaire de comparer son rendement à celui du meilleur concurrent (fig. 0.1).

L'analyse à court terme

L'analyse à court terme compare le rendement actuel à celui d'il y a 12 mois. Un « + » (plus) signifie une amélioration, un « zéro » indique qu'il n'y a aucun changement et un « - » (moins) indique une régression. Un « NU » indique que les données ne sont pas utilisées.

	À court terme			À long terme		
	Valeur actuelle	Par rapport à soi	Par rapport aux concurrents	Valeur moyenne	Par rapport à soi	Par rapport aux concurrents
RSA (Rendement sur l'actif)	0	+	+		+	+
VAE (Valeur ajoutée par employé)	+	+	+	+	+	+
Part de marché	NU	-	-	NU	+	-
Satisfaction des clients	0	NU	NU	-	NU	NU

Figure 0.1 L'analyse comparative du rendement

Valeur réelle : vous donnerez à la valeur réelle la note « plus », « moins » ou « zéro », selon le tableau suivant :

RSA		VAE (en dollars U.S.)	
De 0 % à 2 % :	moins	Inférieur à 47 000 $:	moins
De 2 % à 6 % :	zéro	Entre 47 000 et 74 000 $:	zéro
Supérieur à 6 % :	plus	Supérieur à 74 000 $:	plus

• Satisfaction des clients

La note relative à la satisfaction du client est donnée en fonction du pourcentage de clients externes qui estiment que vos services ou vos produits méritent 8, 9 ou 10 dans une échelle de 0 à 10 (0 correspond à mauvais et 10 à excellent).

Moins de 50 % : « moins »

Entre 51 % et 75 % : « zéro »

Supérieur à 75 % : « plus »

- Analyse à court terme « par rapport à soi »

La colonne « par rapport à soi » donne la situation actuelle de l'entreprise comparée à celle d'il y a 12 mois.

- Analyse à court terme « par rapport à la concurrence »

La colonne « par rapport à la concurrence » compare les rendements de l'entreprise à la moyenne des rendements obtenus par les 10 meilleures entreprises concurrentes.

Note : Les données relatives à la satisfaction des clients ne sont utilisées ni pour l'évaluation « par rapport à soi » ni pour l'évaluation « par rapport à la concurrence », car le changement dans la part de marché donne une bien meilleure évaluation des produits et services de l'entreprise par les clients.

L'analyse à long terme

L'analyse à long terme évalue le rendement de l'entreprise pendant les cinq dernières années. Les règles d'attribution des notes sont les mêmes que pour l'analyse à court terme.

L'évaluation de votre entreprise

La figure 0.2 vous montre comment classer votre entreprise selon son rendement. Si elle a 1 ou 0 « moins », ou moins de 2 « zéros », ou moins de 2 pour le total des « zéros » et des « moins », c'est une entreprise **gagnante**.

C'est une entreprise **survivante** si elle compte moins de 14 « zéros », ou moins de 6 « moins », ou moins de 14 pour le total des « zéros » et des « moins ».

Si elle a plus de 15 « zéros », ou plus de 7 « moins », ou plus de 15 pour le total des « zéros » et des « moins », c'est une entreprise **perdante**.

Classification	« Zéros »	« Moins »	« Total »
Gagnante	2 ou moins	1 ou moins	13 ou moins
Survivante	14 ou moins	6 ou moins	14 ou moins
Perdante	15 ou plus	7 ou plus	15 ou plus

Figure 0.2 L'évaluation du rendement

Selon ces critères, on a relevé beaucoup d'entreprises perdantes et survivantes aux États-Unis durant les 10 dernières années et bien peu de gagnantes. Ce livre s'adresse surtout aux survivantes et aux perdantes, bien que les gagnantes puissent également en tirer profit. En effet, si les gagnantes ne s'astreignent pas à pratiquer de façon continue les méthodologies et les principes exposés dans ces pages, elles deviendront survivantes et peut-être même perdantes. En fin de compte, il n'y a que deux types d'entreprises : les premières sont celles qui obtiennent des améliorations notables et les secondes, celles qui sont éliminées par les premières.

Les monopoles et le gouvernement

Peut-on utiliser cette évaluation pour les monopoles et le gouvernement ? Sans aucun doute. Cette évaluation peut très bien se faire pour les entreprises qui distribuent le gaz et l'eau, les compagnies de téléphone, etc. Même les monopoles ont des concurrents indirects. Les concurrents de la Florida Power & Light sont les compagnies d'électricité des autres États. Chaque monopole doit se comparer aux meilleures compagnies extérieures à son monopole. Ne considérez pas seulement les meilleures compagnies de votre pays, mais aussi les compagnies étrangères semblables partout ailleurs dans le monde.

Les compagnies distributrices d'électricité et de gaz aux États-Unis doivent se comparer non seulement à des compagnies semblables à l'intérieur des États-Unis, mais également à celles de nations comme le Japon et l'Allemagne. Dans ce cas, il faudra certainement remplacer la part de marché par le prix de vente et faire l'évaluation de la satisfaction des clients dans les six colonnes de la figure 0.1.

■ LES GOUVERNEMENTS DOIVENT S'AMÉLIORER

Les hauts fonctionnaires n'ont pas cessé de parler d'amélioration de la qualité durant les 20 dernières années. Ainsi, Ronald Reagan, ancien président des États-Unis, déclara : « Un engagement dans l'excellence sur le plan de la production et des services est essentiel pour le bien-être économique à long terme de notre pays. » Le 25 février 1986, il publia l'*Executive Order* n° 12552 : « Par la présente, nous établissons un programme général d'amélioration de la qualité, de la pertinence et de l'efficacité des services offerts par le gouvernement fédéral. Le but du programme est d'améliorer la qualité, la pertinence des services publics et d'obtenir 20 % de productivité additionnelle d'ici à 1992. Chaque ministère, chaque agence sera responsable de sa contribution à la réalisation du programme. »

En octobre 1992, George Bush, alors président des États-Unis, déclara : « Le budget mentionne que mon administration a lancé des programmes relatifs à la qualité aux ministères du Revenu, de la Sécurité sociale et des Anciens Combattants. Ces efforts ont pour but de trouver et d'évaluer les modifications qui permettront d'améliorer la qualité des programmes fédéraux qui touchent des millions d'Américains. »

Bill Clinton, président des États-Unis, affirma à son tour : « Il est essentiel que les entreprises américaines se préoccupent de la qualité. C'est ce qui permet d'être fier du *made in USA*. » Tout en faisant ressortir l'importance de l'amélioration de la qualité dans le fonctionnement du gouvernement, le président Clinton remarqua : « Des techniques innovatrices de gestion, comme la gestion de la qualité totale (GQT), doivent être retenues comme des démarches possibles pour rendre le gouvernement plus efficace et plus rentable. Nous ne pouvons nous permettre de payer plus pour obtenir moins. La solution à un problème ne peut pas toujours se trouver dans un autre programme et dans un meilleur financement. »

Voilà en tout cas de belles paroles, mais voyons un peu les résultats. Sans aucun doute, le meilleur indicateur des améliorations entreprises par le gouvernement est le déficit national annuel. La dette accumulée pendant les premiers 200 ans est de 700 milliards. Au cours des trois dernières années, elle est passée à 3 000 milliards. Un autre excellent indicateur est le nombre de jours que le citoyen moyen doit travailler pour payer ses impôts. En 1950, ce nombre était de 93. Aujourd'hui, il dépasse 128. On ne peut guère faire mieux comme productivité négative !

Récemment, j'ai passé une semaine en Amérique du Sud. La seule chaîne de télévision de langue anglaise montrait les activités du Congrès des États-Unis. Ses membres débattaient du budget annuel. Après avoir vu un court instant les délibérations du Congrès, je suis désormais persuadé qu'il n'y a que deux choses qui soient désagréables à regarder : la fabrication d'une saucisse et l'adoption d'une loi aux États-Unis. Une suspension de séance de 10 minutes est décidée juste avant le vote, ce qui vide la salle. Au bout de 10 minutes, personne n'est revenu pour la reprise des travaux. Quinze, vingt, trente minutes plus tard, la salle se regarnit lentement. À d'autres moments, des membres du Congrès présentent d'excellents discours sur des sujets donnés, mais, quand la caméra montre les membres du Congrès, à peine une ou deux personnes se trouvent à leur place. Le reste de la salle est entièrement vide.

Une chose est certaine : les possibilités qu'a notre gouvernement de s'améliorer, d'éliminer sa bureaucratie, de supprimer le gaspillage, de rationaliser les procédures, d'utiliser efficacement les ressources et d'offrir de meilleurs services sont innombrables. De toute évidence, un effort soutenu d'amélioration peut réduire de 50 % les coûts administratifs et augmenter de plus de 100 % la qualité des services. Cela est valable pour toute ville, tout État et tout gouvernement.

En 1992, le président George Bush annonça : « Par suite des mesures prises pour améliorer la qualité et la rentabilité, le niveau de satisfaction des réponses par correspondance du ministère du Revenu est passé de 60 % en 1988 à 85 % en 1991. » C'est effectivement une amélioration notable, mais, vu sous un autre angle, cela signifie que 15 % des clients de ce ministère sont insatisfaits. Comment peut-on se vanter de faire 15 % d'erreurs ?

En production, nous nous attendons à ce que les employés fassent environ une erreur au cours d'un million d'opérations, alors que le ministère du Revenu se vante de ne satisfaire aux demandes de ses clients que 85 % du temps. En 1994, entre février et le 15 avril, 75 % des personnes qui appelaient ce ministère constataient que la ligne téléphonique était occupée. Et quand le ministère répondait, entre 20 % et 35 % des réponses qu'il donnait étaient erronées. Il y a là matière à forte amélioration.

En 1993, le président Clinton a fait voter une importante augmentation d'impôts au Congrès afin de ralentir la croissance de notre dette nationale, mais, malgré cela, notre dette ne diminuera pas et dans six ans, nous serons dans une situation encore plus catastrophique qu'aujourd'hui. Alors que si nous réduisions de moitié le coût de la non-qualité de notre gouvernement, nous pourrions créer des revenus 100 fois supérieurs à cette augmentation d'impôts, sans compter que ces revenus seraient obtenus durant de nombreuses années. Nous devons modifier la manière dont notre gouvernement est géré, et ceci, dès maintenant.

Le président Clinton a été un partisan convaincu de la gestion de la qualité totale lorsqu'il était gouverneur. Sa préoccupation est maintenant de «réinventer le gouvernement».

Cette conception met en pratique la méthodologie de la réingénierie des processus administratifs qui devrait réduire les coûts des processus administratifs essentiels de 40 % à 90 %. Si l'on décide de modifier la conception des processus, il faudra environ 90 jours pour concevoir de nouveaux processus. Si l'on utilise la réingénierie des processus administratifs, il faudra environ un an. Le vice-président Gore est le responsable de cette amélioration et s'est engagé à y passer plus de 50 % de son temps. Comme il se concentre actuellement sur l'autoroute électronique, il est à craindre que cet effort d'amélioration subisse le même sort que l'effort du président Reagan. Il est d'ailleurs surprenant que les résultats des efforts en réingénierie des processus administratifs de l'année dernière n'aient aucunement été mentionnés dans le budget national.

L'*Executive Order* n° 1286Z (document présidentiel 48257) de septembre 1993, intitulé «Setting Customer Service Standards» (définition des normes du service à la clientèle), indiquait clairement que le gouvernement fédéral réoriente ses efforts vers les méthodologies de la GQT, ce qui devrait augmenter de 10 % à 20 % son efficacité et son rendement. Ce qui mesure l'amélioration de notre gouvernement fédéral, c'est son aptitude à maintenir et à améliorer les services fournis tout en diminuant le pourcentage du produit national brut qu'il dépense. Un objectif raisonnable à court terme serait la diminution de ce pourcentage à sa valeur de 1980 avant la fin du mandat actuel du président Clinton. Une telle réalisation n'est possible que par un gros effort de gestion de l'amélioration totale (GAT). Pour cela, il faut que nous cessions d'épuiser nos ressources à vouloir réduire les dépenses, comme celles des soins de santé, que nous comprenions enfin pourquoi ces soins et les autres dépenses gouvernementales ont largement dépassé le taux d'inflation et ensuite que nous ramenions ces dépenses à leur niveau des années 70.

Le problème du gouvernement est unique en son genre. La plupart d'entre nous considèrent que le gouvernement constitue un monopole dont il faut s'accommoder, ce qui est très loin de la vérité. Je ne connais pas une autre organisation qui lance des appels d'offres tous les quatre ans, c'est-à-dire au moment des élections. Nos élus sont en réalité des sous-traitants avec qui nous avons signé des contrats pour gérer notre gouvernement et qui ont des concurrents.

Je suis sûr que l'ancien président Bush serait de cet avis, puisque Bill Clinton l'a éliminé ainsi que le vice-président Quayle. Je crois que, pour la plupart, nous ne faisons guère un bon travail lorsque nous évaluons ces fournisseurs (nos élus) avant de signer des contrats avec eux. En fait, si nous gérions nos entreprises comme nous dirigeons notre gouvernement, avec des fournisseurs qui promettent monts et merveilles sans jamais songer à les réaliser, nos industries seraient classées comme perdantes et notre pays serait dans une situation encore plus catastrophique qu'il ne l'est actuellement. Nos produits ne pourraient même pas rivaliser avec ceux de Cuba.

Nous devons établir si nos organisations gouvernementales sont gagnantes, survivantes ou perdantes, tout comme nous évaluons nos entreprises. Nous avons négligé cet aspect important de nos vies beaucoup trop longtemps, autorisant ainsi une mauvaise gestion à tous les paliers du gouvernement. Nous sommes confrontés avec des dettes nationale, privée et gouvernementale honteuses et incontrôlables. Notre dette s'est accrue de 4 000 milliards à 10 000 milliards en moins de 10 ans. Cette dette est le double de notre produit national brut (PNB). Dans les années 80, le ratio dette sur PNB a augmenté de 30 %. Nos fournisseurs doivent changer radicalement leur manière de gérer notre gouvernement. À cause de cette mauvaise gestion, des villes comme San Juan Bautista, en Californie, et New Haven, au Connecticut, ont déclaré faillite.

Les services municipaux locaux devraient se comparer aux services d'autres villes dont les activités sont semblables, les États aux autres États, le gouvernement fédéral aux gouvernements étrangers. L'évaluation d'une organisation devrait être basée non seulement sur l'évolution de ses résultats, mais aussi sur celle des 10 meilleures organisations semblables. Les hauts fonctionnaires devraient gérer leurs services comme s'il s'agissait d'entreprises. Ils devraient publier des rapports trimestriels en donnant les valeurs de mesures essentielles telles que :

- le pourcentage du produit brut local consommé ;

- la satisfaction des citoyens ;

- le degré d'avancement de la campagne d'amélioration ;

- la situation financière par rapport au budget ;

- le rapport recettes sur dépenses.

C'est ce genre d'information que l'électeur devrait avoir au moment du « renouvellement des contrats » (élection de candidats). Les candidats devraient baser leur campagne électorale sur leurs intentions d'améliorer ces valeurs. Aux États-Unis, nous n'évaluons pas nos élus comme il le faudrait.

L'ancien président Reagan a très bien exprimé ce point de vue : « On ne peut surestimer l'importance et la nécessité d'améliorer l'efficacité avec laquelle le gouvernement fédéral offre ses produits et ses services au public américain. Le gouvernement fédéral dépense aujourd'hui 24,6 % du PNB. » (4).

■ LES CARACTÉRISTIQUES DES ENTREPRISES GAGNANTES

Dans chaque entreprise gagnante, il y a une tradition de bons et de mauvais jugements qui ont entraîné de bonnes et de mauvaises opérations en production et en administration. Pour bien comprendre les entreprises gagnantes, il faut les comparer aux perdantes. Les résultats de l'enquête de Ernst & Young intitulée *The American Competitiveness Study* ont fait ressortir quatre paramètres de positionnement par rapport au marché pour distinguer les perdants des gagnants (fig. 0.3).

Paramètres de positionnement par rapport au marché	Rentabilité relative	
	Perdants	Gagnants
Qualité relative	Mauvaise	Bonne
Coût relatif	Élevé	Faible
Prix relatif	Bas	Élevé
Part de marché relative	Petite	Grande

Figure 0.3. Paramètres de positionnement par rapport au marché

Les entreprises gagnantes sont celles qui ont :

• une bonne qualité relative;

• un coût relatif faible;

• un prix relatif élevé qui, combiné à un coût faible, donne un profit excellent;

• une grande part de marché relative.

La figure 0.4, basée sur les résultats de l'étude de Ernst & Young, illustre la relation entre les caractéristiques commerciales clés et un bon rendement relatif.

Un plan d'action diversifié pour devenir le chef de file du marché

Le choix final des activités d'amélioration et l'allocation des fonds pour réaliser le renouvellement des objectifs résultent du plan d'affaires. Selon l'étude précédente, deux aspects de ce plan sont directement reliés à un meilleur rendement (fig. 0.5).

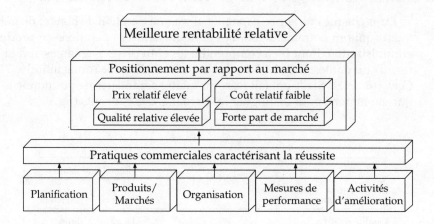

Figure 0.4 Influence des caractéristiques commerciales sur le rendement relatif

Paramètres de planification	Rentabilité relative	
	Perdants	Gagnants
Étendue du champ d'action	étroit	large
Position par rapport au marché	suiveur	chef de file

Figure 0.5 Paramètres de planification

En premier lieu, les entreprises ayant des processus de planification diversifiés, qui couvrent de très nombreux domaines externes et internes, ont mieux réussi que celles ayant des plans d'action restreints à quelques domaines bien limités.

Les entreprises gagnantes se préoccupaient plus de problèmes relatifs à l'organisation interne et à la concurrence externe que les entreprises perdantes. Ensuite, les plans d'action diversifiés visaient davantage le but plus ambitieux de devenir le chef de file du marché que l'amélioration interne. Dans ce cas, les entreprises gagnantes recherchaient essentiellement la supériorité en matière de qualité des produits et des services, ce qui, en même temps, leur permettait d'obtenir les bases nécessaires pour devenir le chef de file dans l'établissement des prix (5).

La gamme de produits et le marché (importance des affaires) : aussi étendus que possible

Pour la majorité des entreprises, la planification concernait les produits et le marché ; un certain nombre de facteurs reliés aux produits et au marché semblaient influencer le rendement général (fig. 0.6).

Les entreprises les plus florissantes offraient une gamme de produits plus étendue que leurs concurrents et visaient davantage à rehausser la valeur de leurs produits par l'innovation. De plus, ces entreprises estimaient que lorsque les clients définissaient leurs critères de qualité, ils ne considéraient pas uniquement la qualité du produit, mais aussi leur réputation de fournir de bons produits et services. Ces entreprises étaient également structurées plus verticalement et étaient plus actives sur les marchés internationaux. Elles étaient moins présentes sur des marchés favorables au marchandage par les clients et subissaient moins la pression de leurs concurrents. En résumé, les entreprises étaient récompensées pour leur aptitude et leur volonté de gérer des situations complexes et de favoriser l'innovation.

	Rentabilité relative	
Paramètres d'amélioration	Perdants	Gagnants
Gamme des produits	Étroite	Étendue
Innovation dans les produits	Peu fréquente	Fréquente
Critères de qualité	Produit	Réputation
Structure verticale	Faible	Forte
Caractère international	Faible	Fort
Pression concurrentielle	Clients	Concurrents

Figure 0.6 Paramètres d'amélioration des produits et de la stratégie de marketing

Les résultats sont la conséquence des bonnes et des mauvaises habitudes de l'entreprise. Les habitudes s'installent facilement, mais se perdent difficilement. Un processus de gestion totale de l'amélioration se concentre sur la perte des mauvaises habitudes cachées et l'acquisition des habitudes menant à la réussite. Trop souvent, nous portons nos efforts sur des activités particulières d'amélioration qui sont trop différentes de nos activités journalières. Il en résulte qu'elles ne s'intégreront jamais suffisamment à l'entreprise pour que leur exécution se fasse naturellement. La réussite ne peut être obtenue que lorsque ces techniques et ces outils seront utilisés de façon spontanée et qu'ils ne seront plus perçus comme faisant partie des activités d'amélioration.

■ LE CLIENT DÉSIRE-T-IL UNE AMÉLIORATION ?

Dans les années 80, de nombreuses améliorations ont eu lieu dans les industries de production, contrairement aux industries de services où elles ont été assez rares. En conséquence, nombreux sont ceux qui pensent que d'autres améliorations sont inutiles, estimant que leur entreprise satisfait aux besoins des clients. La recherche effectuée par *Orion Research Corporation* montre que c'est faux. Dans toutes les industries, il y a un écart significatif entre la qualité moyenne des produits et celle souhaitée par les clients. Cet écart existe même pour les meilleures entreprises. Toute entreprise qui réduit cet écart bénéficiera d'un avantage sérieux sur ses concurrents.

◼ VOUS VOULEZ VOUS AMÉLIORER ?

L'amélioration n'est pas seulement une des règles du jeu, elle est la *seule* règle. Nous souhaitons tous que tout s'améliore autour de nous. La haute direction exige que les employés ne fassent plus d'erreurs. Le service d'ingénierie exige de meilleures prévisions du service de marketing. Le service de marketing exige que le service des ventes batte ses records. Le service des ventes exige de meilleurs produits du service de production, afin de pouvoir les vendre plus facilement. Le service de production exige un design qui soit plus facile à produire. Chacun exige que son voisin change, sans toujours envisager lui-même de changer. Vous ne pouvez vous permettre d'attendre que les autres changent. Le processus d'amélioration doit commencer par vous. La question à poser est la suivante : « Que doit faire l'entreprise pour que ce processus aboutisse ? » Les réponses sont nombreuses. Des centaines de consultants viendront frapper à la porte de la direction de votre entreprise pour lui proposer la *seule possibilité valable*. Chacune sera différente des autres bien qu'elles aient de nombreux points en commun.

◼ LA CONFUSION RÈGNE EN MAÎTRE

Est-il étonnant que les dirigeants soient déroutés ? Même les experts reconnus pour être les « gourous » des processus d'amélioration ne peuvent se mettre d'accord sur les procédés à mettre en œuvre pour implanter l'amélioration.

Les « 14 étapes » de Philip B. Crosby mettaient l'accent sur la motivation de l'employé en lui faisant signer des promesses d'engagement en qualité et en mesurant son progrès par le coût de la qualité (un concept mis au point par A.V. Feigenbaum dans les années 50). Ses 14 étapes de l'amélioration de la qualité sont :

1. L'engagement de la direction

2. La formation d'équipes d'amélioration de la qualité

3. Les mesures

4. Le coût de la qualité

5. La prise de conscience de la qualité

6. L'action corrective

7. La planification du zéro-défaut

8. La formation des employés

9. Le jour zéro-défaut

10. L'établissement des objectifs

11. L'élimination des causes d'erreurs

12. La reconnaissance

13. Les conseils de qualité

14. Le retour au point 1

Edwards Deming a fait connaître aux dirigeants japonais le contrôle statistique des procédés mis au point par Walter Shewhart dans les années 20. Ces dirigeants ont très vite réalisé que c'était là l'« arme secrète » qui avait permis aux États-Unis la production de masse des énormes quantités d'armes de haute qualité qui les avaient vaincus lors de la Deuxième Guerre mondiale. Pour les États-Unis, Edwards Deming avait mis au point une liste particulière de ses 14 étapes.

Peu avant sa mort, Deming professait un système qu'il avait appelé «connaissance approfondie», constitué également de 14 étapes. Ce sont :

1. La nature des écarts ;

2. Les pertes dues à des manipulations (changements effectués sans connaître les causes particulières et courantes des écarts) ;

3. La réduction au maximum des risques des deux étapes précédentes (en utilisant des cartes de contrôle) ;

4. L'influence des forces, l'interaction et l'interdépendance entre elles ;

5. Les pertes dues aux décisions prises par des gestionnaires sans connaître les raisons des écarts ;

6. Les pertes dues à des forces aléatoires qui, considérées individuellement, peuvent être insignifiantes (le cas des employés donnant une formation à d'autres employés) ;

7. Les pertes subies pour augmenter la part de marché ou dues à des barrières commerciales ;

8. La théorie des valeurs extrêmes ;

9. La théorie statistique des défaillances ;

10. La théorie de la connaissance en général ;

11. La psychologie, incluant la motivation intrinsèque et extrinsèque ;

12. La théorie de l'apprentissage ;

13. La nécessité du passage d'un comportement de jugement à un comportement de leadership ;

14. La psychologie du changement.

Armand V. Feigenbaum se base sur 10 points de référence pour orienter son effort d'amélioration. Ses « 10 points de référence pour la réussite en qualité » sont les suivants :

1. La recherche de la qualité est un processus à l'échelle de l'entreprise.

2. La qualité est décidée par le client.

3. La qualité et le coût vont de pair et ne s'excluent pas.

4. La qualité exige d'être « maniaque », individuellement et en équipe.

5. La qualité correspond à un style de gestion.

6. La qualité et l'innovation dépendent l'une de l'autre.

7. La qualité est une éthique.

8. La qualité exige une amélioration continue.

9. La qualité permet l'investissement en capitaux le moins élevé et le plus rentable.

10. La qualité s'implante par un processus global, relié aux clients et aux fournisseurs.

Armand Feigenbaum est le père de la gestion de la qualité totale (GQT) et a publié le premier livre à ce sujet en 1951. Il a également défini le concept des coûts de la qualité. Il examine le cycle complet de la valeur du produit et lui applique les techniques de l'ingénierie des systèmes pour obtenir l'amélioration.

Joseph M. Juran, par ailleurs, favorise l'idée que l'amélioration se fait par une multitude de petites améliorations progressives. Chacune d'elles fait économiser environ 100 000 $ à l'entreprise. Il utilise l'analyse de Pareto pour déterminer quels sont les problèmes essentiels et crée des groupes de travail dans le but de les résoudre. Juran définit la qualité comme « l'aptitude à l'utilisation ». Il examine ce qu'il appelle la « spirale du progrès en qualité ». La fonction qualité est l'ensemble des activités permettant « l'aptitude à l'utilisation », quel que soit l'endroit où ces activités sont effectuées. Elle comprend les activités suivantes :

1. L'étude de marché ;

2. La mise au point d'un produit ;

3. La conception du produit, ses caractéristiques ;

4. L'achat et les fournisseurs ;

5. La planification de la production ;

6. Le contrôle des procédés et de la production ;

7. L'inspection et les essais ;

8. Le marketing ;

9. Le service à la clientèle ;

Kaoru Ishikawa a été le principal expert japonais en qualité et le père du concept des cercles de qualité. Il était convaincu que la meilleure façon d'améliorer le rendement des entreprises était d'augmenter le pouvoir de décision et les connaissances des employés. Ses concepts ont permis le progrès sans précédent des capacités des employés à travailler en équipe et de la formation en résolution de problèmes.

Bien que Deming et Juran soient considérés comme les artisans de la transformation miraculeuse du Japon, je crois qu'Ishikawa en a été le vrai génie, car il prit de nombreux concepts, les intégra les uns aux autres et les mit en œuvre très efficacement. Sans ses travaux, je crois que ceux de Deming, de Feigenbaum et de Juran n'auraient eu que peu d'impact sur les Japonais. Ishikawa considérait la qualité comme un moyen de gérer toute l'entreprise. Selon lui, la gestion des affaires devait être modifiée de façon à respecter les six énoncés suivants :

1. « La qualité d'abord. Pas de profit à court terme. »

2. Orientation-client et non-orientation fabricant. « Pensez comme si vous étiez à la place de vos clients. »

3. « Le client, c'est l'objet de votre prochain processus. Éliminez les barrières dues à la diversité des clients. »

4. « Utilisez des faits et des données pour les exposés (utilisation de méthodes statistiques). »

5. Le respect des hommes comme philosophie de gestion (gestion participative).

6. La gestion interfonctionnelle.

Deming est devenu célèbre parce qu'on lui a attribué la réussite des programmes japonais relatifs à la qualité. Comparant ses théories à celles de Juran, il déclara : « Mon but n'est pas de faire du dépannage comme Juran. Je crée un système basé sur une connaissance approfondie qui sera encore valable dans un siècle. » Mais plusieurs pensent que Juran a beaucoup plus contribué à la réussite de l'industrie japonaise que Deming. « Juran a été plus important pour le Japon que Deming, estime Junji Noguchi, directeur du JUSE. Le contrôle statistique des procédés (CSP) ne concerne que les techniciens. »

En 1969, le JUSE créa un grand prix qui récompense une entreprise qui a déjà reçu le prix Deming et qui a fait preuve d'amélioration continue pendant une période de cinq ans. Afin de récompenser Juran pour son importante contribution au mouvement japonais pour la qualité, le JUSE lui demanda l'autorisation d'appeler ce prix le prix Juran. Juran répondit de façon évasive, ce qui fut considéré par les Japonais comme un refus poli. Ils appelèrent cette récompense Prix national de la qualité.

En 1992, Les Éditions Transcontinental publiaient un ouvrage de référence, *Objectif qualité totale*, qui soulignait l'importance :

1. De relier les efforts d'amélioration de l'entreprise à son plan d'affaires ;

2. De concevoir la gestion de l'amélioration dans son ensemble ;

3. D'effectuer impérativement à la fois des améliorations continues et des percées en utilisant des équipes et des techniques d'amélioration des processus administratifs (appelés par la suite la réingénierie des processus) ;

4. De donner un pouvoir de décision et de créativité aux employés pour qu'ils se surpassent.

Outre les techniques préconisées par les gourous, il y a celles mises au point par les consultants et les organisations professionnelles. Le milieu des ingénieurs fait ressortir le besoin d'investir en recherche et développement pour améliorer les technologies et pour devenir plus compétitif. Le milieu financier parle d'utiliser la gestion du coût total (GCT) pour augmenter les profits. Les centres de productivité mondiaux font la promotion de la rentabilité pour être plus compétitifs. Le ministère de la Défense des États-Unis favorise un programme de gestion de la qualité totale (GQT) pour augmenter le niveau de satisfaction des clients.

En peu de temps, toutes ces méthodes et tous ces outils ont attiré l'attention de nos dirigeants. Les entreprises les plus avant-gardistes ont toutes plus ou moins utilisé certains de ces concepts durant les années 80. Toutes ces théories ont été présentées aux dirigeants comme étant les meilleures pour dépasser la concurrence. Aujourd'hui, plus de 180 outils et méthodes d'amélioration sont à votre disposition.

◼ LE DILEMME DES GESTIONNAIRES FACE À L'AMÉLIORATION

Le dilemme des gestionnaires réside dans la limitation des ressources allouées pour l'effort d'amélioration (fig. 0.7). Celles-ci doivent être réparties au moins entre cinq méthodologies :

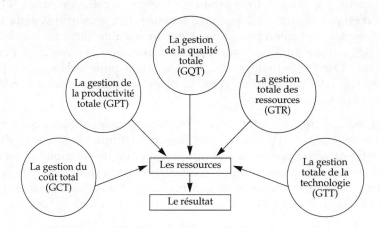

Figure 0.7 L'allocation des ressources

Bien que toutes ces méthodologies soient rentables, il est évident que l'entreprise doit d'abord utiliser ses ressources pour offrir ses produits et ses services aux clients externes qui payent, ce qui permet son fonctionnement. La haute direction doit répartir les ressources affectées à l'amélioration entre les cinq méthodologies de façon à obtenir le maximum de résultats. Les entreprises gagnantes ont très bien su faire cette répartition et la modifier quand cela devenait nécessaire. La plupart des entreprises survivantes ont adopté une stratégie et l'ont conservée imperturbablement sans jamais la modifier, en ignorant toutes les autres. Les entreprises perdantes sont passées de l'une à l'autre sans planification et sans expliquer à leurs employés les raisons des changements d'orientation.

En conséquence, les employés sont restés inactifs, se disant qu'il valait mieux attendre. Pourquoi modifier sa façon de travailler si, chaque fois qu'ils assistent à un congrès, les dirigeants reviennent avec de nouvelles idées qui changent de nouveau l'orientation de l'entreprise ? Les dirigeants doivent assimiler les cinq méthodologies pour pouvoir prendre les bonnes décisions et pour éviter de modifier trop souvent les orientations.

La gestion du coût total

Au milieu des années 80, des employés des services financiers de grandes entreprises américaines ont collaboré à la mise au point d'une méthodologie appelée « comptabilité par activité ». Elle est à l'origine d'une nouvelle méthodologie appelée « gestion du coût total » (GCT) (7). Elle consiste à obtenir l'amélioration des processus essentiels, étape par étape, en étudiant chaque activité, en distinguant un coût « à valeur ajoutée » et un coût « sans valeur ajoutée » et en prenant des mesures nécessaires pour éliminer ce dernier coût.

La méthodologie GCT peut être divisée en cinq étapes :

1. L'évaluation

   Choisissez le processus auquel la méthodologie sera appliquée.

2. L'organisation

   Donnez une formation aux groupes de réingénierie des processus (GRP) et mettez-les au travail.

3. L'étude

   Tracez le diagramme du processus, effectuez le cheminement du processus et déterminez les raisons principales des échecs (voir plus loin).

4. La conception

   Concevez un nouveau processus en éliminant au maximum les activités sans valeur ajoutée et effectuez une analyse coût/avantage.

5. L'implantation

   Implantez les changements suggérés au processus et quantifiez les résultats.

Les outils typiques de la GCT sont :

• l'établissement des coûts par activité ;

• la comptabilisation du coût JAT (juste-à-temps) ;

- l'étude de la valeur du processus ;

- la gestion de la performance ;

- la comptabilité par centre de responsabilité ;

- la communication intégrée de l'information financière ;

- le coût de la non-qualité.

La gestion de la productivité totale

Alors qu'il dirigeait l'occupation du Japon, le général Douglas MacArthur se chargea d'un des projets prioritaires : l'amélioration de la productivité du Japon. Le *Japanese Productivity Center* fut alors créé pour promouvoir ce programme. La réussite de ce centre attira rapidement l'attention des chefs d'entreprises américains. L'*American Productivity Center*, dirigé par C. Jackson Grayson, fut alors fondé à Houston, au Texas. Dans les années 70 et 80, de nombreux autres centres semblables furent créés dans le monde pour regrouper les renseignements et promouvoir l'amélioration de la productivité.

À la fin des années 70 et au début des années 80, une multitude d'organisations et d'experts lancèrent des programmes d'amélioration, essentiellement parce que l'on croyait que l'Allemagne et le Japon nous enlevaient une partie de nos marchés du fait que le taux de croissance de leur productivité dépassait le nôtre.

Ces programmes utilisaient tous des outils et des techniques permettant d'améliorer la quantité d'extrants par unité de ressources dépensées en main-d'œuvre, en dollars et en équipement. Ce mouvement, qui aurait pu s'appeler gestion de la productivité totale (GPT), visait à améliorer la productivité en automatisant des activités monotones, longues et répétitives et à éliminer le gaspillage.

Un programme typique de l'amélioration de la productivité comportait les cinq étapes suivantes :

1. La prise de conscience

2. L'information (la formation)

3. La planification

4. L'action

5. Le suivi

Pour améliorer la productivité, les étapes suivantes étaient énumérées dans le rapport technique d'IBM n° TR02.911 du 15 janvier 1981 :

1. Réduire l'assujettissement aux règlements gouvernementaux.

2. Investir en biens d'équipement.

3. Investir en recherche et développement.

4. Sensibiliser les cadres aux problèmes.

5. Utiliser de façon efficace les techniques de résolution créative de problèmes.

6. Utiliser l'automatisation et les robots de façon accrue.

7. Augmenter le travail en équipes et promouvoir l'engagement des employés.

8. Élargir la part du marché mondial.

9. Réaliser un travail de façon correcte, du premier coup.

Ces programmes recommandaient de commencer par obtenir le soutien actif du président. Après cela, la haute direction entrait en action et un comité directeur de la productivité était nommé. L'étape suivante consistait à former les cadres intermédiaires et les chefs de section aux concepts de productivité et à leur donner les outils et les techniques nécessaires pour améliorer la productivité.

Ces programmes, qui utilisaient les techniques de communication et servaient à former le personnel, étaient orientés vers l'implantation de mesures et la participation des employés à tous les niveaux. Je me souviens de la participation de tous les cadres d'IBM et des employés clés à un cours de l'*American Productivity Center Inc.* (APC) sur l'amélioration de la productivité, et du programme IBM qui en est résulté.

En 1980, l'APC prédit que si les entreprises américaines n'implantaient pas des programmes d'amélioration de la productivité, en 1991, la France, le Japon et l'Allemagne dépasseraient les États-Unis de 8 % par an par personne sur le plan de la production. Je crois que nous avons réussi un certain nombre de choses dans les années 80, puisque les États-Unis restent la nation la plus productive au monde. Et, selon de nouvelles prédictions de l'APC, aucune nation au monde ne dépassera les États-Unis au début du XXIe siècle. En 2010, le Japon deviendra cependant la nation la plus productive (fig. 0.8).

Nous devons augmenter la production par employé pour maintenir l'augmentation de la productivité aux États-Unis. D'énormes licenciements comme ceux de General Motors et d'IBM vont augmenter la productivité, mais cela n'aidera pas notre pays, puisque qu'il n'y aura pas d'augmentation de la production. Nous devons non seulement éliminer le gaspillage, mais encore investir dans de meilleurs équipements et mettre de nouveaux produits sur le marché pour que notre productivité augmente. Le professeur Frank Lichtenberg, de l'Université Columbia, prétend que tout dollar investi en recherche et développement produit un gain huit fois supérieur à celui d'un dollar investi en usines et en équipements. Jack Welch, ancien directeur général de General Electric, exposa très clairement son opinion sur l'augmentation de la productivité en disant : « La survie des entreprises et des nations dépend de leur productivité. »

La gestion de la qualité totale

Au début des années 80, le mot « qualité » devint un mot magique par suite de la réussite des entreprises japonaises à conquérir les marchés mondiaux grâce à de meilleures conceptions et à une meilleure qualité de fabrication.

Pays	Valeur en 1989 (É.-U. =100)	Valeur relative estimée		
		En utilisant les taux de croissance de 1979 à 1989	2000	2010
États-Unis	100.0	1.1	100	100
Canada	94.0	1.3	96	98
France	85.9	2.0	95	103
Italie	87.3	1.9	95	103
Allemagne de l'Ouest	82.0	1.7	87	93
Royaume-Uni	71.5	1.8	77	83
Japon	72.7	3.0	89	107
Corée	39.8	5.2	62	92

Taux de croissance moyen en %
Source : *Bureau of Labor*

Figure 0.8 La productivité de la main-d'œuvre de quelques pays par rapport à la valeur 100 des États-Unis (PNB/employé ramené au même pouvoir d'achat)

Par exemple, les entreprises japonaises prirent plus de 30 % du marché automobile américain, car les constructeurs de voitures japonaises produisaient des voitures qui, à la livraison au client, avaient moins du quart des défauts des voitures construites à Detroit. La qualité prit de l'ampleur. Vers le milieu des années 80, le ministère de la Défense vulgarisa le terme « gestion de la qualité totale » (GQT), ce qui introduisit la discipline de la qualité dans tous les secteurs des affaires. Aidée par la croyance que W. Edwards Deming et Joseph M. Juran étaient les artisans du miracle économique japonais de l'après-guerre, la GQT devint alors très à la mode.

Les dirigeants se lancèrent aveuglément dans la GQT comme par un acte de foi, fortement soutenus par des experts instantanés en qualité. Tout chômeur ayant suivi un cours de contrôle statistique ou de techniques de résolution de problèmes pouvait aussitôt exhiber une plaque d'expert en qualité.

Selon une enquête menée par l'*American Society for Quality Control*, 31 % des entreprises engagées en GQT avouaient avoir fait des erreurs. Les plus fréquentes étaient :

1. De ne pas avoir commencé plus tôt ;

2. De ne pas avoir considéré la qualité comme prioritaire ;

3. D'avoir considéré la qualité comme un projet ponctuel, et non comme un processus continu ;

4. D'avoir attendu immédiatement de meilleurs résultats financiers ;

5. De ne pas avoir mis tout le monde à contribution ;

6. De ne pas avoir mis l'accent sur les mesures.

La gestion de la qualité totale est bien plus difficile à définir que la gestion de la productivité totale (GPT) simplement parce qu'elle n'a jamais été bien définie au départ. De nombreux livres en parlent, mais chacun de façon différente (8,9). Il semble que pour faire approuver un programme dans les années 80 et au début des années 90, il suffisait de l'appeler GQT.

Les éléments de base d'un processus de GQT sont :

- Commencer par l'engagement de la haute direction.
- Former tous les niveaux d'encadrement.
- Comprendre les attentes des clients externes.
- Éviter les erreurs.
- Utiliser les méthodes statistiques pour résoudre les problèmes et pour contrôler les procédés.
- Former tous les employés en techniques de résolution de problèmes et de travail en équipe.
- Considérer que le processus constitue le problème et non les employés.
- Avoir de bons fournisseurs.
- Mettre en place des mesures de la qualité et entretenir des relations avec les clients.
- S'occuper des clients internes et externes.
- Se servir d'équipes à tous les niveaux hiérarchiques pour résoudre les problèmes et pour prendre les décisions.

Selon une enquête réalisée par le *Manufacturers Alliance for Productivity and Innovation*, les plus grandes entreprises engagées en GQT ont obtenu les résultats suivants :

- 40 % : une amélioration significative
- 45 % : une amélioration perceptible
- 15 % : peu d'amélioration
- 0 % : aucune amélioration

La gestion totale des ressources

À la suite des profits importants que le Japon avait réalisés en utilisant ses ressources de façon particulière (comme l'inventaire, la superficie des locaux, les employés), les dirigeants favorisèrent une méthodologie que l'on pourrait qualifier de « gestion totale des ressources » (GTR). Les ressources humaines lancèrent alors le programme de formation le plus ambitieux jamais entrepris dans le milieu des affaires afin de donner plus de pouvoir décisionnel aux employés. Ces programmes de formation comprenaient l'apprentissage du travail en équipe, la résolution des problèmes et la formation au poste de travail.

La vitalité technique devint une priorité dans de nombreuses entreprises quand les dirigeants réalisèrent que les connaissances obtenues par un diplômé universitaire de premier cycle étaient dépassées en moins de cinq ans. Les objectifs de ces programmes de formation étaient d'augmenter les connaissances, la loyauté et la productivité des employés. Les dirigeants comprirent que les employés constituaient leur meilleur capital et qu'il fallait augmenter le niveau de leur compétence pour que l'entreprise puisse rester à la pointe du progrès technologique. Former et donner plus de pouvoir décisionnel aux employés à tous les niveaux permettent également de réduire le renouvellement de personnel coûteux que subissaient les entreprises américaines. Ce dernier était 10 fois plus important aux États-Unis qu'au Japon.

Pendant ce temps, le service de l'organisation industrielle redessinait l'agencement des surfaces de production et d'entreposage pour faciliter l'enchaînement des opérations et réduire au maximum les déplacements et l'entreposage des pièces. Cette amélioration trouvait ses origines dans les résultats que Toyota obtenait avec son processus de « juste-à-temps ». Cette amélioration ébranla la croyance générale que la stratégie de production la plus efficace et la plus rentable consistait à produire simultanément un très grand nombre de pièces identiques. Cet effort d'amélioration recherchait également une meilleure utilisation des autres ressources importantes telles que la superficie des locaux et l'inventaire. Un inventaire réduit était souvent obtenu au prix d'une faible utilisation des équipements.

On réalisa que la multitude de pièces entreposées en attente de montage pouvait occuper jusqu'à 75 % de la surface de production. Si cette quantité pouvait diminuer, la surface occupée diminuerait aussi. La quantité entreposée devait souvent être importante en raison de la durée de montage. Cela entraîna une nouvelle manière de concevoir les équipements et une nouvelle conception de l'agencement des surfaces de production. Des cycles de montage qui pouvaient durer 4 heures furent réduits à moins de 10 minutes dans des entreprises comme Ford et Toyota. Cette conception réduisit les temps de montage et donna naissance au concept de l'unité élémentaire de travail. Dans de nombreux cas, le temps de tels entreposages passa de quatre mois à quatre heures. Des outils, comme le juste-à-temps, le stock zéro, les changements de matrices en une minute, l'unité élémentaire de travail, etc., permirent de telles améliorations.

La gestion totale de la technologie

Dès le début des années 80, nous commencions également à réaliser que les technologies de nos concurrents étrangers étaient plus avancées que les nôtres. L'obtention des diplômes universitaires scientifiques de premier cycle (B.Sc.) devenant de plus en plus difficile, de moins en moins d'étudiants les réussissaient ; ils s'orientèrent alors vers les lettres dont les diplômes (B.A.) s'obtenaient plus facilement. Le marché du travail s'est ainsi très vite saturé et les jeunes diplômés ont été forcés de retourner aux études pour obtenir une maîtrise en administration des affaires (M.B.A.). Cette situation a permis de rehausser la qualité de notre système scolaire, de mieux enseigner l'arithmétique, la lecture et la rédaction et de rendre les carrières scientifiques plus attrayantes.

En même temps, le cycle de vie des produits s'est considérablement raccourci, ce qui a exigé la mise au point de nouveaux produits et une mise en marché en moitié moins de temps que précédemment. Le nombre d'unités produites devenant plus faible, il fallait réduire les coûts de mise au point. Dans les années 60, le cycle de vie d'un produit était de 14 ans, alors qu'il n'était plus que de 7 ans dans les années 70. Dans les années 80, celui-ci est tombé à quatre ans et il ne sera plus que de quelques mois vers l'an 2000. Des cycles de vie plus courts et des exigences plus fortes de la part des clients ne permettent plus de produire les premiers modèles avec des défauts et d'éliminer ceux-ci par des modifications technologiques ultérieures.

Tout cela imposa une nouvelle manière de gérer la technologie que l'on pourrait appeler la « gestion totale de la technologie » (GTT). La GTT s'est développée quand les dirigeants américains ont remarqué que les entreprises japonaises pouvaient faire la mise au point d'un produit et le mettre en marché en moitié moins de temps et à moitié prix. De nombreuses entreprises furent tellement conquises par la GTT qu'elles se réorganisèrent complètement autour des technologies existantes, la technologie, et non le marché, régissant alors toutes leurs affaires.

Les activités de la GTT consistaient à incorporer aux produits les technologies les plus avancées pour devancer la concurrence. Elles utilisaient également ces nouvelles technologies pour améliorer les procédés et réduire le cycle de production et les coûts. Les adeptes de la GTT découvrirent aussi que le Japon obtenait un nombre de brevets par habitant plus grand que ne le faisaient les États-Unis. Une étude révéla que les entreprises japonaises investissaient en recherche et développement en priorité dans la mise au point des produits, alors que les États-Unis accordaient la priorité à la recherche fondamentale. Les États-Unis obtenaient ainsi plus de prix Nobel et les Japonais, plus de clients. En conséquence, le président Clinton a réorienté le soutien du gouvernement vers la recherche appliquée de préférence à la recherche fondamentale.

Depuis la fin des années 70, il existe aux États-Unis une tendance à implanter l'ingénierie simultanée, qui consiste à utiliser une équipe constituée de membres des services de développement et de la production, de clients et de fournisseurs durant les phases de mise au point. Il en résulte que la conception d'un produit et le procédé de fabrication sont mis au point simultanément. Depuis les années 70, la GGT profite des technologies de l'information pour obtenir des améliorations et réduire le temps de cycle (conception assistée par ordinateur (CAO), fabrication assistée par ordinateur (FAO), etc.). La GTT est la méthodologie qui permet d'obtenir la meilleure qualité et le meilleur coût, mais si vous n'avez pas le produit voulu par le client, vous courez à la faillite. Vous ne ferez pas fortune dans le marché actuel en produisant des fouets pour chevaux ou des postes de télévision à lampes.

■ LA VUE D'ENSEMBLE

Heureusement, ces cinq méthodologies se chevauchent beaucoup (fig. 0.9).

Le centre en noir de la figure 0.9 montre les activités communes de quatre d'entre elles (GCT, GPT, GQT et GTT). Ces méthodologies sont placées dans le cercle de la gestion totale des ressources (GTR), car elles exercent toutes une influence directe sur l'organisation des ressources. Les activités typiques qui se retrouvent dans ces cinq méthodologies sont :

- l'engagement de la haute direction ;
- la résolution des problèmes par équipe ;
- les techniques d'amélioration des processus ;
- la planification stratégique ;
- la formation.

Dans la figure 0.9, les aires marquées du chiffre 4 représentent des activités qui contribuent favorablement à quatre des cinq méthodologies. Par exemple, en éliminant la revue de conception, vous pouvez réduire les coûts et le temps du cycle de lancement du produit et augmenter la productivité, mais vous pourrez avoir des problèmes de qualité quand le produit entrera en production.

Les aires marquées du chiffre 3 représentent des activités qui contribuent uniquement à trois des cinq méthodologies. Par exemple, un matériau nouveau peut être conçu pour réduire les coûts, mais n'exercera aucune influence sur la qualité ou sur le temps nécessaire à la fabrication du produit. Un employé pourrait néanmoins suggérer de modifier une activité particulière pour augmenter la productivité, réduisant ainsi les coûts, mais ne modifiant pas la qualité ou la technologie. (Le rapport technique 93001 de Ernst & Young énumère les principaux outils utilisés par chaque méthodologie.)

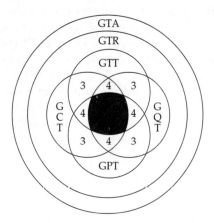

Figure 0.9 Relations entre les méthodologies d'amélioration

La gestion totale des affaires

Les écoles supérieures de commerce enseignent que les systèmes de communication et l'environnement changeant des affaires ont modifié la conception que les hautes directions avaient de l'entreprise et de sa planification. Pour rester compétitives, les entreprises doivent continuellement vérifier si elles fabriquent les bons produits et services, s'il faut relocaliser les unités de production, s'il faut consolider ou diversifier ce qui constitue leur force distinctive et réfléchir aux alliances à conclure. Il devient de plus en plus impérieux d'établir des partenariats entre les principaux clients et fournisseurs. Même des entreprises concurrentes de longue date s'allient pour conquérir les marchés locaux et internationaux (IBM et Apple, par exemple). Cette nouvelle manière de concevoir l'avenir des entreprises s'appelle la « gestion totale des affaires » (GTA).

Le cercle extérieur de la figure 0.9 est le cercle de la GTA. Ce cercle est un élément primordial qui doit être géré de façon appropriée si l'entreprise veut croître continuellement, augmenter ses profits et survivre dans un environnement de plus en plus compétitif. Les activités de la GTA recherchent les opportunités favorables et les obstacles à la croissance dans tous les aspects des affaires. La GTA répond à des questions telles que :

- L'entreprise devrait-elle se diversifier ?

- L'entreprise devrait-elle se consolider ?

- Quels sont les produits à ne plus fabriquer ?

- Quelles sont les technologies qui vont permettre de nouvelles orientations ?

- Quelles sont les activités à développer et à abandonner ?

- Comment investir les fonds disponibles à court terme et à long terme ?

Tous ces sujets sont essentiels en affaires et doivent être traités de façon satisfaisante pour que l'entreprise puisse survivre. Vos efforts d'amélioration échoueront si vous les ignorez. Pour souligner l'importance de la GTA, nous avons représenté son cercle comme l'élément qui maintient ensemble tous les efforts d'amélioration.

■ L'INFLUENCE RÉCIPROQUE DES MÉTHODOLOGIES D'AMÉLIORATION

Il est essentiel de comprendre que toute activité d'amélioration d'une méthodologie peut exercer une des quatre influences suivantes sur les résultats des autres méthodologies :

1. Une influence favorable sur les résultats de toutes les méthodologies.

2. Une influence favorable sur les résultats d'une méthodologie ou plus, et une influence défavorable sur les résultats des autres.

3. Une influence favorable sur les résultats d'une ou de plusieurs méthodologies et aucune influence sur les résultats des autres.

4. Une influence favorable, défavorable ou aucune influence sur les résultats d'une ou de plusieurs méthodologies.

Souvenez-vous que toute amélioration constitue un changement, mais que tout changement n'est pas nécessairement une amélioration. L'ensemble des interactions mises en jeu par tout changement doit être déterminé avant d'implanter le changement. Pour compliquer davantage le processus d'amélioration, il existe diverses définitions des outils et des méthodes constituant chaque méthodologie. Par exemple, certains adeptes de la GQT prétendent que celle-ci ne commet jamais d'erreurs et qu'elle conduit toujours à *la* meilleure décision et non à *une* bonne décision. D'autres affirment qu'elle corrige les erreurs. Voilà deux manières bien différentes de la concevoir.

Dans le premier cas, il est question du niveau de rendement, dans le deuxième cas, il est question de bon ou de mauvais rendement. Prenez le cas suivant : vous avez déjeuné dans une ville donnée. Si vous êtes pleinement satisfait de votre repas et qu'en plus le service était excellent, vous pouvez dire que vous avez eu un repas de qualité. Ici, qualité signifie bonne ou mauvaise performance. Si qualité signifie niveau de performance, vous ne pouvez pas vraiment dire que vous avez eu un repas de qualité, à moins d'être sûr que, nulle part ailleurs dans la ville, il n'est possible d'avoir un repas aussi bon ou meilleur.

■ L'INTÉGRATION DE TOUTES LES MÉTHODOLOGIES

Pour intégrer tous les aspects de l'amélioration, nous avons développé une méthodologie générale appelée la « gestion de l'amélioration totale » (GAT). La pyramide à cinq niveaux de la figure 0.10 la représente.

1er niveau : l'orientation. Les éléments constitutifs de ce niveau définissent la stratégie qui établit l'orientation future du processus d'amélioration ; ils orientent les efforts de l'entreprise vers les points essentiels à son bon fonctionnement.

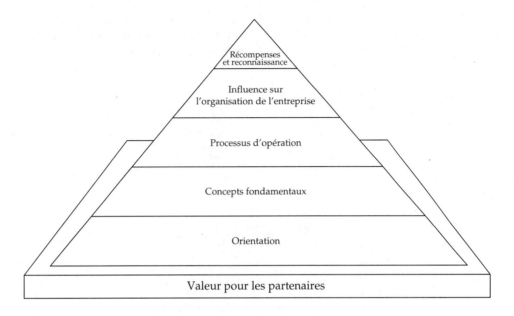

Figure 0.10 Pyramide de la gestion de l'amélioration totale

2e niveau : les concepts fondamentaux. Les éléments constitutifs de ce niveau introduisent les méthodologies fondamentales de l'amélioration dans l'entreprise et les intègrent dans le fonctionnement normal des activités d'affaires.

3e niveau : les processus d'opération. Les éléments constitutifs de ce niveau mettent l'accent sur les processus qui régissent les industries de production et de services et qui rendent les entreprises plus efficaces, plus rentables et plus adaptables tout en réduisant les coûts, les temps de cycle et les variations de qualité.

4e niveau : l'influence sur l'organisation de l'entreprise. Les éléments constitutifs de ce niveau définissent la nouvelle structure et les mesures permettant l'évaluation de l'entreprise.

5e niveau : les récompenses et la reconnaissance. Les éléments constitutifs de ce niveau définissent un système de reconnaissance et de récompenses financières ou autres. Ce système a pour but d'augmenter l'importance des autres tâches contenues dans la pyramide.

Nous avons choisi une pyramide pour représenter la GAT, car elle est synonyme de force et de longévité. Les pyramides ont, entre autres, été construites pour indiquer les directions géographiques (nord, est, sud et ouest). Qu'est-ce qui représenterait mieux la force, l'orientation constante et l'endurance d'une entreprise qui implante correctement la GAT ? Avec le temps, si votre entreprise utilise correctement les concepts de la GAT, elle verra des concurrents apparaître puis disparaître, elle verra les conditions économiques fluctuer fortement, mais elle croîtra et prospérera. La figure 0.11 montre les éléments constitutifs de chaque niveau.

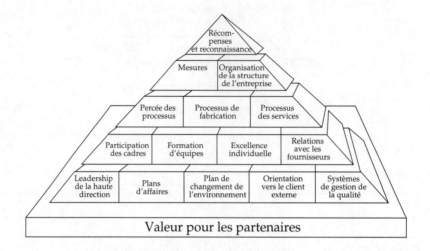

Figure 0.11. Tâches de la pyramide de l'amélioration

Les fondations de la pyramide de l'amélioration

Le but de toute entreprise durable qui progresse est de fournir des produits et des services qui ont une meilleure valeur, une meilleure qualité et qui sont moins chers que ceux des autres entreprises. Mais elle a également des obligations envers les investisseurs, les dirigeants, les employés, les fournisseurs et la communauté qui sont tous ses partenaires. Les vraies grandes entreprises représentent une sécurité durable et une valeur constante pour tous leurs partenaires, pas seulement pour leurs clients.

La GAT est basée sur l'établissement de partenariats entre les entreprises engagées en GAT et leurs partenaires. Le terme « partenariat » sous-entend que toutes les parties concernées vont bénéficier mutuellement de ces relations. Sans une solide base de partenaires, l'effort d'amélioration s'écroulera comme le ferait une maison construite sur la plage. Peu importe le soin pris pour assembler les éléments de cette maison, le sable bougera et, si vos bases sont fragiles, elle s'écroulera. L'entreprise doit faire face à l'une des tâches les plus difficiles : celle d'équilibrer les besoins de tous ses partenaires de façon à être perçue comme productive par chacun d'entre eux.

Niveau 1 : l'orientation

Le premier niveau sert à définir l'orientation du processus de l'amélioration. Ses éléments constitutifs (EC) sont au nombre de cinq :

EC 1 : le leadership de la haute direction.   La haute direction ne doit pas se contenter d'encourager la GAT. Elle doit être une partie intégrante du processus, participer à son élaboration, répartir les ressources et y consacrer librement son temps. Le point de départ de tout effort d'amélioration se trouve dans le leadership de la haute direction.

EC 2 : les plans d'affaires.   Tous les employés doivent comprendre les raisons d'exister de l'entreprise, ses règles de conduite et ses objectifs. Les partenaires doivent être bien informés de ces objectifs et il doit y avoir unanimité sur la manière de les atteindre. C'est ce que réalise le plan d'affaires. Il définit l'orientation de l'entreprise, les produits à fabriquer, les marchés à desservir et les objectifs à atteindre. Si le plan d'affaires n'est pas bien compris, s'il ne fait pas l'unanimité ou s'il n'est pas mis en œuvre de façon efficace, l'entreprise est désorientée. Elle se comporte alors comme une voiture sans volant qui roule à 200 kilomètres à l'heure. Sa situation n'est guère meilleure si elle possède un plan d'affaires que personne ne connaît. Dans ce cas, la haute direction se trouve derrière le volant de la voiture qui roule à 200 kilomètres à l'heure, mais avec un volant non relié aux roues avant.

EC 3 : le plan de changement de l'environnement.   La haute direction ne peut contrôler que l'environnement de l'entreprise. Si nous voulons changer l'entreprise, nous devons changer l'environnement à l'intérieur de l'entreprise pour obtenir les résultats escomptés. Le plan de changement de l'environnement consiste d'abord en un ensemble d'énoncés qui décrit l'environnement futur. On y mettra au point des énoncés particuliers et des modèles de comportements souhaités pour chaque élément important (par exemple : le leadership de la haute direction, les processus administratifs, les partenariats avec les clients, etc.). L'obtention de la modification voulue sera alors planifiée sur une période de trois ans. Le changement de l'environnement à long terme aura pour effet de changer la culture de l'entreprise.

On définira également un plan de gestion du changement et on l'implantera. Ce plan jette les bases de l'implantation des modifications d'environnement nécessaires pour l'obtention du nouvel environnement et du nouveau comportement à l'intérieur de l'entreprise. Il est essentiel de bien préparer tous les partenaires à ce changement, avant, pendant et après l'implantation. Le meilleur effort vers l'amélioration peut être anéanti si les partenaires n'ont pas été préparés à accepter les modifications souhaitées. En conséquence, le plan de gestion du changement est un élément essentiel des activités de réorientation.

Dans toute opération, vous avez quatre possibilités. Vous pouvez faire une mauvaise opération de façon efficace (possibilité 1) ou de façon inefficace (possibilité 2). Vous pouvez faire une bonne opération de façon efficace (possibilité 3) ou de façon inefficace (possibilité 4). Dans les années 80 et au début des années 90, de nombreuses entreprises effectuaient un certain nombre de bonnes opérations de manière inefficace, car elles n'avaient pas préparé leurs partenaires à accepter les changements. Souvent, les partenaires des entreprises perdantes s'étaient appliqués à comprendre pourquoi les modifications n'avaient pas réussi et avaient même saboté le changement, au lieu de s'efforcer à le favoriser. Ainsi, de nombreuses modifications n'ont pas permis d'obtenir les résultats souhaités ni de réussir le changement comme prévu. Les entreprises gagnantes avaient tendance à préparer leurs partenaires aux changements. Ceux-ci les acceptèrent et, en conséquence, contribuèrent par leurs efforts à la réussite des changements. Les résultats de tels plans de changement furent souvent meilleurs que prévu.

EC 4 : l'orientation vers le client externe.   Les entreprises sont créées pour servir leurs clients. John Young, ancien président de Hewlett-Packard, l'a bien exprimé : «Satisfaire les clients est notre seule raison d'être.» Les principaux éléments de la réussite de toute entreprise sont la connaissance des clients et des acheteurs externes et une bonne relation de travail avec eux. Toute planification doit être basée sur l'amélioration de cette relation, car elle permet aussi de satisfaire les besoins et les attentes des autres partenaires.

EC 5 : les systèmes de gestion de la qualité.   Cet élément constitutif sert à établir les systèmes de gestion de la qualité conformes aux bonnes pratiques des affaires. Ces systèmes élémentaires de fonctionnement sont indispensables avant de pouvoir implanter efficacement des méthodes plus avancées. Les systèmes de gestion de la qualité doivent obéir soit à la série ISO-9000 de l'Organisation internationale de normalisation soit à des normes militaires ou commerciales semblables (MIL-S-9858A, par exemple). Ces systèmes permettent «l'assemblage» du processus d'amélioration. Ils représentent également un élément constitutif important du reste de la pyramide. D'habitude, quand la GAT est implantée, certains contrôles indispensables, mis en place lors de son lancement, sont remplacés dès qu'ils deviennent superflus.

Tous les éléments qui touchent la qualité de vie sont inclus dans les systèmes de gestion de la qualité. Ainsi, ces derniers peuvent traiter des problèmes de sécurité, de protection et des problèmes environnementaux. Les conditions, les procédures et les vérifications de la qualité doivent être traitées en même temps que la sécurité, la protection et les problèmes environnementaux. La priorité des dirigeants n'est pas de satisfaire leurs clients, mais d'assurer la sécurité de leurs employés et de leurs clients.

Le niveau de l'orientation est très important : les entreprises perdantes lui accordent trop peu d'attention. Ignorer cette phase ou passer trop rapidement explique pourquoi la plupart des entreprises n'ont pas progressé aussi rapidement qu'elles auraient dû dans les années 80 et au début des années 90. Ne pas accorder une attention suffisante à chaque élément constitutif de ce niveau risque de conduire à une conception hasardeuse de l'amélioration qui déroutera les employés au lieu de les aider et qui, à long terme, ralentira les progrès de toute l'entreprise.

Niveau 2 : les concepts de base

Le deuxième niveau de la pyramide a pour but d'introduire les concepts de base de la GAT dans l'entreprise. Ce niveau comporte quatre éléments constitutifs :

EC 6 : la participation des cadres. Faire participer activement les cadres de tous les niveaux à l'effort de l'amélioration est le but de cet élément constitutif. Pour la réussite de tout le processus, il est essentiel que ceux-ci se sentent à l'aise dans leur rôle de leader. Il est également essentiel d'obtenir ce même changement de la part des cadres supérieurs, cadres intermédiaires et agents de maîtrise avant de faire connaître les concepts de base de la GAT aux employés. La plupart des entreprises ont très mal préparé leurs cadres à ce rôle de leader.

EC 7 : la formation d'équipes. L'utilisation d'équipes formées d'employés et de cadres pour résoudre les problèmes et pour implanter le processus de changement constitue aujourd'hui un aspect essentiel de l'environnement compétitif des affaires. Cet élément constitutif introduit le concept du travail en équipes dans le processus de gestion et prépare tous les employés à travailler en groupe.

EC 8 : l'excellence individuelle. La direction doit fournir les outils et l'environnement de travail qui permettent aux employés d'exceller dans leur travail et d'en être fier. Elle doit ensuite les récompenser selon leurs accomplissements. Ce nouvel élément est essentiel à la stratégie de toute entreprise gagnante. On peut avoir une *bonne* organisation en équipes, mais on n'aura une organisation *excellente* que lorsque chaque employé excellera en tout temps dans son travail. Il faut également bien s'assurer d'un bon équilibre entre le travail d'équipe et le travail individuel des employés qui recherchent l'excellence dans toutes leurs activités. Ces deux conceptions du travail doivent se compléter et non s'exclure.

EC 9 : les relations avec les fournisseurs. Les entreprises gagnantes font appel à des fournisseurs gagnants. L'avenir des entreprises et celui de leurs fournisseurs sont inévitablement liés. Une fois le processus d'amélioration bien établi dans l'entreprise, on l'étendra aux fournisseurs. Les partenariats ont pour but d'aider les fournisseurs à améliorer la qualité de leurs produits et d'augmenter leurs profits, tout en réduisant le coût des produits et des services qu'ils vous fournissent.

Le niveau des concepts de base donne à l'amélioration son infrastructure. Il aide la direction à passer d'un rôle de « patron » à celui de « leader ». Il en résulte un environnement où les employés se servent mieux et plus souvent de leurs compétences. Ce niveau leur permet aussi de se rendre compte des avantages que présente leur intégration dans une équipe. Il leur montre également comment équilibrer leurs besoins personnels de réussir avec les besoins de l'entreprise, tout en augmentant leur satisfaction personnelle par une créativité accrue. Ces éléments constitutifs créent un nouvel ensemble de relations entre les employés, leurs clients internes et externes et leurs fournisseurs. Les éléments constitutifs du niveau 2 sont les éléments fondamentaux du processus continu d'amélioration.

Niveau 3 : les processus d'opération

Le niveau 3 est constitué par les processus d'opération. Ce niveau de la pyramide de la GAT se concentre sur les processus de l'entreprise et sur les extrants que reçoivent les clients. Il est constitué des trois éléments constitutifs suivants :

EC 10 : la percée des processus. Cet élément constitutif utilise les groupes de réingénierie des processus (GRP) pour obtenir des percées dans les processus administratifs (activités de type frais généraux). Il met l'accent sur l'augmentation du rendement, de l'efficacité et de l'adaptabilité dans ce secteur important de l'entreprise. Cet élément constitutif utilise de nombreuses techniques de rationalisation, comme l'élimination de la bureaucratie, l'analyse de la valeur ajoutée, l'étalonnage concurrentiel, les technologies de l'information, toutes ces techniques étant bien intégrées les unes aux autres. Ces techniques permettent d'améliorer considérablement les processus. Des améliorations de 400 % à 1000 % peuvent être obtenues en moins de six mois.

EC 11 : l'excellence des processus de fabrication. Cet élément constitutif a pour but de concevoir et de maintenir des processus de fabrication qui permettent de satisfaire les clients internes et externes de façon constante. Il vise les activités de conception de produit et les procédés de fabrication. Toutes les entreprises ont leurs procédés de production, qu'elles offrent des produits ou des services.

EC 12 : l'excellence des processus de services. Les processus de fabrication de produits diffèrent des processus de fourniture de services. Cela se traduit par une mise en œuvre différente des mêmes techniques d'amélioration ou par l'utilisation de techniques différentes. Cet élément constitutif s'applique à concevoir, à implanter et à améliorer la fourniture des services dans les industries de fabrication et de services.

Niveau 4 : l'influence sur l'entreprise

Le quatrième niveau de la pyramide traite de l'influence sur l'entreprise. Le processus d'amélioration est à présent bien implanté dans l'entreprise et son influence apparaîtra bientôt sur l'organisation de l'entreprise ainsi que sur les mesures qui sont faites. Ce niveau comprend les deux éléments constitutifs suivants :

EC 13 : le processus de mesure. Cet élément constitutif montre l'importance d'une bonne planification de l'ensemble des mesures des processus d'amélioration. Il permet à l'entreprise de mettre au point un système de mesures qui montrera à quel point les mesures relatives à la qualité, à la productivité et aux profits sont reliées entre elles et comment l'amélioration d'une des mesures entraîne l'amélioration ou la dégradation d'une autre. Ce n'est que lorsque le processus d'amélioration aura donné des résultats positifs que la direction adoptera l'amélioration comme un mode de fonctionnement. Un bon système de mesure transformera tout sceptique en adepte. Il doit être modifié au fur et à mesure que le processus progresse. Au début du processus, on effectuera des mesures sur les activités. Au bout de six mois, on commencera à mesurer les améliorations et, après six mois, leur influence devrait apparaître sur les résultats de l'entreprise.

EC 14 : l'organisation de la structure de l'entreprise. Lorsque la conception de l'entreprise et les systèmes de mesures évoluent d'une structure verticale vers une structure de processus, la bureaucratie est éliminée et les décisions sont prises à des niveaux hiérarchiques moins élevés. Dans ce nouvel environnement, les employés disposent davantage de pouvoir décisionnel et sont responsables de leurs actes. Avec de tels changements, de grandes entreprises doivent se morceler en petites entreprises pour pouvoir réagir plus rapidement et plus efficacement à l'évolution des besoins des clients et de l'environnement général des affaires. Des fonctions comme l'assurance qualité et les finances vont jouer des rôles nouveaux. Le fonctionnement de l'entreprise ressemblera plus à celui d'un processus qu'à celui d'un ensemble de fonctions. Dans cet environnement, l'entreprise devra adopter une structure plus horizontale et plus décentralisée, ce qui nécessitera de nombreuses modifications dans son organisation. Cet élément constitutif aide l'entreprise à se doter d'une structure susceptible de satisfaire aux besoins actuels et de convenir aux défis futurs.

Niveau 5 : les récompenses et la reconnaissance

Le cinquième niveau, niveau supérieur de la pyramide, traite des récompenses et de la reconnaissance. Le sommet de la pyramide n'a qu'un seul élément constitutif :

EC 15 : les récompenses et la reconnaissance. Le processus de récompenses et de reconnaissance doit être conçu de manière à consolider l'ensemble de la pyramide. Il doit renforcer la volonté de chacun de se comporter selon le mode de fonctionnement voulu. Il faut également qu'il prévoit une bonne gamme de récompenses, car le terme « merci » n'est pas perçu de la même manière par tous. Si vous voulez que chacun joue un rôle actif dans votre processus d'amélioration, vous devez être en mesure de trouver le type de remerciement que chacun puisse apprécier. Tantôt c'est une bonne poignée de main, tantôt c'est un chèque. Le processus de récompenses et de reconnaissance doit pouvoir octroyer ces deux types de récompense.

■ L'INFLUENCE DE LA GAT SUR LES PARTENAIRES

Toute personne ou tout groupe de personnes qui subit l'influence d'une entreprise est un partenaire de cette entreprise. Il est de plus en plus admis que les entreprises doivent consulter leurs partenaires pour toute décision à prendre. Dans ce cas, il est facile de comprendre que votre effort d'amélioration des processus ne doit pas considérer uniquement le client final. Il est certainement plus facile d'obtenir une influence favorable maximale sur un ou deux partenaires. Cela n'est guère possible aujourd'hui pour la majorité des entreprises, car la plupart ont six partenaires ayant des priorités différentes. Une entreprise courante a les partenaires suivants :

Partenaires	Points de priorité
Ses dirigeants	+48*
Ses investisseurs	+41
Ses clients externes	+27
Ses fournisseurs	+1
Ses employés	-3
Sa communauté, l'humanité	-24

Ces six partenaires ont des attentes et des besoins très différents. Vouloir les satisfaire tous les six est un défi de taille pour toute équipe dirigeante. Ce qui est favorable à l'un peut être défavorable à l'autre. Voici un exemple : déplacer une opération de production au Mexique est favorable aux investisseurs et aux dirigeants, car cela réduit les coûts et permet de profiter de règlements moins stricts concernant la pollution ; par contre, cela est défavorable aux employés et à la communauté locale pour des raisons évidentes. Cela augmenterait, par ailleurs, la pollution au Mexique.

Pour tenir compte de ce dilemme, de nombreuses équipes dirigeantes ont établi une liste de partenaires prioritaires. Consciemment ou non, les dirigeants ont quantifié les priorités des six partenaires selon la liste donnée précédemment. Les dirigeants obtiennent la plus haute priorité et la communauté locale, la plus basse. Cet ordre de priorité non officiel a forcé le gouvernement à voter des lois pour protéger le public, l'environnement et les employés. Il faut bien comprendre les besoins particuliers des partenaires pour saisir la difficulté de les satisfaire tous. Le tableau suivant donne la liste des six partenaires avec leurs six plus fortes priorités et montre comment chacune des méthodologies agit sur ces priorités. Les points accordés à chaque priorité permettent de quantifier l'influence favorable ou défavorable des méthodologies sur les partenaires.

Tableau 0.1

Légende	Points de priorité	
● : influence directe	+2	GTA Gestion totale des affaires
◗ : influence indirecte	+1	GCT Gestion du coût total
○ : peu ou pas d'influence	0	GTP Gestion totale de la productivité
N : influence défavorable	-2	GQT Gestion de la qualité totale
		GTR Gestion totale des ressources
		GTT Gestion totale de la technologie

Les mesures prioritaires de l'amélioration du point de vue des dirigeants	GTA	GCT	GTP	GQT	GTR	GTT
Rendement sur l'actif	●	●	●	●	○	●
Valeur ajoutée par employé	●	●	●	●	◗	●
Valeur des actions	●	◗	●	●	◗	●
Part de marché	●	◗	○	●	◗	●
Réduction des frais d'exploitation	●	●	●	◗	◗	1

Total des points de priorité : + 48.

Les mesures prioritaires de l'amélioration du point de vue des investisseurs	GTA	GCT	GTP	GQT	GTR	GTT
Retour sur investissements	●	●	●	●	◗	●
Valeur des actions	●	◗	●	●	◗	●
Rendement sur l'actif	●	●	●	●	○	●
Part de marché	●	◗	○	●	○	●
Nouveaux produits réussis	●	N	○	◗	○	●

Total des points de priorité : + 41

Les mesures prioritaires de l'amélioration du point de vue des clients	GTA	GCT	GTP	GQT	GTR	GTT
Réduction des coûts	●	●	●	●	◗	●
Compétences accrues ou nouvelles	●	○	○	○	○	●
Meilleur rendement	○	○	○	●	◗	●
Facilité d'utilisation des produits	○	○	○	◗	○	●
Sensibilisation accrue aux problèmes	○	○	○	◗	◗	●

Total des points de priorité : + 27

Les mesures prioritaires de l'amélioration du point de vue des fournisseurs	GTA	GCT	GTP	GQT	GTR	GTT
Augmentation du retour sur investissements (côté fournisseur)	○	○	○	◗	○	○
Amélioration des relations, diminution du nombre de points de contact	○	○	○	●	○	○
Simplification des exigences, diminution des modifications	○	○	○	◗	○	●
Contrats plus longs	◗	○	○	●	○	○
Temps de cycle plus longs	N	N	○	N	○	N

Total des points de priorité : + 1.

Les mesures prioritaires de l'amélioration du point de vue des employés	GTA	GCT	GTP	GQT	GTR	GTT
Augmentation de la sécurité d'emploi	○	N	N	◗	●	N
Augmentation des salaires	N	N	○	◗	●	◗
Amélioration du potentiel de croissance	◗	N	N	◗	●	◗
Amélioration de la satisfaction au travail	N	N	N	●	●	◗
Amélioration de la motivation	○	N	N	●	●	○

Total des points de priorité : - 3.

Les mesures prioritaires de l'amélioration du point de vue de la communauté locale, pour l'humanité	GTA	GCT	GTP	GQT	GTR	GTT
Nombre d'emplois	N	N	N	N	○	N
Augmentation des taxes locales	○	N	N	◗	○	○
Réduction de la pollution	N	N	N	◗	●	N
Soutien aux associations locales	N	N	N	N	◗	N
Sécurité des employés	○	○	○	◗	●	○

Total des points de priorité : - 24.

Le processus d'amélioration idéal serait celui qui améliorerait le fonctionnement de l'entreprise en augmentant la valeur des mesures prioritaires pour tous les partenaires. L'influence la plus fréquemment observée apparaît dans les tableaux ; il se peut cependant que, selon les circonstances, une méthodologie donnée exerce une influence sur plusieurs mesures. Par exemple, la GQT (gestion de la qualité totale) peut avoir une influence favorable ou défavorable sur la sécurité d'emploi. Si l'amélioration augmente la part de marché, il en résulte une charge de travail accrue, donc une meilleure sécurité de travail. Si, par contre, la GQT élimine le gaspillage et augmente la productivité sans augmenter la charge de travail par une augmentation de la part du marché, des employés pourraient être licenciés. L'influence sur la sécurité du travail est dans ce cas défavorable.

En étudiant les tableaux précédents, il est facile de voir pourquoi l'intégration des six méthodologies est nécessaire pour obtenir, au moins indirectement, une influence sur les cinq premières priorités des partenaires. Les priorités données sont celles des partenaires d'une entreprise moyenne. Ces priorités peuvent changer selon la nature des produits et selon les événements se produisant à l'intérieur des entreprises. Dans le cas d'une usine nucléaire de production d'électricité, la sécurité serait la priorité principale pour les employés et la communauté locale.

■ L'INFLUENCE DE LA GAT SUR L'ENTREPRISE

Quand elle est implantée de façon convenable, la gestion de l'amélioration totale (GAT) exerce une influence favorable sur de nombreux aspects de l'entreprise. En particulier, elle :

Légende :

) = Parfois
○ = Non
● = Oui

	GTA	GCT	GTP	GQT	GTR	GTT
Augmente la part de marché	●	●	●	●	●	●
Augmente le retour sur investissements	●	●	●	●	●	●
Augmente la valeur ajoutée par employé	●	●	●	○	●	○
Augmente la valeur des actions	●	●	●	●	●	●
Améliore la motivation	○	○	○	●	○	○
Augmente la satisfaction des clients	○	○	○	○	○	●
Améliore son positionnement concurrentiel	●	●	●	●	○	●
Améliore la fiabilité	○	○	○	●	○	●
Améliore ses chances de survie	○	○	○	○	○	●
Améliore la sécurité	○	○	○	○	●	○
Diminue le gaspillage	○	●	●	●	●	○
Diminue les frais généraux	●	●	●	●	●	○
Diminue les stocks	●	●	○	○	●	○
Entraîne des licenciements	)	●	●	)	)	)
Augmente le nombre d'employés	)	○	○	)	)	)
Augmente les profits	●	●	●	●	●	●

■ LES MÉTHODOLOGIES DE LA GAT SONT-ELLES RENTABLES ?

• « Probablement que 95 % des programmes (GQT) échouent, mais personne n'a le courage de le reconnaître. » (Luigi D'Angola, actuellement Professional Fellow au Dartmouth College, *Electronic Business Magazine*, octobre 1992, p. 48.)

• Rath & Strong ont interrogé 95 cadres de haute direction : 38 % d'entre eux ont rapporté que les efforts d'amélioration de la qualité avaient échoué.

• Une enquête d'Arthur D. Little auprès de 500 cadres de direction a montré que seulement 60 % estimaient que leurs programmes d'amélioration de la qualité avaient augmenté la compétitivité de leur entreprise (magazine *Fortune*, 18 mai 1992).

À en croire ces déclarations, une des méthodologies de la GAT, la gestion de la qualité totale (GQT), présente de sérieux problèmes.

Par contre, le même numéro d'octobre 1992 de *Electronic Business* rapporte en page 47 que, sur 70 entreprises qui avaient été interrogées, aucune n'avait supprimé ses programmes de GQT et que 91 % d'entre elles estimaient que leur qualité avait augmenté par rapport à celle de leurs concurrents. Dans une enquête Gallup effectuée en 1992 par l'*American Society for Quality Control*, 63 % des consommateurs américains estimaient que les produits américains s'étaient améliorés durant les cinq dernières années. Dans une autre enquête Gallup réalisée en 1992 auprès de

604 entreprises, 8 % des dirigeants avaient des programmes d'amélioration de la qualité en cours, mais étaient déçus des résultats obtenus. Seulement 1 % considéraient que l'amélioration de la qualité était une stratégie d'affaires inutile. Ces trois rapports ne sont que quelques exemples parmi d'autres qui montrent que les entreprises réussissent leurs efforts d'amélioration en cours aux États-Unis.

Ces informations contradictoires déroutent les dirigeants. Il suffit cependant d'examiner sérieusement les données disponibles pour affirmer avec un niveau de confiance supérieur à 95 % (pour une erreur d'échantillonnage de plus ou moins 4 %) que les efforts en GQT améliorent la plupart des entreprises et les rendent plus compétitives sur les marchés intérieurs et internationaux.

Le chiffre de 1 % d'entreprises qui ont entrepris des efforts de GQT et qui en sont mécontentes est néanmoins trop élevé. De 90 % à 98 % des entreprises engagées en GQT dans les années 80 ont fait ce qu'il fallait faire. L'origine des problèmes relatifs à la GQT ne se trouve pas dans la nature des activités entreprises, mais dans la manière avec laquelle elles ont été accomplies. Dans certains cas, elles ont été mal implantées et n'ont pu donner leur plein rendement.

Des milliards de dollars ont été dépensés en formation sans obtenir aucun résultat. J'estime à environ 5 % à 10 % le nombre d'entreprises qui ont mal implanté leur processus d'amélioration et qui ont obtenu un rendement faible ou nul d'un énorme investissement. Environ 10 % à 20 % des entreprises ont implanté leur processus de façon efficace et ont alors obtenu un rendement de 4 000 %. Entre 70 % et 85 % des entreprises qui ont implanté la GQT ont obtenu des résultats intermédiaires. Elles se sont améliorées d'au moins 5 % par an, ce qui justifia leurs efforts, mais elles n'ont pas obtenu les résultats qu'elles auraient dû obtenir. Parmi ces entreprises, nombreuses sont celles qui n'ont pas augmenté leur part de marché bien qu'elles aient réduit le gaspillage, réduit les défauts de 15 % à 20 %, réduit les temps de cycle et augmenté la satisfaction des clients.

Si leurs profits stagnent malgré une amélioration exponentielle, c'est que leurs concurrents implantent eux aussi leur processus d'amélioration et s'améliorent au même rythme. Leur part de marché ne peut ainsi augmenter. Dans certains cas, il est même possible que des entreprises engagées dans le processus d'amélioration perdent une part de marché. C'est ce qui se passe habituellement quand une entreprise s'aperçoit que ses concurrents ont lancé des processus d'amélioration et qu'elle décide de les imiter. De telles entreprises accusent alors un retard d'une ou de deux années sur leurs concurrents.

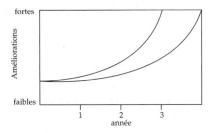

Figure 0.12 Courbes d'amélioration identiques mais décalées d'un an

La figure 0.12 montre les courbes d'amélioration exponentielles pour deux entreprises différentes. La courbe A est celle des concurrents et la courbe B celle de l'entreprise ayant commencé son processus d'amélioration avec un an de retard. Les deux courbes sont essentiellement les mêmes, mais la courbe B est décalée d'un an par rapport à la courbe A. Remarquez que l'écart entre les deux courbes s'accentue en fonction du temps d'amélioration par suite de la nature exponentielle des courbes.

Vous venez ainsi de prendre connaissance de la règle n° 1 de l'amélioration : on ne peut imiter ses concurrents. Car, arrivés au but que vous vous serez fixé, vos concurrents vous aurons devancé. Si vous voulez rester compétitif, vous devrez vous améliorer à un rythme plus rapide.

Règle n° 2 : N'allez pas voir vos concurrents pour leur confier tous vos secrets : ils sont bien capables de vous écouter !

◼ L'ÉTALONNAGE CONCURRENTIEL — LE PIRE EST TRÈS PAYANT

En affaires, il y a des gagnants et des perdants. Le concurrent intelligent étudie tous les cas pour obtenir le rendement maximal. De nombreuses entreprises ont obtenu des rendements de 4 000 % en un an pour leurs investissements. C'est le cas de Globe Metallurgical Inc. À l'opposé, se trouvent des entreprises comme la Florida Power & Light (FPL). En 1989, elle fut la première à mériter le prix Deming à l'extérieur du Japon. En 1990, ses pertes nettes s'élevèrent à 391 millions et pourtant son taux de pénétration par 1 000 habitants dépassait de loin celui des trois autres plus grandes entreprises de services publics de la Floride.

Quand James Broadhead devint le président de cette entreprise, il rencontra ses employés et découvrit une hostilité généralisée envers l'effort d'amélioration de la qualité. La revue *Fortune* le cita dans le numéro du 1er juillet 1991 : « J'ai été très inquiet d'entendre répéter que le souci de réussir le processus d'amélioration avait fait oublier l'un des principes les plus fondamentaux de l'amélioration : le respect des employés. » Il découvrit aussi « qu'il y avait moins de reconnaissance dans la prise de décisions d'affaires bien fondées qu'à suivre le processus d'amélioration de la qualité ». Il affirma également ceci : « La Florida Power & Light était au bord de l'éclatement au moment de ma nomination en 1989. »

Même si seulement 5 % des entreprises perdent de l'argent en implantant un processus d'amélioration, une entreprise ne peut être considérée gagnante que lorsqu'elle obtient un rendement de 300 % de ses investissements. En utilisant ce chiffre, environ 20 % des entreprises qui s'engagent en amélioration peuvent être considérées perdantes. Ces entreprises perdantes ne sont pas faciles à trouver. Elles ne publient pas d'articles sur leurs échecs, leurs présidents n'assistent pas aux congrès et ne donnent pas de conférences sur leur mauvaise gestion (encore faut-il qu'ils se rendent compte de leurs échecs). Il y a aujourd'hui peu d'entreprises qui n'aient entrepris un effort d'amélioration quelconque. Parmi les entreprises qui communiquent avec moi, je constate la répartition suivante :

Situation de l'entreprise	Pourcentage d'entreprises
Entreprises qui sont si enthousiasmées par leur réussite qu'elles ont décidé d'augmenter leurs efforts et recherchent de nouveaux moyens pour s'améliorer.	25 %
Entreprises qui sont satisfaites de ce qu'elles ont accompli, mais leurs efforts d'amélioration ne font pas encore partie du fonctionnement habituel; elles pensent qu'elles pourraient augmenter le rendement de leurs activités d'amélioration.	35 %
Entreprises qui ne sont pas satisfaites des progrès effectués.	30 %
Entreprises qui veulent commencer le processus d'amélioration, mais qui n'ont encore aucune expérience dans l'utilisation des outils de l'amélioration (travail en équipes, contrôle statistique des procédés, par exemple).	10 %

Pourquoi les entreprises échouent dans leurs efforts d'amélioration

Les entreprises qui sont mécontentes des progrès réalisés ont plusieurs points en commun. Les principales raisons de leur mécontentement envers leurs efforts d'amélioration sont les suivantes :

1. Il y a eu un changement au sein la haute direction (nouvelle haute direction).

2. Il y a eu un changement dans les priorités de la haute direction et dans l'orientation de l'entreprise.

3. La théorie a été enseignée, mais n'a pas été mise en pratique.

4. Un revers de l'économie a entraîné l'arrêt des efforts.

5. Les cadres intermédiaires ne se sont pas engagés dans le processus.

6. D'autres priorités, plus importantes, ont empêché les entreprises de devenir efficaces.

7. Les experts engagés n'ont pas compris les affaires de l'entreprise.

8. Elles se sont améliorées moins vite que leurs concurrents.

9. Il n'y a pas de résultats bien quantifiés. Il faut communiquer le rendement des investissements aux cadres.

10. Les équipes ne résolvent pas les problèmes importants.

11. Le processus d'amélioration interfère avec l'accomplissement du travail.

12. Il n'y a pas de stratégie destinée à coordonner les efforts.

13. Les résultats des efforts ne se retrouvent pas dans les profits.

14. Les syndicats n'apportent pas leur soutien.

15. Les méthodologies utilisées n'ont pas été efficaces.

16. Un licenciement important a tué les efforts.

Ces raisons sont en réalité des constatations. Les causes principales des échecs sont :

Cause principale n° 1. La haute direction estimait qu'il n'était pas nécessaire qu'elle change. Au lieu de prendre en charge le processus de changement, elle ne faisait qu'en parler. Elle voulait que le processus de changement touche tous les employés sans être concernée elle-même. Cela se passe habituellement quand la haute direction se lance dans les activités d'amélioration aveuglément, comme par un acte de foi. Les activités n'ont pas été définies et aucune planification viable, acceptée par l'ensemble de la haute direction, n'a été conçue.

Cause principale n° 2. La cause la plus importante de l'échec des processus d'amélioration est le manque de confiance entre les cadres et les employés. Chez environ 65 % des entreprises avec lesquelles nous travaillons, nous avons constaté que le manque de confiance réciproque entre les employés et leurs cadres est l'un des problèmes principaux auquel nous devons nous attaquer en priorité. Des années de mystère, de méfiance et de manque apparent d'intérêt envers les employés ont amené le personnel à se méfier des cadres supérieurs. La plupart des employés croient que la haute direction est plus informée qu'eux sur l'avenir de l'entreprise et qu'elle les maintient volontairement dans l'ignorance. Ils voient leur président gagner des millions de dollars par an alors qu'ils gagnent 20 000 $ en travaillant tout aussi durement que lui. Quand les affaires vont mal, les employés au bas de l'échelle sont renvoyés et la haute direction s'octroie des augmentations de salaires. Les employés pensent que la haute direction suit une planification préétablie et que, si elle n'y obéit pas, elle est renvoyée pour mauvaise gestion. Les cadres, de leur côté, prétendent que les employés ne se préoccupent pas de l'entreprise et qu'il n'est pas possible de leur confier des équipements ou de leur donner de l'information sur l'entreprise. Sur un maximum de 100, je donne la note de 56 aux États-Unis, 64 à l'Allemagne et 85 au Japon pour la loyauté de l'employé envers l'entreprise.

Cause principale n° 3. Le champion de l'amélioration de l'entreprise est la troisième cause principale des échecs. Le champion est la personne choisie à l'intérieur de l'entreprise pour diriger le processus d'amélioration. Très souvent, la direction nomme la mauvaise personne pour de mauvaises raisons. Souvent, elle choisit un dirigeant chevronné sur le point de prendre sa retraite, pensant qu'il jouit du prestige nécessaire et qu'il a bien mérité une nomination à un poste apparemment peu exigeant. La direction a tendance à penser qu'il n'est pas nécessaire que le champion de l'amélioration connaisse les méthodologies de l'amélioration. Après tout, personne n'ignore ce qu'est la qualité. Même les clients peu éduqués savent ce que c'est. Pourquoi, dans ce cas, le champion de l'amélioration devrait-il avoir une expérience en amélioration ?

Ce genre de raisonnement revient à dire que toute personne sait distinguer un bon design d'un mauvais. Même des clients peu éduqués n'achèteraient pas un poste de télévision dont l'image serait floue. Pourquoi alors ne pas nommer n'importe qui vice-président à la recherche et au développement ? Un diplôme d'ingénieur ne devrait pas être nécessaire. Il est évident qu'en prenant un dirigeant compétent, il pourra par la suite occuper n'importe quel poste avec un minimum de rendement après suffisamment de temps, de formation et beaucoup d'erreurs. Mais quelle est l'entreprise qui peut s'offrir ce luxe aujourd'hui ? Il faut entre quatre et six ans à un bon dirigeant pour devenir un bon expert en amélioration.

Parmi celles qui ont échoué, trop d'entreprises ont choisi un dirigeant chevronné comme responsable du programme d'amélioration, pour lui permettre de diminuer ses efforts au travail avant de prendre sa retraite. IBM en est un bon exemple. Ses deux premiers vice-présidents qualité ont pris leur retraite trois ans après avoir été nommés directeur ou vice-président qualité. Les deux étaient d'excellents dirigeants, ils ont malheureusement pris leur retraite au moment où ils devenaient efficaces.

D'autres entreprises choisirent un jeune dirigeant plein d'avenir comme champion de l'amélioration. C'est le meilleur choix à faire si vous pouvez vous permettre de retarder de quelques années la mise en route du processus et de payer les honoraires d'un bon consultant à plein temps pour travailler avec lui. D'autres entreprises choisirent un membre du groupe d'assurance qualité pour ce poste. Celui-ci a d'ordinaire une expérience de quelques années en implantation et en utilisation d'outils d'amélioration dans différents secteurs de l'entreprise. Il a habituellement déjà établi des contacts avec les clients et les fournisseurs.

Il y a cinq ans, j'estimais que nommer champion un employé de l'assurance qualité était un mauvais choix, car la fonction qualité était perçue comme centrée sur les procédés de fabrication, sans aucune autre responsabilité. Mais après avoir étudié les résultats des entreprises en fonction des trois choix, j'ai changé d'avis. Je sais à présent qu'il est plus facile, plus rapide et plus rentable de permettre à un spécialiste de l'assurance qualité d'étendre son domaine d'activité à l'amélioration que de recommencer avec une personne qui n'a que peu ou pas d'expérience dans l'élimination des erreurs. Par contre, il faudrait revoir ce choix si la personne n'avait pas la confiance de l'équipe de direction.

Cause principale n° 4.   Qu'elles réussissent ou qu'elles échouent, toutes les entreprises basent leur processus d'amélioration sur la méthodologie d'un consultant. Souvent, ce processus est tiré d'un livre rédigé par l'un d'eux. D'autres entreprises engagent des consultants qui n'ont qu'une expérience limitée du passage de la théorie à la pratique pour différents types d'entreprises. Soyons raisonnables. Le produit d'un consultant est ce qu'il a appris. Comment pouvez-vous croire qu'il vous livrera son produit gratuitement lors d'une conférence ou dans un livre pour lequel il ne touche presque rien ? Dans le domaine de la qualité, la plupart des auteurs perdent de l'argent en publiant leurs livres. En moyenne, un auteur investit un peu moins de 200 jours par livre pour recevoir environ 12 500 $ en droits d'auteur.

Personne ne peut se permettre de perdre de l'argent sur ses produits pour survivre dans le milieu des affaires. Engager des consultants pour démarrer le processus d'amélioration est, par contre, une décision sensée. Les meilleurs consultants sont mis entre 30 et 40 ans pour comprendre et implanter les méthodologies de l'amélioration. Ils ont dépensé des centaines de milliers de dollars à mettre au point les différents outils. Ils se sont trompés quelquefois, en ont tiré les conséquences et ont bien réussi par la suite. Pourquoi ne pas profiter des erreurs qu'ils ont commises ? Pourquoi dépenser des centaines de milliers de dollars pour mettre au point vous-même une technique et ses outils quand vous pouvez les acheter pour bien moins cher ? Pour la formation et l'implantation, vous aurez besoin d'un expert dans certains cas, mais vous pourrez aussi vous débrouiller sans aide dans d'autres cas. Un consultant pourra vous éviter de faire des erreurs susceptibles de faire tout échouer en vous aidant à démarrer le processus ou à implanter un nouvel outil.

Le problème de nombreuses entreprises est d'avoir choisi le mauvais consultant ou d'avoir mis fin à son contrat trop tôt. De nombreux enseignants se considèrent experts. Ils se trompent fortement. Il est beaucoup plus facile de donner un cours et de discuter théorie que de mettre en pratique la théorie. Un expert qui enseigne des sujets comme la GQT, le CSP, etc. ne fait que 15 % de son travail : 85 % du travail d'un expert consiste à participer à leurs implantations. D'autres experts n'ont qu'une compréhension limitée de l'ensemble du processus d'amélioration et, n'ayant pas une vue d'ensemble, ils ne peuvent vous faire les meilleures suggestions.

Il y a actuellement plus de 400 outils disponibles en amélioration. Choisissez un consultant qui les connaît tous et qui peut vous aider à faire le meilleur choix. Peu de consultants excellent vraiment dans plus de 10 outils d'amélioration ; un bon consultant expérimenté peut cependant comprendre les forces et les faiblesses de ces outils ainsi que leurs interactions. Des consultants expérimentés peuvent vous mettre en contact avec un consultant plus qualifié pour la mise en œuvre des outils qui vous conviennent le mieux.

Engager des consultants est effectivement une bonne décision d'affaires. C'est ce que font la plupart des entreprises gagnantes. Les entreprises de haute technologie, comme Hewlett-Packard, IBM et Martin-Marietta, engagent des experts ; celles de technologie moins avancée, comme United States Steel, Reebock et Campbell Soup, en engagent également. Voici les caractéristiques principales que vous devez rechercher lors du choix d'un cabinet de consultants :

1. Les employés clés sont-ils membres d'associations professionnelles ? (Par exemple, l'*American Society for Quality Control* pour les ingénieurs qualité et fiabilité, l'*Institute of Certified Professional Managers* pour les dirigeants, etc.)

2. Les employés clés sont-ils des ingénieurs reconnus par le gouvernement ?

3. Ont-ils acquis une expérience d'implantation d'au moins deux cycles de produits avant de devenir consultants ?

4. Sont-ils membres associés ou membres honoraires des associations appropriées ?

5. Sont-ils capables de former et d'implanter (peuvent-ils se passer de vos employés ou n'ont-ils qu'une connaissance théorique) ?

6. Connaissent-ils la gamme complète des outils d'amélioration ?

7. Combien de livres sur l'amélioration ont-ils publiés ?

8. Quelles banques de données possèdent-ils ?

9. Les dirigeants du cabinet ont-ils une réputation mondiale et ont-ils un réseau de communication international pour se tenir au courant des plus récents développements ?

Ne choisissez pas un consultant d'après la couleur de ses yeux, sa manière de s'habiller ou les couleurs étincelantes de ses documents publicitaires. Choisissez un consultant pour l'expérience acquise durant les 20 ou 30 dernières années. Un consultant ne doit pas seulement être au courant des dernières tendances, mais également savoir pourquoi elles ont été créées. Trop de consultants font appel aux dernières techniques à la mode et non à un compromis avec celles du passé qui sont issues d'une solide expérience des affaires.

Cause principale n° 5. Les cadres intermédiaires oubliés. Les cadres intermédiaires ont été les plus touchés par les processus d'amélioration aux États-Unis. Ils ont connu les difficultés dues aux compressions budgétaires, aux licenciements et aux rationalisations. Le pourcentage de cadres intermédiaires qui ont été bousculés, surchargés, renvoyés ou mis à la retraite (pour sauver la face) est deux fois plus important que celui des employés, chefs de section ou hauts dirigeants. N'est-il pas normal que ce soient eux qui se méfient le plus des processus d'amélioration ? Dans la plupart des entreprises qui ont échoué, la haute direction n'a pas pris le temps de préparer les cadres intermédiaires à assumer un rôle nouveau dans un environnement de participation. La haute direction voulait augmenter le pouvoir de décision des employés, mais non celui des cadres intermédiaires. Les entreprises n'ont pas permis que ces cadres conservent la compétence technique qu'ils ont apportée (par exemple : programmation, ingénierie, marketing, etc.). C'est ainsi qu'ils n'ont eu d'autre choix que de partir quand leurs postes ont été abolis. Ce n'est pas parce qu'ils ont échoué, mais parce que les entreprises n'offraient pas de programme de formation technique continue. De nombreuses entreprises ne se sont pas préoccupées de ce problème et ont implanté leur processus d'amélioration directement au niveau des employés. Les cadres devinrent des saboteurs et non des alliés.

■ OÙ SE SITUENT LES ÉTATS-UNIS ?

- *Le pourcentage des exportations mondiales.* Depuis 1950, les États-Unis ont perdu plus de 43 % de leur part des marchés mondiaux, essentiellement au profit du Japon et de l'Allemagne.

- *Le rendement de l'actif.* La performance de nos plus grandes organisations n'est pas fantastique. En 1992, les États-Unis possédaient 5 des 10 plus grandes entreprises industrielles au monde. Trois d'entre elles ont perdu 9,3 milliards de dollars, soit 1,3 milliard de plus que la somme des profits des cinq entreprises non américaines. En 1993, le total du rendement de l'actif de ces cinq entreprises a été de 0,8 %. Toute valeur inférieure à 2 % est considérée comme mauvaise (entreprises perdantes).

- *Les dépenses en R&D non reliées à la défense.* Depuis 1980, les dépenses en R&D sont restées constantes à environ 1,8 % de notre produit national brut. Le Japon a continuellement augmenté les siennes, soit de 2,3 % en 1980 à 3 % actuellement.

- *Les profits en pourcentage du PNB.* Ce pourcentage n'a cessé de décroître aux États-Unis, passant d'une valeur maximale de 12 % en 1965 à 6 % de nos jours, soit une chute de 50 %. En 1993, les profits des cinq plus grandes entreprises ont plafonné à 1,4 % de leur chiffre de ventes.

- *Le salaire horaire.* En 1975, l'ouvrier américain était le mieux payé au monde (6,36 $ l'heure); de nos jours, c'est l'ouvrier allemand (24,20 $ l'heure). Les ouvriers français, italiens, japonais et suédois, entre autres, sont de nos jours mieux payés que les ouvriers américains.

- *Les revenus annuels.* Les revenus annuels en dollars réels ont atteint un sommet au début des années 70 aux États-Unis et ont diminué depuis.

- *Les frais généraux.* Aux États-Unis, les frais généraux sont plus élevés (26 % des coûts de fabrication) qu'en Allemagne (21 %) et qu'au Japon (17,5 %).

- *La dette fédérale.* La dette fédérale des États-Unis atteint maintenant 50 % de son PNB. Elle a augmenté de 26 % durant les 12 dernières années. Au total, 21 % du budget fédéral de 1992 a été emprunté pour payer le déficit. Cela représente trois fois les impôts payés par les entreprises. Actuellement, les États-Unis ont la plus forte dette nationale.

- *La dette publique et privée.* Non seulement le secteur public mais aussi le secteur privé se sont endettés comme jamais auparavant. Les sommes économisées diminuent et les dettes personnelles crèvent tous les plafonds. Depuis 1980, le taux de croissance de la dette a augmenté de 300 % par rapport aux 40 dernières années.

• *Les droits de la personne.* L'un des droits fondamentaux de la personne est le droit de se protéger et de protéger ses biens. À ce point de vue, les États-Unis se placent au bas de la liste des pays industrialisés. Les vols, crimes violents et vols de voitures sont respectivement 130 fois, 360 fois et 22 fois plus nombreux aux États-Unis qu'au Japon. Dans ce domaine, nous avons bien des choses à apprendre de pays comme le Japon ou Singapour.

■ LES ENTREPRISES JAPONAISES

Le début des années 90 a durement frappé le Japon. L'indice boursier NIKKEI est passé de 38 985,87, le 29 décembre 1989, à moins de 18 000 en avril 1992 (et même plus bas par la suite), ce qui équivaut à une chute de 54 %. La valeur des actions a ainsi baissé de 2 600 milliards de dollars. En même temps, les valeurs immobilières ont fortement chuté. Dans certaines régions, elles ont baissé de 30 % et continuent à chuter. Les gains avant impôt diminuent depuis trois ans et, en 1992, ces pertes dépassaient 20 %. En 1992, Sony a perdu 158 millions de dollars, la première perte d'exploitation de son histoire. Les profits de Toshiba diminuèrent de 60 %. JVC annonça un licenciement de 3 000 employés (10). Nissan prévoit éliminer 4 000 postes au cours des trois prochaines années.

Nobuhiko Kawamoto, président de Honda Motor Co., a affirmé «Tout à coup, nous devons adapter notre structure industrielle à une croissance faible. Bien des Japonais ne le comprennent pas, puisque ce n'est pas ce qu'ils ont fait ces 40 dernières années. Il faut que nous changions, sinon nous ne survivrons pas. » Même la puissante Toyota rajusta son objectif de vente annuelle à 6 millions de véhicules qu'elle compte atteindre d'ici à l'an 2000.

Les ingénieurs japonais subissent de fortes pressions et se découragent. À la question «Êtes-vous satisfait de votre entreprise ? », seulement 40 % ont répondu qu'ils étaient satisfaits, 42 % n'étaient pas satisfaits, 44 % étaient mécontents et 10 % songeaient à démissionner (11).

Le nombre de faillites d'entreprises a grimpé de 6 468 en 1990 à 11 385 en 1992, soit une augmentation de plus de 75 %. Michio Nakajima, président de la Citizen Watch Company, a affirmé : «Les entreprises japonaises se sont égarées dans le boom économique des années 80. »

Les entreprises japonaises découvrent une nouvelle race de travailleurs qu'ils appellent *Shinjinrui* (les nouveaux êtres humains). Ces jeunes travailleurs japonais sont très différents des travailleurs assidus au travail qu'étaient leurs parents. Il sont plus intéressés à profiter de la vie qu'à travailler durement. Ils aiment voyager et veulent plus de temps libre. Ces habitudes vont réduire les économies et la productivité du Japon.

Certains Japonais craignent de voir le Japon perdre sa supériorité au point de vue qualité. Dans les années 80, sa qualité s'améliorait bien moins vite que celle des États-Unis. Actuellement, Ford produit des véhicules d'une qualité supérieure à celle de la moitié des constructeurs automobiles japonais. Les clients sont de plus en plus confrontés avec des problèmes de qualité. Matsushita, Pioneer, Sony et Toshiba ont rappelé des douzaines de modèles qui émettaient de la fumée et qui prenaient feu. Les voitures Lexus ont été rappelées pour des défauts au régulateur de vitesse et aux feux de freinage. Les ordinateurs portatifs Seiko Epson furent rappelés pour de mauvaises soudures. Un médicament japonais utilisé pour le traitement de l'obésité, de l'insomnie et d'autres maladies fut contaminé lors de sa fabrication et causa de nombreuses maladies et plusieurs décès aux États-Unis.

Une enquête de Brouillard Communications a révélé qu'un fort pourcentage de consommateurs aux États-Unis ont donné une meilleure note à la qualité des produits américains (53 %) qu'à celle des produits japonais (48 %) et allemands (39 %). La quatrième meilleure note a été donnée aux produits britanniques (9 %). Junji Noguchi a affirmé : « (J.M.) Juran a dit que les États-Unis pouvaient rattraper le Japon dans les années 1990 ; je pense que cela est possible. » Selon Tadashi Kagawa, administrateur de Daini Denden Inc., « la qualité japonaise est en baisse. Elle reste meilleure que la qualité américaine dans certains secteurs, mais les États-Unis réduisent très vite l'écart. Dans d'autres secteurs, les produits japonais n'ont jamais été aussi bons que les produits américains ».

Les entreprises japonaises sont des concurrents féroces et le deviendront encore plus alors qu'elles essayeront d'inverser ces tendances et d'augmenter leurs exportations pour compenser une faible demande interne. Ces pressions ont entraîné une augmentation du surplus commercial des entreprises japonaises de plus de 125 milliards de dollars U.S. en 1992 (12), valeur en augmentation pour 1993, sans que l'on puisse voir de limite pour les années à venir.

Durant la première moitié de cette décennie, certaines croyances se sont développées dans le monde au sujet du Japon :

• Le financement facile des entreprises japonaises prendra fin.

• La part de marché n'est pas le seul élément à considérer.

• Il y a des licenciements dans les entreprises japonaises.

• Le monde a survécu à la chute du NIKKEI au-dessous de 20 000.

• Certaines conjonctures peuvent empêcher le Japon de s'implanter dans tous les pays.

L'un des avantages que les entreprises japonaises conservent par rapport aux États-Unis est leur façon de mettre au point leurs nouveaux produits et de les lancer sur le marché. Elles ont régulièrement réussi à mener un produit de sa phase de conception à sa phase de livraison au consommateur en moitié moins de temps et à un coût moitié moindre que les entreprises américaines moyennes. Les entreprises japonaises passent plus de temps en planification (Japon : 40 %, États-Unis : 25 %) et, en conséquence, subissent des problèmes de développement pour un pourcentage plus faible de leurs produits (Japon : 28 %, États-Unis : 49 %). Les entreprises japonaises perdent également moins de temps à éliminer les défauts de leurs produits finis (Japon : 5 %, États-Unis : 15 %).

Les entreprises japonaises mettent au point et font connaître clairement leurs visions d'entreprises pour les 10, 20 et 30 prochaines années. Selon le président de Sony, Akio Morita. « les entreprises américaines ont du mal à avoir une vision d'entreprise pour les 3 mois à venir; la vision des entreprises japonaises couvre les 10 prochaines années ». En travaillant avec une vision d'entreprise sur 30 ans, les dirigeants sont plus enclins à investir en R&D. Dans les années 90, en pourcentage du PNB, le Japon a commencé à investir davantage en R&D dans des domaines autres que celui de la défense que les États-Unis (Japon : plus de 3 % du PNB, États-Unis moins de 2 %).

Pour conserver sa supériorité technologique, le Japon confie la mise au point de nouveaux produits à des équipes formées de membres venant des services de recherche, du marketing, de l'ingénierie des produits et de la production pour définir trois niveaux de conception d'un même produit. Le premier niveau permet une amélioration graduelle du produit initial. Le deuxième niveau correspond à une amélioration notable. Le troisième niveau correspond à une innovation dans le produit. Peter F. Drucker, consultant en management et professeur à Claremount University, a écrit : « Cette approche permet de produire trois nouveaux produits qui se remplacent successivement avec le même investissement d'argent et de temps, l'un des trois produits devenant ainsi le chef de file d'un nouveau marché. »

Le Japon est nettement en avance sur les États-Unis dans les domaines suivants :

• L'éducation préuniversitaire : le Japon occupe la 1re place ; les États-Unis, la 17e.

• L'éducation des enfants : la plupart des familles japonaises prennent leurs responsabilités envers leurs enfants en bas âge et l'un des parents reste à la maison pour aider l'enfant à se développer et pour l'éduquer.

• L'amélioration des processus : les entreprises japonaises consacrent trois fois plus d'efforts que le Canada, l'Allemagne et les États-Unis à améliorer leurs processus en utilisant des outils comme la réingénierie des processus administratifs, la simplification des processus, l'analyse du temps de cycle.

◼ RAMENER LA PRODUCTION AUX ÉTATS-UNIS

Les circonstances sont favorables pour un retour massif de la fabrication aux États-Unis. Certaines entreprises l'ont déjà fait et de nombreuses autres vont les imiter. Comme le prétend Robert Collins, pdg de G.E. Fanue North America, « nous avons détruit le mythe qui voulait qu'il soit impossible de produire de façon compétitive avec une meilleure qualité aux États-Unis ». Cette entreprise a rapatrié la fabrication de son programmateur logique de Koyo, une entreprise japonaise, à son usine de Charlotteville, en Virginie. *Applied Digital Systems*, de AT&T, ramena la fabrication de son terminal d'ordinateur (un exemplaire coûte 600 $) d'Asie vers Long Island. Ceci lui permit de réduire les stocks de matières premières et de produits finis par un facteur de 8. IBM fabrique ses produits à l'usine de Rochester, au Minnesota, à un coût moindre que si elle les produisait en Asie. La liste des entreprises qui reviennent produire aux États-Unis s'allonge de jour en jour.

Comme la main-d'œuvre constitue de 5 % à 12 % du coût total, les directions sont obligées de reconsidérer la production effectuée à l'étranger. En 1988, par exemple, 25 % du coût de production d'un module électronique à l'usine de Modecon, située à Andover, au Massachusetts, était imputé à la main-d'œuvre. Transférer sa production à Hong-Kong était alors certainement une bonne décision d'affaires. Depuis ce temps, l'automatisation, des conceptions simplifiées et une fabrication rationalisée ont amené cette entreprise à reconsidérer sa décision. En 1990, la production a repris à Andover. Aujourd'hui, le coût direct de la main-d'œuvre ne se monte plus qu'à 5 % du coût de production. Le président de Motorola, George Fisher, a résumé ainsi : « L'époque où l'on courait après une main-d'œuvre bon marché est révolue. »

■ LE RENDEMENT DES INVESTISSEMENTS EN AMÉLIORATION TOTALE

Il est difficile de prévoir le rendement des investissements pour les activités d'amélioration puisqu'il dépend étroitement du genre d'améliorations et de l'efficacité avec laquelle vous les implantez. Il dépend également très fortement de la situation de votre entreprise. Les entreprises perdantes ont plus de chances d'avoir un rendement élevé que les entreprises gagnantes. La question suivante se pose également : comment évaluer les économies indirectes réalisées en augmentant une part de marché qui allait en diminuant ? Compte tenu de ces problèmes d'évaluation, le rendement des investissements pour 3 ans se situe entre 8 pour 1 et 50 pour 1 si le processus d'amélioration a été implanté correctement.

Bob Praegitzer, pdg de Praegitzer Industries Inc., implanté à Dallas, au Texas, demanda à Matt Bergeron, chef des services financiers, d'évaluer le rendement de l'effort et des sommes investies en amélioration. Il trouva qu'il y avait des gains évidents et que l'investissement en amélioration exerçait une influence favorable sur les profits bruts. Bergeron cite comme exemple le rendement de 6 pour 1 de l'investissement en formation.

Les résultats de la réingénierie ont également été impressionnants pour Bethlehem Steel : le coût de production de la tonne d'acier a pu être réduit de 24 %, le coût de la main-d'œuvre exprimé en pourcentage des ventes est passé de 50 à 38, les stocks nécessaires pour effectuer une vente de 1 dollar ont diminué de 54 % et le chiffre de ventes par employé a grimpé de 70 %.

Examinons maintenant les résultats d'une entreprise jeune et de taille moyenne. Iomega Corporation, fondée en 1980, s'est développée en étant la première à commercialiser la technique Bernouilli des disques durs amovibles. Comptant un peu plus de 1 100 employés, ses revenus de 1991 atteignaient 136 millions de dollars pour un profit avant impôt de 18 millions. Les résultats des efforts d'amélioration sont les suivants :

- l'augmentation de la productivité de 136 % ;

- la réduction annuelle des rejets de 81 % ;

- l'augmentation des revenus de 54 % ;

- la diminution des stocks de 75 % ;

- la réduction des coûts des produits de 35 % ;

- la réduction des coûts de la qualité de 28 % ;

- la réduction de la surface de production de 41 % ;

- un indice de satisfaction des clients de 99 %.

Globe Metallurgical Inc., un producteur de métaux ferreux comptant un peu plus de 200 employés et dont le siège social est à Cincinnati, en Ohio, s'est retrouvé face à une sérieuse concurrence étrangère et subissait une forte diminution de ses profits au début des années 80. En 1985, l'entreprise se lança dans la réingénierie. En trois ans, elle obtint les résultats suivants :

- un saut de productivité de 367 % ;

- une réduction des rejets de 10 millions de dollars par an ;

- une économie de 1 million en frais de transport ;

- une réduction des stocks de 77 % ;

- une réduction de l'absentéisme à 0,029 jour par an par employé ;

- l'obtention du *Malcolm Baldrige National Quality Award* en 1988 ;

- une réduction de 91 % des plaintes de la clientèle.

(Source : 1993 Shingo Prize Guidelines, p. 22.)

Arden C. Sims, président de Globe Metallurgical Inc., estime que les investissements de Globe en amélioration de la qualité ont eu un rendement de 40 pour 1. Entre 1986 et 1988, Globe a réduit ses coûts d'exploitation de l'énorme somme de 11,3 millions de dollars, et ses efforts d'amélioration de la qualité continuent à réduire les coûts d'exploitation d'environ 4 millions par an. Récemment, Sims fit savoir à la *Harvard Business Review* qu'en 1995 les économies annuelles résultant des efforts d'amélioration de la qualité devraient atteindre 13 millions pour son entreprise dont le chiffre d'affaires est de 115 millions.

Autre exemple : la campagne d'amélioration de Motorola permit d'économiser presque 2,4 milliards de dollars.

Actuellement, l'industrie des soins de santé recherche activement de nouvelles façons d'améliorer la qualité et de réduire ses coûts. Par exemple, un hôpital du Sud-Est décida de créer cinq équipes interfonctionnelles et de les former. Ces groupes étaient constitués de professionnels et d'employés administratifs venant de la radiologie, de l'infirmerie, des laboratoires et de la pharmacie. En moins d'un an, ces équipes ont permis d'économiser presque 1 million de dollars tout en améliorant la qualité des soins. De plus, l'augmentation des profits de 1,5 million sera allouée à des dépenses d'amélioration futures.

Voici des résultats typiques obtenus dans le milieu bancaire :

- la réduction de 40 % des coûts pour établir les états de compte ;

- la réduction de 60 % dans la manipulation des formulaires d'exemptions d'impôt ;

- la réduction de 20 % des relevés pour fins d'impôt.

Pour l'industrie des assurances :

- la réduction du nombre de réclamations en souffrance, passant de 370 000 à 70 000 ;

- la réduction du temps de règlement des réclamations, passant de 28 jours à 5 jours.

Les résultats précédents sont impressionnants. Ils auraient cependant pu l'être encore plus. Même pour ces entreprises, il y a encore bien des possibilités d'amélioration si elles utilisent la gestion de l'amélioration totale (GAT).

■ EN RÉSUMÉ

Il n'y a aucun doute : les États-Unis remportent la palme. C'est le meilleur endroit pour vivre, travailler et élever des enfants. Nous sommes les plus productifs et nous avons le meilleur niveau de vie au monde. La satisfaction au travail y est meilleure qu'au Canada, qu'en Europe ou qu'au Japon (13).

- Indice pour les États-Unis : 40

- Indice pour le Canada : 39

- Indice pour l'Europe : 29

- Indice pour le Japon : 16

Le magazine *Money* a évalué le niveau de vie des 16 pays les plus riches. Cinq éléments particuliers ont servi à classer ces pays : la santé, les possibilités d'obtenir un emploi permanent, les revenus, la possibilité d'enrichissement et le temps de loisir. Les États-Unis se classèrent à la première place; le Japon, à la septième, l'Allemagne, à la huitième et le Royaume-Uni, à la quinzième. Le reste du monde nous envie et, quand vous êtes le n° 1, tout le monde se compare à vous et essaie de vous dépasser. En conséquence, l'écart entre les États-Unis et les autres pays du monde a été réduit au cours des 25 dernières années.

Comment se présente l'avenir pour les États-Unis ? Nous sommes dans le peloton de tête pour les produits qui vont dominer les marchés dans la prochaine décennie. Il est reconnu que les États-Unis figurent parmi les meilleurs en microélectronique, biotechnologie, nouveaux matériaux, aviation civile, télécommunications, ordinateurs et logiciels.

Après la Deuxième Guerre mondiale, nos usines de production étaient les seules à ne pas être désuètes ou bombardées, ce qui nous a assuré une réussite rapide. Cela nous a également donné une fausse sensation de sécurité. Nous avons commencé à croire que c'était notre style de gestion qui nous distinguait et non le fait de ne pas avoir eu de guerre sur notre sol. En Europe, un MBA signifiait « *Manager ayant Bossé en Amérique* ». Le reste du monde n'a pas tardé à nous prendre comme modèle. Et partout dans le monde, de nombreuses personnes se sont donné comme objectif de remplacer dans leurs assiettes le riz et les pommes de terre par notre steak.

C'est pour cela que nous nous sommes endormis dans les années 60. Le réveil s'est mis à sonner dans les années 70, nous l'avons arrêté et nous nous sommes recouchés. Dans les années 80, nous nous sommes réveillés, nous avons pris notre douche, nous nous sommes habillés et nous sommes partis au travail. Maintenant, dans les années 90, nous avons retroussé nos manches, bien décidés à ne pas perdre plus de terrain. D'un géant endormi, amaigri mais mieux informé, une nouvelle Amérique se transforme en une équipe orientée vers les clients, prête à faire n'importe quoi pour les satisfaire.

Les clients étrangers sont attirés par vos produits pour quatre raisons. Les voici dans l'ordre :

Pour attirer les clients	Pour perdre les clients
1. Vos capacités	1. La confiance
2. La confiance	2. La qualité
3. Le prix	3. Vos capacités
4. La qualité	4. Le prix

Les capacités de produire et d'offrir des services dépendent de l'utilisation des plus récentes technologies, de l'utilisation de technologies plus anciennes de façon plus créative, ou des deux. La confiance se fonde sur l'expérience et la réputation. Elle est le reflet de la perception que le client a de votre aptitude à respecter vos engagements concernant les délais, les coûts et la qualité. De nos jours, le prix d'un produit est directement relié à sa valeur. Les clients recherchent la meilleure valeur au meilleur prix. La qualité ne se trouve pas seulement dans la première impression que nous avons des produits ou des services achetés. Elle reflète aussi la qualité de toute l'entreprise, la fiabilité de ses produits et les compétences de son personnel de vente et de service. Les quatre mêmes raisons vous font gagner ou perdre des clients, leur ordre d'importance dans chaque cas étant simplement différent.

De nos jours, pour qu'une entreprise puisse survivre dans l'environnement compétitif mondial, elle doit impérativement mettre en œuvre à la fois des technologies d'amélioration continue et des technologies permettant de faire des percées. Le management doit servir à prendre les décisions judicieuses pour que les bons produits soient offerts au bon moment, en profitant au maximum des efforts de chacun. Une collaboration de haut niveau entre les gouvernements, le milieu des affaires, les syndicats et les universités est indispensable. Chacun doit améliorer la valeur que représentent ses produits et ses services pour les clients. Cela signifie que toutes les fonctions des entreprises doivent utiliser la technologie la plus appropriée pour augmenter leur rendement, leur efficacité et leur adaptabilité. De plus, toutes les entreprises doivent adopter une planification bien connue et acceptée de tous, qui utilise de nombreuses méthodologies ; elles représenteront alors une valeur maximale pour tous les partenaires.

Dans notre planification, nous devons nous assurer de pouvoir concurrencer loyalement tous les autres pays. Notre attention ne doit pas être dirigée uniquement vers l'Allemagne et le Japon, mais également vers tous les autres pays. Je crois que vers 2010 le Japon ne sera plus notre principal concurrent, ce sera la Chine. Le taux de croissance de la productivité de ce pays est le double de celui du Japon ou des États-Unis. L'accroissement annuel de son PNB réel entre 1986 et 1991 a été de 8 % et n'a cessé de croître depuis lors. Depuis 1986, ses exportations ont doublé en valeur et, pour la première fois depuis la fin de la Deuxième Guerre mondiale, son surplus commercial avec les États-Unis ne cesse d'augmenter (20 milliards de dollars uniquement en 1993). La Chine fait maintenant partie des cinq pays qui ont le plus grand surplus commercial avec les États-Unis. Si cette tendance se maintient, dans 10 ans, les États-Unis auront un déficit commercial plus élevé avec la Chine qu'avec le Japon. Si vous croyez que le Japon est un concurrent féroce, dites-vous bien que c'est un concurrent insignifiant comparé à la Chine.

À part la Chine, l'autre concurrent est le Marché commun européen. Les pays européens pourraient se regrouper, mettre en commun leurs spécialités pour devenir une superpuissance de production. Il serait difficile de concurrencer une combinaison des connaissances scientifiques russes, de l'habileté allemande, du sens italien du design et des qualités de gestion financière britanniques.

Les derniers et probablement les plus importants concurrents sont les pays industriels en émergence. Ce sont des pays modernes, ils ont le vent en poupe et sont ambitieux. Ils payent de bas salaires, ont une éthique du travail plus élevée, s'améliorent à un rythme plus rapide, et leur niveau de vie croît plus rapidement que celui du Japon, de l'Allemagne ou des États-Unis. Je crois qu'il y a une relation directe entre l'éthique de travail d'une personne et le temps qui s'est écoulé depuis le dernier jour où elle a souffert de la faim.

Bien qu'aujourd'hui la situation aux États-Unis soit bonne en général et qu'elle le restera au cours des années 90, elle risque de ne plus l'être au XXIe siècle. Lester Thurow, économiste au MIT, a écrit : « À la fin de ce XXe siècle, aucun pays n'est moins bien préparé pour affronter la concurrence que nous réserve le XXIe siècle. » Les États-Unis ont cinq ans pour se préparer, car aujourd'hui ils ne sont pas prêts. Ils ne se sont pas préparés comme ils auraient dû le faire. Les États-Unis doivent faire un effort exceptionnel pour améliorer le rendement de leur gouvernement, de leurs entreprises et de leurs écoles.

Actuellement, je donnerais un B- à nos entreprises de production et un C- à nos entreprises de service, car elles ont commencé à s'améliorer ; je donnerais un D- à notre gouvernement, car il ne fait vraiment aucun effort pour s'améliorer et un F à notre système scolaire, car les écoles primaires et secondaires constituent un échec complet. Nous dépensons un pourcentage plus élevé de notre PNB en éducation (6,8 %) que le Japon (6,5 %) et que l'Allemagne (4,6 %), cependant seulement 7 % de nos adolescents de 17 ans ont les connaissances voulues pour comprendre les cours de sciences de niveau collégial.

Comme l'a remarqué l'ancien président Bush, «se consacrer à la qualité et à l'excellence est plus qu'une bonne décision d'affaires. C'est un mode de vie qui apporte en retour une contribution à la société et qui met le meilleur de vous-même à la disposition des autres ».

■ RÉFÉRENCES

1. *Fortune*, 14 février 1992, p. 40.

2. *USA Today*, 20 novembre 1992.

3. *Fortune*, 8 février 1993, p. 84.

4. Lettre au Congrès en date du 31 juillet 1985.

5. Rapport Ernst & Young intitulé *The American Competitiveness Study*.

6. *Business Week*, numéro spécial 1991 consacré à la qualité.

7. Ernst & Young, *Guide to Total Cost Management*, John Wiley & Sons, 1992.

8. TALLEY Dorsey J., *Total Quality Management*.

9. WEAVER Charles N., *TQM : A Step-by-Step Guide to Implementation*.

10. *Electronic Business*, octobre 1992, p. 158.

11. Enquête effectuée par Recruit Research Inc.

12. Economic Planning Agency.

13. Steel Cases Calc 1992 Worldwide Office Environment Index : The Higher the Number, the Greater the Satisfaction.

Chapitre 1

Le leadership
de la haute direction :

les personnes qui doivent changer en premier

Pour balayer les escaliers,
il faut toujours commencer par le haut.

Mon arrière grand-mère

■ INTRODUCTION

Nous entendons souvent dire que le mouvement d'amélioration des entreprises japonaises est un mouvement qui commence à la base. Il n'y a rien de plus faux. Au Japon, la première grande percée en amélioration s'est produite quand Kaoru Ishikawa décida que les hauts dirigeants japonais devaient mieux comprendre comment les méthodes statistiques pouvaient les aider à améliorer le rendement de leurs opérations. Il prit contact personnellement avec les principaux dirigeants d'entreprises et les invita à une réunion pour écouter W. Edwards Deming. La participation à cette réunion fut excellente, Kaoru Ishikawa étant très estimé par les dirigeants. Bien que Deming ait donné des conférences au Japon auparavant, cette réunion catalysa vraiment le mouvement d'amélioration au Japon. Par la suite, des hauts dirigeants rencontrèrent des spécialistes comme Joseph Juran et Armand Feigenbaum, ce qui donna naissance au processus du contrôle de la qualité totale tel qu'il existe aujourd'hui au Japon.

Peu importe le pays où se trouve l'entreprise, la haute direction décide de l'orientation, les cadres intermédiaires définissent la stratégie d'implantation, les agents de maîtrise et les employés la mettent en application. Un fort chevauchement existe dans l'environnement actuel : les employés participent parfois à la définition de l'orientation, mais la décision finale est de la responsabilité de la haute direction. Le processus de GAT et ses objectifs définissent une nouvelle manière de gérer et de diriger l'ensemble de l'entreprise. Ayant cela présent à l'esprit, les hauts dirigeants devront alors décider de l'implantation de la GAT. Une telle décision ne peut en aucun cas être prise à la base. Le désordre serait complet si chaque employé ou petit groupe de travail pouvait choisir les produits à fabriquer, la manière d'opérer ainsi que les clients et les fournisseurs.

Les gourous sont tous d'accord sur un point : le processus d'amélioration doit être dirigé par la haute direction. Cela ne signifie pas qu'il faut attendre les décisions de la haute direction pour améliorer sa façon de travailler.

■ QUE PENSE LA HAUTE DIRECTION DE L'AMÉLIORATION DE LA QUALITÉ ET DE LA PRODUCTIVITÉ ?

Dean Morton, directeur général de Hewlett-Packard, déclara ceci lors de la *Deans of Business Schools Conference* donnée à Las Vegas, au Nevada : « À moins de mal comprendre les événements, je crois que nous sommes arrivés à la fin de l'âge d'or des produits de mauvaise qualité. »

Edwin L. Artzt, président du conseil d'administration et directeur général de Procter & Gamble, a déclaré : « L'année 1992 mettra à l'épreuve notre leadership et notre esprit d'initiative comme jamais auparavant. L'une des plus hautes priorités de nos entreprises, de nos établissements d'enseignement et de notre pays pour réussir sur des marchés internationaux de plus en plus compétitifs doit être un engagement en amélioration continue. »

« D'un point de vue national, l'amélioration de la qualité des produits et des services est une priorité plus importante que jamais. »

George Bush, ancien président des États-Unis

« Notre travail consiste à réagir rapidement à la demande du consommateur… L'important sera la quantité, la gamme et la qualité des produits dont les peuples ont besoin et non la masse totale produite. »

Mikhail S. Gorbachev, ancien président de l'URSS

« Qualité d'abord est la politique de notre stratégie à long terme pour bâtir notre économie. »

Zhao Ziyang, ancien premier ministre de la République populaire de Chine

Oui, les hauts dirigeants sont acquis à l'amélioration. Je ne connais pas de dirigeant qui ne désire pas améliorer son entreprise. Je ne connais aucun président qui ne se préoccupe pas de ses clients ou qui n'exige pas que ses employés fassent leur travail correctement. Je n'ai jamais entendu un dirigeant annoncer dans un haut-parleur : « Voyons un peu combien de rejets nous pouvons produire aujourd'hui ». Jamais personne n'a dit lors d'une réunion sur les ventes : « Voyons un peu combien de ventes nous pouvons rater durant le mois ; j'accorderai une bonne prime à celui qui nous fera rater la plus importante. » Ce serait plutôt le contraire. De tout temps, les cadres n'ont cessé d'exiger de leurs équipes qu'elles travaillent plus fort, plus vite, mieux et de façon plus intelligente. Qu'y a-t-il alors de nouveau ou de différent ?

Rien n'a vraiment changé, voilà le problème. La direction se trouve aujourd'hui coincée entre les deux mâchoires d'un étau. L'une représente la mauvaise qualité, la productivité et les profits ; l'autre, l'augmentation des coûts, la concurrence et la législation.

Les styles de gestion qui nous ont rendus célèbres dans les années 60 sont à présent inefficaces. Selon une enquête menée par la *American Management Association* et *Ogilvy, Adams and Renehart* auprès de 128 dirigeants d'entreprises, 90 % des entreprises de production et de services avaient lancé un processus d'amélioration. Environ la moitié de ces processus ont débuté dans les deux dernières années. L'amélioration de la qualité était l'une des plus hautes priorités, sinon la plus haute, pour 69 % des entreprises interrogées. Les pdg ont beaucoup parlé d'amélioration ces dix dernières années, mais, en fin de compte, peu a été fait. Comme l'a dit Bill Clinton alors qu'il était gouverneur de l'Arkansas, « vous ne pouvez bâtir une réputation sur ce que vous avez l'intention de faire ».

■ QU'EST-CE QUI PEUT CONVAINCRE LES HAUTS DIRIGEANTS ?

C'est la faillite de leur entreprise ou son imminence qui, malheureusement, convainc la majorité des hauts dirigeants. Regardez les entreprises qui sont à l'avant-garde du mouvement d'amélioration aux États-Unis. Ce sont des entreprises comme IBM, Xerox et General Motors. Elles ont toutes perdu plus du quart de leurs marchés. Comme leurs marchés disparaissaient, elles ont enfin compris qu'il fallait modifier leur mode d'opération et s'améliorer pour enrayer le déclin. Même le gouvernement fédéral décida de réagir quand la dette nationale devint écrasante.

De nos jours, ce sont les clients qui forcent de plus en plus les entreprises à se lancer dans un mouvement d'amélioration. Ainsi, après avoir obtenu le prix Malcolm Baldrige, Motorola envoya des lettres à ses fournisseurs pour les informer qu'ils devaient, eux aussi, poser leur candidature à ce prix s'ils voulaient rester fournisseurs de Motorola.

Il est évident qu'un certain nombre d'entreprises se sont lancées en amélioration parce que leurs dirigeants étaient suffisamment perspicaces pour voir ses avantages ; elles sont cependant assez rares.

Plus de 80 % des grandes et moyennes entreprises aux États-Unis ont entrepris une activité d'amélioration, mais, en général, ce n'est pas vraiment leur haute direction qui dirige le changement. Celle-ci exige que vous changiez, que les fournisseurs changent, que tout le monde change, mais, pour elle, il n'en est pas question ! Après tout, elle est en place pour diriger d'une manière bien définie, alors pourquoi changer ? Pourquoi devrait-elle consacrer une partie de son précieux temps à implanter le processus d'amélioration ? Elle doit, en fait, s'engager dans cette implantation pour de nombreuses raisons. Voici les plus courantes :

1. La perte d'une part de marché.

2. Les clients l'exigent.

3. La nomination d'un nouveau dirigeant.

4. Une forte concurrence.

5. Les plaintes des clients.

6. De mauvais résultats.

7. L'amélioration est à la mode.

8. Les coûts sont élevés.

9. Un faible rendement de l'actif.

10. Des délais non respectés.

■ POURQUOI LA HAUTE DIRECTION SE TIENT-ELLE LOIN DE LA GAT ?

Trop souvent, nous demandons aux dirigeants d'apporter leur soutien à l'amélioration sans leur présenter de justification convaincante. Nous mentionnons une plus grande satisfaction des clients, une réduction du gaspillage et un meilleur moral des troupes. Ces arguments permettent d'obtenir leur soutien et de les entendre dire «merveilleux !», mais cela n'en fera pas des adeptes et ne les amènera pas à travailler avec les employés. Il faut leur fournir des données justifiant l'implantation de l'amélioration comme un nouvel impératif des affaires. Voici quelques-uns des sujets à traiter pour les convaincre de prendre la tête du mouvement de l'amélioration et de le soutenir :

1. L'étalonnage concurrentiel

2. Les études de marché

3. Les études auprès des clients

4. Une étude des coûts de la non-qualité

5. Les études des besoins en amélioration

6. Les études des pertes de clientèle

Pour obtenir un leadership efficace de la part de la haute direction, vous devez lui fournir l'information qui va la convaincre qu'il est de son intérêt de consacrer à l'amélioration ce qu'elle a de plus précieux : son temps. Il est essentiel qu'elle consacre une grande partie de son temps à lancer l'amélioration et à la maintenir dans son orientation à partir du moment où elle est bien implantée. Par exemple, parlant de son engagement en amélioration, Edward F. Staiano, président de Motorola, affirma : « Vous ne pouvez pas diriger votre entreprise en regardant la colonne des résultats. » Ed n'assiste pas aux réunions portant sur les profits et les pertes et ne regarde pas les états financiers. Par contre, il assiste à toutes les réunions portant sur la qualité. Ed a affirmé : «Je consacre 100 % de mon temps à la qualité. L'action d'abord, les résultats financiers suivront.» De façon générale, vous vous rendez compte que la direction doit consacrer environ 20 % de son temps à l'amélioration durant la première année.

Il est important de définir clairement dès le début les raisons de l'amélioration. Ce n'est pas parce qu'une autre entreprise s'est lancée en amélioration ou que vous voulez améliorer la motivation de vos employés que vous devez vous lancer. Voici quelques raisons valables :

• obtenir une plus grosse «part du gâteau» (plus grande part de marché);

• agrandir la «part de gâteau» de chacun;

• augmenter les profits;

• s'assurer de la croissance et de la survie à long terme;

• augmenter la sécurité du travail;

• faire face aux pressions de la concurrence.

◼ LA NÉCESSITÉ DE L'INITIATIVE DE LA HAUTE DIRECTION

Pour se mettre sérieusement à l'amélioration, les employés semblent tous attendre que quelqu'un « d'en haut » se décide. Quand je parle aux employés et aux chefs de section, ils me répondent que les cadres intermédiaires en parlent et qu'ils pensent que l'entreprise devrait s'y mettre de suite. Je parle alors aux cadres intermédiaires qui me disent qu'ils sont tous acquis à l'amélioration, mais que la haute direction ne croit pas vraiment à ce qu'elle dit.

Quand la haute direction dit : « Faites de votre mieux », elle pense en réalité : « Faites de votre mieux, mais avec le moins de dépenses possible et en moitié moins de temps que prévu. » Je m'adresse au directeur général qui me parle de l'importance des améliorations, mais il me dit que le président du conseil d'administration s'intéresse plus aux profits trimestriels qu'à l'amélioration à long terme de l'entreprise. Je m'adresse alors au président du conseil d'administration qui me dit qu'il est indispensable que l'entreprise s'améliore si elle ne veut pas perdre ses actionnaires, mais que le conseil d'administration ne suit pas et ne veut pas accorder les crédits à long terme pour l'effort d'amélioration. Je rencontre le conseil d'administration qui m'affirme que l'amélioration est importante pour la croissance de l'entreprise, mais qu'il représente les actionnaires, lesquels recherchent les profits à court terme. Je lui demande alors qui sont les actionnaires et il me répond : les employés.

C'est aujourd'hui qu'il faut prendre les devants et arrêter d'attendre la décisions de quelqu'un « d'en haut ». Faites face aux problèmes et commencez à vous améliorer vous-même. Tout en respectant les lignes de conduite définies par votre direction, prenez une activité de votre travail et exécutez-la un peu mieux, jour après jour.

Une personne seule ne peut réussir la GAT, mais toute unité le peut. Tout groupe d'employés évalué pour son rendement peut s'engager dans le processus d'amélioration. C'est le cas d'une entreprise entière, d'une division, d'une usine ou d'un bureau de ventes. La réussite est assurée dès que la haute direction de l'entreprise accepte la responsabilité du processus d'amélioration. Il est toujours préférable que le président de l'entreprise soit le leader du processus d'amélioration, car le processus sera implanté plus rapidement et plus sérieusement ; si cela est impossible, lancez le processus à un niveau quelconque. La GAT se comporte comme la rougeole : quand elle s'installe quelque part dans l'entreprise, elle gagne toute l'entreprise.

◼ COMMENT LA HAUTE DIRECTION MANIFESTE-T-ELLE SON LEADERSHIP ?

Qualité, coût et planification, voilà la trilogie magique de la réussite. Si l'on privilégie l'un de ces trois éléments, il est facile de négliger les deux autres. Le vrai défi consiste à améliorer un élément sans nuire aux deux autres. La haute direction devra faire preuve d'un bon discernement dans la prise de décision et dans la manière de diriger l'entreprise. Malgré ses efforts, il se présentera toujours des cas où un ou deux des éléments devront être sacrifiés pour le bien des autres. Dans ces cas, la haute direction ne devra jamais oublier que ses décisions vont influencer à long terme l'entreprise, sa réputation et ses clients externes. C'est pourquoi elle ne doit pas considérer uniquement les profits en analysant les situations. Souvent, dans une situation particulière, une perte est préférable si elle permet d'améliorer les profits à long terme. Cela nous amène aux trois règles clés que la haute direction devra énoncer :

- Ne jamais sacrifier la qualité pour le coût ou le délai.

- Ne jamais sacrifier le délai pour le coût.

- Accepter de perdre de l'argent si une transaction ponctuelle permet d'établir une relation durable à long terme.

Ce ne sont pas uniquement le directeur général et le président du conseil d'administration qui doivent s'engager dans le processus d'amélioration, mais toute la haute direction. Celle-ci doit partager les mêmes idées sur l'amélioration, sinon l'inaction va se propager dans l'entreprise comme un cancer. Si, par exemple, tous les hauts dirigeants sont engagés en amélioration sauf le vice-président ingénierie, la rumeur voulant que le service de l'ingénierie ne désire pas s'améliorer se propagera très vite ; pourquoi, dans ce cas, le service de production et le service des ventes devraient-ils s'améliorer ? Il en ira de même pour toutes les autres fonctions de l'entreprise. Une chaîne a la force de son plus faible maillon : cela s'applique aussi à l'amélioration. Des commentaires négatifs émis à la légère peuvent ébranler toute l'entreprise.

Steve Moksnes, président de AccuRate, a remarqué ceci : « À partir du moment où nous avons commencé à nous intéresser à l'amélioration, j'ai voulu en avoir une idée claire et être ainsi capable de mener le mouvement. Évidemment, il m'est impossible de diriger l'amélioration sans la comprendre. C'est pour cela que j'ai lu beaucoup de livres et que j'ai assisté à de nombreux séminaires. »

Il est sans doute très difficile pour des dirigeants âgés de changer de style de direction ; ce changement doit cependant se faire, sinon ils doivent céder leur place. Il est essentiel de consacrer le temps nécessaire pour obtenir l'engagement total de tous les hauts dirigeants avant de commencer à distribuer les activités aux cadres intermédiaires, aux agents de maîtrise et aux employés. Tout au long du déroulement du processus d'amélioration, la preuve de l'engagement de la haute direction et son soutien seront essentiels à sa réussite à long terme. La haute direction peut montrer son engagement et son leadership de plusieurs manières :

1. En consacrant et en investissant librement une partie de son temps.

2. En allouant les ressources nécessaires.

3. En émettant des directives, des procédures et des politiques adéquates et en les faisant appliquer.

4. En donnant l'exemple.

5. En instaurant des mesures pour l'amélioration et en assurant un suivi.

6. En créant un esprit d'équipe.

7. En accordant des récompenses en fonction des résultats.

■ LE TEMPS CONSACRÉ À L'AMÉLIORATION PAR LA HAUTE DIRECTION

Le temps est la seule ressource limitée dont nous disposons tous. Par jour, chacun dispose de 24 heures qu'il doit organiser avec soin. La meilleure façon pour la haute direction de montrer qu'elle est convaincue de l'importance de l'amélioration est d'y consacrer du temps. Souvenez-vous que vos employés écoutent vos paroles, qu'ils répondent oui, mais que leur réaction est fonction de votre comportement. Chaque haut dirigeant doit promouvoir l'amélioration dans son secteur.

Dans une communication interne, Bob Talbot, directeur de la qualité chez IBM, fait remarquer ceci : « John Ackers a consacré plus de temps à la qualité que tout autre président dans l'histoire d'IBM. Le comité de gestion et le conseil d'administration général ont également passé plus de temps à la qualité et à des sujets reliés au processus de qualité qu'à tout autre sujet durant les 18 derniers mois. »

Le président du conseil d'administration de Corning Inc., James R. Houghton, parle d'amélioration continue à son équipe de direction 50 fois par an. Ses sujets n'ont pas changé en huit ans : qualité, orientation vers le client et rendement de calibre international. Houghton a affirmé : « Après huit ans, ce serait un désastre si je m'arrêtais de parler de qualité. » Il a ajouté que le fait de se consacrer à l'amélioration continue avait permis d'augmenter les profits de 111 % en cinq ans (1).

Sam Walton, fondateur de la Walton Retail Store Chain, n'avait pas peur de se donner en spectacle si cela permettait de prouver qu'une idée était valable. Ainsi, en 1983, il était persuadé que son entreprise allait traverser une année difficile. Il promit à ses employés de danser le tamouré à Wall Street s'ils réussissaient à démentir ses prévisions à la baisse. Quand son équipe de direction réussit à obtenir des résultats meilleurs que prévu, il tint parole, portant même un tutu de paille. Un engagement aussi complet est certainement difficile à obtenir ; quoi qu'il en soit, la haute direction doit être persuadée que le processus réussira. Le pape Jean Paul II disait : « Il faut croire à certaines choses pour les voir. »

Une enquête effectuée auprès de 1 000 entreprises inscrites au palmarès de *Fortune* fit ressortir que 50 % des entreprises ayant répondu estimaient que la haute direction avait facilité de façon importante ou très importante le processus en cours pour obtenir l'engagement des employés, ce chiffre étant de 26 % pour les cadres intermédiaires et de 19 % pour les agents de maîtrise (2).

Deux facteurs semblent exercer une influence importante sur la réussite d'une activité d'amélioration. Ce sont :

- la perception du soutien de la direction ;

- la perception des gains personnels.

■ LES INDICATEURS DU RENDEMENT PERSONNEL

La haute direction est toute acquise au changement dans la mesure où ce sont les autres qui doivent changer. La règle n° 1 du changement s'énonce pourtant ainsi : la haute direction doit être la première à changer. Pourquoi la haute direction doit-elle changer ? N'a-t-elle pas déjà atteint la réussite ? Il suffit de regarder les salaires. En réalité, plus de 99,99 % des hauts dirigeants ont de nombreuses possibilités de s'améliorer. Et comme personne n'est parfait, nous avons presque tous de nombreuses possibilités d'améliorer nos propres types de comportement.

Pour établir leurs indicateurs de rendement personnel, les hauts dirigeants doivent définir leurs activités. Je ne parle pas de « motiver les employés » ou de « gérer la R&D » : cela se rattache à leur fonction. Voici quelques exemples de ce que la haute direction doit faire :

- assister aux réunions ;

- lire le courrier et y répondre ;

- répondre aux appels téléphoniques ;

- prendre des décisions ;

- déléguer son travail ;

- présider des réunions ;

- etc.

Lorsque chaque dirigeant aura dressé sa liste personnelle des activités à effectuer, il lui faudra déterminer les types de comportement qu'il devra améliorer. Par exemple :

- commencer les réunions à l'heure ;

- déléguer l'assistance aux réunions non cruciales ;

- répondre aux appels téléphoniques dans les huit heures ;

- ne pas mettre de côté un travail qui peut être fait rapidement ;

- toujours se présenter à l'heure aux réunions ;

- lire son courrier chaque jour ;

- ne pas utiliser le courrier rapide si le travail peut être terminé plus tôt et envoyé par courrier normal ;

- parler à trois clients par jour ;

- se rendre au moins trois fois par semaine, pendant une demi-heure, sur les lieux de travail des employés ;

- lire cinq articles techniques par semaine ;

- avoir son bureau bien rangé de façon à retrouver rapidement tous les documents ;

- ne pas laisser de travail inachevé à la fin de la journée ;

- ne plus effectuer ce qui peut être délégué ;

- ne plus utiliser un langage vulgaire sur les lieux de travail ;

- arriver à l'heure au travail ;

- s'assurer que chaque participant à une réunion possède l'ordre du jour ;

- etc.

Le dirigeant devra alors choisir un maximum de huit des ces types de comportement parmi ceux qu'il désire améliorer. Chaque type de comportement devra être inscrit sur un carton de la taille d'un billet d'avion, facilement insérable dans une poche de veston ou dans un portefeuille. Chaque fois qu'il agit autrement que prévu ou s'il fait une erreur, il devra mettre une croix en face du comportement. Il devra compter le nombre de croix une fois par semaine et les reporter sur un graphique. Nous recommandons que chaque dirigeant se fixe une amélioration de 10 % par rapport au nombre initial d'erreurs. Ce but atteint, il devra ajouter huit autres types de comportement à sa liste et recommencer la démarche. Dans une entreprise où les hauts dirigeants inspirent confiance et bénéficient d'une bonne crédibilité, nous encourageons chacun d'entre eux à afficher son graphique d'amélioration dans son bureau pour montrer à ses collègues de travail que la haute direction reconnaît qu'elle doit également s'améliorer. Éventuellement, cet exemple pourra être suivi par tous les cadres et employés pour quantifier leurs améliorations personnelles.

Chaque dirigeant est également encouragé à déterminer l'ensemble des valeurs qui régissent son comportement au travail et dans sa vie privée. Ces valeurs sont rarement les principes et les valeurs de l'entreprise, car elles reflètent son caractère personnel. Nous encourageons chaque dirigeant à afficher ses valeurs dans son bureau ou dans sa salle de réunion. Afficher ses valeurs à des endroits où elles peuvent influencer les autres dirigeants et partager ses valeurs avec ses collègues dirigeants auront une influence sur l'individu comme sur l'entreprise entière. Ne craignez pas de montrer à vos employés que vous avez une nature humaine.

■ LE SOUTIEN PERSONNEL DE LA HAUTE DIRECTION

Examinons maintenant comment la direction devrait accroître ses efforts pour que le processus d'amélioration soit une réussite.

1. *Suivre des cours.* La haute direction devrait être la première à suivre les cours d'amélioration pour être sûre de comprendre ce qu'elle va exiger de ses employés.

2. *Participer aux travaux du comité directeur de l'amélioration (CDA).* Le processus d'amélioration doit être dirigé par une équipe que nous appelons le comité directeur de l'amélioration. Ce comité est présidé par le plus haut dirigeant de l'entreprise et est constitué de tous les chefs de service et du personnel clé directement sous leurs ordres.

3. *Parler aux employés.* L'équipe de direction au complet doit discuter processus d'amélioration avec tous les partenaires de l'entreprise.

4. *Devenir membre de corporations professionnelles et participer à leurs activités.* La haute direction doit se tenir au courant de l'évolution des nouvelles méthodologies. Pour cela, les dirigeants devraient devenir membres d'une ou de plusieurs corporations professionnelles qui encouragent ce genre d'activités.

5. *Assister à des conférences et faire des présentations à l'extérieur de l'entreprise.* Il existe des centaines d'organisations dans le monde qui organisent des conférences pour présenter les méthodologies de l'amélioration et les résultats obtenus.

6. *Vérifier le processus d'amélioration.* Une fois le processus lancé, la haute direction fera une vérification poussée des fonctions qui relèvent de chaque dirigeant et déterminera l'efficacité de l'implantation du processus d'amélioration. Elle ne doit pas se fier uniquement à des paroles.

7. *Diriger les réunions des groupes cibles.* Tenir des réunions fréquentes de groupes cibles avec les employés, les clients externes et internes. La haute direction doit présider les réunions de ces groupes.

■ L'ALLOCATION DES RESSOURCES NÉCESSAIRES

La haute direction est responsable de fournir les sept ressources suivantes (les sept « M ») nécessaires au bon fonctionnement du processus :

- la main-d'œuvre (employés compétents et suffisamment formés) ;
- les machines (équipement moderne et bien entretenu) ;
- les méthodes (processus mettant en œuvre les technologies appropriées) ;
- les matériaux (pièces détachées, fournitures, documentation) ;
- les moyens (environnement, temps) ;
- la motivation (créativité, habileté, attitudes) ;
- les moyens financiers (soutien financier).

Comme l'a affirmé Tom Malone, président de Milliken, « il faut deux ou trois ans pour obtenir des résultats. Vous devez mettre en place les tableaux pour marquer les points, puis créer l'environnement favorable pour obtenir l'applaudissement des spectateurs à l'affichage des points. N'hésitez pas à dépenser : vous récupérerez votre mise plus tard ». Rappelez-vous qu'un investissement en amélioration est un investissement véritable et non un coût. Le rendement de cet investissement vous apparaîtra de plus en plus à mesure que le temps passera.

■ LE LANCEMENT DES PROCÉDURES ET DES POLITIQUES DE SOUTIEN

La diffusion des politiques d'entreprise et des procédures est l'une des nombreuses possibilités dont dispose la haute direction pour affirmer son leadership. Ces documents définissent l'orientation et les limites des efforts des employés et des cadres. La haute direction doit élaborer les documents qui permettent aux employés de comprendre ce que l'on attend d'eux et les distribuer. La formation sera également assurée selon les besoins. Les documents typiques d'instruction sur l'orientation de l'amélioration traitent :

- des convictions et des concepts relatifs à l'amélioration ;

- de la politique d'amélioration ;

- des nouvelles normes de rendement ;

- des directives et des règlements d'entreprise ;

- de la politique du maintien des emplois.

Les convictions et les concepts relatifs à l'amélioration

Entre autres activités, le comité directeur de l'amélioration (CDA) et l'équipe de direction doivent se mettre d'accord très rapidement sur un ensemble de convictions et de concepts qui guideront tout le processus. Les définitions suivantes permettent une compréhension non équivoque des termes correspondants.

Principe : Un fondement principal, une vérité fondamentale, la motivation de base sur laquelle reposent toutes les autres.

Concept : Une idée généralisée ou une notion générale.

Conviction : L'acceptation de quelque chose comme étant vrai.

Comme vous le voyez, tous les principes sont des concepts ou des convictions, mais à l'inverse tous les concepts ou convictions ne sont pas des principes. Par exemple, « il vaut mieux faire correctement un travail du premier coup » est un concept auquel adhèrent de nombreuses personnes, mais il ne constitue pas un principe, car il ne correspond pas toujours à la vérité. C'est pour cette raison que nous avons utilisé les termes « conviction » et « concept » plutôt que « principe », car, bien que dans la plupart des cas son utilisation soit justifiée, elle ne l'est pas dans quelques cas bien particuliers (moins de 3 %). La liste suivante énumère les convictions et les concepts de base de l'amélioration :

- La qualité est définie par le client.

- Le client est roi.

- Seuls des processus améliorés permettent des produits et services sans défaut.

- Chacun a ses propres clients et fournisseurs.

- Il vaut mieux prévenir que guérir.

- La moindre erreur exige une amélioration.

- Ce sont les faits qui conditionnent les décisions et tout risque doit être bien évalué.

- Un style de gestion autorisant la participation donne les meilleurs résultats.

- Il faut donner à chacun les moyens de participer à la réussite de l'entreprise.

- Toute personne et toute chose doivent continuellement s'améliorer.

- Il faut rechercher les causes de tout symptôme avant de pouvoir résoudre un problème de façon définitive.

- Tous les employés devraient s'astreindre à résoudre des problèmes.

- La haute direction doit donner l'exemple.

- La personne qui maîtrise le mieux une activité est celle qui doit l'accomplir.

- Les cadres et les employés doivent se faire confiance mutuellement.

- Un processus de récompense et de reconnaissance doit comporter :
  - des félicitations ;
  - des plaques de reconnaissance ;
  - des rencontres avec les dirigeants ;
  - des gratifications.

- Quel que soit son poste, chacun apporte sa contribution à l'entreprise.

- Tous doivent respecter les droits, la dignité et les efforts de chacun.

- Les employés constituent la ressource la plus importante ; pour conserver cette ressource, il faut former les employés.

- Les employés doivent avoir le pouvoir de décision nécessaire pour maîtriser leur travail.

- L'amélioration exige une planification réfléchie couvrant de nombreux secteurs.

- Les petites entreprises ont un meilleur rendement que les grandes entreprises.

- Tous les partenaires doivent être pris en considération pour toute décision.

- Plus l'entreprise est petite, meilleur sera son rendement.

- L'entreprise doit donner un rendement satisfaisant à ses investisseurs.

- Le client recherche la qualité dans les produits et les services qu'il achète.

- Des alliances stratégiques consolident l'entreprise.

- La réduction des temps de cycle confère un avantage de premier ordre par rapport aux concurrents.

- La consolidation des forces distinctives et des compétences est essentielle pour une croissance future.

- Les fournisseurs constituent la deuxième plus importante ressource.

- Rien ne doit être à l'abri des critiques.

- Le client n'a jamais tort, même s'il n'a pas toujours raison.

- Une bonne utilisation des meilleures technologies associée à la créativité est le secret de la rentabilité.

Normalement, ces convictions et ces concepts sont définis après avoir déterminé l'environnement futur de l'entreprise (voir le chapitre IV). Nous suggérons que le GDR établisse une liste provisoire des convictions et concepts de base de l'amélioration et la révise avec les groupes de consultation des employés pour obtenir leurs avis et pour s'assurer qu'elle est complète. La liste donnée plus haut est trop longue pour la plupart des entreprises. Nous suggérons de la limiter à 15 concepts et convictions. Après la révision de la liste par les groupes de consultation, le GDR devra regrouper tous les points et établir la liste définitive, puis la communiquer oralement et par écrit à tous les employés.

La Lockheed Corporation utilise le terme « principes » de préférence à convictions et concepts. Elle a retenu les principes suivants :

1. S'orienter vers le client.

2. La haute direction doit diriger.

3. S'engager à long terme en qualité.

4. Obtenir l'engagement de tous les employés et de tous les fournisseurs.

5. Travailler en équipe.

6. Établir des normes de très haut niveau.

Par ailleurs, les principes de Xerox sont :

1. L'amélioration continue.

2. Que ferais-je si l'entreprise m'appartenait ?

3. La délégation de l'autorité.

4. La simplification de la structure.

5. Les cadres jouent le rôle d'entraîneurs sportifs.

6. L'amélioration de la communication.

7. L'accent mis sur la formation.

8. Le travail d'équipe.

La politique de l'amélioration

La politique de l'amélioration sert à faire comprendre comment le processus d'amélioration influencera les affaires. Depuis de nombreuses années, les entreprises ont énoncé leur politique concernant la qualité. Voici, par exemple, la « politique qualité » de Xerox :

« Xerox est une entreprise vouée à la qualité. La qualité est le principe essentiel des affaires chez Xerox. Qualité signifie fournir à nos clients internes et externes des produits et des services innovateurs qui satisfont entièrement à leurs besoins. L'amélioration de la qualité est le travail de chaque employé. »

Vous remarquerez que cet énoncé de politique qualité s'adresse au client et qu'il a pour but unique de satisfaire à ses besoins en lui fournissant des produits et des services de haute qualité. Les orientations choisies pour diminuer les prix et les délais et pour augmenter les profits ne sont pas mentionnées dans de nombreuses politiques qualité.

L'énoncé de la politique d'amélioration se place à un autre niveau, puisque celle-ci traite non seulement de la qualité, mais de la productivité, du coût et de la technologie. Un énoncé typique pourrait être :

« Nous améliorerons constamment notre qualité, notre productivité et notre créativité pour nous permettre de fournir dans les délais prescrits des produits et des services qui représentent la meilleure valeur pour nos clients actuels et futurs. Le but de notre processus d'amélioration est d'augmenter le volume de nos affaires, d'offrir une meilleure sécurité d'emploi à nos employés et de donner un meilleur rendement des investissements à nos actionnaires. »

Dans ce cas, la politique d'amélioration traite du besoin d'amélioration continue pour augmenter la valeur de l'entreprise aux yeux de ses partenaires. La plupart des énoncés de politique qualité ont commis l'erreur de ne pas se préoccuper des employés ni des partenaires de l'entreprise. Cet oubli devra être corrigé dans l'énoncé de la politique d'amélioration.

Les entreprises qui ont déjà un énoncé de politique qualité bien connu doivent prendre garde. Quand la haute direction prépare l'énoncé de politique d'amélioration, elle doit s'assurer que les deux énoncés s'épaulent l'un l'autre, et c'est alors seulement qu'elle pourra faire connaître aux employés l'orientation supplémentaire introduite par la politique d'amélioration.

La politique d'amélioration doit être soigneusement expliquée aux employés et doit être discutée dans toutes les réunions d'information destinées aux nouveaux employés. La politique d'amélioration doit être affichée partout pour rappeler à chacun l'orientation prise par l'entreprise. Elle doit être signée par tous les hauts dirigeants de l'entreprise. Nous souhaitons la voir affichée dans le bureau de chaque dirigeant et de chaque cadre. Dans ce cas, elle devrait être signée par les cadres de toute la hiérarchie pour bien montrer leur accord et leur appui.

Les nouvelles normes de rendement

Établir les normes de rendement de l'entreprise est l'une des activités principales de la direction. Dans les années 80, la norme « zéro-défaut » a eu la faveur du monde entier. La qualité moyenne après contrôle (QMC) et la limite de la qualité moyenne après contrôle (LQMC) ont perdu de leur importance, car elles permettent la livraison de produits de mauvaise qualité aux clients. En livrant une commande de 1 000 pièces avec une QMC de 2 %, un fournisseur envoya deux boîtes ; l'une contenant 980 pièces portant la mention « selon spécifications » et une autre de 20 pièces « hors spécifications ». Les deux boîtes furent livrées avec une note expliquant que le fournisseur avait dû modifier le réglage de ses équipements de production spécialement pour produire les 20 mauvaises pièces et qu'il souhaitait pouvoir expédier 1 000 bonnes pièces à la prochaine livraison !

Offrir des produits ou des services bons à 95 %, 99 % ou même 99,9 % est un concept de plus en plus abandonné dans le monde entier. Voici quelques exemples de conséquences entraînées par un pourcentage de 99,9 % :

- au moins 10 000 mauvaises ordonnances médicales par année ;

- 50 nouveau-nés échappant des mains d'infirmières ou de médecins par jour ;

- la production d'une eau non potable pendant une heure par mois ;

- un manque d'électricité, d'eau ou de chauffage pendant 8,6 heures par an ;

- pas de service téléphonique ou d'émissions télévisées pendant 10 minutes par semaine ;

- deux atterrissages trop longs ou trop courts à l'aéroport de Chicago, New York, Los Angeles, Atlanta, etc. par jour ;

- près de 500 interventions chirurgicales ratées par semaine ;

- 2 000 objets perdus par la poste par heure ;

- 22 000 chèques déduits des mauvais comptes bancaires par heure ;

- votre cœur arrêtant de battre 32 000 fois par an.

Il n'y a pas de problème qui ne puisse vous faire perdre un client, si insignifiant soit-il. Comment un cadre peut-il alors annoncer une limite acceptable d'erreurs à ses employés ? Pouvez-vous accepter que votre fils enfonce le mur arrière de votre garage une fois par mille utilisations de votre voiture ? Motorola a un programme d'erreurs qui vise à réduire les erreurs à 0,00034 %, mais est-ce assez ? La réponse est non. Prenez l'exemple d'un conducteur de camions qui a 10 000 occasions de faire une collision frontale. La seule norme de conduite acceptable dans ce cas-ci équivaut à zéro. Voici un autre exemple : prenez l'employé de bureau qui commet 3 erreurs dans les 10 documents qu'il produit par jour. Exiger immédiatement de cet employé une seule erreur en deux ans le met dans une situation impossible qui va le démoraliser. La norme de travail à instaurer est celle qui demande à nos employés de s'améliorer continuellement, de façon à éliminer progressivement toutes les erreurs. La seule norme de fonctionnement est la norme « fonctionnement optimal sans erreur ».

Dans cet énoncé, le terme « défaut » a été remplacé par « erreur », car seuls les services de fabrication créent des défauts, alors que chacun d'entre nous commet des erreurs. La GAT doit s'appliquer à tout le monde. L'adjectif « optimal » a été ajouté, car chaque fois qu'une décision est sur le point d'être prise, de nombreuses décisions sont possibles pour obtenir dans tous les cas un fonctionnement sans erreur, mais une seule donnera les meilleurs résultats. « Optimal » signifie que l'activité choisie est la bonne, uniquement lorsque la meilleure possibilité a été retenue.

Chacun peut travailler sans erreur aujourd'hui. Ce qui nous distingue les uns des autres est le temps qui sépare deux erreurs consécutives. Supposons qu'un employé commette en moyenne une erreur toutes les deux heures dans un processus. Est-ce acceptable ? En utilisant le concept du fonctionnement optimal sans erreur, la réponse est évidemment non. Si, par contre, après s'être fixé pour objectif de ne plus commettre qu'une seule erreur en deux jours, cet employé l'atteint, est-ce alors acceptable ? Non, car après avoir atteint ce premier objectif, l'employé doit s'en fixer un autre. Cela pourrait être, par exemple, une erreur tous les 7 jours, puis tous les 15 jours, puis tous les 60 jours, etc. Le chemin vers la réussite correspond à une suite de réussites suivies d'objectifs plus difficiles à atteindre.

Même cela n'est plus acceptable aujourd'hui. Effectuer une opération sans erreur à chaque coup correspond à un comportement de haute qualité, mais si vous aspirez au niveau de calibre international, vous devez faire mieux. Un fonctionnement sans erreur équivaut à choisir la meilleure façon de faire et ensuite à l'effectuer de son mieux. Vous ne travaillez pas sans erreur en effectuant parfaitement un travail donné en 10 heures si une autre personne peut l'effectuer parfaitement en 3 heures.

Chacun doit s'astreindre à devenir meilleur. Notre rendement ne sera satisfaisant que lorsque les décisions que nous prendrons seront parfaites en tout temps. Exceller revient à satisfaire un profond besoin humain.

Les directives et les règlements d'entreprise

La haute direction manifeste également son leadership en émettant des directives et des règlements d'entreprise qui définissent les impératifs de fonctionnement pour différentes activités. Par exemple, parmi les directives d'IBM pour améliorer son fonctionnement au début des années 80 figurent les deux directives suivantes :

La première directive disait simplement aux dirigeants que tout nouveau produit devait être meilleur que celui qu'il remplaçait (produit courant) et meilleur que celui des concurrents.

La deuxième directive était destinée à greffer des processus d'amélioration aux processus administratifs essentiels. Elle imposait que chaque processus administratif soit certifié, qu'il soit classé dans l'une des cinq catégories et qu'il ait un « propriétaire ». Le « propriétaire » devait nommer des équipes d'amélioration qui amèneraient le processus à son premier niveau de qualité. Voici des processus administratifs courants : évaluation des coûts, gestion des stocks, relations avec les clients, implantation des changements de conception, lancement de produit, planification et fixation des délais, comptes clients, inventaire, paie, planification financière, immobilisations et contrôle des dépenses.

La politique du maintien des emplois

La sécurité d'emploi est l'un des sujets politiquement et économiquement les plus complexes auquel la haute direction doit faire face en implantant la GAT. La haute direction doit répondre aux questions suivantes :

- Les employés doivent-ils être considérés comme un investissement ou comme un coût ?

- Quelle sera l'amélioration en rendement et en souplesse apportée par une politique de maintien de l'emploi ?

- Vaut-il mieux former les employés, les relocaliser ou en embaucher de nouveaux ?

- L'entreprise doit-elle envisager d'autres solutions que le licenciement pour régler le problème des employés surnuméraires ?

Par ailleurs, les employés doivent répondre aux questions suivantes :

- Quelle sera l'influence de la GAT sur ma sécurité d'emploi ?

- Mon niveau de vie sera-t-il amélioré ou diminué par la GAT ?

- Suis-je prêt à changer d'emploi ou à déménager ?

- Serais-je plus compétent avec ce que je vais apprendre en GAT ?

Comment pouvez-vous croire que vos employés vont suggérer gratuitement la manière d'augmenter la productivité et de réduire le gaspillage si cela entraîne la disparition de leur poste ou de celui d'un ami ? Si vous procédez à des licenciements, votre processus d'amélioration continue se transformera en un processus de sabotage continu.

Les entreprises américaines sont sur une mauvaise pente depuis la fin des années 80. Leur réaction à la pression des affaires est de ralentir et de licencier en espérant faire monter la valeur des actions ; cela ne fonctionne malheureusement pas. Dans une étude publiée par *USN&WR* (Basic Data : Mitchell & Co.), les valeurs des actions des entreprises ayant réduit considérablement leur main-d'œuvre dans la deuxième moitié des années 80 ont été comparées à celles de l'ensemble de leur secteur industriel. En moyenne, la valeur des actions de ces entreprises avait grimpé de 10 % dans les six mois qui ont suivi la réduction de leur main-d'œuvre. Douze mois après, cette valeur tombait à 1 % en dessous de la moyenne de leur secteur industriel. Trois ans après, elle tombait à 25 % en dessous de cette moyenne.

De grands licenciements produisent des gains en bourse substantiels mais ponctuels. Ces gains se produisent quand le licenciement augmente le chiffre des profits par une diminution des salaires, ce qui rend l'entreprise plus rentable qu'elle ne l'est réellement, et quand son influence ne s'est pas encore fait sentir auprès des clients. À long terme, un licenciement est une opération manquée. Selon le président-directeur général de Dow Chemical, Frank Poppoff, « les licenciements coûtent très cher et font chuter la valeur boursière de l'entreprise »(3).

Cela s'explique par le fait que la plupart des entreprises réduisent leur main-d'œuvre au lieu de la réorganiser. En réduisant leur main-d'œuvre d'un certain pourcentage tout en n'éliminant aucun travail, les entreprises répartissent la même charge de travail entre les employés restants. Dans cette opération, la direction fait passer le message que les employés ne font pas le travail nécessaire pour justifier leur salaire. Il est possible d'envisager au moins 16 autres solutions pour résoudre le problème des employés surnuméraires avant de choisir la solution du licenciement. Pour en savoir plus, consultez le rapport technique de Ernst & Young TR 92.0692 HJH, intitulé *The Down Side to Quality Improvement*.

Les coûts associés à des licenciements suivis d'embauche ne font que croître. Dow Chemical les évalue entre 30 000 et 100 000 dollars par personne pour du personnel technique ou cadre. En licenciant, non seulement les entreprises perdent de l'argent et quelques-uns de leurs meilleurs collaborateurs, mais au moment de la reprise de l'embauche, les meilleurs candidats ne feront pas confiance à l'entreprise et iront travailler ailleurs.

La solution des belles indemnités de cessation d'emploi ou des mises à la retraite n'est pas meilleure. Les ouvriers licenciés sont de bons travailleurs qui n'auront pas de difficulté à trouver un nouvel emploi. Ceux qui restent sont ceux qui donnent à peine le rendement minimal et qui savent qu'il leur sera difficile de trouver ailleurs un aussi bon emploi dans le marché actuel du travail.

Les employés peuvent comprendre que des licenciements sont nécessaires quand la demande pour un produit diminue et, dans ce cas, ils les acceptent. Le problème à résoudre est celui des employés dont les postes ont été éliminés par la GAT. Nous savons que la GAT permet d'améliorer la productivité. Mais si notre part de marché ne suit pas l'amélioration de notre production, que fera la direction avec les employés surnuméraires? Pour y répondre et pour diminuer les craintes des employés, la haute direction doit opter pour une politique de maintien des emplois. L'énoncé d'une telle politique pourrait être :

« Aucun employé ne sera mis à pied à la suite des résultats du processus de GAT. Les employés dont le poste aura été supprimé auront droit à une formation et seront affectés à un poste équivalent ou supérieur. Ceci n'élimine pas un licenciement causé par une diminution des affaires. »

Vous remarquez que cette politique ne garantit pas le maintien des emplois dans le cas d'une diminution des affaires. Elle protège les employés uniquement d'un licenciement qui résulterait du processus d'amélioration. Elle concerne donc les employés qui auraient continué à travailler à leur poste si le processus d'amélioration n'avait pas été implanté.

La *Federal Express Corporation* s'est dotée d'une telle politique. Sa procédure d'un « traitement équitable » pour gérer les griefs des employés est un modèle pour les entreprises du monde entier.

Je connais une entreprise qui a pu éliminer 200 postes grâce à un processus d'amélioration. Elle a arrêté l'embauche au lancement du processus et s'est servie de personnel temporaire pour assurer le travail supplémentaire lors des pointes de production. Cette politique a été discutée avec les responsables syndicaux ; ils ont accepté la main-d'œuvre temporaire pour protéger les postes des employés permanents. À la suite de cette mesure, la mise à la retraite anticipée a permis d'éliminer 150 postes. L'entreprise a organisé ensuite un concours pour sélectionner 50 employés qui iraient étudier à l'université voisine afin d'obtenir un diplôme d'ingénieur. En tant qu'étudiants, ces employés continuèrent à recevoir leur salaire habituel, les frais additionnels étant également payés par l'entreprise. Les résultats dépassèrent toute espérance : chacun essaya d'éliminer son poste pour retourner aux études.

■ L'INFLUENCE SUR L'ENTREPRISE

Nous ne recommandons pas de créer une nouvelle structure pour implanter la GAT. Bien au contraire, il s'agit d'intégrer la GAT à toutes les fonctions courantes de l'entreprise. Pour diminuer au maximum les nouveaux postes et éviter la formation d'une nouvelle fonction, nous recommandons que le chef d'entreprise devienne le président du comité directeur de l'amélioration (CDA) et qu'au minimum les personnes directement sous ses ordres soient membres de ce comité. S'il y a une section locale d'un syndicat dans l'entreprise, un de ses membres devra également être invité à faire partie de ce comité.

Les responsabilités du CDA

Le CDA est responsable de l'implantation de la GAT. Voici quelques-unes de ses tâches :

- Rédiger une série d'énoncés définissant l'environnement de l'entreprise pour les cinq prochaines années, établir une planification permettant la modification de l'environnement en accord avec ces énoncés et participer à l'implantation.

- Établir les priorités de l'utilisation des ressources pour obtenir le rendement maximal du processus d'amélioration.

- Faire connaître l'état d'avancement du processus d'amélioration dans l'entreprise.

- Diriger les efforts d'amélioration dans toute activité, dans toute fonction.

- Étudier les processus d'amélioration utilisés dans d'autres entreprises pour se perfectionner et déterminer l'utilité de ces processus pour l'entreprise.

- Créer un système de mesure du processus d'ingénierie.

- Suivre l'état d'avancement du processus d'amélioration pour s'assurer que les délais sont respectés.

- Réviser la planification et les stratégies pour tenir compte du changement de l'environnement.

- Résoudre les problèmes qui ne peuvent être résolus à un niveau hiérarchique inférieur.

Le champion de l'amélioration

Il est souvent nécessaire de nommer un « champion de l'amélioration » (quelquefois appelé le « tsar de l'amélioration ») pour diminuer la charge de travail supplémentaire du CDA lors des phases de démarrage et de mise au point du processus d'amélioration. Le poste de champion de l'amélioration sera un poste temporaire d'une durée de deux à trois ans. Le champion sera directement sous les ordres du chef d'entreprise. Ce sera une personne d'une certaine envergure, ayant la confiance de toute l'équipe de direction et des employés. De préférence, elle occupera déjà un poste de vice-président ou sera responsable d'une fonction. Elle sera favorable au changement et très exigeante envers elle-même. Le champion doit être persuadé que l'entreprise a besoin de s'améliorer et qu'elle en est capable. Il a la volonté de participer activement au processus d'amélioration pour permettre à son entreprise de devancer ses concurrents.

Le champion de l'amélioration agit souvent comme médiateur auprès des employés ; ceux-ci peuvent le rencontrer pour discuter d'une possible amélioration. De nombreuses entreprises installent un « téléphone rouge » qui permet aux employés de communiquer leurs idées, commentaires et suggestions directement au champion. En plus de travailler directement avec le CDA en l'aidant à surveiller l'implantation du processus d'amélioration, le champion de l'amélioration travaillera avec les différents groupes pour briser les barrières entre les fonctions et pour obtenir des ressources supplémentaires.

Le conseil d'orientation de l'amélioration

Dans les grandes entreprises (de plus de 10 000 employés), où les hauts dirigeants ont déjà un emploi du temps très chargé, nous avons constaté que la formation d'un conseil d'orientation de l'amélioration, dont les membres proviennent de toutes les fonctions et de tous les niveaux de classification, est un excellent moyen pour mettre au point et pour répandre de nouvelles idées. Ce conseil constitue également un bon moyen pour prendre le « pouls » de l'entreprise. Il rend compte de ses conclusions au CDA et est normalement présidé par le champion de l'amélioration.

Les dirigeants de l'amélioration

La GAT repose sur la conviction que la qualité, les coûts, les délais et la technologie ont une importance égale dans la réussite de l'entreprise. Compte tenu de cette conviction, la structure de l'entreprise devra être équilibrée de façon à placer les secteurs responsables de tous ces éléments au même niveau de responsabilité. Cela signifie que le directeur de la qualité et le directeur financier sont au même niveau hiérarchique que les vice-présidents opération et ingénierie. De nombreuses entreprises n'ont pas de vice-président qualité, ce qui est une erreur. Les autres directeurs et employés pourraient croire que les coûts, les délais et la technologie sont plus importants. De nos jours, tout directeur des opérations doit avoir une « conscience » (le vice-président qualité et productivité) et un directeur des finances sous ses ordres. Il est important que la qualité, les coûts et les délais soient discutés lors des réunions de l'équipe du directeur des opérations et qu'on en tienne compte lors des prises de décisions administratives importantes.

La personne choisie comme vice-président qualité et productivité doit posséder les connaissances nécessaires. Elle doit avoir une excellente expérience de la qualité en production et en services. Idéalement, elle aurait un diplôme universitaire dans une discipline touchant la technologie de production ou de services la plus utilisée dans l'entreprise et une maîtrise en qualité. Bien sûr, elle devra également avoir une bonne expérience de gestion. Il faut éviter de nommer une personne disponible sans aucune expérience d'amélioration pour ce poste essentiel, car cela aurait une influence très défavorable sur l'entreprise entière. Lors d'un congrès, j'ai eu l'occasion d'entendre un vice-président qualité de l'une des 100 entreprises inscrites au palmarès de *Fortune*. Pendant la période de questions, quelqu'un lui demanda : « Quel NQA (niveau de qualité acceptable) utilisez-vous lors de votre contrôle de réception ? » Il répondit : « Qu'est-ce qu'un NQA ? »

Le conseil d'administration

Le conseil d'administration est en quelque sorte la vérification finale des équipes dirigeantes. Un tel travail ne peut être accompli de façon satisfaisante que par des personnes ayant des qualités particulières et qui n'avalisent pas automatiquement ce qui leur est présenté. Le conseil d'administration doit être constitué d'au moins 60 % de membres non dirigeants de l'entreprise. Par exemple, 14 des 17 membres du conseil d'administration de GM ne sont pas des employés de GM. Il doit être constitué de quelques personnes ayant une formation technique dans les technologies utilisées, de clients de l'entreprise, de personnes connaissant parfaitement le processus d'amélioration et d'experts financiers. Malheureusement, il y a peu de membres de conseils d'administration qui soient vraiment des experts en processus d'amélioration. Une telle situation doit être corrigée rapidement, dès le lancement du processus d'amélioration.

L'engagement des syndicats

Bien que le processus d'amélioration commence par l'engagement des hauts dirigeants, à la longue, tous les employés vont devoir y participer activement. C'est une erreur grave que d'ignorer les syndicats lors des étapes de planification et d'exécution du processus. Une représentation appropriée des syndicats doit être envisagée au comité directeur de l'amélioration (CDA), au conseil d'orientation de l'amélioration et même au conseil d'administration. Même si la participation des syndicats peut retarder le processus d'amélioration dans ses premières phases, le temps et les efforts qui lui auront été consacrés se justifieront pleinement lors de la phase d'implantation.

Le mouvement ouvrier est actuellement en pleine transformation, en particulier dans les secteurs des communications, du caoutchouc et du textile. Il collabore avec des entreprises comme AT&T, Ford, Goodyear et Xerox pour maintenir l'emploi et rendre les entreprises plus compétitives. Les relations entre l'usine Saturn de GM et la *United Auto Workers* constituent un bon exemple de souplesse, de collaboration. Kenneth Coss, dirigeant de la *United Rubber Workers*, a affirmé : « Notre but véritable est de maintenir l'acquis industriel. Nous avons fait savoir aux entreprises qu'elles se détruisaient. Nous avons tout intérêt à travailler ensemble, à mettre en commun intelligence et initiative pour bâtir des usines de calibre international. » Quant à Lynn Williams, dirigeant des ouvriers métallurgistes, il affirme : « Nous sommes adversaires quand il s'agit de diviser le gâteau. Mais actuellement, il faut l'agrandir, ce qui signifie qu'il faut travailler ensemble. »

Les relations de Xerox avec la *Amalgamated Clothing and Textile Workers Union* (ACTWU) constituent un exemple remarquable de coopération entre les syndicats et la direction pour susciter la participation des employés. Dès le début des années 80, des ententes entre l'ACTWU et Xerox comprenaient des clauses traitant d'efforts communs en amélioration.

Le fait de travailler ensemble a modifié considérablement les relations entre ce syndicat et Xerox (*Fortune*, 8 février 1993).

- Xerox est autorisée à embaucher des employés temporaires pour avoir garanti aux membres des syndicats la sécurité de leurs emplois pendant la durée de leur contrat de travail.

- Le congédiement sans raison grave a fait passer l'absentéisme de 8,5 % à 2,5 %.

- Une équipe de coopération travaillant à l'amélioration de la fabrication des faisceaux de câbles a permis d'économiser 3,5 millions de dollars. La fabrication a ainsi pu être maintenue aux États-Unis, ce qui a évité la disparition de 240 emplois.

Buddy Davis, responsable du district de l'USW à Saint-Louis, a annoncé : « Tous nos membres font actuellement partie d'un comité ; comme ces comités résolvent jour après jour un grand nombre de petits problèmes qui étaient débattus lors des négociations, celles-ci se font à présent rapidement et facilement. »

Tout ne marche cependant pas comme sur des roulettes. Un certain nombre de syndiqués maintiennent une ligne dure et rejettent l'idée même des comités. Une évolution se dessine néanmoins. Si vous voulez que les syndicats aident votre entreprise à s'améliorer, demandez leur participation dès la phase de planification et tenez-les informés. Si vous voulez qu'ils acceptent les nouvelles règles, votre entreprise devra leur ouvrir ses livres et leur révéler ses coûts et ses profits. Il faudra transformer en partenariat ce qui est fréquemment une relation entre adversaires.

■ LES MESURES DE L'AMÉLIORATION

La haute direction sait que les mesures conditionnent les actions. Un employé de bureau m'a dit un jour : « La direction ne s'occupe que de ce qu'elle mesure. » C'est pour cette raison que la haute direction doit se préoccuper de mesurer l'efficacité de la GAT très tôt dans son processus. Un système de mesure typique du processus d'amélioration passe par les trois phases suivantes :

Phase 1. *La mesure des activités.* Mesurer les activités effectuées dans le processus de GAT.

Phase 2. *La mesure des résultats de la GAT.* Ce genre de mesures commence généralement six mois après le début du processus.

Phase 3. *La mesure des résultats de l'entreprise.* Cette phase commence 18 mois environ après le début du processus.

Il est extrêmement important que le système de mesure soit défini dès le début pour que l'influence du processus de GAT puisse être évaluée par rapport aux anciens processus. Trop souvent, aucune mesure n'est faite durant la première année, ce qui ne permet pas de quantifier des améliorations, puisque les valeurs avant amélioration ne sont pas connues. Durant les trois premiers mois, une des tâches du CDA sera de définir le système de mesure et de commencer à recueillir les données qui permettront de quantifier la valeur de chaque mesure importante avant la mise en route de l'amélioration. S'intéresser dès le début à ces mesures offre également l'avantage d'orienter les efforts de chacun vers le même objectif. Les mesures seront présentées en détail au chapitre 14.

Les évaluations

La meilleure façon de mesurer les résultats moins évidents du processus d'amélioration est d'utiliser la méthode des évaluations. Ces évaluations permettent également de trouver de nouvelles possibilités d'amélioration. Voici les meilleures techniques d'évaluation :

1. *L'évaluation des besoins en amélioration.* Cette méthode d'évaluation a déjà été mentionnée, puisque qu'elle a été très utile pour obtenir l'engagement de la haute direction. Cette méthode peut être utilisée tous les 12 à 18 mois pour mieux connaître la modification de l'environnement dans l'entreprise.

2. *L'évaluation par les prix de qualité.* Un certain nombre de prix de qualité permettent de mesurer de façon systématique le rendement de l'entreprise. Il y a, par exemple, le prix Malcolm Baldrige et le prix NASA aux États-Unis. Le Prix européen de la qualité a été créé en Europe en 1992. Le prix Deming poursuit les mêmes objectifs au Japon. (Le prix Malcolm Baldrige évalue la performance d'une entreprise en accordant un maximum de 1 000 points pour l'ensemble des sept domaines présentés à la figure 1.1.)

Pour procéder à ce type d'évaluation, l'entreprise doit remplir un formulaire de candidature et demander à un expert reconnu de l'examiner. L'expert devra alors procéder aux vérifications nécessaires afin de s'assurer de la véracité des données fournies. Il comparera alors les réalisations de l'entreprise avec les critères établis pour chaque catégorie et donnera une note pour chaque catégorie. Il établira également une liste des forces et des faiblesses et fera des recommandations d'amélioration.

Domaine	% des points
Leadership	10
Connaissances et études	7
Planification stratégique de la qualité	6
Utilisation des ressources humaines	15
Assurance qualité des produits et services	14
Résultats en qualité	18
Satisfaction du client	30

Figure 1.1 Les catégories du prix Malcolm Baldrige

Une autre manière d'effectuer une évaluation de type Malcolm Baldrige consiste à remplir le formulaire de candidature et à l'envoyer au comité qui décerne le prix. Celui-ci le fera alors évaluer par un certain nombre de professionnels formés à cet effet. Ces professionnels accorderont les points et relèveront les forces et les faiblesses de l'entreprise. Si l'entreprise obtient des notes suffisamment élevées, une vérification sera effectuée.

3. *L'évaluation par comparaison aux données internationales de la qualité.* L'*American Quality Foundation* et Ernst & Young disposent probablement de la meilleure banque de données sur les tendances de l'amélioration dans les entreprises susceptibles de servir comme référence. Cette banque de données est le résultat de deux années de coopération internationale entre plusieurs grandes entreprises des secteurs suivants : institutions bancaires, constructeurs automobiles, soins de santé et informatique. Les entreprises évoluaient en Allemagne, au Japon, au Canada et aux États-Unis. Cette banque de données contient de l'information sur toutes les caractéristiques des styles de gestion passés, présents et futurs pouvant influencer le processus d'amélioration. Cette banque de données est mise à jour continuellement grâce à l'entrée et à l'évaluation de nouvelles entreprises. Pour un coût minime, toute entreprise peut travailler avec les professionnels de l'*International Quality Team* et obtenir l'information qui lui est utile. Ernst & Young peut produire un rapport complet qui compare l'entreprise à la totalité ou à une partie des caractéristiques de cette banque.

4. *Le sondage interne.* Les employés de tout niveau doivent pouvoir participer à des sondages sur leurs opinions. Ces sondages comportent normalement entre 60 et 100 questions concernant tous les aspects de l'entreprise. Le premier, le sondage de référence, devra être conduit au cours des six premiers mois du processus d'amélioration pour les employés dont le niveau hiérarchique est au moins égal à celui des cadres intermédiaires. Le but de tels sondages est de connaître le changement d'at-

titude des employés et de cerner les problèmes qu'ils éprouvent. Les questions pourraient être :

- Quelle est la qualité du travail de votre supérieur ?

- Comment vos capacités sont-elles utilisées ?

- Quelle note générale donnez-vous à l'entreprise ?

Les questions peuvent être regroupées selon un sujet donné : la motivation des employés, les réalisations des cadres, la satisfaction générale, etc. Pour chaque sujet, un indice peut être défini et sa valeur sera la moyenne des notes obtenues selon le sujet.

Normalement, les sondages d'opinion internes sont effectués tous les 18 mois. Il est très important que les résultats soient compilés et communiqués très rapidement aux employés. Il ne devrait pas s'écouler plus de deux mois entre le sondage et la publication des résultats.

Si le premier sondage a été effectué auprès des employés de niveau hiérarchique supérieur ou au moins égal à celui des cadres intermédiaires, le deuxième se fera jusqu'au niveau des petits groupes de travail (de huit employés ou plus). Pour un sujet donné, ces petits groupes seront comparés à la moyenne de leur secteur, à celle de la fonction à laquelle ils appartiennent ainsi qu'à celle de l'entreprise. Une étude statistique devra être faite pour déterminer si les différences observées entre ces petits groupes et les groupes plus importants sont significatives. S'ils ont été formés à l'utilisation des outils de travail en équipe et en résolution de problèmes, et s'ils ont obtenu une note nettement inférieure aux autres moyennes de l'entreprise dans des domaines spécifiques, ils devront planifier une action corrective de leur fonctionnement dans ces domaines. Cette planification devra être soumise aux cadres intermédiaires. Les cadres supérieurs et intermédiaires mettront alors au point une planification corrective générale pour améliorer le rendement de l'ensemble de l'entreprise. Cette dernière devra être présentée aux employés. Les actions correctives devront être suivies de près pour s'assurer de leur implantation.

Les coûts de la non-qualité

Il est très souvent difficile de résumer l'influence d'un processus d'amélioration sur une entreprise étant donné de la diversité des mesures, par exemple : l'indice de satisfaction des clients, le temps moyen entre deux erreurs, le rendement des procédés, le renouvellement des stocks, etc. Pour résoudre ce problème, des systèmes de coûts de la non-qualité ont été mis au point pour évaluer les coûts dus à l'imperfection de nos actions (voir le chapitre 14).

Dans une enquête réalisée par la *Illinois Management Association* et par Peat Marwick, les entreprises interrogées évaluaient le coût direct de la non-qualité à 6 % de leur chiffre de ventes. L'enquête révéla qu'en réalité ce coût se situait plutôt aux environs de 25 %, soit 4 fois plus que l'évaluation des entreprises. De façon générale, le coût de la non-qualité est de l'ordre de 15 % à 30 % du chiffre de ventes pour une entreprise manufacturière. Pour une entreprise de services, il est bien plus élevé et peut atteindre 60 %.

Le vice-président recherche et développement de Saab annonça lors d'une de ses conférences que le coût de la non-qualité en R&D était de 78 %. John Ackers, ancien directeur général et président du conseil d'administration d'IBM, a dit : « Nos études montrent que plus de 50 % du coût total de la non-qualité (CNQ) en facturation se retrouve dans la prévention, le repérage et la correction des erreurs. »

Dans le numéro de juillet 1992 de *Consumer Reports*, il est question des dépenses inutiles dans le secteur des soins de santé. On peut y lire ceci : « La facture des soins de santé aux États-Unis s'élève à 817 milliards de dollars. Au moins 200 milliards de cette somme sont dépensés en traitements inutiles, exagérés du point de vue du coût et même dangereux, sans mentionner l'énorme bureaucratie. »

Nous avons évidemment tous entendu parler du gaspillage au sein de notre gouvernement (un siège de toilette à 150 $, un marteau à 75 $). Voici quelques exemples précis cités dans le rapport du mois de mai de *Dollars & Sense* :

- Le comté de Delaware, en Pennsylvanie, a détourné 6 millions de son budget de lutte contre la pauvreté pour payer des factures de bars, banquets, cadeaux et billets de théâtre à Broadway.

- Les 53 bureaux du ministère de l'Agriculture, qui accordent des subventions aux agriculteurs, ont dépensé eux-mêmes un montant égal à celui des subventions accordées.

Cette revue mentionne également une utilisation douteuse de l'argent des contribuables sous forme d'un prêt gouvernemental de 5,4 millions de dollars portant un intérêt de 1 % à un riche Saoudien.

D'après ce qui précède, il est évident qu'il y a d'innombrables possibilités d'augmenter les profits en diminuant les coûts de la non-qualité. Un système de mesure des coûts de la non-qualité permet d'identifier les domaines les plus susceptibles d'être améliorés et peut être essentiel pour obtenir la participation active des employés au processus d'amélioration. De plus, c'est une excellente manière d'évaluer les résultats de l'entreprise.

■ EN RÉSUMÉ

Pour fournir les meilleurs résultats, la gestion de l'amélioration totale doit commencer par les hauts dirigeants : ceux-ci doivent être convaincus que les résultats du processus vont pleinement justifier les efforts personnels qu'ils y consacreront. Ils doivent être prêts à changer personnellement à long terme. Ce qui suit décrit certaines perceptions et comportements de la haute direction de différentes entreprises.

Quel est le problème ?

Entreprises perdantes : les employés sont indifférents.

Entreprises survivantes : l'encadrement est responsable de la plupart des problèmes.

Entreprises gagnantes : le processus est la source des problèmes.

Que pense l'entreprise des employés ?

Entreprises perdantes : il faut les motiver.

Entreprises survivantes : il faut les former.

Entreprises gagnantes : ils ne font pas partie du problème, mais peuvent être une partie de sa solution.

Comment l'entreprise définit-elle les besoins des clients ?

Entreprises perdantes : elle les connaît.

Entreprises survivantes : elle effectue des sondages pour les connaître.

Entreprises gagnantes : elle fait participer les clients à la conception des produits.

Quel est le style de gestion de l'entreprise ?

Entreprises perdantes : la hiérarchie commande.

Entreprises survivantes : une gestion participative de la part des agents de maîtrise et des cadres intermédiaires.

Entreprises gagnantes : une structure verticale de gestion, structure matricielle plutôt que hiérarchique.

Où se trouve l'intérêt principal de l'entreprise ?

Entreprises perdantes : augmenter les profits trimestriels.

Entreprises survivantes : satisfaire aux attentes des clients.

Entreprises gagnantes : bâtir une entreprise solide et durable.

Quelle est l'orientation technique de l'entreprise ?

Entreprises perdantes : conserver les technologies utiles dans le passé.

Entreprises survivantes : adapter les technologies mises au point par d'autres.

Entreprises gagnantes : créer de nouvelles technologies et se servir de celles mises au point dans l'entreprise ou ailleurs.

Comment s'effectuent les planifications d'affaires ?

Entreprises perdantes : par la haute direction qui les garde confidentielles pour éviter de les révéler aux concurrents.

Entreprises survivantes : par la haute direction qui les communique partiellement aux employés.

Entreprises gagnantes : avec la participation de tous les employés, leurs aspirations personnelles se reflétant directement dans le plan d'affaires.

Quel est le type de communication utilisé ?

Entreprises perdantes : communication vers le bas, presque inexistante vers le haut.

Entreprises survivantes : bonne communication dans les deux sens.

Entreprises gagnantes : excellente communication vers le bas, vers le haut, horizontalement, vers les clients et court-circuitant les obstacles éventuels dus à l'entreprise.

Comment les ressources sont-elles gérées ?

Entreprises perdantes : par la haute direction.

Entreprises survivantes : par tous les cadres selon le budget annuel.

Entreprises gagnantes : par les agents de maîtrise et les employés qui évaluent et améliorent les différentes possibilités tout en respectant les budgets alloués.

Comment l'entreprise réagit-elle en face d'une baisse des affaires ?

Entreprises perdantes : en coupant dans les dépenses générales, dans la R&D, dans les ventes, et en licenciant.

Entreprises survivantes : en pratiquant la retraite anticipée pour éviter des licenciements.

Entreprises gagnantes : en planifiant cette baisse pour limiter ses effets aux employés temporaires, en augmentant la formation des employés permanents, en augmentant le nombre d'employés des ventes dans les périodes creuses pour mieux prêter attention aux clients et pour obtenir le maximum de ventes fermes.

Quelle est l'ambiance de travail ?

Entreprises perdantes : un coupe-gorge. Les employés se battent entre eux pour conserver leur emploi, les décisions sont imposées par la direction.

Entreprises survivantes : les décisions sont prises par consensus, travail en équipes dans toute l'entreprise.

Entreprises gagnantes : la créativité individuelle est cultivée et encouragée dans une ambiance de coopération et de participation ; les décisions sont prises par consensus si cela est possible ; dans les autres cas, on tient compte des suggestions des employés et, quelquefois, les décisions sont imposées ; les circonstances particulières décident du type de prise de décisions à adopter.

Comment l'entreprise manifeste-t-elle son leadership ?

Entreprises perdantes : en soutenant le processus d'amélioration par l'allocation des ressources.

Entreprises survivantes : en s'engageant dans le processus, en montrant son intérêt, en assistant aux réunions et en parlant de l'importance du processus pour l'entreprise.

Entreprises gagnantes : en étant enthousiasmée par le processus et en s'y consacrant à fond, en recherchant activement de nouvelles manières d'améliorer le processus, en étant reconnue dans l'entreprise et à l'extérieur comme le leader de l'amélioration.

Il est ainsi facile de voir que les hauts dirigeants disposent d'un grand choix. Comme ils se plaignent tous de ne pas avoir de temps, il faut autre chose que des platitudes pour les amener à accepter un processus d'amélioration. Il faut absolument leur montrer les chiffres et les données qui prouvent qu'ils ont le plus grand intérêt à jouer un rôle de premier plan dans le processus d'amélioration. Une fois les dirigeants convaincus, le processus se mettra vraiment en marche, puisqu'ils constituent le cœur de la masse critique nécessaire pour transformer l'entreprise. En règle générale, du point de vue mathématiques, la masse critique nécessaire pour qu'un changement souhaité se fasse est égale à la racine carré de l'ensemble des éléments.

Pourquoi la haute direction doit-elle accepter de diriger le processus d'amélioration ? Regardez Motorola pour trouver la réponse. En deux ans, Motorola a réduit de 250 millions de dollars ses coûts de production, essentiellement en éliminant les reprises et les réparations. Richard Buetow, un des vice-présidents, déclare que ces économies se retrouvent directement dans les profits.

Si votre entreprise estime qu'elle n'est pas prête pour l'amélioration, elle dispose de trois options :

1. Aller de l'avant malgré tout (à ne pas faire).

2. N'implanter la GAT que lorsque les choses empirent (cela ne tardera pas !).

3. Laisser le temps qu'il faut à chaque cadre pour lui permettre d'évaluer les gains possibles de la GAT dans son secteur de responsabilité.

Ne traversez pas cette phase du processus à toute vitesse. Laissez à vos employés le temps de comprendre le processus et de s'y engager. Cherchez les employés non convaincus, travaillez avec eux et assurez-vous qu'ils ont eu l'occasion de manifester leurs craintes. Diminuez les chances d'échec et de faux départs en faisant maintenant vos « devoirs ».

Il y a trois types d'entreprises : les perdantes, les survivantes et les gagnantes. Pour chacune d'elles, la haute direction se comporte de la manière suivante :

• *Entreprises perdantes*. Elles ne se lancent jamais en amélioration. Dans le cas contraire, elles procéderont à de nombreux changements d'orientation. L'orientation et les intérêts changent selon les changements dans la haute direction.

• *Entreprises survivantes*. La haute direction parle de changement, mais ne change presque pas elle-même. Elle consacre souvent ses efforts à une méthodologie unique de l'amélioration. Elle considère le processus comme un processus fonctionnant du bas vers le haut de la hiérarchie.

• *Entreprises gagnantes*. La haute direction ne fait pas seulement parler d'amélioration, elle la vit. Elle donne l'exemple. Elle montre l'importance du changement en changeant elle-même, elle offre sa reconnaissance à ceux qui changent et encourage le changement.

Quel est le type de votre entreprise ?

■ RÉFÉRENCES

1. *Business Week*, numéro spécial sur la qualité, 1991, p. 31.

2. *Employee Involvement and Total Quality Management*, publié par Jossey-Bass.

3. *Fortune*, juin 1992.

Chapitre 2

Le processus du plan d'affaires :

la ligne de conduite de l'entreprise et de ses employés

par

Don Yee, directeur général, Pacific Management Partners

et

H. James Harrington, directeur, Ernst &Young

La direction qui ne partage pas la planification de ses activités avec ses employés est dans la même situation qu'un capitaine qui refuse d'indiquer la destination au timonier tout en le rendant responsable de maintenir le cap.

H. JAMES HARRINGTON

■ INTRODUCTION

Des plans d'affaires ! Des plans à long terme ! Des plans d'action ! Des plans de marketing ! Des plans financiers ! Des plans stratégiques ! De quoi être dérouté ! Il n'est pas étonnant que beaucoup d'entreprises planifient mal, n'aiment pas planifier ou n'utilisent pas la planification existante. Nous savons pourtant qu'une bonne planification nous place dans la meilleure des positions pour nous battre avec succès dans ce monde des affaires de plus en plus complexe (et aussi pour profiter de quelques coups de chance). Nous savons également que ce ne sont ni l'utilisation de termes de planification compliqués ni les discussions sur sa sémantique qui nous mèneront à la réussite, mais bien le fait que la planification nous oblige à nous préoccuper de nos concurrents.

Cette préoccupation essentielle permet à une entreprise d'orienter l'ensemble de ses ressources vers des objectifs d'affaires communs qui vont la distinguer de ses concurrents. Un plan d'affaires clairement exposé permet également de définir les projets d'amélioration, qu'ils soient par la suite implantés selon un plan d'amélioration par la gestion de la qualité totale ou, plus radicalement, selon un plan de restructuration de l'entreprise.

■ OÙ EST LE PROBLÈME ? NE PLANIFIONS-NOUS PAS DÉJÀ SUFFISAMMENT ?

Toute entreprise a sa planification. Celle-ci existe même si elle n'est pas rédigée ou communiquée officiellement. Elle a peut-être été choisie au hasard ou a été imposée, mais elle existe. Elle peut être prudente ou audacieuse, mais elle existe. Comment savoir ? En examinant comment les ressources essentielles de l'entreprise (personnel, capitaux, temps) sont utilisées, comment les décisions sont prises et exécutées par les cadres. Par exemple, une certaine entreprise s'était donné comme mission de devenir un média d'information à l'échelle mondiale pour satisfaire les demandes de ses clients. Pourtant, après trois ans, peu de progrès avait été fait, moins de 5 % de ses ressources ayant été consacrées à la réalisation de cette mission. Ses affaires régressèrent mondialement de façon continue. De plus, une grande partie du personnel se rendit compte que cette mission n'était pas prise au sérieux et qu'elle avait été mal planifiée. À l'opposé, une entreprise de production de haute technologie devait faire face à un ralentissement économique dans son secteur industriel et à une demande temporairement décroissante pour ses produits. La qualité était la pierre angulaire de sa stratégie à long terme : elle a donc maintenu ses efforts dans ce domaine en effectuant des réductions dans des activités moins importantes. Les améliorations qui en résultèrent lui permirent de distancer nettement ses concurrents alors que d'autres entreprises perdirent du terrain. Elles permirent aussi de renforcer de façon évidente l'engagement de la direction dans sa stratégie essentielle.

L'objectif principal de la planification des affaires est de définir l'orientation externe de l'entreprise, c'est-à-dire les éléments concernant les clients et la valeur des produits, et de définir les domaines dans lesquels l'entreprise doit exceller pour réussir.

Une planification bien faite montre le chemin de la réussite et indique à chacun comment contribuer aux résultats. Le processus de planification peut aussi suggérer de nouvelles idées et de nouveaux moyens pour contrer la concurrence. La planification peut servir à mieux convaincre les cadres et à obtenir leur engagement, et peut être une partie intégrante de l'effort destiné à améliorer la communication et la mobilisation du personnel.

Dans ce chapitre, nous allons décrire brièvement le contenu d'une bonne planification en nous basant sur les méthodes de planification utilisées par des centaines d'entreprises ainsi que sur une expérience pratique de consultant acquise auprès de nos clients durant plus de 15 ans. Nous ne nous préoccuperons pas de sémantique : nous utiliserons indifféremment « planification des affaires » et « planification stratégique ». Cette analyse de la planification des affaires répondra successivement aux trois questions suivantes :

- Que contient un bon plan d'affaires ?

- Que contient un bon processus de planification ?

- Comment utilise-t-on un plan d'affaires ?

Tout au long de ce chapitre, nous allons également vous faire part des leçons relatives à la planification que les entreprises perdantes, survivantes et gagnantes ont tirées des résultats obtenus.

■ QUE CONTIENT UN BON PLAN D'AFFAIRES ?

Il existe des centaines de livres sur la planification des affaires ou sur la planification stratégique. Voici les éléments d'un plan d'affaires utile et efficace qui se trouvent dans tous ces livres :

- La description très claire des marchés à conquérir et des clients à servir ;

- La vision de ce que seront le marché et le rôle de chef de file que l'entreprise compte jouer dans ce marché ;

- La mission de l'entreprise ;

- La description claire de toutes les activités stratégiques et des orientations de l'entreprise ;

- Les objectifs des activités stratégiques et les mesures s'y rattachant ;

- Les stratégies bien définies pour atteindre les objectifs et la désignation des personnes responsables ;

- Les valeurs et la culture de l'entreprise qui vont permettre l'implantation de la stratégie choisie et la faciliter.

En fait, bien des plans d'affaires pourraient être plus concis et plus précis qu'ils ne le sont aujourd'hui. Beaucoup d'entre nous ont l'habitude de voir des plans d'affaires volumineux, rédigés à intervalles réguliers, mais qui ne sont jamais mis en pratique. Ces « ramasse-poussière » décrivent souvent très bien tout ce qu'il faut, sauf l'orientation de l'entreprise. Un ensemble de décisions stratégiques claires pour affronter la concurrence dans un monde complexe peut définir l'orientation fondamentale ; celle-ci pourra facilement être résumée et communiquée à toute l'entreprise. Les entreprises gagnantes ont tendance à suivre la règle suivante : « décisions, et non descriptions », alors que pour les entreprises perdantes, elle serait plutôt : « descriptions, et non décisions ».

Les trois raisons qui justifient la création d'un plan d'affaires sont les suivantes :

1. Déterminer l'orientation.

2. Décrire les attentes.

3. Définir les activités.

Chacune de ces raisons interagit avec les deux autres. Chacune donne naissance à un certain nombre d'extrants qui expliquent ses objectifs aux partenaires (fig. 2.1).

Cibler le marché

Une bonne caractérisation du marché ouvre la voie à de grandes réalisations pour l'entreprise et pour ses employés parce qu'elle permet de comprendre les besoins des clients mieux que ses concurrents. Cette compréhension permet de concevoir des produits et des services de qualité supérieure.

La première étape à l'établissement d'un bon plan d'affaires et à l'obtention de résultats remarquables, comme ceux dont bénéficient les entreprises gagnantes, consiste à bien connaître la clientèle que vous voulez servir. Les entreprises perdantes errent généralement dans ce domaine au point de ne satisfaire personne alors que les demandes dépassent leurs ressources. Les entreprises gagnantes vont étudier les marchés pour connaître de façon détaillée ce que les clients exigent et combien ont l'intention de payer ; elles atteignent ici un niveau de compréhension rarement égalé par leurs concurrents.

« Nous pensons que le principal avantage que nous avons sur nos concurrents est notre habileté à mieux comprendre et à prévoir les besoins des clients, que ce soit par nos services de ventes, par des études complètes de marché ou par des sondages auprès des clients », affirme l'un des grands fabricants d'ordinateurs. À en juger d'après les résultats obtenus, il est impossible de le démentir !

Raisons	Extrants	Durée
Orientation	Visions	10-20 ans
	Mission	sans limite
	Valeurs	sans limite
	Orientation stratégique	5 ans
	Facteurs critiques de réussite	3 ans
Attentes (mesures)	Objectifs de l'entreprise	5-10 ans
	Objectifs de rendement	1-5 ans
Activités	Stratégies	1-5 ans
	Tactiques	1-3 ans
	Budgets	1-3 ans
	Plans de rendement	3-12 mois

Figure 2.1 Éléments de la planification d'affaires et leur durée

■ DÉFINIR L'ORIENTATION

La haute direction a pour rôle principal de définir l'orientation de l'entreprise. Le plan d'affaires constitue le meilleur moyen de la définir et de la communiquer à tous les partenaires. Les extrants utilisés pour la définir sont :

- *Les visions de l'entreprise.* Elles sont généralement définies par la haute direction et décrivent les produits de l'entreprise et leur utilisation pour les 10 à 20 ans à venir.

- *La mission.* Elle justifie l'existence de l'entreprise. Elle est généralement définie par le président-directeur général et change rarement, à moins que l'entreprise décide de se lancer dans des marchés entièrement nouveaux pour elle.

- *Les valeurs.* Les convictions sur lesquelles l'entreprise s'appuie et les principes qui constituent la culture de l'entreprise sont souvent appelées ses valeurs. Elles sont choisies par la haute direction. Elles changent rarement, car tous les partenaires s'attendent à ce que l'entreprise les respecte sans restrictions.

- *L'orientation stratégique.* Elle définit les éléments essentiels qui vont distinguer l'entreprise de ses concurrents dans les cinq ans à venir. Leur liste est établie par les cadres supérieurs et intermédiaires.

- *Les facteurs critiques de réussite.* Ce sont les activités que l'entreprise doit particulièrement bien réussir pour résoudre ses problèmes courants et pour éliminer les obstacles empêchant la réalisation de sa vision.

La vision de l'entreprise

Quelle est la différence entre la *vision* et la *mission* d'une entreprise ? Ou avec l'*objectif* d'une entreprise ? De nombreuses entreprises ont bien du mal à saisir la différence entre des termes que des experts et des universitaires définissent souvent assez mal. Ne serait-ce pas *vision* et *mission* ?

Au lieu de couper les cheveux en quatre, je trouve qu'il est facile de comprendre cette différence en considérant les liens qui existent entre les activités internes de l'entreprise et le monde extérieur où agit la concurrence et où se trouve la clientèle. Dans cette optique, une vision constante du marché et du secteur de l'industrie futurs constitue un autre élément essentiel du plan d'affaires. Par *vision*, nous désignons la manière dont nous nous représentons les affaires dans 10, 20 ans. Elle peut être tout simplement : « un ordinateur peu coûteux, facile à utiliser pour le bureau de Monsieur Tout-le-Monde » ou « des nouvelles du monde entier retransmises immédiatement ». Les entreprises gagnantes ont tendance à créer une vision enthousiaste de l'avenir en utilisant des termes dynamiques pour décrire leur part de marché et les avantages pour les clients, termes néanmoins suffisamment réalistes pour que l'on puisse vraiment y croire. Les entreprises perdantes ont tendance à n'avoir aucune vision et vivent au jour le jour en réagissant aux tendances du marché et en imitant leurs concurrents.

La mission

Un énoncé de mission est essentiel pour établir le lien entre l'entreprise et sa vision de l'avenir. Quelques entreprises l'appellent « énoncé de l'objectif », c'est-à-dire la justification de leur présence dans les affaires. Un bon énoncé de mission exige un fort leadership, doit être orienté vers les clients et doit servir de motivation pour « être » ou « agir ». Ces deux types d'énoncés de mission peuvent être efficaces. Les discussions des experts et des universitaires pour trouver lequel est le meilleur sont alors superflues.

Un exemple de mission du type « être » est la mission de Boeing :

• Notre mission à long terme est de devenir l'entreprise aéronautique n° 1 dans le monde et une des premières entreprises industrielles pour notre qualité, notre rendement et notre croissance.

Un exemple de mission du type « agir » est celle de McDonald's :

• Satisfaire l'appétit du monde entier pour de la bonne cuisine, bien servie et à prix abordable.

Les entreprises gagnantes ont des énoncés de mission courts, clairs et ambitieux, alors que les entreprises perdantes se donnent des missions relatives aux actionnaires ou à des éléments non reliés aux clients ou à la concurrence. De plus, dans leur planification, les entreprises gagnantes insistent sur l'importance de devenir chef de file, comme le fait ressortir l'étude « American Competitiveness Study », de Ernst & Young, effectuée auprès d'environ 300 entreprises. Cette volonté de devenir le chef de file est essentielle pour l'établissement de la stratégie ; elle permet également de motiver les employés, les clients et les fournisseurs en voulant être un gagnant et non un simple imitateur.

Les valeurs

Les valeurs sont des règles de conduite ou des convictions profondément ancrées dans l'entreprise. Certains les assimilent aux éléments particuliers de la culture, qui conditionnent son fonctionnement. Les entreprises gagnantes conçoivent une culture et un style de fonctionnement spécifiques pour préciser davantage leur changement et leur orientation stratégique.

Owens/Corning Glass utilise l'expression «principes directeurs» au lieu de «valeurs». Ses principes directeurs sont ceux-ci :

- Nous pensons aux clients dans tout ce que nous faisons.
- Les employés sont à l'origine de notre force compétitive.
- Travail d'équipe et engagement sont nos méthodes de travail.
- L'amélioration continue est essentielle à notre réussite.
- Une libre communication dans les deux sens est essentielle au processus d'amélioration et à notre mission.
- Nos fournisseurs sont membres de nos équipes de travail.
- La rentabilité est la seule mesure de notre efficacité pour satisfaire les besoins de nos clients.

Que vous les appeliez «convictions fondamentales», «principes directeurs», «règles de fonctionnement» ou autre chose, cela importe peu. L'important est que ces éléments soient définis et que l'entreprise les respecte, car ils constituent, en quelque sorte, une charte des droits des partenaires.

À l'opposé, les entreprises perdantes ont tendance à avoir des valeurs sans contenu véritable, des valeurs claires mais ignorées de tous, ou à ne pas avoir de valeurs du tout.

L'orientation stratégique

Les entreprises qui ont réussi — en partie parce qu'elle possédaient une bonne planification (qui reste à mettre en application, ce qui sera discuté plus loin en même temps que les éléments associés au hasard) — savent qu'elles doivent donner à l'entreprise et aux employés des instructions qui «traduisent» la vision et la mission en activités pouvant être effectuées par le personnel. L'autre élément le plus critique dans une bonne planification est de faire connaître *comment* l'orientation stratégique de l'entreprise permet d'affronter la concurrence. On a beaucoup débattu de ces questions ces derniers temps et des définitions ont été proposées pour décrire et mettre en valeur ces éléments importants. En voici quelques-unes :

- Les compétences fondamentales : les technologies et les compétences techniques sous-jacentes aux produits et aux services d'une entreprise (par exemple, les compétences de Sony pour miniaturiser) ;

- Les capacités fondamentales : les processus qui contribuent de façon évidente à la valeur obtenue par le client (par exemple, les processus de gestion des concessionnaires chez Honda) ;

- Les avantages concurrentiels intrinsèques : les capacités particulières qui sont appréciées par le client et qui constituent l'essentiel de la supériorité d'une entreprise sur ses concurrents (par exemple, le système de distribution chez Avon).

Ces définitions fondamentales sont en réalité toutes compatibles et débattre de leur validité n'est que perte de temps pour la plupart des entreprises. Indépendamment des définitions utilisées, les entreprises gagnantes ont toutes en commun leur habileté à comprendre ces quatre points essentiels de l'orientation stratégique :

- Les clients apprécient les avantages que procure l'orientation choisie.

- Canaliser ses ressources pour devenir la meilleure dans les domaines ciblés par l'orientation permet à l'entreprise d'exceller.

- L'excellence atteinte dans ces domaines sera difficilement égalée par les concurrents.

- Ces points décrivent vos capacités ou vos domaines particuliers de réussite et non des paramètres comme la part de marché, la marge de profit, etc.

La clarté dans l'énumération de quelques objectifs essentiels à atteindre est le point de départ d'une amélioration insoupçonnée des résultats d'entreprise. Ainsi, il y a des années, l'un des buts essentiels de Hewlett-Packard avait été d'abaisser le pourcentage de rejets de ses produits. Ce but avait été quantifié très clairement : il fallait diminuer ce pourcentage par un facteur de 10. La réussite continue de cette entreprise dans un marché sans cesse changeant est suffisamment éloquente.

Les facteurs critiques de réussite : les obstacles à la réussite

Planifier de devenir le chef de file du marché exige que vous dépassiez votre situation actuelle. Projeter votre vision dans l'avenir exige une réflexion exceptionnelle et une vision stratégique à long terme. Les processus d'une planification gagnante relient cette vision à la réalité d'aujourd'hui : ils font ressortir les obstacles à la réussite ou les événements que nous pouvons influencer et qui peuvent empêcher l'implantation de la planification.

Ces obstacles peuvent aller d'un manque de financement à une hiérarchie trop lourde. L'essentiel ici est de bien relier la vision à la réalité d'aujourd'hui et d'être suffisamment honnête avec soi-même pour reconnaître et vaincre les obstacles. Cela entraîne souvent l'ajout de plusieurs stratégies à la planification. Les entreprises gagnantes entreprennent cet effort de planification avec confiance, alors que d'autres vont en profiter pour se persuader que rien ne peut être fait. De nombreuses entreprises vont transformer des obstacles (les situations que vous maîtrisez, mais qui vous empêchent d'implanter la planification) en *facteurs critiques de réussite* (ce qui doit être fait correctement pour réussir). Effectuer ces transformations avec assurance vous aide à obtenir le climat de réussite nécessaire pour surmonter les difficultés lors de votre progression.

■ DÉFINIR LES ATTENTES (LES MESURES)

L'un des buts principaux d'un plan d'affaires est de définir le fonctionnement de l'entreprise dans les 5 ou 10 ans à venir, selon la direction et les actionnaires, et ensuite de préciser les mesures de la réussite. Les extrants utilisés pour déterminer ces éléments sont :

- *Les objectifs de l'entreprise* : ces objectifs servent à préciser les réalisations que l'entreprise souhaite accomplir dans les 5 à 10 ans à venir.

- *Les objectifs de rendement* : ces objectifs servent à quantifier les résultats quand les objectifs de l'entreprise auront été atteints avec succès.

Nous choisissons souvent de travailler uniquement dans un but particulier. Il en va de même pour la planification des affaires ou la planification stratégique, mais comment vérifier si nos efforts sont récompensés ? Il y a bien les chiffres habituels concernant les ventes, les profits, les liquidités, etc. Les entreprises gagnantes, cependant, vont suivre les valeurs de quelques mesures ou de quelques objectifs simples : celles qui révèlent les progrès qui ont été faits pour augmenter à long terme leur force compétitive dans leurs domaines d'orientation stratégique. Par exemple, si un service sans égal est l'un des points de leur orientation stratégique, la direction des entreprises gagnantes va recevoir, à intervalles réguliers, quelques chiffres de mesures relatives aux services fournis par l'entreprise. Ces mesures pourraient même comprendre des chiffres comme le nombre de nouveaux clients, les temps du cycle de résolution des problèmes soumis par les clients ou le pourcentage de fidélisation des clients. Pour le processus de transition qui transformera la vision en réalité, il est essentiel d'avoir ce lien entre les mesures courantes communiquées régulièrement et l'orientation stratégique de l'entreprise. Les entreprises perdantes ont tendance à se fier aux mesures financières traditionnelles pour quantifier leur réussite.

Il est également important de bien choisir ces mesures afin d'informer l'entreprise des progrès du changement et de l'amélioration en cours. Les entreprises qui désirent obtenir des résultats spectaculaires pour leurs mesures doivent établir des priorités dans l'allocation des ressources correspondantes. Les entreprises gagnantes font preuve d'une extrême souplesse et sentent intuitivement la limite de leurs possibilités, mais refusent les objectifs faciles ou impossibles à atteindre que se donnent habituellement les entreprises perdantes. Comme nous l'avons vu avec Hewlett-Packard quand John Young fixa des objectifs ambitieux (l'amélioration d'un facteur de 10 en 10 ans pour un processus essentiel), elles se servent de ces objectifs pour modifier radicalement la priorité d'utilisation des ressources et pour créer un défi important qui mobilisera l'entreprise.

Les objectifs de l'entreprise

Les objectifs de l'entreprise définissent son orientation pour une période de temps déterminée. Ces objectifs font connaître aux cadres et aux employés les buts que l'entreprise doit atteindre dans les 5 à 10 ans.

Au début des années 80, IBM fit connaître les objectifs à atteindre dans les 10 ans à venir :

- Suivre la croissance de l'industrie.

- Être le chef de file pour toute la gamme de nos produits. Exceller en technologie, en valeur et en qualité.

- Être la plus efficace dans toutes nos activités, être le producteur et l'administrateur aux coûts les plus faibles, et un vendeur offrant les meilleurs prix.

- Maintenir notre rendement pour financer notre croissance.

Pour commencer, IBM s'était d'abord évaluée par rapport à ses objectifs d'entreprise et publiait les résultats dans son magazine *Think*. Au cours des années 80, elle perdit de vue ses objectifs et arrêta de publier les améliorations ou l'absence d'amélioration par rapport à ceux-ci. L'absence de progrès l'entraîna vers les problèmes qu'elle eut et qu'elle a toujours dans les années 90. De bons objectifs d'entreprise qui ne sont ni publiés, ni poursuivis ou mesurés ne sont d'aucune utilité.

Les objectifs d'entreprise doivent être ambitieux. Ils doivent correspondre à un défi pour l'entreprise. Personne ne se vante d'avoir des objectifs faciles, par contre nous nous réjouissons tous d'avoir atteint un objectif qui nous paraissait hors d'atteinte.

Motorola s'est fixé des objectifs ambitieux. William J. Weisz, directeur des opérations de Motorola, explique : « En 1981, nous avons établi le plan quinquennal d'amélioration par un facteur de 10, l'un des 10 objectifs principaux de l'entreprise. Cela signifie que partout, quelle que soit l'opération, quel que soit le niveau de la qualité, que vous soyez en production ou en service, vous devez augmenter votre niveau de rendement d'un ordre de grandeur en cinq ans. »

En 1986, il parla d'une autre amélioration d'un facteur de 10, et la réalisa en 3 ans. Ces objectifs ambitieux ont eu pour résultat d'augmenter son marché au Japon et aux États-Unis et de remporter le prix Malcolm Baldrige.

Quand un vice-président affirma au président d'une entreprise qu'il était impossible d'obtenir une amélioration d'un facteur de 10 en 5 ans en continuant à travailler comme d'habitude — peut-être 10 % à 20 % par an, mais non 200 % — le président répliqua : « Vous avez raison, il est impossible de s'améliorer autant en travaillant comme *d'habitude*. J'espère que maintenant vous avez compris le message ! »

Comparez à présent cette manière efficace de penser aux objectifs que s'est fixés le gouvernement des États-Unis. Le 25 février 1986, le président des États-Unis, Ronald Reagan, publia l'*Executive Order* 12552 qui déclarait : « Par la présente, il est établi un programme général d'amélioration de la qualité, de la pertinence et de l'efficacité des services offerts par le gouvernement fédéral. Le but du programme est d'améliorer la qualité, la pertinence des services publics et d'augmenter de 20 % la productivité en 1992. Chaque ministère et chaque agence sera responsable de sa contribution à la réalisation du programme. »

L'objectif du gouvernement était d'obtenir une amélioration de 20 % en 5 ans. C'est le genre de gestion qui mène invariablement toute entreprise à la faillite. Seule une organisation qui imprime ses propres billets de banque peut survivre avec une dette qui représente 50 % du produit national brut.

Les objectifs d'entreprise sont conçus et publiés par la haute direction. Ils peuvent changer selon la conjoncture économique et au fur et à mesure de l'atteinte des objectifs.

Les objectifs de rendement

Les objectifs de rendement peuvent être à long terme ou à court terme et servent à atteindre les objectifs de l'entreprise. Ils doivent être mesurables, quantifiables et doivent varier avec le temps. Par exemple, augmenter les ventes de X % entre 1995 et 2010, avec une augmentation moyenne de Y % par an. Un objectif à long terme pourrait être de diminuer les coûts d'entretien des équipements achetés par les clients de 10 % par an pendant les 5 prochaines années ; ou dans les 24 prochains mois, corriger 99,7 % de tous les problèmes mentionnés par les clients après leur premier appel téléphonique. Chaque année, un ensemble d'objectifs à court terme devrait être défini par les agents de maîtrise et les cadres intermédiaires selon les budgets. Ces objectifs devraient être examinés et approuvés par la haute direction pour s'assurer qu'ils sont bien en accord avec les objectifs de l'entreprise et qu'ils sont suffisamment ambitieux.

Note : les objectifs comportent deux éléments clés. D'abord, ils définissent l'amélioration de façon précise et, ensuite, ils indiquent le temps alloué pour obtenir cette amélioration.

■ DÉFINIR LES ACTIVITÉS

Un autre point du plan d'affaires permet de faire progresser le processus de changement : c'est la définition des activités à entreprendre dans les cinq prochaines années. Il s'agit ici d'organiser les ressources de l'entreprise en vue de la réalisation des objectifs. Les extrants utilisés pour faire connaître ces activités sont :

- *Les stratégies.* Elles décrivent la façon d'atteindre les objectifs de rendement.

- *Les tactiques.* Elles décrivent la manière d'implanter les stratégies. Elles montrent comment suivre les stratégies.

- *Les budgets.* Les budgets accordent les ressources nécessaires pour suivre les tactiques.

- *Les plans de travail individuel.* Ce sont des ententes entre les cadres et les employés qui définissent le rôle des employés lors de la mise en œuvre des tactiques ainsi que les ressources mises à leur disposition.

Les stratégies

Une fois les objectifs clairement définis, il est nécessaire de concevoir un ensemble de stratégies pour diriger les efforts de l'entreprise. Les stratégies sont des activités, des décisions et des programmes particuliers qui font tous appel à des ressources. Il peut s'agir ici aussi bien d'établir des alliances stratégiques que de concevoir et de réaliser des plans de formation interne pour améliorer le service à la clientèle. Ces stratégies de fonctionnement sont généralement très précises, puisque les bons plans d'affaires sont très explicites et clairement définis. Quelquefois des stratégies essentielles, mais délicates, ne font pas l'unanimité, car, rendues publiques, elles pourraient constituer un désavantage concurrentiel (par exemple, des fusions d'entreprises, des acquisitions ou la vente de certaines unités de production). Quand les stratégies seront bien définies, les principaux responsables devront être nommés pour préciser les étapes de l'implantation et pour susciter une responsabilité collective dans l'entreprise.

Les stratégies détaillent la manière d'atteindre les objectifs de rendement. Elles sont définies par les cadres intermédiaires et approuvées par la haute direction. Il faudra effectuer tous les efforts nécessaires pour les actualiser, sans toutefois effectuer des changements majeurs. Des changements majeurs dans les stratégies désorganisent l'entreprise et exigent des ressources importantes pour les implanter. Des projets qui sont interrompus avant d'être terminés ou qui ne sont pas totalement efficaces peuvent aussi être la source de changements majeurs. De nombreuses fonctions vont définir de nombreuses stratégies, celles-ci participant toutes à l'atteinte des objectifs de l'entreprise.

Les tactiques

Les tactiques définissent le « comment ». Ces sont des activités en cours, ou planifiées, nécessaires pour atteindre les objectifs de rendement. Les tactiques sont déterminées par les agents de maîtrise et les employés et sont approuvées par les cadres intermédiaires et supérieurs. Elles sont actualisées au moins une fois par année et changent fréquemment selon l'expérience acquise et les besoins de l'entreprise. Les employés dans les ateliers de production seront encouragés à participer à leur élaboration, car ils seront éventuellement responsables de leur implantation.

Les budgets

Depuis toujours, c'est la direction qui établit les budgets. De nombreux cadres passent plus de temps à les préparer et à les défendre qu'à conseiller les employés qui sont sous leurs ordres. Trop d'entre eux préparent leurs budgets simplement en ajoutant X % pour l'inflation et en mettant plus qu'il n'en faut pour les programmes futurs. C'est ainsi que nos entreprises ont dépensé en ressources 50 % de plus que ce qui était nécessaire.

Les budgets doivent toujours correspondre aux travaux prévus par le plan d'affaires. Tous les autres travaux doivent être justifiés individuellement. Dans tous les cas, l'amélioration de la productivité prévue doit être mentionnée. Dans la plupart des cas, l'indice de l'amélioration de la productivité devrait montrer une réduction des coûts de main-d'œuvre d'au moins 10 %. Les budgets devraient être très détaillés pour les 12 prochains mois ; pour les deux années suivantes, ils pourront l'être un peu moins. De tels budgets permettent à chaque service de suivre ses tactiques et stratégies, telles qu'elles ont été approuvées par la direction.

Les plans de travail individuel : le plan d'affaires et les objectifs individuels

L'un des plus importants défis que toute équipe de direction doit relever est l'implantation du processus qui relie les objectifs de l'entreprise au travail individuel. Ce processus est certainement le processus le plus important ; c'est cependant celui qui est généralement le moins bien compris dans toutes les entreprises. Pour établir ce lien, il existe de nombreuses méthodes qui ont toutes un certain nombre d'éléments en commun, comme la simplicité, un contenu de travail appréciable et un encadrement compétent. Pour certaines activités couvrant toute l'entreprise, le processus d'amélioration, une fois lancé, a souvent servi à fractionner la planification en sous-éléments. Dans ce cas, chaque service a conçu son mini-plan d'affaires avec sa propre mission, ses propres stratégies et objectifs, tous reliés au plan d'affaires général de l'entreprise. En gérant les divers services de cette manière, les objectifs individuels de travail peuvent alors être définis (généralement d'un commun accord) en liaison bien plus étroite avec le plan d'affaires. Un système homogène de récompenses peut alors être adapté aux objectifs individuels.

De nombreuses entreprises se servent d'un concept appelé « déploiement de la politique qualité » pour intégrer toutes les planifications de travail individuel au plan d'affaires général. Dans un certain nombre de ces entreprises, chaque employé possède alors une carte qu'il conserve sur lui et qui, au recto, mentionne les facteurs critiques de réussite pour l'année en cours et, au verso, la contribution qu'il aura à apporter pour les améliorer.

■ LE CONTENU D'UNE BONNE PLANIFICATION

Un bon effort de réflexion sur la planification stratégique ne connaît pas de limites, particulièrement dans l'environnement changeant d'aujourd'hui. Comme mentionné précédemment, les entreprises gagnantes concentrent leurs efforts pour devenir chefs de file et pour imposer certains changements dans leur secteur industriel au lieu de les subir. À cet égard, l'établissement d'un processus de planification est essentiel. Il y a aujourd'hui autant de processus de planification que de formats ou d'outils de planification. Certains processus sont longs et compliqués, d'autres sont rapides et efficaces. Leurs durées sont imposées par des facteurs comme la situation de l'entreprise (est-elle chef de file, est-elle en difficulté?), le style de l'équipe de direction, le temps disponible et les délais à respecter. Les processus de planification réussis ont cependant des éléments communs, indépendamment de la forme que prend la planification, ces éléments étant essentiels pour le contenu de la planification telle qu'elle a été décrite. Ces éléments se résument comme suit :

- L'étude en profondeur des clients, des concurrents et des capacités de l'entreprise ;

- La planification et l'implantation effectuées par les mêmes personnes ;

- La reconnaissance des obstacles à surmonter et des facteurs critiques de réussite correspondant à ces obstacles ;

- La vérification des ressources disponibles (temps, capitaux, personnel) ;

- La mise au point de plans spécifiques de communication ;

- Le consensus sur l'utilisation du plan d'affaires lors de son implantation.

Les clients, les concurrents, les capacités

Un plan d'affaires peut se présenter sous de nombreuses formes. Il en va de même pour les processus de planification, les outils de mesures ou l'environnement de travail. Nous avons tous vu les livres qui nous enseignent page après page à rédiger un plan d'affaires et qui nous montrent les différentes techniques d'étude de l'environnement des affaires et de la concurrence ; par exemple, l'analyse FFPM (forces, faiblesses, possibilités, menaces) ou l'analyse des forces concurrentielles qui permet une étude du secteur industriel concentrée sur l'analyse des clients/acheteurs, des fournisseurs, des concurrents existants, des nouveaux concurrents et des produits de substitution. Tous ces outils sont utiles et leur apport peut être important, particulièrement s'ils permettent d'ordonner et de développer vos idées. Quel que soit celui que vous utilisez, souvenez-vous qu'un bon processus de planification doit comporter une connaissance approfondie *de vos clients, de vos concurrents et des capacités de l'entreprise* pour envisager objectivement le futur. C'est alors seulement que vous pourrez vraiment établir ce qui vous distingue et ce qui fait votre valeur du point de vue du marché.

Les entreprises gagnantes recherchent continuellement de nouvelles données sur les exigences des clients quant à leurs produits et services futurs, sur leurs critères d'achat et sur leur degré de satisfaction. À l'opposé, les entreprises perdantes ne considèrent les clients que comme des personnes « à qui l'on vend aujourd'hui ». Le processus de planification comporte souvent des études de marché directes (consultation directe des clients) ou indirectes (études effectuées par des organismes indépendants). Les entreprises gagnantes vont même aller plus loin : elles trouvent les moyens d'utiliser la connaissance du marché qu'ont leurs services de ventes ou trouvent de nouveaux moyens pour obtenir la participation des clients, comme des visites ou des études de marché.

Dans de nombreux processus de planification, l'analyse de la concurrence se limite souvent à l'obtention de statistiques concernant les résultats financiers des concurrents.

Dans de nombreux cas, les entreprises perdantes ignorent presque tout de leurs concurrents. Ce manque de connaissance des forces, des capacités, des motivations et des intentions de vos concurrents constitue un énorme handicap en planification stratégique. Les entreprises gagnantes innovent souvent : étudier en profondeur toutes les déclarations publiques d'un concurrent, se mettre à sa place et jouer le rôle du concurrent, etc. On estime généralement qu'un effort de cette envergure est indispensable pour saisir l'importance de la concurrence dans les occasions d'affaires qui se présenteront dans l'avenir.

Le plus grand défi dans le processus de planification est de faire une évaluation honnête des capacités de votre entreprise. Pouvez-vous répondre à la question suivante : « Qu'est-ce que je réussis le mieux ? » Et dans ce cas, pouvez-vous comparer votre production avec les besoins des clients pour déterminer si sa valeur est adéquate ? Si cette évaluation est faite de façon objective, comme c'est le cas des entreprises gagnantes, elle vous révélera vos forces et faiblesses vis-à-vis de la concurrence.

Le personnel d'implantation comme planificateur

Les entreprises gagnantes savent que le meilleur plan d'affaires est inutile s'il n'est pas implanté. Elles s'efforcent de concevoir un bon processus de planification et exigent que l'équipe de direction responsable de son exécution participe à son élaboration. Cela permet non seulement de profiter de son expérience, mais accélère en même temps l'acceptation de la planification et la compréhension des activités et de l'orientation de l'entreprise. Bien que le consensus soit souhaitable, les entreprises gagnantes savent que l'unanimité est rarement obtenue ; par contre, la compréhension et le soutien peuvent l'être. Les entreprises perdantes, au contraire, préparent leur plan sans consulter personne, pas même les agents de maîtrise. Elles risquent à la fois de prendre de mauvaises décisions et d'avoir une mauvaise exécution. Il n'est pas étonnant qu'elles soient perdantes.

La vérification des ressources disponibles

Un aspect très important des obstacles que l'on peut rencontrer mérite d'être signalé ici. Dans de nombreux cas, la planification stratégique et le plan d'affaires sont établis sans considérer les ressources ni les travaux de planification financière et structurelle de l'entreprise. Au minimum, un bon effort de planification comporte une évaluation ou une prévision des dépenses ; il contient non seulement les résultats désirés (rêver de ces résultats est évidemment bien plus agréable et bien plus excitant), mais aussi le budget des ressources financières nécessaires et un échéancier (ce qui nous ramène à l'aspect pratique de la planification). Une évaluation semblable doit être faite pour les ressources humaines afin de vérifier leurs compétences et leur disponibilité. Une telle planification ne doit pas nécessairement exiger des ressources additionnelles, mais peut conduire à une meilleure utilisation des ressources disponibles ou l'élimination des efforts inutiles, libérerant ainsi les ressources qui leur avaient été allouées.

Une entreprise avait décidé d'augmenter ses efforts dans son programme de ventes directes et de fidélisation de la clientèle pour répondre aux besoins de ses clients et devenir le chef de file dans son marché. Après s'être lamenté parce que les ressources nécessaires n'étaient pas disponibles, un des planificateurs demanda si les millions de dollars dépensés en publicité étaient vraiment nécessaires compte tenu de la nouvelle politique de vente. Après une courte discussion, l'équipe de planification décida qu'il était effectivement possible de réallouer une partie des ressources pour implanter le changement de politique.

Les communications

Votre processus de planification serait évidemment inopérant si vous ne prévoyez pas de communiquer votre stratégie à toute l'entreprise et à certains partenaires extérieurs comme vos clients ou vos fournisseurs. Si certains aspects de votre stratégie sont confidentiels (par exemple, R&D, fusions et acquisitions), la plupart d'entre eux ne peuvent cependant rester secrets, c'est-à-dire connus uniquement de la haute direction et devinés par les autres personnes. Comment votre personnel pourrait-il être motivé si vous ne l'informez pas? Améliorer les communications n'est généralement pas bien difficile lorsque vous aurez compris qu'une excellente exécution vous donnera un avantage stratégique décisif sur la concurrence et que, de deux entreprises qui ont la même stratégie, la gagnante sera celle qui aura la meilleure production.

La *International Quality Study* effectuée par Ernst & Young et la *American Quality Foundation* a montré que la mise en valeur des communications et la compréhension générale de la planification stratégique par les partenaires internes et externes étaient au nombre des meilleures pratiques des entreprises gagnantes. La même étude révéla également que la compréhension du plan par les cadres intermédiaires exerçait une influence favorable sur les profits de l'entreprise et sur sa situation dans son secteur d'activité.

Le consensus sur l'implantation

Les entreprises gagnantes font de très gros efforts pour utiliser les résultats de leur travail de planification lors de son implantation. Pendant le processus de planification, elles prévoient toujours la façon dont le plan sera utilisé pour gérer les activités d'implantation. Habituellement les meilleures entreprises s'engagent à réviser continuellement cette planification ainsi que ses objectifs. Cet effort aide à faire disparaître le syndrome du «plan d'affaires poussiéreux perdu sur une étagère» que l'on retrouve généralement dans les entreprises perdantes. De telles entreprises se contentent de parler du plan et ne cessent de trouver des excuses pour ne pas l'implanter et pour justifier de n'avoir pas atteint les objectifs.

■ COMMENT UTILISER UN PLAN D'AFFAIRES

Un bon plan d'affaires donne à la fois leur orientation et leur liberté à une entreprise et à ses employés. L'orientation résulte de la connaissance de vos clients et de leurs besoins, d'une bonne compréhension des plus importantes activités stratégiques à maintenir pour devenir un chef de file compétitif et du consensus sur vos activités et stratégies. La liberté est celle dont chaque employé bénéficie lors de l'implantation du plan et celle que lui permettent les nouvelles idées qui jaillissent un peu partout dans l'entreprise. Libérer l'énergie sous-jacente dans l'entreprise est l'une des conséquences possibles les plus enrichissantes d'une planification efficace et d'une gestion stratégique soutenue.

Lorsque le plan d'affaires est rédigé, il y a de fortes chances qu'il soit déjà dépassé. Il est également possible que la participation active obtenue lors d'une planification réussie se soit quelque peu érodée lors des premières phases de l'implantation. Gérer l'entreprise selon le plan et effectuer les modifications au fur et à mesure que vous progressez sont des attitudes essentielles pour profiter des occasions d'affaires qui se présenteront. Voici quelques caractéristiques essentielles d'une gestion stratégique réussie :

- un engagement évident à devenir le chef de file ;
- la publication et le partage des résultats à intervalles réguliers ;
- l'acceptation générale du plan dans toute l'entreprise ;
- un lien bien compris entre la réussite de l'entreprise et le travail de chacun ;
- savoir profiter de l'expérience acquise.

Un engagement évident à devenir le chef de file

Si cet engagement est souvent mentionné comme important dans des discussions concernant de nouveaux projets, de nouveaux marchés, etc., il est encore plus crucial ici par l'influence qu'il peut exercer : un plan d'affaires doit effectivement avoir une forte signification pour les employés.

Le partage des résultats à intervalles réguliers

Les entreprises gagnantes ont tendance à partager les résultats de leurs efforts avec les employés. Ces entreprises partagent non seulement leurs résultats financiers, mais aussi les principaux résultats des activités stratégiques.

L'acceptation du plan dans toute l'entreprise

Il a été mentionné précédemment qu'un plan de communication est une partie essentielle du processus de planification. Savoir faire la part des informations à diffusion générale et à diffusion restreinte est un sujet très discuté. De façon générale, il est impossible d'exiger des miracles des employés (ce que les entreprises gagnantes obtiennent) si vous ne partagez pas votre vision, votre mission et vos priorités stratégiques avec eux.

■ SAVOIR PROFITER DE SON EXPÉRIENCE

Les équipes intelligentes savent que, si elles veulent réussir, il leur faut un itinéraire, mais elles savent aussi que de nombreux enseignements peuvent être tirés de l'expérience. Ceci est particulièrement vrai quand il s'agit de mettre en pratique ses idées et son expérience. Les entreprises gagnantes ont constaté que, si elles discutaient régulièrement des résultats et des progrès effectués, elles pouvaient tirer de leur expérience d'implantation des leçons et des idées nouvelles pour améliorer leurs activités. Dans ces discussions, les équipes de direction ont la tâche délicate de trouver le juste milieu entre « continuer comme prévu » ou modifier certaines stratégies initiales. Il n'y a pas de règles pour faire ce choix. Les entreprises gagnantes savent cependant qu'elles ne peuvent dire qu'une activité a été réussie qu'après y avoir consacré tous leurs efforts et après avoir tiré les leçons de ses résultats. S'astreindre à une telle discipline leur sera alors d'une grande utilité quand des changements de stratégie s'imposeront.

■ EN RÉSUMÉ

Voici maintenant un bref résumé de ce que les entreprises gagnantes et perdantes font (ou ne font pas) en rédigeant leur plan d'affaires. Les entreprises survivantes agissent de façon intermédiaire et essayent très souvent d'imiter les entreprises gagnantes, généralement sans réelle conviction.

Gagnantes	Survivantes	Perdantes
Plan d'affaires		
marché ciblé	bien délimité et bien étendu	identifié
vision	externe et contraignante	inexistante
mission	orientée vers les clients, orientée vers soi	très dirigée
orientation stratégique	limitée, domaines à fort impact	sans orientation
mesures financières	simples, reliées à la stratégie	uniquement
stratégies	activités essentielles	longue liste d'activités
valeurs	explicites et sûres	superficielles
Processus de planification		
clients, concurrents et capacités	connaissance en profondeur	superficielle
ceux qui implantent	participent à la planification	implantation imposée
obstacles à la réussite	connus et vaincus	ignorés
disponibilité des ressources	priorités établies	par contrainte
communications	à travers toute l'entreprise	limitées
implantation	avec consensus	non discutée
Utilisation du plan		
devenir le chef de file	clairement exprimé	constitue un obstacle
publication des résultats	régulière	irrégulière
participation au plan	généralisée	limitée
objectifs individuels	reliés au plan	non reliés au plan
mise à profit de l'expérience	le plan sert de guide	le plan est ignoré

Les leçons tirées de la planification des entreprises gagnantes peuvent vous aider à rester ou à devenir un chef de file dans votre secteur d'activité. Bien qu'un bon plan d'affaires ne vous garantisse pas la réussite, il vous sera d'une grande utilité pour orienter l'ensemble de votre entreprise vers un objectif commun en permettant une utilisation rationnelle des ressources et un travail bien fait. Planifiez votre réussite ou précipitez-vous vers l'échec. Vous avez le choix.

Ne pas avoir de plan d'affaires offre l'avantage
de ne pouvoir vous égarer, puisque vous ne connaissez pas votre destination.

H. James Harrington

Chapitre 3

La planification du changement environnemental :

les meilleures pratiques de planification et d'implantation de l'amélioration

par
H. James Harrington, directeur, Ernst & Young
Mark B. Hefner, directeur national, Ernst & Young
et
C. Keith Cox, conseiller, Ernst & Young

Le manque de bons plans d'amélioration à long terme a fait perdre des milliards de dollars. De nos jours, de plus en plus d'entreprises mettent en pratique les quatre « P » : Pas de Planification, Pas de Profits.

H. JAMES HARRINGTON

■ INTRODUCTION

On parle beaucoup de la nécessité de changer de culture. Nous pensons cependant que le fait de se consacrer à un tel changement ne résoudra pas les problèmes et ne préparera pas la plupart des entreprises à affronter le XXIe siècle. La culture se définit en fonction du passé, de l'histoire, de l'héritage, de la religion et des convictions. La plupart des entreprises tiennent à conserver leur culture et craignent même de la perdre.

L'Amérique devrait être fière de sa culture, car elle est riche en imagination, en préoccupation d'autrui, en travail assidu, en initiatives risquées et en réussites. C'est une culture qui nous a permis de devenir la nation la plus riche, la plus puissante et la plus productive au monde. Nos problèmes ne résultent pas de notre culture, mais plutôt de la mentalité de la population actuelle. Nous nous méfions des travailleurs compulsifs comme de la peste. Nos employés acceptent, à contrecœur, de travailler des heures supplémentaires à condition d'être prévenus 72 heures à l'avance, sinon ils refusent. C'est la mentalité de notre main-d'œuvre et de nos enfants que nous devons changer.

L'influence réciproque entre plusieurs personnes, ou entre plusieurs groupes, forme les mentalités. Nous devons changer la mentalité actuelle de notre population pour conserver la culture, que nous devons au travail assidu de nos pères. La mentalité de nos principaux dirigeants se transmet à toute l'entreprise. Quand un nouveau directeur général est nommé, toute l'entreprise s'adapte à sa mentalité. Si c'est un amateur de basket-ball, vous serez surpris du nombre d'employés au courant des scores des matches de basket-ball de la veille.

Nous ne pouvons plus nous comporter comme nous l'avons fait dans le passé, car notre bon vieux monde a bien changé. Nous sommes exposés à une quantité d'informations qui double tous les cinq ans. Selon *Information Anxiety*, de Richard Worman, le quotidien *New York Times* contient plus d'informations qu'une personne moyenne, vivant au XVIIe siècle en Angleterre, pouvait en recevoir durant sa vie entière.

Comment peut-on changer la mentalité de notre population ? En changeant l'environnement dans lequel elle vit. Notre mentalité évolue continuellement sous l'influence des événements qui se produisent autour de nous. Cette influence s'exerce de notre naissance jusqu'au dernier battement de notre cœur. Elle s'exerce davantage lors des années formatrices qui précèdent notre entrée à l'école.

Voyons maintenant comment modifier cet environnement qui agit sur la mentalité de la main-d'œuvre actuelle. L'entreprise doit planifier un changement des facteurs environnementaux qui déterminent la mentalité des employés ; cette planification s'adressera particulièrement à l'équipe dirigeante. Si nous maintenons une amélioration de la mentalité dans l'entreprise sur une période suffisamment longue (environ cinq ans), nous changerons la culture de l'entreprise.

■ LES PLANS D'AFFAIRES ET LES PLANS DE CHANGEMENT DE L'ENVIRONNEMENT

Ces deux plans diffèrent énormément. Le plan d'affaires définit la stratégie de l'entreprise pour ses produits et ses services : le marché qu'elle souhaite pénétrer, les nouveaux produits qu'elle mettra sur le marché, la stratégie de production, etc. C'est ce plan qui détermine les affaires et les oriente. Il est conçu pour répondre uniquement aux besoins de deux des partenaires de l'entreprise, le client et l'actionnaire. Il est essentiellement orienté vers les activités extérieures de l'entreprise.

À l'opposé, le plan de changement de l'environnement est un plan dirigé vers l'intérieur et conçu pour modifier l'environnement de l'entreprise ; cette modification changera la mentalité de l'entreprise (les éléments de son comportement) pour la rendre compatible avec le plan d'affaires. Le plan de changement de l'environnement prend en considération les besoins de tous les partenaires de l'entreprise pour définir les améliorations. Il décrit le changement de la mentalité en affaires de l'entreprise. Il permet le passage méthodique d'un état à un autre. Bien que leurs contenus et leurs objectifs soient différents, le plan de changement de l'environnement doit épauler le plan d'affaires pour que les deux plans puissent fonctionner en harmonie.

■ POURQUOI UN PLAN DE CHANGEMENT ENVIRONNEMENTAL ?

« Pourquoi faut-il un plan de changement de l'environnement pour améliorer mon entreprise ? Je peux vous citer un grand nombre de problèmes auxquels nous pouvons nous attaquer dès maintenant, si ce n'est pas déjà fait. » Surtout, n'arrêtez pas de résoudre vos problèmes et de faire du dépannage dans votre entreprise. Mais aussi longtemps que vous vous comporterez comme par le passé, vous ne changerez pas vos résultats. Malheureusement, vos concurrents sont peut être insatisfaits de leur part de marché et sont en train de s'améliorer ; dans ce cas, si vous ne changez pas, vous allez perdre du terrain. En fait, les entreprises qui domineront le XXIe siècle seront celles qui se seront améliorées le plus rapidement.

En voulant s'améliorer rapidement par rapport aux autres, la plupart des entreprises utilisent d'innombrables outils d'amélioration : un nouvel outil est mis en œuvre chaque fois que quelqu'un assiste à une nouvelle conférence. Nos recherches montrent qu'il y a actuellement plus de 400 différents outils d'amélioration qui peuvent modifier favorablement l'environnement. Chacun de ces outils travaille dans des conditions bien spécifiques, bien que le même problème puisse être résolu séparément par plusieurs outils. Comme exemple, voici 10 des 44 outils qui améliorent l'élément environnemental appelé « soutien et leadership de l'encadrement » :

1. L'évaluation des cadres par eux-mêmes

2. Les nouvelles normes du rendement

3. La politique de l'amélioration

4. Les visions de l'amélioration

5. Le plan annuel d'amélioration stratégique

6. L'amélioration des compétences en leadership

7. Des équipes de travail autonomes

8. L'établissement des responsabilités

9. La gestion des risques

10. Le modèle des « 7 S »

Aucune entreprise ne peut utiliser convenablement tous les 400 outils à la fois. Ils ont en commun une certaine façon de travailler et agissent dans des domaines identiques. Beaucoup d'entre eux ne conviennent pas à votre entreprise ou ne peuvent l'influencer que très faiblement.

Tout comme les employés, les entreprises diffèrent les unes des autres. Les mentalités de leurs cadres et de leurs clients, leurs produits, leur culture, leur emplacement géographique, leur niveau de qualité, leur productivité, leurs technologies, leurs capacités et leurs profits sont différents.

Et pour augmenter la complexité de cette situation, les entreprises gagnantes, survivantes et perdantes doivent effectuer des activités très différentes pour s'améliorer. Très vite, il apparaît donc qu'il n'existe pas de démarche unique d'amélioration pour toutes les entreprises, ni même pour plusieurs secteurs à l'intérieur d'une même entreprise.

■ QUELLE EST L'ORIGINE DE VOTRE CULTURE ?

La culture d'une entreprise se bâtit sur une longue période ; elle résulte de la manière avec laquelle les cadres implantent les convictions fondamentales (discutées au chapitre 2) et de la manière avec laquelle les employés réagissent aux ordres de la direction.

La confusion règne à propos de l'utilisation et du choix des termes *valeur, conviction* et *principe*. Quel que soit le terme utilisé, toute entreprise devrait avoir une série d'énoncés destinés à faire connaître la nature de la culture de l'entreprise aux cadres et aux employés. Pour les cadres, ces énoncés définissent les orientations qui conditionnent leur comportement. Pour les employés, ces énoncés font connaître les bases sur lesquelles repose l'entreprise.

Les principes directeurs de la Ford Motor Company sont :

• La qualité avant tout.

• Tout notre travail est orienté vers les clients.

- Une amélioration continue est essentielle à notre réussite.

- L'engagement de nos employés est notre style de vie.

- Les fournisseurs et les concessionnaires sont nos partenaires.

- Nous ne transigeons jamais avec notre intégrité.

La citation suivante est extraite du manuel des cadres d'IBM :

« Une entreprise est semblable à une personne : elle doit reposer sur une base solide de saines convictions si elle veut survivre et réussir. Elle doit les respecter dans la conduite de ses affaires. Chaque cadre doit également les respecter dans ses décisions et ses actions. »

Le gouvernement des États-Unis possède son ensemble de principes de base depuis sa création. Ils sont mentionnés dans la Déclaration des droits et ils ont guidé les États-Unis depuis plus de 200 ans.

Ce sont ces principes fondamentaux, que nous appelons les convictions profondes, qui vont attirer les nouveaux employés vers votre entreprise. Ils définissent les règles auxquelles l'entreprise ne devra jamais déroger. Ils constituent la déclaration des droits des employés et devraient être rarement modifiés ; ils pourront l'être uniquement s'ils ne correspondent plus à l'environnement social ou à l'environnement extérieur. J'ai travaillé pendant 40 ans chez IBM et, durant tout ce temps, les convictions profondes n'ont pas changé.

Chaque instant, les cadres sont tenus de faire leur travail de manière à respecter les convictions profondes de l'entreprise. C'est la première obligation de tout cadre. Aucun employé ne doit accepter un poste de cadre s'il n'a pas respecté ces convictions dans son travail précédent, et aucun cadre ne doit continuer à occuper son poste s'il ne les respecte pas. Les employés ont l'obligation de travailler de façon à maintenir ces convictions et à les respecter en tout temps. Les cadres qui demandent à leurs employés de les contourner ne font pas leur travail. Un tel comportement doit d'ailleurs être porté à l'attention de la haute direction.

■ L'ÉVALUATION DE LA MENTALITÉ ACTUELLE

En concevant notre plan d'amélioration, nous devons faire le point sur la situation actuelle de l'entreprise dans les domaines suivants :

- Le positionnement concurrentiel

- Les compétences distinctives

- Les capacités distinctives

- Les convictions profondes

- La satisfaction des clients

- La satisfaction des employés

- Les systèmes de gestion de la qualité
- Les activités réussies et manquées en amélioration
- L'engagement de l'entreprise en matière d'amélioration
- Les nouveaux programmes importants

Une évaluation complète peut exiger beaucoup de temps et d'argent, mais à long terme elle risque d'être la moins coûteuse de toutes les activités possibles. Si l'entreprise est relativement avancée en amélioration, l'information recherchée devrait déjà exister dans l'entreprise. Dans ce cas, il est préférable de faire une évaluation complète de l'entreprise et de rechercher toutes les données manquantes concernant son organisation actuelle. Une telle entreprise aura déjà fait l'étalonnage concurrentiel de ses produits, défini et comparé ses capacités et ses compétences principales, calculé l'indice de satisfaction de ses clients, tenu des réunions pour discuter avec eux, mené des enquêtes auprès des employés et possède déjà un plan d'affaires soigneusement suivi.

Dans le cas contraire, une évaluation réduite sera préférable à une évaluation complète pour établir le plan triennal d'amélioration. Cela permet à l'entreprise de lancer un plan d'amélioration et de le modifier à mesure que de nouvelles données deviennent disponibles. Au minimum, l'évaluation comprendra :

- une compilation des données concernant les clients ;
- une compilation des renseignements concernant les concurrents ;
- une étude du plan d'affaires et des facteurs critiques de réussite ;
- une étude de la mesure et du rendement de la haute direction ;
- une étude de la mesure et du rendement de l'entreprise ;
- une étude des données de la vérification des systèmes de qualité ;
- une étude des activités d'amélioration réalisées ou futures ;
- des entrevues avec tous les hauts dirigeants pour trouver les domaines d'amélioration possibles et les problèmes ;
- des entrevues avec tous les cadres intermédiaires, les agents de maîtrise et les employés pour évaluer la mentalité actuelle de l'entreprise ainsi que le respect des principes directeurs et trouver les obstacles au changement ;
- une vérification des systèmes de gestion de la qualité ;
- une enquête sur les besoins en amélioration.

Les résultats d'une telle évaluation donneront une bonne idée de la situation actuelle. Cette évaluation révélera également de nombreuses améliorations à inclure dans le plan triennal d'amélioration. De plus, les groupes de discussion et les enquêtes feront connaître les différences entre les priorités de la direction et celles des employés. Certaines enquêtes révèlent aussi l'importance que l'entreprise accorde à l'amélioration, ce qui permet d'évaluer les chances de réussite du processus d'amélioration. Nous pensons qu'une telle évaluation est très utile et diminue considérablement les risques d'échec.

Il est très important que les données recueillies lors des entrevues individuelles, des réunions des groupes de discussion et des enquêtes restent confidentielles. C'est pourquoi il est préférable de confier cette évaluation à une personne ou à une firme étrangère à l'entreprise. D'autre part, cela permet une analyse impartiale de l'entreprise, ce qui est indispensable pour bien cerner la situation actuelle. Quand une personne travaille depuis longtemps dans une situation à problèmes, elle s'y habitue et tend à la considérer comme normale, alors qu'elle devrait la percevoir comme une situation exceptionnelle. Ne vous fiez pas uniquement aux personnes qui ont créé la mentalité de l'entreprise avec ses problèmes pour trouver les possibilités d'amélioration.

Une fois l'évaluation terminée, les résultats devront être communiqués à la direction et, au minimum, à tout employé ayant participé à l'évaluation. Si vous avez sollicité les commentaires d'une personne ou si vous lui avez demandé d'évaluer la situation de l'entreprise, vous devez l'informer sur la façon dont ses commentaires ont été utilisés et sur la manière dont ils ont été transmis à la haute direction.

■ COMMENT CHANGER LA MENTALITÉ D'UNE ENTREPRISE ?

Effectuer un changement est difficile, même dans les meilleures circonstances. C'est essentiellement la peur qui provoque le changement dans les pays occidentaux : peur de perdre sa part de marché, peur de perdre son emploi, peur de ne pas faire les profits nécessaires pour augmenter la valeur des actions et peur d'échouer. Par contre, les pays de l'Est changent parce qu'ils en voient les avantages. Il est regrettable que la plupart des entreprises américaines aient attendu d'être en difficulté pour se lancer en amélioration. Ainsi :

- Xerox et General Motors ont perdu plus de 30 % de leur part de marché ;

- IBM battait tous les records sur le plan des pertes financières ;

- le gouvernement des États-Unis s'est tellement endetté qu'il ne sait plus comment s'en sortir.

Toutes les entreprises ont besoin d'un plan d'amélioration, pas seulement les entreprises perdantes. Il est regrettable que nos dirigeants aient mis des années à s'en rendre compte. Il est très décourageant pour la nation entière de voir que le gouvernement fédéral vient enfin d'envisager l'élimination de 250 000 postes pour améliorer son efficacité, alors que cette amélioration aurait pu se faire dès le début des années 70. Même au Japon, les entreprises accélèrent leurs efforts d'amélioration en réduisant leur main-d'œuvre. Toshiba et Fuji éliminent repectivement 5 000 et 6 000 postes.

Que faut-il faire pour obtenir une amélioration durable ? Comment améliorer notre façon de parler, de penser et d'agir ? Voici un modèle efficace pour y arriver :

1. Chacun doit sentir le besoin de changement.

2. Il doit y avoir unanimité sur les améliorations que le changement apportera à l'environnement de l'entreprise.

3. Chacun doit se sentir concerné par le plan d'amélioration.

4. La direction doit changer en premier lieu et donner l'exemple à toute l'entreprise.

5. La direction doit éliminer les obstacles.

6. Les résultats du changement doivent être communiqués à tous les partenaires.

7. Chacun doit recevoir la formation qui lui permettra d'avoir un meilleur rendement dans le nouvel environnement.

8. Un système de mesure avec rétroaction doit être mis en place.

9. L'environnement doit pouvoir autoriser la prise de risques.

10. Les dirigeants doivent abandonner leur rôle de chef et de directeur pour adopter un rôle de meneur.

11. Un comportement nouveau doit être récompensé.

■ L'ENGAGEMENT DES SYNDICATS

Si certains employés de l'entreprise sont syndiqués, nous recommandons fortement que vous fassiez participer les dirigeants des syndicats dès que possible. Nous recommandons que des délégués convenablement choisis participent activement à l'élaboration des visions et à la planification qui changeront l'entreprise. Cela permet d'aligner les objectifs des syndicats sur les énoncés de la vision de l'environnement. L'engagement de ces personnes clés retarde souvent le processus de planification, mais à long terme, il permettra de gagner beaucoup de temps, car la planification sera meilleure à la fois dans sa conception et dans son implantation.

■ LA RÉDACTION DES ÉNONCÉS DE VISION

La direction ne maîtrise relativement que peu de choses. Elle ne maîtrise ni l'économie, ni le client, ni les concurrents, ni les fournisseurs, ni les règlements officiels, ni la bourse, etc. Elle peut changer uniquement ce qu'elle maîtrise : les processus environnementaux. Si vous voulez obtenir un changement dans votre entreprise, ce sont les processus environnementaux, qui conduisent aux résultats souhaités, qu'il faudra changer.

Le comité directeur de l'amélioration (CDA) devra élaborer les visions. Il sera constitué des plus hauts cadres de l'entreprise (par exemple, le président et tous les vice-présidents) ainsi que des principaux responsables syndicaux. Le nombre de ses membres sera compris entre 8 et 14.

Le CDA doit alors trouver les 5 à 10 processus environnementaux qui agissent le plus sur le rendement de l'entreprise.

Les processus les plus typiques sont :

1. Les processus de mesure ;

2. Les processus de formation ;

3. Les processus de gestion ;

4. Les processus de partenariat avec les clients ;

5. Les processus de partenariat avec les fournisseurs ;

6. Les processus d'affaires ;

7. Les processus et les procédés de fabrication ;

8. Les processus relatifs aux employés ;

9. Les processus de recherche et développement ;

10. Les processus du service après-vente.

Le CDA devra consacrer deux à trois jours pour trouver les processus environnementaux essentiels et pour concevoir l'évolution de ces processus pour les cinq prochaines années dans un ensemble d'énoncés de vision provisoires. Pour accomplir cela, il devra se réunir à l'extérieur de l'entreprise dans un endroit agréable où le téléphone ne pourra déranger personne. Durant le jour, le temps consacré à discuter de la vision est important, mais celui passé en soirée en activités sociales, où les dirigeants discutent de façon informelle les uns avec les autres, est tout aussi important.

Par la technique du remue-méninges, le CDA devra rechercher les processus environnementaux dont dépend le plus le rendement de l'entreprise, en dresser la liste, la vérifier puis établir un ordre de priorité pour un maximum de 10 processus. Cela fait, il devra reprendre l'évaluation de l'entreprise et établir l'état actuel de chaque processus. Il décidera ensuite si ces processus doivent être améliorés dans les cinq prochaines années. Si c'est le cas (et c'est généralement le cas), il définira les améliorations nécessaires.

Le CDA ne devra pas se limiter à la situation présente, mais devra également envisager la situation future. Après avoir décrit au mieux l'état futur des processus concernant spécifiquement l'environnement, il devra rédiger l'énoncé de vision relatif à ces processus pour les cinq ans à venir. Ces énoncés de vision doivent décrire clairement la manière d'opérer de l'entreprise dans cinq ans.

Jack Welsh, pdg de General Electric, a affirmé : « Tous les dirigeants, de Roosevelt à Churchill ou Reagan, inspirent à leur entourage des visions claires permettant d'améliorer les situations. Cependant, certains cadres embrouillent les situations en les compliquant et en insistant sur des détails insignifiants. Ils en parlent de façon savante et se donnent beaucoup d'importance. Ils n'inspirent personne. » Le père Theodore Hesburgh, ancien recteur de l'Université Notre-Dame, disait : « La nature profonde du leadership est d'avoir une vision. Cette vision doit être exprimée clairement et énoncée chaque fois que l'occasion se présente. Prêcher sans conviction ne sert à rien. »

Voici un exemple typique d'énoncé de vision, qui devrait tenir pendant cinq ans, pour le leadership et le soutien de la direction :

> « La direction favorise un environnement de libre communication où les opinions et les suggestions sont encouragées et appréciées : les visions, les priorités et les plans sont partagés par tous dans l'entreprise.
>
> La direction alloue le temps nécessaire, fournit les outils et assure la formation des employés pour que chacun puisse contribuer de son mieux à la mission de l'entreprise. La direction favorise le travail en équipe et l'échelon hiérarchique approprié le plus bas possible prend les décisions. La rétroaction s'effectue dans les deux sens de façon continue pour évaluer les résultats et pour obtenir les intrants nécessaires au processus d'amélioration. »

L'engagement des partenaires envers les énoncés de vision

Le CDA rédige les énoncés de vision provisoires. Ces énoncés montrent comment la direction interprète l'information qu'elle possède et comment elle conçoit l'évolution de l'environnement de l'entreprise. La direction ne représente cependant qu'une faible fraction des personnes concernées par ces énoncés de vision. Trois autres partenaires doivent être informés de ces énoncés : les clients, les employés et les fournisseurs.

Dans son secteur respectif, chaque dirigeant devra discuter de ces énoncés provisoires avec ses collaborateurs directs, ses agents de maîtrise et ses employés. Chaque groupe de discussion devra examiner ces énoncés et répondre aux questions suivantes :

• Est-ce bien dans ce type d'environnement que nous voulons travailler ?

• Cet environnement est-il différent de l'environnement actuel ?

• Est-ce que nous comprenons l'énoncé de vision ainsi que chaque mot qu'il contient ?

• Comment peut-on l'améliorer ?

• Est-il possible de le réaliser ?

• Qu'est-ce qui nous empêche de le réaliser ?

Ces réunions commencent souvent par la présentation des résultats qu'effectue la personne qui a évalué l'entreprise. Cela permet une meilleure compréhension de la situation présente.

Utilisez les tableaux à grandes feuilles de papier pour noter tous les commentaires favorables ou défavorables. C'est une façon efficace d'étayer la discussion et d'obtenir un accord sur les points essentiels. Les choses se présentent souvent sous un angle différent quand elles sont écrites.

Le service d'approvisionnement devra demander aux principaux fournisseurs d'assister à la réunion d'un groupe de discussion où toutes les visions seront discutées; la plupart des ces réunions seront cependant consacrées à l'énoncé de vision concernant le partenariat avec les fournisseurs. Le service de marketing tiendra des réunions semblables avec les principaux clients et mettra l'accent sur la situation actuelle du partenariat avec les clients ainsi que sur l'énoncé de vision concernant ce partenariat. Il vaut mieux avoir trop de clients ou de fournisseurs pour examiner ces énoncés que de ne pas en avoir suffisamment.

Cette phase est l'une des plus stimulantes de tout le processus d'amélioration. Pour la plupart des entreprises, c'est la première fois que les dirigeants consultent les employés sur l'environnement dans lequel ils souhaitent évoluer.

La rédaction finale des énoncés de vision

Lorsque les résultats des groupes de discussion seront connus, une deuxième réunion du CDA se tiendra pour rédiger les énoncés définitifs de la vision. À cette réunion, chaque dirigeant présentera l'apport de son équipe et discutera de sa conception de l'avenir. Des discussions vont jaillir sur des points de détail, comme le choix du synonyme ou de l'adjectif, les virgules, etc. Après quelques discussions serrées, il en résultera un ensemble d'énoncés qui feront l'unanimité. Chaque terme dans chaque énoncé aura la même signification pour tous.

Un nouvel ensemble d'énoncés définitifs de la vision de l'entreprise résultera de cette réunion. D'après notre expérience, cet ensemble sera très différent de l'ensemble des énoncés provisoires. Bien que l'énoncé définitif ne puisse tenir compte de toutes les suggestions, les employés peuvent néanmoins constater que la direction a changé sa vision après les avoir consultés. Il sera alors évident que la direction est à l'écoute de ses employés et tient compte de leurs opinions.

Les entreprises profitent au maximum des compétences des employés quand des visions communes valables sont élaborées. Le travail de la direction consiste alors à promouvoir ces visions communes acceptées par tous. Les promouvoir ne signifie pas seulement en parler et les soutenir: cela signifie les respecter, les diffuser et montrer qu'elles nous enthousiasment. La confusion s'installe si la direction parle et rédige d'une certaine manière, mais agit selon d'autres principes. Si la direction ne peut suivre ces énoncés, surtout qu'elle n'en parle pas et qu'elle n'écrive rien à ce sujet.

Je me souviens d'une banque en Arizona dont la direction était tellement attachée à ses visions qu'elle avait loué des panneaux publicitaires placés sur les itinéraires que ses employés empruntaient pour se rendre au travail. Ces panneaux présentaient la mission et les visions de la banque. Ces messages n'étaient pas rédigés à l'intention des clients, mais à l'intention des employés. Ils montraient aux employés que leur direction était fermement convaincue de ces énoncés et qu'avec leur aide elle pouvait obtenir les changements environnementaux importants décrits dans cette vision.

■ L'ÉTABLISSEMENT DES OBJECTIFS D'AMÉLIORATION

L'équipe de direction doit maintenant décider comment sera mesurée la réussite de l'amélioration. Chaque dirigeant a fixé les objectifs à atteindre dans son secteur de responsabilité et dans l'entreprise entière. Pour l'aider à planifier le cycle de l'amélioration, l'équipe de direction s'efforcera de fixer des objectifs uniquement pour quelques mesures critiques de l'entreprise, par exemple :

- le rendement des investissements ;

- la satisfaction des clients ;

- le temps de réaction ;

- la valeur ajoutée par employé ;

- la part de marché ;

- les économies réalisées ;

- l'indice du moral de l'entreprise.

Nous suggérons que l'équipe directrice choisisse entre trois et six mesures et qu'elle en fixe les objectifs annuels. Ceux-ci serviront alors à concevoir le processus d'amélioration. La conception finale du processus d'amélioration dépendra fortement de la difficulté à atteindre ces objectifs d'amélioration du rendement.

■ LES PRATIQUES ET COMPORTEMENTS ORGANISATIONNELS DÉSIRÉS

Le début du changement de mentalité de l'entreprise s'est manifesté par la rédaction des énoncés de vision. Si ces énoncés sont valables et s'ils sont suivis à la fois par la direction et les employés, les pratiques organisationnelles et les convictions personnelles vont changer. Si l'entreprise et ses employés sont récompensés personnellement ou lors de manifestations sociales, à mesure que ces convictions se développeront, celles-ci donneront naissance à un modèle de pratiques et de comportements normaux.

Par exemple, si votre direction est convaincue qu'il faut donner plus de pouvoir de décision aux employés, cette amélioration se fera sentir quand les employés commenceront à réaliser qu'ils peuvent se passer de l'autorisation de leur supérieur pour agir dans des situations inhabituelles. Ils vont se rendre compte que, dans bien des cas, ils pourront prendre les bonnes décisions sans l'aide de la direction. Avec le temps et avec l'aide de la direction, ils seront convaincus que rien de fâcheux ne pourra leur arriver s'ils prennent des décisions, ce qui changera leur modèle de comportement.

De plus en plus, ils agiront par eux-mêmes, ils iront souvent informer leur supérieur d'un problème et lui apprendre comment ils l'ont résolu. Ils iront voir leur supérieur non pour lui demander comment résoudre un problème, mais pour lui annoncer comment ils comptent le résoudre. Des actions et un comportement plus sûrs deviendront la règle. À ce moment-là, au lieu d'être occasionnel, un tel modèle de comportement deviendra le modèle habituel. «C'est ainsi que nous avons l'habitude de travailler ici, cela n'a rien d'inhabituel. »

Le CDA dressera une liste d'habitudes et de comportements qui prévaudront dans l'entreprise quand chaque énoncé de vision sera réalisé. Pour cela, le CDA pourra considérer l'énoncé dans sa totalité ou se limiter à quelques mots ou phrases clés. Ceux-ci pourraient être :

- Les employés ont le pouvoir de décision.

- L'orientation vers le client.

- La concentration sur le processus.

- Les opérations rationalisées.

- La qualité d'abord.

- Priorité à la technologie.

Dans le cas où «les employés ont le pouvoir de décision», voici une liste qui pourrait décrire le modèle de conduite :

- Des équipes de travail autonomes accomplissent un travail efficace.

- Des idées sortant de l'ordinaire sont suscitées et discutées.

- Des recommandations et des suggestions spontanées sont souvent émises.

- Les renseignements concernant les affaires sont à la disposition des employés.

- La direction décide des résultats à obtenir, mais n'impose pas la manière de les obtenir.

- Les décisions se prennent plus rapidement à des niveaux hiérarchiques bas.

- Il y a moins d'hésitations.

- Les employés créent leur propres processus et leurs propres horaires.

Il faut à présent que le CDA choisisse quelques habitudes et quelques comportements et définisse des mesures pour suivre leur évolution dans l'entreprise. Par exemple :

- Les équipes autonomes pourraient être évaluées d'après le pourcentage d'employés qui en sont membres.

- Les idées sortant de l'ordinaire qui sont suscitées et discutées pourraient être évaluées en examinant les listes établies lors des réunions de type remue-méninges et en déterminant le pourcentage des idées originales.

- La fréquence des suggestions exprimées spontanément peut être évaluée par le nombre d'idées émises par employé autorisé à les émettre.

Cette façon de travailler permet d'établir une longue liste de mesures des comportements et des habitudes, un grand nombre d'entre eux n'étant jamais mesurés dans la plupart des entreprises. En gestion de l'amélioration totale (GAT), le CDA devrait introduire de telles mesures en planifiant la vision du comportement.

■ LES PLANS TRIENNAUX D'AMÉLIORATION

Les entreprises qui souhaitent réorienter une amélioration qui fonctionne au coup par coup ou qui suit les modes passagères doivent marquer un temps d'arrêt pour bien envisager les différentes options qui leur sont offertes avant de se lancer dans de nouvelles activités. Elles vont perdre un peu de temps au début de l'amélioration, mais elles vont se rattraper sur son temps de cycle, sur son coût et sur les efforts accomplis sur une période de trois ans. De plus, les résultats seront meilleurs.

Bien conçue, l'amélioration permettra à l'entreprise de profiter au maximum des capacités créatives de ses employés. Le travail se transformera en une expérience agréable, valorisante et intéressante. L'environnement stimulera l'esprit d'équipe tout en maintenant la satisfaction personnelle de la réalisation et de la réussite ainsi que le respect de soi-même. L'exaltation de participer et de créer fait naître une ambiance électrisante qui éclate littéralement entre les employés et les cadres, insufflant une vie nouvelle à toute l'entreprise.

David T. Kearns, directeur général de Xerox, a affirmé : « Ce qui a motivé principalement notre candidature au *National Quality Award*, c'était de trouver comment nous améliorer. Évidemment, nous voulions aussi remporter le prix. Mais nous voulions surtout en apprendre davantage. Nous avons passé toute la dernière année à nous servir du processus d'attribution du prix pour trouver les possibilités d'amélioration. Avec ce que nous avons appris, nous avons lancé le deuxième plan quinquennal mondial d'amélioration de la qualité chez Xerox. »

Un plan d'amélioration qui s'étend sur plusieurs années est essentiel à toute entreprise pour réussir une activité d'amélioration, pas seulement pour les grandes entreprises. Nous avons étudié le *QEC Continuous Improvement Plan* de Globe Metallurgical. Cette entreprise a été la première petite entreprise à remporter le très recherché *Malcolm Baldrige National Quality Award*. Le plan d'amélioration de Globe Metallurgical se composait de 96 objectifs, chaque objectif étant atteint par plusieurs activités. Les dates de réalisation des objectifs s'étalaient sur deux ans.

Les facteurs influençant le plan triennal

Toute entreprise doit considérer de nombreux éléments avant de conclure son plan triennal. Ces éléments se répartissent en deux catégories selon leur influence : les facteurs et les informations. Parmi les facteurs se trouvent la mission, les valeurs, les objectifs de rendement, les plans d'affaires, etc. Quant aux informations, elles comprennent la rétroaction par les clients, les enquêtes d'opinion, le coût de la non-qualité, la capacité compétitive, etc.

Les informations relatives à l'environnement exercent certainement une influence importante sur le plan triennal. Les technologies, les normes, le taux de changement souhaité, l'environnement constitué par la concurrence, etc., peuvent également être considérés.

La prolifération des outils d'amélioration a certainement augmenté la complexité du cycle de planification de l'amélioration. Il y a les 14 étapes de Crosby, les 14 points de Deming, les 10 points de référence pour la réussite en qualité de Feigenbaum, des centaines et des centaines d'autres outils, tous différents les uns des autres. Bref, une entreprise peut maintenant choisir parmi 400 outils.

La différence entre planifier et résoudre des problèmes

Nous avons constaté que l'on confond souvent la planification avec la résolution de problèmes. Les Américains excellent à résoudre des problèmes, mais ont horreur de planifier. Les réunions de planification se transforment invariablement en réunions de résolution de problèmes. Il est essentiel de séparer ces deux activités si l'on veut terminer rapidement le plan triennal. La responsabilité de la planification appartient à la haute direction, celle de la résolution de problèmes, aux cadres intermédiaires, aux agents de maîtrise et aux employés. Voici les différences :

Planification	Résolution de problèmes
Définir l'orientation	Trouver les solutions
Trouver les domaines à changer	Implanter les changements
Allouer les ressources	Utiliser les ressources
Définir les activités nécessaires	Effectuer les activités
Faire ressortir les symptômes	Trouver les raisons principales
Avoir une vision d'ensemble	S'occuper de points particuliers
Cycle court	Cycle long

Les différents plans triennaux d'amélioration en regard de l'environnement

Pour chaque énoncé de vision, le CDA doit élaborer un plan d'amélioration qui permettra de rendre l'environnement de l'entreprise conforme à cet énoncé sur une période de trois ans. Ce plan d'amélioration en regard de l'environnement doit permettre une transition logique entre l'état actuel et l'état prévu par la vision. La transition est définie par un passage méthodique d'une situation, d'une activité ou d'un état vers un autre. Une transition bien planifiée :

- est progressive ;

- ne pose pas de problèmes d'éthique ;

- ne subit pas de modifications de son échéancier ;

- est entièrement maîtrisée ;

- est entièrement planifiée ;

- n'occasionne pas de plaintes des clients ;

- obtient les résultats souhaités du premier coup.

Pour chaque plan d'amélioration, le CDA dressera une liste des problèmes actuels ainsi que la liste des obstacles au changement d'environnement y correspondant. Une fois ces listes établies, il sélectionnera les outils nécessaires à chaque plan. Comme mentionné dans ce chapitre et en guise d'exemple, il y a 44 outils sur un total de 400 que l'on pourra utiliser pour obtenir un changement dans le soutien et le leadership de la direction.

Les outils seront alors sélectionnés pour résoudre tous les problèmes et éliminer les obstacles figurant sur la liste qui vient d'être dressée. Dans de nombreux cas, il se peut que plusieurs outils puissent résoudre les mêmes problèmes. Le CDA établira les relations entre ces divers outils et déterminera celui qui permet d'obtenir les meilleurs résultats d'ensemble dans l'environnement considéré. Une fois ces outils choisis, le CDA concevra un plan d'implantation pour chaque outil et nommera un responsable d'implantation. À ce stade de la planification, aucune priorité ne sera établie entre les différents outils, sauf s'ils sont reliés les uns aux autres.

Après avoir conçu tous les plans d'amélioration en regard de l'environnement, le CDA devra examiner les objectifs d'amélioration de la performance et déterminer les mesures affectées par les différents plans d'amélioration. Il évaluera ensuite comment ces objectifs améliorent les plans. Une même mesure peut avoir plusieurs valeurs si elle subit l'influence de plusieurs plans ; la valeur minimale devra alors être atteinte. Si cela ne devait pas être le cas, chaque plan d'amélioration de l'environnement devra être revu.

Le CDA devra aussi évaluer chaque plan pour s'assurer qu'il conduit bien aux pratiques et au modèle de comportement définis plus haut. De nouveau, si ce n'est pas le cas, ils devront être modifiés.

■ LE PLAN TRIENNAL GÉNÉRAL

Lorsque le CDA aura terminé l'élaboration de tous les plans triennaux individuels d'amélioration, il sera alors prêt à les combiner et à établir des priorités. Un certain nombre d'éléments doivent être considérés en combinant ces divers plans, en particulier les objectifs d'amélioration du rendement définis plus haut. L'équipe de direction devra revoir les différents plans pour déterminer les activités dont dépendent les mesures de l'amélioration du rendement et pour établir l'échéancier permettant d'atteindre les objectifs du rendement.

En établissant cet échéancier, il faudra également tenir compte :

- des ressources disponibles ;

- des autres activités en cours dans le même domaine ;

- des congés et des jours fériés ;

- des variations saisonnières de la charge de travail et des charges de travail dues à de nouveaux produits ;

- des relations entre les différentes activités ;

- de l'engagement des syndicats ouvriers ;

- de l'échéancier du plan de gestion du changement.

Si, après avoir considéré toutes ces contraintes, le plan d'amélioration ne conduit pas aux améliorations définies par les objectifs d'amélioration de la performance, les objectifs ou le plan devront être modifiés.

La plus grande erreur que les entreprises commettent est de vouloir implanter le processus d'amélioration trop rapidement. Il faut soigneusement répartir les ressources disponibles entre le processus d'amélioration et les diverses activités courantes de l'entreprise. À ce stade, la plupart des entreprises allouent trop de ressources à l'amélioration. En fait, durant la première année, il vaut mieux en faire moins que trop. Selon notre expérience, en l'absence d'amélioration, les entreprises estiment déjà leur charge de travail à 110 % de ce que permet normalement leur main-d'œuvre.

La charge de travail s'accroît une fois le processus d'amélioration lancé. Dans certains secteurs, elle s'accroît de 30 %. La charge totale de travail durant les 12 à 18 premiers mois ne tombera pas en dessous de sa valeur au lancement. Des employés temporaires et des consultants pourront être embauchés pour prendre en compte cette charge de travail supplémentaire. À mesure que les améliorations diminueront leur charge de travail, les employés devront changer de poste pour remplacer les consultants et les employés temporaires.

Une partie essentielle de l'implantation du plan d'amélioration triennal est le plan de gestion du changement qui assure une implantation en douceur des différents plans. Le concept de la gestion du changement sera discuté en détail plus loin dans ce chapitre. Nous insistons ici sur ce plan de gestion, car il constitue une partie importante du plan triennal d'amélioration qui est souvent négligée.

■ LE PLAN DE DÉMARRAGE DE L'AMÉLIORATION DE 90 JOURS

L'entreprise possédant maintenant un plan général triennal d'amélioration qui fait l'unanimité, il est temps de passer de la théorie à la pratique. Le plan de démarrage de l'amélioration en 90 jours va donner à l'entreprise un échéancier à court terme, accepté par tous, pour implanter le plan triennal général d'amélioration. Cet échéancier sera divisé en semaines et, dans certains cas, comportera des objectifs bien spécifiques (par exemple, le CDA se réunira les premier et troisième mardis de chaque mois, entre 9 h et midi, ou le rapport final paraîtra le 3 février).

Pour réaliser cet échéancier, toute activité qui commence au cours des 90 premiers jours aura son mini-plan d'implantation détaillé pour chaque jour. Ce mini-plan sera conçu par un responsable nommé par le CDA spécifiquement pour cette activité. Le plan de démarrage de l'amélioration en 90 jours sera constitué par l'ensemble de tous ces mini-plans.

■ RÉUSSIR LE PLAN DE RÉINGÉNIERIE

Le problème des entreprises occidentales ne réside pas dans leurs activités, mais dans la manière de les implanter. Presque tous les outils d'amélioration utilisés par les entreprises fonctionnent dans des conditions bien précises. Nous avons toujours fait ce qu'il fallait faire, mais, malheureusement, nous l'avons fait de façon inefficace, ce qui a considérablement réduit les profits résultant de nos activités. Des milliards de dollars ont littéralement été gaspillés dans une formation dont les employés n'ont jamais profité. Le secret d'une implantation réussie du plan d'amélioration, c'est d'avoir un excellent plan de la gestion du changement. Pour réussir les activités d'amélioration, il faut que les activités de gestion du changement de l'entreprise fassent intégralement partie du plan triennal d'amélioration.

■ LA GESTION DU CHANGEMENT DANS L'ENTREPRISE

*Seulement 5 % des entreprises occidentales
excellent vraiment. Leur secret n'est pas dans ce qu'elles font,
mais dans leur façon de faire. Ces entreprises sont celles qui gèrent
un processus de changement.*

H. JAMES HARRINGTON

Un processus, bien structuré et strictement suivi, qui permet de gérer et d'implanter le changement, est un élément critique du plan triennal général d'amélioration. L'adhésion à la philosophie de la gestion de l'amélioration totale (GAT) entraînera de grands changements dans l'entreprise, changements qui auront une profonde influence sur les convictions, comportement, compétences et attentes des employés. Et pour rendre la situation encore plus décourageante, les changements amenés par la GAT toucheront des employés qui connaissent déjà des modifications rapides dans leur vie professionnelle et privée. C'est pour cela que tout employé doit comprendre que le changement peut être géré et doit être géré. Le changement n'est pas un événement ponctuel ou temporaire. C'est en réalité un processus et il doit être considéré comme tel (fig. 3.1).

Pour que la GAT puisse apporter des améliorations durables et tangibles, il est impératif que les cadres de tous les niveaux hiérarchiques de l'entreprise aient la capacité et la volonté de résoudre les problèmes importants que pose l'implantation d'un changement majeur. Ils doivent être en mesure de guider l'entreprise à travers ce changement de façon sûre. Cela signifie qu'il devront convaincre les employés d'abandonner le confort de l'état actuel, de traverser l'état transitoire et de modifier activement les activités pour arriver à un état futur encore passablement éloigné et obscur. Ces trois états peuvent être définis de façon précise :

1. *L'état actuel.* Il est caractérisé par le statu quo et par des attentes établies de longue date. C'est la routine dans laquelle se trouve toute entreprise avant l'implantation de la GTA.

2. *L'état transitoire.* Cet état commence au moment où les employés délaissent le statu quo. Ils ne se comportent plus comme par le passé, mais n'ont pas encore entièrement adopté la nouvelle manière de travailler. Cet état commence également quand les effets de la GAT modifient les anciennes attentes des employés et quand ceux-ci sont contraints de changer leur manière de travailler.

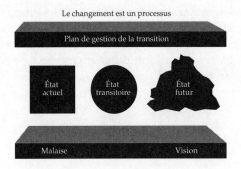

Figure 3.1 Processus de changement

3. *L'état futur.* Cet état commence à partir du moment où les nouvelles activités sont en place et où le modèle de conduite prévu par le changement est suivi. Les objectifs de la GAT sont alors atteints.

Les méthodes de gestion du changement dans l'entreprise (GCE) insistent particulièrement sur les passages entre ces différents états. Le passage de l'état actuel à l'état futur peut être long et difficile, et peut même devenir catastrophique s'il n'est pas géré convenablement à l'aide de stratégies et de tactiques adéquates. Chaque activité principale du plan triennal d'amélioration permettra ce passage. C'est pour cette raison que la GCE doit faire partie de chaque plan individuel d'amélioration.

Depuis plus de 20 ans, la gestion du changement est un de nos projets de recherche permanents. L'objectif principal de ce projet est de trouver les éléments qui distinguent les cadres ou les entreprises qui ont réussi l'implantation du changement de ceux qui ont échoué. Nous avons ainsi caractérisé les « meilleures pratiques » et les « pièges » dans l'implantation des changements majeurs. Avant d'examiner en profondeur quelques-unes des meilleures pratiques de la GCE, il nous paraît important de présenter le contexte d'où elles ont été extraites.

■ UNE DÉFINITION DE LA GESTION DU CHANGEMENT DANS L'ENTREPRISE (GCE)

Quelle est la définition de l'implantation réussie d'un changement majeur dans l'entreprise ? Pour distinguer les entreprises qui réussissent à implanter des projets majeurs de changement de celles qui échouent, il fallait trouver une définition pratique d'une implantation réussie. La voici : « L'atteinte des objectifs prévus concernant le personnel, la technologie et les affaires dans les délais prévus avec le budget prévu constitue une implantation réussie. » Il est certain que cette définition de la réussite est très restreinte, mais pour bien caractériser les « meilleures pratiques » nécessaires pour réussir le changement, il est essentiel de distinguer les activités des entreprises qui répondent à cette définition de celles qui, au contraire, mènent à des résultats inacceptables (c'est-à-dire à un projet de changement manqué). La philosophie de la gestion totale de l'amélioration et l'élaboration de projets d'amélioration ne sont d'aucune utilité à l'entreprise si elles ne sont pas implantées. La suite de ce chapitre présente les meilleures pratiques qui permettraient à une entreprise d'augmenter ses chances d'implanter efficacement ses projets d'amélioration. Elle présentera aussi les « pièges » qui sont le plus couramment responsables des échecs.

■ LES MEILLEURES PRATIQUES DE LA GCE

Qu'est-ce qu'un changement majeur ?

Nous allons mettre en œuvre notre première « meilleure pratique » dans tous les projets en cours d'implantation en recherchant d'abord les « pièges ». De nombreuses entreprises ont tendance à croire que tout projet d'amélioration ou de changement exige le même effort lors de son implantation. Elles ont ainsi tendance à imiter les implantations précédentes : elles établissent un budget pour les objectifs concernant la main-d'œuvre et les objectifs techniques comme si tous les projets de changement étaient identiques. Pour tout projet d'amélioration, la « meilleure pratique » consiste à déterminer de façon précise si le personnel de l'entreprise perçoit le changement comme un changement majeur. Si c'est le cas, un effort particulier d'implantation est alors souhaitable, ainsi que l'allocation de quelques ressources additionnelles. Il existe quelques règles pour déterminer quand et comment un projet d'implantation doit bénéficier de cet effort particulier lors de son implantation.

Les facteurs à considérer

Il y a essentiellement trois facteurs à considérer :

1. *Le changement est-il un changement majeur pour le personnel de l'entreprise (influence sur le personnel) ?* Un changement majeur est un changement qui modifie brutalement la perception de l'avenir de l'employé. Pour déterminer si une activité de changement doit être considérée comme majeure, la direction examinera les 14

caractéristiques suivantes du changement qui causent toutes un revirement dans les prévisions du personnel :

- son ampleur
- les domaines concernés
- sa faisabilité
- son temps de réalisation
- son caractère prédictif
- la capacité de l'effectuer
- la volonté de le réaliser
- les valeurs
- les émotions
- les connaissances nécessaires
- les comportements
- la logistique
- l'économie
- la politique

L'une de ces caractéristiques, ou n'importe quelle combinaison, est susceptible de provoquer un changement qui peut être perçu comme majeur par ceux qu'elle influence. La direction devra trouver le moyen de savoir comment les employés perçoivent les changements, même les plus insignifiants.

2. *Le prix d'un échec est-il élevé ?* Quelles sont les pertes et les conséquences entraînées par l'implantation manquée d'un projet d'amélioration (coût de l'échec) ? C'est ce qui doit être évalué impérativement par la direction. Ce ne sont pas seulement les ressources gaspillées dans un problème non résolu ou dans une occasion manquée qui seront en cause, mais aussi la motivation, la sécurité du travail, la confiance envers les dirigeants, etc.

3. *Quels sont les éléments humains qui risquent de faire échouer l'implantation (résistance) ?* Entre autres, il faudra trouver la réponse aux questions suivantes. La haute direction tient-elle vraiment à ce projet ? Le personnel pourra-t-il supporter le changement ? Le changement peut-il s'intégrer à la culture de l'entreprise ? À nouveau, ignorer un de ces facteurs peut faire échouer n'importe quel projet. Plus loin dans ce chapitre, nous verrons les « meilleures pratiques » à mettre en œuvre pour tenir compte de ces éléments humains.

Tout projet d'implantation doit tenir compte de ces trois facteurs. Il est impératif que les dirigeants se rendent compte que ces trois aspects sont essentiels aux affaires et qu'ils exigent un effort particulier dans l'établissement des objectifs humains et techniques pour réussir. Par conséquent, pour rendre la première « meilleure pratique » plus efficace, il faudra donc examiner chaque projet d'amélioration bâti sur la philosophie de la GAT selon ces trois facteurs. L'importance de la rupture causée par le changement dans l'entreprise ainsi que le temps, l'effort, les dépenses et les ressources nécessaires pour réussir son implantation pourront alors être connus de façon précise.

Être déterminé à gérer le changement

Nous pouvons maintenant discuter des « meilleures pratiques » et des pièges que nous sommes susceptibles de rencontrer dans notre détermination et notre engagement à lancer des activités d'amélioration et à les soutenir. L'une des erreurs que nous avons le plus souvent rencontrées dans les entreprises consiste à démarrer les processus d'amélioration avec ferveur et enthousiasme et à les délaisser ensuite par manque de volonté de les mener à terme. La « meilleure pratique » dans ce cas est évidemment de s'assurer de l'engagement des cadres intermédiaires et supérieurs à soutenir le changement jusqu'au bout. L'entreprise pourra alors maîtriser son changement en tout temps.

L'une des principales difficultés auxquelles on se heurte au début de toute activité de changement est d'obtenir l'« engagement raisonné ». Il suffit alors de comparer le coût associé au changement au coût associé au statu quo. Aussi longtemps que les employés seront persuadés qu'effectuer le changement coûte plus cher que maintenir le statu quo, il est peu probable qu'ils veuillent réussir le changement. C'est pourquoi l'agent du changement doit s'efforcer de faire prendre conscience aux employés du coût très élevé du statu quo et du coût très inférieur du changement ; même si le changement peut paraître coûteux et inspire la crainte, le statu quo ne pourra alors plus être maintenu, puisqu'il occasionne plus de frais que le changement. C'est ce que nous appelons le processus de « gestion du malaise ».

La « gestion du malaise » est le processus qui consiste à révéler, à ordonner et à communiquer les informations qui permettent de saisir les inconvénients qu'entraîne le maintien du statu quo et de les comparer à ceux subis en implantant le changement. Le malaise dont il est question ici ne correspond pas à des douleurs physiques, mais plutôt à l'impossibilité pour les employés de réaliser leurs aspirations au sein du statu quo. Ce malaise se produit quand les employés subissent ou acceptent les conséquences d'un problème non résolu ou d'une belle occasion manquée. Le malaise relatif au changement peut être le « malaise actuel » ou le « malaise futur ».

Le « malaise actuel » concerne la réaction d'une entreprise devant une crise ou un événement soudain, tandis que le « malaise futur » concerne les problèmes ou les événements qui risquent de se présenter à l'avenir. Il est essentiel que la direction situe exactement l'entreprise dans l'évolution progressive entre ces deux malaises. Cette connaissance permet de mieux planifier l'implantation de la volonté de changer. Cette volonté, qui doit être consolidée et soutenue, peut être implantée immédiatement ou plus tard. Cependant, si elle est implantée trop tôt, elle risque de ne pas durer ; si elle est implantée trop tard, elle sera inutile. La direction dispose d'un bon éventail de techniques pour gérer le malaise. Utilisées par les 500 sociétés inscrites au palmarès de *Fortune*, ces techniques comprennent entre autres : l'analyse coût/avantage, l'étalonnage concurrentiel, l'analyse des tendances industrielles, l'analyse des éléments moteurs et inhibiteurs, etc. Quand ce processus de gestion du malaise sera accepté par les cadres supérieurs et intermédiaires, une masse essentielle d'informations concernant le statu quo aura été recueillie et la volonté de soutenir le changement sera présente dans l'entreprise. C'est alors seulement que la direction pourra gérer le changement comme un processus et non comme un événement.

Tout projet issu de la philosophie de la GAT entraînera automatiquement un changement dans l'entreprise. L'utilisation de la « meilleure pratique » est ici essentielle dès le début pour obtenir le soutien au changement, pour faire comprendre les raisons du changement, pour favoriser l'abandon du statu quo et pour entrer dans la situation très délicate de l'état transitoire. Conduire les employés de l'état transitoire vers l'état final impose non seulement de lancer le changement, mais aussi de le soutenir sans cesse. Pendant tout ce temps, la direction ne cessera ni de promouvoir la nécessité de changer, ni de soutenir les activités nécessaires pour effectuer le changement.

■ TRACER ET DIRIGER LES PRINCIPAUX RÔLES

Il est essentiel de bien définir les principaux rôles dans le processus de changement pour pouvoir l'implanter de façon satisfaisante. De nombreux universitaires ont étudié la gestion du changement. Ils distinguent cinq rôles essentiels. Nous les désignerons par les termes suivants :

1. Le *parrain initiateur* est la personne ou le groupe qui a l'autorité pour lancer et pour officialiser le changement auprès des employés concernés.

2. Le *parrain de soutien* est une personne ou un groupe qui, sur les plans de la politique, des intérêts et de la hiérarchie, est très proche des employés qui doivent changer. Souvent, le parrain initiateur est un cadre supérieur et le parrain de soutien, un cadre intermédiaire, mais cela n'est pas une règle immuable. Un parrain peut être une personne sans autorité directe, mais qui peut néanmoins exercer une influence en raison de ses relations avec le personnel touché par le changement, de sa réussite professionnelle passée ou de ses qualifications.

3. L'*agent du changement* est la personne ou le groupe qui a la responsabilité d'implanter le changement. Cette responsabilité lui est confiée par les parrains. L'agent du changement n'a pas l'autorité de promouvoir le changement auprès des employés, par contre il a la responsabilité de réussir le changement. Il dépend du parrainage et doit le susciter au besoin.

4. La *cible du changement* est la personne ou le groupe qui doit changer. Il n'y a rien de péjoratif dans le mot cible. Il permet essentiellement de focaliser les ressources allouées au projet vers un endroit précis pour réussir le changement.

5. Le *partisan du changement* est une personne ou un groupe qui souhaite changer, mais qui n'a pas de parrain. Son rôle est de conseiller, d'influencer et d'obtenir le soutien au changement.

Une autre « meilleure pratique » qui permettra aux entreprises d'augmenter considérablement leurs chances de réussir un projet d'amélioration consiste à trouver les employés qui tiendront ces rôles et ensuite de les diriger durant le processus de changement. Une fois ces rôles distribués, la direction doit diriger ces employés de façon à les utiliser au mieux durant tout le processus de changement.

À cette fin, la direction doit bien comprendre la complexité des rôles, l'influence qu'ils exercent les uns sur les autres et leur fonctionnement à l'intérieur d'une entreprise. En tout premier lieu, elle doit réaliser que ces rôles se chevauchent dans tous les projets de changement majeurs. Les employés doivent donc être considérés avant tout comme des « cibles » (on fera ressortir le malaise, on vaincra leur résistance au changement, on suscitera leur engagement). On pourrait prendre comme exemple un président qui parraine la direction par objectif (DPO) dans son secteur. Il pourrait alors agir comme *agent du changement* pour promouvoir la DPO auprès des cadres intermédiaires et pourrait être considéré lui-même comme une cible s'il met personnellement la DPO en pratique.

L'influence du changement sur l'entreprise

La direction doit également bien saisir l'interaction entre ces rôles dans les trois relations de base des entreprises. Ces relations sont les suivantes : relation linéaire, relation triangulaire (le personnel, par exemple) et relation en carré (les niveaux des affaires, par exemple) (fig. 3.2).

Toutes ces relations existent habituellement dans les entreprises et peuvent être utilisées ; chacune d'elles peut cependant ne pas fonctionner de façon satisfaisante. La relation linéaire est la plus simple : un parrain délègue la responsabilité d'une implantation à un agent du changement et celui-ci implante le changement sur la cible. La structure triangulaire est plus compliquée, car l'agent du changement et la cible sont sous les ordres du même parrain, mais la cible n'est pas sous les ordres de l'agent du changement. Dans une telle situation, il arrive souvent que l'agent du changement se serve de son autorité légitime pour implanter le changement. Cependant, la cible sait très bien qui est son vrai patron, ce qui impose une clarification des relations avec l'agent du changement. Dans une telle situation, le parrain devra faire comprendre à mots couverts à la cible que c'est uniquement et exclusivement de lui que vient le changement.

La dernière relation, la relation en carré, peut très mal fonctionner. Le problème qui peut se poser ici concerne le parrain, ou l'agent du changement d'un parrain, qui essaye d'implanter un changement sur la cible d'un autre parrain. Ce que le parrain n° 1 ignore généralement, c'est que les cibles ne vont obéir que rarement aux directives de changement, à moins que celles-ci soient transmises à leurs supérieurs. La solution, c'est que le parrain n° 1 devienne le partisan du changement du parrain n° 2 afin de faire participer ce dernier à l'activité de changement. Si cette tactique échoue, l'intervention d'un employé plus haut placé dans la hiérarchie sera nécessaire.

La direction doit également se rendre compte que les problèmes associés aux relations triangulaires ou en carré peuvent augmenter les risques d'échec. Ainsi, avec une bonne connaissance de ces rôles et de l'influence qu'ils exercent sur l'entreprise, les parrains pourront choisir les personnes adéquates et procéder ensuite aux nominations. La direction n'aura plus qu'à décider du meilleur niveau de fonctionnement, et à diriger et gérer ce fonctionnement.

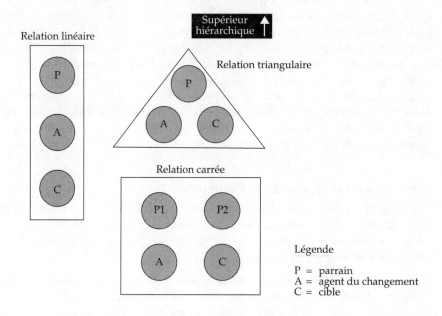

Figure 3.2 Les rôles principaux des trois relations de base dans l'entreprise

La mise en place du soutien aux objectifs du changement

Un des pièges dans lequel tombe souvent le groupe de parrainage pendant l'implantation des changements majeurs consiste à croire que son travail est terminé à partir du moment où les décisions concernant l'implantation auront été prises. La haute direction a tendance à ignorer l'importance des principaux rôles et à croire que les employés vont obéir aux ordres de la hiérarchie. Elle sera alors souvent surprise de constater qu'ils ignorent toujours ces ordres après six mois. La participation et l'engagement des parrains sont ici particulièrement importants. La « meilleure pratique » que les entreprises aient mise en œuvre pour réussir les activités de changement avec notre aide est de choisir, avec soin et au moment voulu, les parrains initiateurs et les parrains de soutien et de leur faire clairement comprendre leurs rôles. Elle consiste aussi à mettre en place de façon rigoureuse et active le parrainage nécessaire pour promouvoir et pour maintenir le changement jusqu'au bout. C'est ce que l'on désigne par « parrainage en cascade ».

Le « parrainage en cascade » est un excellent moyen de se débarrasser des « trous noirs » des grandes entreprises. Les « trous noirs » sont ces secteurs d'entreprise qui reçoivent les directives de changement et qui les enterrent aussitôt. C'est le cas typique d'un cadre qui ne parraine pas le changement et dont les employés cibles sous ses ordres n'adoptent pas le changement. Les parrains initiateurs sont alors impuissants à maintenir le changement dans les niveaux hiérarchiques inférieurs de l'entreprise, car ils en sont trop éloignés au point de vue de la logistique, du fonctionnement et de la responsabilité. Il en résulte que le changement ne pourra se faire sans l'existence d'un réseau de parrainage qui encourage le changement et qui assure la continuité de l'implantation à travers la hiérarchie toute entière de l'entreprise : d'où la nécessité du « parrainage en cascade ».

De façon générale, pour tout projet de changement, le « parrainage en cascade » commence par le parrain initiateur, puis descend vers les niveaux hiérarchiques concernés. Les parrains préparent les agents du changement à jouer leurs rôles en leur donnant les connaissances nécessaires pour gérer les aspects techniques et humains. La réussite de tout projet de réingénierie dépend d'abord de la haute direction, mais en dernier ressort, elle repose sur les épaules des parrains. Le parrainage est l'élément le plus critique de la réussite pour toute activité d'amélioration. Pour établir un réseau efficace de parrainage, les entreprises doivent suivre cinq règles essentielles lors de l'implantation d'un changement majeur :

- Le parrainage est essentiel à la réussite d'un changement : en public et en privé, tous les parrains doivent faire preuve d'un engagement hors pair.

- Des parrains peu entreprenants doivent profiter d'une formation ou être remplacés, sinon l'échec est inévitable.

- Le parrainage ne peut être délégué à un agent du changement.

- Un parrain initiateur ne doit jamais essayer de faire le travail d'un parrain de soutien, et inversement. Les parrains initiateurs sont les seuls autorisés à lancer le processus de changement et les parrains de soutien, les seuls autorisés à le maintenir.

- Le « parrainage en cascade » doit être mis en place et maintenu.

Les parrains doivent prouver leur engagement au changement par des actions et non par des discours. Ils doivent avoir une vision claire de ce que sera l'état futur du point de vue stratégique et opérationnel et doivent cerner la proportion de malaise nécessaire pour réaliser cette vision. Ils doivent également se documenter, afin de comprendre les influences que le changement aura sur l'entreprise, et se familiariser avec les modifications que les personnes cibles auront à effectuer dans leur travail. Ils ne doivent pas seulement être capables d'allouer les ressources de l'entreprise (temps, personnel, capitaux) nécessaires à la réussite, mais doivent aussi payer de leur personne pour réussir. Enfin, ils doivent concevoir un système de récompenses qui encourage ceux qui facilitent l'implantation de l'amélioration et décourage ceux qui essayent de s'y opposer.

La formation des agents du changement

Nous vivons dans un environnement mouvementé où des changements de plus en plus nombreux et complexes sont effectués à un rythme de plus en plus rapide. Cela signifie que nous ne pouvons plus nous comporter comme par le passé. Le piège pour les parrains est d'admettre, souvent à tort, que les agents et les partisans du changement ont la compétence nécessaire pour régler les problèmes humains et techniques qui se présentent lors de l'implantation.

Dans l'environnement actuel si peu stable, il est nécessaire d'avoir les compétences voulues pour gérer et implanter les changements techniques et humains. De telles compétences sont très en demande et une formation spéciale est souvent indispensable. La « meilleure pratique » pour l'entreprise consiste ici à se doter des compétences adéquates pour gérer le changement. Pour atteindre cet objectif, les agents du changement doivent aborder leur engagement selon une perspective très particulière. Un changement partiel dans leur façon de penser accompagne l'acquisition de telles compétences.

En étudiant les agents du changement dans le passé, on a constaté qu'ils se préoccupaient principalement de l'aspect technique. Leur but était essentiellement de s'assurer que le changement, quel qu'il soit, était justifié techniquement et ils ne se sentaient pas responsables si les employés étaient incapables de le réaliser. Cette façon de penser a évolué vers celle des facilitateurs, c'est-à-dire vers celle qui veut que les agents du changement soient à la fois responsables des aspects techniques et des aspects humains du changement. Cela signifie que l'agent du changement a l'obligation de s'occuper non seulement du processus, mais aussi des problèmes humains, la technologie étant au service des valeurs, des intérêts et des aspirations des employés.

Des agents du changement vraiment efficaces devraient pouvoir utiliser leurs compétences dans divers domaines relatifs aux activités de changement. Les agents qui veulent réussir doivent pouvoir travailler dans les limites imposées par le parrain et comprendre la dynamique individuelle qui permet à des employés et à leur entreprise de modifier leurs opérations. Les agents du changement doivent améliorer au maximum leur rendement en se concentrant sur les aspects techniques, mais aussi et surtout sur les aspects humains. Ils doivent savoir comment réagir en face d'une résistance au changement. Pour comprendre cette résistance, il est essentiel qu'ils connaissent et respectent les cadres de référence des personnes cibles et de leurs parrains et qu'ils s'y rapportent constamment. Ils doivent se comporter comme des meneurs. Il doivent sans cesse soutenir l'engagement et établir une synergie entre parrains et personnes cibles, tout en utilisant la dynamique de pouvoir et les techniques de persuasion pour montrer qu'ils sont capables d'obtenir des résultats en respectant une certaine éthique. En fin de compte, ils doivent se comporter de façon professionnelle et ne pas se laisser influencer par leurs opinions personnelles sur le changement.

En dernier ressort, c'est la réalisation simultanée des objectifs humains et techniques qui va décider de la réussite. Les agents du changement doivent adopter cette nouvelle façon de penser pour gérer plus efficacement les aspects humains relatifs à l'implantation du changement. À l'intérieur de l'entreprise, les compétences nécessaires à la gestion du changement sont essentielles pour réussir toute activité de changement. Cependant, le meilleur agent du changement au monde ne peut effectuer tout seul l'implantation de changements majeurs. Les autres rôles dans le processus, en particulier les partisans du changement, exigent également d'excellentes compétences et la capacité de les mettre en œuvre.

La formation des partisans du changement

Tout comme pour les agents du changement, devenir un bon partisan du changement implique une certaine façon de penser. Un bon partisan concentre son attention sur le parrain initiateur du changement et oriente les changements dans la direction voulue par celui-ci. Les partisans doivent rechercher l'approbation de leurs supérieurs, mais doivent éviter à tout prix de perdre du temps et de l'énergie avec ceux qui ne savent pas dire oui. Les partisans efficaces recherchent les résultats et seule une réussite complète les satisfait. Ils refusent le statu quo qu'ils considèrent inacceptable. Les partisans doivent être dynamiques et sûrs d'eux ; s'ils travaillent avec un parrain peu convaincu, ils devront l'éduquer ou le faire remplacer et, dans ce cas, être prêts à ne pas respecter les délais et à dépasser les budgets. S'il adopte un tel comportement, un partisan du changement n'aura qu'à suivre les cinq étapes suivantes pour réussir :

1. Déterminer de façon précise le changement à effectuer et la manière de l'évaluer.

2. Trouver les personnes cibles concernées par le changement.

3. Pour chaque personne cible ou chaque groupe cible, trouver les parrains initiateurs et les parrains de soutien pour maintenir le changement.

4. Évaluer le niveau d'engagement des parrains.

5. Concevoir les stratégies en « gestion du malaise » pour obtenir le niveau approprié d'engagement des parrains.

Quand tous les participants du processus de changement connaîtront bien leurs rôles et auront les compétences nécessaires, une implantation réussie pourra être obtenue dans les délais prescrits selon le budget prévu. Avec une bonne orientation et des compétences adéquates, en particulier celles des agents et des partisans du changement, la possibilité d'un échec dans l'implantation est pratiquement éliminée.

Des intervenants qui travaillent en synergie

La « meilleure pratique » dont nous traiterons maintenant aborde la synergie : créer un environnement de travail synergique et des équipes de travail synergiques. Le concept de la synergie est un concept important pour implanter des activités de changement. Il y a synergie quand deux ou plusieurs personnes travaillant ensemble obtiennent des résultats supérieurs à la somme des résultats obtenus lorsqu'elles travaillent séparément. Nous avons beaucoup parlé de l'augmentation du pouvoir de décision, de la gestion de participation, des équipes interfonctionnelles ; ce sont tous d'excellents éléments, mais aucun d'eux ne pourra réussir s'il ne se trouve pas dans un environnement propice à la synergie. Il est courant que les cadres favorisent l'idée de travail et de résultats synergiques, mais il est rare qu'ils réussissent à les obtenir. La « meilleure pratique » est de permettre aux parrains, agents et personnes cibles de travailler en synergie tout au long du processus de changement.

Pour obtenir l'effet de synergie, les employés doivent pouvoir travailler dans un environnement synergique. Un environnement synergique est un environnement de libre communication, sans contraintes, un environnement dans lequel chacun est convaincu que son travail peut influencer favorablement tout projet ou tout aspect des affaires. Pour obtenir ce type d'environnement et pour travailler en équipe, les deux conditions suivantes sont requises :

1. Il faut un objectif très motivant, partagé par tous les parrains, agents et partisans du changement.

2. Il faut que chaque parrain, agent et partisan reconnaisse qu'il est impossible d'atteindre les objectifs sans travailler étroitement ensemble.

La « meilleure pratique » consiste donc à s'assurer que ces deux conditions soient satisfaites. Si c'est le cas, vous pourrez avoir un processus et une équipe qui bénéficieront de l'effet de synergie. Vous pourrez alors lancer votre équipe ou votre entreprise dans les quatre phases du processus synergique de formation d'équipe. Il est important de noter que toutes les équipes doivent passer impérativement par toutes les phases de ce processus. Le temps nécessaire à chaque phase dépend de la durée d'existence de l'équipe.

Les relations de synergie s'obtiennent au cours des quatre phases suivantes :

1. Interaction

2. Compréhension et appréciation mutuelles

3. Intégration

4. Implantation

Chaque phase est reliée aux trois autres. Les personnes ou les groupes membres d'une équipe d'implantation doivent pouvoir se servir des éléments associés à chaque phase et avoir la volonté de s'en servir.

L'interaction

Avant de travailler ensemble avec synergie et avec efficacité, les membres de l'équipe doivent d'abord interagir les uns avec les autres. Pour interagir, ils doivent pouvoir communiquer de façon efficace. À première vue, cela n'est pas une tâche facile étant donné de l'existence possible de différences d'opinions. En général, les différences inévitables entre les personnes se maintiennent. Il en résulte colère, soupçons, désintéressement, hostilité et, éventuellement, démission. Pour sortir de ce cycle de destruction et éviter l'anéantissement complet du processus de création d'équipe, les membres doivent alors établir les règles de travail. Cela consiste à établir un certain nombre de règles qui vont régir le fonctionnement de l'équipe.

La compréhension et l'appréciation mutuelles

Une communication efficace est nécessaire pour réussir le changement, elle n'est cependant pas suffisante. Les membres d'un groupe qui s'efforcent de travailler en synergie doivent mettre en valeur et à profit les différences qui existent entre eux. C'est la suite logique de l'établissement des règles de travail dans le processus de création de l'équipe. Une opinion différente peut déranger certaines personnes, car notre culture favorise une pensée rationnelle, logique et rigoureuse qui encourage l'examen critique. Ce qui conduit généralement à une attitude de type « J'ai raison et tu as tort » alors que, du point de vue de la synergie, c'est une attitude de soutien mutuel et de recherche de la valeur de l'opinion d'autrui qui doit prévaloir.

L'intégration

Réussir les deux premières phases du processus de la synergie ne suffit pas pour obtenir des résultats synergiques. La synergie résulte de la communication, de la valorisation et de la fusion de divers points de vue. À nouveau, réussir une telle synthèse est très difficile, car notre culture n'enseigne pas les compétences qui sont nécessaires et ne les récompense pas. Pour que les membres puissent adopter les règles de travail et passer à l'action dans la dernière phase, il faut qu'ils améliorent leurs compétences afin de permettre l'intégration des éléments mentionnés plus haut. De façon plus précise, voici ce qu'il ont à faire :

- tolérer la différence et continuellement rechercher de nouvelles solutions ;

- modifier leurs idées, leurs convictions et leur comportement pour soutenir l'équipe ;

- trouver de nouveaux moyens pour rendre compatibles des points de vue différents et en déduire de nouvelles idées acceptées de tous ;

- trouver des concepts, des sujets, etc., impossibles à unifier ou qui ne doivent pas être unifiés.

Lorsqu'elles auront accompli toutes ces tâches, les équipes pourront obtenir des résultats synergiques.

L'implantation

Les meilleures solutions et les meilleures planifications sont inutiles si elles ne sont pas implantées. Le but essentiel de la synergie est de réussir l'implantation des activités de changement. Les activités synergiques doivent déboucher sur de bonnes planifications d'activités de changement. Cette dernière phase met à profit les activités des trois phases précédentes. Les équipes sont maintenant prêtes à agir. Les connaissances de base en gestion vont jouer un rôle essentiel dans cette phase. Comme les compétences des membres se sont accrues au-delà de leurs possibilités normales (par synergie), il est nécessaire de les gérer au même titre que toute autre ressource.

La plupart des problèmes d'implantation résultent d'un comportement non synergique. Un tel comportement est attribuable à la nature humaine et à de mauvaises habitudes. Une équipe qui suit les règles mises au point pour obtenir une synergie et pour créer une équipe efficace pourra réussir l'implantation du changement.

■ LA GESTION DE LA RÉSISTANCE

La «résistance» est l'opposition à modifier le statu quo; c'est la réaction habituelle face à tout changement. Elle se produit du fait que toute personne désire maîtriser son environnement; quand celui-ci change, elle a l'impression de perdre la maîtrise de sa vie. La résistance se manifeste ouvertement ou sournoisement dès qu'un changement majeur est effectué. Son importance varie d'une personne à l'autre, selon les références qui conditionnent sa façon de percevoir le changement. Ses références sont ses valeurs, sa sensibilité, son éducation et son comportement. La résistance à l'intérieur d'une entreprise se manifeste généralement sous la forme d'un cadre important qui n'accepte pas le changement à cause de ses références personnelles. De la même manière, l'entreprise a ses références qui comprennent son organisation, son économie et sa politique.

L'une des erreurs courantes que font les parrains qui dirigent le changement est de considérer que la résistance ne peut être expliquée. Ils la considèrent comme une force mystérieuse qui s'exerce sur les personnes. Ils pensent qu'elle est inévitable et que, si elle existe, elle résulte des erreurs personnelles. Leur réaction typique est : «Que se passe-t-il avec cette personne, avec ce groupe ? Pourquoi ne soutiennent-ils pas notre effort de changement ? Il y a quelque chose d'anormal chez eux. » Une telle attitude constitue en réalité une barrière importante à la réussite du changement. Voici quelques barrières que l'on rencontre souvent :

- Une vision mal comprise qui entraîne la confusion.

- Un passé comportant de mauvaises implantations.

- Une gestion du changement qui ne tient pas compte de la résistance.

- Un manque de temps pour bien implanter le changement.

- Un manque de synergie.

Quand elle comprendra l'importance de ces barrières, la direction verra qu'elles sont contraires aux aspirations des employés et qu'elles font naître la résistance. La «meilleure pratique» est alors de considérer que la résistance est une réaction humaine normale et explicable et que, par conséquent, la gestion du changement doit obligatoirement la prévoir et en tenir compte. Plus le changement sera grand, plus les écarts par rapport au statu quo seront élevés et plus grande sera la résistance. Ceci vaut non seulement pour les changements considérés comme défavorables, mais aussi pour ceux considérés comme favorables. Il en est ainsi parce que tout changement apporte ses incertitudes. La résistance doit être prévue dans le budget et dans la planification et doit être gérée pour atteindre les objectifs. Pour gérer efficacement la résistance, il est nécessaire de connaître en premier lieu ses causes.

Envisagez toutes les options possibles pour mieux gérer la résistance au changement. Préparez-vous à y faire face et gérez-la par des actions préventives ou curatives. Il est également important de réaliser qu'il y a un coût associé à cette gestion. La résistance se manifestera chaque fois qu'une rupture se produira, que celle-ci soit considérée comme favorable ou défavorable par les employés. Reconnaître ce fait entraîne l'acceptation de la résistance ainsi que les coûts qui lui sont associés. Vous n'avez pas le choix : ces coûts sont inévitables si vous voulez que votre changement réussisse. La question est de savoir comment vous allez payer. Vous pouvez payer pour sa prévention, c'est-à-dire effectuer des activités supplémentaires dans la gestion du changement, augmenter les ressources nécessaires, élaborer une nouvelle planification pour la combattre, etc., ou attendre qu'elle se soit manifestée et payer pour les inconvénients causés par les changements imposés aux personnes cibles.

Dans ce dernier cas, les employés vont accepter le changement non pas parce qu'ils y croient, mais parce qu'il leur est imposé. Et pour l'imposer, vous allez payer un prix plus élevé, car vous devrez embaucher des surveillants et des cadres supplémentaires pour vérifier si vos employés suivent bien vos ordres. Une résistance gérée de manière curative se traduit par un renouvellement important du personnel, une faible productivité, une faible motivation, un pessimisme et une méfiance envers la direction. Les coûts peuvent devenir importants, car la résistance coûte cher. Vous devez ainsi décider en connaissance de cause si vous voulez payer la facture avant que la résistance se manifeste ou après.

En connaissant parfaitement la résistance et les coûts qui lui sont associés, la direction est alors prête à prendre des mesures pour les gérer. Elle commencera par établir si la résistance au changement est causée par un manque de compétences ou par un manque de volonté. S'il s'agit d'un manque de compétences, elle doit déterminer les connaissances manquantes et fournir la formation correspondante.

S'il s'agit d'un manque de volonté, voici ce que la direction doit faire. Premièrement, elle fera clairement connaître la raison du changement aux personnes cibles afin qu'elles puissent bien comprendre pourquoi elles doivent changer. Deuxièmement, elle les interrogera pour déterminer si elles ont accepté le changement. Troisièmement, elle trouvera tous les éléments qui les empêchent de se réorienter vers les objectifs du changement (une vision peu claire, un parrainage peu convaincu). Quatrièmement, elle révisera les systèmes de récompense, de reconnaissance, de mesure du rendement et de salaire ainsi que les plans de changement permettant d'atteindre les objectifs. Finalement, elle communiquera, implantera et mettra en pratique le nouveau système de gestion.

Bien que ces instructions puissent paraître très strictes, il ne faut pas oublier que l'introduction d'un changement majeur et la résistance que ce changement rencontre suscitent des réactions très émotives. Ces réactions émotives sont cependant des comportements prévisibles qui ont été étudiés et qui, tout comme la résistance, peuvent être gérés. Le premier comportement, la réponse émotionnelle à un changement perçu comme favorable, est caractérisé par les cinq étapes suivantes :

1. L'optimisme avant information

2. Le pessimisme après information

3. La perception positive

4. L'optimisme après information

5. L'acceptation

Un employé passe de l'étape où il considère que le changement se fera facilement à une étape de pessimisme où il réalise que le changement sera bien plus important que prévu. C'est à ce moment-là qu'il décidera de se désister, en le mentionnant ouvertement ou non. Se désister sous-entend mécontentement et renoncement au changement. Pendant cette période, les agents du changement devront multiplier les occasions permettant au personnel d'exprimer ouvertement son pessimisme. Essayer de réprimer les réactions négatives ne fait qu'augmenter la frustration du personnel cible et favoriser son désistement. Quand il aura passé l'étape de pessimisme, il commencera à reprendre confiance. Il se sentira à nouveau capable d'accepter le changement et de l'inclure dans son travail habituel.

Le deuxième comportement, la réponse émotionnelle à un changement perçu comme négatif, comporte huit étapes par lesquelles doivent passer les personnes cibles :

1. La stabilité

2. L'immobilité

3. Le refus

4. La colère

5. La négociation

6. Le découragement

7. L'essai

8. L'acceptation

Les quatre premières étapes de ce comportement s'enchaînent tout naturellement. Quand le changement est introduit, la cible est réticente, estimant que le changement ne pourra s'effectuer. Quand elle se rend compte qu'il est inévitable, elle passe par l'étape de la colère, suivie par celle de la négociation. C'est là que les responsables du changement doivent se montrer prudents, car les personnes cibles vont tout mettre en œuvre pour retarder le changement ou pour revenir au statu quo. L'agent du changement se servira alors des techniques de confrontation de la réalité, c'est-à-dire qu'il imposera clairement et fermement le changement. La personne cible passera inévitablement par une étape de découragement, mais, avec le temps, elle s'y habituera et, à la longue, l'acceptera.

Lorsque la gestion de la résistance sera en place et quand les réponses émotionnelles au changement seront maîtrisées, des activités de suivi seront lancées pour assurer une implantation réussie du changement. La direction devra régulièrement informer les personnes cibles des progrès obtenus. Quand l'implantation du changement sera sur le point de prendre fin, la direction devra fêter sa réussite. Le statu quo du passé ne devra être dénigré en aucun cas. Le plus important est maintenant de consolider le changement et de terminer rapidement son implantation.

■ ÉVALUER LES NIVEAUX D'ENGAGEMENT NÉCESSAIRES

L'engagement est la pierre angulaire de l'implantation du changement. Malheureusement, il se heurte à de nombreux pièges et à de nombreux obstacles. L'un des pièges les plus courants consiste à sous-estimer le niveau initial de l'engagement nécessaire pour réussir le changement. Pour réussir un projet de changement quelconque, un niveau minimal d'engagement doit être exigé à chaque niveau hiérarchique. Certains changements n'exigent qu'un très faible niveau, alors que d'autres exigent un niveau très élevé dans toute l'entreprise. La « meilleure pratique » est alors d'évaluer le niveau initial de l'engagement des personnes clés nécessaire pour réussir. Quand ce niveau sera connu, commencez activement à obtenir cet engagement aux niveaux requis partout dans l'entreprise. Il est évident que vous devez :

- connaître le niveau d'engagement nécessaire à la réussite ;

- exiger uniquement le niveau nécessaire pour obtenir le changement, et non un niveau supérieur.

La direction peut s'inspirer du schème de l'engagement à trois phases de la figure 3.3. Chaque phase est constituée d'étapes incontournables et bien définies. À chaque étape, des causes bien spécifiques donnent naissance à la résistance. À chaque étape, les agents du changement devront prendre les mesures nécessaires pour obtenir l'engagement.

La première phase, la *préparation*, conduit soit au soutien au changement ou à la résistance au changement. La première étape dans ce modèle est l'*exposition*. La personne cible se rend compte du changement ou ne s'en rend pas compte, n'ayant pas encore réalisé qu'elle est confrontée au changement. Quand elle l'aura réalisé, elle passera à l'étape de la *compréhension* où elle se rendra compte des modifications dans son travail. Toutefois, cela ne signifie pas qu'elle saisisse entièrement l'influence du changement. Si c'est le cas, elle passe à la phase suivante. Si ce n'est pas le cas, elle est déroutée et le progrès stagne.

Phase 1. Préparation

Étape 1. Exposition

Étape 2. Compréhension

Phase 2. Acceptation

Étape 3. Compréhension

Étape 4. Perception favorable

Phase 3. Engagement

Étape 5. Commencement

Phase 6. Adoption

Phase 7. Institutionnalisation

Phase 8. Conviction

Figure 3.3 Modèle d'engagement

La deuxième phase, l'*acceptation*, correspond à la prise de décision. Venant juste de se rendre compte des objectifs du changement, la personne cible peut maintenant décider d'accepter ou de refuser le changement. La troisième étape, la *compréhension*, est une étape essentielle. La personne cible commence à se familiariser avec l'importance du changement et à se faire une opinion. Une perception négative va donner naissance à la résistance. En acceptant de soutenir le changement, elle passe à l'étape suivante, la *perception favorable*. Elle doit alors décider de soutenir ou non son implantation. Si elle décide de ne pas la soutenir, la résistance augmente, et les agents du changement devront augmenter le « malaise » et gérer la résistance. Dans le cas d'une perception positive, la personne cible est alors prête à agir (commencement) : elle a officiellement décidé de commencer à effectuer le changement et de s'en servir dans son travail. La personne cible vient de franchir un seuil important, celui de la décision, et entre dans la phase de l'*engagement*.

À l'étape suivante, le *commencement*, la personne cible fait la preuve de son engagement en se lançant dans le changement. Cela ne signifie pas que son niveau d'engagement correspond au niveau minimal exigé. La possibilité d'un retour en arrière doit même être envisagée ici. Si le changement est maintenu et s'il semble durer, l'étape de l'*adoption* vient de commencer. Malgré le niveau élevé d'engagement exigé pour arriver à cette étape, le changement n'est toujours que provisoire. Si après une mise en application intensive, le changement est bien implanté, la personne cible atteint la septième étape, celle de l'*institutionnalisation*. Le changement est maintenant implanté depuis un certain temps et fait partie de la culture de l'entreprise et de son fonctionnement normal. Un retour en arrière n'est plus à envisager maintenant. Comme il a fallu beaucoup de temps pour institutionnaliser le changement, l'entreprise devra maintenant changer sa structure d'organisation pour en tenir compte. À ce point, même si toutes les personnes cibles considèrent le changement comme la façon normale de fonctionner, elles peuvent très bien ne pas croire à la validité du changement.

À l'étape finale du schème, la *conviction*, les personnes cibles ont accepté pleinement le changement. Elles sont maintenant totalement engagées dans le changement, car, à présent, il répond à leurs convictions personnelles ainsi qu'à celles de l'entreprise. À partir du moment où la direction aura fixé les niveaux d'engagement, elle se servira des moyens de communication pour les obtenir. Elle devra tenir alors compte des considérations suivantes :

- Qui sont les destinataires (internes ou externes) de mes messages ?

- Que doivent savoir les personnes cibles ?

- À quelle réponse dois-je m'attendre normalement ?

- Comment le message sera-t-il transmis (par quel média) ? À quelle fréquence ?

- Qui sera le messager ?

Il sera plus facile d'atteindre les niveaux désirés si les réponses à ces questions sont connues. Ce que la direction doit absolument savoir, c'est que l'établissement de l'engagement est un processus long et coûteux, et que l'investissement correspondant ne doit servir qu'à obtenir les niveaux strictement nécessaires à la réussite du changement, ni supérieurs ni inférieurs. Il n'est pas utile de mener tous les changements à l'étape de la conviction.

■ L'IMPORTANCE STRATÉGIQUE DE LA CULTURE ET DE LA MENTALITÉ DE L'ENTREPRISE

Adopter la philosophie de la gestion de l'amélioration totale (GAT) aura un certain nombre de conséquences. Si, pour quelques entreprises, l'adoption de cette philosophie n'entraînera qu'une modification mineure de leur culture, elle sera la cause d'une modification majeure de la mentalité et de la culture pour la plupart des entreprises. Dans les deux cas, la question de la mentalité et de la culture de l'entreprise doit être considérée sérieusement pour pouvoir réussir l'implantation du changement. Elles sont facilement oubliées, étant peu faciles à saisir, difficiles à mesurer et à gérer. De façon générale, les entreprises les ignorent et ne les traitent pas comme des facteurs essentiels lors de l'implantation du changement. Il est évident que la « meilleure pratique » est de faire exactement le contraire. La haute direction doit bien comprendre l'importance stratégique de la culture et de la mentalité de l'entreprise pour les activités de changement, et faire l'effort nécessaire pour comprendre et gérer l'influence qu'elles exercent sur la réussite de l'implantation des projets d'amélioration.

La culture d'entreprise représente les convictions, les normes, les valeurs, les aspirations et les comportements communs forgés pendant de longues années par les employés de l'entreprise. La mentalité de l'entreprise reflète le style de l'équipe de direction actuelle. Si un projet d'amélioration ou de changement est conforme à l'ensemble des comportements, des convictions, des normes, des valeurs et des aspirations, la culture et la mentalité vont alors faciliter ce changement. À l'inverse, si un projet de changement va entièrement à l'encontre de la culture et de la mentalité de l'entreprise, le changement sera dans ce cas moins facilement accepté.

Nous sommes persuadés que lorsqu'il existe une différence entre la culture imposée par le changement et la culture existante, c'est cette dernière qui l'emporte. Ainsi, lors de l'application de la dernière « meilleure pratique » mentionnée, il est essentiel de savoir si la culture et la mentalité de l'entreprise vont favoriser ou empêcher le changement. Dans le dernier cas, il faudra trouver les barrières, expliquer leur présence et modifier en conséquence le changement ou la mentalité de l'entreprise — ou les deux — pour atteindre les objectifs.

Il y a trois possibilités :

Possibilité 1 : Modifier le changement pour respecter la culture et la mentalité de l'entreprise.

Possibilité 2 : Modifier ou changer la mentalité de l'entreprise pour respecter les objectifs du changement.

Possibilité 3 : Ignorer les possibilités 1 et 2, augmenter considérablement la durée des activités du changement et prévoir des coûts plus élevés (ce qui n'est pas, à vrai dire, une possibilité).

■ EN RÉSUMÉ

Une stratégie de changement au coup par coup permet généralement d'obtenir des résultats, mais ce ne seront pas les meilleurs. Pour devenir ou rester gagnantes, les entreprises doivent définir l'environnement qu'elles souhaitent obtenir dans les cinq années à venir en rédigeant une série d'énoncés de vision qui décrivent l'état futur de l'entreprise. À partir de là, elles pourront concevoir le processus d'amélioration qui réalisera au mieux leurs besoins de changement. Elles ne peuvent éternellement mettre en pratique les derniers processus à la mode. Elles doivent considérer toutes les possibilités et, avec le temps, les mettre en œuvre patiemment les unes après les autres.

Il est évident que dans le monde agité d'aujourd'hui, où les exigences du changement se font de plus en plus pressantes, il y aura des gagnants, des survivants et des perdants. Tout au long de ce livre, vous allez découvrir de nombreuses idées vous permettant de trouver les améliorations qui vous mèneront à la réussite. Cependant, ces améliorations n'augmenteront pas la valeur de votre entreprise tant que vous n'aurez pas réussi à les implanter. Pour réussir l'implantation des solutions que vous aurez retenues, vous devez avoir les compétences pour gérer le changement. Ce sont les compétences de votre entreprise à gérer et à implanter le changement qui feront de vous un gagnant, un survivant ou un perdant. L'aspect le plus important en gestion du changement est de pouvoir diriger le personnel qui doit changer en l'aidant à réagir et à mieux s'adapter au processus de changement.

Gérer le changement n'est plus un luxe ou un moyen de distancer ses concurrents : c'est une nécessité. La réussite future de l'entreprise et sa survie dépendront de la manière avec laquelle les décisions concernant le changement seront implantées.

Voyons maintenant comment différentes entreprises implantent leur processus d'amélioration :

La sélection des outils

Entreprises perdantes : elle recherchent le dernier outil à la mode.

Entreprises survivantes : elles choisissent la méthode d'un gourou et s'y maintiennent.

Entreprises gagnantes : elles envisagent toutes les méthodes et analysent leur influence sur l'entreprise.

La planification de l'amélioration

Entreprises perdantes : elles planifient selon le dernier outil à la mode.

Entreprises survivantes : elles utilisent une méthode standard qui a fait ses preuves et qui a mené d'autres entreprises à la réussite.

Entreprises gagnantes : elles utilisent une planification adaptée à leurs besoins.

Les gains de l'amélioration

Entreprises perdantes : elles ne mesurent pas le rendement de leur investissement en amélioration ; elles évaluent les activités et non les résultats.

Entreprises survivantes : elles s'occupent du rendement à long terme, principalement de celui des activités.

Entreprises gagnantes : le processus d'amélioration doit s'autofinancer au fur et à mesure de son évolution ; des mesures sont mises en place dès le début du processus pour mesurer le rendement des investissements.

L'utilisation de la vision

Entreprises perdantes : la haute direction rédige un énoncé de vision générale qui décrit comment l'entreprise sera perçue dans l'avenir.

Entreprises survivantes : la haute direction rédige un énoncé de vision générale ; les cadres le communiquent à tous les employés et en discutent avec eux.

Entreprises gagnantes : les employés et les cadres rédigent ensemble une série d'énoncés de vision traitant de l'environnement général interne de l'entreprise.

L'objectif du plan d'amélioration

Entreprises perdantes : réduire les plaintes des clients ; s'en servir comme outil de marketing.

Entreprises survivantes : rester compétitives.

Entreprises gagnantes : améliorer la valeur de l'entreprise pour tous ses partenaires.

La manière de planifier et d'implanter

Entreprises perdantes : elles n'ont aucune compétence ni pour trouver les solutions à leurs problèmes ni pour les implanter ; seule leur incapacité de s'adapter durant l'implantation leur évite de prendre de mauvaises décisions.

Entreprises survivantes : elles n'ont que peu de compétence tant pour trouver des solutions à leurs problèmes que pour les implanter.

Entreprises gagnantes : elles ont compris que :

- trouver les améliorations nécessaires à l'état futur de l'entreprise ne représente que la moitié des efforts à entreprendre ;

- savoir implanter les améliorations est tout aussi important que de les trouver.

- la réussite d'un projet de changement dépend de leur compétence à trouver efficacement les solutions qu'elles pourront implanter efficacement.

Leurs compétences dans ces deux domaines sont excellentes. Elles ont compris que l'essentiel était de réussir l'implantation des activités qui conduisent au meilleur soutien et au meilleur engagement du personnel.

Les meilleures pratiques pour la gestion du changement dans l'entreprise (GCE)

Entreprises perdantes : elles ne connaissent pas l'existence des « meilleures pratiques » et des « pièges » décrits dans ce chapitre. Elles ne comprennent pas le processus de changement et sont incapables de le gérer.

Entreprises survivantes : elles ne connaissent que très peu l'existence des « meilleures pratiques » et des « pièges » décrits dans ce chapitre. Elles ne comprennent pas entièrement le processus de changement ni les stratégies et les pratiques qu'il utilise. Par conséquent, une implantation efficace ne leur donne aucun avantage sur leurs concurrents.

Entreprises gagnantes : elles connaissent les meilleures pratiques décrites dans ce chapitre et les utilisent pour gérer l'implantation des changements majeurs. Elles sont également très au courant des « pièges » et s'efforcent activement de les éviter.

La recherche des résultats

Entreprises perdantes : elles ne réussissent pas les activités de changement. Ces activités ont toutes les chances de disparaître.

Entreprises survivantes : elles ne réussissent que très rarement ce qu'elles entreprennent. Si elles réussissent néanmoins, c'est généralement en dépassant le temps et les budgets prévus.

Entreprises gagnantes : elles s'occupent essentiellement de réussir l'implantation. Elles n'acceptent que les activités réussies dans les délais et à l'intérieur des budgets prévus.

*Vous serez le meilleur lorsque vous aurez mis à profit
toutes les possibilités qu'offrent vos employés
et lorsqu'ils travailleront tous selon une vision commune.*

ANONYME

■ RÉFÉRENCES

1. Ernst & Young *Technical Report* TR 93.004-1 HJH.
2. Ernst & Young *Technical Report* TR 93.004-2.

Chapitre 4

*L'orientation vers
le client externe :*

les meilleures pratiques
pour d'excellentes
relations

*Une entreprise sans client extérieur est un fardeau pour
l'humanité.*

H. JAMES HARRINGTON

INTRODUCTION

De tout temps, le besoin de servir un client externe a largement contribué aux progrès de l'humanité. Souvent, nous sommes notre propre client : c'est le cas quand nous nous reposons en lisant un bon livre. Une petite pause, loin de l'agitation de la vie, nous repose sur le moment, mais à long terme, elle nous redonne l'énergie nécessaire pour mieux servir un client extérieur. Les personnes et les entreprises qui ne se préoccupent que de leurs propres besoins sont des fardeaux pour l'humanité, car elles dépensent des ressources et ne produisent rien en retour.

POURQUOI CIBLER LE CLIENT EXTÉRIEUR ?

Quel est le partenaire le plus important d'une entreprise ? Il n'est pas facile de répondre à cette question. Bien que tous les partenaires soient indispensables, les clients externes ou internes jouent un rôle particulier dans le processus de fonctionnement de l'entreprise : ils sont présents au commencement du processus et à la fin. Normalement, une entreprise est créée pour satisfaire les besoins de clients potentiels, et ses objectifs sont atteints quand ces besoins sont satisfaits. Cela démontre bien que le client est l'un des partenaires dont il faut se préoccuper dès le début du processus d'amélioration.

LES CLIENTS ACTUELS

L'importance du client a émergé à la fin des années 70, lorsque le marché vendeur s'est transformé en un marché acheteur. Le client a toujours été important ; cependant, dans la deuxième moitié du XXe siècle, l'évolution des communications et des moyens de transport a été si rapide que les clients disposent maintenant d'un choix qui n'a jamais été aussi important. Leurs habitudes d'achats ont changé et leurs exigences ont sensiblement augmenté. De nos jours, les clients ne considèrent plus seulement le prix des produits, mais aussi leur durée de vie. La notion de valeur a remplacé celle de qualité. Grâce à des informations dont ils ne disposaient pas jusque-là, les clients sont bien plus informés qu'il y a 20 ans. Des revues, comme *Consumers Report*, diffusent des données qui restaient normalement dans les archives des grandes entreprises. À présent, les clients ne payent plus pour les erreurs que celles-ci commettent.

LA PRÉOCCUPATION DU CLIENT

Depuis peu, la satisfaction du client et le partenariat avec le client occupent une place importante dans la gestion des entreprises. Tout à coup, les dirigeants ont compris l'importance du client dans la gestion de leurs affaires. Un certain nombre de changements dans les techniques de gestion se sont manifestés à tous les niveaux.

Les services de marketing ou des ventes ne sont plus les seuls à se préoccuper de la satisfaction des clients ; toutes les fonctions de l'entreprise s'en préoccupent à présent, d'une façon ou d'une autre. Maintes et maintes fois, il a été démontré qu'il est bien plus facile et bien plus profitable de traiter avec des clients fidèles et satisfaits que de rechercher continuellement de nouveaux clients. Si vous réussissez à augmenter le nombre de vos clients de 10 % lors une campagne de vente intense et si, dans la même période, vous perdez 15 % de vos anciens clients, vous courez rapidement à votre perte et cela vous coûtera très cher.

Cette préoccupation croissante du client a donné naissance à de nombreux projets et slogans. Par exemple, pour IBM, « la qualité est imposée par le client ». Pour une autre entreprise, « la satisfaction du client est notre première priorité ». Les années 90 pourraient être la « décennie des clients ». De nombreuses entreprises se vantent de suivre la direction imposée par leurs clients. Donald E. Petersen, président de la Ford Motors Company, a trouvé les mots qui conviennent : « Si nous ne nous laissons pas conduire par les clients, ils ne conduiront pas nos voitures. »

Dans les années 80, le client est devenu roi et nos entreprises se bousculent pour le servir. La concurrence dans la recherche des clients est devenue si féroce que de nouvelles normes de qualité naissent pratiquement chaque jour. Un après-midi, Caterpillar appela la *Premier Industry Corporation* pour l'informer qu'un relais de 10 $ tombé en panne avait arrêté sa production. Les relais neufs de *Premier* se trouvaient dans un entrepôt à Los Angeles. À 22 h 30 le même jour, Caterpillar put reprendre sa production. Donner un tel service a coûté très cher à *Premier*, mais a porté ses fruits. *Premier* a pu augmenter de 50 % le prix de ses pièces, et son taux de rendement des capitaux propres est de 28 %. Selon son président, Morton L. Mandel, « le service au client est notre activité principale ».

Le président de Pepsi-Cola, Roger A. Enrico, a déclaré : « Si vous vous occupez de vos clients et si vous leur fournissez les services dont ils ont besoin, les affaires se font d'elles-mêmes. » (1)

■ LES MESURES RELATIVES AUX CLIENTS

Les mesures sont essentielles au processus d'amélioration. La direction mesure ce qui l'intéresse. Malheureusement, les systèmes de gestion ont été conçus pour mesurer les relations avec les clients d'un point de vue fournisseur (profit, rendement de l'actif, pourcentage du marché, etc.). Bien que de telles mesures soient utiles à l'entreprise, elles ne servent guère à satisfaire les besoins des clients. En fait, elles empêchent souvent de les satisfaire. Nous devons quitter notre milieu de travail, nous plonger dans celui de nos clients et rechercher ce que le client apprécie dans notre entreprise.

À cet effet, dressez une liste de tous les contacts de l'entreprise avec les clients. Notez tous les détails : la personne qui a rencontré le client, la raison du contact et comment le contact a été effectué. Posez-vous les questions suivantes : « Quels sont les contacts importants ? Quels sont ceux qui ne le sont pas ? » Assurez-vous que ces derniers ne cachent pas un problème qui pourrait ternir votre réputation. Ainsi, lorsque vous entrez dans un magasin, votre main touchera la poignée de sa porte d'entrée. Ce contact est-il important ? Oui, car quelle serait votre impression du magasin et de ses produits si cette poignée restait dans votre main ? La poignée de porte *est* effectivement importante. Rappelez-vous que tout détail, même insignifiant, peut faire perdre un client. Quand vous aurez trouvé les éléments essentiels, vous concevrez un ensemble de mesures qui refléteront les impressions du client. Évaluer l'emballage, le mode d'emploi et l'apparence du produit sera tout aussi important qu'évaluer sa fiabilité, la sécurité de son utilisation et son prix.

■ LA BONNE DÉFINITION DU MOT « CLIENT »

Les mots sont importants. Les entreprises qui se préoccupent du client pensent et agissent différemment des autres entreprises. De nombreuses organisations parlent de leur préoccupation du client, tout en traitant celui-ci — que ce soit une personne, un groupe ou une autre entreprise — comme une entité inférieure. Le mot « client » a pris un sens péjoratif. Voici comment les employés des entreprises peu rentables parlent de leurs clients :

- « Le client ne se voit pas la différence. »

- « La plupart des clients croient ce qu'on leur dit. »

- « Le client suit les tendances générales. »

- « Les clients ? Ah oui, les imbéciles qui achètent nos cochonneries ! »

De toute évidence, en attribuant un sens péjoratif au mot « client », de telles entreprises ne satisfont guère le client. Lorsque que de telles entreprises décident de se rapprocher davantage du client, elles diminuent sa satisfaction au lieu de l'augmenter. Si c'est votre cas, vous devez changer votre définition du mot « client », ou trouver un autre terme, avant de lancer le processus qui améliorera vos relations avec les clients. Certaines entreprises utilisent les termes « client », « partenaire », « consommateur », etc., en parlant de la personne qui utilise leurs produits. De nombreux autres termes peuvent remplacer le mot « client », mais, si vous tenez à le garder, vous devez absolument changer la signification que vous lui accordez. Peu d'entre nous réalisent que ce sont les clients qui nous ont permis d'acheter les chaises sur lesquelles nous nous asseyons, la voiture que nous conduisons, etc. En quelque sorte, ce sont les clients qui payent nos hypothèques. En vous les représentant ainsi, vous allez tous (à quelques exceptions près) les apprécier et vous ne pourrez plus vous en passer.

La direction aidera les employés à percevoir les clients sous un nouvel angle. Voici comment une entreprise qui satisfait grandement ses clients les perçoit :

- « Je ne possède rien sans les clients. »

- « Le client est actuellement ce qu'il y a de plus important. »

- « Chaque client représente un défi que je dois relever. »

- « J'ai un emploi stable si mes clients sont satisfaits. »

Comment votre entreprise traite-t-elle ses clients ? Il suffit de la questionner pour le savoir. Munissez-vous d'un magnétophone et interrogez le personnel de tous les services : la production, le marketing, les ventes, l'ingénierie, etc. Posez vos questions individuellement ou lors de rencontres avec des groupes de discussion. Mettez les employés à l'aise et convainquez-les que leurs réponses ne leur nuiront pas. Une personne extérieure à l'entreprise pourra faire cette enquête afin de garantir l'anonymat.

Les entreprises dont les clients sont très satisfaits accordent de l'importance non seulement à la définition du mot « client », mais également au vocabulaire utilisé en présence des clients. Les mots utilisés par le personnel (des ventes, de marketing, etc.) en contact direct avec les clients caractérisent leurs relations avec eux. Les clients qui estiment avoir des relations étroites sont les clients les plus satisfaits. Examinez comment votre personnel utilise les mots suivants, notez leur fréquence d'utilisation et efforcez-vous d'utiliser ceux qui favorisent le rapprochement :

Pronoms	*Relations*
Je, nous	Relations très étroites, l'utilisateur appartient au groupe.
Vous, votre	Relations polies, l'utilisateur n'appartient pas au groupe.
Il, lui, elle	Relations occasionnelles, l'utilisateur n'appartient pas au groupe.
Ils, eux	Relations distantes, l'utilisateur n'appartient pas au groupe.

Les employés qui côtoient les clients s'efforceront d'utiliser les pronoms « je, nous, vous, votre ». Mieux encore, évitez les pronoms « vous, votre » et utilisez le nom de la personne ou du groupe concerné. Charles Cleveland, un sémioticien qui a travaillé avec des entreprises comme 3M, American Express, Hallmark Cards et Eli Lilly & Co, prétend qu'il est possible de distinguer les entreprises dont les clients sont très satisfaits des autres entreprises en mesurant la fréquence d'utilisation de certains mots. Chez les premières, on rencontre essentiellement les mots « le, oui, était, personne, service, encore », alors que chez les autres, on rencontre « ils, un, ne, sont, eux, non ».

Selon Cleveland, la satisfaction du client obéit à la règle des « cinq cinquièmes ». Les entreprises qui ont des clients très satisfaits passent quatre cinquièmes de leur temps à discuter de « ce que nous pouvons faire pour eux » et un cinquième à discuter de « ce qu'ils peuvent faire pour nous ». Chez les autres entreprises, ces deux valeurs sont respectivement de trois cinquièmes et deux cinquièmes.

Il est également intéressant de remarquer que les entreprises qui ont des clients insatisfaits utilisent le pronom « vous » 13 % de plus que les entreprises dont les clients sont satisfaits, ces dernières remplaçant « vous » par le nom de la personne ou de l'entreprise concernée.

Je suis toujours impressionné quand je trouve une robe de chambre placée sur le lit en entrant dans une chambre d'hôtel. La petite note suivante m'insulte cependant toujours : « Ceci est notre robe de chambre et non la vôtre. Vous pouvez l'utiliser, mais attention, si vous la volez, vous aurez le FBI à vos trousses, votre portrait sera affiché partout dans le monde et vous serez coffré, nous répétons, vous serez coffré. » Si les messages ne sont pas toujours aussi virulents, leur contenu reste cependant le même. Dans un hôtel de Boston, j'ai trouvé la variante suivante : « Cette robe de chambre appartient à l'hôtel. Ne pas la sortir en dehors de la chambre. Les robes de chambre manquantes seront facturées 75 $. » Comparez-la avec la note suivante : « Profitez du confort de cette robe de chambre », qui comporte, au verso : « Les robes de chambre peuvent être achetées à la réception, Hôtel Crescent Court. » Dans les deux cas, le message est le même ; par contre, l'impression laissée sur le client est bien différente. Les termes que vous et vos employés utilisez ont une influence décisive sur la satisfaction du client, directement ou indirectement.

■ L'IMPRESSION DU CLIENT

Un mauvais service fait perdre trois fois plus de clients qu'un produit de mauvaise qualité. Les clients évaluent non seulement ce que vous produisez, mais toute votre entreprise. Ils en examinent de nombreux aspects avant de choisir le produit. Ils examinent votre publicité et consultent des articles qui vous concernent. Leurs amis leur font part de leur expérience avec votre entreprise et ils ont leur propre expérience. Ils se forgent une image de votre entreprise en fonction de toutes ces informations. Cette image peut très bien ne pas être conforme à la réalité, elle est cependant la seule chose dont vous devez tenir compte.

Pour conclure une vente, le client doit être convaincu que votre produit présente la meilleure valeur, peu importe les faits réels. Pour bien montrer que l'impression du client est importante, prenons l'exemple de l'industrie automobile. La Laser de Plymouth et l'Éclipse de Mitsubishi sont deux voitures absolument identiques, toutes les deux sont construites dans l'Illinois ; malgré cela, les ventes de l'Éclipse dépassent de 100 % celles de la Laser. L'impression du client est essentielle à la réussite des entreprises. Il ne suffit pas d'avoir un excellent produit, encore faut-il que le client le perçoive comme tel. Les faits ne sont d'aucune valeur et la perception fait toute la différence.

De nos jours, les clients perçoivent quatre types d'entreprises :

1. *Les mauvaises entreprises.* Elles ne répondent pas aux besoins des clients. La plupart de ces entreprises ont fait faillite dans les années 80 ou au début des années 90. Néanmoins, il en subsiste quelques-unes, mais la faillite les attend dans les années 90.

2. *Les bonnes entreprises.* Ces entreprises reçoivent peu de plaintes, mais également peu de compliments. Elles répondent aux besoins des clients en tout temps. La plupart d'entre elles vont faire faillite d'ici la fin des années 90.

3. *Les très bonnes entreprises.* La plupart du temps, ces entreprises satisfont aux exigences et aux attentes des clients. Ces entreprises survivront, mais vont perdre une part de leur marché et auront des difficultés tout au long des années 90.

4. *Les entreprises excellentes.* Ces entreprises satisfont aux exigences et aux besoins de leurs clients en tout temps. De plus, elles surprennent agréablement leurs clients en leur fournissant des produits d'une qualité supérieure, qui rehaussent leurs normes et qui réalisent leurs souhaits. Ces entreprises augmenteront leur part de marché ainsi que leurs profits. Elles entreront dans le XXIe siècle en tant que leaders.

■ LES BESOINS, LES ATTENTES ET LES DÉSIRS

Les attentes et les besoins des clients sont souvent très différents. Dans la plupart des cas, les besoins peuvent être satisfaits plus facilement que les attentes. Les clients établissent les caractéristiques qu'ils recherchent d'un produit à partir de leurs besoins, mais évaluent l'entreprise en fonction de leurs attentes. Ainsi, si vous demandez à une personne quels sont ses besoins dans une chambre d'hôtel, elle vous répondra : un lit, une douche, une toilette et, peut-être, l'air climatisé ; par contre, elle s'attendra à trouver des serviettes, des draps propres, le téléphone, un téléviseur, un télécopieur et une salle à manger.

D'autres éléments, que je qualifie de désirs, sont encore plus difficiles à obtenir. Dans un hôtel, il peut s'agir d'une piscine, d'un gymnase, d'une baignoire à remous dans la chambre, d'un réfrigérateur bien garni, de miroirs au plafond pour se raser au lit, etc. De façon générale, les spécifications correspondent aux besoins. Prenons l'exemple d'un dessin industriel : les dimensions exactes y sont indiquées avec les tolérances. Ce dont les clients ont besoin, ce sont des dimensions respectant ces tolérances. Par contre, ils s'attendent à ce que les dimensions soient réparties également de part et d'autre de la dimension exacte, avec de petits écarts par rapport aux tolérances. Enfin, ce qu'ils désirent, c'est obtenir les dimensions exactes pour toutes les pièces.

Connaissez bien vos clients et assurez-vous de bien comprendre leurs besoins, leurs attentes et leurs désirs. Au minimum, vous devrez satisfaire leurs besoins et leurs attentes. Si vous voulez devenir leur fournisseur privilégié, vous devrez également satisfaire leurs désirs.

■ POURQUOI LE CLIENT SE SOUVIENT-IL DE VOTRE NOM ?

« Le client est-il roi ? » est une question dont on peut encore discuter. Par contre, l'unanimité se fait lorsqu'il s'agit de livrer des produits et des services irréprochables aux clients. Le client ne se souvient du nom de votre entreprise que dans deux cas :

Cas 1

Le client se souvient de votre entreprise si vous lui avez livré des produits ou des services de mauvaise qualité. Voici un exemple : en sortant d'un certain restaurant en compagnie de ma femme après un mauvais repas, Marguerite se tourne vers moi en me disant : « Ce repas a vraiment été mauvais ! » Je lui réponds : « Oui, la soupe était froide et la crème glacée, chaude ! » Marguerite jette un dernier coup d'œil au nom du restaurant : « La cuisine gastronomique de Tom, je n'y reviendrai plus ! »

Cas 2

Le client se souvient de vous quand vos produits sont d'une qualité irréprochable. Dans ce cas, ma femme dirait : « Ce repas a été excellent, l'entrée de sorbet a bien préparé l'arrivée du homard, tout ça pour 23 $. Incroyable ! Je retourne chercher leur carte, car je ne veux pas oublier le nom de ce restaurant. La semaine prochaine, nous y emmènerons Bob et Betty. »

Vous ne serez jamais le fournisseur privilégié de vos clients si vous vous contentez de répondre uniquement à leurs besoins. Vos clients pourraient bien aller chez vos concurrents, même si cela leur coûte un peu plus cher. Ils ne feront aucun effort particulier pour rester vos clients. Ils ne se plaindront pas, mais, très probablement, ils ne reviendront pas s'ils peuvent s'approvisionner ailleurs.

Vous ne pourrez assurer un service hors du commun que lorsque chacun de vos employés se sentira personnellement responsable de la satisfaction de vos clients. Que faut-il faire pour obtenir une qualité hors du commun ? Tout simplement avoir un personnel hors du commun. Pour cela, vous ne devrez embaucher que des employés qui considèrent que le service au client est essentiel et vous devrez leur donner une excellente formation.

Un service hors du commun exige un effort hors du commun. Un tel effort exige :

- la confiance dans la direction ;
- une vision et une mission partagées de tous ;
- des valeurs communes sur des sujets importants pour tous.

Le personnel se réfère aux valeurs établies par la direction et réagit en conséquence. Ainsi, quand on demanda à un chauffeur d'autobus pourquoi il saluait de la main les nombreuses personnes qui faisaient la queue à un arrêt, sans toutefois s'y arrêter pour les faire monter, il répondit : « Je ne peux pas respecter mon horaire si je m'arrête pour faire monter des passagers ! » Les passagers apprécient certainement que les autobus respectent leurs horaires : ils apprécieraient encore plus de pouvoir s'en servir ! L'énoncé de l'American Express relatif à la qualité est supérieur à tout ce que je pourrais trouver : sa qualité n'est « pas seulement meilleure que celle de nos concurrents et pas seulement conforme aux attentes de nos clients, mais elle est nettement supérieure à celle de nos concurrents et elle dépasse les attentes de nos clients ». (2)

■ LA SATISFACTION DES CLIENTS

Le niveau de satisfaction des clients est directement proportionnel à la différence entre la qualité telle que vous la percevez (et non telle qu'elle est en réalité) et la qualité correspondant aux attentes des clients (et non celle qui correspond à leurs besoins). Dans les relations actuelles, les attentes des clients sont de plus en plus élevées. Une qualité, qui était exceptionnelle hier, est à peine passable aujourd'hui et sera inacceptable demain.

La satisfaction du client est l'un des éléments les plus importants dans le processus de planification stratégique. Une étude internationale sur la qualité, effectuée par Ernst & Young et l'*American Quality Foundation*, a révélé les pourcentages d'entreprises qui considéraient la satisfaction du client comme secondaire, ou très secondaire, dans la planification stratégique :

Canada : 19 %

Allemagne : 27 %

Japon : 5 %

États-Unis : 22 %

La même étude a montré qu'aux États-Unis, au Canada et en Allemagne, 20 % à 30 % des entreprises estimaient que la satisfaction des clients n'était pas une priorité en planification stratégique.

Partout au Japon, les entreprises recherchent la satisfaction des clients. Des entreprises comme NEC, Hitachi et Matsushita ont créé des sections spéciales afin d'augmenter la satisfaction de leurs clients. Dans d'autres secteurs, comme la bourse, la restauration et les assurances, les dirigeants japonais reconnaissent que qualité ne signifie plus seulement fiabilité. J.D. Power III est considéré généralement comme le père de la satisfaction des clients par les Japonais. Il est intéressant de remarquer que 7 entreprises de services figurent parmi les 10 entreprises japonaises qui ont le meilleur taux de satisfaction des clients. Cette proportion est bien plus élevée au Japon qu'aux États-Unis.

Le secret pour obtenir la satisfaction des clients se trouve dans l'excellence :

• des produits ;

• des équipes de ventes et de livraison ;

• du service après-vente.

Un service après-vente est superflu si votre production est sans défaut et si votre équipe de ventes ne suscite pas d'attentes irréalisables chez les clients. Dans le cas contraire, un service après-vente aidera néanmoins le client et sauvera la face de l'entreprise.

Le marketing et les ventes sont les deux services qui côtoient le client : ils sont donc directement responsables de la satisfaction des clients. Cela pourrait amener certaines entreprises à croire que seuls ces deux services doivent rencontrer les clients, ce qui est une erreur d'ordre stratégique commise par de nombreuses entreprises. Bien que ces deux services entretiennent des relations très étroites avec la clientèle et bien qu'ils jouent le rôle de médiateur entre les clients et l'entreprise, toutes les fonctions doivent rencontrer les clients externes. Ainsi, le service du contrôle de la production doit savoir quand, où et comment les produits seront expédiés au client. Le service d'ingénierie doit demander au client d'établir les caractéristiques et doit savoir comment le produit sera utilisé. Il est essentiel de faciliter la tâche du client dans ses relations avec l'entreprise. Le client doit obtenir l'information voulue sans être obligé de passer par d'innombrables bureaux. De nos jours, le service de ventes s'intègre de plus en plus au service de marketing : le client ne rencontre alors plus qu'une seule personne. Une telle pratique donne d'ailleurs beaucoup de résultats.

Bien que toutes les fonctions puissent influencer l'opinion du client sur l'entreprise, nous allons consacrer cette partie du livre au contact essentiel, celui des services de ventes et de marketing.

■ L'INFLUENCE DU MARKETING SUR LE CLIENT EXTÉRIEUR

Le travail du marketing consiste essentiellement à modifier les habitudes d'achat des clients. Ce concept de base du marketing n'a pratiquement pas évolué depuis le siècle dernier. Par contre, la vente et ses concepts ont fortement changé depuis la Deuxième Guerre mondiale : les ventes ponctuelles ont été remplacées par la recherche incessante de la satisfaction des clients afin d'assurer les ventes futures.

Fondamentalement, le rôle principal du marketing consiste à travailler avec des clients — actuels, potentiels et futurs — pour déterminer leurs besoins futurs, à les fidéliser et à les convaincre à d'acheter les produits et services de l'entreprise. Nous pensons que ce sont le service de marketing, le directeur général et le président du conseil d'administration qui sont responsables des mauvais résultats de la plupart des entreprises américaines pour les raisons suivantes :

1. Ils font de mauvaises prévisions.

2. Leurs suivis sont inadéquats.

3. Ils ne rendent compte à personne.

Les mauvaises prévisions

La prévision des produits futurs, de la structure des coûts, des créneaux de marché appropriés et du volume de production constitue la principale responsabilité du service de marketing. Ces prévisions sont bien faites dans la plupart des cas. Un fort taux d'échec des nouveaux produits montre cependant que le service de marketing est loin d'être infaillible. Très souvent, des erreurs dans la prévision des volumes entraînent une sous-utilisation des équipements de production ou des ventes non réalisées par suite d'un manque d'équipements. À la fin des années 80, la Campbell Soup Company a reçu plusieurs prix pour le grand nombre de produits très innovateurs qu'elle avait créés. Son seul problème : aucun de ces produits n'était rentable. La soupe au poulet et aux nouilles et la soupe aux tomates compensèrent les pertes causées par les services de marketing et de développement. Peu après sa nomination, la première décision de son président actuel fut de réduire le nombre des nouveaux produits lancés chaque année, ce qui fit monter les profits en flèche.

Si les services de marketing prévoyaient mal les besoins des clients, ils oubliaient purement et simplement les besoins des activités de soutien essentielles. Les besoins du service des ventes, de livraison et d'après-vente doivent être prévus, au même titre que ceux des clients. Les prévisions du marketing concernant les produits définiront en détail les activités essentielles dont dépendent directement la satisfaction des clients. Ils estimeront également la valeur que prendra l'indice de satisfaction des clients lorsque le produit satisfait aux caractéristiques souhaitées.

Il est grand temps que les professionnels du marketing fassent quelques progrès notables. C'est dans le domaine de la vente et du marketing que les possibilités d'amélioration sont les plus nombreuses. Un exemple typique est celui du déploiement de la qualité (DQ), qui aurait plutôt dû s'appeler amélioration de la prévision de marché. Dans la plupart des entreprises, le DQ est pris en compte par l'ingénierie de mise au point ou par l'assurance qualité, alors que c'est le service de marketing qui devrait l'introduire et l'implanter dans l'entreprise. Le déploiement de la qualité devrait être enseigné dans tous les programmes de marketing.

Les méthodes utilisées pour définir les nouveaux produits dépendent de la performance de l'entreprise :

Entreprises perdantes. Les entreprises dont la compétitivité diminue doivent impérativement rencontrer leurs clients. Pour s'améliorer, il est essentiel de se rendre sur le terrain, de rencontrer les clients, de les interroger en détail sur leurs besoins et sur leurs exigences et, ensuite, de concevoir les produits susceptibles de les satisfaire. Les entreprises rechercheront l'information de base utile à la mise au point des nouveaux produits dans les demandes d'information ainsi que dans les discussions avec les clients. Elles obtiendront d'autres données en leur rendant visite et en suscitant la rétroaction. Elles ne devraient pas uniquement se fier aux enquêtes effectuées auprès des clients.

Entreprises survivantes. Pour les entreprises qui maintiennent leur compétitivité, tenir compte des demandes des clients est bien sûr important, mais elles doivent également consulter d'autres sources d'information. Une étude de marché, par téléphone et par contact personnel à l'intérieur de l'entreprise, les renseignera sur le cycle de mise au point des produits. Les suggestions des fournisseurs renferment également des idées pour de nouveaux produits et services.

Entreprises gagnantes. Pour de telles entreprises, la rétroaction du client est utile, mais c'est une étude de marché à l'extérieur de l'entreprise qui révélera la plupart des idées nouvelles. Ces entreprises ne se contenteront pas des besoins actuels des clients, mais envisageront toutes les possibilités pour l'avenir. C'est là que réside le vrai défi de la fonction de marketing.

Le mauvais suivi

La plupart des fonctions de marketing ne se préoccupent plus des caractéristiques des nouveaux produits après leur élaboration et après leur envoi au service d'ingénierie. Dans ce cas, le produit fini correspond rarement aux caractéristiques émises par le marketing. La plupart des entreprises ne vérifient même pas si le produit conçu par l'ingénierie de mise au point est conforme aux caractéristiques, ce qui est évidemment inacceptable. En tant que médiateur entre les clients et l'entreprise, le marketing devrait être tenu responsable du respect des caractéristiques, de la prise en compte et de l'utilisation par l'ingénierie de toutes les hypothèses essentielles émises par le marketing. Le service du marketing devrait également s'assurer que les caractéristiques du produit fini respectent au minimum celles qu'il a établies, en assumer la responsabilité et en rendre compte.

La nécessité d'en rendre compte

Personne ne considère sérieusement les prévisions du marketing. Le marketing est considéré comme un art, et non comme une science : je ne suis pas de cet avis. Nous dépensons annuellement des millions à enseigner le marketing à nos futurs dirigeants. Les universités donnaient des cours sur le marketing bien avant de donner des cours sur la qualité. Le personnel et la fonction de marketing seront évalués en fonction des réponses aux questions suivantes :

1. Les données fournies au service de l'ingénierie sont-elles complètes ?

2. Les caractéristiques du produit conçu par le service de l'ingénierie sont-elles conformes aux caractéristiques du marketing ?

3. Comment le niveau de satisfaction des clients se compare-t-il au niveau prévu par le marketing ?

4. Quel est le volume des ventes pour les 6, 12 et 18 premiers mois ?

Cette évaluation subira un étalonnage concurrentiel et une planification sera faite pour atteindre le niveau de référence dans les deux années suivantes. On implantera des programmes pour améliorer les mesures d'un facteur de 10 en 5 ans. Les primes et les salaires des employés de marketing seront calculés en fonction de l'exactitude de leur prévision des marchés.

■ L'INFLUENCE DU PERSONNEL DES VENTES ET DE LA LIVRAISON SUR LE CLIENT EXTERNE

Le marketing n'est pas le seul service qui doit être félicité, ou blâmé, pour la qualité des relations avec les clients et les consommateurs externes. Le cycle de production se termine avec les services des ventes et de livraison. Une bonne équipe aux ventes peut compenser les pertes dues à un produit de mauvaise qualité, mais un excellent produit ne peut compenser les pertes dues à une mauvaise équipe des ventes.

Rappelez-vous ce qui a été dit précédemment : un mauvais service vous fait perdre trois fois plus de clients qu'un mauvais produit. Pour la plupart des entreprises, le rendement du service des ventes ne s'est pas amélioré suffisamment, essentiellement parce qu'il est difficile à mesurer. La plupart des entreprises mesurent la satisfaction des clients et non le mécontentement des clients perdus. Nous devrions mesurer la perte subie par l'entreprise chaque fois que nous perdons un client. Un client qui reste fidèle à un constructeur automobile durant toute sa vie lui rapporte 140 000 $. Pourquoi alors discuter sur une facture de réparation de 40 $? Dans le cas d'une banque, un client représente 900 $ de profits par année, ou environ 45 000 $ pour la durée moyenne d'une vie. La fidélité à une marque d'appareils ménagers vaut 160 $ par an. Un client fidèle permet à un supermarché de faire 4 400 $ de profits.

La satisfaction des clients dépend essentiellement de leurs relations avec le service des ventes. Sans exception, chaque client est un nouveau défi pour le vendeur. Non seulement chaque client est différent des autres, mais le même client peut changer d'humeur d'une journée à l'autre. Une personne qui est habituellement d'humeur égale peut s'emporter pour un rien, ce qui l'oblige par la suite à changer de fournisseur pour ne pas perdre la face. Très souvent, ces écarts de conduite n'ont aucun rapport avec le comportement du service des ventes, mais résultent d'un problème personnel, d'une rencontre orageuse avec un supérieur hiérarchique ou, plus simplement, de l'irritation de s'être fait voler une place de stationnement. Le travail d'un représentant des ventes est délicat, même avec d'excellents produits, car chacune des innombrables situations causées par des humeurs, des mentalités et des attentes différentes, représente un nouveau défi.

Comment s'assurer de la bonne préparation du personnel des ventes à relever ces défis ? En s'assurant que ses représentants sont comme le client espère les trouver, à savoir :

- des employés polis appréciant le contact de la clientèle ;
- des employés intelligents et bien informés ;
- des employés prêts à écouter le client ;
- des employés fiables qui assurent un excellent service en tout temps ;
- des employés autonomes, autorisés à prendre des décisions sans consulter leurs supérieurs hiérarchiques.

Les mesures du personnel des ventes

Les représentants commerciaux sont souvent évalués selon de mauvais critères. Leurs primes sont uniquement fonction du volume de leurs ventes, alors qu'elles devraient également dépendre :

- du pourcentage de temps passé avec les clients ;
- du pourcentage de temps passé avec des clients potentiels ;
- du pourcentage de temps passé avec les clients se terminant par une vente ;

- du niveau de satisfaction des clients ;

- du pourcentage de clients perdus.

L'équipe des ventes doit être motivée et compétitive, mais, avant tout, elle doit éprouver une très grande satisfaction dans l'exécution de son travail. Le vieux dicton, qui prétend qu'une personne endettée est un excellent vendeur, n'est plus valable. L'attitude du personnel qui travaille en équipe et qui est secondée efficacement par un personnel de soutien diffère complètement de celle des anciennes équipes qui, souvent, contournaient le .

Ancienne équipe des ventes	*Nouvelle équipe des ventes*
Fait ce qu'il faut faire.	Connaît les aspects de toute l'entreprise.
Connaît le produit.	Connaît les affaires du client.
Chaque vente est unique.	Chaque vente obéit au même processus. Ce processus est adapté au client.
S'efforce de bien paraître.	Rend l'entreprise attrayante. Est fière de l'entreprise.
S'oppose à toute mesure.	Utilise les mesures pour les étalonnages concurrentiels.
Motivée par l'argent.	Motivée par le rendement.
Vend des produits.	Vend des solutions à des problèmes.
Trouve de nouveaux clients.	Fidélise les clients.
Change souvent de travail.	En fait sa carrière.
Vend le produit même s'il ne convient pas tout à fait au client.	Aide le client à trouver le bon produit même s'il faut lui recommander une autre entreprise.
Trouve les moyens de contourner les règles.	Modifie les règles qui empêchent l'amélioration.
Vente sous pression.	Vente sans contrainte.
Évaluée selon le volume des ventes.	Évaluée selon la fidélité des clients.

■ LES AUTRES CONTACTS AVEC LES CLIENTS EXTERNES

Des contacts autres que ceux effectués par le service des ventes ou de marketing peuvent aussi influencer les clients. Toute personne en contact avec le client représente l'entreprise. La satisfaction du client et la réputation de l'entreprise dépendent de toutes les relations entre le client et l'entreprise. La jeune femme qui répond aux appels téléphoniques du bureau de consultants Harrington, Hurd et Rieker connaît toutes les activités de consultation du bureau. Ainsi, lorsque le consultant demandé est absent, les informations qu'elle recueille auprès du client permettent à ce conseillé de répondre. Très souvent, elle peut renseigner le client elle-même. Elle s'intéresse également aux principaux clients et les accueille d'un « Bonjour Monsieur Abbott » après avoir reconnu la voix de celui qui lui demandait : « M. Walter Hurd, s'il vous plaît. » Notre bureau apprécie que ses clients disent : « Grâce à elle, j'ai l'impression d'être votre meilleur client. »

Que ce soit le balayeur, le comptable, le portier, la secrétaire ou même le président, toute personne qui rencontre un client doit savoir comment se comporter. Ils auront tous reçu une formation traitant des relations avec les clients et ils connaîtront tous les produits et les services de l'entreprise.

Tous les employés des concessionnaires Nissan Infiniti, même les secrétaires et les employés de bureau, suivent un stage de formation de six jours. Ils y apprennent à considérer les clients comme des « hôtes très respectés ». Ils font l'essai des voitures concurrentes, comme la Lexus 400, la Mercedes 300E et la BMW 535. Ken Petty, leur formateur, affirme : « La réceptionniste s'adresse certainement à plus de clients que toute autre personne dans la salle d'exposition. » Il n'est pas étonnant que les enquêtes de J.D. Power and Associates donnent les meilleures notes à l'Infiniti et à la Lexus pour la satisfaction des clients ; la Lexus obtient, par ailleurs, des notes encore meilleures pour sa qualité. En fin de compte, chaque employé est au service direct des clients ou au service de ceux qui sont en relation avec eux. La satisfaction des clients dépend de tous, car les employés qui servent les clients ne peuvent assurer un service excellent si ceux qui les soutiennent ne les servent pas de façon aussi excellente.

■ LE PROCESSUS DE LA SATISFACTION DES CLIENTS

Comment peut-on quantifier l'indice de satisfaction des clients ? Dans les années 80, les clients recherchaient des produits luxueux de haute qualité à n'importe quel prix, mais la longue récession économique du début des années 90 a complètement modifié les attentes des clients. Ils recherchent maintenant de plus en plus les produits de valeur. Voici comment offrir la valeur aux clients et en même temps les satisfaire :

1. Concevez les nouveaux produits et les nouveaux services en fonction des informations fournies par les clients et en fonction de leurs besoins, même si ceux-ci sont assez vagues.

2. Fournissez des produits qui ont une qualité, une durabilité et une utilisation irréprochables.

3. Pour servir la clientèle, choisissez des employés qui recherchent le contact avec les clients. Ensuite, formez-les pour qu'ils deviennent techniquement compétents.

4. Recherchez activement les commentaires de vos clients et de vos employés.

5. Présentez une gamme très étendue de produits et de services qui soient moins chers et meilleurs que ceux de vos concurrents.

6. Réagissez rapidement aux plaintes des clients, sans vous mettre sur la défensive.

7. Prévoyez les problèmes et les tendances qui pourraient vous nuire et corrigez-les afin de prévenir les plaintes.

8. Assurez-vous que la rétroaction des clients parvienne aux employés de tout niveau et que des employés de chaque secteur puissent rencontrer les clients externes.

■ LES RENSEIGNEMENTS CONCERNANT LES CLIENTS

Comment quantifier la satisfaction des clients ? La meilleure façon de mesurer la satisfaction des clients est de suivre l'évolution de la part de marché. Si vous offrez la meilleure qualité et si vous avez de nombreux clients potentiels, votre part de marché augmentera. Si les clients continuent à favoriser votre entreprise de préférence à une autre, ils sont certainement satisfaits.

La part de marché ne vous renseigne pas sur votre rendement actuel. Par contre, elle vous informe sur le rendement que vous avez eu dans le passé. Si vous constatez qu'elle est en baisse, il est sans doute trop tard pour réagir de façon efficace, ce qui nécessite le suivi d'un indice évoluant plus rapidement que la part de marché. Dans la plupart des entreprises actuelles, la direction réagira rapidement et recherchera les faiblesses de ses produits et de ses services avant qu'il ne soit trop tard. C'est alors qu'interviennent les enquêtes auprès des clients.

L'information constitue la base principale de toute planification stratégique. Une entreprise qui ne collecte, qui n'interprète et qui n'utilise pas toutes les données internes et externes disponibles ne sera jamais une entreprise de calibre international. Une collecte de données sur les clients externes et un système de dépouillement des résultats sont indispensables pour distinguer les éléments importants aux yeux des clients et pour prévoir l'évolution de leurs besoins. Ils permettent également de déterminer le positionnement concurrentiel de l'entreprise face aux attentes des clients.

Un système complet de collecte de données sur le client comprend trois phases :

1. L'étude de base

2. L'étude de la situation actuelle

3. L'étude à long terme

L'étude de base

Les travaux consistent à recueillir les données touchant les aspects importants aux yeux des clients, les évolutions en cours, les nouvelles occasions, les changements de technologie, les orientations des concurrents, etc., et à les analyser. Ces informations forment les bases de la planification stratégique. Elles concernent les clients actuels, les clients des concurrents ainsi que les clients futurs. Elles répondent à des questions telles que :

• Comment utiliser les ressources pour obtenir le meilleur rendement ?

• Que faut-il faire ?

• Que fait la concurrence et quelle orientation a-t-elle prise ?

• Quelles sont les alliances stratégiques à conclure ?

• Quel est le positionnement actuel de l'entreprise ?

L'étude de la situation actuelle

Cette étude permet la collecte et le dépouillement de renseignements qui concernent les évolutions en cours dans l'entreprise. De telles données sont essentielles au processus d'amélioration continue : elles permettent de mesurer la réussite du changement dans l'entreprise ou son échec. Elles se trouvent dans :

• les rapports de visite ;

• les enquêtes auprès des clients ;

• l'étalonnage concurrentiel ;

• les études sur les clients perdus ;

• les études des plaintes.

Une partie de ces mesures sera consacrée aux activités de livraison des produits et des services de l'entreprise. Ces mesures doivent se faire à la fin du processus de livraison. Les données du suivi après livraison doivent être recueillies d'abord 90 jours après la livraison du produit ou du service, puis 12 mois plus tard. C'est ainsi que 90 jours après la livraison d'une Lincoln, le vendeur envoya à ma femme un bouquet de roses en lui demandant ses impressions sur le service des ventes, sur la voiture et sur le service après-vente.

Ces mesures vous informent sur la qualité de vos opérations, sur l'évolution de vos affaires et sur les différences entre votre entreprise et vos concurrents.

L'étude à long terme

L'étude à long terme intègre l'étude de la situation actuelle et l'étude de base aux mesures spécialement mises en place pour évaluer la satisfaction du client. L'étude à long terme facilite la prise des décisions essentielles à l'entreprise. En général, elle se concentre sur les changements à long terme des éléments suivants :

- le rendement sur investissements (RDI) ;

- le rendement de l'entreprise ;

- l'efficacité de l'entreprise ;

- l'adaptabilité de l'entreprise ;

- les perspectives nouvelles sur les clients.

Les études à long terme répondent aux questions telles que :

- Comment l'entreprise peut-elle améliorer ses prises de décision en se basant sur les faits ?

- Entre plusieurs possibilités, quelle est la plus avantageuse ?

- Quels sont les résultats de l'entreprise ?

- Comment l'entreprise peut-elle mieux réagir en fonction des changements de son environnement ?

■ LES SYSTÈMES DE DONNÉES RELATIFS AUX CLIENTS EXTERNES

Il y a une voix que vous ne pouvez ignorer, c'est celle du client. En fait, le moindre petit murmure de la part du client doit se concrétiser par des mesures correctives. Pour citer Tom Peters, auteur de *In Search of Excellence* « être à l'écoute des clients doit être l'affaire de tous. Quand tous les concurrents accélèrent leur course à l'amélioration, le gagnant sera celui qui saura le mieux écouter (et le mieux réagir) ». Chez IBM, dans les années 70, nous allions « noircir le ciel avec nos avions pour aller régler un problème chez un client ». Si nous avions été plus attentifs à la voix du client, nous aurions réglé le problème par téléphone trois jours plus tôt, sans déranger le client.

Voici les quatre phases nécessaires pour créer la base de données relatives aux clients :

Phase 1 : comprendre le client externe. Dans cette phase, l'entreprise recueille les informations directement auprès des clients et procède à leur analyse. Les informations sont obtenues par des tables rondes, des groupes de discussion, des réunions avec les utilisateurs et avec les consommateurs.

Phase 2 : élaborer des mesures de la satisfaction des clients. Les systèmes de mesures comporteront une série de questions fondamentales qui seront posées année après année et porteront sur des aspects particuliers du fonctionnement. Les données s'obtiennent lors de contacts personnels, par des enquêtes postales ou téléphoniques, par étalonnage, par l'intermédiaire des services d'informations, etc.

Phase 3 : classer et publier. On dispose maintenant d'informations, provenant de nombreuses sources, qui doivent être vérifiées et classées par ordre d'importance. Les données sont réparties en deux sous-ensembles : celles qui nécessitent des mesures correctives immédiates et celles qui permettent d'analyser les évolutions en cours dans l'entreprise. Toutes les évolutions, favorables ou non, seront analysées : on rectifiera les évolutions défavorables en se servant de méthodes statistiques ; on s'assurera que les causes principales des évolutions favorables sont bien connues et on les institutionnalisera.

Phase 4 : améliorer. Cette phase utilise le cycle de résolution de problèmes pour trouver les causes principales des problèmes, pour déterminer les mesures correctives, pour suivre ces mesures et pour s'assurer de leur efficacité. L'avancement de chaque amélioration sera suivi par le système de mesure de la phase 3. Assurez-vous que le processus d'amélioration donne une rétroaction rapide et directe au client qui a soulevé le problème.

■ LES MESURES DE LA SATISFACTION DU CLIENT EXTERNE

La voix du client externe doit être communiquée à tous ceux qui le côtoient. Les contacts avec le client s'établissent le plus couramment par :

- le service de marketing ;
- le service de l'ingénierie des produits (solutions techniques aux problèmes des clients) ;
- le service des ventes ;
- le service de livraison ;
- l'administration ;
- le service après-vente.

Pour chacun de ces contacts, on implantera une série de mesures servant à évaluer la qualité des relations telle qu'elle est perçue par le client externe. La connaissance des impressions du client est essentielle. Voici les questions à poser relatives à l'administration de l'entreprise :

- Le processus de facturation s'est-il effectué à temps et sans erreur ?
- Y a-t-il eu des coûts imprévus ?
- Comment l'entreprise a-t-elle réagi à votre problème ?
- Avez-vous pu obtenir facilement l'information désirée ?

Voici maintenant les questions relatives aux impressions du client :

- Quelle est votre satisfaction générale ?

- Reviendrez-vous acheter nos produits ?

- Recommanderiez-vous notre entreprise à vos amis ?

- Comment notre entreprise se compare-t-elle à ses concurrents ?

- Comment notre entreprise comprend-elle vos affaires et vos problèmes ?

À l'usine IBM à Rochester, une augmentation de 1 % de l'indice de satisfaction des clients correspond à une augmentation des revenus de 257 millions de dollars.

■ LE TRAITEMENT DES PLAINTES DES CLIENTS

Trop d'employés voient les plaintes des clients comme une partie inévitable et non productive de leur travail, alors que toute plainte devrait être traitée comme une faveur, car elle permet à l'entreprise de s'améliorer. Une plainte doit également être considérée comme une occasion de ne pas perdre un client.

Selon le *Consumer Affairs Department*, seulement 4 % des clients insatisfaits se plaignent. Ces 4 % redonnent une deuxième chance, mais les 96 % restants se détournent de l'entreprise et cherchent un nouveau fournisseur. Ces 96 % sont trop polis, ne veulent pas faire l'effort de se plaindre ou ne veulent pas y consacrer du temps. Ce sont les « mécontents silencieux ». Environ 95 % des 4 % qui redonnent une deuxième chance resteront vos clients si vous résolvez rapidement leurs problèmes. Que signifie rapidement ? Il n'y a pas de réponse unique, tout dépend du produit : en général, 10 minutes pour un produit de moins de 100 $; jusqu'à 3 jours si le produit vaut plus de 100 $.

Ces temps correspondent à des produits et des services courants. Ils peuvent fortement varier d'un produit à un autre. L'usine IBM de Rochester avait constaté que 84 % des acheteurs d'ordinateurs de taille moyenne qui n'avaient pas eu de problèmes achèteraient à nouveau les produits d'IBM, et que 91 % d'entre eux recommanderaient IBM à des collègues. Ces chiffres étaient respectivement de 91 % et 94 % pour les acheteurs qui avaient eu un problème et qui avaient été satisfaits de sa résolution.

Si votre entreprise ne réagit pas rapidement aux plaintes des clients, entre un tiers et la moitié de ces clients chercheront un autre fournisseur. De plus, ces anciens clients seront la meilleure publicité de vos concurrents. Chacun des clients insatisfaits racontera ses déboires à 9 autres personnes en moyenne, et 13 % d'entre eux le feront à plus de 20 personnes. Si vous arrivez à connaître les raisons du mécontentement d'un client, vous avez de bonnes chances de le conserver. Voici ce qui encourage les clients à vous les faire connaître :

1. La facilité avec laquelle vous leur permettez de se plaindre.

2. La conviction que vous allez les aider.

3. L'impact de ce mécontentement sur le client.

Faites en sorte que vos clients puissent exprimer facilement leur mécontentement ou leurs inquiétudes concernant vos produits et services. À la livraison des produits, sollicitez leurs commentaires de façon à corriger sur place tout problème éventuel. Présentez un formulaire d'évaluation et un stylo à ceux qui n'aiment pas répondre oralement. Téléphonez-leur pour avoir leurs commentaires après l'utilisation de votre produit. Certains clients préfèrent parler de leur mécontentement au téléphone, car ils n'auront pas à croiser votre regard. Demandez-leur des suggestions (et non de répéter leurs plaintes) afin d'améliorer votre entreprise.

Une grenade, dont la goupille porte le numéro 1, placée sous une pancarte annonçant : « Service des réclamations — Prenez un numéro », représente très bien le service des réclamations aux yeux de nombreux clients. Trop de services de réclamations ressemblent à cette image. Le client est perçu comme un problème et non comme une personne que l'on doit servir. Faites disparaître votre service de réclamations et remplacez-le par un service d'aide à la clientèle. Le nom du service changera complètement l'attitude des employés envers les clients.

Les suggestions par opposition aux plaintes

Les plaintes transmettent une impression d'échec et sont très souvent justifiées. Il est plus agréable de recevoir des suggestions, car elles permettent une amélioration de l'entreprise. Réagir aux plaintes étant très profitable, les entreprises proactives aiment recevoir des suggestions et récompensent les clients qui les émettent. De nombreuses entreprises, comme la First Chicago Bank, invitent les clients à évaluer leur fonctionnement afin d'obtenir leurs commentaires et leurs suggestions. Roger S. Penske, un ancien pilote de course, invita 40 clients (des distributeurs indépendants) aux entrepôts de la Detroit Diesel Corporation, à Canton, dans l'Ohio. Cette visite avait pour but de leur expliquer le fonctionnement de l'entrepôt avec lequel ils travaillaient et de recevoir des suggestions pour l'améliorer. Ces clients firent environ 250 recommandations différentes, ce qui permit de faire passer les délais de livraison des pièces détachées de moteurs de cinq jours à trois jours. À présent, les commandes urgentes sont livrées en moins de 24 heures. En se préoccupant davantage des clients, Penske a pu transformer complètement la Detroit Diesel Corporation en l'espace de deux ans. Cette entreprise subissait des pertes depuis de nombreuses années : elle est à présent rentable et affiche 21 millions de dollars de profits ; sa part de marché est passée de 3 % à presque 6 %.

■ SE RAPPROCHER DES CLIENTS

Il est essentiel de se rapprocher des clients et d'établir des liens personnels avec eux de façon à bien comprendre leurs besoins, leurs attentes, leurs souhaits et leur humeur. Ce rapprochement se fera à tous les niveaux de l'entreprise.

La haute direction sortira de ses immenses bureaux d'acajou pour rencontrer les clients, pour s'occuper d'eux, pour les comprendre et pour se rendre compte des difficultés auxquelles se heurtent ses employés. La Detroit Diesel Corporation exige que tout cadre téléphone à quatre clients par jour ou qu'il les visite. Les dirigeants de Xerox passent une journée entière par mois au traitement des plaintes. Dans les hôtels Hyatt, tous les directeurs, y compris le président, sont régulièrement garçons d'étage pendant quelques heures. Les dirigeants d'American Airlines passent une partie de leur temps derrière les comptoirs à vendre des billets et à attribuer les sièges aux clients.

Les employés à l'intérieur de l'entreprise rencontreront également les clients. La direction a dressé une barrière entre la plupart des employés et leurs clients externes : les employés ne se rendent plus compte de leur responsabilité envers ces personnes clés. Bien trop souvent, l'employé ne rencontre jamais le client qui se sert de son produit, ce qui permet facilement de perdre contact avec la réalité et d'ignorer le client. Pourquoi faire un petit effort qui se diluera de toute façon dans les résultats du processus ? Les employés doivent rencontrer les clients externes parce que ce petit effort a son importance. Voici ce que les employés feront :

1. Ils aideront le personnel des ventes à téléphoner aux clients.

2. Ils appelleront directement les clients pour connaître leurs impressions sur les produits qu'ils ont fabriqués. C'est ce qui se fait chez General Motors.

3. Des rotations de postes seront organisées entre employés.

4. Ils joueront le rôle de guide lors des visites d'usine.

5. Ils assureront le suivi des réclamations.

6. Ils recueilleront des données sur la performance des produits chez le client.

Parce qu'il est souvent impossible à chaque employé de contacter des clients au moins une fois tous les deux ou trois mois, il est important que les employés qui ont rencontré les clients fassent part de leur expérience aux autres. Des commentaires sur les clients venant d'un collègue de travail ont bien plus de poids que les mêmes commentaires venant de la direction.

Êtes-vous en contact étroit avec vos clients ? Faites-vous ce qui suit ?

1. Les appels téléphoniques des clients ont-ils la priorité ?

2. Avez-vous planifié vos rencontres avec les clients ?

3. Respectez-vous cette planification ?

4. Lorsque vous voyez vos clients :

- Essayez-vous d'obtenir des suggestions et des opinions ?

- Essayez-vous de comprendre comment évoluent leurs attentes ?

- Vous renseignez-vous sur d'éventuels besoins ?

- Avez-vous préparé un aide-mémoire pour vous rappeler toute l'information dont vous avez besoin ?

- Faites-vous le point sur les suggestions et les problèmes qui ont été mentionnés dans le passé ?

     Après avoir vu vos clients :

- Les tenez-vous au courant de vos actions dans les trois jours qui suivent ?

- Relisez-vous vos notes pour déceler de nouvelles tendances ?

5. Essayez-vous de trouver les raisons qui ont amené un client à chercher d'autres fournisseurs ?

6. Écoutez-vous les clients de vos concurrents ?

7. Avez-vous personnellement une liste de tous vos clients et de leur numéro de téléphone ?

8. Disposez-vous d'une méthode permettant de déterminer les changements des habitudes d'achat et de trouver l'origine de ceux qui vous sont défavorables ?

En général, les entreprises perdantes peuvent répondre positivement à cinq questions sur huit. Votre entreprise est une entreprise survivante si la réponse est oui aux huit questions. Elle ne sera évidemment pas une entreprise gagnante si vous effectuez uniquement les activités correspondant à ces huit questions. Elle pourrait éventuellement le devenir si vous excellez dans l'exécution de ces activités.

■ CONCEVOIR POUR SATISFAIRE LES CLIENTS

Dans les années 70, les produits étaient conçus pour réaliser des profits. Le coût de production déterminait alors le prix de vente. Si le prix de vente était trop élevé, la conception et le procédé de fabrication étaient modifiés. Cette façon de concevoir les produits coûte très cher, en temps et en investissements.

Dans les années 90, les entreprises d'avant-garde se mirent à concevoir les produits pour satisfaire les clients. La figure 4.1 décrit le processus correspondant.

Le prix que le client est prêt à payer est l'élément essentiel dans ce nouveau mode de fabrication. Le produit est alors conçu en fonction d'un coût cible. Le coût total du produit étant la somme des coûts partiels de ses diverses composantes, les ingénieurs et les concepteurs de toute l'entreprise travailleront en collaboration avec leurs fournisseurs et feront les compromis nécessaires pour répondre aux attentes des clients. Une telle méthode de travail réduit le cycle du produit et maximise ses qualités.

■ CONCEVOIR DES PARTENARIATS STRATÉGIQUES AVEC LES CLIENTS

Vouloir satisfaire les besoins de chacun en tout temps n'est pas chose facile et conduit souvent à des résultats désastreux. De plus en plus d'entreprises comprennent qu'il vaut mieux choisir quelques clients principaux et établir des relations privilégiées avec eux. Ce sont les partenariats stratégiques ou les alliances stratégiques avec les clients. Un partenariat est une relation entre deux personnes (ou plus) ou deux entreprises (ou plus) qui en bénéficient mutuellement.

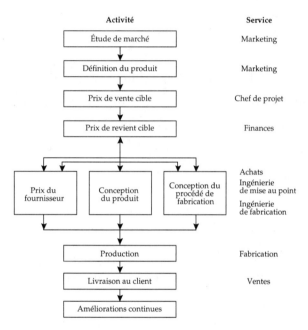

Figure 4.1 Processus de conception des produits dans les entreprises gagnantes

Quels avantages présentent de tels partenariats ? Ils permettent :

- de caractériser les aspects des affaires qui sont essentiels pour les clients et de trouver des oppotunités d'affaires (utilisation des méthodologies d'analyse d'opportunité) ;

- de saisir les tendances futures des affaires ;

- aux dirigeants d'établir des partenariats plus étroits avec les clients importants ;

- d'harmoniser les activités de mise au point des deux entreprises et d'augmenter ainsi les revenus et la productivité du service des ventes ;

- d'augmenter le taux de réussite des nouveaux produits.

L'importance des partenariats stratégiques dépend fortement des produits et des services des fournisseurs. Si le fournisseur est un bureau-conseil de gestion, le partenariat peut couvrir de nombreux domaines et modifiera fortement l'avenir des deux entreprises. Si le fournisseur est un sous-traitant de pièces détachées, le partenariat pourrait être limité à la durée du cycle de mise au point et à un engagement de la part du fournisseur d'améliorer le fonctionnement de son produit dans l'environnement du client, d'une année à l'autre. En retour, le client accorde au fournisseur un statut de fournisseur privilégié. Ainsi, dans un partenariat entre un distributeur de matériaux et un atelier de mécanique, le distributeur est responsable de gérer l'entrepôt de l'atelier de mécanique.

Prenons maintenant le cas où un partenariat stratégique à long terme très étroit est souhaitable. Voici les étapes à franchir :

1. Choisir l'entreprise.

2. Rencontrer les dirigeants de cette entreprise pour obtenir leur accord.

3. Comprendre l'orientation stratégique de cette entreprise.

4. Déterminer les possibilités d'une coopération.

5. Présenter un projet aux dirigeants de cette entreprise.

6. Signer une entente de partenariat.

Dans l'environnement actuel, les clients du monde entier recherchent des fournisseurs avec lesquels ils établiront des partenariats. Ils veulent que les fournisseurs comprennent leurs affaires ainsi que leurs préoccupations concernant la concurrence. De tels clients parlent souvent d'augmenter le pouvoir de décision de leurs employés, alors qu'en réalité les décisions d'achat sont prises de plus en plus par la direction au moment où elle choisit ses partenaires. Dans un tel environnement, les clients recherchent des vendeurs d'un type différent : des vendeurs qui sont également des conseillers qui fournissent des solutions à leurs problèmes. Le vendeur ne doit pas accorder de l'importance uniquement à la qualité de ses techniques de ventes, mais également à leur efficacité.

La concurrence est actuellement féroce : si vous voulez gagner, il faut une équipe de ventes qui apporte à son travail une valeur ajoutée appréciée par le client. Cela nécessite que l'équipe de ventes :

• sélectionne des clients stratégiques ;

• établisse des contacts téléphoniques à des niveaux hiérarchiques élevés ;

• établisse des partenariats stratégiques ;

• traite différemment les produits et les services ;

• offre des solutions aux problèmes des clients ;

• rende le partenariat profitable.

Le choix des entreprises

Un partenariat est un engagement important pour le client comme pour le fournisseur. Les accords de partenariat ne doivent pas être signés à la légère. Voici les questions que vous vous poserez sur une entreprise avant de la choisir comme partenaire potentiel :

- Cette entreprise est-elle une de celles qui nous rapportent le plus ?

- L'entreprise est-elle un chef de file du point de vue technique ? Pourra-t-elle placer nos produits et nos services à la fine pointe de la technologie ?

- La valeur ajoutée compensera-t-elle l'augmentation des coûts ?

- Est-il possible d'augmenter notre chiffre d'affaires avec cette entreprise ?

- Cette entreprise considérerait-elle un partenariat avec nous ?

Établissez une liste de 5 à 10 entreprises en fonction des réponses aux questions ci-dessus. Puis, trouvez toutes les informations possibles sur ces entreprises. Obtenez des exemplaires de leurs rapports annuels et de leurs fiches Dunn and Bradstreet. Cernez leurs valeurs et leurs facteurs critiques de réussite. Examinez les nouveaux produits mis en marché durant les cinq dernières années et le succès qu'ils ont obtenu. Informez-vous de l'utilisation de vos produits et de ceux de vos concurrents. Analysez toutes ces informations et vérifiez si des partenariats sont toujours souhaitables. Cette étape réduira votre liste de moitié.

La rencontre avec des partenaires potentiels

La sélection étant faite, votre travail consiste maintenant à convaincre ces entreprises de l'intérêt d'un partenariat. Chacune de ces entreprises devra investir temps et effort pour faire connaître ses valeurs et ses facteurs critiques de réussite. Aussi devront-elles être convaincues de la préparation d'un partenariat à long terme. Pour compenser les dépenses, votre entreprise présentera à ses partenaires des solutions originales qu'ils ne pourraient réaliser à meilleur coût.

Évaluez si votre entreprise peut influencer les opérations de votre partenaire dans les domaines suivants :

Valeur directe	Valeur intégrée	Valeur stratégique
augmentation des revenus	meilleure qualité du service	processus améliorés
augmentation des ventes	meilleure productivité	réduction du temps de cycle
réduction des coûts	augmentation de la part de marché	meilleure qualité
réduction des reprises	réduction des écarts	nouveaux marchés
évitement de coût		nouveaux produits

Si l'étude montre que le partenariat est profitable pour les deux parties, communiquez avec vos partenaires potentiels et organisez une rencontre des dirigeants pour discuter du projet de partenariat. Pour organiser cette rencontre, passez par votre personne contact habituelle. Ne la court-circuitez pas ; vous risqueriez de créer quelques problèmes.

Lors de la rencontre, faites ressortir l'importance d'une coopération pour votre partenaire en mentionnant les avantages essentiels qu'il en tirerait. Demandez-lui s'il voit d'autres avantages à un tel partenariat. Montrez bien que vous comprenez ses préoccupations en affaires et ses facteurs critiques de réussite (si vous les connaissez). Vous ferez également connaître vos propres facteurs de réussite lors de cette rencontre. Discutez des gains que vous espérez obtenir. Annoncez une allocation additionnelle de ressources pour l'aider et pour mieux comprendre ses priorités. Si votre client accepte, demandez-lui de nommer un responsable pour élaborer le partenariat.

Comprendre l'orientation du partenaire

Pour saisir l'orientation du partenaire, il faudra obtenir les informations nécessaires sur son entreprise lors de rencontres avec des personnes clés et par des discussions de groupe. Le but de ces activités est de :

• *Définir les objectifs de l'entreprise*

Quelles sont les visions d'entreprise de la haute direction ? Quelle est sa mission principale ?

• *Connaître les facteurs critiques de réussite*

Que doit réussir le partenaire pour atteindre ses objectifs ?

• *Déterminer les obstacles à la réussite de l'entreprise*

Quels sont les obstacles aux facteurs critiques de réussite qu'il faudra éliminer ?

• *Prévoir les conséquences*

Que se passera-t-il si ces obstacles sont insurmontables ?

• *Trouver des solutions*

Comment votre entreprise peut-elle aider son partenaire à éliminer ces obstacles ?

Trouver les possibilités de coopération

En vous servant de l'étude précédente, faites une planification qui aide le client à atteindre ses objectifs et qui ajoute de la valeur à ses produits. Présentez les avantages de cette planification à votre client et demandez-lui de les vérifier. Pour délimiter les domaines de coopération possibles, examinez les éléments qui agissent sur la valeur ajoutée par la méthode d'analyse de la valeur.

Pour établir le tableau matriciel de la valeur ajoutée, classez les influences sur les facteurs critiques de réussite par ordre d'importance et évaluez le temps nécessaire pour obtenir la valeur ajoutée prévue. Le responsable du client doit participer à ces travaux et approuver le projet et les avantages prévus. Lorsqu'il sera satisfait du projet, vous serez prêt à passer à la phase suivante.

La présentation du projet aux dirigeants de l'entreprise cliente

À cette étape, le responsable de l'entreprise cliente organisera une réunion de présentation à ses dirigeants. Cette présentation sera préparée avec soin, car elle conditionne les activités ultérieures. Servez-vous des réponses aux questions suivantes pour la préparer :

- Quel est le niveau d'engagement nécessaire pour lancer le projet ?

- Quelle est la valeur ajoutée pour le client ?

- Quelle est la valeur ajoutée pour votre entreprise ?

- Quelles sont les mesures particulières à prendre par le client et quelles sont les ressources nécessaires ?

- Dans quels domaines faut-il agir en priorité ?

- Quelle est la prochaine étape de ce processus de partenariat ?

- Aurai-je le temps de préparer la présentation dans les délais fixés ?

La présentation analysera en détail les avantages pour chaque partenaire ainsi que les activités nécessaires pour implanter le projet. Cette phase se termine généralement par la signature d'un accord qui définit les relations et la coopération futures.

■ EN RÉSUMÉ

Devenir les fournisseurs privilégiés de tous leurs clients actuels et futurs doit être l'objectif prioritaire de toutes les entreprises. Atteindre cet objectif satisfera tous les partenaires de l'entreprise.

Examinons maintenant comment les différentes entreprises considèrent le client externe et comment celui-ci les considère en retour :

La perception du client par le service de marketing et des ventes

Entreprises perdantes : ce sont des troupeaux qu'il faut conduire. Ils ne savent pas ce qu'ils veulent et ne font que se plaindre.

Entreprises survivantes : nous devons rendre nos produits et nos services indispensables aux clients ; le but de notre campagne de vente est de faire signer les clients rapidement au bas du bon de commande.

Entreprises gagnantes : nous devons connaître les problèmes des clients et trouver les solutions qui leur conviennent.

La perception des clients externes par les employés

Entreprises perdantes : les clients me sont indifférents et je ne les vois jamais.

Entreprises survivantes : les services de marketing et des ventes doivent nous trouver plus de clients.

Entreprises gagnantes : nous devons améliorer le travail effectué pour nos clients ; si je commets une erreur, le client en souffre.

La perception des clients par les dirigeants

Entreprises perdantes : nous devons trouver plus de nouveaux clients.

Entreprises survivantes : nous devons prendre une plus grande part du marché. Nous continuerons à faire les mêmes efforts pour nos clients actuels, mais l'essentiel de nos efforts sera consacré à la recherche de nouveaux clients.

Entreprises gagnantes : nous devons améliorer le travail effectué pour les clients, nous devons prévoir leurs besoins futurs ; ainsi, nous pourrons continuer à leur fournir les produits et les services adéquats au moment où ils en auront besoin. Nos anciens clients fidèles ont la priorité. Nous ne pouvons nous permettre d'en perdre un seul.

La perception de l'entreprise par les clients

Entreprises perdantes : elles font leur travail. Nous obtenons une qualité correspondant au prix que nous payons, rien de plus.

Entreprises survivantes : ce sont de bonnes entreprises. Elles satisfont tous nos besoins.

Entreprises gagnantes : elles sont excellentes. Elles se sont surpassées pour nous servir. Nous les recommandons à tous sans exception.

Souvenez-vous qu'il faut un investissement 5 fois plus important pour trouver un nouveau client que pour conserver un client et 12 fois plus important pour regagner un client perdu. Bien gérer la qualité dans vos rapports avec vos clients est le secret qui permet de les fidéliser.

■ RÉFÉRENCES

1. *Business Week*, 12 mars 1990, p. 88.

2. Raymond J. Larking, vice-président de l'American Express.

Chapitre 5

Les systèmes de gestion de la qualité :

ISO 9000 et les autres systèmes

Avoir un système de gestion de la qualité ne fera pas de vous un gagnant ; par contre, vous serez un perdant si vous n'en avez pas.

H. James Harrington

■ INTRODUCTION

Le fonctionnement d'une entreprise nécessite de nombreux systèmes de gestion tels que les systèmes de gestion des finances, du personnel, du contrôle de la production, etc. Tous ces systèmes sont importants et le processus d'amélioration totale doit en tenir compte. Cependant, il n'y a que trois systèmes que l'on pourrait qualifier de « systèmes de gestion de l'amélioration ». Les voici :

- Le système de gestion de l'assurance de la sécurité
- Le système de gestion de l'assurance de l'environnement
- Le système de gestion de la qualité (SGQ)

Ces trois systèmes sont essentiels à la réussite du processus d'amélioration et constituent les bases de la méthodologie de la gestion de l'amélioration totale (GAT). Malgré l'extrême importance de ces trois systèmes, principalement due à l'ampleur des sujets traités, ce chapitre sera uniquement consacré aux systèmes de gestion de la qualité. Il ne faudra pas pour autant ignorer les deux autres systèmes lors de l'élaboration et de l'implantation de la gestion de l'amélioration totale (GAT).

Nous étudierons uniquement le système de gestion de la qualité pour deux raisons : il rend le processus d'amélioration efficace et il permet de satisfaire le client, car la satisfaction du client est un objectif important pour la plupart des entreprises. Sans un bon système de gestion de la qualité, les activités d'amélioration ne reposent sur aucune base solide. Elles ressemblent à un beau château construit sur du sable et qui ne possède pas de fondations : elles impressionnent pendant un certain temps, mais s'affaissent très vite sous leur propre poids. Le système de gestion de la qualité est un préalable à un processus d'amélioration efficace. Quand ce système sera implanté, vous pourrez lancer vos activités d'amélioration continue.

■ QU'EST-CE QU'UN SYSTÈME DE GESTION DE LA QUALITÉ ?

Les systèmes de gestion de la qualité diffèrent fortement les uns des autres. Il est donc préférable de les classer d'après leur fonction ou leur finalité, et non d'après leur implantation. La finalité d'un système de gestion de la qualité s'énonce simplement : *s'assurer que l'entreprise répond en permanence aux besoins des clients.*

Les systèmes de gestion de la qualité décrivent le fonctionnement des entreprises permettant de satisfaire les clients en tout temps. Il est évident que cet objectif peut être atteint de nombreuses manières, puisque chaque entreprise utilise des systèmes différents. Tous ces systèmes ont néanmoins les éléments suivants en commun :

- Ils englobent toutes les activités de l'entreprise. La qualité ne se rapporte plus seulement aux propriétés du produit, mais aussi aux services exigés par les clients (par exemple, service de livraison, service après-vente, etc.).

- Comme il est crucial d'obtenir une qualité constante, ces systèmes assurent un fonctionnement constant des processus de fabrication. Cela nécessite quelquefois l'établissement de normes.

- Les systèmes de gestion de la qualité mettent l'accent sur la prévention des erreurs plutôt que sur leur détection et sur leur correction.

- Comme il est impossible d'éliminer toutes les erreurs, les systèmes de gestion de la qualité traitent également de la correction des problèmes. Ces systèmes suivent un cycle : détection des erreurs, rétroaction et correction.

- Enfin, la plupart des systèmes de gestion de la qualité comportent des mesures, ce qui augmente leur efficacité et permet de déceler les problèmes.

Bien que de nombreux systèmes de gestion de la qualité contiennent tous ces éléments, leur contenu diffère d'une entreprise à l'autre. Les besoins de grandes entreprises, comme Xerox ou IBM, sont évidemment différents de ceux de NetFrame ou de Solectron, qui sont des entreprises plus petites. D'autres facteurs, comme le type de marché, la technologie et la stratégie d'entreprise, exercent des influences différentes d'une entreprise à l'autre, ce qui entraîne également la diversité de ces systèmes.

Les avantages d'un système de gestion de la qualité

Une entreprise trouve évidemment de nombreux avantages à répondre aux besoins des clients et à les dépasser en permanence. En voici quelques-uns :

- Une meilleure satisfaction des clients

- Une meilleure confiance des clients

- Une meilleure réputation

- Une meilleure part de marché

Voici d'autres avantages pour le fonctionnement interne de l'entreprise :

- Moins de reprises

- Des coûts plus bas

- Des stocks réduits

- Moins de frustration en raison des reprises et des problèmes

Même si ces avantages sont évidents, examinons néanmoins de plus près l'importance de ces systèmes de gestion de la qualité et voyons comment ils peuvent aider ou non une entreprise. Les systèmes de gestion de la qualité ne rendront pas les temps de planification de la production plus compétitifs dans une usine de semi-conducteurs et n'augmenteront pas les ventes de pâte dentifrice. Par contre, ils constituent le point de départ des efforts d'amélioration et permettent de maintenir les améliorations obtenues dans le passé.

Dans de nombreux secteurs industriels, lorsque je demande à des chefs d'entreprises de quantifier par une note allant de 1 à 5 (1 correspondant à un petit nombre et 5 à un grand nombre) le nombre d'entreprises qui tentent d'améliorer leur situation financière et leurs opérations, j'obtiens invariablement 4 ou 5. Quand je leur demande de quantifier le nombre d'entreprises qui améliorent effectivement leur position financière, j'obtiens 1, 2 ou 3. Ce qui entraîne évidemment la question suivante : « Pourquoi les efforts d'amélioration ne profitent-ils qu'à un nombre restreint d'entreprises ? »

Il y a plusieurs raisons à cela. Tout d'abord, quand nous parlons d'activités d'amélioration, nous pensons en général à des activités d'améliorations opérationnelles, comme améliorer l'exécution d'une stratégie particulière de marketing. Malheureusement, la réalisation parfaite d'une mauvaise stratégie de marketing ne donnera que de mauvais résultats. Par exemple, examinons les efforts d'IBM touchant la « qualité imposée par le marché » (QIM) et les problèmes que cette entreprise a éprouvés récemment. Elle avait mis en place des systèmes de gestion de la qualité bien avant d'effectuer ses efforts de QIM. Un programme de QIM était-il suffisant ? Pour tous ceux qui possédaient des actions d'IBM, la réponse était non. Une excellente QIM n'a pas empêché IBM d'avoir des problèmes. À la suite des progrès des technologies de l'information, le marché de l'informatique avait évolué des ordinateurs centraux vers des ordinateurs de bureaux branchés en réseau, avec une rapidité telle que ses unités de production avaient été incapables de satisfaire à la demande. Si les systèmes de gestion de la qualité traitent généralement de l'exécution des stratégies, ils ne permettent pas leur conception. Ce qui est souvent un désavantage pour ces systèmes. Quoi qu'il en soit, l'essentiel est de se rendre compte de cette limitation et d'agir en conséquence.

Les moyens mis en place par ces systèmes permettent de maintenir les améliorations acquises, car ils visent une exécution constante des processus afin d'obtenir une qualité constante. De ce point de vue, ils constituent donc un préalable à une amélioration efficace. Ils permettent une exécution constante des activités, qu'elle soit bonne ou mauvaise. Ce qui constitue une bonne base pour gérer le processus.

Les systèmes de gestion de la qualité constituent un excellent moyen pour institutionnaliser les meilleures pratiques de l'entreprise, pour les transformer en opérations routinières et pour les généraliser dans toute l'entreprise. Ils permettent également de mieux maîtriser tous les aspects des affaires, au même titre que les systèmes de gestion financière. Cette maîtrise est particulièrement importante pour les entreprises à forte croissance où les opérations peuvent être modifiés rapidement. Dans de tels environnements, à la suite de changements rapides, les résultats évoluent tout aussi rapidement, sans nécessairement s'améliorer. Un système de gestion de la qualité permet à une entreprise d'analyser ses pratiques courantes et de les modifier en conséquence. Bien connaître ses pratiques courantes est une étape importante dans la recherche des occasions d'amélioration. Implanter un système de gestion de la qualité aidera l'entreprise à s'améliorer, à implanter le processus de qualité dans tous ses secteurs, à améliorer ses processus généraux de gestion des affaires ainsi qu'à réduire les erreurs et leurs conséquences coûteuses. La diminution du gaspillage et des temps de cycle augmentera les profits. Les activités entreprises pour respecter les conditions des systèmes sont particulièrement rentables, car elles concernent directement le client.

Dans tout environnement, le déroulement constant d'un processus est le secret de l'obtention de résultats constants. Les systèmes de gestion de la qualité visent un tel déroulement, ce qui constitue certainement leur meilleur atout. Grâce à lui, l'entreprise devient plus rentable, plus efficace et satisfait mieux ses clients.

Les normes ISO de la série 9000 ne constituent pas
le meilleur système de gestion de la qualité,
mais sont un excellent point de départ
et une base solide pour s'améliorer.

H. JAMES HARRINGTON

■ CONCEVOIR LES SYSTÈMES DE GESTION DE LA QUALITÉ

En considérant les avantages et les concepts élémentaires mentionnés auparavant, il est évident que les systèmes de gestion de la qualité existent depuis longtemps. De tout temps et depuis que le commerce existe, les entreprises ont toujours recherché la satisfaction de leurs clients et l'efficacité dans leur fonctionnement, d'une manière ou d'une autre. En effet, même au temps des pharaons, il existait un système de qualité complexe qui régissait les enterrements. Le *Livre des morts* décrit minutieusement les pratiques des enterrements et les procédures de mise au tombeau. La conformité aux normes était certifiée par le sceau du chef de la nécropole.

Ce n'est cependant que durant la Deuxième Guerre mondiale que l'utilisation des concepts de gestion de la qualité s'est généralisée. Depuis, les entreprises de nombreux secteurs industriels ont introduit les systèmes de gestion de la qualité dans leurs opérations et ont également exigé l'implantation de ces systèmes chez leurs fournisseurs. Entraînées dans ce mouvement, les entreprises ont établi des normes que leurs employés et leurs fournisseurs doivent respecter. Ces entreprises procèdent aussi à la vérification de leurs opérations et à celles de leurs fournisseurs pour s'assurer de la conformité à ces normes.

De nombreux systèmes de gestion de la qualité sont maintenant implantés dans le monde entier. Il peut s'agir d'un système particulier mis au point par une usine pour ses fournisseurs (le manuel du fournisseur d'IBM à San Jose, par exemple) ou par une entreprise pour ses fournisseurs (le manuel Q1 de Ford), d'un ensemble de systèmes normalisant toute une industrie (les normes MIL Q 9858A) ou de normes internationales (la série ISO 9000).

Le ministère de la Défense a élaboré les normes MIL Q 9858A à l'intention de tous ses sous-traitants, ces derniers subissant la vérification de la conformité à ces normes. Ford soumet ses fournisseurs à son programme Q1 ainsi qu'à la vérification de leur conformité à ce programme. Ce programme a obtenu un énorme succès et de nombreuses entreprises s'en sont inspirées pour établir leurs systèmes de qualité.

Chaque entreprise possède son système de gestion de la qualité, qu'il soit reconnu officiellement ou non. En plus des systèmes officiellement implantés, de nombreuses entreprises suivent des règles qui n'ont jamais été rédigées, par exemple celle qui veut que « le produit ne sera expédié qu'après vérification par John », ou d'autres pratiques semblables. Officiellement reconnus ou non, de tels systèmes ne sont efficaces que s'ils permettent à l'entreprise de *satisfaire les besoins des clients en tout temps.*

Avec toute la publicité dont elle a bénéficié dans les années 80, la qualité, qui servait essentiellement à démarquer un produit lors de son lancement, s'est peu à peu transformée en un préalable à la mise en marché. Ainsi, les clients se sont familiarisés avec les systèmes de gestion de la qualité de leurs fournisseurs, en particulier ceux qui incorporent le produit d'un fournisseur dans leur propre produit. En effet, si vous mettez une batterie de marque X dans la voiture que vous construisez, il vaut mieux vous assurer de sa qualité. Si la voiture ne démarre pas, c'est votre réputation qui souffrira, bien plus que celle de votre fournisseur.

C'est ainsi qu'un concept datant de la Deuxième Guerre mondiale prit de l'importance dans les années 80. Dans la plupart des entreprises, l'ingénieur qualité se mit à visiter les usines de l'entreprise pour homologuer les systèmes de qualité. Tout naturellement, on vit apparaître une foule de règlements très différents. Les entreprises établirent des normes auxquelles les fournisseurs devaient obligatoirement se soumettre et vérifièrent par la suite que ceux-ci s'y conformaient effectivement. Chaque fournisseur recevait les nombreuses normes de ses clients, devait s'y soumettre, puis subir une vérification. Imaginez le cas de 50, 100 ou 1 000 clients ayant des exigences différentes. Des exigences trop nombreuses imposent des coûts énormes à l'économie mondiale et dressent des barrières commerciales à l'échange des produits et des services. De telles difficultés ne cessent d'apparaître depuis des décennies.

Deux problèmes se posent en réalité ici. Tout d'abord, avec la prolifération des normes, les entreprises sont obligées d'augmenter considérablement leurs ressources pour respecter les normes de leurs clients. Ensuite, une entente entre entreprises sur des normes communes, ce qui réduirait le travail nécessaire pour y satisfaire, ne réduirait ni le nombre de vérifications, ni le temps, ni les efforts. Imaginez une petite entreprise de 200 employés dont le responsable de la qualité voit défiler 50 clients par an venant vérifier les systèmes de gestion de la qualité ! Comme chaque vérification exige deux journées de travail, il est facile de voir que le responsable et l'ingénieur qualité passeront la moitié de leur temps à des vérifications, sans compter le temps nécessaire à résoudre d'éventuels problèmes.

Par analogie, imaginez les frais engagés à vérifier les compétences de nos médecins et de nos dentistes. Ils sont énormes. L'accréditation par une corporation professionnelle facilite considérablement de telles vérifications. Les professionnels de la qualité ont estimé qu'une accréditation semblable pourrait réduire les exigences et les efforts imposés aux fournisseurs du monde entier. Pour cela, des professionnels de la qualité, sous l'égide de l'Organisation internationale de normalisation, se sont réunis pour élaborer un système de gestion de la qualité à l'intention des industries du monde entier.

L'Organisation internationale de normalisation (*International Organization for Standardization*, ISO), dont le siège est à Genève, est une organisation qui regroupe les organisations nationales de normalisation de plus de 90 pays. Le Conseil canadien des normes (CCN) représente le Canada et l'*American National Standards Institute* (ANSI), les États-Unis. Certains pays ne participent qu'à des travaux spécifiques. L'ISO a pour mission de faciliter les échanges internationaux des produits et des services. Se rendant compte que les exigences pour des systèmes de gestion de la qualité pouvaient être très variées, l'ISO a créé un comité technique (le comité technique 176) pour établir les normes internationales régissant les systèmes de gestion de la qualité. Au milieu des années 80, après de nombreuses années de travail, l'ISO publia la première version des normes relatives aux systèmes de gestion de la qualité, la série des normes ISO 9000.

Les normes ISO 9000 sont très générales : elles peuvent s'appliquer à n'importe quelle entreprise, quel que soit son secteur d'activité. Elles n'ont pas été rédigées à l'intention d'une industrie, d'un procédé ou d'un produit donné : leur application et leur mise en œuvre seront simplement différentes d'une entreprise à une autre.

Un système de certification des entreprises par des organisations indépendantes a été élaboré parallèlement à la rédaction des normes ISO 9000. Lorsqu'un même secteur est régi par les mêmes normes, la conformité peut alors être facilement vérifiée par des organismes indépendants. Une telle vérification par une entreprise externe pourra être faite une ou deux fois par an et pourra satisfaire les 50 clients mentionnés précédemment.

Les normes ISO 9000 et le système de vérification par des organisations indépendantes visent à éliminer les frais importants dont il a été question, ainsi que les obstacles qui s'opposent au commerce.

Le sceau « approuvé » d'une certification ISO 9000 ne remplace pas une bonne réputation. La certification ne fait que l'épauler et élimine une partie des frais normalement engagés pour vérifier la qualité des produits. Elle ne garantit pas des produits de qualité, mais, par contre, atteste que l'entreprise possède un système de gestion de la qualité qui obéit aux normes ISO. Pour reprendre notre comparaison précédente, la certification ISO agit de la même manière que l'accréditation professionnelle. Lorsqu'un client doit choisir entre les services de deux professionnels, dont l'un est accrédité et l'autre ne l'est pas, toutes choses étant égales par ailleurs, il choisira le plus souvent le professionnel qui est accrédité. Cependant, cela ne garantit pas que ce dernier ne fera jamais d'erreurs ou qu'il effectuera un meilleur travail que celui qui n'est pas accrédité.

De nombreux secteurs d'activité du monde entier ont très bien accepté les normes ISO 9000. Actuellement, plus de 50 pays en ont fait des normes nationales. Des dizaines de milliers d'entreprises ont obtenu la certification à ces normes et des milliers d'autres vont l'obtenir. Des usines de production, des entreprises de services et des fabricants de logiciels les ont implantées ; jusqu'à présent, cependant, les services de production ont effectué la majeure partie des travaux relatifs à ces normes. Selon certaines directives de la Communauté européenne, la certification aux systèmes ISO 9000 est une des exigences de la certification d'un produit ou peut remplacer une exigence particulière. Le succès de ces normes ne sera définitivement assuré que lorsqu'un grand nombre d'entreprises décideront d'abandonner leurs propres normes au profit des normes ISO 9000, ce qui n'est guère le cas en ce moment.

Le succès que ces normes ont remporté à leurs débuts dans des entreprises comme IBM, Hewlett-Packard et Sun Microsystems prouve leur valeur. Même si actuellement il n'existe que peu de données précises justifiant la valeur de ces normes, certains faits de plus en plus nombreux en témoignent. À nouveau, la preuve de leur efficacité se trouve dans leur adoption par de nombreux secteurs et dans la rapidité avec laquelle elles sont acceptées. Bien qu'il y ait des systèmes de gestion de la qualité plus complets, les normes ISO 9000 constituent néanmoins une bonne base de départ pour un processus d'amélioration. Une révision de ces normes est actuellement en cours. Celle-ci guidera les entreprises à leur entrée dans le XXIe siècle.

■ LES NORMES ISO 9000 : UN RAPIDE SURVOL

La série des normes ISO 9000 est un ensemble de cinq documents reliés les uns aux autres, qui constituent les normes internationales régissant les systèmes de gestion de la qualité. Elles ont pour objectif de décrire les éléments à implanter dans une entreprise pour lui permettre d'exploiter en continu un système de gestion de la qualité. Elles ne déterminent ni les techniques ni les méthodologies à mettre en œuvre. La norme ISO 8402 est consacrée à la terminologie et aux définitions utilisées dans cette série. Voici ces documents :

- ISO 9000 est la carte routière de la série. Cette norme donne les grandes lignes du choix et de l'utilisation des normes 9001, 9002, 9003 et 9004.

- ISO 9004 contient les directives pour l'implantation et la vérification du système de gestion de la qualité.

- ISO 9001, 9002 et 9003 constituent les modèles des systèmes de l'assurance qualité externe. Ces trois modèles se complètent les uns les autres. Ce sont les documents qui énoncent les exigences contractuelles particulières, exigences auxquelles les entreprises doivent satisfaire lors de la vérification.

- ISO 9001 est la norme la plus complète de la série, elle s'adresse aux fonctions de conception, de fabrication et de service, ainsi qu'aux équipements.

- ISO 9002 s'adresse à la production, aux équipements, mais non aux fonctions de conception et de service.

- ISO 9003 traite de l'inspection finale et des essais. Elle s'applique à une entreprise qui ne fabrique pas ses propres produits, mais qui revend des produits provenant de sources extérieures. ISO 9003 est une norme peu contraignante qui favorise le contrôle de la qualité plutôt que la réalisation de la qualité.

Comme l'objectif général de ces normes est de servir de point de départ à la conception d'un système de gestion de la qualité et non de permettre la conformité aux exigences externes, vous devez essentiellement tenir compte de la norme la plus contraignante, ISO 9001 (ou des sections qui vous concernent), et des directives de la norme ISO 9004. Cette dernière énonce les règles essentielles de la gestion des systèmes auxquelles obéissent les autres normes et sur lesquelles repose tout système de gestion de la qualité. Dans le contexte général de la gestion de l'amélioration totale, il est préférable d'implanter un système de gestion de la qualité utile à votre entreprise que de s'efforcer à obtenir la certification par une organisation externe. Les normes à suivre dans ce cas sont ISO 9001 et 9004. Voici le résumé de toutes les sections de la norme ISO 9001 présenté à la figure 5.1 et publié en page 51 du numéro de juin 1990 de *Quality Progress* :

La responsabilité de la direction.   La direction doit définir la politique de qualité, la préciser par écrit et la faire connaître dans toute l'entreprise. Elle établira clairement les responsabilités concernant la qualité et allouera les ressources internes nécessaires aux activités de vérification. Elle nommera un dirigeant responsable de la vérification des exigences du système qualité et des révisions périodiques de ces systèmes, afin de s'assurer en tout temps de leur efficacité et de leur adéquation.

Le système qualité.   Obéissant à des normes choisies dans la série 9000, un système qualité doit être conçu, implanté et tenu à jour (et décrit dans le manuel du système qualité) pour s'assurer du respect des caractéristiques des produits.

La revue de contrat.   Une revue de contrat est effectuée pour s'assurer que les exigences concernant la qualité sont définies de façon adéquate et que le fournisseur dispose des moyens pour les respecter.

La maîtrise de la conception.   Elle consiste à établir des procédures pour maîtriser et vérifier la conception du produit, afin de s'assurer que les exigences précisées sont respectées. Elle consiste aussi à établir des procédures de planification de la conception et de la mise au point, de la conception des intrants et des extrants, de la revue de la conception et des modifications.

La maîtrise des documents.   Elle consiste à établir et à tenir à jour des procédures afin de contrôler tous les documents à l'aide d'examens, d'approbations et de modifications.

Les achats.   Les produits achetés doivent être conformes à des exigences précisées au préalable. On obtient cette conformité en effectuant la vérification des fournisseurs, en précisant clairement par écrit les caractéristiques des produits et en vérifiant les produits.

Les produits fournis par l'acheteur.   Cette section décrit les procédures de vérification, d'entreposage et d'entretien des produits achetés.

L'identification et la traçabilité du produit.   Cela concerne les procédures d'identification d'un produit isolé ou d'un lot selon les besoins, tout au long des différents procédés de fabrication, de livraison et d'installation.

La maîtrise des procédés. Ce sont les procédures utilisées pour s'assurer du contrôle des procédés de production et d'installation. Elles comprennent la documentation, le suivi et le contrôle des procédés, les caractéristiques des produits, l'utilisation d'équipements certifiés et les caractéristiques du produit fini.

Les contrôles et les essais. Ce sont les procédures relatives au contrôle et aux essais effectués à la réception, en cours et en fin de production, qui doivent être mis en place selon les exigences du plan qualité ; elles doivent inclure les procédures de mise à jour des dossiers et de livraison du produit.

La maîtrise des équipements de contrôle, de mesure et d'essais. Ce sont les procédures de sélection, de vérification, d'étalonnage et d'entretien des instruments de mesure et d'essais.

L'état du contrôle et des essais. Ce sont les indications, marques et étiquettes que doit recevoir le produit au cours de sa fabrication et de son installation pour certifier sa conformité aux essais et aux contrôles.

La maîtrise des produits non conformes. C'est l'ensemble des procédures qui assurent que le produit qui n'est pas conforme aux exigences ne sera pas utilisé par inadvertance ; elles incluent son identification, son confinement et son évaluation.

Les actions correctives. Ce sont les procédures de détection des causes de non-conformité, les mesures pour éviter leur réapparition et les actions correctives.

La manutention, le stockage, le conditionnement et la livraison. Ce sont les procédures imposées pour ces activités.

Les enregistrements relatifs à la qualité. Ce sont les procédures imposées pour l'identification, la collecte, l'indexage et l'archivage des documents relatifs à la qualité.

Les audits qualité internes. Ces audits sont destinés à vérifier si les activités relatives à la qualité sont conformes aux exigences et à déterminer l'efficacité du système qualité.

La formation. Ce sont les procédures permettant de déterminer les besoins en formation professionnelle et de fournir la formation correspondante.

Le soutien après-vente. Ce sont les procédures décrivant le soutien après-vente exigé par contrat.

Les techniques statistiques. Ce sont les procédures d'utilisation des méthodes statistiques appliquées à la fabrication, au produit et au soutien après-vente.

Section

0. Introduction

1. Objet et domaine d'application

1.1 Objet

1.2 Domaine d'application

2. Références

3. Définitions

4. Exigences en matière de système qualité

4.1 Responsabilité de la direction

4.2 Système qualité

4.3 Revue de contrat

4.4 Maîtrise de la conception

4.5 Maîtrise des documents

4.6 Achats

4.7 Produit fourni par l'acheteur

4.8 Identification et traçabilité du produit

4.9 Maîtrise des procédés

4.10 Contrôle et essais

4.11 Maîtrise des équipements de contrôle, de mesure et d'essais

4.12 État du contrôle et des essais

4.13 Maîtrise du produit non conforme

4.14 Actions correctives

4.15 Manutention, stockage, conditionnement et livraison

4.16 Enregistrements relatifs à la qualité

4.17 Audits qualité internes

4.18 Formation

4.19 Soutien après-vente

4.20 Techniques statistiques

Figure 5.1 Principaux titres de la norme ISO 9001

LE CADRE DES EXIGENCES DE LA NORME ISO 9000

De nombreux gens d'affaires, même ceux qui ont suivi des cours de formation poussés sur la norme ISO 9000, m'ont dit : « Il me faudrait toute une journée pour expliquer à quelqu'un les exigences d'ISO 9000. » Cette complexité peut s'expliquer de deux manières. Tout d'abord, la terminologie utilisée par les normes rend difficile l'adaptation de ces normes à une entreprise qui n'a que peu d'expérience dans l'implantation d'un système de gestion de la qualité. Une telle adaptation est essentielle, non seulement pour définir les exigences de ce système, mais aussi pour comparer la situation actuelle de l'entreprise à ces normes et pour planifier l'implantation d'un système efficace et rentable.

Ensuite, la norme ISO 9001, qui est pourtant la norme la plus simple, comporte une série de 20 exigences (sections 4.1 à 4.20). Après les avoir lues, on a l'impression d'être en présence de 20 exigences indépendantes. Il est alors difficile de saisir l'importance que représente l'implantation de ces normes. C'est pourquoi nous avons mis au point une représentation simple qui regroupe les exigences afin de bien montrer la relation entre les différentes sections, le contenu et les avantages de ces normes.

Dans cette représentation, les exigences de ISO 9000 peuvent se regrouper selon trois systèmes :

- *Le système de base.* C'est le cœur du système de gestion de la qualité. Il contient les sections de la norme qui s'appliquent à toute l'entreprise : la maîtrise des documents, la formation, l'enregistrement et les actions correctives.

- *Le système d'exploitation.* Il traite des différentes activités de la chaîne de la valeur dont il est question dans les normes : la revue de contrat, la conception, les achats, etc. Il traite également des activités de soutien, comme les techniques statistiques, la manutention, etc.

- *Le système de soutien et du contrôle de la direction.* Il traite de la responsabilité de la direction et des systèmes d'audits internes. La responsabilité de la direction s'exerce essentiellement dans son rôle de soutien au système, sans oublier son rôle dans les autres aspects de la norme.

Une discussion détaillée des exigences des normes dépasse le cadre de ce livre. Comme tous les aspects des affaires sont influencés par le système de base, nous allons l'étudier en détail. Ainsi que nous l'avons déjà mentionné, l'objectif principal des normes est d'aider les fournisseurs à satisfaire leurs clients de façon constante. Une réalisation constante pour obtenir des résultats constants est l'un des principes de base d'ISO 9000. Cette constance peut s'obtenir en automatisant, en formant le personnel ou en faisant respecter des consignes écrites. Les sections 4.5 et 4.18 décrivent les exigences relatives à la maîtrise des documents et de la formation, la norme exigeant par ailleurs une documentation complète sur le système. En résumé, pour obtenir un rendement constant du processus, la planification de toute activité de l'entreprise nécessite des documents écrits et la formation du personnel.

De toute évidence, la réalisation de la planification selon la documentation et la formation effectuée succède à la planification. On mettra donc en place un mécanisme qui permet de mesurer, ou de vérifier, si le processus fonctionne de façon satisfaisante et si les résultats obtenus répondent à la fois aux exigences du client et aux besoins internes. La partie des enregistrements relatifs à la qualité (4.16) traite de ces besoins. Ces enregistrements figurent également dans d'autres sections de la norme. S'ils révèlent que le système ne fonctionne pas correctement, un mécanisme de mise en place des actions correctives est alors nécessaire (4.14). Les actions correctives permettent d'améliorer la documentation et la formation, causes des résultats non conformes.

Ce qui ressort de cette représentation est très simple. Dans le texte de la norme ISO 9000, les exigences qui constituent le système de base se retrouvent dans différentes sections (4.2, 4.5, 4.14, 4.16, 4.18) qui ne se suivent pas. La réorganisation de la norme en système de base, en système d'exploitation et en système de soutien et de contrôle de la direction permet de mieux la comprendre. On peut également remarquer que le système de base rappelle le cycle « planifier, faire, vérifier, agir » de Shewhart. Quels que soient les termes utilisés pour décrire son contenu, cette représentation permet d'appliquer la norme à n'importe quelle entreprise. Son utilisation devrait alors faciliter l'examen, l'amélioration et l'implantation de votre système de gestion de la qualité.

Ces normes sont très souvent interprétées ainsi : « Rédigez ce que vous faites, faites ce que vous avez rédigé. » C'est certainement une excellente façon de procéder, mais n'allez pas croire qu'elle est suffisante ! Lorsque que vous travaillerez sur différents aspects de la norme, vous aurez à remettre en question la validité de certaines procédures. Si, par exemple, lors de sa planification, vous ne pouvez vous fier au processus de la revue de contrat pour respecter les engagements pris envers un client, la procédure n'est pas valable. Une réalisation parfaite d'une mauvaise procédure ne donnera que de mauvais résultats.

Les entreprises ont souvent prétendu qu'il suffisait de se conformer aux exigences de la documentation pour obtenir la certification aux normes ISO 9000. Certaines suggèrent même que le secret de la réussite du processus d'audit réside dans l'établissement d'une documentation peu détaillée, de façon à ce que les auditeurs ne puissent détecter les erreurs. Certains auditeurs acceptent cela, mais la qualité de la documentation devrait néanmoins être telle qu'elle puisse garantir un fonctionnement constant des processus touchant les clients. Nous utilisons la norme ISO 9000 comme point de départ pour concevoir un système de gestion de la qualité qui épaule la stratégie de l'entreprise ; l'utilisation de cette norme est donc essentielle pour permettre à l'entreprise de satisfaire en tout temps les exigences de ses clients.

Se servir de cette représentation pour l'implantation du système permet aussi de mieux orienter ses efforts. Le système de base peut également s'appliquer à des services ou à des processus non mentionnés dans la norme, ce qui est un autre avantage de cette représentation. Un système de gestion de la qualité peut s'appliquer à tous les processus de l'entreprise. Ainsi, les principes décrits dans le système de base s'appliquent aussi bien aux services financiers et juridiques, aux services des ressources humaines qu'à tout autre service, bien que cela ne soit pas mentionné dans la norme. Dans certaines entreprises, les processus d'allocation de fonds ou d'embauche sont plus importants que les processus de fabrication ou d'exécution d'une commande pour obtenir la satisfaction du client. Cette représentation vous aidera à faire connaître les exigences de la norme à autrui et à obtenir les avantages que confèrent l'implantation de la norme ISO 9000.

■ ISO 9000 : CONSEILS ET PIÈGES LORS DE L'IMPLANTATION D'UN SYSTÈME DE GESTION DE LA QUALITÉ

Adapter les exigences d'ISO 9000 à celles des clients

En élaborant un système de gestion de la qualité, demandez-vous d'abord : « Quels sont les besoins de mes clients ? » et ensuite : « Quels sont les besoins de mon entreprise ? » Mettez continuellement à jour votre système pour satisfaire ces deux types de besoins. Vous vous apercevrez très rapidement que les besoins internes excèdent les besoins des clients.

En implantant les normes ISO 9000, de nombreuses entreprises les considèrent comme un fardeau et une obligation. Cette perception négative reflète sans doute la manière dont les normes ont été adoptées par le passé. La plupart des entreprises estiment que les exigences du client, les règlements et la certification de leurs concurrents leur imposent les normes ISO 9000. D'autres considèrent que les exigences d'ISO 9000 ne correspondent que d'assez loin à celles de leurs clients. De telles entreprises sollicitent notre aide pour satisfaire les exigences « négligeables » de la norme relatives aux exigences des clients. Elles souhaitent y consacrer le moins de temps avec le moins de soucis possible, étant essentiellement intéressées à exhiber leur certificat devant leurs clients. Malheureusement, elles passent à côté d'une excellente occasion de s'améliorer.

Par contre, d'autres entreprises sont convaincues des avantages présentés par les normes ISO 9000 et souhaitent vivement les implanter. Leur perception des normes est très différente. Elles considèrent que les exigences des normes ISO 9000, celles de leurs clients et les leurs sont identiques. Après tout, l'objectif des normes est d'aider les entreprises à satisfaire les besoins des clients en tout temps, à satisfaire leurs besoins propres et à maîtriser leur fonctionnement interne. Toute exigence qui ne satisfait pas à ces besoins n'ajoutera aucune valeur aux entreprises.

Quand une entreprise se rend compte de l'importance de satisfaire les exigences des clients et de les dépasser ainsi des rapports étroits de ISO 9000 avec ces exigences, l'implantation de ces normes n'est plus un fardeau. L'entreprise concentre alors ses efforts à implanter les normes et devient plus efficace et plus rentable.

Évaluer, former et implanter

Les entreprises implantent les normes ISO 9000 selon deux approches. Certaines entreprises commencent par la formation des employés qui implanteront les normes. Après avoir implanté une partie de leur système, elles invitent une organisation externe à évaluer leurs progrès et à procéder aux changements qui s'imposent. En général, cette approche n'est pas satisfaisante à moins d'avoir des responsables compétents pour implanter les activités. De nombreuses entreprises ont communiqué avec nous après avoir obtenu des résultats inacceptables.

La deuxième approche consiste à faire effectuer une évaluation des besoins par une organisation externe compétente, à suivre une formation concernant les normes, à planifier le système et à l'implanter. Cette approche permet une implantation plus efficace et plus rentable. La première approche diffère de la deuxième par les corrections effectuées après l'évaluation. En d'autres mots, la première approche comprend une phase de *correction*, ce que l'implantation des normes essaie justement d'éviter. La deuxième approche permet de réduire au maximum cette correction.

De nombreuses entreprises ont préféré la première approche, car elle permet de retarder l'intervention de consultants externes. « Payer quelqu'un pour constater que nous n'avons pas de système » semble effectivement contraire au bon sens même. Engager des consultants externes dès le début permet néanmoins de réduire les efforts à long terme, d'éviter les erreurs et de simplifier l'implantation. Les entreprises qui se lancent dans l'implantation sans aucune aide sont souvent étonnées de voir qu'elles ont implanté des systèmes inutilement compliqués. De bons conseils conduisent à un système efficace dès le début et évite des corrections coûteuses.

L'évaluation initiale par rapport aux normes ISO 9000

« Pourquoi faire une évaluation avant même d'avoir implanté un système ? » est une question que l'on nous pose souvent. Comme nous l'avons déjà mentionné, toutes les entreprises ont leurs systèmes de gestion de la qualité, officiels ou non ; aucune entreprise ne peut subsister sans en avoir. Selon leur efficacité et leur rendement, les entreprises sont survivantes ou perdantes. Il y a trois raisons pour effectuer une évaluation avant d'implanter un nouveau système de gestion de la qualité. Tout d'abord, une évaluation peut constituer une excellente formation à ces normes. Les questions posées par les évaluateurs, la manière dont elles sont posées, les détails qu'elles contiennent initient le personnel aux exigences des normes *pour leur entreprise*. Ensuite, l'évaluation vous renseigne sur la valeur de votre système non officiel (non rédigé). Si vos systèmes sont inefficaces, rédiger leurs procédures ne suffit pas. Enfin, les résultats de l'évaluation peuvent servir à adapter la formation à vos besoins.

La hiérarchie des documents

Comme nous l'avons mentionné dans notre représentation de la norme, la documentation est une partie importante du système ISO 9000. Une hiérarchie dans le système de documentation facilite grandement les opérations d'implantation et de mise à jour. La figure 5.2 montre la structure que l'on retrouve le plus souvent dans une documentation du SGQ.

Le guide de la qualité se trouve au niveau supérieur de la hiérarchie de la documentation. Voici ses principaux objectifs :

- Décrire les éléments de l'entreprise contrôlés par le système de la qualité.

- Décrire la structure du système qualité.

- Montrer que le système tient compte de tous les éléments pertinents de la norme ISO 9000 et signaler expressément ceux dont il ne tient pas compte.

- Mentionner la politique de l'entreprise pour les différents éléments du système.

Le guide de la qualité agit sur le deuxième niveau de la hiérarchie de la documentation en assignant des procédures à chacune des sections du SGQ qu'il décrit. Le guide de la qualité ne doit pas être un ensemble de procédures. Il doit être concis, se suffire à lui-même et satisfaire aux objectifs énumérés ci-dessus.

Le deuxième niveau de la hiérarchie de la documentation est celui des procédures. Sans être trop détaillées, les procédures définissent « qui fait quoi » dans l'entreprise. Elles décrivent les étapes des processus et désignent leurs responsables. Elles restent très générales pour s'appliquer à de nombreux produits, clients ou fournisseurs. Les procédures se rattachent au niveau suivant dans la hiérarchie par un renvoi éventuel à des instructions détaillées.

Les directives se retrouvent au niveau le plus détaillé : celui de la documentation. Celles-ci décrivent l'exécution des travaux et précisent souvent un certain nombre de points (par exemple, un produit, un fournisseur, un client, une commande ou un équipement particulier).

Le dernier niveau de la hiérarchie est le niveau des enregistrements relatifs à la qualité. Ces enregistrements forment un recueil de documents prouvant que le SGQ fonctionne de façon satisfaisante et dans lequel sont consignés les résultats. Leur utilisation doit être mentionnée aux endroits appropriés des procédures et des instructions. La description des enregistrements relatifs à la qualité n'est incluse ni dans les instructions ni dans les procédures, car ils sont utilisés différemment des autres documents. L'enregistrement est le résultat d'un événement. Par exemple, les instructions peuvent exiger que les résultats des essais soient consignés sur le formulaire XYZ. Ce formulaire peut être rempli après chaque campagne de production ou après la fabrication de chaque unité.

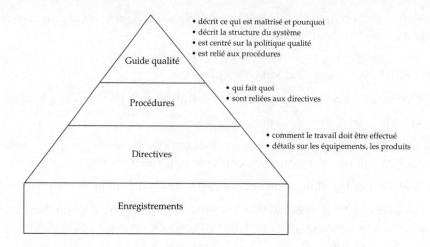

Figure 5.2 Hiérarchie de la documentation

Les procédures, le manuel qualité, les instructions

En rédigeant la documentation, on se pose souvent la question : « Par où commencer ? » Faut-il commencer par le niveau le plus élevé (le manuel qualité) et terminer aux niveaux inférieurs ou faire l'inverse ? Notre expérience nous démontre qu'il vaut mieux commencer par les procédures, élaborer le manuel qualité, puis reprendre les procédures pour les perfectionner et, enfin, rédiger les instructions. Dans la plupart des cas, on procédera dans cet ordre, bien que l'on puisse s'occuper simultanément de plusieurs niveaux.

Les procédures décrivent les activités des processus. Elles définissent la succession des tâches et les responsabilités. Elles doivent refléter la perception du travail par le personnel : elles facilitent alors la rédaction de la documentation des processus dans l'entreprise. Nous recommandons l'utilisation des diagrammes de fonctionnement, qui sont souvent utilisés en réingénierie des processus. Certains de nos clients font ainsi appel à des logiciels informatiques et à des bases de données pour faciliter la rédaction de la documentation et la mise à jour des processus. Les entreprises qui utilisent ces outils pour documenter leurs processus en réingénierie ou pour d'autres activités d'amélioration se servent d'outils particuliers pour leur SGQ (par exemple, le logiciel *Work Draw - Business Process Redesign Tool Kit* de Edge Software Inc., Pleasanton, Californie). D'autres techniques facilitent également la rédaction de la documentation.

Nous avons recommandé de rédiger d'abord les procédures, puis le guide qualité et, enfin, de perfectionner les procédures. Le guide qualité décrit le système dans sa généralité ainsi que les interactions entre ses différentes composantes. Au début de son élaboration, une vue d'ensemble du système facilitera la représentation de ces interactions par une image cohérente du système. La rédaction du guide qualité est une occasion de vérifier si les procédures tiennent bien compte de tous les éléments appropriés du système et si elles s'enchaînent de façon logique. Ceci délimitera le champ d'action de vos procédures et évitera de les corriger par la suite.

Les structures du système : les trois structures génériques

Les systèmes de gestion ISO 9000 peuvent être conçus de plusieurs manières. La structure du système de gestion décrit l'interaction entre ses différentes composantes et délimite les champs d'action des procédures. Cet aspect deviendra plus clair par la suite. Le système peut être construit selon trois structures génériques centrées sur :

- les normes ;
- les services, les fonctions ou l'entreprise ;
- les processus.

Dans un système centré sur les normes, les procédures résultent principalement des différents paragraphes des normes ISO 9000. Ainsi, dans le cas de la norme ISO 9001, il y aura une procédure sur la responsabilité de la direction (section 4.1 de la norme), une procédure sur la revue de contrat (paragraphe 4.2), et ainsi de suite. Dans le cas le plus simple, il y aura 20 normes en tout. En pratique, il est préférable d'élaborer plusieurs procédures par paragraphe. Ainsi, une procédure pourra traiter de l'inspection et des essais à la réception (paragraphe 4.10.1) et une autre de l'inspection et des essais en production (paragraphe 4.10.2). Dans tous les cas, la norme précise le contenu des procédures.

Dans une structure de système centrée sur les services de l'entreprise, le système sera basé sur la structure organisationnelle de l'entreprise. Il y aura ainsi une ou plusieurs procédures relatives au service aux clients, au service de planification de la production, etc.

Dans une structure centrée sur les processus, les procédures se rapporteront aux activités et respecteront leurs limites. Il est cependant possible de regrouper plusieurs étapes de production se suivant dans un même processus, comme regrouper les activités de la préparation de la liste journalière de livraison avec les activités relatives à l'emballage et à la livraison.

Chacune de ces structures a ses propres avantages et chacune conviendra différemment à une entreprise ou à une autre. La figure 5.3 résume les avantages et les inconvénients de ces trois structures. Ces structures ne sont que trois des nombreuses structures possibles pour un système de gestion de la qualité et ne constituent que des modèles. Il est possible de combiner des éléments des trois structures génériques pour obtenir une structure intermédiaire. La plus efficace possède un guide qualité centré sur les normes et des procédures rédigées selon les processus : on profite ainsi des avantages de ces deux types de structures.

Ces trois structures génériques constituent des modèles utiles pour concevoir le système de gestion de la qualité. Quel que soit celui que vous choisirez, l'analyse des avantages et des inconvénients de chacun d'eux en fonction de votre environnement permettra de clarifier votre perception du système de gestion de la qualité.

Centrée sur les normes	Centrée sur les fonctions	Centrée sur les processus
+la plus efficace pour s'assurer que tous les points de la norme sont pris en compte - peut éventuellement ne pas convenir à la situation dans votre entreprise	+la plus abordable pour le personnel de certaines entreprises +facilite les travaux d'implantation - ne peut convenir à des processus interfonctionnels •généralement utilisée dans les grandes entreprises	+très utile pour rechercher les améliorations +convient à des processus interfonctionnels - les plus gros efforts sont consacrés à la conception du système

Figure 5.3 Structures des systèmes de gestion de la qualité

L'implantation par phases

De nombreux articles, des documents de formation et certains consultants prévoient quatre phases dans la planification de l'implantation : la formation, la planification, l'établissement de la documentation et l'implantation des procédures. Cette succession peut sembler simple et séduisante par écrit, mais possède un grand désavantage.

La plupart des entreprises qui commencent l'implantation d'un système font un effort initial important pour rédiger une documentation adéquate et cohérente sur les processus. Le temps nécessaire à cette rédaction peut varier très fortement (de quatre mois à deux ans selon les circonstances). Nous sommes optimistes et nous la fixons à quatre mois. Si l'entreprise commence cette rédaction en janvier, elle pourra préciser par écrit certains processus en janvier, d'autres en février, mars et avril, et pourra ainsi implanter ces processus en mai. Pour de nombreuses entreprises, les processus évoluent dans le temps et il faudra en tenir compte : en effet, il se peut qu'au mois de mai certains documents rédigés en janvier et en février ne soient plus valables ; de tels documents devront être mis à jour avant d'être implantés. En fait, le cycle de mise à jour ne se termine jamais, car les processus évoluent constamment.

L'implantation suivante peut éviter les frustrations causées par la rédaction de la documentation, par l'implantation des procédures et par l'évolution constante des processus. Il s'agit tout simplement d'implanter les procédures au fur et à mesure de leur rédaction, l'une après l'autre.

Il y a d'autres avantages à une telle implantation. Elle réduit considérablement le choc attribuable à l'implantation de l'ensemble du système dans une même journée. En introduisant progressivement les procédures aux différents postes de travail, le personnel dispose d'une période d'adaptation qui lui permet de se familiariser davantage avec le nouveau système. Elle laisse également plus de temps au personnel d'implantation des procédures pour suivre la formation qui s'y rattache et lui permet d'être plus à l'aise durant la période de transition. À ses débuts, une implantation en plusieurs phases peut également mettre à profit la rétroaction et permettre l'amélioration des procédures ou des activités d'implantation futures. Vous pouvez implanter en premier lieu les procédures les plus rentables de votre entreprise, sans attendre qu'elles soient toutes prêtes à être implantées. Une implantation en plusieurs phases exige cependant que les documents soient élaborés dans un ordre bien précis.

L'ordre d'implantation des procédures

Comme mentionné précédemment, l'implantation par phases impose un ordre d'implantation aux différentes procédures. Il est évidemment possible d'établir une priorité d'implantation des procédures en commençant par celles qui sont les plus rentables. Si, par exemple, la majeure partie des plaintes de vos clients concernent des erreurs de facturation, il sera préférable d'élaborer et d'implanter d'abord les procédures de revue de contrat et de facturation rapide.

En absence de toute priorité, nous recommandons de commencer par les procédures qui touchent davantage les clients (par exemple, les procédures relatives à la revue de contrat, à la conception, au retour des produits et aux plaintes des clients).

Les processus de production ou de livraison constituent souvent une priorité pour certaines entreprises, car de nombreuses sections des normes ISO 9000 s'y rattachent. Cette priorité se justifie, mais elle a ses désavantages. Dans de nombreuses entreprises, les processus de production et de livraison touchent un grand nombre d'employés, ceux-ci pouvant se décourager très vite si le système ne fonctionne pas correctement du premier coup. Si l'entreprise passe par une période d'apprentissage pendant l'implantation, il est préférable de réduire au maximum le nombre d'employés touchés.

Pour en terminer avec les priorités de l'implantation et ses lignes directrices, il faut mentionner une obligation absolue : le système de la maîtrise de la documentation doit être élaboré et implanté avant toute autre procédure. Ce système constitue le mécanisme qui permet d'améliorer toute procédure imparfaite au moment de son implantation. En l'absence d'un tel mécanisme, une implantation rapide des changements n'est guère possible, la cohérence du système en souffrira et le personnel perdra confiance. C'est pourquoi les procédures de la maîtrise de la documentation doivent être rédigées et implantées en tout premier lieu.

Le mécanisme du changement : le cœur du système

La meilleure façon de vérifier l'efficacité de l'implantation du système consiste à suivre l'évolution des procédures réelles en fonction des procédures décrites dans la documentation : restent-elles identiques ou changent-elles avec le temps ? Des activités conformes à la documentation et à la formation reçue lors de l'implantation du nouveau système, en tout temps et non occasionnellement, caractérisent une bonne implantation. Chaque fois que les activités diffèrent de leurs descriptions dans la documentation, il y a défaillance du système de gestion.

Le système de gestion de la qualité doit évoluer. Même si les défaillances entraînent des modifications, celles-ci sont bien plus attribuables au processus d'amélioration continue de l'entreprise et aux réactions de l'entreprise au changement de son environnement interne. En fait, la direction devrait s'inquiéter d'un SGQ qui n'évolue pas, car l'entreprise risque alors de se trouver dans une des deux situations suivantes :

1. Les procédures ne sont pas adaptées au fonctionnement de l'entreprise.

2. L'entreprise ne suit pas l'évolution de son environnement interne.

Dans ce cas, la direction interviendra pour ramener l'entreprise dans la bonne direction. La partie la plus importante du système, celle qui assure une implantation efficace, est le mécanisme de maîtrise du changement. Un mécanisme efficace de maîtrise du changement rend la documentation conforme à la réalité lorsqu'une meilleure procédure a été élaborée. Seul le mécanisme de la maîtrise du changement permet de conserver la cohérence du système. C'est le mécanisme qui permet l'amélioration continue. Il doit fonctionner de façon efficace, non seulement pour permettre le bon fonctionnement de tout le système, mais aussi pour atteindre les objectifs des normes, c'est-à-dire répondre en tout temps aux exigences des clients. Voici les deux conditions essentielles sur lesquelles repose l'efficacité du système :

• Les employés comprennent l'importance du système.

• Les employés comprennent le fonctionnement du système.

Les employés doivent satisfaire à ces deux conditions ; satisfaire seulement à l'une d'elles ne suffit pas, car, de toute évidence, ils ne se serviront pas de ce mécanisme s'ils ignorent l'importance de son utilisation. S'ils comprennent son importance mais non son fonctionnement, ils ne s'en serviront pas pour autant. C'est pour cela qu'il faut élaborer en premier lieu les procédures de maîtrise de la documentation et les implanter selon l'approche des quatre phases. Le mécanisme de la maîtrise du changement est une partie importante de la procédure de la maîtrise de la documentation.

L'implantation efficace de la maîtrise du changement dépend fortement du comportement du personnel. Dans les entreprises traditionnelles, de nombreux employés tendent à modifier la documentation au fur et à mesure que les activités changent. Voyons comment cela se traduit au niveau de la production. Lorsqu'un ouvrier trouve une meilleure manière de produire un outil, sa réaction est : « Ma façon de produire est meilleure, je vais la mettre en pratique. Je modifierai plus tard la documentation. » C'est le début d'une sérieuse défaillance du système.

Une autre façon de procéder consiste à respecter la documentation. L'ouvrier de fabrication réagira ainsi : « J'ai trouvé une meilleure façon de produire les outils. Je vais modifier la documentation en conséquence : ma procédure sera ainsi la seule valable. » Une telle approche conservera la cohérence du système et conduira à des résultats semblables au cas précédent, mais de façon plus sûre.

Certains employés estiment que la maîtrise du changement est un obstacle à l'amélioration. Bien au contraire, un fonctionnement constant est un préalable pour l'amélioration, car la maîtrise du changement est au cœur du système de gestion de la qualité et mérite une attention soutenue. Un mécanisme efficace de maîtrise du changement peut constituer un réel avantage compétitif.

■ POURQUOI LES ENTREPRISES RECHERCHENT-ELLES LA CERTIFICATION ?

En considérant les multiples avantages de bons systèmes de gestion de la qualité, vous serez sans doute heureux que votre direction exige la certification aux normes ISO parce qu'elle améliore le rendement général de l'entreprise. Ce n'est pourtant pas cette raison qui ressort d'une enquête effectuée par Deloitte & Touche en réponse à la question : « Qu'est-ce qui justifie le plus une certification ISO 9000 ? » Voici les résultats de l'enquête :

27,4 %   Les exigences et les attentes des clients

21,8 %   Les avantages de la qualité

15,6 %   L'augmentation de la part de marché

9,0 %   Les règlements de la Communauté européenne

8,9 %   Une directive corporative

8,9 %   La certification fait partie de la stratégie générale

Actuellement, plus de 20 000 entreprises sont certifiées aux normes ISO 9000. Aux États-Unis, au début de 1994, il y en avait 2 500, contre 222 à peine deux ans plus tôt. L'Europe devance les États-Unis dans le rapport de 10 à 1, mais ce rapport changera fortement dans les cinq prochaines années. Selon Craig Verran, vice-président adjoint du marketing chez Dun & Bradstreet, « elles (les entreprises américaines) la considèrent comme un avantage compétitif. Tout comme un MBA, elle ne vous rend pas meilleur, mais quand on a le choix, il vaut mieux montrer son certificat » (*New York Tribune*, 30 janvier 1994).

■ EN RÉSUMÉ

Les systèmes de gestion de la qualité sont une condition nécessaire à une amélioration efficace. Ils définissent les processus permettant d'offrir continuellement des produits et des services qui répondent aux exigences des clients. Pour y arriver, les processus doivent être conçus de façon effective (et structurés adéquatement), implantés et suivis. Les systèmes de gestion de la qualité permettent une exécution constante des processus de fonctionnement et des résultats constants. Ils soustendent les mécanismes pour maintenir les gains des activités d'amélioration et transforment les meilleures pratiques en pratiques courantes. Actuellement, les normes ISO 9000 sont les références mondiales pour les systèmes de gestion de la qualité. Elles constituent un excellent cadre pour gérer les processus de fabrication, quelle que soit la nature de l'entreprise.

Si elles sont une condition nécessaire à une amélioration efficace, elles n'en sont cependant pas une condition suffisante. Si une entreprise se dote d'un excellent système de gestion de la qualité, mais que son équipe ne résoud pas efficacement les problèmes, elle n'atteindra jamais le niveau et le rendement nécessaires pour rester compétitive sur les marchés actuels. Le système de gestion de la qualité doit faire partie intégrante de la gestion de l'amélioration totale et doit être un complément aux autres aspects décrits dans ce livre.

Voyons maintenant comment différentes entreprises conçoivent les systèmes de gestion de la qualité.

L'attitude concernant les systèmes de gestion de la qualité

Entreprises perdantes : elles font le minimum pour satisfaire les clients et les règlements gouvernementaux.

Entreprises survivantes : elles nomment des responsables ou créent des comités pour élaborer les règles concernant la sûreté, la sécurité, l'environnement et la qualité.

Entreprises gagnantes : sûreté, sécurité, environnement et qualité forment un tout dont toute l'entreprise est responsable.

Les audits du système de gestion de la qualité

Entreprises perdantes : la direction procède à son propre audit, la documentation est presque inexistante.

Entreprises survivantes : des audits internes nombreux et variés sont effectués par différents groupes.

Entreprises gagnantes : un audit interne complet est conduit au moins deux fois par an. La direction procède à son propre audit selon des procédures bien documentées.

L'engagement de la haute direction

Entreprises perdantes : l'engagement de la haute direction ne se fait que lorsque les problèmes sont mis en évidence par des audits externes.

Entreprises survivantes : la haute direction examine les résultats des audits externes.

Entreprises gagnantes : la haute direction est souvent membre des groupes d'audits.

Les mesures du système de gestion de la qualité

Entreprises perdantes : aucune mesure n'est effectuée.

Entreprises survivantes : les mesures sont celles de l'amélioration continue.

Entreprises gagnantes : elles se servent de l'étalonnage concurrentiel pour fixer les objectifs et pour élaborer les plans d'action.

L'influence d'un échec sur l'encadrement

Entreprises perdantes : aucune influence.

Entreprises survivantes : les agents de maîtrise sont évalués moins favorablement, étant considérés comme les responsables de l'échec.

Entreprises gagnantes : les cadres supérieurs et intermédiaires sont tenus responsables d'un échec. Ils ne conservent leur poste que s'ils satisfont à 100 % des audits.

La documentation

Entreprises perdantes : inexistante.

Entreprises survivantes : les procédures sont très détaillées.

Entreprises gagnantes : les procédures sont bien décrites et présentées sous forme de diagrammes. Les besoins en formation sont connus et la formation est suivie. Chaque cadre est responsable des mesures de la conformité aux exigences.

Chapitre 6

L'implication des cadres :

donner l'exemple

Trop de cadres s'attendent à ce que les employés rectifient les erreurs, alors qu'ils sont les seuls dans les entreprises à pouvoir résoudre 80 % des problèmes.

H. James Harrington

■ INTRODUCTION

« Notre pays ne nous a pas été légué par nos ancêtres, nous l'avons emprunté à nos enfants et à nos petits-enfants », dit l'adage. Cadres ou employés, nous devons tous rembourser notre dette et ses intérêts, c'est-à-dire transmettre aux générations futures un pays où l'on vit mieux et qui a de meilleures perspectives de croissance et de prospérité. Les plus grands responsables de cette dette ne sont pas les employés mais les cadres, car ils sont à l'origine des problèmes que nous éprouvons. Ils doivent changer leur comportement et leur style de gestion bien avant leurs employés. Les employés les écoutent et sourient poliment, mais ils observent et suivent leur exemple.

Il est temps de payer l'intérêt de notre dette. Afin d'évaluer leur contribution, les cadres ont dû répondre sincèrement à ces questions :

- Ai-je créé des emplois ?

- Ai-je amélioré mon environnement ?

- Ai-je amélioré le système de récompenses pour que l'un des parents puisse rester à domicile et élever les enfants de moins de cinq ans ?

- Ai-je amélioré la sécurité de mon environnement de travail et de ma communauté ?

- Les compétences et les qualifications de mes employés se sont-elles améliorées ?

- La valeur ajoutée par employé a-t-elle augmenté plus rapidement que l'inflation ?

En général, les entreprises et les gouvernements n'ont guère réussi au cours des 20 dernières années. La dette atteint des valeurs records. La plupart des entreprises réduisent leurs opérations et licencient. Quatre entreprises sur cinq suivront cet exemple dans les cinq prochaines années. La classe moyenne a presque disparu. Il est grand temps que tous les partenaires de l'entreprise profitent des revenus des entreprises, et pas uniquement les dirigeants et les investisseurs. Les cadres n'ont guère participé aux efforts d'amélioration, car ils estiment que la responsabilité du processus de l'amélioration revient à celui qui connaît le mieux les tâches, c'est-à-dire l'employé qui les effectue. Les cadres se dégagent ainsi de leurs responsabilités. Ils créent entre 80 % et 90 % des problèmes et eux seuls peuvent les résoudre. Comment une entreprise peut-elle faire payer les erreurs de ses cadres à ses employés ? Durant des années, les employés ont été des pions malmenés par les cadres, même si la plupart d'entre eux ont travaillé de leur mieux. Demander prématurément aux employés de participer à l'amélioration ne peut que les frustrer davantage, car ils s'apercevront que la direction ne s'attaque pas aux problèmes essentiels.

La direction doit changer. Afin de remotiver les employés, elle doit d'abord éliminer tous les obstacles qu'elle a dressés. En général, l'équipe dirigeante devra résoudre 50 % des problèmes avant de laisser les employés s'attaquer aux 10 % à 15 % qu'ils peuvent résoudre. Selon Ron Hutchinson, de Harley Davidson, « nous voulons réellement manifester un changement et nous réorienter ; en tant que cadres, nous devons montrer que nous allons suivre les nouvelles règles du jeu et que nous allons les appliquer ».

Lors d'un séminaire dans une entreprise canadienne de biscuits, nous discutions des mesures à prendre pour améliorer la qualité quand une employée dans la cinquantaine, mesurant environ 1,60 mètre et pesant dans les 100 kilos, se leva et déclara : « Les chapeaux blancs (les cadres portent des casques de sécurité blancs dans les aires de production) ne s'occupent pas de notre entreprise. Ils ont tous des diplômes universitaires. Si l'entreprise ferme, ils retrouveront un autre emploi en quelques mois, sans difficulté. J'ai travaillé ici toute ma vie et je ne sais faire que des biscuits. Si l'entreprise ferme, je ne retrouverai pas de travail. Nous nous donnons de la peine et nous voulons faire du bon travail, mais les cadres s'en fichent. »

Frank Squires, l'un des consultants les plus appréciés aux États-Unis, a déclaré : « Les cadres ne s'opposent pas à la qualité. La quantité a priorité sur la qualité. Quantité, coût, qualité : voilà l'ordre de priorité des cadres. » Dans les années 80, les cadres ont proclamé très haut, à qui voulait les entendre, que la qualité avait la priorité. Pourtant, ils n'ont jamais changé leur ordre de priorité. Ils ont réduit le personnel à mesure que la productivité augmentait et ont ainsi perdu la confiance et la fidélité de leurs employés. Les employés offrent leur temps, leur présence et leurs idées en échange d'un salaire, mais vous n'achèterez jamais leur fidélité, leur confiance et leur motivation. Les cadres doivent être les premiers à adopter le comportement exigé par l'amélioration. Même si cela leur est pénible, ils devront :

- admettre leurs erreurs ;
- s'excuser ;
- accepter des reproches ;
- consacrer du temps aux explications ;
- devenir sincères ;
- admettre d'avoir des lacunes dans leurs connaissances ;
- divulguer les renseignements ;
- prendre conseil ;
- conserver les règles contraires à leurs intérêts ;
- changer leur style de gestion afin de s'adapter aux besoins des employés.

Se comporter ainsi n'est pas chose facile, c'est pourtant ce qui rapporte le plus. Les cadres devront adopter ce comportement pour réussir dans les années 90. Nos experts en gestion nous font croire en la facilité d'un tel comportement. Ils discutent de délégation de responsabilités, d'engagement des employés, de participation, de motivation, échafaudent une belle théorie réduisant le tout à une simple équation. Croyez-en mon expérience : rien ne vaut un peu de pratique pour démolir les théories. Même si elles paraissent excellentes, encore faut-il élaborer des stratégies adaptées à votre personnalité et à votre environnement et les implanter. Selon Ronald Reagan, ancien président des États-Unis, « la qualité exige une gestion efficace, une utilisation rentable des ressources humaines et une adaptation aux préférences et aux besoins des clients ».

■ COMMENT FAUT-IL LES APPELER ?

Le débat reste ouvert : comment faut-il appeler les personnes que nous appelions patrons ou chefs ? Voici quelques suggestions : associé, chef, entraîneur, expert, conseiller, dictateur, faciliteur, leader, gestionnaire, non-gestionnaire, organisateur, parrain, surveillant, fournisseur, enseignant, non-leader.

Dans l'article « The Manager - Nonmanager » paru dans la revue *Fortune*, Brian Dumaine a écrit : « Appelez-les parrains, faciliteurs, etc., peu importe, mais n'utlisez pas le terme patron. » Dans la même revue, Walter Kiechel III suggère de les appeler *coachs* dans son article intitulé « The Boss as Coach ».

J'ignore comment un psychiatre appellerait une personne qui se démène dans son bureau en hurlant et qui, par la suite, se lamente, écroulée dans un fauteuil ; personnellement, je dirai que c'est un entraîneur de basket-ball. Il est évident qu'un entraîneur n'est guère utile à une entreprise : il commande une équipe, élabore les stratégies de jeu et ne permet aucune initiative. Si les joueurs n'obéissent pas, il les retire du jeu. Les entraîneurs jouent pour gagner. Toute contrainte, ou toute situation, signifie perdre pour l'entraîneur. Le terme ne convient absolument pas à une personne qui interagit avec les employés.

Que penser du terme leader ? Le leader est en première ligne. Ceux qui le suivent le font parce qu'ils croient en lui ou parce qu'ils craignent les conséquences qu'entraînerait le fait de ne pas le suivre. Dans le passé, les vrais leaders se faisaient respecter parce qu'ils prenaient toujours les bonnes décisions. Même si « leader » est un meilleur terme, il ne répond pas à toutes les exigences, car il n'exprime pas la notion d'une personne améliorant la compétence de ceux qui le suivent. Ensuite, un individu qui ne mérite pas d'être un leader devient souvent un dictateur (par exemple, un leader militaire). Certaines personnes ont même suggéré de donner le nom de « fournisseurs » à leurs cadres, car ils « fournissent » l'orientation de l'entreprise, les ressources et les informations aux employés. Nous allons ici du ridicule au sublime ! Après avoir été nommé directeur à 30 ans, j'ai suivi un cours de gestion par correspondance. Le livre d'instruction, qui a maintenant 40 ans, définit un cadre comme « une personne dont le travail est fait par les autres ». Cette définition reste valable de nos jours, car elle décrit bien les activités d'un cadre.

Après avoir soigneusement examiné toutes les possibilités, je ne vois pas pourquoi nous n'appellerions pas nos cadres des « cadres ». Ceux qui suggèrent un autre terme sont généralement des consultants qui essayent d'imposer leurs propres idées. En fin de compte, un bon cadre est une personne qui réussit à obtenir un bon rendement d'un employé moyen.

■ POURQUOI COMMENCER PAR LES CADRES ?

Je travaille dans le milieu des affaires depuis plus de 47 ans et je n'ai pas encore rencontré un cadre dont la qualité de travail égale celle d'un ouvrier moyen. Un bon ouvrier commet généralement 0,0001 % des erreurs possibles. Pour les cadres, ce chiffre est de 1 %. Ils ne respectent pas les délais, sont en retard aux réunions, ne tiennent pas leurs promesses et ne font aucune rétroaction : la liste de leurs erreurs peut s'allonger à l'infini. Pourquoi tolérons-nous des erreurs aussi grossières de la part de nos cadres ? Voici ma réponse : personne n'a jamais évalué les activités de gestion ni procédé à un audit du rendement des cadres, comme cela se pratique en production. Nous attendons peu de nos cadres, et certainement pas un pourcentage d'erreurs de 0,0001 %. Nous avons admis que le rendement d'un cadre ne pouvait dépasser la médiocrité. De nos jours, la meilleure possibilité d'amélioration dans tout le milieu des affaires se trouve dans le rendement de nos cadres.

Voici les principaux obstacles à l'amélioration dans la plupart des entreprises :

- Le manque de confiance chez les employés
- Les cadres n'ont aucune crédibilité
- Le manque de formation
- Une communication restreinte
- La peur de courir des risques
- Le manque de délégation
- Le manque de décisions
- Un mauvais système de mesures
- Le manque de loyauté chez les employés
- Le manque de persévérance

Les cadres ne peuvent éliminer tous ces obstacles seuls. Les entreprises ne feront aucun progrès si ces obstacles demeurent. Les enquêtes que nous avons effectuées montrent que la confiance dans les cadres est ce qui, selon les employés, doit être amélioré en tout premier lieu.

Les cadres obtiennent que les employés donnent leur temps, leur présence et leurs idées en échange d'un salaire, mais ils n'achèteront jamais leur loyauté, leur confiance et leur motivation. Ils doivent les mériter : non par des augmentations de salaire et par des primes, mais par une relation personnelle, étroite, sincère et sans arrière-pensées avec le personnel. Les cadres doivent établir une communication réciproque en respectant les employés et en leur faisant confiance. Ils sont souvent déçus de constater que leurs premiers efforts ne sont récompensés que très lentement. Ils devront renouveler leurs efforts, car les employés n'oublient pas facilement les vexations qu'ils ont subies dans le passé. Ils devront s'intéresser sincèrement à leurs employés, non pas comme un fournisseur de services, mais comme une personne ayant des problèmes et des soucis, une famille et des aspirations personnelles.

Trop de cadres considèrent la loyauté comme démodée et croient que les employés ne se préoccupent que de leurs intérêts.

De toute évidence, par leur comportement dans les années 80, les cadres ont démotivé les employés, ceux-ci se méfiant de plus en plus de la loyauté que les cadres leur manifestaient. On ne peut ouvrir un journal sans constater des licenciements et des restrictions budgétaires gouvernementales. Les entreprises exigent de leurs employés de plus en plus d'efforts, tout en réduisant les ressources. En réalité, la loyauté et la confiance des employés diminuent par la faute des cadres. Cette diminution reflète la frustration des employés, car les cadres n'ont jamais entretenu de relations étroites avec eux et ne se sont jamais préoccupés de leur sort. Les cadres pratiquent un style de gestion qui tient les employés à distance, espérant ainsi tempérer leurs remords à licencier le personnel lorsque l'entreprise sera en difficulté. La direction doit montrer clairement qu'elle ne soigne pas uniquement ses propres intérêts, mais également ceux de ses employés. La plupart des employés souhaitent vivement avoir confiance en leurs cadres et être loyaux envers leur entreprise, mais, malheureusement, ils n'en trouvent pas les raisons.

En tant que cadres, nous devons mériter la confiance et la loyauté de nos employés par nos actes, en nous intéressant sincèrement à leurs aspirations actuelles et futures, en respectant leurs idées, en les aidant à atteindre leurs objectifs de carrière, en les traitant en personnes responsables et en leur communiquant les informations qui leur permettent de prendre les meilleures décisions. Obtenir leur confiance et leur loyauté n'est pas facile dans l'environnement actuel; les cadres qui s'intéressent sincèrement à leurs employés réussiront cependant. Ceux qui y consacrent du temps et des efforts verront que cet investissement est pleinement justifié.

Souvent, les cadres ont détruit eux-mêmes leur crédibilité, sans s'en rendre compte ou sans en comprendre les raisons. Voici les fautes courantes qu'ils ont commises:

- Ils n'ont pas diffusé les mauvaises nouvelles.

- Ils ont émis des demi-vérités ou des mensonges.

- Ils n'ont pas respecté la mission de l'entreprise ni ses visions.

- Ils ne se sont pas occupés des mauvais employés.

- Ils ont tardé à prendre des décisions.

La crédibilité permet la confiance. La confiance entraîne la loyauté. La loyauté permet la réussite du personnel et de l'entreprise. Les cadres doivent lancer ce cycle en commençant par eux-mêmes avant d'exiger une amélioration de la part des employés.

Pris entre deux feux

Nous devons reconnaître que les cadres intermédiaires et les agents de maîtrise n'ont pas eu la vie facile depuis que les entreprises réduisent leur nombre dans tout le pays et que certains programmes, comme les équipes de travail autonomes, se sont généralisés. Dans les années 80, les cadres représentaient 10 % de la main-d'œuvre industrielle aux États-Unis. Au Japon, ils ne représentaient que 4,4 %. Des entreprises, comme AT&T, avaient plus de 100 niveaux hiérarchiques. Il est évident que des postes pouvaient disparaître. Peter F. Drucker, le gourou du management, a déclaré : « Le cynisme qui règne dans les entreprises est épouvantable. Les cadres intermédiaires ne se sentent plus en sécurité et souffrent terriblement. Ils sont traités comme des esclaves dans une vente aux enchères. » IBM, General Motors, Westinghouse, General Electric, Mobil, Ford, Dupont, ainsi que d'autres entreprises, ont sabré leurs niveaux hiérarchiques. Des postes de cadre ont été fusionnés pour rendre le travail plus intéressant et plus motivant. Malheureusement, les cadres ont été surchargés de travail, sans être appréciés à leur juste valeur.

Une enquête récente, effectuée par le *National Institute of Business*, révéla que plus du tiers des 112 cadres interrogés estimaient qu'ils seraient plus heureux ailleurs. Dans un article de *Business Week*, certains cadres intermédiaires de General Motors ont affirmé : « Lors de restructuration, les plus bas niveaux hiérarchiques devaient prendre les décisions. » Malheureusement, des niveaux de plus en plus élevés prirent les décisions. Un cadre intermédiaire de General Electric a avoué : « Je suis surchargé de travail. Je travaille dur et, bien souvent, mon travail ne me plaît plus. » Selon un cadre intermédiaire de Honeywell, « pour survivre, il faut se tenir strictement à ce qui est prévu. Ceux qui s'en écartent par la pensée ou par le comportement risquent gros ». Un cadre intermédiaire d'IBM m'a confié : « Dans le temps, faire preuve d'imagination vous ouvrait des portes. Les dirigeants appréciaient les suggestions originales. Aujourd'hui, ce serait courir à sa perte. Moins vous vous faites remarquer, mieux vous vous portez. »

Dans la plupart des entreprises, les cadres intermédiaires et les agents de maîtrise craignent de perdre leur emploi. Ils ont plus de chances d'être licenciés que d'être promus. Leur avenir est bloqué et leurs économies risquent d'y passer. Il est essentiel de ne pas les court-circuiter et de ne pas traiter directement avec les employés, ils ne soutiendraient plus l'entreprise. La plupart des entreprises ont perdu leurs meilleurs cadres qui ont profité de programmes de préretraite mis en place à la fin des années 80 et au début des années 90. Nous ne pouvons nous permettre d'en perdre davantage.

◼ LA RESPONSABILITÉ DES CADRES

Tout considéré, les cadres doivent être tenus responsables des résultats de l'entreprise. Leurs promotions, leurs salaires et la durée de leurs emplois dépendent directement de ces résultats. Aux États-Unis, les risques que courent les cadres se réduisent à une baisse de salaire et à la perte de leur emploi. En Chine, un mauvais rendement entraîne des conséquences bien plus tragiques. Ainsi, au milieu des années 80, un journal chinois a rapporté que « 18 cadres de l'usine de réfrigérateurs Chien Bien, située dans les faubourgs de Beijing, furent exécutés pour mauvais rendement ». Ces cadres, 12 hommes et 6 femmes, furent emmenés dans une rizière et passés par les armes sans jugement, sous les yeux de 500 ouvriers. Le porte-parole du ministère de la Réforme économique, Xi Ten Huan, a déclaré : « Nous pouvons très bien comprendre la colère et la révolte de nos citoyens lorsque les cadres négligent le bien-être des travailleurs. »

La Chine n'est pas le seul pays qui demande des comptes aux cadres. En 1985, en Russie, la *Pravda* a rapporté que trois cadres furent envoyés dans un camp de travaux forcés pendant deux ans et ont été condamnés à payer une amende de 14 000 $ pour avoir fabriqué des vêtements de mauvaise qualité dans une usine gouvernementale. De plus, ils furent condamnés à verser 20 % de leurs salaires futurs.

Bien sûr, nous n'exigeons pas des mesures aussi draconiennes de la part de notre gouvernement. Il est néanmoins grand temps que les cadres prennent leurs responsabilités et améliorent la qualité et la productivité de nos entreprises.

Si nous voulons tenir les cadres responsables de l'amélioration, ils devront participer à l'implantation du processus d'amélioration et leur participation ne doit pas se limiter au simple apprentissage des processus. Il devront être les meneurs, les chefs, les entraîneurs, les enseignants, etc., du programme d'amélioration. Il faudra qu'ils excellent s'ils veulent que leurs employés excellent. Quelqu'un a affirmé : « Nous nous identifions à nos activités habituelles. L'excellence n'est plus une action, c'est une habitude. »

Pourquoi les cadres d'abord ?

Pourquoi commencer par les cadres ? La réponse se trouve dans leurs responsabilités. Ils sont responsables :

- de l'allocation des ressources ;
- de l'organisation de l'entreprise ;
- du choix des cadres ;
- de la conception des processus ;
- des normes de fonctionnement ;
- des descriptions de postes ;
- des systèmes de mesures et de récompenses ;
- des priorités ;
- du choix des employés et de leur formation.

Si nous voulons réussir en amélioration, notre comportement doit être exemplaire en exerçant ces responsabilités. Nous pourrons motiver nos employés et faire jaillir la créativité cachée en chacun d'eux uniquement si nous nous comportons de façon exemplaire.

Le manque de confiance envers les cadres

Lorsque les cadres occupaient encore des postes d'employés, ils recevaient les informations au compte-gouttes. Quand ils ont été promus au rang de cadres, ils ont cru pouvoir entrer au saint des saints. Ils pensèrent avoir accès à toutes les informations confidentielles, ce qui ne se produisit pas, dans la plupart des cas. En effet, comme la haute direction considère que les agents de maîtrise et les cadres intermédiaires représentent les employés, elle ne leur transmet pas les informations confidentielles, craignant que les employés puissent les obtenir. À l'autre extrémité de la hiérarchie, les employés ne confient pas les rumeurs aux cadres, parce que, selon eux, ils représentent la direction et que, de toute façon, ils sont déjà au courant. Les cadres n'obtiennent ainsi que peu d'informations. Un cadre m'a fait part de ses inquiétudes : « J'obtiens plus d'informations en lisant le *Wall Street Journal* au déjeuner qu'en assistant à toutes les réunions du personnel. »

Même les entreprises japonaises écartent leurs cadres intermédiaires des prises de décisions dans leurs usines situées à l'extérieur du Japon. Selon une enquête effectuée par la *Japanese Machinery Export Association* auprès de 94 entreprises japonaises opérant en Europe occidentale, la main-d'œuvre locale de 67 entreprises ne participe pas aux décisions concernant les investissements à long terme. Quelque 67 % des entreprises affirmaient que cette main-d'œuvre ne devait pas participer aux discussions concernant l'implantation de nouvelles usines ; 42 % ne permettaient pas à cette main-d'œuvre de faire de la recherche et du développement. Dans ses opérations aux États-Unis, Nobuhiko Kawamoto, le président de Honda Corporation, a remplacé l'organigramme japonais, basé sur le consensus, par un organigramme de type américain. La Honda Corporation dispose maintenant de meilleures communications et prend de meilleures décisions.

■ POURQUOI LES CADRES SONT-ILS À L'ORIGINE DES PROBLÈMES ?

Il y a déjà très longtemps, Joseph M. Juran a déclaré que les cadres sont à l'origine de 80 % à 85 % des problèmes des entreprises. Voici les données qui ressortent d'un article paru dans *Quality Progress* et rédigé par Donald Stratton, responsable de la qualité chez AT&T Network Systems :

- 82 % des problèmes proviennent de processus effectués par des cadres, et n'ont pas de causes précises.

- 18 % des problèmes étudiés avaient des causes particulières. Ces problèmes étaient causés par les employés, les équipements ou les outils. Très peu de ces problèmes pouvaient être résolus par les employés.

- En ce qui concerne les 82 % des problèmes attribuables aux cadres :

  - 60 % des actions correctives sont du ressort des agents de maîtrise ;

  - 20 % des actions correctives peuvent être implantées par les cadres intermédiaires ;

  - 20 % des actions correctives peuvent être implantées par la haute direction.

Dans le monde entier, il est facile de constater que les plus grands problèmes éprouvés par les entreprises proviennent des processus qui relèvent de la direction. Malheureusement, les plus grands discours et à meilleure volonté du monde ne changeront pas cet état de choses. Les employés ne peuvent résoudre les problèmes causés par les cadres. Les cadres ne pourront obtenir les changements voulus qu'en les implantant eux-mêmes.

Pourquoi les cadres craignent-ils les processus d'amélioration ?

De nombreux cadres se sentent menacés et craignent les efforts d'amélioration actuellement en cours dans le monde entier. Dans une enquête menée par le professeur M.S. Janice Klein, de la Harvard Business School, « 72 % des agents de maîtrise interrogés estimaient que l'engagement des employés profitait à l'entreprise. Plus de la moitié (60 %) estimaient que leur engagement profitait également aux employés. Mais moins du tiers (31 %) considéraient qu'il leur était favorable ». Comment peut-on demander à nos cadres d'implanter des programmes qu'ils considèrent comme néfastes à leur travail dans l'entreprise ? Les cadres ne sont pas stupides : ils ne refuseront pas de travailler ; mais sans réelle coopération de leur part, le processus d'amélioration n'a aucune chance de réussir.

Les agents de maîtrise et les cadres intermédiaires sont inquiets de l'impact du processus d'amélioration sur leur carrière. Ils sont fiers d'avoir travaillé durement pour arriver aux postes qu'ils occupent. Ils sont considérés comme des personnes ayant contribué au bien-être de leur communauté et comme des personnes ayant réussi. À présent, ils craignent entre autres :

- la perte de la sécurité d'emploi ;

- la perte de leur autorité ;

- l'augmentation de la charge de travail ;

- l'absence de responsabilité et d'évaluation ;

- la dégradation des relations personnelles.

La peur de perdre le pouvoir, le prestige et l'autorité est indéniable et justifiée dans la plupart des cas. Il faut s'en occuper dès le début du processus d'amélioration. Les cadres de tous les niveaux doivent se préparer et, pour la plupart, obtenir de l'aide pour s'adapter à ce nouveau style de gestion. Les cadres qui occupent leur poste depuis plus de 10 ans ont passé la plus grande partie de leur vie d'adulte à mettre au point et à améliorer des techniques leur permettant de survivre et de prospérer dans la hiérarchie de leur entreprise. Penser qu'ils vont y renoncer pour s'adapter à une « mode », sans que l'on consacre suffisamment de temps à leur apprendre de nouvelles techniques de gestion, n'est vraiment pas réaliste.

Pour cela, il faut concevoir un processus de gestion du changement qui s'adresse à tous les niveaux de la hiérarchie. Non seulement il faudra de gérer le changement, dans la plupart des entreprises, mais il faudra également revoir les descriptions de postes, car celles-ci ressemblent généralement à des textes rédigés par des dictateurs.

Par la suite, l'entreprise devra modifier son système de récompenses et de blâmes pour tenir compte des nouvelles descriptions de postes.

■ LE NOUVEAU RÔLE DES CADRES

On nous dit souvent que la qualité est plus importante que le coût et le respect des délais. De nos jours cependant, qualité, coût et délais doivent être respectés simultanément. Il est facile de sacrifier deux exigences au profit de la troisième. On peut ainsi respecter les délais au détriment de la qualité et du prix, ou obtenir une qualité supérieure au détriment du coût et du respect des délais. En réalité, les clients exigent le respect de ces trois exigences. Les cadres qui les respectent vont monter dans la hiérarchie et vont prospérer, les autres vont perdre leur emploi.

Le rôle des cadres change ; la survie d'un cadre dépend maintenant de sa capacité à suivre le changement de l'environnement et à donner l'exemple à ses subalternes. Il y a actuellement deux types de cadres. À quel type appartenez-vous ?

Style de gestion traditionnel	Nouveau style de gestion
Donne des ordres	Obtient le consensus sur les objectifs
Garde l'information pour lui	Diffuse largement l'information
S'attend à voir les employés faire des heures supplémentaires	Exige des résultats
Favorise le travail individuel	Favorise le travail en équipe
Obtient les approbations de ses supérieurs	Décide après discussion avec ses employés
Son occupation principale est de faire effectuer le travail	Son occupation principale est de s'assurer que les employés peuvent faire le travail
S'attribue le mérite du travail de ses employés	Laisse aux employés le mérite de leur travail
Montre comment faire le travail	Explique pourquoi le travail doit être fait
Respecte l'organisation de l'entreprise	La modifie selon les besoins du travail

Sa plus grande satisfaction est d'être promu	Sa plus grande satisfaction est d'augmenter les compétences de ses employés
Se considère comme un patron	Se considère comme le responsable de l'épanouissement de ses employés
Obéit à l'ordre établi	Travaille avec tous ceux qui permettent la réalisation du travail
Se considère responsable de faire régner la discipline	Se considère gestionnaire de processus
Établit les échéanciers	Insiste sur l'urgence du travail, mais respecte les échéanciers établis par les employés
Évite les travaux désagréables	S'en occupe immédiatement
Délègue les travaux secondaires et peu intéressants	Délègue les travaux selon les compétences individuelles de ses employés
Donne le maximum de travaux aux meilleurs employés	Équilibre la charge de travail entre tous les employés
Le salaire est proportionnel au temps travaillé	Le salaire est basé sur les connaissances et les réalisations de chacun
Ne sympathise pas avec les employés	Les cadres et les employés partagent des activités externes à l'entreprise
Estime que les femmes et les minorités doivent être traitées de façon particulière	Considère que tout employé est un employé particulier
S'inquiète de son remplacement par d'autres employés	Protège les arrières de ses employés
Gère tous ses employés de la même manière	Adapte son style de gestion à la personnalité de l'employé et au type de travail à effectuer
S'assure que les employés ne se trompent jamais	Permet aux employés de profiter de leurs erreurs si les conséquences le permettent

■ ÉTABLIR LA CONFIANCE ET LA COMPRÉHENSION

Mettre sur pied une équipe compétente et homogène qui travaille de façon efficace et rentable, tout en favorisant l'initiative personnelle, constitue l'une des priorités de la direction. La confiance et la compréhension mutuelles doivent régner dans une telle équipe. La direction doit accorder sa confiance aux employés et partager le pouvoir de décision que confère à tous la connaissance des informations sur l'entreprise. Par le passé, la direction ne révélait aux employés que les informations strictement nécessaires à leur travail et gardait pour elle la plupart des informations clés sur le fonctionnement de l'entreprise. Cela a entraîné une fausse sensation de pouvoir chez les cadres et une méfiance du côté des employés. Diffuser le maximum d'informations possible permet toujours d'éviter la propagation des rumeurs. Celles-ci suivent invariablement le schéma suivant :

- Incertitude (énoncée par une première personne) : « Y aura-t-il des licenciements ? »

- Rumeur (répandue par une deuxième personne) : « Mille employés seront peut-être licenciés. »

- Réalité (diffusée par une troisième personne) : « Il y aura 1 000 licenciements. »

L'ignorance, c'est comme la science : ça n'a pas de bornes.

PROVERBE ANGLAIS

La direction doit assurer aux employés un environnement dans lequel ils se sentent en sécurité pour obtenir leur confiance et leur compréhension. La direction doit comprendre que les employés se poseront les questions suivantes lors de l'implantation d'un processus d'amélioration :

- Que se passera-t-il si l'entreprise améliore sa rentabilité ?

- Une plus grande productivité me fera-t-elle perdre mon emploi ou baissera-t-elle mon niveau de vie ?

- Suis-je disposé à déménager ou à changer de travail pour rester dans l'entreprise ?

- Quel sera mon avenir dans l'entreprise ?

Pour établir un climat de confiance, la direction facilitera la réponse à ces questions, dont personne ne discute ouvertement. Elle l'obtiendra par des actions efficaces et non par de belles paroles.

Expliquer

Toute personne doit pouvoir se respecter et doit respecter les autres. C'est ce que nous souhaitons tous, et la direction doit s'y consacrer plus que jamais. Il n'y a pas de loyauté ni de confiance sans le respect de soi-même. Respecter ouvertement une personne est une façon sincère de la flatter. Examinons les relations que vous entretenez avec une personne. Plus elle sera haut placée dans la hiérarchie, plus vous la respecterez et plus vous consacrerez de temps à lui expliquer ce que vous faites. Vous serez tenté de la commander si elle se trouve au bas de la hiérarchie. Ainsi, vous demandez à vos enfants de sortir les ordures ou de faire la vaisselle. Plus vous respectez une personne, plus vous passerez de temps à lui expliquer comment elle devrait agir. La direction tombe souvent dans un piège : elle exige la réalisation des travaux sans expliquer aux employés la raison d'y consacrer du temps et des efforts. Il vaut toujours mieux expliquer la raison d'un travail plutôt que de montrer comment l'effectuer.

Un patron indique à un employé comment effectuer un travail, alors qu'un cadre moderne lui explique pourquoi le travail doit être fait. Il délaisse ainsi son rôle de patron pour devenir un meneur moderne et un collègue de travail. Il ne commande plus à l'employé, mais lui explique les résultats qu'il doit obtenir, lui fait comprendre l'importance de son travail pour l'entreprise et le caractère urgent de son activité. Un employé effectuera toujours le travail demandé ; par contre, il le fera avec motivation s'il en comprend la raison. Il adaptera alors ses techniques de travail, fera moins d'erreurs et terminera plus vite, car il « s'appropriera » son travail. Il se sentira également plus libre de modifier sa façon de travailler en fonction des circonstances. S'il ignore les raisons de son travail, il se contentera d'obéir aveuglément aux directives de la direction.

Avec le sourire

Le sourire ouvre les portes, une grimace les ferme. Le sourire, c'est l'amitié, l'attention et la volonté d'écouter le pour et le contre. Un cadre qui a le sourire aux lèvres, un regard complice et qui est sincère créera une atmosphère d'amitié et de coopération dans toute l'entreprise. Celle-ci débordera de dynamisme. Les employés apprécient le travail avec des cadres sympathiques, aimables et fonceurs. Trop de cadres surchargés de travail oublient que leur comportement se répercute sur celui de l'entreprise. Certains estiment qu'il faut se montrer digne, austère et distant pour être pris au sérieux. Ils espèrent qu'une allure digne les fera respecter et leur donnera de l'envergure. Ce qui est faux. Il est évident qu'ils obtiendront des résultats à court terme en menaçant les employés ; cependant, ils ne profiteront de relations durables et de bons rendements qu'en créant un environnement de travail agréable.

Les employés donnent leur meilleur rendement lorsqu'ils sont satisfaits de leur travail, et non quand leur supérieur les menace ou quand leur travail est dangereux. Quelles sont alors les qualités personnelles d'un cadre, qui rendent agréable le milieu de travail ? Les voici :

- Ses employés lui tiennent à cœur.

- Il est facile à aborder.

- Il traite tous les employés équitablement.

- Il est à l'aise avec les employés.

- Il est sympathique et aimable.

- Il ne rechigne devant aucun travail.

- Il réalise qu'il n'est pas la seule personne débordée de travail.

- Il ne mêle pas vie privée et vie professionnelle.

- Il est toujours d'humeur égale et on peut compter sur lui.

- Il respecte ses engagements.

- Il partage la réussite et prend la responsabilité des échecs.

Le président Eisenhower est l'exemple typique d'un tel cadre. Personne n'a jamais douté ni de son commandement ni de ses convictions, ce qui ne l'a pas empêché d'avoir un sourire pour tous. Être sûr de ses idées et y adhérer jusqu'au bout est encore plus convaincant qu'un sourire ou un froncement de sourcils.

À l'écoute des employés

Un bon cadre est toujours à l'écoute de ses employés. En lui donnant une bouche et deux oreilles, la nature a probablement voulu que l'humain écoute deux fois plus qu'il ne parle. Les employés ne peuvent discuter de leurs problèmes si le cadre ne fait que parler. Un cadre doit savoir faire silence pour encourager les employés à se confier. Un cadre doit cultiver le don de se taire. Voici quelques conseils :

- Faites le tour de la question avant de prendre une décision.

- Ne quittez pas des yeux la personne qui parle.

- Encouragez la personne qui parle. Un exemple : « Oui, je comprends. Dis-m'en plus. »

- Ne prenez pas vos appels téléphoniques quand vous recevez quelqu'un.

- Posez des questions détaillées et ne concluez pas trop vite.

- Réservez du temps pour vous entretenir avec vos collègues de travail.

- Limitez le temps durant lequel vous parlez.

- Comprenez bien le sens de vos paroles.

- Écoutez avec vos oreilles, mais aussi avec vos yeux.

L'urgence et la persévérance

Dans l'environnement de travail actuel, tout se fait très vite et la direction doit créer un sentiment d'urgence auprès de ses employés. Les employés qui font progresser les affaires débordent d'énergie et d'empressement. Un bon cadre est une personne qui ne remet jamais au lendemain ce qu'elle peut faire aujourd'hui. Le monde est rempli de bonnes intentions. De nombreuses personnes, brillantes et bien intentionnées, ne réussissent pas, car elles ont pris l'habitude de remettre des activités au lendemain. Elles ne se mettent au travail qu'au dernier moment, en risquant de ne pas respecter les délais si des activités imprévues se présentent. Un cadre qui réussit est un cadre qui respecte les délais sans sacrifier ni la qualité ni les coûts. Un travail de dernière minute est rarement un travail de qualité. De bons cadres savent exiger la rapidité sans se rendre désagréables ni insupportables. Ils s'intéressent aux activités, vérifient leurs planifications, suivent leurs progrès et sont toujours disponibles pour éliminer les obstacles au travail des employés.

L'urgence et la persévérance sont les éléments clés de la réussite, pour les cadres comme pour les employés. Le sentiment d'urgence est important ; cependant, c'est la persévérance qui permet l'exécution des tâches. Calvin Coolidge l'a exprimé ainsi : « Rien au monde ne peut remplacer la persévérance. Le talent ? Il n'y a rien de plus courant que des ratés qui ont du talent. Le génie ? Le génie méconnu est proverbial. L'instruction ? Le monde est rempli de laissés-pour-compte instruits. La persévérance et la détermination ne peuvent tout faire à elles seules. C'est la rapidité d'exécution qui a résolu les problèmes de l'humanité et qui les résoudra toujours. »

■ LE PROCESSUS DE LA RÉTROACTION : RECONNAÎTRE LE BON ET LE MAUVAIS RENDEMENT

La plupart des employés souhaitent faire un bon travail et désirent contribuer à la réussite de l'entreprise. Le cadre actuel doit donner une rétroaction continue de tout aspect du fonctionnement de l'entreprise, positif ou négatif. Si la production d'un ouvrier n'est pas suivie de près par son supérieur, elle n'a aucune valeur. L'employé se demande alors quel est l'avantage de faire un bon travail. Ceux qui ne bénéficient d'aucune rétroaction sur leur travail s'imagineront que leur travail est inutile et que personne ne s'y intéresse. Ceux qui, par contre, reçoivent une rétroaction toujours négative penseront qu'ils sont incompétents et que leur cadres leur en veulent.

Afin de consolider les schèmes de comportement, donnez une rétroaction positive, en particulier quand l'employé aide ses collègues en plus de faire son travail habituel, quand il émet des suggestions originales, quand il respecte largement les délais, quand il maîtrise les situations difficiles, quand il découvre des erreurs, quand il fait des efforts particuliers ou quand il fait passer ses intérêts personnels après ceux de l'entreprise. La rétroaction devient plus efficace lorsqu'elle est donnée en public, lors d'une réunion, sur un tableau d'affichage ou lors d'une discussion entre collègues de travail, etc. Quelquefois, elle peut être donnée sous la forme d'une note confidentielle. Mais surtout, n'attendez pas. Quelle que soit la rétroaction, il vaut toujours mieux la donner le plus tôt possible.

Donner une rétroaction négative n'est pas facile pour la majorité des cadres ; ils estiment cependant que c'est une des principales raisons pour laquelle ils occupent ce poste. Ils agissent alors tête baissée afin de s'en débarrasser le plus rapidement possible. Cependant, il ne faut pas oublier que les humains se comportent comme des aimants : ils sont attirés par ce qui est positif et repoussés par ce qui est négatif. Les cadres doivent donner une rétroaction négative constructive. Ils doivent discuter des résultats obtenus par les employés et non de leur comportement ou de leurs actions. Ils doivent s'identifier le plus possible à l'employé afin de bien comprendre l'origine des problèmes. Ils devraient modérer leurs critiques pour permettre à l'employé de sauver la face. Un cadre ne doit pas avoir toujours raison. Il aide les employés à corriger leurs mauvaises habitudes et à modifier leurs attitudes de travail. Souvenez-vous qu'il n'est pas nécessaire de crucifier un employé pour qu'il vous comprenne.

■ LES PRINCIPES ESSENTIELS

Des techniques de gestion raffinées se basent sur des principes essentiels ; cependant, il convient d'assimiler ces principes avant de s'en servir. Les cadres qui ne les assimilent pas ont de fortes chances d'être éliminés à la prochaine restructuration. Voici ces principes :

- *La délégation.* La direction délègue la réalisation de certaines tâches à ses subalternes directs. Elle se libère pour planifier, éliminer les obstacles, enseigner, mesurer et coordonner.

- *L'évaluation.* La direction définit les objectifs de rendement personnels en collaboration avec les employés ; elle donne aussi une rétroaction impartiale et continue de leur rendement par comparaison avec les objectifs.

- *La différence d'opinion.* La direction peut tirer profit des différences d'opinion entre elle et les employés : ses décisions pourront alors être meilleures. Des employés qui acceptent tout sans réagir ne sont d'aucune utilité.

- *Le fait d'être décidé.* La direction n'hésite pas devant une décision. Très souvent, les impulsions premières jouent un rôle essentiel dans la gestion de l'entreprise.

- *Une attitude positive.* Un service court à sa perte si son responsable se comporte comme un perdant.

- *Un système de communication multidirectionnel.* La direction implante un bon système de communication horizontale, verticale descendante et verticale ascendante avec les clients et avec les fournisseurs. Elle est prête à partager les informations avec ses employés. Posséder l'information, c'est avoir le pouvoir. Tous les ans, Robert Randall, le pdg d'American Airlines, organise entre 20 et 30 réunions pendant sa tournée de 165 villes afin de garder le contact avec tous ses employés.

- *L'investissement.* La direction investit fortement dans ses employés ; elle permet leur formation et les aide dans leur épanouissement et dans leur amélioration. Une entreprise ne peut faire de meilleur investissement. Art Wegner, le pdg de Pratt et Whitney Turbo Manufacturing, a fait travailler ses ingénieurs de conception comme chefs d'équipe dans les usines de fabrication pendant six mois. Ces séjours représentent un gros investissement pour l'avenir ; ils ont été rentables puisque, par la suite, ces ingénieurs ont conçu des produits de fabrication plus facile.

Les futurs cadres

Il faut voir dans le terme « gestion » un ensemble de concepts et non un groupe de personnes. Les cadres traditionnels ont évolué à travers les différents types de gestion suivantes :

- la gestion individualiste ;

- la gestion professionnelle ;

- l'organisation scientifique du travail ;

- la gestion basée sur les relations humaines ;

- la gestion participative.

Au XIXe siècle, le style de gestion aurait pu s'appeler « gestion individualiste ». Les entrepreneurs de cette époque ont fondé la plupart des grandes entreprises que nous connaissons aujourd'hui. Des familles, comme Ford, Rockefeller, Carnegie, Durant, Sloan et Watson, ont donné naissance à des créateurs individualistes qui ont fondé de grandes entreprises et les ont gérées. Favorisée par le milieu des affaires, la gestion professionnelle remplaça la gestion individualiste où les cadres étaient jugés d'après les profits à court terme. Le cadre avait alors comme objectif de produire le maximum avec le minimum de dépenses.

L'« organisation scientifique » du travail de Frédéric Winslow Taylor est alors apparue tout naturellement. Ce style de gestion reposait sur quatre principes :

- Concevoir le travail de façon scientifique.

- Choisir les travailleurs de façon scientifique en fonction des exigences du travail.

- Former les travailleurs à leur poste de travail de façon scientifique.

- Effectuer le travail dans un climat de coopération.

Cette gestion est efficace quand les employés sont peu compétents et peu intelligents. Le travail était morcelé en tâches élémentaires qui exigeaient peu de formation. Le style de gestion devenant de plus en plus autocratique et les employés étant de mieux en mieux formés, ce type de gestion disparut. Les employés commencèrent à se méfier des cadres qu'ils accusaient de les exploiter. La « gestion basée sur les relations humaines » s'est alors imposée de préférence aux autres types de gestion. Celle-ci repose sur la croyance que le rendement des employés est maximal quand la direction respecte ses employés et les traite avec dignité. Ce qui convient très bien à une situation simple. Malheureusement, l'environnement de travail actuel est loin d'être simple. C'est pourquoi le style de gestion de l'avenir sera la gestion participative.

Les futurs cadres seront plus efficaces que les cadres actuels. Ils auront davantage de responsabilités ; autrement dit, ils devront bénéficier d'un plus grand soutien et relever des défis plus importants. Ils consacreront plus de temps à gérer les aspects humains de l'entreprise, puisque l'intelligence artificielle prendra la plupart des décisions d'ordre technique. Le rôle des cadres changera au fur et à mesure que les employés deviendront de plus en plus autonomes dans leur travail et qu'ils leur en rendront de plus en plus compte. La figure 6.1 décrit l'état actuel et l'état futur de la gestion des entreprises.

Activité	Hier	Aujourd'hui	Demain
gestion	autoritaire	qui encadre	qui aide
orientation	imposée	obtenue par consensus	définit les résultats
objectifs	ceux de la direction	communs à tous	ceux des employés
évaluation	par critiques	par mesures	dans les deux sens
décisions	prises par la direction	en équipe	par l'employé
salaire	selon l'ancienneté	selon le rendement	selon les compétences
résolution des problèmes	axée sur l'employé	sur l'activité	sur le processus

Figure 6.1 L'évolution de la gestion des entreprises

Le style de gestion

Le style de gestion doit s'adapter à son environnement. Nous nous attendons à ce que les cadres modifient leur style de gestion en fonction de la personnalité des employés. À l'avenir, les cadres adapteront leur style à la fois à la personnalité et aux tâches de leurs employés. Voici les quatre types de personnalité que l'on retrouve chez les employés :

- *Les planificateurs*. Ces employés excellent à implanter une idée de façon logique. Les planificateurs sont généralement des personnes introverties.

- *Les communicateurs*. Ces employés établissent d'excellentes relations entre différents groupes. Ce sont des négociateurs et des politiciens hors pair. Ils sont généralement extravertis.

- *Les actifs*. Ces employés choisissent une planification et l'implantent. Ils aiment résoudre les problèmes. Les affaires progressent grâce à eux.

- *Les meneurs*. Ces employés influencent les autres par leur prestance, leur charisme, ou par leur exemple. On les suit, car il serait mal vu de faire autrement.

À chaque personnalité correspondent des besoins de supervision particuliers. Ces besoins sont de deux types :

- *Les besoins sociaux*. Les relations avec la direction, la reconnaissance, l'intérêt manifesté pour l'employé, pour sa carrière et sa vie personnelle satisfont à ces besoins.

- *Les besoins techniques.* Ce sont les compétences nécessaires à l'accomplissement des tâches.

Deux facteurs déterminent la fréquence et l'importance des besoins de l'employé :

- la perfection dans l'accomplissement de ses tâches ;

- sa personnalité.

La figure 6.2 montre l'évolution du style de gestion en fonction du rendement de l'employé pour satisfaire ses besoins sociaux et techniques.

- Les employés qui ne satisfont pas aux exigences du poste de travail ont besoin d'un supérieur qui puisse les **guider**.

Le supérieur leur apprend à travailler, leur montre comment effectuer correctement une tâche lorsqu'ils en sont incapables ; il réduit au maximum leurs risques d'erreur. Il les met à l'aise, même si leur rendement est mauvais.

- Les employés qui satisfont aux exigences minimales du poste ont besoin d'un supérieur de type **enseignant**.

Le supérieur les aide à comprendre les concepts ; il évalue leur travail et leur explique leurs erreurs. Il les aide à réussir et, dans ce cas, les récompense.

- Les employés qui satisfont aux exigences du poste ont besoin d'un supérieur qui se comporte comme un **patron**.

Le supérieur leur donne les travaux à effectuer. Il les suit afin de s'assurer de la réalisation des travaux. Il les aide à améliorer la qualité de leur travail ainsi que leur productivité.

- Les employés qui dépassent occasionnellement les exigences de leur poste ont besoin d'un supérieur du type **meneur**.

Le supérieur maîtrise parfaitement son poste. Grâce à lui, les employés sont responsables de leur travail et doivent lui en rendre compte. Il collabore avec les employés à l'élimination des obstacles à la réalisation des tâches. Il facilite les relations et leur donne une rétroaction. Il donne l'exemple, du point de vue technique et du point de vue comportement personnel.

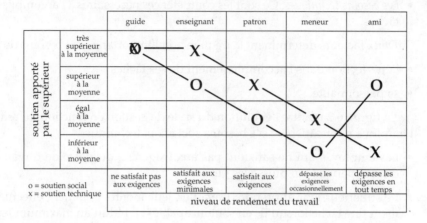

Figure 6.2. Le soutien du supérieur en fonction du niveau de rendement de l'employé

- Les employés qui dépassent les exigences du poste en tout temps ont besoin d'un **ami** comme supérieur.

  Lorsque les employés ont un très haut rendement, les cadres leur délèguent les responsabilités de la répartition du travail et des résultats. Les cadres et les employés établissent des relations personnelles étroites et partagent leurs expériences et leurs soucis familiaux. Le supérieur intéresse ses employés aux aspects techniques lors de discussions sur le fonctionnement des activités et lors d'échanges d'idées, tout en les laissant prendre les décisions d'ordre technique. Les employés décident des mesures nécessaires à la réalisation des travaux et les implantent, sans l'aide de la direction.

  Il est facile de comprendre la nécessité de l'évolution du rôle des cadres, de guide vers celui d'un ami, en fonction du rendement de leurs employés. Le cadre partage cependant la responsabilité de ce rendement avec l'employé (fig. 6.3). Lorsque l'on confie la coordination de différents services à un employé qui a des qualités de communicateur, il a de très grandes chances de réussir. Par contre, cet employé satisfera difficilement aux exigences de son poste s'il doit concevoir une planification. Malheureusement, dans l'environnement complexe actuel et futur, les employés changent constamment de travail. Le style de gestion d'un employé changera donc en fonction du poste qu'il occupera. Ainsi, si un cadre place un employé à un poste qui ne lui convient pas, il ne pourra le blâmer si son rendement est mauvais.

■ COMPRENDRE LE CLIENT

Tous les cadres doivent être à l'écoute du client externe et connaître ses désirs, tout comme ils doivent connaître les produits et les services offerts par la concurrence. Assigner à chaque client important un vice-président ou un cadre intermédiaire, qui a la responsabilité de connaître ce client et de considérer ses suggestions et ses plaintes, est une manière très efficace de connaître les clients. L'équipe de direction reste ainsi très proche de la clientèle, l'élément le plus important des affaires ; en même temps, elle lui témoigne son appréciation. Elle peut alors s'occuper en priorité des problèmes des clients importants. Chaque client important dispose ainsi d'un médiateur attitré à l'intérieur de l'entreprise.

Tout niveau de la hiérarchie doit recevoir en tout temps une rétroaction directe de toute plainte ou de toute félicitation venant du client. De plus, on se servira des informations, obtenues à l'aide d'enquêtes sur la satisfaction des clients et sur les produits vendus, pour détecter des variations dans la production et pour les corriger avant qu'elles ne se transforment en problèmes. On analysera également tous les processus auxquels participe le client afin de les améliorer (par exemple, la facturation, l'expédition, le traitement des commandes, etc.). La direction doit admettre que les attentes et les désirs des clients évoluent sans cesse. Des produits et des services qui étaient remarquables hier sont à peine passables aujourd'hui et seront sans doute inacceptables demain. Le processus d'amélioration n'est jamais terminé.

		Poste			
		planificateur	coordonnateur	réalisateur	meneur	
Traits de personnalité	planificateur	excellent	très mauvais	bon	mauvais	**Rendement**
	planificateur	très mauvais	excellent	mauvais	bon	
	réalisateur	bon	mauvais	excellent	très mauvais	
	meneur	très mauvais	bon	mauvais	excellent	

Figure 6.3 Le rendement selon la personnalité et la nature du travail

■ LA PARTICIPATION ET L'ENGAGEMENT DES EMPLOYÉS

Participation, délégation de responsabilité, engagement des employés sont actuellement des termes familiers ; ils font cependant trembler les plus courageux de nos cadres intermédiaires et de nos agents de maîtrise. Habituellement, les cadres intermédiaires appuient de tels programmes, en théorie et en pratique, car la haute direction les leur impose. Mais au fond d'eux-mêmes, ils estiment que ce ne sont que des subterfuges pour faire disparaître leurs postes. En effet, les cadres intermédiaires et les agents de maîtrise ont le plus souffert lors des licenciements massifs récents.

Dans ce climat d'insécurité, quelle doit être la position des cadres sur l'engagement des employés ?

Comment peut-on réussir si les cadres intermédiaires et les agents de maîtrise craignent la gestion participative et l'engagement des employés ? La haute direction peut-elle les imposer à l'entreprise ? La réponse est oui. Peut-elle les imposer à l'entreprise et réussir ? La réponse est non. Nos cadres intermédiaires sont bien trop intelligents pour s'opposer ouvertement à l'implantation d'une gestion participative par la haute direction. Ils estiment que cette implantation touche les agents de maîtrise. Les agents de maîtrise, de leur côté, apprennent que la direction leur enlèvera une part de leurs responsabilités au profit des employés. Et, très rapidement, l'idée des équipes autonomes, qui ne laisse aucune place aux agents de maîtrise, se répand comme un feu de paille. Les agents de maîtrise collaborent avec la direction, car ils n'ont pas le choix. D'autre part, les cadres intermédiaires espèrent secrètement que l'inefficacité de ce programme éclatera à la face de la direction, à chaque réunion de ces équipes. La haute direction exige la participation des agents de maîtrise, mais ne change pas elle-même ou n'exige pas que les cadres intermédiaires changent. Un tel processus est inefficace. Il est mal conçu et peut entraîner d'énormes dépenses en formation et en réunions inutiles.

Une bonne implantation du processus commence par la haute direction. Celle-ci, au lieu de commander, abandonnera quelques-unes de ses prérogatives aux cadres intermédiaires, en particulier la résolution des problèmes courants à laquelle ils consacrent énormément de temps. Cela entraînera un surplus de travail pour ces cadres déjà surchargés, qui, à leur tour, se déchargeront davantage sur les agents de maîtrise. Lorsque les agents de maîtrise seront responsables de leur travail et lorsqu'ils communiqueront de moins en moins les résultats des vérifications à leurs supérieurs, ils se rendront compte du sérieux de la direction à implanter la gestion participative et de son importance pour leur avancement. La gestion participative se répand librement dans toute l'entreprise, car la plupart des employés tiennent à ressembler à leur supérieur hiérarchique. Dans un tel environnement, les agents de maîtrise abandonnent très volontiers certaines de leurs responsabilités à leurs employés et apprécient ainsi les contributions des employés aux processus de planification et de prise de décision touchant les travaux qui leur sont confiés.

Si la gestion participative est implantée correctement, la haute direction consacrera plus de temps à des activités dont elle aurait dû s'occuper dans le passé, activités qu'elle négligeait en passant son temps à résoudre des problèmes ponctuels et à améliorer des résultats trimestriels. Comment la haute direction devra-t-elle utiliser le temps libéré par la gestion participative ?

- Elle collaborera avec les employés pour trouver les vrais problèmes ;

- Elle communiquera avec les clients externes afin de connaître leurs besoins actuels et futurs ;

- Elle définira les orientations par la planification stratégique.

Marvin Runyon, le pdg de la Nissan Motor Corporation, rencontre chacun de ses 3 200 employés au moins une fois par an. Votre pdg a-t-il le temps d'en faire autant ? Si ce n'est pas le cas, peut-être devrait-il améliorer sa gestion participative.

Souvenez-vous que gestion participative ne signifie pas gestion démocratique. La règle « une personne : un vote » ne s'applique pas, car les cadres restent responsables des actes de leurs subalternes. Les cadres encourageront les employés à partager librement leurs idées et autoriseront leurs implantations, mais auront le courage de rejeter celles qui ne seront pas les meilleures. Lorsque la direction rejette une idée, elle doit en expliquer les raisons. Si ce processus de rétroaction n'est pas efficace, le flot des idées se tarira rapidement.

Le « tirer-pousser » de la direction

Le général Eisenhower se servait d'un fil pour différencier les styles de gestion. « Tirez sur le fil » : les employés vous suivront partout. « Poussez sur le fil » : ils se perdront dans toutes les directions. Les cadres qui insistent et menacent pour faire avancer le travail sont ceux qui « poussent sur le fil ». En général, ils n'obtiennent que très rarement le meilleur rendement. Dans ce cas, les employés les ignorent au lieu de collaborer avec eux et essayent de s'en débarrasser par tous les moyens. Par contre, ils travailleront avec les cadres qui « tirent sur le fil », car ils les aident à donner le meilleur d'eux-mêmes. Ils éliminent les embûches et facilitent le travail de leurs employés.

Éviter de bouleverser l'entreprise

La gestion participative a fait évoluer la structure de fonctionnement dans de nombreuses entreprises. Dans l'ancienne structure, la haute direction se trouvait au sommet d'une pyramide, ce qui montrait bien que toute l'entreprise était à son service. Dans une structure participative, la pyramide est retournée et l'entreprise est alors au service de l'employé qui, à son tour, est au service du client. Connaissez-vous une structure plus instable qu'une pyramide plantée sur son sommet ? Le plus petit choc la renverse !

Je préfère comparer les structures de fonctionnement à un carré (fig. 6.4). Cette figure géométrique montre bien l'importance de toutes les activités, la présence d'une communication multidirectionnelle et l'obligation pour les employés d'utiliser au mieux toutes les ressources pour servir le client. Elle montre également l'obligation de toute l'entreprise de servir les clients internes et externes.

Comment faire travailler les employés

Les cadres font exécuter leur travail par autrui. Des recherches sur le comportement des huamains et des animaux ont montré que l'éthique du travail n'est pas une éthique innée et qu'elle s'apprend. Elles montrent que les humains deviennent moins productifs lorsque tous leurs désirs se réalisent sans qu'ils aient besoin de travailler. Malheureusement, l'éthique du travail s'acquiert dans les années de formation de l'être humain, entre 2 et 15 ans. Il a donc déjà acquis cette éthique lorsqu'il atteint l'âge adulte.

Ressources			
gestionnaires de niveau supérieur	gestionnaires de niveau intermédiaire	gestionnaires de premier niveau	employés
Clients externes			

Figure 6.4 Modèle organisationnel idéal

L'éthique du travail s'est dégradée avec le développement et la prospérité de l'Amérique. Au début du XIXe siècle, les employés vivaient pour travailler. Le statut d'une personne s'améliorait avec son travail. Un travail soutenu menait à la réussite. Vivre devenant un droit, les gouvernements instituèrent l'aide sociale, et l'éthique du travail commença à perdre de la valeur.

La prospérité augmentant, les parents américains devinrent de moins en moins exigeants pour leurs enfants. Les émissions de télévision remplacèrent le travail bien fait. À l'apparition du lave-vaisselle, les parents n'obligèrent plus leurs enfants à participer au lavage de la vaisselle. Les produits devenant plus fiables et les situations financières s'améliorant, les parents n'eurent plus à réparer eux-mêmes leur voiture, leur lave-vaisselle, la plomberie, avec l'aide de leurs enfants. Les aliments surgelés, les gâteaux, le pain, etc., disponibles partout, ont réduit le temps que les enfants passaient à la cuisine avec leurs parents. Les familles qui se contentent actuellement de restauration rapide pourraient très bien se passer de cuisine. Du fait qu'elles consacrent moins de temps aux travaux domestiques, les femmes représentent à présent une fraction importante de la main-d'œuvre, ce qui a contribué à leur émancipation. Ce temps libre apparut au moment où les revenus de l'homme commencèrent à diminuer, forçant la femme à chercher du travail et à contribuer aux revenus de la famille. Les familles à deux revenus sont maintenant plus nombreuses que les familles à un seul revenu, ce qui leur permet de conserver le même niveau de vie.

La disparition de certains travaux domestiques et une plus grande sécurité financière des femmes ont largement contribué à la dégradation des valeurs familiales. Cela a également entraîné l'existence des familles monoparentales, ainsi qu'une dégradation constante de l'éthique de travail. Les enfants apprennent de moins en moins à bien travailler. Selon moi, un enfant de 12 ans travaille aujourd'hui 4 fois moins qu'en 1940.

Notre société s'enrichissant de plus en plus, nous répartissons différemment notre temps entre les activités les plus importantes. La figure 6.5A donne la répartition théorique des différentes activités. Dans le passé, le travail occupait le quadrant le plus important de cette répartition, les trois autres quadrants représentant les activités secondaires (figure 6.5B). De nos jours, le quadrant du travail rend possible l'existence des trois autres quadrants (figure 6.5C). Le quadrant loisir, qui avait presque disparu dans les années 50, a pris de l'importance, car nous consacrons plus de temps à soigner notre condition physique, à satisfaire de nombreux plaisirs, comme regarder la télévision, assister à des rencontres sportives ou écouter de la musique.

Dans les années 40 et 50, les employés se battaient pour travailler des heures supplémentaires. Tous voulaient travailler le samedi pour une fois et demi le salaire normal. La direction devait suivre l'attribution des heures supplémentaires de très près pour ne pas être accusée de favoritisme. De nos jours, c'est le contraire : peu d'employés acceptent de travailler des heures supplémentaires. Ils exigent même d'être avertis deux jours à l'avance avant d'accepter. Nous contrôlons soigneusement le quadrant du travail afin qu'il n'empiète pas sur les trois autres.

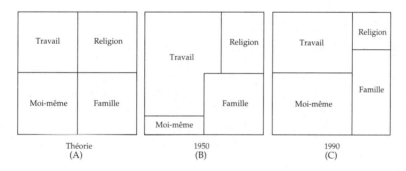

Figure 6.5 L'arène de la vie (répartition du nombre d'heures d'activités en pourcentage)

Dans un tel environnement, la direction doit adapter son style de gestion à la personnalité de ses employés. Elle devra également trouver les réponses à la question : « Que faire pour obtenir les meilleurs résultats de l'employé quand il est dans son quadrant de travail ? »

Les menaces de la direction

La crainte de perdre leur emploi motive toujours les employés. Le patron maniant le fouet existe toujours ; il obtient encore des résultats, particulièrement dans les secteurs où les emplois sont rares. Ce genre de gestion exige des efforts soutenus de la part des cadres et ne donne pas d'excellents résultats à long terme.

L'automotivation

L'automotivation correspond à la situation idéale. Si tous les employés se motivaient eux-mêmes, le travail des cadres serait facile. Dans la réalité, les employés constatent que certains de leurs collègues en font bien moins qu'eux et n'en sont pas pénalisés pour autant. Les meilleurs employés se laissent alors influencer et leur rendement tombe au plus bas niveau de leur entourage. L'automotivation est efficace pour moins de 10 % des employés.

L'engagement des employés

Les employés obtiennent le meilleur rendement en s'engageant. S'ils ont la possibilité de discuter de leurs tâches, ils s'intéresseront davantage à leur travail et amélioreront leur éthique de travail. Les employés travaillent mieux s'ils élaborent eux-mêmes leurs processus de travail, s'ils comprennent le pourquoi de leurs tâches et s'ils connaissent la valeur de leurs efforts.

Lorsque l'entreprise aura compris que la réussite dépend de l'intelligence et du travail de ses employés et lorsque ceux-ci se sentiront heureux et stimulés par la réussite de l'entreprise, la gestion participative sera le mode de fonctionnement et ses résultats ne pourront que s'améliorer.

La communication dans les 5 directions

Depuis longtemps, les entreprises se sont efforcées d'établir une communication dans deux directions (verticale ascendante et descendante). Et voilà qu'au moment d'y arriver, elles s'aperçoivent que cette communication est insuffisante. De nombreuses entreprises essayent maintenant d'établir une communication dans cinq directions (verticale ascendante, verticale descendante, horizontale, vers le client et vers le fournisseur). Le processus de communication à cinq directions est une composante clé d'un environnement de participation qui repose sur des relations étroites entre clients et fournisseurs. De nos jours, par suite d'un environnement complexe, ce type de communication joue un rôle essentiel dans le fonctionnement des entreprises. Dans une société riche en informations, la direction ne peut plus filtrer les informations vers des employés. De leur côté, les employés sont responsables d'entretenir des communications actives au niveau de toutes leurs interfaces de travail. La direction a perdu le contrôle des informations lorsqu'elle a délégué une partie de ses responsabilités aux employés. Elle est maintenant responsable de maintenir actif le processus de communication et d'en fournir les supports physiques. Chaque employé a désormais la responsabilité de se servir de ce processus et de le gérer dans son environnement immédiat. Au minimum, chaque employé doit communiquer dans quatre directions sur cinq. Voici ce qu'il faut faire pour que le processus de communication puisse fonctionner :

- La direction communique aux employés les informations qu'elle gardait auparavant pour elle-même.

- La direction implante le processus de communication.

- Chaque employé est formé à l'utilisation de ce processus.

- Un système de récompense est implanté pour encourager l'utilisation du processus.

De nos jours, bien utilisées, la technologie et l'initiative personnelle favorisent les communications. Les réseaux d'ordinateurs, les boîtes vocales, les bases de données centralisées, les télécommunications ainsi que les conférences, les réunions des conseils municipaux et les ligues de bowling télévisées sont quelques exemples de réalisations. Dans l'environnement actuel, la communication dans les cinq directions est non seulement souhaitable mais indispensable.

Les employés hésitent souvent à utiliser les systèmes de communication ou ne savent pas s'en servir, ce qui témoigne des faiblesses de ces systèmes. Dans la plupart des entreprises, seuls les cadres ont été formés aux systèmes de communication ; cela convenait très bien à un système de communication à deux directions. En effet, rendre les employés compétents en systèmes de communication ? Si les employés se mettent à communiquer, il va falloir les écouter : qui en a le temps ? Actuellement, tous les employés sont responsables du fonctionnement du processus de communication. Ils doivent donc être formés et avoir accès aux moyens de communication. Entrer les informations dans le processus reste le problème le plus important pour sa mise en route. Un système de données qui regroupe les informations en sous-ensembles est d'une utilisation facile et réduit au maximum le temps consacré à la recherche des données. La direction constitue le plus grand obstacle à l'implantation de ces systèmes, car, pendant des années, elle s'imaginait que l'information lui donnait le pouvoir, pouvoir qu'elle ne voulait pas partager avec ses employés. Il suffit d'ajouter à cela la méfiance envers les employés et la croyance que leur manque d'instruction ne leur permet pas de suivre les affaires de l'entreprise, pour comprendre pourquoi la direction hésite à révéler toutes les informations dont elle dispose. Même si elle ne veut pas se confier à une minorité d'employés, ceux-ci trouveront toujours le moyen d'obtenir les informations voulues. Lorsque la direction commence à partager ouvertement toutes les informations, le processus de communication s'institutionnalise et devient efficace.

■ L'ENGAGEMENT DES SYNDICATS DANS LA GESTION PARTICIPATIVE

Quand on lui a demandé de préciser la position de son syndicat à l'égard de la gestion participative, Donald Ephlin, le vice-président de l'*United Auto Workers* (UAW), a répondu : « La gestion participative ne doit pas être perçue comme une collaboration entre les syndicats et la direction, mais comme une collaboration entre la direction et les employés. »

Même si les syndicats ont participé à l'énoncé des visions de l'entreprise et au plan triennal de l'amélioration, leur engagement doit s'accentuer quand les dirigeants s'apprêtent à lancer le processus de gestion participative. Dans le passé, les dirigeants ont agi, et les syndicats ont réagi. Les dirigeants décidaient des règlements et les syndicats se battaient pour les changer. Ces relations antagonistes s'expliquent par le fait que le mouvement ouvrier est apparu à une époque où certaines entreprises exploitaient leurs employés ; la situation a fortement évolué depuis. L'environnement de concurrence actuel exige des relations d'un type différent entre les syndicats et les dirigeants pour que l'entreprise puisse survivre.

En 1973, les accords entre General Motors et la UAW introduisaient les concepts de la qualité de vie : ce fut un événement important dans les relations de coopération entre les syndicats et les dirigeants. Depuis, de nombreux syndicats ont emboîté le pas (par exemple, la *United Steel Workers of America*, les *Communication Workers of America*). Ces efforts de coopération se retrouvent sous des noms très différents : qualité de la vie au travail, engagement des employés, comités de participation direction/syndicat, etc. De tels programmes se basent sur la conviction que les syndicats s'objecteront moins à certains travaux s'ils participent à l'établissement des règles et à la résolution des problèmes. L'implantation d'un tel climat de coopération exige un changement radical du comportement des dirigeants et des responsables syndicaux. Il est crucial de bien gérer et de coordonner ce changement. Très souvent, pour remédier à une situation défavorable, les relations sont poussées à l'extrême, ce qui entraîne des résultats désastreux. La participation des syndicats sera une participation volontaire, sinon elle échouera. Les deux partenaires planifieront ensemble la gestion participative avant de la présenter aux employés syndiqués. Pour y arriver, les dirigeants et les responsables syndicaux travailleront ensemble, analyseront le processus de gestion participative, planifieront son implantation et sa présentation aux employés.

Il faudra probablement s'attaquer en premier lieu aux contradictions que présente la coexistence d'une collaboration étroite entre les dirigeants et les syndicats avec le processus de négociation paritaire. Il faudra ensuite analyser l'impact de la gestion participative sur le processus des griefs des syndicats. Il faudra également définir les aspects de la collaboration qui sont régis par les lois sur les relations de travail ou par d'autres règlements et s'assurer de leur respect. L'implantation d'une véritable gestion participative dans un milieu syndiqué exige que les dirigeants et les syndicats s'entendent clairement sur l'étendue des travaux et sur la manière de les réaliser et de les administrer. Cette entente comprend entre autres :

- l'établissement d'un comité conjoint de gestion ayant pouvoir de décision pour toutes les activités ;

- une logique commune à tous les changements concernant la redéfinition du travail, l'enchaînement et les processus des activités ;

- une formation commune ;

- une communication commune ;

- un accord sur la prise de décisions (à la majorité, par consensus, etc.).

Vous risquez l'illégalité si vous n'avez pas négocié en détail tous les points de la collaboration prévus par la législation en vigueur.

Pendant la phase de démarrage, les responsables syndicaux, en collaboration avec les dirigeants, devront répondre à un certain nombre de questions. En voici quelques-unes :

- Quels sont les avantages pour le syndicat et ses membres ?

- Est-ce une nouvelle tactique pour accélérer la réalisation des travaux ?

- Quel sera l'impact sur la négociation des contrats de travail ?

- Les syndiqués ne vont-ils pas penser que leurs responsables facilitent la gestion de l'entreprise ?

- Quelle est l'ampleur des travaux demandés ?

- Cette collaboration améliorera-t-elle les relations existantes ?

- Comment la politique syndicale évoluera-t-elle ?

Très souvent, une tierce partie apportera son aide pour répondre à ces questions et pour planifier l'implantation de la gestion participative. Une personne impartiale facilitera le développement des relations entre les deux partenaires. Très fréquemment, elle animera des séminaires pour expliquer les avantages et les inconvénients d'une gestion participative aux dirigeants syndicaux. Souvent, ceux-ci seront encouragés à visiter des entreprises qui ont implanté avec succès une gestion participative dans un milieu syndiqué ; ils pourront alors discuter avec les responsables syndicaux pour trouver les réponses à leurs questions. Ils liront également de nombreux articles et visionneront un certain nombre de vidéocassettes. Très souvent, ils inviteront les hauts dirigeants au siège syndical ou ailleurs, pour débattre de leur rôle et de leur engagement dans la gestion participative. Lentement et dans une atmosphère de confiance, le processus prendra forme et les partenaires élaboreront les règles de base du nouveau fonctionnement.

Une fois tous les problèmes réglés, les responsables syndicaux et la direction pourront convenir d'une planification des opérations et de l'implantation de la gestion participative. Cela se fera généralement lors d'une réunion à l'extérieur de l'entreprise. La première partie de cette réunion sera consacrée à définir les lignes directrices de la collaboration et à énoncer les résultats attendus. La deuxième partie de la réunion sera consacrée à planifier l'implantation de la collaboration et à décider comment le processus de gestion participative sera communiqué aux employés.

Glenn Watts, de la *Communication Workers of America* (CWA), a fait remarquer que si la coopération avec la direction est une activité à haut risque pour les syndicats, elle est indispensable pour la survie des deux partenaires à long terme. Il précise : « Le seul vrai risque pour les syndicats consiste à ne pas collaborer. » Que pensent les membres syndiqués de cette collaboration ? Ils l'appuient tous. Les responsables syndicaux qui la soutiennent n'ont jamais été aussi bien placés politiquement. Selon les commentaires des dirigeants syndicaux de la *United Auto Workers* (UAW), les candidats qui basent leur campagne sur la qualité de vie au travail sont à peu près sûrs d'être élus.

■ SURCONTRÔLÉS ET SOUS-DIRIGÉS

La direction parle de participation et de délégation de pouvoir, mais des dirigeants de plus en plus haut placés prennent de plus en plus de décisions, malgré une diminution de la hiérarchie. Il faut enrayer ces tendances : avant de prendre une décision, chaque dirigeant examinera si elle doit être prise à son échelon. Si elle peut être prise à un échelon inférieur, il désignera la personne qui la prendra. A priori, cela retarde la prise de décision ; le personnel s'adaptera cependant très vite et seules les décisions importantes monteront dans la hiérarchie. De plus, la direction ne devra pas contester les décisions prises.

Le rôle des cadres

À chaque échelon de la hiérarchie, les cadres joueront un rôle bien précis dans le processus d'ingénierie. La figure 6.6 décrit les rôles de soutien à ce processus que jouent les trois échelons de la hiérarchie, selon Compaq Computer.

L'environnement de participation transparaît très clairement à travers ces rôles ; ainsi, les équipes d'employés sont autorisées à élaborer leurs propres processus de travail. Dans cette approche de la gestion de l'amélioration totale (GAT), les cadres jouent le rôle de guide, mais ne dirigent plus le processus.

Voici une liste d'exigences qui favorisent l'engagement et la gestion participative :

1. Les cadres partagent le pouvoir et les responsabilités.

2. Les cadres améliorent la diffusion des informations auprès des employés.

3. La gestion participative et l'engagement du personnel sont mis en pratique à tous les niveaux.

4. Les cadres se fient aux employés afin de mériter leur confiance.

5. Les cadres se sentent à l'aise en décentralisant la prise de décision.

6. Les cadres ne modifient plus leurs appréciations après coup.

7. Les cadres favorisent un environnement où les erreurs sont permises, car elles font partie du cycle d'apprentissage et de la prise de risque qui caractérise les fonceurs.

8. Les cadres permettent aux employés de s'initier à la prise de décision, à de nouvelles activités et à l'analyse du fonctionnement des entreprises.

9. Les cadres ont le courage de rejeter les mauvaises solutions, mais prennent le temps de se justifier.

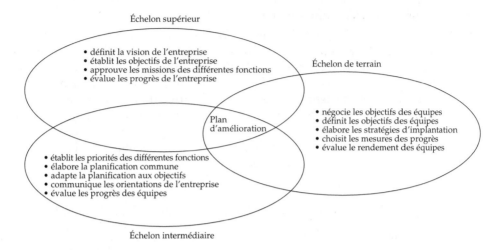

Figure 6.6 Le rôle de soutien des cadres dans le processus d'amélioration

Pour que l'entreprise puisse réussir, les cadres fournissent aux employés :

1. Des descriptions de postes détaillées ;

2. Les mesures permettant de suivre les progrès ;

3. Les outils permettant d'effectuer un travail sans erreur ;

4. La formation nécessaire à l'utilisation des outils et des processus ;

5. L'importance et la raison de leur travail ;

6. La rétroaction en continu du client pour leur permettre d'évaluer leur rendement ;

7. Le temps de faire correctement leur travail.

Les comités d'entreprise

L'Amérique retourne aux sources alors que les entreprises et Ross Perot remettent à la mode les bonnes vieilles assemblées publiques de village pour améliorer les communications entre l'encadrement et le personnel. Ces assemblées ne servent pas à gérer l'entreprise. Elles donnent à la haute direction et au personnel une occasion d'échanger des idées et de mieux se comprendre. Certaines entreprises y invitent tous leurs employés, d'autres les sélectionnent. Ces assemblées commencent généralement par une courte présentation par la haute direction, suivie d'une période de questions sur un sujet donné. Un employé fera le compte rendu pour permettre à la haute direction de donner suite aux problèmes soulevés par le personnel et aux promesses qu'elle aura faites. Ces comptes rendus seront affichés sur les babillards ; ils mentionneront les auteurs des questions. Ils pourront ainsi servir à tous. Cette pratique est excellente, car les questions posées lors de ces assemblées sont généralement celles qui préoccupent tout le personnel, celui-ci ne les posant pas par manque de temps ou par timidité.

Le nouveau cadre intermédiaire

Si les hauts dirigeants sont les personnes clés lors du lancement de l'amélioration, les cadres intermédiaires sont celles qui assurent son fonctionnement. Ces cadres cesseront de se préoccuper des problèmes routiniers de l'entreprise si la haute direction leur confie effectivement un rôle de planificateurs et d'orienteurs. Les cadres intermédiaires deviennent ainsi les responsables du fonctionnement de l'entreprise et de son amélioration, alors qu'ils en étaient les « gardes-chiourmes ». Au lieu de gérer des secteurs très restreints, ils auront la responsabilité de secteurs plus étendus et devront bien connaître les relations interfonctionnelles. Voici les activités clés de cette nouvelle génération de cadres intermédiaires :

- développer des relations étroites avec les clients afin de mieux les connaître ;

- se concentrer sur les aspects généraux de l'entreprise et les gérer ;

- former, guider et diriger les agents de maîtrise ;

- se concentrer sur le processus plutôt que sur les activités ;

- aider les employés à profiter de leurs erreurs plutôt que de les blâmer ;

- rechercher l'origine des problèmes et non leurs auteurs ;

- faciliter l'amélioration continue et atteindre les objectifs ;

- accepter le changement et se comporter comme un agent du changement ;

- refuser de prendre des décisions qui peuvent être prises à des échelons inférieurs ;

- accorder une grande priorité au décloisonnement des fonctions ;

- donner l'exemple aux agents de maîtrise et aux employés ;

- être toujours impartial et au-dessus des querelles ;

- sacrifier le rendement de son secteur pour favoriser le rendement de l'entreprise ;

- stimuler activement la communication verticale ascendante ;

- partager les informations à tous les échelons ;

- susciter les suggestions des employés et soutenir activement les meilleures ;

- toujours expliquer les raisons du rejet d'une idée ;

- donner aux employés en relation avec les clients l'autorité nécessaire pour résoudre leurs problèmes ;

- encourager les agents de maîtrise à déléguer leur autorité aux employés ;

- établir les priorités et s'y tenir ;

- établir des réseaux de communication permettant de repérer des tendances défavorables avant qu'elles ne se transforment en problèmes ;

- accorder une forte priorité à la prévention des problèmes ;

- reconnaître et récompenser les employés qui détectent des problèmes et qui les résolvent ;

- adapter la récompense aux besoins de l'employé et à sa contribution à l'entreprise ;

- traiter chaque employé de façon identique ;

- montrer l'importance du respect des délais et de l'urgence à réaliser les travaux sans compromettre la qualité ;

- s'occuper de situations désagréables avec le sourire plutôt qu'avec une mine renfrognée ;

- accorder une forte priorité à l'augmentation des responsabilités et des compétences de l'employé ;

- toujours prendre le temps d'écouter les problèmes d'un employé ;

- accorder son aide aux employés qui en ont besoin, si cela est possible ;

- par-dessus tout, écouter.

L'importance des cadres intermédiaires pour le processus d'amélioration ne peut être surestimée. Ils doivent se comporter envers les employés et les agents de maîtrise comme s'ils étaient leurs parents. Ils façonnent le style de gestion des futurs dirigeants. Ils seront suffisamment proches des employés pour permettre l'utilisation de leur prénom. Ils connaissent le rendement, les faiblesses, les forces et les aspirations de carrière de chacun de leurs employés. Très souvent, à l'instar des futurs dirigeants, ils passeront de la direction d'un service à un autre. Ils sont les experts techniques et les gestionnaires admirés par les cadres débutants, les dirigeants chevronnés et les employés. Dans le processus d'amélioration, ils remplissent le rôle d'enseignants, d'entraîneurs, d'amis et de maîtres à penser. Si la haute direction peut être considérée comme la figure de proue du processus d'amélioration, les cadres intermédiaires en sont le gouvernail. Grâce à eux, les entreprises atteignent l'excellence au lieu de se cantonner dans la médiocrité.

■ LE PROCESSUS DE CHANGEMENT CHEZ LES CADRES

Les cadres doivent changer avant même d'espérer un changement dans le personnel. Tant qu'ils se complairont dans leur routine, ils n'obtiendront que des résultats routiniers. L'amélioration doit commencer au sommet de la hiérarchie, se répandre dans l'entreprise et descendre progressivement les échelons. Échelon après échelon, elle fera disparaître les comportements et les caractères indésirables : c'est ce que nous appelons l'« effet cascade » de la gestion de l'amélioration totale (GAT). Les cadres ne pourront espérer un changement de la part de leurs employés que si eux-mêmes ont pleinement accepté le changement. La haute direction changera en premier lieu, puis les cadres intermédiaires et, enfin, les agents de maîtrise et les chefs d'équipe. Il est illusoire de vouloir changer les employés si les cadres ne leur donnent pas l'exemple.

Et il ne suffira pas de donner l'exemple par des paroles, mais bien par des actes, car les employés ne suivront pas de belles paroles.

Pour commencer, les dirigeants investiront personnellement dans le changement, en se formant et en se préparant à leur nouveau rôle. Il est bien connu que « l'ignorance coûte cher, et non la formation ». Par cette formation, les dirigeants maîtriseront le cycle du changement. Ce cycle peut se comparer à la sculpture d'un bloc de glace. Vous pouvez faire sauter des éclats de glace avec un pic. Dans ce cas, vous gaspillez une partie de votre matériau. Il vaut mieux fondre d'abord l'ancienne personnalité de l'entreprise, la remodeler selon la personnalité souhaitée, puis la regeler avec ses habitudes, ses pratiques et ses croyances nouvelles. Cette approche épargnera 95 % de votre direction et lui permettra de traverser avec succès le cycle de changement.

■ DÉVELOPPER LE GOÛT DU CHANGEMENT

La gestion de l'amélioration totale (GAT) marquera fortement les cadres, plus que tout autre employé. Ils devront modifier de nombreux traits de leur caractère, auxquels ils doivent leur réussite. Contrairement aux employés qui voient le changement comme une expérience enrichissante et qui profitent de leur nouvelle autonomie pour maîtriser leur avenir, de nombreux cadres risquent d'en faire les frais. La plupart des cadres se sont hissés à leur poste parce qu'ils réussissaient mieux que leurs collègues de travail. En plus d'être gestionnaires, ils ont pu réaliser plus de projets qu'ils ne souhaitaient, ayant tout à coup à leur disposition de nombreux subalternes.

Dans le passé, les cadres décidaient de ce qu'il fallait faire (ou de ce qui, selon eux, devait être fait) ; ils l'exigeaient donc de leurs employés. Le travail terminé, ils s'en adjugaient le mérite, en eux-mêmes et en public. Voilà qu'à présent, nous leur demandons de se mettre en retrait, de permettre à ceux qui avaient moins bien réussi de prendre les affaires en main, d'aider les employés dans leur travail sans les commander, de leur laisser le mérite de leurs idées et de ne plus attirer l'attention sur eux-mêmes, mais sur leurs employés. Ce retournement de situation sera très difficile à accepter pour la plupart des cadres, en particulier dans un domaine technique.

Avant même d'espérer un changement, nous devons susciter son désir. La gestion du changement dans l'entreprise peut intervenir ici de façon très efficace. Après s'être suffisamment informée, la direction devra être convaincue des avantages de la situation future par rapport à la situation actuelle. Pour cela, la première phase de la formation fera bien comprendre les désavantages d'un statu quo.

Quand les cadres seront persuadés de ces désavantages, ils pourront affronter les concepts favorisant le passage de l'entreprise de son état actuel à celui défini par les énoncés de vision. Ces concepts clés les aideront à saisir les difficultés associées au processus de changement et à l'état futur. Cette compréhension est cruciale pour chacun des membres de l'équipe de direction. Chacun pourra alors décider de soutenir le processus de changement et de modifier son comportement. Si la balance penche du coté du statu quo, l'adhésion au changement ne se fera pas.

■ LA FORMATION DES CADRES

La formation des cadres commencera toujours par les hauts dirigeants, selon le concept de la «cascade». Rappelez-vous : il faut toujours balayer un escalier en commençant par le haut. La haute direction assistera à tous les cours de formation avant les employés et les agents de maîtrise. En règle générale, aucun employé n'assistera à un cours que la haute direction n'aura pas déjà suivi, sauf s'il s'agit d'un cours de nature très technique relié spécifiquement à son travail. Le contenu de ces cours sera adapté à chaque échelon de la hiérarchie, les documents et les concepts enseignés restant les mêmes pour tous. La haute direction étudiera les concepts, les techniques d'analyse des résultats et les techniques d'entrevue.

Les cadres intermédiaires, par contre, suivront une formation plus complète incluant des études de cas et des travaux pratiques. En général, les cadres intermédiaires devront acquérir la meilleure compréhension de l'amélioration et de ses outils, car ils seront responsables de les enseigner aux agents de maîtrise ; ils faciliteront également l'implantation des concepts du changement. Les agents de maîtrise et les chefs d'équipe recevront une formation axée sur la pratique, pouvant servir immédiatement à l'entreprise. Pour que cette approche puisse être efficace, les cadres intermédiaires planifieront l'implantation de la formation dans leur secteur, participeront à son déroulement et s'assureront de son application pratique à l'entreprise. La formation des cadres comportera deux volets essentiels : les compétences techniques et les compétences en relations humaines.

La formation permet le recyclage des cadres. Un cadre expérimenté consacrera environ 5 % de son temps à développer ses compétences techniques dans son domaine de spécialisation et 5 % à parfaire ses compétences en relations humaines. Il devra consacrer quatre ou cinq semaines à sa formation pour maintenir son niveau de compétence.

Les entreprises commettent souvent l'erreur de ne pas former leurs cadres à l'aspect social des activités de gestion avant de leur confier un poste de gestionnaire. Cela revient à demander à un employé qui n'a aucune formation en ingénierie de construire un pont, alors qu'il est en train d'assimiler les premiers rudiments de mathématiques et de mécanique. Tout candidat, même potentiel, à un poste de gestionnaire doit pouvoir étudier les techniques de gestion des aspects humains de l'entreprise avant d'accéder à un tel poste. En fait, il faudra même exiger des candidats qu'ils réussissent un cours de gestion, avant même de considérer leur candidature. C'est ce que les entreprises font de plus en plus. Elles limitent ainsi les dommages que les jeunes cadres leur infligent.

Voici une liste non exhaustive des sujets que la plupart des cadres devraient maîtriser :

- le contrôle des processus ;

- la collecte des données et leur analyse ;

- les plans d'expérience (programmation et organisation) ;

- l'ingénierie des processus ;
- la gestion participative ;
- l'amélioration des processus administratifs ;
- les compétences de leader ;
- une communication efficace par :
  - la communication non verbale,
  - l'art d'écouter,
  - la communication interpersonnelle,
  - les techniques d'entrevues,
  - la négociation ;
- la gestion des avoirs ;
- la prise de décision statistique ;
- la planification des projets ;
- l'établissement de la confiance ;
- l'utilisation des récompenses et de la reconnaissance ;
- la technique de gestion des variables ;
- l'analyse de caractère ;
- la gestion de la sécurité ;
- la gestion des réunions ;
- les techniques de vérification ;
- la planification et l'orientation de carrière ;
- la planification et l'évaluation du rendement ;
- la comptabilité d'entreprise ;
- la fixation d'objectifs ;
- la gestion du temps ;
- l'amélioration de la créativité ;
- la gestion des projets ;
- la gestion du risque ;

- la gestion des conflits ;

- les rudiments de la motivation ;

- l'égalité d'accès à l'emploi ;

- etc.

La plupart des nouveaux cadres doivent acquérir beaucoup de compétences au moment où ils sont généralement le plus occupés. Les cadres intermédiaires jouent également le rôle d'éducateur et de facilitateur et doivent donc recevoir une formation correspondante. Voici les compétences nécessaires pour ces rôles :

- avoir des qualités de facilitateurs ;

- savoir élaborer des programmes de formation efficaces ;

- savoir enseigner et convaincre ;

- établir des réseaux de communication ;

- connaître l'éducation des adultes ;

- savoir s'exprimer en public.

■ LES DESCRIPTIONS DE POSTE

Dans la plupart des entreprises, la description de poste décrit le travail, la fonction ainsi que les compétences nécessaires ; elle définit également la contribution du poste à l'entreprise. Les nominations se font en fonction des descriptions de poste. Dans certaines entreprises, ces descriptions sont tellement nombreuses qu'elles mènent l'entreprise à sa perte : généralement dépassées, elles sont, par conséquent, inutilisables. La description de poste est un excellent moyen de définir les travaux et de les évaluer. Nous allons maintenant en faire un outil d'ajout de valeur.

Les descriptions des postes de cadres

Très souvent, les descriptions des postes de cadres sont dépassées ; en tout cas, elles ne tiennent pas compte du nouvel environnement de l'amélioration. La description de poste traditionnelle a été écrite pour des dictateurs, pour des « gardes-chiourmes » qui font progresser les affaires à coups de trique. L'aspect humain de la gestion est généralement ignoré dans sa totalité. On n'accorde que peu ou pas de mérite au cadre qui forme ses employés et qui s'efforce d'augmenter leur niveau de responsabilité. La révision des descriptions de poste et leur adaptation au fonctionnement de la nouvelle gestion seront les premiers travaux à effectuer en implantant le processus d'amélioration. Ces descriptions incluent :

- une section sur les aspects techniques ;

- une section sur les aspects humains ;

- une section traitant de la maîtrise des ressources.

Les descriptions des postes d'employés

La description des postes d'employés est aussi importante que celle des cadres. Les descriptions de ces postes sont caduques dès que les employés prennent eux-mêmes les décisions relatives à leur travail. Les cadres devront donc modifier ces descriptions pour qu'elles tiennent compte des nouvelles responsabilités des employés. Ensuite, pour chaque poste, on fixera le salaire selon le travail effectué. On prendra soin de réduire au maximum le nombre de postes ainsi que le nombre de niveaux de rémunération. On encourage ainsi les employés à passer d'un poste à un autre afin d'acquérir des connaissances et des expériences nouvelles, tout en augmentant la contribution qu'ils apportent à l'entreprise. Les programmes d'échange de postes permettent aux employés de garder le moral quand les possibilités de promotion sont rares.

■ LES NOUVELLES NORMES DU RENDEMENT : UN PRODUIT ZÉRO DÉFAUT

La direction doit établir de nouvelles normes de rendement pour elle et ses employés. Nous préconisons la norme du rendement zéro défaut. Nous payons un employé pour un travail bien fait et non pour des erreurs qui font perdre son temps et celui d'autres employés. Se tromper est humain, mais être payé pour se tromper est divin. Les erreurs appartiennent au mode de vie du milieu des affaires. Nous vivons avec les erreurs, nous les planifions et nous nous en excusons. Elles imprègnent le caractère de nos entreprises. Nos employés assimilent rapidement nos normes et produisent des erreurs pour ne pas nous décevoir ! Un employé m'a confié ceci : « Si je faisais mon travail correctement tous les jours, ma collègue Jane perdrait son emploi. »

Nous avons utilisé le terme « erreur » de préférence à « défaut », car nous faisons tous des erreurs, alors que le mot « défaut » est habituellement réservé pour désigner les erreurs faites en production. Est-il raisonnable d'exiger une norme de rendement qui ne tolère aucune erreur, puisque nous en commettons invariablement ? Je réponds oui, car il est impossible de fixer une limite d'erreurs acceptable. Est-il acceptable d'entrer dans le garage avec la voiture et d'enfoncer le mur arrière à la dixième entrée ? Ou à la centième entrée, ou à la millième ? J'espère que votre norme est de toujours freiner avant de heurter le mur ! Des normes de ce type devraient régir nos entreprises.

Commettre une ou deux erreurs sur 100 erreurs possibles était acceptable dans les entreprises pendant les années 70. Dans les années 80, la norme était d'une ou deux erreurs pour 10 000. Au début des années 90, cette norme était encore acceptable. Motorola lança alors son programme Six Sigma. Dans ce programme, chaque employé évaluait son rendement, puis devait l'améliorer pour commettre moins de 3,4 erreurs sur 1 million d'erreurs possibles. Cette valeur est-elle suffisante ? Certainement pas si l'on se rappelle les accidents catastrophiques occasionnés par des ascenseurs ou des freins défectueux.

Notre objectif ultime est un fonctionnement zéro défaut. Mais pouvons-nous imposer un objectif apparemment irréalisable et le faire accepter par les employés ? Oui, parce que tous nos employés peuvent travailler sans erreur. Chacun travaille sans erreur pendant un certain temps ; par exemple, cinq minutes, cinq heures ou cinq jours. J'espère que dans votre cas, ce sera cinq semaines, cinq mois ou peut-être cinq ans. Cela vous démontre bien que vous pouvez travailler sans erreur, à condition de mentionner la période de temps. Par conséquent, améliorer un fonctionnement sans erreur revient à augmenter le temps entre deux erreurs consécutives. Nous pouvons ainsi jauger notre rendement et nous fixer les objectifs d'amélioration continue. Quel est maintenant votre rendement ? Respectez-vous la norme de Motorola ? Je crois qu'aucun cadre ne respecte actuellement une norme aussi contraignante. J'estime que nos cadres prennent de mauvaises décisions pendant 5 % de leur temps et de bonnes décisions 10 % de leur temps. Pendant 85 % du temps, leurs décisions sont très moyennes. Nos cadres ont ici une bonne occasion d'améliorer la situation concurrentielle de leur entreprise.

■ LES SYSTÈMES DE MESURE ET LA PLANIFICATION DU RENDEMENT

Les cadres devront procéder à la révision des systèmes de mesure et de la planification du rendement pour tenir compte des nouvelles normes et des nouvelles descriptions de poste. La nouvelle planification mettra l'accent sur le travail d'équipe, le respect des délais, l'amélioration continue et la créativité. Les cadres devront évaluer impartialement leurs employés, tout en gardant à l'esprit que 50 % d'entre eux ont un rendement inférieur à la moyenne. Cela ne signifie pas que 50 % des employés sont inaptes à occuper leur poste. Le terme « moyenne » représente simplement une ligne sur un graphique qui sépare les employés en deux groupes : 50 % de ceux-ci se trouvent au-dessus d'elle et 50 %, en dessous.

Trop de cadres choisissent la facilité : ils donnent une note supérieure à la moyenne à presque tous leurs employés. Ce type de notation est injuste pour deux raisons. D'abord, il est injuste pour les moins bons employés : ils ne peuvent se rendre compte ni du rendement de leur travail par rapport à celui de leurs collègues, ni de l'urgence de leur amélioration. Ensuite, il est injuste pour les meilleurs employés : ils ne sont pas récompensés pour leurs efforts.

Dans un autre type d'évaluation, qui évite la comparaison entre employés, les cadres évaluent uniquement leurs employés en fonction de leur description de poste. Ils sont alors classés selon cinq catégories :

• Ne satisfait pas aux exigences du poste.

• Satisfait à peine aux exigences du poste.

- Satisfait aux exigences du poste.

- Dépasse quelquefois les exigences du poste.

- Dépasse les exigences du poste en tout temps.

Dans les meilleures entreprises, 80 % des employés ainsi évalués dépassent quelquefois les exigences du poste. Environ 5 % dépassent les exigences du poste en tout temps : ce sont les vedettes qui devraient être promues à des postes de responsabilités accrues. Quelque 5 % ne satisfont pas aux exigences du poste : ils devront faire des progrès, changer de poste ou être renvoyés. Les 10 % qui restent satisfont aux exigences du poste. Ce chiffre peut atteindre 50 % dans les entreprises gagnantes. Ce type d'évaluation est préférable, mais il exige une description de poste détaillée et une planification d'évaluation du rendement toutes deux élaborées par le cadre en collaboration avec l'employé.

■ LES ÉVALUATIONS PAR LA BASE

De nombreux cadres ignorent ce que les employés pensent d'eux. Du chef de secte Jim Jones à Adolf Hitler, tout dictateur croit à la dévotion de ses adeptes, alors qu'en réalité il règne par la terreur. C'est le cas de nombreux cadres. Beaucoup d'entreprises recherchent le jugement de leurs employés en mettant en place un système d'évaluation des supérieurs. De tels systèmes sont efficaces s'ils donnent une rétroaction de la gestion du cadre et s'ils ignorent tout conflit de personnalité. Non seulement ils informent les cadres de leurs forces et de leurs faiblesses, mais ils les tiennent au courant des attentes et des besoins de leurs employés. Par ce système, l'employé suggère à ses supérieurs les mesures qui augmenteraient son rendement et favoriseraient son épanouissement à son poste de travail. Quand il est efficace, ce système fait également ressortir certains problèmes potentiels : ceux-ci pourront alors être corrigés avant d'être connus de la direction et avant de causer des préjudices aux cadres.

Kathy Colbourn, administratrice à la Federal Bank de San Francisco, fait remarquer que les cadres s'étonnent souvent du jugement des employés à leur égard. L'importance de ces évaluations augmente avec la hiérarchie. De moins en moins de rétroaction utile se fait vers les hauts niveaux de la hiérarchie. Janina Latack, professeure en management et en ressources humaines au College of Business de l'Ohio State University l'a confirmé lors d'une discussion sur ces évaluations : « La probabilité d'avoir une rétroaction utile diminue vers le haut de la hiérarchie. Les employés estiment que la compétence de leurs cadres augmente avec la hiérarchie ; plus le niveau est élevé, plus ils hésitent à révéler ce qu'ils pensent. »

Chez Dow Chemical, une rencontre de perfectionnement individuel avec l'employé suit l'évaluation dans 95 % des cas.

Feed-back 360°

Dans les entreprises d'avant-garde, le processus d'évaluation est étendu à tout l'entourage. Les clients et les cadres du même échelon participent à l'évaluation du cadre, au même titre que ses employés ou son supérieur hiérarchique direct. Dans certains cas, les informations sont envoyées directement au cadre ; il peut ainsi procéder à sa propre évaluation et à sa propre amélioration sans l'intervention officielle d'une personne spécialement chargée de l'évaluation. Les clients, les employés et les cadres évaluateurs peuvent rester anonymes. Le cadre dispose ainsi d'une meilleure évaluation et d'un outil efficace pour aider les employés qui souhaitent réellement s'améliorer. Pour les subalternes, l'examen du rendement individuel par rapport aux objectifs de l'entreprise tient lieu d'évaluation ; cet examen se fait dans le cadre de la fixation des objectifs individuels du personnel et des objectifs de groupe pour la période d'évaluation qui suit. Une telle évaluation permet d'aligner ces objectifs sur les objectifs à court terme de l'entreprise et de s'assurer qu'ils correspondent aux facteurs critiques de la réussite.

■ LES ÉQUIPES D'AMÉLIORATION DE LA DIRECTION

Les cadres peuvent corriger de 70 % à 85 % des erreurs. Pouvons-nous exiger qu'un ouvrier fabrique de bonnes pièces si l'équipement utilisé est mal entretenu ? Pouvons-nous exiger que les représentants commerciaux excellent dans leur travail s'ils n'ont suivi aucune formation ou s'ils ne savent pas ce que l'on attend d'eux ? Par le processus de formation, les cadres devraient prendre conscience de leur nouveau rôle et de l'urgence de l'amélioration du rendement dans l'entreprise. Voici l'occasion de s'engager à fond dans l'amélioration de l'entreprise et d'y participer activement. Chaque cadre devra être membre actif d'une équipe d'amélioration de la direction (EAD). Souvent, les cadres intermédiaires et les hauts dirigeants président des EAD constituées de leurs cadres subalternes et sont membres d'une EAD présidée par leur supérieur hiérarchique. Ces EAD se réunissent régulièrement ; pour commencer, les premières réunions auront lieu toutes les semaines. Lorsque le processus d'amélioration sera intégré aux activités de gestion habituelles, leurs réunions seront mensuelles. On publiera les comptes rendus de chaque réunion. Voici les activités des EAD :

1. Pour chaque fonction, définir des missions appropriées et acceptées unanimement.

2. Définir les mesures de l'amélioration dans l'entreprise. Diffuser les résultats et les tendances aux employés.

3. Définir les besoins en formation pour l'amélioration de l'entreprise.

4. Résoudre les problèmes qui ne peuvent être résolus à un niveau inférieur.

5. Diffuser les méthodes d'amélioration efficaces.

6. Élaborer les stratégies et les tactiques d'amélioration à long terme et à court terme.

7. Planifier le passage d'une gestion curative à une gestion préventive.

8. Rechercher les employés méritant une récompense pour leurs activités d'amélioration ou pour leur habileté à prévenir les erreurs.

9. Établir une communication dans cinq directions (verticale ascendante et descendante, horizontale, vers les clients, vers les fournisseurs) dans toute l'entreprise.

10. Donner un ordre de priorité aux activités d'amélioration pour maximiser le rendement des investissements.

De toutes ces activités, la mesure de l'extrant des secteurs qui n'appartiennent pas à la production est la plus difficile à effectuer. La majorité des cadres prétendront qu'il est impossible de mesurer l'efficacité, la rentabilité et l'adaptabilité de tels secteurs. Dans ce cas, comment décider des promotions et des licenciements ? Le rendement de toute personne, de tout travail ou de toute fonction est mesurable. D'autre part, toute activité doit être évaluée pour vérifier si elle est nuisible à l'entreprise, même s'il faut mettre en place de nouveaux systèmes de mesures. Les équipes d'amélioration de la direction auront un programme de travail bien rempli, car 85 % des erreurs dans une entreprise ne peuvent être corrigées que par les cadres.

Alors qu'il était gouverneur de l'Arkansas, Bill Clinton avait formé un comité de gestion de la qualité et l'avait présidé. Il avait également suivi un cours de deux jours sur la gestion de la qualité totale et avait organisé régulièrement des réunions de son comité d'amélioration de la gestion, même durant sa campagne présidentielle.

Les cadres doivent quitter leurs bureaux confortables et se rapprocher des employés et de leurs problèmes. Le changement le plus important auquel j'aie assisté s'est produit lorsque des employés se sont mis en grève, forçant les cadres à assurer la production. Après la grève, la direction a approuvé la plus forte dépense en capital de l'histoire de l'entreprise. Voici ce que les cadres devront faire lorsqu'ils tenteront de régler un problème :

- se rendre sur les lieux du problème ;

- attaquer le problème avec leurs propres mains : effectuer l'activité qui est la cause du problème ;

- participer à la collecte des données ;

- interroger les employés et solliciter leurs suggestions ;

- trouver la cause principale ;

- essayer personnellement les mesures correctives ;

- s'assurer de l'implantation continue de ces mesures.

■ LE CÔTÉ NÉGATIF DE L'AMÉLIORATION

Tout cela est trop beau pour être vrai. Ainsi, il suffit d'utiliser les bons outils dans le bon ordre pour assister à une augmentation inattendue de la qualité et de la productivité. Les revenus augmentent : c'est une situation pour tous les partenaires. C'est ce qui se passe dans des conditions idéales ; malheureusement, elles ne correspondent jamais à la réalité de tous les jours. Vous pourrez toujours augmenter la part de votre marché aussi rapidement que votre productivité, ou plus rapidement. Si, par contre, le marché reste constant et si la productivité augmente, il faudra bien que quelqu'un perde son emploi un jour ou l'autre. Si votre entreprise augmente sa part de marché proportionnellement à son augmentation de productivité, ce ne sera pas un de vos collègues de travail qui sera licencié, mais un employé dans une entreprise concurrente.

Dans les conditions idéales, une augmentation de la productivité se manifeste par une réduction des prix et un élargissement du marché, dont profitent toutes les entreprises. En fait, la plupart des entreprises s'améliorent uniquement pour survivre. Dans ce cas, à la suite des améliorations de qualité et de productivité, les entreprises doivent fonctionner avec un personnel de plus en plus réduit, car leur part de marché augmente trop lentement pour absorber le surplus de production. Même les meilleures entreprises au monde ont réalisé que, dans ce cas, il est impossible de ne pas licencier.

Au tout début du processus d'amélioration, les cadres doivent accepter que meilleur rendement rime avec licenciement et qu'ils devront décider du sort des employés surnuméraires. Si les employés sont utilisés efficacement, la direction pourra sans doute décréter une politique de non-licenciement. Son énoncé pourra être :

La politique du maintien de l'emploi

Aucun employé ne sera licencié par suite d'une augmentation de productivité ou de qualité. Les employés dont le poste sera supprimé seront formés pour un poste de responsabilité identique ou supérieure. Cette politique ne concerne pas les postes qui disparaîtront dans le cas d'un ralentissement économique.

Quand le président Clinton était gouverneur de l'Arkansas, il fit voter à l'assemblée législative la loi sur la gestion de la qualité. Voici quelques points de cette loi :

- Aucun employé de l'État ne perd son emploi à la suite de l'amélioration de la qualité de gestion.

- Des ressources sont réallouées pour financer les efforts relatifs à la qualité dans les agences gouvernementales.

- Un comité de gestion de la qualité est créé.

De nombreuses entreprises, qui se sont lancées en gestion de l'amélioration totale (GAT), ont décidé de geler leur embauche pour maintenir leur politique de non-licenciement. Nous avons conseillé une entreprise qui avait recensé 253 employés surnuméraires après la première année d'amélioration. Grâce au gel de l'embauche, 204 employés ont pu être relocalisés à d'autres postes. Les 49 employés restants assuraient des activités qui n'étaient plus justifiées. Pour remédier à cette situation, l'entreprise a libéré 49 employés, sélectionnés sur concours à l'échelle de l'entreprise, et les envoya à l'université. Elle leur a payé leurs salaires, les frais de scolarité ainsi que les fournitures scolaires et leur a promis la réintégration dans l'entreprise dès l'ouverture de nouveaux postes. Au bout de deux trimestres, les 49 employés étaient de retour dans l'entreprise, générant une valeur ajoutée bien plus grande qu'avant leur départ pour l'université. De plus, 90 % de ces employés ont volontairement poursuivi leurs études jusqu'à l'obtention d'un diplôme. L'effet produit sur les autres employés fut surprenant. Ils essayèrent tous d'éliminer leur poste afin de retourner aux études.

Que ferez-vous si une politique de non-licenciement est impossible et si la chute de votre part de marché ne permet pas le plein emploi de vos employés ? Le licenciement est-il la seule solution ? Non, vous pouvez en envisager 17 autres avant de licencier (2).

L'impact négatif de l'amélioration sur les cadres

Dans les pays occidentaux, l'amélioration a durement frappé les cadres. La plupart des entreprises éliminent l'échelon des cadres intermédiaires pour diminuer leur hiérarchie. Selon une enquête de l'*American Management Association* auprès de 836 entreprises, 22 % des employés licenciés durant l'année précédente étaient des cadres intermédiaires, alors qu'ils ne représentaient que 5 % de la main-d'œuvre. Les agents de maîtrise commencent à subir l'influence des équipes autonomes. Malheureusement, en perdant nos cadres, nous perdons nos meilleurs employés. Nous les avons promus au rang de cadres, car ils étaient les plus productifs et les plus compétents de tous les employés. Nous avons investi du temps, des efforts et des sommes considérables dans leur formation. Ils devraient être nos meilleurs employés. S'il ne le sont plus, ce n'est guère leur faute.

Si nous admettons que la plupart des entreprises ne disposent pas d'une marge de manœuvre suffisante, certains cadres perdront inévitablement leur emploi. La direction devra diminuer le nombre de cadres, mais sans perdre leurs compétences et sans leur nuire. La réponse à ce dilemme ? Instaurer une progression bidisciplinaire doté d'un programme de dynamisme technique des cadres.

De nombreuses entreprises pratiquent la progression bidisciplinaire. Ce type d'avancement permet de parfaire à la fois les compétences de gestion et les compétences techniques. Il a également l'avantage de ne pas exiger d'un cadre, techniquement très compétent, de passer à un poste de gestion et de devenir ainsi un mauvais gestionnaire. Il permet à des gestionnaires de passer facilement à un poste technique, et inversement, sans préjudices pour leur carrière. Il favorise également le dynamisme technique des gestionnaires. De nos jours, un gestionnaire, qui accepte un poste sans responsabilités de gestion, passe pour un raté dans toute l'entreprise. C'est pourquoi, afin de ne pas être renvoyés, les gestionnaires mettent à profit toutes leurs compétences et toutes leurs relations pour cacher systématiquement leur incompétence technique. Ils travaillent d'interminables heures supplémentaires pour impressionner leurs collègues et mobilisent le temps de leurs employés à les informer et à leur expliquer leur travail.

Un programme de dynamisme technique des cadres résout tous ces problèmes. De nombreuses entreprises ont entrepris une rotation de leurs cadres : six ans dans un poste de gestion, suivi de trois ans dans un poste technique. Cette rotation n'exclut aucun cadre. Tout cadre intermédiaire sait qu'après six ans il sera affecté à un poste technique pour améliorer ses compétences techniques ; il n'aura ainsi aucun déshonneur à quitter son poste de gestionnaire. Dès l'implantation de cette rotation, l'entreprise est gagnante, car elle réduit d'un tiers le nombre de ses cadres intermédiaires. L'entreprise bénéficie également du retour des cadres vers la gestion : ceux-ci ont à présent une bien meilleure connaissance des aspects techniques de l'entreprise. Cette solution est une excellente activité « gagnant-gagnant », dont profitent à la fois les cadres et l'entreprise.

■ LES ENQUÊTES SUR LES OPINIONS DES EMPLOYÉS ET DES CADRES

Les communications verticales ascendantes, verticales descendantes et horizontales constituent un problème important dans la plupart des entreprises. La direction doit connaître l'opinion de ses employés sur le fonctionnement de l'entreprise et sur l'environnement de leur travail. Son ignorance est souvent complète dans ce domaine.

Afin de satisfaire leurs obligations techniques et sociales, toutes les entreprises devraient effectuer une enquête sur l'opinion de leurs employés au tout début de l'amélioration. Cette enquête sera reprise tous les 18 ou 24 mois.

■ L'AUTOÉVALUATION DE L'ENCADREMENT

La plupart des entreprises disposent d'équipes qui procèdent à la vérification des différentes fonctions et du respect des procédures par les gestionnaires. Les très grandes entreprises annoncent ces vérifications longtemps à l'avance : elles sont alors précédées d'un remue-ménage frénétique pour faire bonne figure. Malgré cela, l'équipe de vérification dresse une liste impressionnante de problèmes. Je qualifie cette façon de maîtriser la gestion de « gestion de la mouette » : l'équipe de vérification arrive en volant, fait son travail et repart à tire-d'aile. Imaginez la longueur de la liste si la vérification n'avait pas été annoncée ou, en d'autres termes, si nous savions exactement tout ce qui se passe dans chaque secteur.

Les vérifications et leurs listes de contrôle font partie de la vie de l'entreprise. Mais n'est-il pas étrange qu'aucun dirigeant ne procède à une vérification périodique poussée de son secteur ? La personne la plus qualifiée pour évaluer la qualité d'un travail, après l'employé qui l'effectue, est certainement son supérieur hiérarchique. Il est donc mieux placé qu'une équipe de vérification externe pour évaluer l'extrant de son secteur. À notre avis, un dirigeant travaille en collaboration suffisamment étroite avec ses employés pour être parfaitement au courant des activités de son secteur et pour pouvoir donner une évaluation précise de son rendement, sans aucun effort particulier. Le plus souvent, le dirigeant est au cœur du problème. Un suivi systématique et objectif des activités de son secteur s'impose : il pourrait ainsi corriger rapidement des situations avant qu'elles ne se transforment en problèmes. Des vérifications trimestrielles pourraient assurer ce suivi, aussi bien pour l'agent de maîtrise que pour le président de l'entreprise, chacun dans son secteur de responsabilité.

S'il existe des procédures écrites que les employés doivent suivre, d'autres, non rédigées, doivent également figurer sur les listes de contrôle. Ainsi, la sûreté, la sécurité et l'entretien des locaux, bien qu'importants, ne sont pas toujours précisés par écrit. Très souvent, de bonnes pratiques sont indispensables pour obtenir les comportements souhaités. Dans une usine de Sumitomo, lors d'une visite d'inspection par des ingénieurs de Toyota, l'un d'eux, remarquant une fissure dans la vitre d'un cabinet de toilette, demanda au dirigeant qui les guidait si cette fissure avait sa raison d'être. Le dirigeant de Sumitomo répondit que non. L'ingénieur annula aussitôt la suite de la visite et Sumitomo perdit un contrat très lucratif. Pourquoi ? Eh bien, peut-on espérer des produits de qualité supérieure d'un fournisseur qui ne respecte pas une règle aussi élémentaire que celle de réparer les vitres cassées ?

■ EN RÉSUMÉ

Les cadres doivent accepter l'amélioration bien avant de la présenter aux employés. Ils sont les seuls à pouvoir résoudre 80 % des problèmes actuels dans les entreprises. Comme la direction dispose de nombreuses possibilités d'amélioration, elle n'a aucune raison d'engager les employés dans l'amélioration tant qu'elle n'aura pas résolu les problèmes essentiels. L'équipe de direction doit prouver sa volonté de changement avant d'exiger un changement de la part de ses employés. Tout se passe comme si elle avait un bel aigle royal enfermé dans une cage. Encourager l'aigle à voler ne donne, bien sûr, aucun résultat et nous lassera vite, sauf si la direction ouvre la porte de la cage.

Les cadres doivent passer des paroles aux actes. Ils doivent montrer leur leadership en changeant leur style de gestion. Celui-ci devra passer d'un style de gestion figée à un style évolutif qui sait s'adapter aux besoins changeants des employés et aux circonstances. Les cadres devront souvent relâcher leur contrôle sur les employés, leur déléguer une partie de leur pouvoir et les faire participer aux décisions relatives à leur travail.

Voici le comportement des trois catégories d'entreprises :

Résolution des problèmes

Entreprises perdantes : elles considèrent que la plupart des problèmes ont leur origine chez les employés. Le service d'ingénierie et la direction s'attaquent aux problèmes les plus importants.

Entreprises survivantes : elles rendent les cadres et les employés responsables des problèmes organisationnels. Elles forment les employés et les rendent responsables de la résolution des problèmes.

Entreprises gagnantes : elles rendent les cadres responsables et estiment qu'ils peuvent résoudre 80 % des problèmes. Les cadres et les employés sont formés pour résoudre les problèmes. Les cadres jouent un rôle de premier plan en résolution des problèmes.

Formation

Entreprises perdantes : une grande partie de la formation se fait sur le tas et concerne le poste de travail.

Entreprises survivantes : la formation des agents de maîtrise et des employés porte sur leur travail et sur l'amélioration. Chacun suit une formation, utile ou non.

Entreprises gagnantes : la formation des employés et des cadres de tout niveau porte sur leur travail et sur les techniques d'amélioration. La formation doit être utile.

Style de gestion

Entreprises perdantes : les cadres se comportent comme des entraîneurs la plupart du temps.

Entreprises survivantes : elles pratiquent généralement la gestion participative.

Entreprises gagnantes : le style de gestion s'adapte à la situation ; il peut être dictatorial comme il peut être amical.

Attitude des cadres

Entreprises perdantes : les cadres ne se fient pas aux employés.

Entreprises survivantes : les employés travaillent si les cadres les motivent et suivent l'avancement de leur travail.

Opérations de vérification

Entreprises perdantes: elles ne procèdent à aucune vérification.

Entreprises survivantes: un de leurs services effectue des vérifications choisies au hasard.

Entreprises gagnantes: elles effectuent elles-mêmes des vérifications; des vérifications choisies au hasard sont effectuées par une tierce partie.

Le secret d'une gestion réussie est simple: revenez aux sources!

- Traitez vos employés comme vous souhaitez être traité vous-même.
- Donnez l'exemple d'une éthique de travail rigoureuse.
- Encouragez ceux qui échouent et félicitez ceux qui réussissent.
- Évaluez les efforts des employés de façon impartiale.
- Faites face aux situations déplaisantes.
- Soyez amical et gardez toujours le sourire.
- Reconnaissez le mérite de ceux qui ont fait le travail.
- Suscitez un sentiment d'urgence et d'importance pour le travail en cours d'exécution.

Knute Rockne, le célèbre entraîneur principal de l'équipe de football américain de l'université Notre-Dame, disait: «Trop de personnes sont effrayées par la concurrence, aussi bien en sports que dans les affaires: voilà le problème dont nous souffrons en Amérique. Dans certains milieux, on méprise la réussite si elle exige trop de labeur, d'entraînement et de sacrifices.» Aucun cadre ne pourra réussir sans labeur, entraînement et sacrifices. Si vous n'êtes pas prêt à consacrer corps et âme à votre travail, une carrière de cadre ne vous convient pas.

■ RÉFÉRENCES

1. Revue *Fortune* du 22 février 1993, p. 80.

2. Rapport technique Ernst & Young TR H.J.H. intitulé «The Down Size to Improvement».

PARTIE 2

L'IMPLANTATION DES SOLUTIONS

CHAPITRE 7

La création de groupes de travail :

introduire la synergie dans l'entreprise

par
Kenneth C. Lomax
Directeur principal, Ernst & Young
National Practices Group

Faire partie d'un groupe ou d'une équipe qui apporte sécurité et sentiment d'appartenance est un besoin fondamental pour la plupart des êtres humains.

H. JAMES HARRINGTON

INTRODUCTION

Les décennies 70 et 80 nous ont révélé l'importance des différents groupes de travail pour la réussite globale de la réingénierie. Par la suite, de nombreuses entreprises l'ont confirmé dans le monde. Dans les années 80, nous avons également compris que la contribution des groupes pouvait s'étendre à bien d'autres domaines que la résolution des problèmes. Nous leur avons alors délégué la responsabilité des décisions et du déroulement des processus. Cela a augmenté le rendement des actifs (RDA) et amélioré le moral général de l'entreprise. C'est une situation « gagnant-gagnant » pour tous.

Kaoru Ishikawa, le fondateur de l'école japonaise de la qualité et des cercles de qualité, maintenant décédé, nous a légué une vision plus humaine de la qualité. À présent, des questions comme « Les groupes sont-ils vraiment essentiels pour l'entreprise ? » sont superflues. Les groupes devraient-ils résoudre tous les problèmes de l'entreprise ? Il est évident que non. Une enquête récente, *The International Quality Study*, effectuée par Ernst & Young en collaboration avec la *American Quality Foundation*, a montré que la répartition des ressources humaines en groupes de travail efficaces était l'une des stratégies fondamentales pour les entreprises qui se lançaient en réingénierie. De façon générale, moins de 5 % de la main-d'œuvre de telles entreprises travaillait en groupe. Pour les entreprises déjà engagées en réingénierie continue et obtenant un rendement moyen, nous avons constaté que le soutien aux groupes était essentiel à l'amélioration des affaires (1).

La plupart des entreprises qui atteignent un niveau moyen de rendement affirment que 25 % de leur main-d'œuvre travaille au sein d'un groupe interfonctionnel. La résolution de problèmes et les groupes interfonctionnels jouent un rôle décisif dans les efforts de réingénierie (1).

Les entreprises qui atteignent un rendement supérieur voient les avantages apportés par les nouvelles facettes de l'engagement des employés. On peut mentionner dans ce cas les résultats obtenus par des groupes d'amélioration des processus (GAP) qui couvrent des domaines plus larges que ceux des équipes interfonctionnelles (1).

Toutes les entreprises interrogées lors de cette enquête ont estimé que les équipes de résolution de problèmes avaient joué un rôle important en réingénierie, même si parfois elles avaient hésité à généraliser ces groupes à toute l'entreprise.

Voici les pourcentages d'entreprises de plusieurs pays où 25 % des employés, ou moins, appartiennent à un groupe actif dans le domaine de la qualité :

Pays	% actuel	% futur
Canada	59	23
Allemagne	81	58
Japon	64	62
États-Unis	51	30

Voici maintenant les pourcentages correspondant à une participation de plus de 50 % du personnel à des groupes « naturels » de travail (groupe d'amélioration du service) :

	en production	en services
% passé	22	3
% actuel	30	8
% futur	53	33

Le rapport technique d'Ernst & Young, *Different Strokes for Different Folks - The International Quality Study*, rédigé par H. J. Harrington, donne une analyse complète de ces chiffres (2).

Dans les trois prochaines années, le Canada, l'Allemagne et les États-Unis comptent augmenter considérablement la participation des employés à des groupes. Dans le domaine de la qualité, l'Allemagne aura un taux de participation supérieur à celui du Japon. Actuellement, ce taux est plus élevé en Amérique du Nord qu'au Japon et, si les prévisions se réalisent, le taux américain dépassera d'environ 50 % le taux japonais. Avec ce que nous savons sur le Japon, ce chiffre peut surprendre, mais confirme bien le fait, mentionné par Kaoru Ishikawa, que les cercles de qualité ont été mis en place pour former le personnel et non pour résoudre des problèmes.

À nouveau, l'Amérique du Nord semble réagir de façon excessive. Les groupes d'amélioration du service (GAS) et les cercles de qualité (CQ) sont les groupes les plus courants. Les services de production les ont mis en place dans les années 60. Leur nombre a augmenté dans les 30 dernières années et doublera dans les 3 prochaines années. Le secteur des services ne les a adoptés que très lentement, mais il quadruplera leur nombre au cours des trois prochaines années et se rapprochera ainsi du secteur de production.

Cela montre bien que ce n'est pas le nombre ni le type de groupes en place qui comptent, mais bien le nombre de groupes adéquatement formés pour résoudre les problèmes de l'entreprise.

■ LES ÉLÉMENTS D'UN GROUPE

Dans son livre *Objectif qualité totale*, publié en 1991 aux Éditions Transcontinental, H. James Harrington a écrit : « Si vous ne voulez pas que vos employés se sentent manipulés, le travail de groupe ne doit commencer que lorsque la direction se sera engagée activement en amélioration. Elle doit soutenir l'engagement total de l'entreprise vis-à-vis de la prévention des problèmes, de préférence à leur résolution. »

Nous trouvons ici quatre éléments clés de l'environnement du travail de groupe. L'engagement du comité directeur de l'amélioration (CDA) est le premier élément dont il faut s'assurer avant la création des groupes. Il faut ensuite désigner les membres des groupes de qualité, leur animateur et, en dernier lieu, leur facilitateur. Voyons maintenant ces quatre éléments en détail.

Le comité directeur de l'amélioration

Le comité directeur de l'amélioration (CDA) est responsable de l'ensemble des activités d'amélioration. En cas de réussite, une très grande partie du mérite lui reviendra ; dans le cas contraire, il devra en assumer tout le blâme. Pourquoi en est-il ainsi ?

Au tout début du processus de travail en groupe dans une entreprise, la réussite dépend essentiellement du soutien et de l'encouragement que la direction manifeste aux groupes. Si le CDA planifie les groupes très tôt dans le processus d'amélioration, il éliminera la majeure partie des problèmes qui se présentent dans les entreprises qui ont mal structuré leurs groupes. Cependant, avant de créer des groupes, il faut leur donner une formation.

La formation de base des groupes en efficacité

Un bon comité directeur de l'amélioration assurera la formation de base au plus grand nombre possible d'employés. Dans la formation de base, nous incluons les éléments suivants :

- la compréhension des objectifs et des buts de l'entreprise ;
- la compréhension du processus d'amélioration ;
- la dynamique de groupe ;
- l'efficacité du groupe ;
- les compétences permettant de tenir des réunions efficaces ;
- les rudiments de la résolution de problèmes.

Le lancement du processus du travail de groupe

Ce processus doit être lancé bien avant la formation du premier groupe. Le CDA devra bien connaître les différents types de groupes à créer (fig. 7.1) Il devra aussi décider de leur gestion. Par exemple, le CDA sera-t-il directement responsable de la formation des groupes et de leur gestion au jour le jour ? Il est évident que non. Il devra donc nommer une personne qui assumera ces responsabilités. Voici quelques questions auxquelles le CDA devra répondre :

1. Qui est responsable de la gestion générale des groupes ?

2. Qui définit la mission du groupe ?

3. Quel est le degré d'autonomie du groupe ?

4. Quel type de rapport sera nécessaire de la part du groupe ?

Le CDA exigera que chaque groupe soumette son statut et ses projets à son approbation. Ces éléments seront discutés en détail dans la suite du chapitre. De plus, le compte rendu de toutes les réunions sera rédigé et distribué aux membres très rapidement.

Élément	Groupe de travail	Équipe de travail	Groupe d'amélioration du processus	Groupe d'amélioration du service	Cercle de qualité	Groupe de travail autonome
Membres	choisis selon leur expérience	choisis selon leur expérience	travaillant sur le processus	employés du service	employés du service	employés du service
Participation	obligatoire	obligatoire	obligatoire	obligatoire	volontaire	obligatoire
Ingérence de la direction	forte	moyenne	moyenne	moyenne	faible	faible
Choix de la tâche	par la direction	par la direction	par la direction	par le groupe	par le groupe	par le groupe
Degré d'urgence	haut	moyen	moyen	moyen	faible	faible
Champ de l'activité	l'entreprise	l'entreprise	le processus	la fonction	la fonction	la fonction
Durée de l'activité	courte avec de longues réunions, pas d'autres activités	longue avec de courtes réunions	moyenne avec de courtes réunions	moyenne avec de courtes réunions	permanente avec de courtes réunions	permanente avec de courtes réunions
Présence d'un faciliteur	possible	possible	recommandée	recommandée	recommandée	recommandée
Animateur	nommé	nommé	le « propriétaire » du processus ou son remplaçant	le supérieur	le « propriétaire » du processus ou son remplaçant	plusieurs membres ou chaque membre à tour de rôle
Implantation	par d'autres	par le groupe ou par d'autres	par le groupe ou par d'autres	par le groupe	par le groupe	par le groupe

Figure 7.1 Les types de groupes et leurs éléments

L'élaboration et l'approbation de la structure d'un groupe

Nous recommandons aux entreprises qui se lancent en amélioration de créer et d'approuver séparément chaque groupe de résolution de problèmes. Sur le moment, cela surcharge le comité directeur de l'amélioration (CDA), mais, à long terme, ces mesures seront extrêmement rentables.

Le CDA élabore et approuve la tâche du groupe, choisit un animateur (de préférence, un employé connaissant bien le travail à accomplir) et. en collaboration avec ce dernier, nomme les membres du groupe.

Cette démarche permet d'utiliser les ressources disponibles dans l'entreprise tout en permettant au processus de travail de groupe de s'implanter solidement. Au bout de 6 à 12 mois de travail, le CDA devra déléguer la formation des groupes à des cadres subalternes.

La définition de la mission du groupe

Comme nous l'avons mentionné au paragraphe précédent, le comité directeur de l'amélioration devra déterminer le cadre de travail du groupe ou l'approuver. Par la suite, il définira sa mission. Celle-ci devra mentionner clairement la raison de l'existence du groupe.

Il n'y a rien de plus frustrant pour un groupe que l'assignation d'une tâche mal définie par le CDA. La création d'un groupe sur la communication en serait un exemple. C'est le type même d'un problème « divergent » qui donne naissance à d'autres problèmes de plus en plus nombreux et importants lors de sa résolution. Il est de la responsabilité du CDA de s'assurer que les groupes travaillent sur des problèmes « convergents » qui deviennent de plus en plus transparents au cours de leur résolution et de l'implantation de leurs solutions. Pour reprendre le cas de la communication, un problème convergent pourrait être : « Nous avons un problème de communication entre la direction et les employés. » Le CDA pourra alors confier à un groupe une mission dont l'énoncé serait : « Trouver les moyens susceptibles d'améliorer la communication et la compréhension entre la direction et ses employés constitue la mission du groupe de travail sur la communication. »

L'énoncé de mission peut orienter le groupe vers la solution souhaitée. Il doit être concis et ne comporter au maximum que deux ou trois phrases.

Ensuite, le groupe définira le reste de son statut. En voici les trois éléments clés :

• La mission : la raison de l'existence du groupe ;

• Les objectifs du groupe : ce que le groupe compte accomplir ;

• Le mode de fonctionnement (ou les règles de conduite) : ce qui précise sa gestion et son évaluation.

Comme vous pouvez le constater, une mission clairement exposée facilite le travail du groupe. Peu après sa définition, le statut sera accepté par tous les membres du groupe ainsi que par leur parrain, celui-ci étant un des membres du comité directeur de l'amélioration (CDA). La mission est alors leur « propriété », ce qui les aide à caractériser les problèmes qui pourraient nuire au rendement du groupe.

La planification des activités est un autre élément relié au statut du groupe. Cette planification établit en particulier :

- les dates de réunion du groupe ;

- les ressources nécessaires ;

- l'échéancier des activités ;

- les délais de réalisation ;

- les mesures de l'évaluation de la réussite.

Le statut du groupe et la planification du travail seront revus et approuvés par le CDA, ce qui autorise l'utilisation des ressources de l'entreprise pendant une période donnée pour la réalisation d'une tâche précise.

L'allocation des ressources

Quel que soit le problème traité, le groupe épuisera généralement ses ressources en cours de route. S'il ne libère que des ressources additionnelles insuffisantes, le CDA révélera clairement la vraie nature de son soutien aux activités du groupe.

Comprendre suffisamment les problèmes du groupe pour lui allouer les ressources adéquates et lui permettre la réalisation du travail constitue en effet la responsabilité du CDA. Espérer que les membres du groupe réaliseront des miracles en dehors des heures normales de travail n'est guère réaliste.

S'il hésite sur l'importance des ressources à allouer pour terminer une tâche, le CDA devra exiger une analyse des coûts. Dans cette opération, le groupe évaluera entre autres :

- le temps qu'il ne pourra consacrer à son travail habituel ;

- le coût d'une étude effectuée à l'extérieur de l'entreprise (si une telle étude s'impose) ;

- le coût des fournitures dont il aura besoin ;

- le coût d'une expertise par une firme extérieure (si nécessaire) ;

- les économies réalisables.

À cette étape, l'analyse ne mentionnera pas les coûts de l'implantation, car le groupe n'aura pas suffisamment progressé dans le processus de résolution des problèmes pour les connaître.

Lorsque le groupe aura terminé la planification et sera prêt à passer à la phase de l'implantation, il reverra l'analyse des coûts et en présentera les résultats au CDA. Le CDA utilisera cette analyse pour caractériser et planifier les ressources nécessaires à l'implantation.

L'approbation des programmes des groupes

Après quelques premières activités en amélioration, l'entreprise créera des groupes pour résoudre ses problèmes. Les travaux des groupes seront approuvés par différents niveaux hiérarchiques. Voici les trois principaux types de problèmes :

- Type I : les problèmes que le groupe peut résoudre

Le groupe dispose de toutes les informations, les ressources, les compétences ainsi que de l'autorité nécessaires à la résolution de ces problèmes.

- Type II : les problèmes que le groupe ne peut résoudre que partiellement

À lui seul, le groupe ne peut résoudre le problème, mais il peut contribuer à la résolution avec une aide extérieure.

- Type III : les problèmes que le groupe ne peut résoudre

Le groupe ne peut résoudre ces problèmes ni participer à leurs résolutions. Le groupe ne devra pas s'y attaquer (4).

Pour les problèmes du type I, si le groupe appartient à une même fonction ou à une même activité, le supérieur hiérarchique concerné pourra autoriser les programmes de résolution. Si une aide extérieure s'impose, le problème est du type II ; dans ce cas, la haute direction approuvera le programme. S'il s'agit d'un problème du type III, le groupe ne devra pas s'en occuper. Si elle peut en justifier la création, la direction mettra alors sur pied un nouveau groupe pour le résoudre.

Le comité directeur de l'amélioration approuvera tous les groupes interfonctionnels. Dans les grandes corporations, si les membres du groupe proviennent de différentes entreprises, la direction corporative autorisera les programmes.

Dans son rapport *The Collapse of Prevailing Wisdom* (*Le déclin du bon sens*), H. J. Harrington décrit le contrôle qu'exerce la direction sur la formation des groupes dans le monde.

Voici le pourcentage des constructeurs automobiles dont la direction approuve toujours, ou presque toujours, la formation des groupes :

Pays	% Passé	% Actuel	% Avenir
Canada	34	18	10
Allemagne	41	31	28
Japon	68	68	64
États-Unis	45	30	21

Voici maintenant les mêmes pourcentages pour les entreprises du secteur de l'informatique :

Pays	% Passé	% Actuel	% Avenir
Canada	38	24	11
Allemagne	24	24	15
Japon	68	68	72
États-Unis	24	14	5

Il est facile de constater que les directions japonaises contrôlent étroitement la formation des groupes et comptent maintenir ce contrôle à l'avenir. Par contre, celui-ci diminuera dans les autres pays.

Le soutien du comité directeur de l'amélioration

Le CDA n'hésitera pas à s'occuper des affaires du groupe, à apporter son aide sur des questions relatives à la politique de l'entreprise et à éliminer les obstacles. Régulièrement au cours de son travail, le groupe fera une revue de ses activités afin d'éviter de mauvaises résolutions des problèmes ou de mauvaises implantations. Le CDA approuvera toutes les recommandations du groupe avant leurs implantations. Cela ne diminue en rien l'autorité du groupe, car le CDA reste responsable de l'utilisation des ressources de l'entreprise.

Susciter la participation aux efforts d'amélioration est une autre activité toute aussi importante du CDA. Même pour un groupe totalement autonome, le travail s'effectue d'autant plus facilement que la direction joue un rôle actif tout au long des activités d'amélioration.

L'animateur du groupe

Le groupe pourra choisir son animateur, mais bien plus souvent celui-ci est nommé par le CDA. Dans le cas d'un groupe « naturel », le supérieur hiérarchique direct, le chef de section ou le directeur de l'entreprise procédera à cette nomination. Cet animateur sera le plus souvent un cadre qui connaît parfaitement le problème, qui est un expert en résolution de problèmes ou qui maîtrise les processus du travail en groupe.

S'il est du type « tyrannique », l'animateur devra faire des efforts soutenus pour devenir efficace. Animer un groupe est une tâche délicate, mais c'est aussi la tâche qui procure le plus de satisfactions. Diriger un groupe sans le commander et donner l'exemple sont les deux qualités les plus importantes d'un animateur efficace (4).

Voici quelques responsabilités de l'animateur :

- coordonner les activités du groupe et planifier ses réunions ;
- former les membres du groupe ;
- susciter la synergie entre les membres et la maintenir ;
- encourager la participation de tous les membres sans les y obliger ;
- exécuter les décisions prises lors des réunions ;
- s'assurer du bon fonctionnement du groupe.

Les membres du groupe

Chaque membre est un élément vital du groupe. La gestion participative repose sur l'aide que les employés offrent à la direction pour améliorer la prise des décisions. « Synergie » signifie que deux personnes prendront de meilleures décisions qu'une seule. L'animateur joue le rôle de guide, mais les membres du groupe restent responsables de la réussite des activités.

Voici quelques responsabilités des membres du groupe :

- faire connaître leurs opinions ;
- participer activement aux travaux du groupe ;
- écouter attentivement ;
- penser de façon constructive ;
- éviter d'interrompre le fil des idées ;
- décider d'une suspension temporaire des activités ;
- respecter les droits des autres membres ;
- assumer la responsabilité de la réalisation des objectifs.

Le faciliteur de groupe

Le faciliteur joue le rôle le plus difficile dans un environnement de groupe. La définition de ses activités est loin de faire l'unanimité. Dans certaines entreprises, il est membre à part entière du groupe (4). D'autres entreprises estiment qu'il doit être un expert en travail de groupe ou un faciliteur possédant beaucoup d'expérience. Il y a trois types principaux de faciliteurs :

- les coordonnateurs ;
- les spécialistes en travail de groupe ;
- les responsables d'activité.

Dans de nombreux cas, le *coordonnateur* peut assister l'animateur du groupe. Il s'occupe plus particulièrement de la gestion du travail en équipe et des relations extérieures au groupe. On lui a souvent donné le titre de secrétaire du groupe ou d'assistant au groupe.

Le *spécialiste du travail de groupe* est un facilitateur au sens classique du terme dont le rôle consiste à orienter les discussions sur les processus, lors des réunions. Ce rôle a été défini au Japon dans le cadre des cercles de qualité et de résolution de problèmes. Un tel facilitateur n'est alors pas un membre à plein temps du groupe. Il dirige, forme et soutient le groupe.

Le *responsable d'activité* est un facilitateur qui préside une réunion. Celle-ci consiste en général en un cours de formation ou en un atelier de discussion ne requérant pas les qualités particulières d'un facilitateur. C'est un spécialiste des questions traitées ou de l'activité en cours.

À notre avis, le type classique de facilitateur est celui qui convient le mieux à une entreprise désirant se doter d'une culture de travail en groupe. Avant tout, le facilitateur *ne doit pas* faire partie du groupe. Sa responsabilité principale est de s'assurer du bon fonctionnement du groupe et non de la bonne réalisation de ses activités. Un bon facilitateur fera ressortir l'essentiel du contenu des discussions et rendra le groupe efficace. En d'autres mots, il facilitera la réalisation des objectifs, il s'assurera des bonnes orientations du groupe et du bon emploi des outils et il fera respecter les délais fixés.

Les responsabilités et les tâches du groupe sont présentées à la figure 7.2. Souvenez-vous que les membres du groupe et leur animateur se préoccuperont des *décisions* (le mandat) et le facilitateur de la *manière de les prendre* (le processus du travail en groupe).

◼ LE PROCESSUS DE RÉSOLUTION DE PROBLÈMES

Le travail de groupe n'a qu'un seul but : celui d'améliorer la performance de l'entreprise. S'il ne répandait qu'un sentiment de bien-être dans l'entreprise sans procurer quelques bons avantages financiers, nous ne connaîtrions certainement pas la gestion participative. Autrement dit, « n'agissez que si ça rapporte ! ». Les techniques de résolution de problèmes sont aussi nombreuses que les manières de structurer un groupe. Celle que nous avons choisie est sans doute la plus détaillée.

	Faciliteur du groupe	Animateur du groupe	Membre du groupe
Objectif	Promouvoir une dynamique de groupe efficace	Guider le groupe vers la réussite	Partager ses connaissances et son expérience
Préoccupation principale	La manière de prendre les décisions	La nature des décisions prises	La nature des décisions prises
Responsabilités principales	• S'assurer d'une participation égale de tous les membres; • Offrir sa médiation et régler les conflits; • Donner la rétroaction et soutenir les animateurs de groupe; • Suggérer les outils et les techniques de résolution de problèmes; • Effectuer la formation en gestion de la qualité totale; (GQT)	• Présider les réunions du groupe; • Orienter les activités du groupe et mettre l'accent sur celles-ci; • Éviter le gaspillage du temps des membres; • Représenter le groupe auprès de la direction et du comité directeur de l'amélioration (CDR); • Préciser par écrit les activités du groupe et les résultats obtenus; • Aider le groupe à élaborer les mesures et à les maintenir;	• Présenter ses idées et ses opinions; • Participer activement aux réunions; • Respecter les normes de base du groupe; • Accomplir les tâches dans les délais prescrits; • Soutenir l'implantation et les recommandations; • Maintenir les mesures
Poste de travail	à l'échelle de l'entreprise	spécifique au groupe	spécifique au groupe
Critères de sélection	ses qualités personnelles	son titre ou sa description de poste	appartenance au processus

Figure 7.2 Les rôles dans le groupe et leurs responsabilités

Le cycle des possibilités

Modifions notre perception des problèmes. Traitons chaque problème comme une occasion d'améliorer l'entreprise. Il nous faut ainsi une procédure qui attaque le problème de front. S'il est mis en attente, tôt ou tard, le problème réapparaîtra aux dépens de l'entreprise une semaine, un mois, un an ou même cinq ans plus tard. Ce n'est qu'en rectifiant le processus dont il est issu que vous vous débarrasserez définitivement du problème. C'est ce que décrit le « cycle des possibilités d'amélioration » (fig. 7.3).

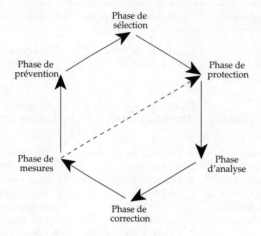

Figure 7.3 Le cycle des possibilités d'amélioration

Quand vous analysez un problème, passez par les six phases de la figure 7.3. Le cycle complet comporte 25 activités réparties entre les 6 phases.

Phase 1 : la phase de sélection

Activité 1 : l'énumération des problèmes

Activité 2 : la collecte des données

Activité 3 : la vérification de l'existence des problèmes

Activité 4 : la classification des problèmes par ordre de priorité

Activité 5 : la sélection des problèmes

Activité 6 : l'analyse des problèmes

Phase 2 : la phase de protection

Activité 7 : la protection du client

Activité 8 : la vérification de l'efficacité de la protection

Phase 3 : la phase d'analyse

Activité 9 : l'évaluation des conséquences du problème

Activité 10 : la validation du problème

Activité 11 : la distinction entre les causes et les effets

Activité 12 : l'établissement de la cause principale du problème

Phase 4 : la phase de correction

Activité 13 : l'élaboration de solutions au problème

Activité 14 : le choix de la meilleure solution

Activité 15 : la planification de l'implantation de la meilleure solution

Activité 16 : l'essai pilote

Activité 17 : la présentation de la solution pour approbation

Phase 5 : la phase de mesures

Activité 18 : l'implantation de la planification après approbation

Activité 19 : la détermination de son coût et de son impact

Activité 20 : le retrait des mesures de protection (mises en place à la phase 2)

Phase 6 : la phase de la prévention

Activité 21 : l'application des résultats à des activités semblables

Activité 22 : la caractérisation et la correction du problème principal du processus

Activité 23 : la modification des procédures du processus pour éviter la répétition du problème

Activité 24 : la formation imposée par les changements

Activité 25 : le retour à l'activité 1

Après toutes ces phases (ou après des phases similaires), les groupes auront considérablement facilité leur travail. Malheureusement, en prenant de l'expérience, les groupes auront tendance à court-circuiter certaines activités, ce qui a entraîné d'innombrables groupes à leur perte. S'ils ne respectent pas à la lettre le processus de résolution de problèmes, ils s'excluent automatiquement de l'amélioration continue. S'ils atteignent néanmoins leurs objectifs, ce sera par hasard et non grâce à leur mérite.

■ LES DIFFÉRENTS TYPES DE GROUPES

En général, d'après ce que nous avons constaté, les entreprises mettent en œuvre six types de groupes :

- les groupes d'amélioration du service (GAS) ;
- les groupes d'amélioration des processus (GAP) ;
- les cercles de qualité (CQ) ;
- les groupes de tâche (GT) ;

- les groupes autonomes (GA) ;

- les groupes d'intervention (GI).

Le groupe d'amélioration du service

Le groupe d'amélioration du service (GAS) est le plus important de tous les groupes. Nous l'appelons également groupe naturel. Ses membres appartiennent à un même service et relèvent d'un même supérieur.

En général, ce groupe effectue d'abord une analyse d'activité par domaine (AAD) pour définir sa mission, établir ses mesures et reconnaître ses clients. S'il se heurte à des problèmes de mesures, le groupe recevra la formation nécessaire à leur résolution.

Ce groupe se consacre uniquement aux problèmes de type I qu'il connaît bien. Il dispose des ressources nécessaires et, dans presque tous les cas, il procède à l'implantation des solutions retenues sans aucune approbation extérieure au groupe. Normalement, le groupe est animé par le chef du service. Si le service possède plus de 10 employés, les membres sont renouvelés tous les 3 ou 6 mois. Le groupe s'assure ainsi de la participation de tous.

Habituellement, pour une période indéterminée, le groupe se réunit une fois par semaine pendant une heure. Il dresse la liste des problèmes du service et établit un ordre de priorité. La direction a droit de veto pour les problèmes qui dépassent la compétence du groupe ou qui ne respectent pas les exigences du rendement des investissements (RDI).

Comme il traite des problèmes qui affectent sa propre efficacité et son propre rendement, le groupe ne manquera pas de réaliser des économies appréciables (6).

Le groupe d'amélioration des processus

Le groupe d'amélioration des processus (GAP) joue également un rôle important dans l'entreprise. Alors que la mission des autres groupes est axée sur une activité particulière, celle de ce groupe concerne un processus particulier. De tels groupes portent également le nom de groupes interfonctionnels.

La direction ou les employés directement concernés par le processus procèdent à la nomination des membres. Dans la plupart des cas, le groupe se réunit brièvement pendant une longue période (en général, pendant une à deux heures par semaine durant six mois ou plus). Habituellement, les GAP repèrent des processus qui pourront être améliorés individuellement par un groupe d'intervention. Ce dernier groupe est dissous lorsque le processus est corrigé, alors que le GAP poursuit ses activités.

Très souvent, les entreprises donnent un ordre de priorité aux processus administratifs et nomment des GAP pour effectuer l'amélioration simultanée de deux ou trois processus. Dans ce cas, les membres du GAP consacrent environ 50 % de leur temps à cette activité durant une période de trois à six mois.

Tout comme le groupe d'amélioration du service, le groupe d'amélioration des processus pourra réduire considérablement les coûts internes en augmentant l'efficacité, le rendement et l'adaptabilité des processus.

Les cercles de qualité

Ce type de groupe a permis au Japon d'exceller dans les années 70 et 80 ; il a également lancé le mouvement de la gestion participative telle qu'elle est pratiquée actuellement en Amérique du Nord. Malheureusement, à la fin des années 70 et au début des années 80, les cercles de qualité (CQ) ont été très mal vus, car la plupart des entreprises nord-américaines n'avaient pas saisi leur concept. À l'époque, la direction ne donnait pas la formation adéquate, n'orientait pas les efforts, et n'accordait pas son soutien à l'implantation des CQ. De plus, elle espérait voir les CQ résoudre ses problèmes, ce dont elle avait été incapable depuis des années. Incapables de réaliser de fortes économies, les CQ ont ainsi perdu la confiance des dirigeants. Selon Yoshio Kondo, l'un des meilleurs experts japonais en qualité, « les cercles de qualité servent à motiver les employés, et non à réduire les coûts ». Le Japon a particulièrement bien réussi la mise en œuvre des cercles de qualité pour former ses employés à la résolution de problèmes. En Amérique du Nord, le mouvement des cercles de qualité s'est soldé par un échec imputable non aux employés, mais aux dirigeants : ne comprenant pas leur concept, ils n'ont pas su les utiliser convenablement. En s'améliorant, les dirigeants nord-américains comprendront l'importance de ces cercles pour la réussite générale de l'amélioration. Le concept des groupes autonomes dérive directement de celui des cercles de qualité.

Constitués en majorité par des volontaires, ces groupes tiennent des réunions courtes et traitent de problèmes propres au service ou de problèmes concernant toute l'entreprise pendant une période déterminée. En général, la direction est peu présente dans ce type de groupe. Ce qui est probablement la raison première de leur échec. Nous avons constaté que le groupe a d'autant plus de chances de réussir que la direction s'intéresse à lui. La plupart des entreprises américaines ont changé la dénomination de ces groupes, même si ceux-ci font exactement le travail des cercles de qualité (3). Lorsqu'elles décident d'accorder l'autonomie à certains groupes, la plupart du temps, les entreprises américaines donnent la priorité aux cercles de qualité.

Les groupes de tâche

Un groupe de tâche (GT) sert à résoudre un problème ; une fois le problème résolu, le groupe est dissous. La direction nomme les membres en fonction de leur connaissance du problème.

En général, la résolution du problème n'est pas urgente. Le groupe tiendra des réunions courtes pendant une période relativement longue (par exemple, une réunion d'une heure par semaine pendant un mois ou plus). Par contre, si le problème doit être résolu rapidement, les réunions seront plus longues, mais la période sera plus courte.

Les groupes autonomes

Les groupes de travail autonomes (GA) semblent être le nec plus ultra dont rêvent toutes les entreprises. Nous pensons que ces groupes ont un bel avenir aux États-Unis, mais que cet avenir reste lointain.

Ces groupes ont porté des noms très variés, allant de groupes autonomes à groupes autodirigés. Quel que soit son nom, un groupe autonome est un groupe qui travaille sans intervention de la haute direction. Ce groupe est responsable de son budget ; il gère entièrement ses propres ressources au point d'embaucher ses membres ou de les renvoyer. De nombreuses entreprises américaines permettent son existence avec peu de contrôle de la part de la direction. Dans la plupart des cas, ce groupe travaille de façon fort efficace.

Une mise en garde, cependant : ce groupe ne peut réaliser des économies substantielles dans toutes les entreprises. Avant d'implanter ce type de groupe, l'entreprise aura déjà acquis une bonne expérience de réingénierie et un excellent climat de confiance devra régner entre la direction et ses employés. Une structure de fonctionnement basée sur des groupes autonomes convient uniquement aux entreprises rompues à la réingénierie (6).

Les groupes d'intervention

Très souvent, le groupe d'intervention (GI) est mandaté pour s'occuper d'un sujet important. Il tient de longues réunions qui peuvent durer jusqu'à 12 heures par jour, 7 jours par semaine, pendant une courte période (un mois ou moins). Habituellement, ce groupe traite de sujets ou de problèmes cruciaux dont dépend la survie de l'entreprise ou de problèmes qui exigent une solution rapide. En général, les activités de ce groupe ont priorité sur toutes les autres activités de l'entreprise. Par exemple, un tel groupe peut être formé pendant un arrêt de production prolongé causé par des difficultés internes ou par un problème de sécurité chez un client.

La direction nomme les membres, qui ne peuvent refuser. L'animateur du groupe et les membres sont choisis en fonction de leur connaissance du sujet à traiter. L'influence de la direction est fonction du degré d'urgence du problème.

L'existence des groupes d'intervention démontre clairement que la direction fait face à de sérieux problèmes de processus. Les entreprises qui ont implanté de bons processus n'auront jamais recours à de tels groupes pour résoudre leurs problèmes, car ceux-ci seront automatiquement éliminés dès leur apparition avant de devenir critiques.

Nous vous renvoyons aux données de la figure 7.1 (les types de groupes et leurs caractéristiques) : elles permettent de déterminer le groupe qui convient à votre entreprise (6). Elles font également état des caractéristiques principales de chaque type.

■ LES GROUPES DE FORMATION

Dans toutes les entreprises où nous avons effectué une étude de réingénierie, la formation — ou son absence — se classe toujours parmi les cinq plus hautes priorités des employés. Très souvent, elle constitue la première priorité. Chez Xerox, l'efficacité dans la participation va de pair avec une bonne formation en qualité. Au minimum, chaque employé suit 28 heures de formation en qualité. Les investissements de base en formation de Xerox dépassent quatre millions d'heures-employés et 125 millions de dollars. La formation en travail de groupe est aussi importante que la formation au poste de travail ! Il n'y a que deux manières d'effectuer la formation d'un groupe : cours magistraux ou apprentissage sur le tas.

La formation par cours magistraux

La formation peut se faire après la création du groupe, l'ensemble des membres reçoit alors une formation identique. Elle peut aussi s'effectuer pour quelques employés (de 10 à 20) qui rejoindront leur groupe à une date ultérieure. Ces deux types de formation sont acceptables. Cependant, la formation ne devra jamais précéder la mise en pratique de plus de 30 jours. Ne gaspillez pas de précieuses ressources dans des formations qui ne serviront qu'après trois ou six mois.

La formation sur le tas

Cette formation devrait s'appeler formation par le groupe : les membres les plus compétents forment les nouveaux membres. Elle n'est pas aussi efficace que la formation par cours magistraux ; elle permet néanmoins à chaque membre d'atteindre le niveau de compétence des autres membres du groupe.

Les membres expérimentés transmettent leur expérience et leurs connaissances aux membres moins compétents. Certaines entreprises imposent un programme de formation aux groupes, ce qui assure une formation identique à tous les membres.

Dans ce type de formation, certains membres risquent de ne pas recevoir une formation aussi complète que dans les cours magistraux, ce qui constitue un désavantage et retarde le travail du groupe.

Une autre mise en garde : les membres timides ou moins dynamiques risquent de ne jamais devenir compétents avec ce type de formation. Pour y remédier, nous recommandons une formation au travail en groupe et en résolution de problèmes pour tout nouvel employé ; cela améliore la communication et la compréhension dans l'entreprise.

■ L'UTILISATION DU CONCEPT DE GROUPE POUR PRÉPARER ET TENIR LES RÉUNIONS

Le travail en groupe entraîne un premier résultat : une amélioration dans la conduite des réunions. Il y a quelques années, une enquête a révélé que des réunions mal dirigées étaient la cause première des pertes de temps en gestion des affaires. Cela n'étonnera personne : nous perdons tous notre temps lors de réunions interminables.

Un haut dirigeant passe certainement entre 60 % et 85 % de son temps en réunions ; pour un cadre intermédiaire, ce pourcentage varie entre 50 % et 70 %. La plupart des dirigeants considèrent que seulement 10 % des réunions sont efficaces et qu'elles le seraient encore plus si elles étaient planifiées.

Voici les éléments essentiels d'une réunion :

- Les éléments logistiques : ils caractérisent le « où », l'emplacement de la réunion, la préparation de la salle, l'envoi à temps des convocations, etc. ;

- Le processus : il définit le « comment », le style de conduite de la réunion, la manière de la conduire, les techniques et les outils mis en œuvre ;

- Le sujet : il décrit le « quoi », la raison de la réunion, les résultats escomptés, les mesures à prendre, etc.

Les éléments d'une réunion réussie

Voici d'autres éléments tout aussi importants pour réussir une réunion (6) :

1. Avant la réunion

A. La planification de la réunion

B. La préparation d'un ordre du jour

C. La préparation de la réunion

2. Au début de la réunion

A. L'ouverture de la réunion à l'heure prévue

B. L'installation d'un magnétophone ou la nomination d'un secrétaire

C. L'acceptation de l'ordre du jour et du but principal de la réunion par tous les participants

D. La définition du rôle de chaque participant

E. Le choix du type de réunion : réunion d'information, de discussion, de résolution de problèmes ou de prise de décision. Ce sont les quatre types principaux.

3. Pendant la réunion

A. Le comportement le plus constructif possible

B. Le respect de l'ordre du jour et de la durée prévue

C. Le maintien de la discussion sur le sujet prévu

D. Une interruption de la réunion pour faire le point, si cela s'impose

E. La prise en note de points nouveaux qui seront débattus ultérieurement

4. À la fin de la réunion

A. Le consensus sur les résultats obtenus

B. La revue des mesures à prendre

C. Le résumé de la discussion et l'évaluation de la réunion

D. La planification éventuelle de la prochaine réunion

E. La préparation de l'ordre du jour de la prochaine réunion

F. La clôture de la réunion à l'heure prévue

5. Après la réunion

A. Le suivi des mesures décidées

B. La rédaction du procès-verbal de la réunion et sa diffusion.

■ L'ÉVALUATION DES RÉUNIONS DE GROUPE

Dans ce chapitre, nous avons insisté sur l'importance du statut du groupe qui décrit la mission, le mode de fonctionnement (ou les règles de conduite) et les objectifs du groupe (6). Pour travailler de façon efficace, le groupe devra préciser les interactions entre les membres : c'est le but du mode de fonctionnement, ou des règles de travail. La figure 7.4 donne quelques règles de travail élaborées par un groupe lors de sa première réunion.

À première vue, ces règles semblent être une liste de vœux pieux, mais elles sont en réalité bien plus que cela. Elles permettent de mesurer l'efficacité et le rendement du groupe. Les règles de travail se transforment alors en formulaire d'évaluation. Évaluez vos réunions si vous souhaitez vraiment leur amélioration.

Chaque membre participe	Il critique les idées et non les personnes
Il écoute poliment	Les idées appartiennent à tous
Il respecte les autres membres	Il s'efforce de comprendre les autres
Il pense « gagnant-gagnant »	Le groupe est proactif
Il prend des engagements et les respecte	Il est disposé à faire connaître ses idées
Il n'oublie jamais la mission	Il exige de faire le point
Il commence et termine à l'heure	Il est proactif
Les décisions sont prises par consensus, si possible	Il respecte la confidentialité
Il maintient l'enthousiasme	Il prend plaisir à participer

Figure 7.4 Le mode de fonctionnement du groupe ou ses règles de conduite

■ LES OUTILS DE BASE DE RÉSOLUTION DES PROBLÈMES

Aucun exposé sur les groupes ne serait complet sans mentionner les outils de la résolution des problèmes. Voici les outils de base avec une brève description de chacun d'entre eux.

Le remue-méninges

Le remue-méninges est une technique qui génère un grand nombre d'idées sur un sujet ou un problème donné. C'est certainement la technique la plus répandue (7,2).

Les feuilles de contrôle

Ce sont de simples formulaires utilisés pour recueillir et pour classer des données. Dans certains cas, ils peuvent servir à les interpréter, mais ils sont essentiellement utilisés dans la phase de collecte. Il y a trois types de feuilles de contrôle : les feuilles de relevés, les listes de contrôle et les feuilles d'implantation.

Les graphiques

Les graphiques permettent de visualiser les données, qui auront probablement été recueillies à l'aide des feuilles de relevés. Ils mettent très facilement en évidence les relations qui existent entre différents ensembles de données. Voici quelques types de graphiques :

1. Le graphique type ligne (la forme la plus élémentaire d'un graphique)

2. Le graphique en barres et colonnes (utilisé pour comparer deux grandeurs)

3. Le graphique en secteurs (pour montrer les pourcentages des éléments d'une grandeur)

4. Le diagramme de planification (utilisé pour planifier et enchaîner différentes activités)

5. Le pictogramme ou graphique en image (qui utilise des symboles ou des dessins pour schématiser les grandeurs)

6. L'histogramme (une variante des graphiques à bâtons montrant les variations des valeurs d'une grandeur ou d'un processus)

7. Le diagramme de Pareto (une autre variante des graphiques en barres et de type ligne utilisée pour faire ressortir les données importantes)

La technique nominale de groupe

La technique nominale de groupe est une méthode très élaborée de génération des idées ; les idées retenues sont choisies par un vote. Cette technique sert à caractériser un problème ou à le résoudre. Elle a pour principaux avantages de générer de nombreuses idées et de les classer par ordre de priorité. Elle comporte 5 étapes et convient particulièrement à des groupes de 7 à 10 membres (3).

L'analyse des éléments moteurs et inhibiteurs

L'analyse des éléments moteurs et inhibiteurs est un outil très simple de résolution de problèmes. Elle permet de mieux comprendre un problème, de l'énoncer clairement, de déterminer ses causes principales, de trouver des solutions, de les évaluer et d'établir la priorité de l'implantation des mesures correctives.

Il existe deux types d'influences ou de forces qui agissent sur un problème, sur ses causes et sur ses solutions :

1. Les éléments moteurs : ils facilitent l'apparition d'un problème ou la réalisation d'une activité particulière.

2. Les éléments inhibiteurs : ils s'opposent à l'apparition du problème ou à la réalisation d'une activité.

Le déroulement d'une activité dépend de la résultante de ces deux types d'éléments. Ceux-ci s'opposent et les éléments les plus importants vont définir l'état général du problème. À l'équilibre, ils définissent un état stationnaire qui correspond à l'état normal.

Cette analyse révèle les influences en présence dans une situation donnée et fait ressortir celles qui sont déterminantes. La caractérisation de ces influences est la première étape vers une compréhension complète d'une situation. Autant que possible, on en dressera une liste présentant leur importance et leurs effets.

Le diagramme causes-effet

Les diagrammes causes-effet visualisent les relations entre l'effet (le problème) et ses causes. Ce type de graphique permet d'analyser un problème en répertoriant ses causes ; il est alors possible de les étudier systématiquement. Ces diagrammes portent également le nom de diagramme d'Ishikawa ou diagramme en arêtes de poisson. L'analyse des causes est très souvent négligée dans le processus de résolution de problèmes, car confrontés à un problème, la plupart d'entre nous identifient très difficilement toutes ses causes.

Cette approche ne permet généralement qu'une correction partielle du problème. La plupart du temps, la solution retenue n'est qu'un palliatif. Rappelez-vous : en résolution de problèmes, il ne s'agit pas de *résoudre* le problème, mais *d'éliminer* sa cause. Éliminez les causes, et le problème disparaîtra de lui-même.

Nous venons de passer en revue les principaux outils de la résolution des problèmes. Il y en a bien d'autres, plus simples ou plus complexes. Nous allons maintenant examiner quelques outils plus généraux.

■ LES OUTILS GÉNÉRAUX DE LA RÉINGÉNIERIE

Les outils généraux décrits ici permettent à l'entreprise d'améliorer non seulement sa qualité, mais également sa productivité. Nous ne donnerons ici qu'un aperçu de chacun de ces outils.

La réingénierie des processus administratifs

La réingénierie des processus administratifs (RPA) est un outil trop peu connu. En effet, nous avons passablement négligé les processus qui régissent les affaires en général. Les coûts de production ne représentent que de 5 % à 15 % des dépenses d'une entreprise. Ce qui n'est pas surprenant si l'on considère que les processus administratifs sont à l'origine des décisions de l'entreprise et causent ainsi les dépenses les plus importantes (voir le chapitre 11 à ce sujet).

L'analyse d'activité par domaine

L'analyse d'activité par domaine (AAD) est l'un des rares outils, sinon le seul, convenant particulièrement au groupe d'amélioration du service qui traite des clients et des fournisseurs internes ou externes. Cet outil se sert d'un modèle où un fournisseur livre un extrant à un service qui apporte une valeur ajoutée à un produit exigé par un client. Il donne d'excellents résultats dans le cas des entreprises déjà bien engagées en amélioration. Il définit les activités du groupe dans l'entreprise et permet d'élaborer leurs mesures. L'ADD comporte huit activités :

Activité 1 : la rédaction de l'énoncé de mission du groupe

Activité 2 : la définition des activités principales du groupe

Activité 3 : l'élaboration des mesures relatives aux clients

Activité 4 : l'évaluation de la valeur ajoutée réelle par activité

Activité 5 : l'évaluation du coût de la non-qualité par activité

Activité 6 : l'établissement du diagramme matriciel valeur ajoutée réelle/coût de la non-qualité

Activité 7 : la mise au point des mesures du rendement

Activité 8 : la recherche des fournisseurs et des besoins en information ainsi que l'élaboration des mesures

L'ADD est l'outil de l'« amélioration du personnel », car il permet aux employés de comprendre leur contribution à l'entreprise et de déterminer les améliorations possibles dans un domaine précis.

Le coût de la non-qualité

Le coût de la non-qualité est l'outil qui diminue les pertes attibuables à la mauvaise qualité. Probablement personne ne réfutera que les erreurs et la mauvaise qualité de produits et de services entraînent des pertes. Le coût de la non-qualité est défini par « la somme des dépenses effectuées pour obtenir un travail irréprochable, des coûts de vérification de la qualité des produits et des coûts engagés par l'entreprise et le client dans le cas d'un produit non conforme aux attentes du client et aux caractéristiques qu'il souhaite » (10). (Ce sujet sera traité plus en détail au chapitre 14).

Les diagrammes de fonctionnement

Les diagrammes de fonctionnement visualisent les processus ; ils permettent de relier les processus administratifs aux processus de production et de service. Ils facilitent le travail des différentes phases de la résolution de problèmes. Ils définissent les problèmes, définissent des mesures, génèrent des idées, donnent un aperçu de la situation future prévue et sélectionnent les meilleures solutions.

Comme vous le constatez, ces outils généraux sont à la disposition de n'importe quelle entreprise. Cependant, leur efficacité dépend de deux éléments : trouver le bon outil et former le personnel à son utilisation. De plus, ils font largement appel aux outils de base de l'amélioration. Une bonne compréhension de l'ensemble de tous ces outils fera progresser les activités de tout groupe.

■ LES SEPT NOUVEAUX OUTILS DE GESTION

Nous venons de voir les outils généraux et nous avons appris à nous en servir. Que faire alors ? Les groupes disposent-ils d'autres outils de résolution des problèmes ? Oui. Ce sont les sept nouveaux outils de gestion. Ce qui suit est une description rapide de chacun d'eux. Pour les connaître davantage, nous recommandons les deux ouvrages suivants : Shigero Mizuno, *Management For Quality Improvement*, éditions Productivity Press et Bob King, *Hoshin Planning - The Development Approach*, éditions GOAL/APC, 1989.

Le diagramme des affinités

Également connu sous le nom de méthode KJH, le diagramme des affinités est un outil du travail en équipe qui regroupe les idées générées par la technique de remue-méninges selon leurs points communs afin de susciter des idées constructives originales. Ces idées s'obtiennent essentiellement par un intense travail de réflexion.

Le diagramme des relations

Cet outil révèle les relations entre les différents facteurs agissant sur un élément donné. En général, les facteurs les plus étroitement liés (leurs rapports sont caractérisés par de nombreuses flèches sur le diagramme) sont les facteurs prédominants.

Le diagramme arborescent

Le diagramme arborescent montre les sous-tâches et leur enchaînement nécessaire pour atteindre un objectif. Le diagramme arborescent des erreurs est un diagramme dérivé du précédent : il fait apparaître toutes les possibilités d'erreurs pour un service ou un produit et suggère les mesures préventives.

Le diagramme matriciel

Le diagramme matriciel fait ressortir les rapports entre plusieurs séries de données. Ainsi, le processus du déploiement de la qualité (DQ) transforme la « voix du client » en caractéristiques techniques, sous-systèmes, éléments, composantes, procédés et contrôles de procédés. Il décrit le diagramme arborescent des rapports entre les besoins primaires, secondaires et tertiaires du client et les caractéristiques techniques — ou leurs équivalents — imposées par la satisfaction du client.

La matrice des priorités

Cet outil se sert d'un diagramme arborescent, représentant diverses possibilités, et de critères pondérés. La matrice des priorités permet de choisir les meilleures possibilités de façon logique et quantitative.

Le diagramme de décision d'action

Ce diagramme (DDA) permet de planifier l'implantation de nouvelles tâches ou de tâches corrigées complexes. Le DDA met en évidence toutes les activités susceptibles de mauvaises orientations et en donne une liste.

Le diagramme flèche

Le diagramme flèche sert à déterminer les meilleurs délais et les mesures nécessaires pour atteindre un objectif. Cet outil se rapproche de la méthode de la programmation optimale et de la méthode du chemin critique.

■ LA PRISE DE DÉCISIONS ET LEUR GESTION

La prise de décisions et leur gestion constituent les obstacles les plus ardus auxquels se heurtera tout groupe dès sa création. Il pourra prendre les décisions de trois manières, mais, avant de les exposer, rappelons quelques éléments essentiels qu'il devra maîtriser au préalable.

Pour qu'un groupe puisse prendre des décisions efficaces, il doit tout d'abord disposer d'un certain degré d'autonomie. Ensuite, il doit bien comprendre sa mission. De plus, il aura reçu une formation de base en dynamique de groupe ainsi qu'en résolution de problèmes.

Le groupe dispose alors de tous les atouts pour s'attaquer à la prise de décisions. Comme nous l'avons mentionné précédemment, il existe trois types de décisions : par consensus, par vote ou par imposition.

Un groupe parfait prendra toujours ses décisions par consensus. On distingue deux types de consensus. L'unanimité sur un sujet conduit au premier type de consensus : consensus par la majorité. Le deuxième type est plus difficile à obtenir : le consensus ralliant la minorité. Dans ce dernier cas, la majorité des membres favorise une décision, alors qu'une minorité en préfère une autre. Cette dernière accepte néanmoins de soutenir la décision de la majorité comme si elle était la sienne.

Nous ne l'ignorons pas : il n'y a pas de groupe parfait et les compromis sont inévitables, à condition d'être justifiés. Ainsi, soumettre une décision au vote et accepter sans restriction que la majorité l'emporte peut être un exemple de compromis. Cependant, cela n'évite pas la prise de mauvaises décisions ; dans ce cas, une étude plus détaillée s'impose.

Jerry B. Harvey, professeur associé en gestion des affaires à l'Université George Washington, a rédigé sur le sujet un article intitulé « The Abilene Paradox : The Management of Agreement »(12). Voici comment il a décrit ce paradoxe : « Les entreprises agissent souvent en contradiction avec les résultats recherchés, ce qui les empêche d'atteindre les objectifs qu'elles se sont fixés. Cette situation rappelle le corollaire du paradoxe qui affirme que l'une des principales raisons de dysfonctionnement des entreprises est leur incapacité à gérer leur consensus. »

Très souvent, nous prenons une décision qui fait l'unanimité, nous l'implantons et, à ce moment seulement, nous nous apercevons du peu d'enthousiasme que la décision avait suscité en premier lieu : tel est le sujet de cet article.

Le « paradoxe d'Abilene » peut être évité de plusieurs manières. À mon avis, la meilleure consiste à établir de bonnes communications entre les membres du groupe. Dans la mesure du possible, mettez tout en œuvre pour obtenir un consensus. Confrontez ensuite la décision retenue à tous les points de vue, y compris ceux des partenaires clés de l'entreprise. Si un membre rejette fortement la décision ou et s'il ne peut la soutenir, examinez-la à nouveau. Revoyez toutes les données qui ont mené à la décision. En leur consacrant un peu plus de temps, vous éviterez peut-être un « voyage à Abilene ».

■ L'IMPLANTATION DU TRAVAIL DE GROUPE

Implanter le travail de groupe dans une entreprise peut s'effectuer de diverses manières. Certaines entreprises commencent par former leurs employés, puis les mettent au travail. D'autres entreprises court-circuitent la formation. De plus en plus d'entreprises sélectionnent quelques employés, les forment, puis les intègrent à un groupe. De nombreuses autres implantations sont possibles dans le cadre des différents groupes de travail, d'amélioration des processus, d'amélioration du service ou du comité directeur de l'amélioration. Il n'y a pas de meilleure méthode : l'implantation du groupe dépend fortement de la mentalité de l'entreprise. Toujours former l'employé avant de le nommer membre d'un groupe et ne jamais donner une formation à un employé s'il n'a pas la possibilité de s'en servir sont deux des meilleures pratiques sur lesquelles nous attirons votre attention.

Si elle convient à votre entreprise, voici l'approche que nous recommandons :

1. *Créer un comité directeur de l'amélioration (CDA) et lui donner une formation de base en travail de groupe, en gestion de réunion et en résolution de problèmes*

2. *Demander au CDA de définir quelques problèmes faciles à résoudre qui apporteront rapidement des profits à l'entreprise*

Le CDA nommera quelques groupes de tâche (GT) pour s'occuper de ces problèmes. Avant de mettre ces groupes au travail, il prendra soin de :

- former les groupes (même formation que celle du CDA) ;
- s'assurer que ses animateurs ont les capacités et la formation nécessaires ;
- former les faciliteurs et les associer aux groupes.

3. *Faire effectuer une analyse d'activité par domaine (AAD) par la direction*

Dans ce cas, chaque dirigeant préparera une AAD conjointement avec les cadres directement sous ses ordres.

4. *Créer des groupes d'amélioration du service (GAS) au niveau de la direction*

Quand les écarts par rapport aux exigences seront connus, la direction se regroupera en GAS et se chargera de les éliminer. Tous les membres des GAS de la direction auront reçu une formation en travail de groupe et en résolution de problèmes. Un faciliteur assistera chaque GAS.

5. *Créer des groupes d'amélioration des processus (GAP)*

À la suite des mesures effectuées au point 3 et selon les besoins de l'entreprise, le CDA sélectionnera les processus clés et désignera les GAP qui les rationaliseront. Les membres du GAP auront tous reçu la même formation de base que le CDA. De plus, ils seront formés aux 10 outils principaux de la réingénierie des processus administratifs et à certains outils avancés. Un faciliteur assistera chaque GAP.

6. *Former les entraîneurs*

Après une bonne expérience en méthodologies du travail de groupe, les dirigeants ou le personnel clé que la formation intéresse seront choisis et formés pour enseigner les techniques du travail de groupe.

7. *Créer des groupes d'amélioration du service (GAS) au niveau des employés*

Lorsque la direction accordera sa pleine confiance au travail de groupe et sera convaincue de l'efficacité des groupes, elle créera des GAS au niveau des employés, dans chaque secteur de travail. Chaque secteur procédera en premier lieu à une AAD après avoir reçu la formation de base en travail de groupe. Puis, il mettra en place les mesures de rendement et d'efficacité et définira les exigences de chaque activité importante. Les employés membres des GAS seront formés aux techniques de résolution de problèmes. Ils se lanceront alors dans la phase de résolution des problèmes. Chaque GAS des employés aura également son faciliteur.

8. *Créer des cercles de qualité (CQ), selon les besoins*

Au fur et à mesure que les cycles de création de groupes et de résolution de problèmes progressent, on encouragera les groupes d'employés à définir les problèmes qu'ils souhaitent résoudre et qui ne sont pas pris en charge par les GAS.

9. *Créer des groupes de travail autonomes*

Grâce au soutien de la direction, les employés membres des cercles de qualité seront de plus en plus aptes à résoudre leurs propres problèmes. Ils pourront alors assumer une partie des responsabilités de leurs superviseurs. Avec une formation générale dans les domaines de la gestion et des finances, les employés pourront accepter la responsabilité du fonctionnement habituel de leur groupe de travail qui deviendra ainsi un groupe autonome.

■ LA MESURE DE LA RÉUSSITE D'UN GROUPE

Mesurer la réussite d'un groupe dépend largement des objectifs stratégiques de l'entreprise. Qu'attend l'entreprise de ses groupes ? Quels sont les objectifs de la direction ? Souhaite-t-elle uniquement voir ses employés se préoccuper davantage de la qualité ou désire-t-elle se doter de groupes de résolution de problèmes et diminuer ainsi les rejets, les erreurs et le nombre de produits retournés par les clients ? Désire-t-elle éliminer les barrières de communication entre elle et ses employés ? Ou réduire l'absentéisme et augmenter la productivité ? Il y a ainsi de nombreuses manières d'évaluer un groupe.

Mettre au point une mesure unique pour évaluer la réussite d'un groupe est une pure perte de temps. Certains groupes, comme le groupe de réduction des rejets, obtiennent des résultats quantifiables, ce qui permet de les évaluer facilement contrairement à d'autres groupes, comme celui du soutien à l'amélioration.

Quels que soient le groupe et le problème dont il s'occupe, il faudra mettre en place un système de mesures dès la création du groupe. Voici quelques évaluations que l'on peut pratiquer de façon générale :

- le respect des délais fixés ;

- l'utilisation convenable des outils de résolution des problèmes ;

- la participation des membres du groupe ;

- l'ouverture et la clôture des réunions aux heures prévues ;

- l'efficacité de l'utilisation des ressources et du temps.

D'autres mesures plus complexes pourraient être :

- la réduction du temps d'exécution des processus ;

- la réduction des rejets ;

- l'augmentation de la satisfaction des clients ;

- la diminution des coûts.

Avant tout, l'évaluation du groupe doit montrer sa contribution à l'amélioration de l'entreprise. Le groupe doit prouver que son rôle est essentiel à l'amélioration générale, à l'environnement de travail, à la qualité des produits et des services de l'entreprise et, de façon plus importante, au perfectionnement du personnel.

Les raisons d'évaluer les groupes sont nombreuses ; entre autres, elles précisent les éléments à mesurer et les techniques de mesure à déployer. D'autre part, la mesure est une partie intégrante de la gestion et ne peut être ignorée. Après tout, il est impossible de gérer ce que l'on ne mesure pas.

L'argent est le dénominateur commun à toutes les raisons. Pour contribuer à la valeur ajoutée de l'entreprise, le rendement des actifs (RDA) des groupes doit être positif. Déterminer leur participation à ce rendement n'est pas aisé. Cependant, les groupes n'agissent pas en vase clos : en fin de compte, la gestion du travail en équipe et le soutien dont les groupes bénéficient seront la mesure de leur réussite.

Si elles sont déjà engagées dans le processus du travail en équipe, la majorité des entreprises en connaissent l'équilibre coûts-avantages. Cet équilibre constitue la mesure principale des groupes. Il représente un rapport de type rendement des investissements, soit les économies réalisées à la suite des suggestions des groupes divisées par le coût du processus du travail de groupe.

Selon les entreprises, ce rapport varie de 2 à plus de 40 ; sa moyenne semble être de 6.

■ LES GROUPES DIFFICILES

Tôt ou tard, toutes les entreprises engagées en travail d'équipe devront décider des mesures à prendre envers les groupes difficiles. Celles qui prétendent ne connaître aucun problème se préoccupent insuffisamment de leurs groupes ou cachent la vérité. Tout processus auquel le personnel participe est une source possible de conflits.

De nombreuses influences s'exercent sur les groupes : la personnalité de leurs membres et le manque de communication en sont deux exemples. Voici les 13 problèmes les plus courants : nous les présentons en fonction de l'importance que nous leur accordons. Ces problèmes peuvent se retrouver dans tout groupe et peuvent avoir de nombreuses causes :

1. Le statut du groupe ne définit pas suffisamment la mission, les objectifs et les règles de conduite.

2. Le groupe et ses membres n'ont pas assimilé leur mission.

3. Le groupe n'a pas été formé aux outils et aux techniques ou ne s'en sert pas.

4. Le groupe ne s'est pas fixé d'objectifs et n'évalue pas les résultats.

5. De trop nombreux objectifs sont irréalistes.

6. Le groupe ne fait preuve ni de leadership ni de responsabilité.

7. Le groupe manque d'idées ou n'a pas de problèmes à résoudre.

8. La réalisation de la mission et de la tâche présente certaines difficultés.

9. Le groupe ne partage pas la vision de l'entreprise.

10. Le groupe est isolé du reste du personnel.

11. La direction ne soutient pas le groupe et l'ignore.

12. Il n'y a pas de système de reconnaissance et de récompenses pour les groupes.

13. Le groupe devient inactif ou se met en veilleuse.

Les problèmes des groupes doivent être résolus promptement et efficacement. Les groupes pourront alors se mettre au travail d'autant plus rapidement. Attaquez-vous à ces problèmes comme vous le feriez pour tout autre problème de l'entreprise : délimitez le problème, recherchez sa cause, puis planifiez l'amélioration du groupe.

■ L'AVENIR DES GROUPES

Les groupes ont-ils leur place dans les activités futures d'amélioration des entreprises ? Le *Best Practices Report*, produit par Ernst & Young, fait remarquer que « l'organisation des ressources humaines est essentielle ». Selon ce rapport, moins de 5 % du personnel participe aux travaux de groupe dans des entreprises peu rentables, alors que ce chiffre est de 25 % pour les meilleures entreprises.

Les États-Unis connaissent la gestion participative et le concept des groupes depuis presque 30 ans, ce qui a considérablement modifié leur manière de mener les affaires. Voici ce qu'en dit Richard M. Davis, président de Martin Marietta's Manned Space Systems : « Il y a 10 ans, alors que les premiers efforts d'engagement du personnel débutaient, nous ne savions que penser de ce programme et de ses résultats. Peu d'entre nous imaginaient le climat de participation en résolution des problèmes qui règne actuellement chez Manned Space Systems. »

La Ford Motor Company avait presque éliminé la Mustang de sa gamme de voitures. Un groupe connu sous le nom de la « bande des huit » rechercha alors des modifications originales et les présenta à la haute direction. Le pdg Harold Poling examina minutieusement le projet, puis celui-ci fut accepté. Le groupe promit de produire la voiture en 37 mois, ce qui raccourcissait de plusieurs mois la meilleure période antérieure de production d'un nouveau modèle. Par son travail de groupe et par l'élimination de la bureaucratie, le groupe sortit la Mustang en 35 mois exactement. Will Bodie, le responsable de la Mustang, a déclaré : « En quelques minutes et en buvant notre café, nous prenions les décisions qui normalement exigeaient des mois. » (15)

Richard DeVogelaere (16) et ses amis de GM résolurent le problème des fuites d'eau de la Camaro et de la Firebird grâce au travail de groupe. Ils se donnèrent le titre de « Groupe d'intervention rapide du modèle F ». Ils éliminèrent non seulement les fuites, mais aussi le bruit désagréable des vitres frottant sur le caoutchouc. Ils firent également disparaître certaines vibrations et quelques bruits des modèles à toit en T par l'addition de renforts sous la carrosserie. DeVogelaere déclara : « Vous pensez : si nous avions fait ce travail il y a cinq ans, combien de voitures aurions-nous vendues en plus ? Combien de nouveaux propriétaires de plus vanteraient leurs qualités ? Nous pensions satisfaire les attentes des clients, alors qu'en réalité nous les écoutions à peine. »

Il y a bien d'autres exemples. Toute entreprise engagée dans le processus du travail en groupe vous mentionnera ses réussites. Qu'en est-il des échecs ? Bien sûr, il y en a : il est impossible de réussir à tout coup, autrement dit, nous échouons de temps en temps. Dans ce cas, les échecs permettent également de progresser.

Les groupes ont-il un avenir ? Nous le croyons. Les résultats du travail d'équipe sont probants et non négligeables.

■ EN RÉSUMÉ

Pour survivre, une entreprise perdante entreprendra des efforts différents de l'entreprise survivante, qui, elle, souhaite devenir gagnante. Les entreprises gagnantes agiront également différemment pour rester gagnantes. Ainsi, dans le passage de perdante à survivante, l'entreprise encouragera fortement les groupes d'amélioration du service dont la participation est essentielle. Dans les entreprises survivantes, une telle participation ne produira aucun effet. Dans le cas des entreprises gagnantes, un accroissement de cette participation risque de produire des effets négatifs, car elle peut nuire à la créativité individuelle.

Voici comment les différentes entreprises conçoivent le travail de groupe :

Les groupes d'amélioration du service (GAS)

Entreprises perdantes : moins de 10 % de leur personnel travaille en groupe.

Entreprises survivantes : entre 40 % et 100 % de leur personnel travaille en groupe.

Entreprises gagnantes : tous les employés ont été formés au travail de groupe et ont été membres d'un groupe. Le pourcentage des employés membres des GAS décroît, car le nombre de problèmes diminue.

Les groupes d'amélioration des processus (GAP) (groupes interfonctionnels)

Entreprises perdantes : elles n'ont pas de GAP.

Entreprises survivantes : elles s'en servent au besoin.

Entreprises gagnantes : elles s'en servent souvent, mais discrètement.

Les groupes de tâche (GT)

Entreprises perdantes : elles se servent souvent des GT.

Entreprises survivantes : elles s'en servent de temps en temps.

Entreprises gagnantes : elles ne s'en servent jamais, car elles n'en voient pas l'utilité.

La formation des groupes

Entreprises perdantes : elles assurent une formation sur le tas pour les sept nouveaux outils de gestion.

Entreprises survivantes : entre 50 % et 60 % des employés suivent une formation sur le tas pour ces sept outils.

Entreprises gagnantes : l'ensemble du personnel est formé pour les sept outils ainsi que pour d'autres outils plus avancés. La formation est toujours étroitement liée à une application pratique.

La manière de former les groupes

Entreprises perdantes : la direction nomme les membres et décide des travaux.

Entreprises survivantes : l'approbation de la direction n'est pas sollicitée (elles se fient au hasard).

Entreprises gagnantes : la direction établit le statut de tous les groupes.

Les outils utilisés les plus efficaces

Entreprises perdantes : la technique du remue-méninges définit les mesures correctives.

Entreprises survivantes : la technique du remue-méninges ainsi que les diagrammes causes-effet déterminent les actions correctives.

Entreprises gagnantes : bien qu'elles mettent en application de nombreuses autres techniques, elles se servent essentiellement de la réingénierie des processus administratifs.

General Electric gère son usine de Bayamon, à Porto Rico, par des groupes de travail autonomes et par un programme d'incitation à la formation et à l'apprentissage qui récompense les employés. Le directeur de l'usine a déclaré : « J'aurai le meilleur personnel de tout GE. »

Kodak effectue l'amélioration de ses processus depuis quelques années. Son équipe Zebra, forte de 1 500 employés, produit du film noir et blanc dans ce qu'elle appelle le « flot ». Dans le flot, il y a les « courants » ou clients (les unités de travail de Kodak). Dans les courants, la plupart des employés sont membres de groupes de travail autonomes. Dans un récent numéro de *Fortune*, un article a précisé que les Zebras « ont de bonnes raisons de caracoler. Dans la structure horizontale de la fabrication du film noir et blanc, appelée le " flot ", la productivité, la rentabilité et la motivation ont progressé au galop ». De façon analogue, Hallmark Cards espère réduire de moitié le temps de mise au point de ses nouveaux produits grâce aux groupes interfonctionnels. Chez Xerox, le travail de groupe est primordial. À tout moment, environ 75 % de ses employés participent à un travail de groupe.

Les équipes et le travail en groupe sont rentables : les entreprises gagnantes en témoignent.

■ RÉFÉRENCES

1. Ernst & Young, *Best Practices Report*.

2. H. James Harrington, *Different Strokes for Different Folks - The International Quality Study*.

3. H. James Harrington, *The Improvement Process*, McGraw-Hill.

4. David T. Farrell, Kenneth C. Lomax, Ralph Ott, *Team Effectiveness Manual*, Ernst & Young.

5. Wayne S. Reiker, *Employee Involvement Teams - Team Member Manual*, Ernst & Young.

6. David T. Farrell, Kenneth C. Lomax, Norman Howery, Ralph Ott, *Team Effectiveness Manual*, Ernst & Young, 1992.

7. Wayne S. Reiker, *Employee Involvement Teams - Team Study Guide*, Ernst & Young.

8. H. James Harrington, *Business Process Improvement*, McGraw-Hill. (traduction française : *La réingénierie des processus administratifs*, Les Éditions Transcontinental, Montréal, Canada, 1994).

9. H. James Harrington et Norman Howery, *Area Activity Analysis - The People's Improvement Tool*, Ernst & Young.

10. H. James Harrington, *Poor Quality Cost*, ASQC - Quality Press.

11. Shigeru Mizuno, *Management for Quality*, Productivity Press.

12. Jerry B. Harvey, *The Abilene Paradox : The Management of Agreement*.

13. Wayne S. Reiker, *Employee Involvement Teams - Team Facilitator Manual*, Ernst & Young.

14. *10 Year Anniversary - SRT Yearbook '79-'89*, Martin Marietta Manned Space Systems.

15. Article de Will Boddie, *Sacramento Bee*, 8 octobre 1993.

16. James R. Healy, « Simple Solutions Mark Cars' Road to Recovery », *USA Today*, 9 juillet 1992.

17. Rahul Jacob, « The Search for the Organization of Tomorrow », *Fortune*, 18 mai 1992.

Chapitre 8

L'excellence individuelle :
au-delà des équipes

par
H. J. Harrington
associé, Ernst & Young
et
Norm Howery
consultant en amélioration

Les équipes rendent l'entreprise excellente ; le personnel la rend remarquable.

H. JAMES HARRINGTON

■ INTRODUCTION

Une entreprise ne peut exceller que si elle fait pleinement appel au potentiel de chacun de ses employés, si elle favorise la créativité et si, en retour, elle apporte satisfaction personnelle et fierté à son personnel. Comme Maslow l'a souligné il y a bien longtemps, le principal instinct de l'homme est l'instinct de conservation. Quand ses besoins de survie sont satisfaits, il peut se consacrer librement à la priorité suivante : la camaraderie et l'amitié qu'apporte le travail en équipe. Néanmoins, c'est l'épanouissement personnel qui lui permet d'atteindre son plus haut niveau de performance. C'est à ce moment-là qu'il excelle, non sous l'effet de promesses, de menaces ou d'une adulation, mais par la satisfaction et l'épanouissement qu'apporte la réussite d'un travail librement choisi.

Ne vous leurrez pas. Vous avez choisi vous-même votre travail actuel. À quelques exceptions près, au moment de choisir notre premier emploi, nous avons tous pu décider de l'orientation de notre carrière, ce qui est toujours possible de nos jours dans une certaine mesure. Ainsi, vous pouvez quitter votre emploi actuel pour aller travailler en restauration rapide, mendier dans les rues de San Francisco ou créer votre propre entreprise. Nous pouvons tous choisir. Vous seul pouvez décider de changer d'emploi ou non. Quel que soit votre choix, vous devrez toujours exceller dans votre travail. Lorsque nous étions jeunes, certains d'entre nous ont éliminé des possibilités de carrière en préférant le jeu à l'école. À moins d'être handicapés mentaux ou physiques, trop souvent nous ne voulons pas faire le petit effort supplémentaire qui nous donnerait accès aux meilleurs postes. Nous n'avons aucune excuse. Nous sommes libres de choisir. Nous devons accepter les conséquences de ce choix et vivre selon nos décisions.

Martin Luther King Jr. a déclaré un jour : «Si un homme est destiné à exercer le métier de balayeur, il devra balayer comme Michel-Ange devait peindre, tout comme Beethoven devait composer de la musique et Shakespeare, écrire des poèmes. Il devra exceller dans le balayage des rues avec une perfection telle que les plus hautes autorités du ciel et de la terre puissent proclamer devant sa tombe : " Ici repose un balayeur des rues qui excella dans son travail ". »

Pour permettre aux employés de travailler efficacement, voici ce que la direction doit leur fournir :

- une formation ;

- de l'équipement ;

- du temps.

Ces ressources de base indispensables sont à l'origine de l'excellence du rendement de l'employé. Il s'en sert pour développer sa créativité et sa fierté ; celles-ci exigent des sacrifices, mais lui permettent de s'épanouir et d'atteindre la satisfaction personnelle. Se créer des défis personnels dans son travail, voilà le vrai secret pour écarter l'ennui et la médiocrité. Qu'y a-t-il de plus ennuyant que de frapper une noix avec un bâton, de courir après cette noix et de la frapper à nouveau à raison de huit heures par jour ? Eh bien, creusez 18 trous dans une pelouse et cette activité ennuyante se transforme en golf; des millions de gens payent pour pratiquer ce sport.

Nous ne suggérons pas de tout sacrifier à son travail, mais bien de consacrer une fraction de son temps à chacun des quatre quadrants de la vie (voir le chapitre 6).

De nos jours, c'est le quadrant « travail » qui s'étend au détriment des trois autres. Chacun doit bien équilibrer son temps entre les quadrants. Pour mener une vie normale, une personne saine ne peut passer toute sa vie dans un seul des quadrants. Celle qui passe trop de temps à son travail s'épuise très vite et perd sa créativité. Au Japon, en raison de l'importance exagérée du quadrant travail, une entreprise, la Japan Efficiency Headquarters, envoie des acteurs prendre soin des parents âgés et des enfants de ceux qui sont trop accaparés par leur travail. Cette entreprise de Tokyo demande 385 $ pour une visite d'un acteur pendant 5 heures, 769 $ pour deux acteurs et 1 155 $ dollars si le client désire également louer un bébé. Ainsi, un représentant des ventes en informatique envoie deux acteurs visiter son père de 64 ans qui habite à 10 minutes de son lieu de travail. La présidente de cette entreprise, Ms Satuski Oiwa, a déclaré : « Nous avons pour objectif de combler un vide dans le cœur. »

Toutefois, les situations évoluent, même au Japon. Ceux qui arrivent actuellement sur le marché du travail japonais ont une conception différente du travail. Sachihico Kataoka, 24 ans et diplômé universitaire, raconte : « Étant petit, je ne voyais mon père que le dimanche et il me manquait beaucoup. Je ne serai pas comme lui : je passerai du temps auprès de mes enfants lorsque j'en aurai. Je compte séparer très nettement mes loisirs et mon travail. Je n'ai pas l'intention de tout sacrifier pour mon entreprise. »

En fin de compte, chacun passe son temps dans le quadrant « travail » pour financer les activités des trois autres quadrants. Le temps moyen consacré aux déplacements et au travail est de 13 heures au Japon, de 11,5 aux États-Unis, de 10,5 en Allemagne, de 10,4 en France et de 10,2 en Angleterre.

Consacrer une moitié de sa vie à subvenir à ses besoins devrait suffire sans être astreint à travailler des heures supplémentaires. C'est pourquoi nous devons travailler efficacement et de façon créative. Je doute fort que sur son lit de mort quelqu'un dise un jour : « J'aurais dû consacrer plus de temps à mon travail. »

En analysant le *1994 Accreditation Manual for Hospitals*, le docteur Paul M. Schyve, vice-président à la recherche et aux normes de la *Joint Commission*, a déclaré : « Même si les normes des soins de santé concernent essentiellement les processus et non le personnel, on ne peut ignorer l'importance des connaissances professionnelles et des capacités individuelles dans l'obtention des résultats. Si vous voulez que le personnel soit à l'aise dans votre entreprise, vous ne pouvez ignorer les problèmes que posent les compétences individuelles. Le contenu des normes montre clairement la nécessité d'un équilibre entre les processus et les compétences. »

De bons processus et un bon travail d'équipe sont effectivement nécessaires pour rester compétitif. Cependant, en dernier ressort, c'est l'excellence individuelle des employés qui rendra une entreprise viable ou non.

Kaoru Ishikawa, qui fut l'initiateur des cercles de qualité et dont la contribution à l'école japonaise de la qualité fut plus importante que celles de Deming et de Juran réunies, a reconnu ouvertement qu'au Japon, l'individu était plus efficace sur le plan de la résolution de problèmes que les équipes. Le besoin d'exceller est un besoin fondamental que chacun ressent profondément. Il est possible d'exceller dans toute activité. Nous imposer de donner le meilleur de soi ou d'exceller est superflu : ce sont des valeurs intrinsèques.

Le secret n'est pas de se sacrifier ni de consacrer moins de temps à sa famille, à sa religion ou à son quadrant personnel, mais d'utiliser au mieux le temps consacré au quadrant du travail. Ainsi, alors que les Allemands consacrent 32 minutes à leur vie sociale, les Japonais y consacrent 1 minute. Ce qui revient à déplacer 31 minutes vers les trois autres quadrants.

L'exemple japonais n'est pas à suivre. La plupart des Japonais sont malheureux au travail, car l'organisation les transforme en esclaves de leur entreprise comme les Noirs l'étaient dans les plantations sudistes avant la Guerre civile. Les Japonais travaillent durant de longues heures au grand détriment de leur vie familiale sans pour autant éprouver un fort sentiment d'accomplissement. Leur travail les ennuie et, à quelques exceptions près, ils ne progressent que très lentement dans leur entreprise. Masashi Kojima, président de la Nippon Telegraph and Telephone Corporation, l'a reconnu lors d'une rencontre avec de nouveaux employés : « Pendant vos trois premières années dans cette entreprise, il est possible que vous mouriez d'ennui parce que votre poste ne correspondra pas à vos aptitudes. »

Si l'on élimine le Japon, quel est alors l'exemple à suivre ? Nous devons tous améliorer notre travail pour qu'il n'interfère pas avec les activités de nos trois autres quadrants. En même temps, nous devons augmenter notre contribution aux entreprises : ainsi, nous améliorons notre condition financière et nous pouvons accepter des responsabilités accrues. À cette fin, toute personne doit :

- avoir reçu la formation correspondant à son poste de travail ;
- comprendre le plan d'affaires de son entreprise et le rôle de son travail dans sa réalisation ;
- connaître son rendement ;
- être prête à accepter de nouvelles responsabilités ;
- ne pas se satisfaire du statu quo ;
- être créative ;
- être capable de partager sa réussite.

Indira Ghandi racontait : « Un jour, mon grand-père m'a dit qu'il y avait deux sortes de gens : ceux qui travaillent et ceux qui récoltent les crédits. Il me conseilla d'être dans le premier groupe, car la concurrence y est moins grande. »

■ LA FORMATION : LA PORTE OUVERTE VERS L'EXCELLENCE INDIVIDUELLE

David Kearns, ancien pdg de Xerox, actuellement sous-secrétaire d'État à l'éducation, a déclaré : « Une nation doit faire deux choses pour être compétitive : améliorer la qualité de sa production et améliorer son système d'enseignement. » Selon John Ackers, ancien pdg d'IBM, « la qualité imposée par les marchés commence et se termine avec la formation. Le devoir de chacun est de promouvoir la formation et de la donner en tout temps ».

La situation déplorable de notre système d'enseignement

Les écoles publiques américaines sont dans un état lamentable. Leurs professeurs jouent le rôle de gardiens d'enfants et non d'enseignants. Dans un examen que l'Organisation des Nations Unies a fait passer aux élèves de 16 pays en voie de développement, les États-Unis se sont classés treizième. Le finissant de l'école secondaire avait le niveau scolaire d'un élève qui aurait suivi neuf années de scolarité en France, au Japon, en Allemagne ou en Chine. Les travailleurs non diplômés de l'enseignement supérieur ne peuvent rivaliser avec les travailleurs des autres nations industrielles. En 1980, 18 % des citoyens américains de plus de 18 ans ayant terminé leurs études secondaires avaient un salaire qui les plaçait en dessous du seuil de pauvreté. Dans les 10 années qui suivirent, leur pouvoir d'achat a diminué de 10 %. Les pères de famille gagnant de moins en moins, les mères ont été forcées de retourner au travail. Actuellement, pour vivre décemment, les deux parents doivent travailler. Cela a causé un nombre de divorces sans précédent, entraînant l'éclatement de nombreuses familles. La famille monoparentale est à présent une situation normale et acceptée. De plus en plus d'enfants entrent à l'école primaire sans y être vraiment préparés.

Notre système d'enseignement a donné naissance à une classe de citoyens du type tiers monde au cœur des États-Unis. Selon leur formation, les riches et la classe moyenne s'enrichissent et les pauvres s'appauvrissent. Les écoliers américains passent moins de temps à l'école que les écoliers asiatiques ou européens. Pour rivaliser avec le reste du monde, il faudrait augmenter le temps de scolarité de nos élèves d'au moins 25 %. Nous n'éduquons pas nos enfants, nous les occupons. L'industrie doit se contenter de finissants du secondaire qui ne savent ni lire ni diviser (ils ont passé plus de temps à apprendre à se multiplier eux-mêmes qu'à apprendre à multiplier des chiffres). Le système scolaire leur a appris que bien faire son travail les trois quarts du temps est largement suffisant ; lorsqu'ils entrent dans le monde du travail, on exige qu'ils réussissent 99,9 % du temps : ce qu'ils trouvent évidemment injuste. Il n'y a aucun doute : les mauvais systèmes d'enseignement primaire et secondaire constituent le problème le plus grave auquel font face les États-Unis.

Le milieu des affaires se substitue au système scolaire

Les dirigeants d'entreprise ne peuvent attendre l'amélioration du système scolaire, car ils ont déjà embauché les deux tiers des travailleurs qu'ils auront en 2005.

Les entreprises américaines doivent se substituer au système scolaire tant que celui-ci ne s'améliore pas. La Motorola University est un bon exemple : il montre comment une entreprise rectifie les erreurs commises par le système scolaire. De nombreuses entreprises offrent des cours de lecture et d'arithmétique. Tant que le système scolaire reste inefficace, les entreprises doivent assumer des dépenses supplémentaires pour leur main-d'œuvre. Ainsi, elles supportent un énorme fardeau injustifié, ce qui donne à leurs concurrents étrangers un avantage compétitif non négligeable. Dès lors, est-il étonnant que la fabrication se déplace vers des marchés étrangers dont la main-d'œuvre est plus scolarisée et moins payée ?

Le secrétaire d'État du travail, Robert Reich, a déclaré : « Nous devons encourager les entreprises américaines à considérer leur personnel comme une ressource à développer et non comme un coût à réduire. » L'ignorance coûte cher et non l'éducation. Lors de la visite d'une usine qui fabrique les chaussures haut de gamme Reebok en Chine, nous avons rencontré un ouvrier qui avait payé avec plaisir un mois de salaire pour obtenir un emploi dans cette entreprise. Ce sacrifice lui avait permis d'obtenir la formation de base nécessaire à son travail. S'il reste trois ans ou plus dans l'entreprise, ce paiement lui sera remboursé. Cette pratique a été implantée par la direction, car former un nouvel employé et le rendre productif est une dépense importante pour l'entreprise.

Après avoir commencé à travailler, l'employé doit poursuivre sa formation, sinon son rendement diminue. La formation et l'éducation sont les éléments clés de la compétitivité de notre personnel. Tous les employés, jeunes ou vieux, même avec 40 ans d'ancienneté, doivent participer aux programmes de dynamisme technique. William Wiggenhorn, président de la Motorola University, a fait la comparaison suivante : « Quand vous achetez un équipement, vous prévoyez un certain montant pour l'entretenir. Pourquoi ne pas en faire autant pour un employé ? » Motorola estime qu'au bout de trois ans, elle gagne en productivité 30 % par dollar investi en formation (1).

La formation et l'éducation de l'employé touchent trois domaines essentiels : son poste de travail, l'évolution de sa carrière et l'amélioration.

L'Amérique du Nord doit plus que jamais s'engager en formation. On estime que 8 % à 20 % de la main-d'œuvre américaine n'a pas les compétences nécessaires pour occuper son poste. À peine 1 employé sur 14 a été officiellement formé par son employeur. Selon la commission sur la productivité industrielle du Massachusetts Institute of Technology, la formation aux postes de travail des entreprises américaines ne satisfait pas aux exigences de la concurrence internationale. Actuellement, celles-ci dépensent 2 % de leur masse salariale en formation, soit environ 30 milliards de dollars par an. Les entreprises japonaises en dépensent 6 %. Pour accentuer davantage l'urgence de la situation, 0,5 % des entreprises américaines dépensent 90 % de ces 30 milliards de dollars. Un exemple : le personnel de formation chez IBM compte plus de 2000 employés.

Le président Clinton souhaite que toutes les entreprises de plus de 100 employés consacrent 1,5 % de leur masse salariale à la formation ou versent cette somme dans un fonds spécial. Cela correspondrait à une dépense d'environ 17 milliards de dollars ; même dans ce cas, cette mesure ne toucherait que 40 % des employés. Il souhaite également augmenter de 4 milliards de dollars les dépenses en formation des personnes bénéficiant de l'aide sociale et créer de nouveaux centres fédéraux d'assistance aux entreprises. De plus, il aimerait augmenter de 2 milliards de dollars les octrois des États aux programmes de formation professionnelle pour les jeunes.

La formation renforce la loyauté envers l'entreprise et réduit le renouvellement des effectifs. Ainsi, lorsque Volvo et General Motors ont construit une usine de camions à proximité d'une filiale de Will-burt (Will-burt possède un important programme de formation), ils ont offert trois dollars l'heure de plus que cette filiale : sur les 350 employés de Will-burt, seuls trois employés se sont laissé tenter.

Comment les employés profitent-ils de la formation ? Les études montrent qu'une bonne formation conduit à une augmentation de salaire de 20 % à 30 % et même davantage. Encore plus important, cela leur permet de conserver un emploi qui autrement risque de se retrouver à l'étranger. Pourquoi une entreprise devrait-elle payer 100 %, 200 % et même 500 % de plus pour des employés peu formés ?

Lorsqu'il était président du conseil d'administration et pdg de Corning, James Houghton a déclaré : « Le gouvernement a le devoir de se comporter comme un fournisseur de qualité et doit m'envoyer des personnes compétentes. Après cela, je me charge de leur formation pour le reste de leur vie. » Il est regrettable qu'en réalité le gouvernement ne se comporte pas ainsi. D'un autre coté, il ne faut pas oublier que la nature nous a dotés de deux extrémités : l'une pour s'asseoir et l'autre pour réfléchir. Notre réussite dépend de celle que nous utilisons le plus (tiré de la chronique d'Ann Landers).

■ LA FORMATION EN AMÉLIORATION

La formation en amélioration a pour but d'augmenter les compétences de base des employés. Elle commence par règler les problèmes d'analphabétisme dont souffrent de nombreux employés, puis elle développe leur créativité.

Cette formation aide l'employé à améliorer son travail actuel et futur dans l'entreprise. Elle doit débuter le jour même de son embauche. Les entreprises gagnantes consacrent entre trois et cinq jours à intégrer l'employé dans l'entreprise dès son premier jour de travail. L'essentiel de la formation de l'employé doit être effectué au cours de ses deux premières années dans l'entreprise, puis à plus petites doses au fur et à mesure que l'employé sera exposé à de nouveaux concepts.

Nous n'insisterons jamais assez sur l'importance de développer la créativité. Les entreprises survivantes forment leur personnel à la compréhension et au respect des procédures. Les entreprises gagnantes le forment pour qu'il devienne créatif et qu'il puisse remettre en question les procédures afin de les améliorer.

■ LA FORMATION AU POSTE DE TRAVAIL

La formation au poste de travail permet à l'employé de satisfaire aux exigences d'un nouveau poste de travail et de comprendre les processus et les extrants qui s'y rattachent. La plupart du temps, ces derniers sont imposés par les attentes des clients. Une formation complémentaire est alors généralement requise pour assurer l'uniformisation des tâches et aider les employés à atteindre l'excellence.

Par cette formation, l'employé acquiert les compétences et les connaissances nécessaires à la réalisation de son travail. Dans leurs descriptions de poste, de nombreuses entreprises définissent les connaissances requises ainsi que la formation complémentaire exigée dans le cas d'un travail autonome. Les entreprises d'avant-garde ont mis sur pied des programmes de certification aux postes qui comportent le suivi du rendement des programmes de formation ainsi que des vérifications écrites de leur efficacité.

Au Japon, dès leur embauche, les nouveaux cadres, ou plutôt les recrues, subissent une formation de base quasi militaire qui leur fait connaître l'entreprise. Ils revêtent un uniforme, portent l'épingle de l'entreprise sur leur cravate, prennent leurs repas et font de longues marches ensemble. Entre autres, ils s'initient au manuel de l'étiquette Sanyo. Ce manuel leur enseigne à peu près tout, du volume de la voix pour saluer et de la manière de répondre à un supérieur à la technique des courbettes. Cela n'est que l'amorce d'un processus social destiné à transformer les étudiants japonais en « guerriers de l'entreprise », les « kaisha senshi ». Il est très difficile pour un Américain de comprendre cette obéissance absolue de l'employé à son entreprise lors de sa première année de travail.

■ LA FORMATION RELATIVE À L'ÉVOLUTION DE CARRIÈRE

Permettre une carrière dans l'entreprise est l'un des meilleurs moyens d'obtenir la loyauté et la fidélité à long terme d'un employé. Les entreprises gagnantes qui ont investi temps et argent dans un employé ont compris qu'il constituait une ressource précieuse dont il ne fallait pas se séparer. Lui faire comprendre que son avenir se trouve dans l'entreprise et le persuader de consacrer une partie de ses loisirs à se préparer à relever les défis futurs sont les deux meilleurs moyens de le garder dans l'entreprise.

Pour y arriver, des efforts partagés sont indispensables. L'entreprise doit allouer les ressources de formation pour que ses employés puissent rivaliser efficacement avec des candidats extérieurs quand une possibilité de promotion se présente. Toutes les entreprises devraient rembourser au moins une partie des frais engagés par les employés qui suivent une formation pendant leur temps de loisirs et qui leur permettra de profiter des possibilités d'avancement interne. D'un autre coté, ceux qui désirent faire carrière dans l'entreprise doivent être prêts à y sacrifier une partie de leur temps.

Comment effectuer la formation

Notre conception de la formation doit évoluer pour s'adapter à des besoins de plus en plus pressants. Nous devons rechercher des méthodes de formation plus efficaces que les cours magistraux. Par leur nature même, de tels cours sont :

- peu adaptés à la transmission d'un message ;

- onéreux ;

- souvent inexistants quand leur besoin se fait sentir ;

- peu utiles pour former une personne individuellement ;

- peu reproductibles d'une session à une autre.

Dans les années à venir, pour éviter de se heurter à ces écueils, les entreprises devront élaborer de nouvelles techniques de formation utilisant davantage les médias modernes tels que la télévision en circuit fermé, les didacticiels interactifs, les bandes audio/vidéo et les vidéos.

Federal Express met en œuvre des vidéos pour former ses 75 000 employés américains, économisant ainsi 80 % par rapport à une formation donnée dans une salle de classe. Hewlett-Packard forme en bureautique et en informatique 80 % de ses employés des ventes à l'aide de cours télévisés par satellite ou de vidéos. Ameritech (une compagnie de téléphone) forme son personnel à la vente d'annonces dans les Pages Jaunes à l'aide d'un didacticiel vidéo interactif. De plus en plus de procédés de fabrication sont enregistrés sur bandes vidéo et sont intégrés dans des programmes de formation ; ainsi, le nouvel employé peut prendre connaissance de son travail sans l'assistance d'un formateur. Cela réduit les coûts et assure une formation uniforme d'une session à l'autre.

■ LA PLANIFICATION DU RENDEMENT PERSONNEL

Voici les éléments clés d'une évaluation de rendement :

- la mesure de caractéristiques importantes ;

- une entente entre l'employé et son supérieur concernant les normes du rendement ;

- une évaluation en continu et un système de rétroaction informant à la fois l'employé et le supérieur.

Nous sommes persuadés que tout plan d'affaires doit engager l'ensemble du personnel, du conseil d'administration à la salle des machines. Avec ce point de départ, il est facile de comprendre que l'évaluation du rendement individuel doit tenir compte de la participation prévue de l'employé à ce plan d'affaires. Le plan Hoshin a généralisé une telle conception au Japon. De notre côté, dépassant cette conception, nous assimilons les objectifs et les mesures de l'entreprise à ceux de l'employé. Après tout, montrer à l'employé l'importance de sa contribution à l'entreprise est la meilleure façon de le motiver. L'évaluation devra tenir compte des engagements de l'entreprise vis-à-vis de la satisfaction de ses clients et favoriser la création d'équipes internes efficaces.

L'employé et son supérieur prépareront ensemble la planification de l'évaluation. Ils analyseront le travail actuel et futur de l'employé (pour un maximum de 12 mois). En se servant du plan d'affaires et des informations fournies par les clients, ils décideront d'une série de mesures qui évaluent les activités principales de l'employé. Si de nouveaux projets se présentent, une planification additionnelle sera mise en place pour en tenir compte. Dans de nombreux cas, cela signifie que plusieurs planifications pourront être établies annuellement pour chaque employé. La description de poste ainsi que les informations venant des clients définiront le niveau de rendement correspondant à la mention « satisfait aux exigences » pour chaque mesure effectuée.

Le processus qui consiste à calquer les objectifs de l'entreprise sur ceux de l'employé risque d'être long et fastidieux ; plusieurs raisons font qu'il est cependant valable pour la direction.

Nous n'aimons pas les planifications « standard » : elles présentent des inconvénients à long terme. Une planification de rendement doit être adaptée à chaque employé. Nous recommandons que le formulaire d'évaluation ne contienne que trois colonnes : la tâche, sa description et sa priorité. Les espaces vides seront remplis par l'employé et son supérieur.

En général, l'évaluation ne comporte que trois sections principales : gestion des affaires, gestion technique et gestion du personnel.

■ LES ÉVALUATIONS DU RENDEMENT

Le meilleur moment pour évaluer un employé est la fin de l'exécution d'une tâche. Ainsi, l'évaluation annuelle comportera plusieurs évaluations partielles. On pourra également procéder à une évaluation en fin d'activité. Si l'évaluation est faite à la fin des phases principales de l'activité, l'employé pourra corriger ses erreurs et améliorer son rendement plus rapidement. Au minimum, programmez une évaluation tous les trois mois.

Le responsable de l'évaluation

L'employé est la personne la mieux placée pour évaluer son rendement. Il devra comparer ses réalisations aux objectifs établis avec son supérieur. S'il estime avoir dépassé les exigences, il en précisera les raisons. Il mentionnera les obstacles rencontrés et les mesures à prendre pour améliorer son rendement futur.

Pour étoffer l'évaluation de l'employé, on pourra demander aux clients de l'employé de donner leur point de vue. En se servant de ces deux types d'évaluation, le supérieur remplira le formulaire de l'évaluation finale.

L'employé et son supérieur se réuniront alors pour examiner l'ensemble des évaluations. Lors de cette entrevue, ils attacheront une importance particulière aux points auxquels les clients et l'employé auront donné une note plus forte que celle donnée par le supérieur. Toute différence de point de vue ou d'interprétation sera éclaircie. Ils discuteront également des difficultés éprouvées et des suggestions émises par l'employé. Les conclusions seront notées sur le formulaire d'évaluation. Durant cette discussion, ils définiront des mesures à prendre pour améliorer le rendement futur de l'employé. Ils établiront également des objectifs à court terme et conviendront d'une date pour la prochaine évaluation.

Il est normal que l'employé puisse se faire entendre. Lors de ce processus d'évaluation, on lui donnera l'occasion de préciser l'aide que la direction devra lui accorder pour s'améliorer. À chaque évaluation, tout employé devrait suggérer au moins un changement ou une amélioration dans cette aide, car la gestion et le soutien de la direction influent grandement sur son rendement.

Les évaluations annuelles de rendement

Une fois par an, le supérieur fera la synthèse des évaluations pour s'assurer que l'employé a atteint tous les objectifs de la planification de son rendement. Il discutera des conclusions de cette synthèse avec l'employé. Cette rencontre devra se passer sans difficulté puisqu'elle n'est que le résultat d'évaluations précédentes.

Certaines entreprises exigent que toutes les évaluations se fassent à la même période, lors des augmentations de salaire. Ces entreprises créent ainsi de nombreux problèmes. D'abord, submergé par une charge de travail additionnelle importante, le supérieur oubliera ou négligera ses autres activités. Ensuite, les évaluations seront mal préparées et mal conduites faute de temps.

Lorsque des évaluations régulières sont effectuées, les évaluations annuelles sont plus rapides et peuvent s'échelonner sur une certaine période. Un supérieur ayant 12 évaluations à faire annuellement peut en effectuer une par mois. Certaines entreprises les ont simplifiées : l'employé n'est évalué que pour une promotion ou quand il change de supérieur.

De telles évaluations sont efficaces, car le supérieur ne compare jamais l'employé à ses collègues de travail. Il se réfère toujours au niveau de rendement défini par la description de poste ou exigé par le client. Un chef de service pourra très bien n'avoir que des employés qui « dépassent largement les exigences ». Dans ce cas, les évaluations donnant lieu à des courbes de répartition des niveaux de rendement n'ont plus aucune raison d'être, car le concept de rendement moyen est absent de ces évaluations.

■ LE NOUVEL EMPLOYÉ

Ann Landers a écrit ceci dans une de ses chroniques : « Celui qui prétend que la compétitivité est morte aux États-Unis n'a jamais vu l'ouverture d'une caisse dans un supermarché un jour de grande affluence. » Nous avons tous la compétitivité dans le sang, mais nous nous en débarrassons souvent en franchissant le seuil de l'entreprise. En rejoignant la « meute », nous craignons de nous faire remarquer. Nous hésitons à manifester notre motivation pour le travail de peur de passer pour des excentriques, alors que n'importe qui peut devenir extraordinaire s'il est motivé. Pourtant, nous avons tous les mêmes besoins d'exceller dans notre travail, soit :

- une rémunération assurée : nous voulons tous recevoir un salaire convenable en échange d'un travail bien fait ;

- l'estime de soi : nous voulons tous être considérés comme un atout pour notre entreprise. Nous n'aimons pas passer pour des travailleurs moyens ;

- une mise en valeur de nos capacités : nous voulons participer à l'atteinte d'objectifs essentiels ;

- une participation active : nous aimons être écoutés et faire accepter nos idées ; toutes nos idées ne peuvent être retenues, mais nous exigeons de nous faire entendre ;

- la reconnaissance : nous avons tous besoin de sentir que notre travail est apprécié et que nous faisons un travail utile ;

- la sécurité de l'esprit : nous voulons faire confiance à nos dirigeants et sentir qu'ils nous respectent.

Ce n'est que lorsque tous ces besoins sont satisfaits qu'un employé peut exceller dans son travail.

L'injustice

Le nouvel employé ne s'attend pas à être traité avec justice, car notre entourage n'est pas parfait. Ceux qui regrettent l'absence de justice dans la vie s'en servent pour justifier leur manque de motivation et leur désir de réussir. Partout, vous trouverez toujours quelqu'un de moins méritant (selon vous) à un niveau hiérarchique supérieur au vôtre et quelqu'un qui, à votre niveau ou à un niveau inférieur, ne fera pas sa part de travail. Nous estimons généralement que nous faisons face à beaucoup trop de problèmes. En fait, d'innombrables personnes ont pu vaincre plus d'obstacles que nous n'en rencontrerons dans toute notre vie et ont bien mieux réussi que nous. Ils ont transformé ces obstacles en stimulants et en ont fait un tremplin pour réussir, pour forger leur volonté et leur personnalité. Par contre, d'autres ont échoué lamentablement en face de difficultés moindres que les nôtres. Le monde n'est effectivement pas juste, mais le nouvel employé doit l'accepter. Dans toutes les occasions qui se présentent, il devra utiliser au maximum ses capacités pour agir de façon constructive et pour s'engager personnellement sur la voie de la réussite.

L'employé à l'esprit ouvert

Dans la conjoncture actuelle, la croissance est limitée. La direction et ses employés doivent rechercher de nouvelles voies pour stimuler la satisfaction au travail et la reconnaissance. Les employés devront faire preuve d'une large ouverture d'esprit pour comprendre les événements et pour y participer. Ceux qui trouvent leur travail monotone ont fermé les yeux sur les possibilités qu'il présente. Tout comme les employés, la direction n'a aucun mal à trouver des excuses. Voici les plus fréquentes : nous avons déjà essayé ; laissons cela tel quel ; il faut encore y réfléchir ; la direction ne l'acceptera jamais ; ce n'est pas à un singe qu'il faut apprendre à faire des grimaces.

Il est temps de se secouer et de laisser de côté toutes ces excuses. Chaque fois que vous les entendrez, un défi à relever se présente. Arrêtez d'ériger des obstacles au changement, abattez-les au contraire. Trouvez les raisons d'un travail mal fait et imaginez des solutions. Si la situation est nouvelle, ne faut-il pas proposer une solution originale ? Soyez constructif et ne vous découragez pas. Vous ne gagnerez pas à tous les coups : de toute façon, vous ne gagnerez jamais si vous n'essayez pas.

■ LE PLAN DE CARRIÈRE

Vous tracez votre plan de carrière dans l'entreprise aujourd'hui même. Effectuer dès aujourd'hui un excellent travail est la meilleure manière d'en assurer la réussite. Voici que ce vous devez faire en particulier :

- excellez dans tout travail entrepris ;

- assurez-vous que votre supérieur et vous-même connaissez parfaitement vos ambitions ;

- soyez prêt à faire des sacrifices ;

- posez votre candidature aux postes convoités.

La planification de carrière

Périodiquement, tout employé devrait faire le point sur sa situation et sur son orientation de carrière. Le système d'évaluation interne de l'entreprise lui donnera tous les éléments sur sa situation présente. Par contre, il ne lui donnera qu'un aperçu à court terme de l'évolution de sa carrière. Toutefois, ces évaluations ne répondent pas à deux questions essentielles :

1. Ma carrière évolue-t-elle suffisamment vite ?

2. Évolue-t-elle dans la bonne direction ?

C'est pourquoi chacun devrait élaborer un plan de carrière allant jusqu'à la retraite, et même au-delà. Trop souvent, les activités routinières nous accaparent tellement que nous ne vérifions jamais si elles permettent l'atteinte de nos objectifs de carrière. En effet, un plan de carrière trace le chemin à suivre pour atteindre ces objectifs. Pour de nombreuses personnes, un plan de carrière peut être très simple.

La planification de carrière est une partie importante de la méthodologie de gestion totale des ressources (GTR). En voici les objectifs :

1. Aider l'employé à s'épanouir et à progresser dans l'entreprise.

2. S'assurer de la disponibilité d'employés compétents susceptibles d'occuper des postes clés dans le futur.

3. Utiliser au mieux les compétences actuelles et futures de l'employé.

4. Faire mieux comprendre à l'employé que sa contribution à l'entreprise est importante.

5. Allouer les ressources pour faciliter les promotions internes.

6. Montrer le respect de l'entreprise envers ses employés.

Il ne faut pas confondre planification de carrière et planification du rendement. Cette dernière ne concerne que le travail actuel et ses obligations, alors que la première s'adresse aux compétences et aux préférences actuelles et futures de l'employé. Le but de ces deux planifications est différent, même si elles se chevauchent partiellement. La responsabilité de la planification de carrière est partagée entre l'employé, son supérieur et l'entreprise. Le responsable principal en est l'employé. Le supérieur informe, encourage, soutient l'employé tout en le maintenant en contact avec la réalité. L'entreprise crée un climat propice à l'épanouissement, facilite l'acquisition de nouvelles connaissances et favorise au maximum la promotion interne.

La planification de carrière renforce les liens entre l'employé et son supérieur, ce dernier jouant un rôle de guide. C'est un outil efficace qui sert à la fois à l'employé et à l'employeur. La planification de carrière stimule les employés et révèle leur plein potentiel. Sans une bonne planification de carrière, une entreprise risque d'avoir une main-d'œuvre sous-utilisée, déçue, travaillant mal et continuellement renouvelée.

■ LES RELATIONS AVEC LE SUPERVISEUR

Votre superviseur actuel est l'élément le plus important de la prochaine étape de votre carrière. Les relations que vous établissez avec lui favoriseront ou briseront votre carrière. Cela ne vous impose pas d'être toujours de son avis ; en fait, vous risqueriez d'être considéré comme un employé sans importance par tout superviseur, excepté par ceux qui sont les moins sûrs d'eux. Voici les conseils donnés par Mark H. McCormack dans son livre *The 110 Percent Solution*, publié par Villard Books :

• Soyez loyal. Aucun superviseur ne tolérera un comportement déloyal de la part d'un subordonné.

• Informez votre superviseur. Celui-ci devra toujours être au courant des activités dont vous êtes responsable.

• Acceptez le changement, même si vous n'en comprenez pas la raison. De plus en plus, les dirigeants sont jugés sur la manière d'implanter le changement. Soutenez-les dans leur travail et ne résistez pas au changement.

- N'accaparez pas le temps de votre superviseur. Disposez du temps de votre superviseur comme vous souhaitez que l'on dispose du vôtre.

- N'empiétez pas sur le domaine de responsabilité de votre supérieur. Respectez la répartition des responsabilités établie par votre supérieur.

- Réagissez rapidement. Dès qu'il vous aura confié une tâche, terminez-la le plus rapidement possible.

Ces quelques règles élémentaires sont la base d'une bonne relation avec votre supérieur, que vous soyez simple ouvrier d'une chaîne de montage ou vice-président d'une multinationale.

■ L'AMÉLIORATION DE SON COMPORTEMENT

Nous travaillons tous avec les mêmes objectifs : la sécurité financière et le respect de soi. Peu de personnes se présentent au travail à 8 heures, cinq jours par semaine, simplement parce qu'elles n'ont rien de mieux à faire. Personnellement, j'ai travaillé 40 ans chez IBM et j'ai fortement apprécié mon travail en tout temps. Cependant, le dernier jour de travail rétribué par IBM a été le dernier jour où je me suis levé à 5 h 30, où j'ai endossé mon complet bleu foncé et mis mes chaussures noires. D'un commun accord, IBM et moi-même avions décidé que ce n'était plus un comportement qui serait rétribué.

Si nous voulons que les employés excellent, nous devons reconnaître et récompenser les efforts exceptionnels. Au Japon, les meilleurs ouvriers reçoivent le titre de « Ginohshi ». Le ministère du Travail décerne ce titre à ceux qui atteignent un très haut niveau de qualité dans une série d'examens très difficiles. Depuis 1971, plus de 200 employés de l'usine d'IBM à Yasu ont obtenu ce titre très recherché. De plus, chaque province japonaise et de nombreuses instances locales récompensent les meilleurs travailleurs pour leurs réalisations. Ainsi, cinq travailleurs « Ginohshi » ont été nommés « meilleurs travailleurs qualifiés » par le gouverneur de la province de Shiga. Une telle distinction exerce évidemment une forte influence sur le présent et l'avenir de ces ouvriers. De même, le fait de ne plus reconnaître les mérites ou d'abolir les récompenses dévalorise ces reconnaissances. Par exemple, le 17 mars 1992, dans son zèle à réduire les coûts, G. H. Larnerd, directeur de l'usine IBM de San Jose, a publié la note de service suivante qui modifiait le système de reconnaissance :

- Les repas du Century Club et de la journée familiale n'auront lieu qu'une fois tous les deux ans (ils étaient annuels auparavant).

- Seuls les récipiendaires de la coupe Watson seront invités aux repas de remise des récompenses, et non leurs invités.

- Les enfants ne recevront plus de cadeaux lors des célébrations de Noël.

Voici maintenant le message involontaire, et non souhaité, qu'il avait transmis à ses employés :

- L'ancienneté chez IBM, et le sentiment de faire partie de la famille IBM, ne comptent plus autant que par le passé.

- Le programme des sports d'IBM qui contribuait à l'esprit de corps IBM a perdu de sa valeur.

- IBM s'intéresse moins à la famille de ses employés.

L'instauration des systèmes de récompenses doit être bien planifiée, car si ces systèmes sont abolis par la suite, les employés ressentiront fortement cette réduction.

Le salaire comme stimulant du comportement

Les employés donnent une partie de leur vie en échange d'un salaire. Actuellement, bon nombre de personnes acceptent un certain esclavage ressemblant à celui du personnel de service aux XVIIe et XVIIIe siècles. Certains sans-abri se sont révoltés contre cette forme d'esclavage, estimant que leur liberté n'était pas à vendre et étant peu disposés à laisser leur vie à la merci d'autrui pour quelques dollars. La majorité d'entre nous vit pour avoir une table suffisamment garnie et pour assurer le style de vie que nous avons choisi. Rares sont ceux dont la fortune leur permet de travailler pour autrui uniquement dans le but de prouver leur valeur. La direction fait connaître en permanence la valeur de ses employés par l'importance des salaires qu'elle accorde. Nous acceptons tous que l'entreprise paye le meilleur salaire aux meilleurs employés. Chaque fois que l'un deux touche 10 $ de plus par semaine qu'un autre, la direction fait savoir que le premier est plus important que le second.

Quels sont les critères de la direction qui déterminent le salaire à l'intérieur de limites définies ? Voici les plus courants :

1. L'ancienneté dans l'entreprise ;

2. L'ancienneté au poste ;

3. Une rémunération en fonction du poste de travail ;

4. L'âge ;

5. La connaissance de l'entreprise ;

6. Le salaire en fonction du rendement (la qualité de l'extrant, le respect des délais, la participation, la polyvalence, la créativité et la productivité) ;

7. Le rendement de l'équipe ;

8. Toute combinaison de 5, 6 et 7.

La rétribution multiple

De plus en plus, la rémunération de l'employé tient compte des résultats de plusieurs critères ainsi que d'un système de primes basé sur la performance de l'entreprise. Les entreprises japonaises utilisent de façon très efficace ce dernier système pour contrôler les dépenses. De nombreuses entreprises ne payent qu'un faible salaire de base auquel elles ajoutent une prime en fonction du rendement de l'entreprise. La prime annuelle peut dépasser le salaire de base de 100 %. Habituellement, ces primes sont payées deux fois par an, au début des vacances et en décembre, peu avant les fêtes de fin d'année. Pour l'entreprise, cela a l'avantage de permettre de réduire de moitié les salaires quand les affaires vont mal, au moment où les besoins se font le plus sentir.

En plus de la « prime au rendement », nous suggérons le « salaire au rendement » et le « salaire pour connaissances ». Ce qui revient à relier l'évaluation du rendement d'un employé à son salaire. Une rétribution additionnelle est également accordée selon le nombre de tâches que l'employé aura accompli (fig. 8.1).

Nombre de tâches	Rétribution additionnelle (en dollars par semaine)
1-2	0
3-4	10
5-6	20
7-8	30
plus de 8	50

Figure 8.1 La rétribution additionnelle de type « salaire pour connaissances »

La tendance actuelle favorise une rétribution multiple. Même au Japon, où la rétribution était traditionnellement fonction de l'ancienneté ou de l'âge, les rémunérations évoluent. Elles évoluent même très rapidement ; par exemple, Honda Motors a annoncé qu'elle payerait ses dirigeants sur une base annuelle et non plus mensuelle. Chaque employé négociera son salaire à la hausse ou à la baisse selon son rendement.

■ LA FORMATION PLURIDISCIPLINAIRE

Il est hors de question pour un employé de ne connaître que son travail et d'ignorer les activités voisines. Il doit comprendre qu'il a des clients à satisfaire et qu'il dépend de fournisseurs. Pour établir une bonne liaison entre les fournisseurs et les clients, il doit maîtriser ses activités et les problèmes qui s'y rattachent. Il doit améliorer sa connaissance de l'activité de l'entreprise, se détacher de la tâche unique qu'il effectue et se rendre compte des processus généraux qui régissent l'entreprise. Cette vision d'ensemble est essentielle à l'atteinte des objectifs par un travail concerté.

À cette fin, la formation pluridisciplinaire des employés devient indispensable. Elle présente un certain nombre d'avantages pour l'employé et l'entreprise : meilleure productivité, meilleure communication, moins de rivalités et moins de bureaucratie.

Ainsi, quand une entreprise d'inspection de l'industrie pétrolière envoya son équipe comptable assister son équipe de ventes, elle comprit rapidement que les exigences imposées aux commandes étaient impossibles à réaliser et qu'elles n'entraînaient que du gaspillage. En conséquence, le seuil minimum de la valeur des commandes nécessitant l'approbation du service de comptabilité fut considérablement rehaussé.

En quoi une formation pluridisciplinaire favorise-t-elle l'employé ?

- Elle rend l'employé plus dynamique.

- Elle permet son développement personnel.

- Elle multiplie ses relations de travail.

- Elle le fait connaître.

- Elle lui ouvre des possibilités de carrière.

- Elle lui fait connaître les processus importants.

- Elle le rend polyvalent dans son travail.

La polyvalence dans l'exécution des processus sera l'un des facteurs essentiels de la réussite de l'employé et des entreprises au XXIe siècle. La formation pluridisciplinaire permet de briser le statu quo tout en développant la ressource la plus précieuse, le personnel.

Effectuer cette formation à l'échelon des chefs de service est un excellent point de départ, car ce sont les plus créateurs. Ils se plaignent habituellement des autres services. Les cadres qui atteignent un tel niveau devraient être des gestionnaires à plein temps et non pas des cadres techniciens. Ils ont le calibre d'un pdg ou d'un vice-président des opérations. Il est essentiel de former ces personnes au fonctionnement général de l'entreprise. C'est pourquoi nous recommandons de commencer la formation pluridisciplinaire par eux. Dans certaines entreprises, nous avons vu ces cadres changer de poste régulièrement. Tout chef de service doit travailler avec les autres services, car si les entreprises se plaignent d'un service en particulier, il y a de bonnes chances pour qu'il en soit le futur chef.

■ TIRER PROFIT DES PLAINTES DES EMPLOYÉS

William Safire a déclaré : « Les langues se sont développées parce que nous avons ressenti le besoin inné de nous plaindre. » Se plaindre est effectivement un comportement humain normal ; malheureusement, la direction réprouve les plaintes trop souvent. Combien de fois ai-je entendu des cadres dire : « Si seulement mes employés passaient autant de temps à travailler qu'à se plaindre ! » Il est grand temps que la direction modifie cette façon de voir. Les plaintes sont des éléments essentiels au processus d'amélioration. En fait, quand l'employé se plaint, il révèle à autrui l'existence d'un problème.

Tirer profit de la plainte est le défi que le cadre doit relever. Heureusement, ce défi est moins ardu qu'il ne paraît. Ainsi, si l'employé prétend que « le processus est beaucoup trop compliqué et ne donnera jamais de bons résultats », le cadre pourra toujours répondre ceci : « Que feriez-vous pour le simplifier ? Je suis prêt à recevoir toutes vos suggestions. »

Chaque fois que l'employé adresse une plainte à son supérieur, il souhaite se débarrasser d'un fardeau. Souvent, il reçoit en retour une réponse du genre : « Je vais m'en occuper » ou une réponse qui laisse entendre la futilité du problème : « John, ne vous inquiétez pas. Je suis sûr que vous allez respecter les délais. » Dans ce cas, l'employé vient de se décharger de son fardeau sur le cadre, ce qu'il faut éviter à tout prix. Si vous n'acceptez pas ce fardeau, les employés comprendront que la direction s'attend à ce qu'ils règlent eux-mêmes leurs problèmes ou, à la limite, qu'ils proposent des solutions.

Demandez à vos employés de résoudre leurs problèmes eux-mêmes. S'ils ne disposent pas de toutes les ressources nécessaires, qu'ils en discutent avec vous et sollicitent votre aide. S'ils ne peuvent résoudre un problème, faites leur comprendre de venir vous en parler et qu'ensemble vous vous y attaquerez pour trouver une solution.

Toyota a mis en œuvre son « programme de remerciement ». Quand un employé signale un problème à un cadre, celui-ci lui offre une tasse de café ou de thé pour le remercier d'avoir soulevé le problème. Tout en buvant, ils en discutent et, à la demande du cadre, l'employé explique le problème et suggère une solution.

De nombreux employés ont déjà été formés à résoudre des problèmes et à présenter des solutions. Ceux qui n'ont pas encore profité de cette formation au travail de groupe pourront à présent s'initier aux outils correspondants pour être en mesure d'émettre à l'avenir des suggestions valables.

L'amélioration du programme d'efficacité

La direction doit autoriser ses employés à se montrer inventifs dans leur travail et les encourager dans ce sens. Nous embauchons des ingénieurs, des comptables, des diplômés en administration, etc., pour améliorer la qualité et la productivité de l'entreprise. Ces améliorations font partie intégrante de leur travail. Certains d'entre eux font preuve d'une créativité exemplaire, alors que d'autres font un travail acceptable ou tout juste passable. Depuis toujours, la direction pense que les meilleurs émergeront inévitablement un jour ou l'autre et qu'ils décrocheront les promotions au fur et à mesure qu'elles se présenteront. Cela est une excellente façon de procéder à condition d'avoir un bon éventail de compétences parmi les employés et de pouvoir créer des postes de cadres pour les meilleurs. Ce qui, de nos jours, n'est généralement pas le cas dans la plupart des entreprises. Nous devons ainsi motiver, encourager nos diplômés à se concurrencer et tenir à jour des dossiers permettant de trouver rapidement les meilleurs candidats lorsqu'une promotion se présente. Cela peut être réalisé par un programme d'amélioration de l'efficacité (PAE).

Ce programme est offert aux employés et aux groupes. C'est un excellent moyen de reconnaître le mérite de ceux qui améliorent les activités dont ils sont responsables. Dans ce programme, après avoir implanté une de leurs suggestions dans leur secteur de travail, les employés évaluent les économies réalisées durant la première année (compte tenu des coûts d'implantation). Ce calcul des économies devra être suffisamment précis (à 10 % près). Son auteur remplira un formulaire qui permet de faire connaître sa suggestion ainsi que les économies réalisées.

Le chef de service examinera ce document et le signera s'il estime que les économies réalisées sont réelles et s'il a bien constaté l'implantation du changement. Le document sera alors transmis au service du personnel qui le versera au dossier de la gestion de l'amélioration totale (GAT) ainsi qu'au dossier de l'employé concerné. Durant ce programme, on classera à part les idées qui sont susceptibles d'être appliquées ailleurs. Par la suite, elles seront regroupées dans des rapports trimestriels distribués à l'ensemble des cadres. Ces rapports donnent souvent naissance à de nouvelles utilisations.

Les programmes de suggestions

Jusqu'à présent, nous n'avons parlé que de suggestions et d'idées concernant le travail proprement dit de l'employé. Nous allons maintenant aborder celles qui touchent les domaines qui ne sont pas de sa responsabilité. C'est le cas de la secrétaire qui souhaite une imprimante différente pour augmenter la productivité, du technicien responsable d'essais mécaniques qui suggère de modifier une pièce de son équipement qui empêche de tester des échantillons mal positionnés, du réparateur qui suggère de modifier une composante pour augmenter la durée de vie d'un produit, etc. De telles idées permettent à l'entreprise de faire des économies ou d'améliorer sa réputation. Dans ce cas, l'entreprise doit être prête à partager les économies avec les employés qui ont permis de les réaliser. D'habitude, l'ampleur de la suggestion nécessite l'intervention d'une personne autre que celle qui l'a émise, ou au minimum d'une personne pouvant autoriser son implantation. De cette manière, les interventions officialisent le programme de suggestions.

Tous les employés peuvent participer au programme d'amélioration de l'efficacité et toutes les idées sont admises. Par contre, toutes les suggestions ne sont pas admissibles au programme de suggestions. Il faut d'abord vérifier si l'idée soumise est admissible à ce programme ; si elle ne l'est pas, on l'implantera dans le cadre du programme de l'amélioration de l'efficacité. Voici les éléments essentiels du programme de suggestions :

1. Les suggestions ne doivent pas concerner le domaine de responsabilité de ceux qui les émettent.

2. Les suggestions ne doivent pas être déjà implantées pour être admissibles.

3. L'entreprise doit partager les économies réalisées avec les auteurs des suggestions.

4. Les suggestions ne peuvent concerner des activités ou des planifications en cours de réalisation.

Comment fonctionne ce programme ? La *National Cash Register* en a fixé les règles en 1896. C'est l'employé le plus au courant d'une activité qui est autorisé à suggérer des améliorations. Cela permet une meilleure utilisation de l'avoir, une augmentation de la productivité, une réduction du gaspillage, une réduction des coûts et une amélioration de la qualité. Paul Petermann, ancien responsable du programme de suggestions chez IBM, en parle : « Les idées sont le sang d'une entreprise, et le programme de suggestions permet de les mettre en pratique. »

La procédure officielle du programme de suggestions exige que les employés justifient leurs idées et qu'ils les soumettent à un service central responsable de les recueillir, de les examiner et d'en rendre compte. Ce service analyse chaque suggestion et désigne les employés qui procéderont à son évaluation. Ceux-ci jugeront de l'amélioration possible de la qualité, des coûts ou de la productivité. S'ils acceptent la suggestion, ils détermineront également les économies qui en résultent.

Dans certains cas, si les suggestions sont profitables à l'entreprise, elles pourront être implantées même si les économies sont difficilement chiffrables. Lorsqu'une suggestion n'est pas retenue, les évaluateurs en fourniront les justifications sur un formulaire d'évaluation. Par la suite, le service central vérifiera les évaluations de toutes les suggestions, qu'elles aient été acceptées ou non. Il enverra une lettre au supérieur hiérarchique de l'auteur de chaque suggestion pour l'informer de la suite qui en a été donnée. Celui-ci examinera à nouveau la suggestion avec son auteur. Dans le cas d'une forte récompense en espèces, le chef de service réunira son personnel pour la remettre à l'employé. Cela permet de reconnaître le mérite de l'employé, mais aussi de promouvoir la participation de tous au programme de suggestions.

Les employés de la Paul Revere Insurance Company ont émis 20 000 suggestions durant les trois premières années du programme de suggestions. Leur contribution a été essentielle à l'amélioration du rendement de l'entreprise :

- les revenus ont grimpé de 200 % sans que le nombre d'employés soit augmenté ;
- l'entreprise était le numéro 2 de l'assurance ; elle devint le numéro 1.

Dans son article intitulé « C'est une bonne idée, mais… », Frank K. Sonnenberg a écrit : « Une bonne idée se comporte comme un être humain. Elle naît, puis s'épanouit si l'on en prend soin. En grandissant, elle contribue activement à la société. » Il fait remarquer que chez 3M, le onzième commandement s'énonce : « Tu ne tueras aucune idée. »

Le processus des suggestions au Japon

Dans le manuel du *Creative Suggestion System* de Toyota, on peut lire : « Ce système a été importé des États-Unis en 1951 alors que Toyota venait de faire son entrée dans l'industrie automobile. Après avoir fait un voyage aux États-Unis pour étudier les méthodes de gestion modernes, deux représentants de Toyota l'ont implanté en s'inspirant du système de suggestions en vigueur chez Ford. »

Les Japonais ont perfectionné ce système de façon méthodique et l'ont mis en pratique comme ils l'avaient fait pour celui de la qualité totale ou du contrôle statistique des procédés. Un simple concept de base est devenu l'outil le plus efficace de l'engagement des employés, encore plus efficace que les cercles de qualité. Une enquête réalisée par la *Japanese Suggestion Association* a révélé qu'« en étudiant le travail en petits groupes, qui sont la principale source des suggestions, on constate que, pour un problème donnée, 50 fois moins de solutions sont proposées par un cercle de qualité que par le système de suggestions ». Kaoru Ishikawa, créateur des cercles de qualité et du mouvement japonais de la qualité, a déclaré : « Au Japon, le travail en équipe ne permet que 10 % des améliorations de la qualité. Les 90 % restants sont réalisés grâce aux suggestions personnelles des employés. »

À présent, comparons les programmes de suggestions du Japon et des États-Unis :

Activité	Japon	États-Unis
Suggestions par employé autorisé à les émettre	32,4 %	0,11 %
Employés participant au programme	72,0 %	9,0 %
Suggestions retenues	87,0 %	32,0 %
Récompense moyenne	2,50 $	492 $
Économies moyennes par suggestion	129 $	7103 $
Économies annuelles nettes par employé	3792 $	276 $

D'après ces données, il semblerait que les Américains ne se préoccupent que des problèmes importants alors que les Japonais ne s'intéressent qu'aux problèmes mineurs. Examinez maintenant la dernière ligne : en moyenne, l'employé japonais fait économiser à son entreprise 3 500 $ de plus que l'employé américain.

Les problèmes des programmes de suggestions américains

Voici pourquoi les programmes de suggestions américains ne sont pas aussi efficaces qu'ils devraient l'être :

1. La direction est peu engagée dans ces programmes.

2. Le temps d'évaluation des suggestions est trop long.

3. Les objectifs de ces programmes ne sont pas précisés.

4. Il n'y a pas de système de récompenses.

Trop souvent, la direction se sert de ces programmes pour ne pas se faire importuner par les employés. Au lieu de les écouter, elle leur demande de rédiger leurs idées et de les présenter comme des suggestions. Dans le processus de génération d'idées, un dirigeant devrait :

- encourager les employés à faire connaître leurs idées ;

- les aider à clarifier leurs idées ;

- décider si l'idée appartient au programme de suggestions ou à celui de l'amélioration de l'efficacité ;

- permettre l'implantation rapide des idées valables.

Nous avons remarqué que le nombre de suggestions émises par les employés était directement proportionnel à l'intérêt que la direction manifeste envers ce programme. Les programmes japonais sont couronnés de succès simplement parce que chacun se sent concerné. Tous les trois mois, chaque service devrait s'astreindre à implanter un nombre minime de suggestions fixé à l'avance. Le programme de suggestions devient alors un défi à relever par l'ensemble du service.

La formation nécessaire pour soumettre des suggestions

Nous avons déjà mentionné l'importance de la formation en résolution de problèmes. La direction devrait également enseigner à ses employés comment :

- soumettre les suggestions et les idées d'amélioration de l'efficacité ;

- évaluer les économies entraînées par les suggestions ;

- évaluer les coûts de l'implantation des suggestions ;

- faciliter l'acceptation des suggestions lors de leur présentation.

■ COMMENT SUSCITER LES IDÉES

L'entreprise moyenne peut facilement profiter des possibilités cachées que présentent ses employés. Comment doit-elle procéder ? Que faire pour maintenir la crédibilité du programme si les employés l'inondent de suggestions ? Pour profiter de ces possibilités tout en évitant un déferlement incontrôlé, il est bon d'organiser une « semaine de suggestions ». Dans ce cas, la direction choisit une semaine particulière pour les recevoir. Ainsi, elle pourrait annoncer que « la semaine du 16 au 21 janvier sera consacrée aux suggestions permettant d'améliorer la sécurité au travail, la qualité et les coûts ».

Cette démarche est excellente pour lancer et maîtriser le programme de suggestions. Elle révèle également les problèmes à résoudre avant d'implanter le programme de façon officielle. De nombreuses entreprises font plusieurs essais avant d'implanter définitivement le programme.

Le partage des idées

Diffuser ouvertement dans l'entreprise les idées émises est essentiel pour créer un environnement qui leur est favorable. En ce sens, de nombreuses entreprises tiennent la liste des idées nouvelles à la disposition des employés. Très souvent, cette liste est informatisée, peut être consultée de diverses manières et constitue une source utile d'information pour la résolution de problèmes futurs.

La 3M Corporation organise des « foires de l'innovation » pour faire connaître les nouvelles idées. Les employés des services de l'ingénierie, du marketing, de production, etc., assistent à ces « foires » pour prendre connaissance de ces idées et en discuter avec leurs auteurs.

■ LES PROBLÈMES NON RÉSOLUS

Même si l'entreprise est excellente et son personnel très bien formé, un employé ne pourra jamais résoudre tous les problèmes qu'il découvre et ne pourra jamais répondre à toutes les questions qu'il se pose. En discuter avec son supérieur hiérarchique devra être sa première réaction. Souvent, la confiance en son supérieur sera limitée et il s'attend à peu de considération. Certains employés sont trop timides pour s'adresser à leur supérieur et craignent de l'ennuyer avec des futilités ou de discuter de ce que, selon eux, il devrait déjà connaître. Pour y remédier, il est essentiel d'instaurer de nouveaux mécanismes afin de résoudre les problèmes des employés et de répondre à leurs questions.

Les demandes d'action corrective

Presque tous les cadres pensent connaître les problèmes de leur entreprise. Nous avons rencontré des cadres qui disaient à leurs employés : « Surtout, ne venez pas m'ennuyer avec des problèmes que vous pouvez résoudre. Je connais vos problèmes. Ce qu'il me faut, c'est votre aide pour trouver les solutions. » En réalité, la plupart des cadres ignorent généralement les raisons qui empêchent les employés de faire un excellent travail. Dans une enquête qu'il a réalisée, Sidney Yoshida, un consultant réputé, a remarqué que :

- la haute direction connaissait 4 % des problèmes de l'entreprise ;
- les cadres intermédiaires en connaissaient 9 % ;
- les agents de maîtrise en connaissaient 74 % ;
- les employés les connaissaient tous.

Nous savons évidemment que c'est la même haute direction qui fixe les priorités et qui ignore 96 % des problèmes. Une demande d'action corrective (DAC) est l'un des mécanismes qui permet d'informer la direction des problèmes que l'organisation de l'entreprise ne leur permet pas de connaître.

Le processus de la DAC est très efficace pour révéler les problèmes avant qu'ils ne deviennent critiques pour la survie de l'entreprise. Tout employé qui découvre un problème peut remplir une DAC et l'envoyer au service responsable des améliorations. Il doit être libre de signer ou non sa demande et de pouvoir conserver l'anonymat à moins de manifester son désir d'en discuter avec un responsable.

Les entreprises qui ont implanté ce type d'intervention soutiennent qu'elles peuvent traiter 90 % des problèmes soumis et les résoudre de façon satisfaisante.

Le programme d'expression des employés

Un processus intitulé « programme d'expression des employés » permet également aux employés d'exprimer leurs idées et d'obtenir les réponses aux questions qu'ils se posent. Ce programme encourage les employés à partager leurs problèmes avec l'entreprise afin de corriger les situations et de poser leurs questions pour obtenir des explications. Ce programme doit respecter l'anonymat et faire appel à un ombudsman qui représente l'employé. Il permet de déceler et de rectifier efficacement les problèmes du personnel ainsi que les sujets qui devraient être débattus plus ouvertement avec tous les employés. Un grand nombre de questions préoccupent généralement l'ensemble du personnel qui ne prend jamais le temps de les poser, ce qui crée une atmosphère d'incertitude.

■ LA SÉCURITÉ AU TRAVAIL

Selon John W. Axel, le pdg de HON Industries, « nous considérons que la sécurité au travail est tout aussi importante que la qualité et la productivité. Nous nous efforçons davantage à éliminer les accidents qu'à réduire les coûts ». HON dépensait environ 5 millions de dollars en prestations d'assurance-maladie lorsqu'elle a décidé de mettre l'accent sur son programme de sécurité. En implantant un programme détaillé, elle a pu réduire les coûts de 1,5 million de dollars au cours de la première année et diminuer le nombre d'accidents de 50 %.

Nous partageons l'avis de M. Axel sur l'importance de la sécurité au travail, mais nous estimons qu'elle est encore plus importante que la qualité et la productivité. Personne n'osera prétendre le contraire. Le souci principal de la direction doit être la sécurité, puisqu'il s'agit de protéger sa ressource la plus productive : son personnel. Malheureusement, les statistiques placent les États-Unis dans une situation alarmante par rapport à d'autres pays industrialisés. Selon la *Monthly Labor Review* du ministère du Travail des États-Unis, dans le secteur privé, les maladies professionnelles et les accidents de travail sont sept fois plus nombreux dans les entreprises américaines que dans les entreprises japonaises. Leur nombre diminue au Japon alors qu'il croît aux États-Unis. C'est le cas non seulement dans les entreprises dont l'environnement peut être dangereux, mais aussi dans la plupart des entreprises. Voici les chiffres du temps perdu à cause des accidents de travail pour 100 employés dans l'industrie des télécommunications et de l'informatique :

Pays	1987	1990	Tendance sur 3 ans
Canada	2,34	1,98	en décroissance
France	1,10	1,10	stable
Allemagne	2,70	3,30	en croissance
Italie	2,50	2,50	stable
Japon	0,03	0,07	en croissance
Royaume-Uni	1,70	1,30	en décroissance
États-Unis	3,10	3,80	en croissance

IBM, dont les chiffres relatifs à la sécurité sont nettement meilleurs, estime qu'elle économise environ 50 millions de dollars en prestations d'accidents du travail par rapport à ces données.

Les entreprises américaines doivent faire face à leurs responsabilités et offrir à leurs employés davantage de sécurité dans leur environnement de travail. La direction devrait améliorer ses résultats concernant la sécurité au travail d'au moins 1 000 % au cours des trois prochaines années. À cette fin, elle devra :

- assurer une formation continue en sécurité pour tous ses employés ;
- instaurer une campagne permanente de sécurité au travail ;
- accorder des récompenses à ceux qui signalent des problèmes de sécurité ;
- nommer une équipe compétente pour enquêter sur tout accident et pour s'assurer de la mise en place de mesures préventives ; elle examinera les résultats avec la haute direction.
- afficher le nombre d'heures de travail sans accident ;
- demander à chaque chef de section de procéder au minimum à une visite de sécurité par mois et d'en publier les résultats ;
- établir la liste des accidents possibles dans chaque service une fois tous les deux ans ;
- demander à une organisation indépendante de procéder à une inspection complète de l'entreprise tous les six mois ;
- licencier les employés qui persistent dans leurs habitudes dangereuses.

En fin de compte, l'élimination des accidents doit être une préoccupation individuelle qui requiert l'attention de tous. Le rôle de la direction est de prévenir les accidents dans l'entreprise, mais ceux-ci ne disparaîtront que si tous les employés utilisent leurs outils et leurs processus à bon escient. Éliminer non seulement les accidents qui diminuent le nombre d'heures travaillées, mais tous les accidents, y compris la plus petite égratignure, doit être l'objectif de tout employé.

■ L'AUTONOMIE DES EMPLOYÉS EN CONTACT DIRECT AVEC LES CLIENTS

Pour être un leader d'envergure internationale et répondre à toutes les attentes, une entreprise doit rendre autonomes tous ses employés en contact direct avec les clients internes et externes. Un excellent service relève essentiellement d'actions individuelles. De bonnes procédures et de bons processus sont utiles, cependant ce sont les employés et leur comportement envers les clients qui déterminent le rendement de l'entreprise.

Il existe peu de processus suffisamment parfaits qui ne puissent être mal utilisés un jour ou l'autre par un employé. C'est pourquoi apprendre simplement aux employés à suivre les processus est insuffisant. Ils doivent également connaître les raisons de leur existence et la nature de leurs extrants, et être autorisés à prendre eux-mêmes des décisions de façon à satisfaire chaque client. Cette autonomie individuelle permet d'atteindre trois objectifs :

- l'employé doit rendre compte d'une situation dont il est responsable ;

- elle fait naître un sentiment de fierté chez l'employé ;

- elle maximise la satisfaction du client.

L'autonomie n'est possible que si la direction fournit aux employés les informations pertinentes ainsi que les connaissances et les ressources nécessaires pour effectuer leur travail et pour atteindre les résultats souhaités, tout en respectant les valeurs de l'entreprise. En général, l'autonomie consiste à ne pas dépasser certaines limites ou à respecter les normes habituelles de fonctionnement (par exemple, un représentant commercial pourra accorder un remboursement dans la mesure où le client peut montrer un reçu). De nos jours, tous les employés sont autonomes d'une façon ou d'une autre. Les entreprises d'avant-garde augmentent sans cesse la liberté d'action de l'employé (dans le cas de l'exemple précédent, le représentant commercial pourra effectuer le remboursement dans la mesure où il juge que c'est la meilleure décision pour le client et pour l'entreprise). Vous remarquerez que la responsabilité de l'employé croît avec son autonomie et sa faculté d'engager des ressources de plus en plus importantes.

Il est évident que si une entreprise veut atteindre l'excellence, chacun de ses employés doit être autonome et posséder les connaissances nécessaires pour travailler avec un rendement exceptionnel. Un général a beau avoir le meilleur plan d'attaque et la meilleure stratégie, il ne pourra gagner la bataille si ses troupes manquent constamment leurs cibles.

■ LE DÉBUT DE L'EXCELLENCE INDIVIDUELLE

L'excellence individuelle commence par le processus d'embauche. La plupart des entreprises ont un certain nombre d'employés qu'elles souhaitent former et aider à atteindre l'excellence. Les chances de succès dépendent largement de circonstances que les entreprises sont loin de contrôler. Un rapport technique d'IBM, intitulé *Theory H*, mentionne que le plus haut niveau de rendement d'un employé (le niveau H) dépend d'éléments humains fondamentaux comme l'honnêteté, l'assiduité, la religion, l'éthique de travail, etc., acquis durant les années formatrices de l'enfance. Au moment où l'on commence à travailler, nous avons donc déjà défini notre niveau H.

Durant toute sa carrière, une personne travaillera avec un rendement inférieur à son niveau H, rendement qui dépendra d'influences extérieures, par exemple, les pressions exercées par la direction pour faire respecter les délais ou la qualité. Elle ne travaillera avec un rendement supérieur à son niveau H que pendant des périodes très courtes lorsqu'elle subira des pressions extrêmes (par exemple, quand elle risque de perdre son emploi si elle n'améliore pas la qualité de son travail ou si sa vie est en danger). Son niveau H reste inchangé, à moins de subir un choc émotionnel important. C'est pourquoi l'entreprise devra se montrer très prudente lors de l'embauche de ses employés.

L'entreprise devra se poser un certain nombre de questions lors de cette embauche :

1. Le candidat possède-t-il des qualités dont l'entreprise pourra tirer profit ?

2. Le candidat possède-t-il les connaissances requises ?

3. Le candidat a-t-il la constitution physique lui permettant d'effectuer le travail ?

4. La personnalité du candidat cadre-t-elle avec la vision de l'entreprise ?

5. Le candidat pourra-t-il occuper d'autres postes à l'avenir ?

6. Quelles contributions peut-il apporter à long terme ?

7. Avec quel degré de perfection le candidat a-t-il exécuté les tâches dans le passé ?

Les entreprises japonaises accordent une extrême importance au choix de leurs employés, car elles souhaitent les garder toute leur vie. La plupart des entreprises japonaises exportatrices suivent les recommandations de leurs employés ou de leurs associés lors de l'embauche de nouveaux employés. Elles se rendent aussi bien dans les universités que dans les écoles secondaires pour s'entretenir avec les professeurs d'un futur employé. Elles rencontrent les employeurs des membres de sa famille pour connaître le rendement au travail de ses proches parents. Elles considèrent autant la réputation de la famille que celle du candidat.

Aux États-Unis, nous avions l'habitude de mieux sélectionner nos employés. Je me souviens de mon embauche chez IBM. IBM avait interviewé mes six voisins, le prêtre de ma paroisse ainsi que trois de mes professeurs avant de me proposer un emploi. J'ai fortement profité du fait que mon père ait été un employé modèle durant 24 ans chez IBM et que mon oncle y ait également travaillé pendant plus de 20 ans.

Actuellement, les entreprises américaines ne maîtrisent pas suffisamment le processus d'embauche. Elles attachent de la valeur au travail en équipe, mais n'hésitent pas à embaucher une personne qui n'a jamais participé à la vie sociale de son école. La direction a tendance à embaucher un employé pour satisfaire des besoins ponctuels sans se préoccuper de ses besoins futurs. Tout nouvel employé devrait être évalué par au moins deux services qui pourraient utiliser ses connaissances.

■ LA CRÉATIVITÉ

Pouvoir développer de nouveaux concepts à partir de son expérience est le seul avantage que l'humain possède par rapport au règne animal. Les nombreuses utilisations du feu, de la roue, du téléphone, de la lampe à incandescence, etc., témoignent de l'esprit créatif de l'homme pour faire progresser l'humanité. La créativité de l'homme ne se manifeste pas seulement par des réalisations exceptionnelles. Elle se manifeste en tout temps, tout autour de nous. Marie met au point une meilleure manière d'imprimer ses lettres. Jim découvre une nouvelle technique pour augmenter la vente de livres ; Fernande découvre comment démouler les gaufres sans se brûler. La créativité va de pair avec la découverte. Ce que chacun d'entre nous réalise régulièrement selon ses possibilités, voilà la créativité. Celle-ci n'est pas l'apanage de quelques génies. Elle est aussi naturelle que de se réveiller le matin. Certaines personnes sont plus créatives que d'autres : les plus créatives sont celles qui voient les choses différemment.

Réaliser que la créativité consiste à voir différemment les événements habituels nous ouvre de nouvelles perspectives. Pourquoi en est-il ainsi ? Parce que n'importe qui peut se familiariser avec de nouvelles façons de penser pour développer ses qualités créatrices. En réalisant cela, dans le monde entier, les dirigeants ont amélioré leurs programmes de formation et y ont inclus l'étude de la créativité.

■ LA CRÉATIVITÉ INDIVIDUELLE

Êtes-vous d'accord avec l'énoncé suivant : « Participer à des activités créatrices est très amusant, mais ne constitue qu'une diversion au travail véritable » ?

Cet énoncé est à la fois partiellement exact et partiellement faux. Créer peut effectivement être amusant. Mais il est faux de croire que créer est une activité étrangère au travail véritable. Dans ce livre, il est question d'améliorer son travail et ce chapitre examine plus particulièrement comment devenir plus compétent dans ce domaine. Il ne s'agit pas ici de s'améliorer un peu par ci, un peu par là, mais de faire des progrès importants. Ces progrès, vous allez les faire en considérant la création comme un mode de pensée et comme une façon d'effectuer votre travail, et non simplement comme une diversion à votre vrai travail. Voyons quelques faits.

Dans une enquête de *USA Today*, sur 100 dirigeants, 59 ont affirmé que la créativité était plus importante que l'habileté, alors que seulement 29 ont été de l'avis contraire. La créativité l'emporte dans un rapport de deux contre un !

Dans le numéro du 19 avril 1993 de *Fortune*, un article intitulé « La lutte pour la créativité au Japon » présente les différents programmes d'amélioration de la créativité. Il y est question d'entreprises telles que Shiseido (produits cosmétiques), Omron (électronique), Fuji (photographie) et Shimizu (construction). Toutes ces entreprises sont les leaders de leur secteur. Les programmes de toutes ces entreprises sont particulièrement révolutionnaires pour le Japon.

Après cette introduction, voyons comment devenir plus créatif et définissons d'abord quelques idées fondamentales.

En lisant de nombreux livres et articles sur la créativité, on constate que l'employé est toujours considéré comme membre d'un groupe s'occupant d'activités créatives. On ne mentionne nulle part si la créativité est plus grande en groupe ou individuellement. Avant de prendre position (encore faut-il définir ce que l'on veut dire par plus grande créativité), voyons d'abord ce que signifie être créatif. Selon le dictionnaire, « créer » signifie « réaliser ce qui n'existe pas » ou « produire en se servant de son imagination ». Ce qui ne nous avance guère. Voici une définition utile que nous devons à Albert Szent-Györgyi von Nagyrapolt, un biochimiste américain né en Hongrie et Prix Nobel de médecine et de physiologie en 1937. Sa définition de la créativité fait appel à la notion de découverte : « Découvrir consiste à regarder comme tout le monde, mais en pensant différemment. »

Je crois que Szent-Györgyi s'est servi d'une définition relativement vague et l'a transformée en un concept que nous pouvons tous comprendre et mettre en pratique. Sa définition contient deux propositions. La première est très claire, la deuxième, par contre, est plus obscure et sera le sujet de ce paragraphe. La première proposition, « regarder comme tout le monde », signifie que si je vous montre un crayon et que je vous demande ce que c'est, vous allez évidemment répondre : « un crayon ». Par contre, si je vous dis de penser différemment en regardant ce crayon, vos pensées vont certainement s'entrechoquer. Vous faire « penser différemment » en tout temps et non occasionnellement et éviter que cela soit un calvaire sont les deux seules raisons pour lesquelles vous lisez ce paragraphe.

Penser différemment signifie évidemment effectuer des changements. Mon expérience en enseignement de la créativité a montré qu'il fallait trois éléments pour réaliser les changements.

Les éléments de base du changement

• Le comportement

Être persuadé que tout changement ne peut être que favorable : voilà le comportement à adopter. Une chanson des années 1940 disait « favorisez ce qui est constructif et rejetez ce qui est nuisible ». C'est ainsi qu'il faut accepter le changement.

• L'amélioration continue

Nous devons continuellement nous efforcer d'améliorer ce que nous faisons. « Il est toujours possible d'améliorer toute chose » a été le mot d'ordre que j'ai suivi pendant de longues années. Tout ce qui existe peut être perfectionné. Trouver l'amélioration exige cependant un effort constant.

• Le dépassement de soi

Nos objectifs doivent être suffisamment ambitieux pour que nous puissions nous dépasser nous-même. Vous trouverez souvent plus de satisfaction à effectuer les efforts qu'à atteindre les objectifs.

Ces trois éléments de base sont essentiels à toute personne qui désire sincèrement penser différemment. Vous devrez les personnaliser, c'est-à-dire vous souvenir de leurs contenus et les exprimer en vos propres termes pour qu'ils reflètent vos idées. Vous pouvez très bien en ajouter d'autres. Si vos nouveaux éléments vous permettent de personnaliser davantage vos idées sur le changement, vous ne vous en porterez que mieux.

Admettons que vous possédiez vos propres éléments et allons plus loin.

Nous sommes partis de la question : « Y a-t-il une meilleure manière d'être créatif ? » Ce que nous créons n'est pas toujours le résultat d'un travail d'équipe, bien que, dans certains cas, faire partie d'une équipe accélère le processus de la création. Ainsi, une équipe qui met à profit la technique du remue-méninges pour dresser une liste de solutions à un problème travaillera plus rapidement qu'une personne seule, et ce, même si l'équipe n'a qu'une connaissance relativement limitée de cette technique. Par contre, une personne seule rompue aux séances de remue-méninges sera presque aussi efficace qu'une équipe. Cela signifie que l'activité de création, c'est-à-dire le fait de penser différemment, commence toujours par une action individuelle. C'est l'expérience et la manière d'aborder la créativité qui déterminent la meilleure manière d'être créatif. Il est donc normal de s'attarder sur les qualités que vous, en temps que personne, devrez développer pour améliorer vos compétences à penser différemment.

Que faut-il pour « penser différemment » ? Chaque personne qui a déjà été exposée au processus de créativité possède ses propres idées à ce sujet. Cependant, je pense que vous serez tous d'accord avec ce qui suit. Pour penser régulièrement de façon différente, toute personne a besoin d'au moins cinq éléments. Au fur et à mesure que ces éléments se développent, le processus de créativité fait partie intégrante de notre vie et n'exige plus d'efforts douloureux de la part de notre matière grise. Mentionnons d'abord ces éléments, puis voyons comment nous pouvons les intégrer dans notre vie de tous les jours.

La curiosité.   Je crois que nous sommes tous curieux jusqu'à un certain point, en particulier lorsque quelque chose nous intrigue. Par exemple, le soleil se lève d'habitude à l'est et possède sa couleur orangée habituelle : cela ne nous surprend pas outre mesure. Que penserions-nous si le soleil se levait à l'ouest et était d'un vert brillant ? Très probablement, nous chercherions tous les raisons d'un tel phénomène (à condition de ne pas paniquer !). Nous trouverions certainement deux ou trois raisons. Nous devons manifester une curiosité identique pour presque tous les événements habituels de notre vie, et non seulement pour ceux qui sont inhabituels. Nous devons développer notre sens de la curiosité et nous en servir dans notre façon de voir et d'analyser les événements de notre entourage. Savoir manifester sa curiosité est la première étape à franchir pour penser différemment.

La prise de risque.   Je précise immédiatement qu'il n'est pas question ici de saut en parachute ni de course automobile, etc. Je veux parler du risque que nous prenons en décidant de nos activités courantes et en les effectuant. Penser différemment (et dans certains cas, agir différemment) comporte un certain risque : nous mettre dans une situation embarrassante, être ridiculisé, se sentir abandonné, être le sujet de la rumeur publique ou tout autre risque que nous courons à vouloir sortir de l'ordinaire. La société dans laquelle nous vivons ne tolère que difficilement la non-conformité et s'attend à ce que chacun respecte des limites préétablies. Elle considère comme différents ceux qui franchissent ces limites, et en quelque sorte, se charge de les « punir ». Penser différemment impose automatiquement que nous dépassions ces limites. C'est ce que nous devons faire sans nous traumatiser mentalement, ce qui est possible comme nous allons le voir plus loin. Être capable de prendre ces risques et de les assumer correspond à la deuxième étape à franchir pour penser différemment.

Le changement de paradigme.   Un paradigme est un ensemble d'hypothèses partagées par tous et qui représente notre conception du monde. Les paradigmes permettent de comprendre notre entourage et de prévoir son comportement (d'après *Powers of the Mind*, d'Adam Smith). Dans *An Incomplete Guide to the Future*, Willis Harmon en donne une autre définition : un paradigme représente une manière fondamentale de comprendre, de penser, de juger et d'agir correspondant à une certaine vision de la réalité. Bien qu'il n'ait pas été le premier à vulgariser le concept et le rôle des paradigmes, Joel Barker a néanmoins très bien expliqué leur nécessité et leurs problèmes dans son livre *Discovering the Future - the Business of Paradigms*. Les paradigmes limitent nos pensées et nos actions, ce qui restreint sérieusement les possibilités de penser et d'agir différemment. Nous devons connaître nos paradigmes, puis mettre au point une méthode qui permette de les modifier en permanence (c'est-à-dire de les renouveler). Beaucoup trop d'entre nous sommes prisonniers de nos paradigmes : nous ne les changeons que lorsque la société nous y force. Ceux qui peuvent changer librement leur paradigme sont ceux qui cultivent leur habileté à penser différemment. Être capable de changer son paradigme est la troisième étape à franchir pour penser différemment.

S'exercer continuellement.   Quel rapport y a-t-il entre penser différemment et s'exercer, allez-vous demander. Eh bien, penser différemment et être créatif développent l'esprit. Le cerveau, avec sa masse de près de deux kilos et sa taille de pamplemousse, est la partie physique de notre esprit. Il est à notre esprit ce que les muscles sont à nos bras et à nos jambes. Il est bien connu que les muscles deviennent plus robustes par un exercice continu, que ce soit par la course à pied, l'haltérophilie, la natation ou toute autre activité physique. La réussite se trouve dans la continuité de l'effort. Il en est de même pour l'esprit : il s'améliore à l'usage. Si certains exercices s'adressent au corps, d'autres permettent de développer le cerveau. Certains exercices particuliers développent son hémisphère gauche (le côté de la parole et de la compréhension) ; d'autres, son hémisphère droit (le côté visuel et imaginatif). Plus loin dans ce chapitre, vous verrez quelques-uns de ces exercices. Faire travailler son esprit en continu est la quatrième étape à franchir pour penser différemment.

La persévérance.   Aucun médicament, aucun livre, aucun cours ne vous apprendra à penser couramment de façon créative et différente. Ils vous aideront certainement, mais c'est uniquement par la persévérance que vous y arriverez. Persévérer signifie persister dans ses actions en dépit de forces contraires, de l'opposition et du découragement. Maîtriser les quatre premières étapes vous aidera en grande partie à devenir persévérant, la persévérance étant la cinquième étape pour arriver à penser différemment.

Qu'avons-nous appris jusque-là ? Nous avons défini nos éléments de base du changement et nous avons appris que cinq éléments permettent de penser différemment. Repassons-les tous en revue et voyons comment en faire des outils pour penser autrement que Monsieur Tout-le-monde.

Les outils de la créativité

La curiosité (la raison des choses).   S'interroger sur les choses qui nous entourent est une curiosité toute naturelle. Il suffit d'écouter les enfants. Pourquoi le ciel est-il bleu ? Pourquoi l'air est-il invisible ? Pourquoi la mer est-elle salée, etc. ? En tant qu'adultes, nous trouvons de telles questions ennuyantes, nous répondons souvent sans ménagement pour nous débarrasser des ces petits êtres importuns. Après s'être fait mal recevoir en posant quelques questions, l'enfant comprendra très vite que la curiosité est un vilain défaut et il ne posera plus de questions. Son esprit cessera alors d'être curieux. N'est-ce pas ce qui arrive également aux adultes ? Au cours de votre travail, combien de fois avez-vous demandé à votre supérieur : « Pourquoi cette activité doit-elle se faire de cette manière ? » et vous avez reçu comme réponse : « Ne t'en occupe pas et travaille. » Ainsi, même adultes, nous apprenons très vite à ne pas poser de questions et à étouffer notre curiosité.

Voici comment réagir. Il ne faut jamais s'arrêter de demander : « Pourquoi travailler ainsi ? », « Quelles en sont les raisons ? », etc. Si votre entourage familial ou professionnel ne tolère pas de telles questions, essayez d'y répondre par vous-même. Obtenir une réponse n'est pas l'essentiel ; ce qui l'est, c'est de se poser la question pour connaître le qui ou le quoi. Nous devrions retrouver la curiosité naturelle des enfants. Il est impossible d'être créatif sans se poser ces questions. Il faut également encourager les autres à en faire autant. Il n'est pas nécessaire qu'un problème surgisse pour les poser. Voici un exemple : dans un pré, vous constatez que deux vaches sont séparées du troupeau. Pourquoi ? Évidemment, vous ne tenez pas à trouver la réponse, vous ne faites que vous intéresser au pourquoi de ce que vous voyez. Tout ce qui nous entoure donne lieu à des questions que nous pouvons commencer à nous poser.

La prise de risque.   Répétons-le, il n'est pas question ici de s'exposer à un danger quelconque. Voici un exemple simple qui illustrera ma pensée. En prenant un ascenseur, nous nous comportons tous de la même manière : nous y rentrons, nous faisons demi-tour, nous appuyons sur le bouton d'un étage, puis nous contemplons le plancher ou regardons défiler les numéros des étages. Et, pour obéir aux « règles de conduite dans les ascenseurs », nous nous taisons ! Avez-vous déjà remarqué que personne ne parle dans un ascenseur, même si vous êtes en compagnie de personnes que vous connaissez. Prenez alors le risque suivant : dites quelque chose, n'importe quoi, comme « Je suis content que nous allions tous dans le même sens » ou « On est drôlement tranquilles aujourd'hui » ou bien, s'il y a foule, demandez à quelqu'un d'appuyer sur le bouton de l'ascenseur. Je ne vous demande pas de vous comporter comme un clown, mais uniquement de vous servir de votre « muscle » du risque pour agir différemment et penser différemment. Si un grand risque vous tente, faites face au fond de l'ascenseur ou à tous ses occupants.

Voici une autre situation : vous assistez à une réunion (un cours, une réunion du personnel) et vous ne comprenez pas les paroles d'un intervenant. Que font les participants ? Rien. Ils espèrent que quelqu'un d'autre se manifestera ou attendent que la suite de la réunion leur permette de comprendre (ce qui arrive rarement). Vous devez prendre un risque et demander des explications. Presque toujours, vous constaterez que vous n'êtes pas le seul à ne pas avoir compris. Ce n'est pas toujours facile, en particulier quand l'intervenant est une personne âgée ou haut placée. Vous risquez de passer pour un provocateur (bien que vous ne souhaitiez pas l'être), de paraître stupide (en risquant une question que personne n'a osé poser) et d'être ridicule (tous les yeux se braquant sur vous, incrédules que n'ayez pas compris ou vous reprochant tous les maux du monde). C'est pourquoi vous resterez bien tranquille dans votre coin. L'ascenseur, la réunion ou toute autre situation nous offrent la possibilité de manifester notre « muscle » du risque, de penser et d'agir différemment. Pensée et action vont de pair, l'action renforçant la pensée.

Lorsque nous nous apercevrons que nous n'avons pas provoqué la fin du monde en agissant ainsi, il sera plus facile de recommencer. Après trois ou quatre essais, prendre un risque n'aura plus rien d'inhabituel.

Vous voilà décidé à connaître le pourquoi et le comment, et à agir. Lorsque ce sera une pratique courante et que vous vous sentirez à l'aise, vous serez prêt pour l'étape suivante.

Le changement de paradigme (sortir des sentiers battus). Commencez cette étape en cherchant vos paradigmes. N'essayez pas de trouver les paradigmes concernant la vie sur terre ou d'autres paradigmes semblables. La structure verticale des entreprises, où les ordres descendent la hiérarchie et où les résultats la remontent, est l'un des paradigmes qui règne depuis une centaine d'années dans l'industrie (et depuis environ un millénaire dans notre civilisation). Si une entreprise éprouve le besoin de communiquer avec d'autres entreprises, c'est généralement un de ses dirigeants qui s'en charge, en particulier lorsqu'il s'agit de modifier les activités reliées aux résultats de l'entreprise. C'est ainsi que l'on procède dans presque tous les cas. Il y a quelques rares exceptions : lorsqu'un employé décide de remettre en question le paradigme de la structure verticale et demande : « Pourquoi les informations doivent-elles monter et descendre l'échelle hiérarchique ? » et « Pourquoi les changements sont-ils toujours décidés par un dirigeant ? » Cet employé a certainement décidé de prendre un risque s'il pose de telles questions lors d'une réunion du personnel. J'espère que son directeur est également un adepte de la pensée différente et qu'il lui répond : « Voyons s'il est possible de faire mieux. » Peu importe sa réaction, l'essentiel est que cet employé ait osé critiquer un paradigme. Celui qui souhaite penser différemment et être créatif devra manifester sa curiosité, prendre des risques, puis se mettre à agir selon d'autres paradigmes.

Apprenez à connaître vos paradigmes : c'est la première étape. Certains sont vos propres paradigmes, vous en partagez d'autres avec vos collègues ou même avec la société entière. Pour le moment, ne vous préoccupez que des vôtres. Par exemple, celui qui conditionne votre habillement au travail. Portez-vous un complet et une cravate ou une veste et un pantalon sport, etc. ? Ou celui qui détermine votre moyen de transport pour vous rendre au travail : le train, la voiture, etc. Suivez-vous toujours le même itinéraire aux mêmes heures ? Ce sont des exemples un peu simplistes, mais s'occuper de tels exemples est un excellent moyen de s'habituer à changer de paradigmes.

Après avoir examiné tous les exemples mentionnés et d'autres, demandez-vous s'il est vraiment nécessaire de continuer à agir comme vous le faites. Que se passera-t-il si vous modifiez vos habitudes ? Risquez-vous d'être renvoyé si vous vous habillez autrement ? En changeant de moyen de transport pour vous rendre au travail, vous faudra-t-il plus de temps, dépenserez-vous plus ou moins ? J'estime que la réussite dans le changement de tout paradigme, important ou non, s'obtient en le remettant en question en premier lieu, en le comprenant, puis en décidant s'il faut le changer ou le conserver.

S'exercer en continu (l'esprit en tant que « muscle »). Si à présent vous pratiquez régulièrement les trois premiers éléments de la pensée différente, vous êtes déjà passé dans la phase de l'exercice en continu. Cependant, il y a de nombreuses autres manières de faire travailler votre esprit et de l'améliorer pour penser et agir de façon créative. Je n'ai pas découvert l'idée de faire travailler l'esprit dans un éclair de génie, je la connais depuis longtemps et je considère de plus en plus qu'elle est le moyen le plus facile et le moins coûteux pour que « la pensée différente » devienne la règle et non l'exception.

Alors, comment faire travailler l'esprit? Rien de plus simple : jouer. Des jeux! Comment peut-on jouer alors que l'on pratique une activité aussi sérieuse que celle de développer son esprit? Eh bien, tout d'abord, développer son esprit est très divertissant et n'est pas synonyme de «toujours travailler sans aucun loisir». Gaieté, plaisir, amusement, intéressant, passionnant sont quelques termes qui caractérisent les exercices qui vous permettront de penser différemment et d'être en permanence plus créatif. Répétons-le, le secret de la réussite est de pratiquer de tels jeux de façon continue, comme vous le feriez pour rendre votre corps plus robuste par un conditionnement physique. Plus précisément, quels sont ces jeux? À mon avis, les meilleurs se trouvent dans *Pumping Ions*, de Tom Wujec, publié par Doubleday and Company Inc., en 1988.

Prenons quelques instants pour rappeler les aspects normalement associés à chaque partie du cerveau ; cela vous donnera une idée des exercices à effectuer.

Aspects de l'hémisphère gauche	Aspects de l'hémisphère droit
Verbal - les mots	Non verbal - les images
Analytique - étape par étape	Synthèse - holistique
Temporel - séquentiel	Non temporel - non séquentiel
Rationnel - le raisonnement, les faits	Non rationnel - pas d'opinion
Numérique - utilisation de chiffres	Relationnel - établit les relations
Logique - l'ordre	Intuitif - les soupçons et les impressions
Linéaire - l'enchaînement	Holistique - les schémas, l'aspect global
Vertical - l'étroitesse, l'enchaînement	Horizontal - les grands domaines et nombreux domaines

La plupart d'entre nous ont vécu dans un environnement qui sollicite davantage l'hémisphère gauche, celui-ci est ainsi plus développé et nous l'utilisons plus facilement. Par conséquent, pour équilibrer les deux côtés, nous devons favoriser l'hémisphère droit et considérer toute nouvelle situation de son point de vue. Vous remarquerez que chaque hémisphère possède des caractéristiques opposées. Des exercices visuels et verbaux en continu permettent l'utilisation de l'ensemble du cerveau.

Bien que j'aie mentionné *Pumping Ions* comme la meilleure source pour faire travailler notre cerveau, je vous recommande également deux autres ouvrages. Roger von Oech est l'auteur de deux livres qui sont certainement parmi les meilleurs dans le domaine de la pensée créatrice. Il s'agit de *A Whack On The Side Of The Head* et de *A Kick In The Seat Of The Pants*. Dans le premier, il est question de libérer la créativité de 10 manières différentes afin de penser différemment. Le deuxième traite des rôles que vous devez jouer en pensant différemment : d'abord, celui d'un explorateur pour découvrir des informations, puis celui d'un artiste pour en trouver des interprétations, ensuite celui d'un juge qui décide en fonction des pour et des contre des interprétations précédentes et, finalement, celui d'un guerrier au cœur de lion et aux tripes d'acier. Nous arrivons ainsi au dernier et plus important des éléments.

La persévérance (il faut du temps pour réussir).   Des cinq éléments, la persévérance est le plus important et le plus difficile à maîtriser. Si vous ne pouvez acquérir cette qualité, les quatre autres éléments ne seront que d'une utilité restreinte pour penser différemment et pour devenir créatif. Vers 1932, Thomas Alva Edison a déclaré : « Le génie se compose de 1 % d'inspiration et de 99 % de transpiration. » Je crois que l'on peut remplacer le terme génie par celui de créativité sans trahir sa pensée. Il sera facile de rester persévérant très longtemps si vous adhérez pleinement aux trois fondements du changement mentionnés précédemment.

Que faire ? Commencez par analyser vos réactions quand vous émettez des idées nouvelles. Passez-vous à autre chose quand on vous dit qu'elles n'ont aucune chance de réussir ? Se décourager en recevant une rétroaction négative est une réaction parfaitement normale. L'essentiel est de ne pas abandonner et de continuer à trouver d'autres moyens pour faire accepter ses idées et pour les mettre en pratique. C'est exactement ce qu'exprime la phrase japonaise « Gambatte Kudasai ». Elle signifie : « N'abandonnez pas, essayez encore, persévérez. » Examinez également vos réactions en présence des idées venant d'autrui. Réagissez-vous de façon négative et critiquez-vous les idées ou, au contraire, les recevez-vous favorablement en les appuyant ? Dans son cours *Adventures in Attitudes*, Bob Conklin prétend que « votre entourage se comportera avec vous de la même manière que vous vous comporterez avec lui ». Si vous soutenez les idées d'autrui, il soutiendra également les vôtres.

Patience, insistance, persévérance ont la même signification et sont difficiles à pratiquer. Ceux qui ont réussi à implanter de nouvelles idées, à créer de nouvelles entreprises, à effectuer une tâche très simple ou à diriger une organisation n'ont pu se passer d'une large dose de persévérance, d'insistance et de patience.

L'étape suivante

Nous venons de voir les cinq principaux éléments permettant de penser différemment. Supposons que vous les avez assimilés et que vous y adhérez. Que faire à présent ? Comment les appliquer à votre secteur de travail ou même à toute votre entreprise ? Suivez ces étapes :

1. Soyez d'abord bien convaincu de la nécessité et de l'utilité de penser différemment. À intervalles réguliers (par exemple, une fois par semaine à heure fixe), faites le point sur les cinq éléments en ce qui vous concerne. Donnez-vous une note entre 1 et 5 pour chaque élément. Si votre note est mauvaise, vous avez du travail. Ces cinq éléments devront faire partie intégrante de votre travail (et de votre vie) en tout temps et non pas occasionnellement.

2. En discutant avec votre équipe de travail, déterminez comment penser différemment peut contribuer à l'amélioration du travail.

3. Demandez à votre équipe de lire ce chapitre ainsi que les livres que j'ai recommandés ci-dessus. Assignez un livre à chaque membre et demandez-lui de le présenter à tous. Le groupe devra étudier plus particulièrement les techniques de résolution de problèmes ; par exemple, il y a 12 manières de mener une séance de remue-méninges.

4. Discutez en groupe des différentes manières d'utiliser les informations obtenues.

5. Au début de chaque réunion de votre équipe, consacrez un peu de temps (environ 15 minutes) à l'amélioration de la créativité, comme présenter l'un des livres recommandés, évaluer et noter le groupe selon les cinq éléments, faire un des exercices de *Pumping Ions*, pratiquer une des techniques de résolution des problèmes, etc. S'astreindre en continu à un tel programme est essentiel. Sans une pratique constante, vous ne ferez aucun progrès dans votre effort de penser différemment. Rappelez-vous le quatrième élément : exercez-vous continuellement. Vous n'avez pas le choix si vous voulez progresser.

■ LES EMPLOYÉS AUTONOMES

Le processus de gestion comme nous le connaissons aujourd'hui n'a cessé d'évoluer dans le passé. La gestion par le chef de tribu est celle qui s'est maintenue le plus longtemps. Cette manière de coordonner les activités d'un groupe, qui a pris naissance à l'époque des troglodytes, existe toujours dans certains groupes agricoles ou métayers d'Asie. Elle a évolué vers les corporations de métiers et vers le compagnonnage. Quand la taille des entreprises a rendu ces dernières caduques, la gestion par structure hiérarchique (pyramidale) est alors apparue. Au cours des dernières années, ce type de gestion a évolué dans différentes directions. Certaines entreprises ont adopté une gestion calquée sur le déroulement de leurs affaires. D'autres ont implanté une gestion de type matriciel. Quelle que soit leur forme, ces types de gestion se ressemblent tous : les employés ont un supérieur dont la responsabilité est d'assurer un certain travail, au moindre coût, avec la meilleure qualité possible en utilisant les ressources allouées.

Depuis l'époque des troglodytes, le niveau des agents de maîtrise n'a que très peu évolué. Ce n'est qu'en 1965 que certaines entreprises d'avant-garde ont commencé à accorder une certaine autonomie et à déléguer une partie de leurs responsabilités à leurs employés. Des changements majeurs dans les structures de gestion en ont résulté. Tout d'abord, la direction s'est efforcée de faire comprendre ses objectifs, ses valeurs, sa mission et son plan d'affaires à ses employés. Ensuite, elle a montré comment ses équipes (ses services) participent à la réussite de l'entreprise. Cela déboucha tout normalement sur l'évaluation des équipes en fonction des exigences des clients et du plan d'affaires. Une fois ces mesures établies, les employés ont été formés aux procédures de fonctionnement, aux contrôles financiers, à la résolution de problèmes et aux techniques de mesure des processus.

À la suite de ces activités, les équipes autonomes ont vu le jour. Avec de telles équipes, les employés disposent d'un mécanisme pour se réunir et pour trouver les moyens d'effectuer au mieux leur travail. En augmentant leur capacité à bien maîtriser leur travail, il devenait normal de leur permettre de s'autogérer et ainsi d'évoluer. Leur présence élimina celle d'un supérieur hiérarchique direct, puisque ces équipes autogérées pouvaient décider des augmentations de salaire, du choix de leurs membres, de l'évaluation du rendement, du renvoi des employés non performants et de l'établissement des budgets.

Dans mon article intitulé « Worklife in the Year 2000 », paru dans le *Journal of Quality and Participation* du 19 mars 1990, j'ai prévu que les équipes autogérées deviendraient encore plus autonomes au XXIᵉ siècle. Leur rôle évoluerait vers celui d'un sous-traitant indépendant où les employés achèteraient les droits d'offrir des services à l'entreprise. Cette prévision se réalise plus rapidement que prévu. En effet, en Chine, les employés qui souhaitent travailler dans certaines entreprises payent la formation que leur offrent ces entreprises avant de les embaucher.

L'évolution des équipes autogérées, la structure des réseaux d'entreprises et les nouveaux systèmes de communication qui permettent aux employés de travailler aussi efficacement à leur domicile qu'au bureau ou en usine, ont libéré l'employé de ses supérieurs. L'*employé autogéré* en a résulté. Le processus des employés autogérés a enfin permis à l'employé de maîtriser sa propre vie, ce qui lui a permis de retrouver une certaine liberté et une certaine fierté.

L'employé autogéré est évalué selon des mesures précises reliées directement au rendement de l'entreprise. La direction évalue son rendement en fonction des résultats obtenus et non en fonction d'indicateurs classiques comme la présence, le nombre d'heures travaillées ou le nombre d'intrants traités par heure. Elle fixe des objectifs précis à l'employé et leurs réalisations déterminent son rendement. L'employé décide lui-même de la méthode à employer pour atteindre ces objectifs, sa seule contrainte est de respecter l'éthique et les valeurs de l'entreprise. Cette orientation a considérablement étendu le champ d'action des cadres. Dans un environnement d'employés autogérés, un cadre peut avoir entre 100 et 500 employés sous sa direction tout en faisant un excellent travail.

Ernst & Young est l'une des entreprises qui a lancé le mouvement des employés autogérés. En 1990, Ernst & Young était une entreprise dont les associés constituaient la hiérarchie. Chaque associé supervisait un groupe de consultants (entre 6 et 18 employés), et certains associés supervisaient des groupes d'autres associés. Un associé était responsable de la formation des consultants sous sa direction, de la réalisation du maximum de profits et du niveau de satisfaction des clients. Chaque employé avait son bureau à proximité de celui de l'associé, qui était son supérieur, et devait y travailler à moins de rencontrer un client à l'extérieur.

Actuellement, chez Ernst & Young, de nombreux consultants travaillent très différemment. Un directeur est responsable d'un secteur géographique important (par exemple, le nord de la Californie, Washington, l'Oregon, le Nevada) et tous les employés sont sous ses ordres et non sous ceux des autres associés qui travaillent dans le secteur. Cela a permis à Ernst & Young de monter un large éventail de personnes-ressources auxquelles les associés font appel pour trouver l'expert qualifié pour un contrat donné.

Il n'est alors plus indispensable de rapprocher les consultants de l'associé qui les supervise. Ernst & Young a ainsi développé un concept appelé « l'hôtel » qui permet uniquement aux associés et aux directeurs d'avoir des bureaux permanents. Lorsqu'un consultant se présente pour travailler, une secrétaire lui assigne un bureau. Son numéro de téléphone est alors transféré dans ce bureau. Précédemment, de nombreux bureaux restaient inoccupés la plupart du temps lorsque les consultants travaillaient chez leurs clients. De cette manière, la superficie des bureaux disponibles a été réduite d'environ 30 %. Les consultants ont également reçu les outils de travail portables leur permettant de travailler à domicile lorsqu'ils ne sont pas chez un client, ce qui réduit les temps de déplacement ainsi que la pollution et leur permet de passer plus de temps dans leur famille.

Le consultant comprend clairement ses objectifs. Il est évalué selon trois mesures principales :

- sa réalisation : le pourcentage du taux à facturer par heure réellement travaillée ;

- l'utilisation de son temps : le pourcentage de son temps qui est facturé au client ;

- le niveau de satisfaction du client.

Le salaire de chaque employé est directement fonction du montant facturé au client. Ainsi, en multipliant son chiffre « réalisation » par son chiffre « utilisation du temps », chaque consultant peut vérifier s'il entraîne des profits ou des pertes pour Ernst & Young. Chacun travaille avec ces deux chiffres. Il peut alors dépasser 100 % de réalisation dans le cas des contrats forfaitaires et réaliser des profits si son utilisation du temps est inférieure à celle prévue. Il est évident que Ernst & Young pourra payer un meilleur salaire à ses consultants si ceux-ci lui font réaliser plus de profits. Voilà une excellente raison pour obtenir des pourcentages élevés de réalisation et d'utilisation du temps ! Ernst & Young encourage également ses consultants à étendre leurs connaissances en assistant à ses cours ; ils peuvent ainsi participer à un plus grand nombre de contrats et obtenir un pourcentage élevé de leur temps d'utilisation. Le niveau de satisfaction des clients détermine également leur rendement. Les associés d'Ernst & Young préfèrent travailler avec des consultants qui ont pleinement satisfait leurs clients dans le passé.

L'associé qui supervise les contrats détermine le rendement du consultant chargé de les réaliser en tenant compte de l'opinion des clients. Ainsi, plusieurs fois par an, tout consultant est évalué par plusieurs associés et par des clients différents. L'ensemble de ces évaluations, jointe à sa propre évaluation, définit le rendement du consultant.

Pour éviter une évaluation froide et impersonnelle, chaque directeur et chaque associé conseille un groupe d'employés et les assiste dans leur carrière. Ils sont à la disposition de ces employés pour tout problème et pour obtenir de l'aide ou des conseils.

Une excellente communication (dans les cinq directions) est le secret de la réussite de ce type de gestion, sans compter une utilisation efficace des boîtes vocales, du courrier électronique, des bulletins de nouvelles, des rapports sur la situation de l'entreprise et d'événements à caractère social qui renforcent le sentiment d'appartenance des employés.

Le processus des employés autogérés ne peut exister sans formation poussée et sans une confiance totale entre la direction et son personnel. La bureaucratie a bien du mal à subsister dans un tel milieu.

Bien qu'une certaine réticence se soit manifestée à leurs débuts, les programmes pilotes se sont déroulés harmonieusement chez Ernst & Young et les résultats obtenus ont justifié les efforts. Non seulement les consultants sont-ils satisfaits de la liberté accrue dont ils disposent, mais ils ont également amélioré les profits de leur service de façon soutenue, ce qui a permis d'embaucher de nouveaux consultants. En fin de compte, voilà un excellent exemple qui montre comment la créativité, un changement de structure et la technologie peuvent contribuer ensemble au bien-être du client, des propriétaires d'entreprise et de la communauté.

■ EN RÉSUMÉ

Dans une entreprise, l'excellence se manifeste quand chaque employé retourne chez lui et qu'en se regardant dans un miroir il peut dire : « J'ai fait un excellent travail aujourd'hui. » L'entreprise ne peut exceller que si son personnel excelle. C'est pourquoi, dans le monde entier, la direction investit de plus en plus dans les ressources humaines. Si la technologie, l'équipement et les équipes contribuent à la réussite ou à l'échec, seuls la confiance des employés, leur engagement et leur créativité permettent à l'entreprise de devenir un leader mondial.

Voici comment les différentes entreprises considèrent leurs employés :

Éducation et formation

Entreprises perdantes : elles ne pratiquent que la formation sur le tas.

Entreprises survivantes : elles pratiquent la formation sur le tas et la résolution de problèmes. Elles consacrent entre 15 et 20 heures par an par employé à des cours de formation magistraux.

Entreprises gagnantes : elles planifient la formation en fonction des besoins de l'entreprise et des besoins d'avancement de leur personnel. Elles encouragent le personnel à suivre des cours à l'extérieur de l'entreprise. Elles consacrent entre 40 et 60 heures par an à la formation de leurs employés ; ceux-ci y ajoutent volontairement une période équivalente ou plus longue.

La prise de risques

Entreprises perdantes : les agents de maîtrise et les employés ne prennent aucun risque.

Entreprises survivantes : elles encouragent la prise de risque ; cependant, les échecs ne sont pas tolérés.

Entreprises gagnantes : elles exigent la prise de risque, elles acceptent les échecs dont elles tirent un enseignement.

Les évaluations

Entreprises perdantes : les cadres font les évaluations. La plupart des employés sont notés comme dépassant la moyenne.

Entreprises survivantes : l'employé et son supérieur établissent les objectifs de rendement. Une évaluation officielle annuelle compare les objectifs prévus avec les réalisations.

Entreprises gagnantes : l'évaluation est basée sur les tâches effectuées. Leurs objectifs servent à déterminer le rendement de l'employé. Ces entreprises tiennent compte de l'opinion des clients. Plusieurs évaluations sont conduites annuellement : l'évaluation finale en est la synthèse.

La planification de carrière

Entreprises perdantes : elles ne s'occupent pas de la planification de carrière de leurs employés.

Entreprises survivantes : elles ne planifient que la carrière des employés prometteurs.

Entreprises gagnantes : elles établissent un plan de carrière pour tous les employés ; celui-ci répond aux besoins et aux attentes de l'entreprise et des employés.

L'embauche

Entreprises perdantes : elles embauchent les nouveaux employés uniquement quand elles en ont besoin et à la dernière minute. Elles ne consacrent que peu de temps à l'adaptation et à la formation de l'employé.

Entreprises survivantes : elles examinent de nombreuses candidatures et retiennent celles qui ont les compétences pour effectuer un travail particulier. Elles tiennent fortement compte des diplômes et de la renommée des établissements fréquentés par les candidats.

Entreprises gagnantes : elles évaluent les candidats en fonction de leur personnalité et de leurs antécédents pour s'assurer qu'ils conviennent aux valeurs et à la mission de l'entreprise. Elles envisagent différents postes pour un même candidat et ceux-ci doivent pouvoir en occuper un certain nombre. Elles considèrent et évaluent leurs activités parascolaires (sociales et associatives). Elles favorisent les candidats recommandés par les employés qui ont fait preuve d'engagement envers l'entreprise et d'une excellente éthique de travail.

Les salaires

Entreprises perdantes : le salaire est fonction du travail effectué et du nombre d'heures travaillées.

Entreprises survivantes : le salaire est fonction du travail effectué et du rendement.

Entreprises gagnantes : le salaire est fonction des compétences de l'employé et de la valeur qu'il représente pour l'entreprise. La direction accepte que le rendement de chaque employé dépende de son expérience et de son caractère. La direction s'efforce de trouver pour chaque employé un travail qui convienne à son caractère. Si elle n'y arrive pas, elle ne pénalise pas l'employé, car elle ne peut utiliser au mieux ni ses qualités ni son caractère.

La confiance envers les employés

Entreprises perdantes : elles considèrent que les employés vont piller l'entreprise si elle ne les surveille pas.

Entreprises survivantes : elles surveillent tous leurs employés parce que ceux-ci se trompent et parce que certains d'entre eux sont malhonnêtes.

Entreprises gagnantes : elles se rendent compte que 99,9 % des employés feront leur travail correctement si elles les laissent faire ; elles leur font donc confiance. Les 0,1 % restants devront être licenciés.

L'excellence individuelle, c'est être fier de son travail et se consacrer corps et âme à améliorer sa propre personnalité, son travail et son entreprise. L'intérêt que porte la direction à son personnel, à la résolution créative de ses problèmes et aux suggestions permettant la prévention des erreurs augmente la fierté et le respect de soi. Une telle situation s'établit quand :

- les idées d'amélioration jouent un rôle important dans le rendement de chacun ;

- un système de récompenses et de reconnaissance du mérite encourage la créativité et la prise de risque ;

- la direction sait concilier le travail d'équipe avec les besoins d'exceller de chaque employé ;

- les employés sont autonomes tout en reconnaissant leurs responsabilités et tout en sachant qu'ils ont à rendre compte de leurs actes ;

- la direction reconnaît qu'elle ignore une partie des problèmes et qu'elle ne possède pas toutes les solutions ;

- l'entreprise considère que la planification de carrière est importante ;

- des avancées modestes sont tout aussi essentielles que les percées importantes.

Même si l'entreprise crée un environnement qui favorise l'excellence individuelle, en tant qu'employés, nous devons nous sentir responsables de notre travail et des améliorations que nous lui apportons. Afin d'augmenter notre créativité, nous devons continuellement développer notre esprit en :

- effectuant des tâches différentes ;

- améliorant notre propre image en entreprenant de nouvelles tâches et en nous fixant des objectifs ambitieux et difficiles à atteindre ;

- étendant nos activités professionnelles à l'extérieur de l'entreprise ;

- apprenant une langue étrangère ;

- lisant des ouvrages traitant de nos occupations, professionnelles ou non ;

- écoutant de la musique pour nous reposer (une musique agréable en sourdine facilite la réflexion et la créativité) ;

- nous fixant des objectifs d'amélioration et en évaluant nos progrès en fonction de ces objectifs ;

- jouant à des jeux de l'esprit seul ou avec d'autres ;

- nous efforçant de rêver en couleur plutôt qu'en noir et blanc ;

- pratiquant la méditation pour clarifier nos pensées et pour faire jaillir de nouvelles idées ;

- ayant toujours de nouveaux sujets d'étude ;

- évaluant nos progrès sur une base mensuelle ;

- établissant des objectifs variés qui utilisent des outils différents chaque mois pour stimuler notre créativité.

■ LECTURES RECOMMANDÉES

De nombreux ouvrages traitent de la créativité. Voici quelques titres que nous trouvons particulièrement utiles. Nous les avons regroupés un peu arbitrairement par ordre croissant de niveau de créativité pour faciliter votre choix. Il n'est pas nécessaire de suivre exactement cet ordre.

Niveau de base

Deux ouvrages que tous devraient lire.

VON OECH, Roger, Ph.D., *A whack on the side of the head*, Creative Think, Menlo Park, CA, 1983. L'un des meilleurs ouvrages sur la créativité, rédigé de façon créative, et facile à lire.

NASH, Bruce et Greg NACH, *Pundles*, The Stonesong Press, New York, NY, 1979. Belle collection d'exercices pour l'esprit. Excellent pour s'entraîner au processus de la pensée.

Niveau intermédiaire

Chacun devrait connaître le contenu de ces ouvrages et les lire selon les besoins

ALBRECHT, Karl, *Brain Power*, Prentice-Hall Inc., Englewood Cliffs, NJ, 1980. Ressemble à *Brain Games,* mais contient des informations plus détaillées sur le cerveau. Discute des capacités du cerveau, des schèmes et des possibilités de changements.

DE BONO, Edward, *Serious Creativity*, Harper Collins Publishers inc., New York, NY, 1992. Met à jour et combine *Lateral Thinking* et *Six Thinking Hats*, présentant la créativité étape par étape. L'auteur est l'un des gourous modernes de la pensée créatrice.

■ RÉFÉRENCES

1. *Fortune* , 22 mars 1993, p. 62.

2. *IBM Think*, numéro 1, 1992.

3. WHITELEY, Richard, *The Customer-Driven Company ; Moving from Talk to Action.*

Chapitre 9

Les relations avec les fournisseurs :

la création d'un processus de gestion de l'approvisionnement

par
Charles Cheshire
Directeur de la qualité, Dell Computer Corporation
et
H. James Harrington
associé, Ernst & Young

De bons fournisseurs peuvent faire en sorte que de mauvais clients soient acceptables. Mais si les fournisseurs sont mauvais, les clients et les fournisseurs seront tous mauvais.

H. JAMES HARRINGTON

■ INTRODUCTION

L'incroyable complexité des produits actuels, la course à la première place sur les marchés et une clientèle mondiale de plus en plus avide de qualité ont obligé tous les producteurs à revoir leur conception des affaires.

Une tendance très nette s'est imposée : les hautes directions des producteurs d'avant-garde se sont toutes dotées d'une nouvelle stratégie : celle de la gestion de l'approvisionnement. Elles ont alloué d'importantes ressources à leurs opérations de livraison pour gérer et implanter des mécanismes qui leur donneront un avantage compétitif sur les plans de la disponibilité, de la qualité, des délais et des coûts.

Cette nouvelle stratégie permet à ces producteurs d'avant-garde d'accélérer la circulation des produits et des informations tout en diminuant les coûts. Ces hauts dirigeants recherchent sans cesse l'excellence ; ils savent qu'ils ne pourront pas l'obtenir instantanément et qu'ils ne pourront l'acheter. L'excellence ne peut naître qu'à l'intérieur de l'entreprise.

Ce chapitre traite des meilleures pratiques de la gestion de l'approvisionnement mises en œuvre par des entreprises connues pour leur excellence dans ce domaine. Il décrit des stratégies, des tactiques, des méthodes, une organisation et des mesures clés qui ont toutes fait leurs preuves. Les principales actions à entreprendre ou non qui seront mentionnées ici dérivent directement de l'expérience vécue par des entreprises. Ce chapitre se consacre plus particulièrement à l'implantation du processus de gestion de l'approvisionnement. Le plan de travail présenté ici permet une implantation rapide de ce processus et souligne quelques mesures essentielles de la gestion de l'approvisionnement.

Un esprit d'équipe et l'attitude de prévention proactive d'« un groupe fournitures » interfonctionnel expérimenté constituent le pivot central du processus d'approvisionnement que nous proposons ici. Ce chapitre décrit les principaux domaines de responsabilité, les compétences et les activités nécessaires. Le groupe mentionné exerce ses responsabilités en ajustant les opérations journalières du secteur de l'approvisionnement reliées à la qualité, aux temps d'exécution et au coût total en fonction des objectifs de l'entreprise. Cet ajustement est possible en favorisant les relations entre partenaires et par un « accord d'achat créatif » qui définit les objectifs de l'amélioration, la planification de leur obtention, la composition d'un groupe fournisseur-client ainsi que les processus de mesure et de vérification.

■ L'APPROCHE

Le comité directeur de l'amélioration (CDA) créera un groupe de travail qui élaborera et implantera une gestion des fournisseurs compatible avec le plan d'amélioration de trois ans. Les membres de ce groupe appartiennent aux services d'achats, de production, de l'ingénierie des produits, de l'ingénierie de fabrication et du contrôle de la qualité.

■ L'ÉVALUATION DE L'ÉTAT ACTUEL

L'entreprise devra faire une étude impartiale du processus de gestion de l'approvisionnement (PGA). Cette étude détaillera le fonctionnement actuel de ce processus. Pour favoriser l'impartialité, il est généralement préférable que cette étude soit effectuée par un groupe d'employés extérieurs à ce processus. L'étude examinera toutes les sources d'approvisionnement de l'entreprise sans exception. À cet effet, le budget de l'entreprise est un excellent point de départ pour définir les fonctions qui s'approvisionnent à l'extérieur. Le groupe établira la liste des sections qui s'approvisionnent en services, en matériel, en pièces détachées, etc., et qui paient des taxes. Ensuite, il dressera la liste des achats qu'il inclura dans le PGA. Il est préférable d'en exclure le moins possible. Les taxes, les factures d'électricité et de gaz, etc., pourront être exclues. Ensuite, le groupe d'évaluation devra analyser le fonctionnement de tous les processus d'approvisionnement. Par exemple, le laboratoire de développement, le service de l'ingénierie des produits et le service du contrôle de fabrication se servent-ils tous du même processus pour s'approvisionner en pièces ? Sinon, en quoi diffèrent les différents processus ?

Lors de l'évaluation des différents processus, voici les questions qu'il faudra poser :

- Comment les fournisseurs sont-ils choisis ?

- Comment les fournisseurs sont-ils évalués ?

- Les bons fournisseurs sont-ils récompensés ?

- Comment les fournisseurs participent-ils au processus de la conception des produits ?

- Quelle est la partie du budget d'achats pour chacun des fournisseurs principaux ?

- Dans quelle mesure le processus est-il documenté ?

- Le processus de gestion de l'approvisionnement obéit-il à la norme ISO 9000 ?

- Dans quelle mesure le fournisseur reçoit-il de l'information concernant sa performance ?

- Comment chaque fournisseur s'est-il comporté dans le passé ?

- Les mauvais fournisseurs ont-ils été rayés de la liste des fournisseurs ?

- Quels sont les employés qui reçoivent une formation sur les relations avec les fournisseurs ?

- Quel est le pourcentage de marchandises inspectées par le service de réception ?

- Quel est l'entretien effectué sur l'équipement provenant des fournisseurs ?

- À quelle date les fournisseurs ont-ils été certifiés ? Comment la certification a-t-elle été faite ? À quelle fréquence leur certification est-elle renouvelée ?

- L'entreprise fait-elle connaître son coût d'entreposage ?

- Combien y a-t-il de fournisseurs par article ?

Cette évaluation informera la direction de l'état actuel du processus et de ses problèmes, et comportera des recommandations permettant de l'améliorer.

■ LES OBJECTIFS FOURNITURES ET LES STRATÉGIES

Les résultats de l'évaluation précédente permettent de définir les buts, les objectifs et les stratégies fournitures. Ceux-ci devront être compatibles avec le plan d'affaires stratégique, les visions ainsi qu'avec le plan d'amélioration de l'entreprise et devront contribuer à leurs réalisations.

Voici quelques buts courants concernant les fournitures :

1. Concevoir le service mondial d'approvisionnement le plus compétitif sur le marché desservi par l'entreprise ;

2. Effectuer le plus efficacement et le plus économiquement possible les activités relatives aux fournitures ;

3. Offrir les meilleurs services aux clients internes et externes ;

4. Se servir au mieux des équipements reliés aux fournitures et du fonds de roulement.

Voici les stratégies qui permettent d'atteindre ces objectifs :

- Gérer le service d'approvisionnement comme une ressource importante et déterminer sa qualité, son coût, ses opérations, sa technologie, sa rapidité de réponse et son niveau général de fonctionnement administratif.

- Élaborer une structure unique d'approvisionnement verticale qui repose sur les compétences fondamentales et les meilleurs fournisseurs dans leur catégorie, et établir des relations stratégiques de marketing.

- Améliorer la durée de vie des produits finis en diminuant les écarts de qualité de leurs composantes, des fournisseurs et des processus.

- Implanter un processus et une gestion d'approvisionnement en fournitures efficaces, rentables et adaptables en mettant l'accent sur la réduction des coûts, sur les temps d'exécution, sur l'amélioration de la qualité et sur la prise de risques.

- Faire participer les fournisseurs et choisir les fournitures dès le début de l'élaboration du processus.

- Introduire les meilleures pratiques commerciales.

- Élaborer et implanter les systèmes appropriés de gestion des fournitures.

■ LA DÉFINITION ET LA PORTÉE DE LA GESTION DE L'APPROVISIONNEMENT

« Gérer le service d'approvisionnement comme une ressource importante et déterminer sa qualité, son coût, sa livraison, sa technologie, sa rapidité de réponse et son niveau général de fonctionnement en affaires » est la première stratégie à mettre en œuvre, laquelle est aussi la plus importante.

Les programmes de gestion de l'approvisionnement de nombreuses entreprises contiennent tous d'excellents éléments. Il est cependant rare de les voir tous regroupés dans un processus rentable et unique qui soit accepté par toutes les fonctions.

Pour lancer un tel processus, l'entreprise devra :

- rechercher les secteurs effectuant les dépenses (coûts des achats, stocks, appui du fournisseur, etc.) et déterminer les économies réalisables à court terme et à long terme ;

- concevoir et modéliser un processus de gestion de l'approvisionnement qui convienne aux activités actuelles et futures de l'entreprise ;

- faire l'étalonnage concurrentiel des meilleures pratiques d'achat ;

- donner des exemples de stratégies d'implantation, de techniques et d'écueils à éviter et les expliquer ;

- obtenir le consensus sur un processus unique de gestion de l'approvisionnement et l'adhésion de tous à ce processus ;

- insister sur le rôle et les responsabilités du groupe fournitures.

■ CE QUE REPRÉSENTE LA GESTION DE L'APPROVISIONNEMENT

Cette section est consacrée à des études d'étalonnage concurrentiel et résume diverses conceptions de gestion de l'approvisionnement. Elle présente les principes de fonctionnement, quelques-unes des stratégies clés et dresse une liste des techniques et des outils essentiels à la réussite.

La chronologie

Depuis la fin des années 60, le concept des achats en tant qu'activité secondaire de la gestion administrative a évolué vers un concept plus large de gestion des fournitures, qui inclut le contrôle des stocks, la logistique des fournitures, la distribution et les achats. Depuis les années 80, ce type de gestion a pris de l'ampleur et finalement est devenu la gestion de l'approvisionnement. Des entreprises comme Motorola, Hewlett-Packard, GE, Xerox, IBM, Selectron, GM, Ford, Raytheon et Rockwell ont toutes introduit la gestion de l'approvisionnement dans leur structure de fonctionnement. Dès le début des années 80, la plupart de ces entreprises avaient développé un processus de gestion de l'approvisionnement ainsi qu'un système intégré d'acquisition adaptés à leur culture et à leurs besoins administratifs propres. La plupart des entreprises qui se sont dotées d'un programme de gestion de l'approvisionnement le considèrent comme un avantage stratégique et n'en révèlent que les éléments principaux. Elles cachent jalousement leurs nouveaux outils et systèmes.

Un investissement important de longue durée consacré à des études internes et externes est crucial pour atteindre le calibre international. Toutes les entreprises ont augmenté les ressources en ingénierie de leur service d'approvisionnement tout en diminuant l'ensemble de leurs frais généraux.

Le survol des meilleurs éléments de référence

Voici les éléments que l'on retrouve dans le programme de gestion de l'approvisionnement des entreprises chefs de file :

- Un concept révolutionnaire de gestion qui touche les services des achats, de l'ingénierie, de l'assurance qualité du fournisseur ainsi que les fournisseurs : très tôt dans l'implantation du programme, ceux-ci mettent en commun leurs efforts pour réaliser les objectifs fixés d'un commun accord.

- Un partenariat à long terme « gagnant-gagnant » pour favoriser la croissance et augmenter les profits de chacun.

- Un processus d'entraide réelle et fréquente sur le terrain en ce qui concerne les nouveaux produits, la qualité, les temps d'exécution, la réduction des coûts, la formation et l'apprentissage.

- Le fournisseur et ses propres fournisseurs sont des partenaires internes et sont engagés dans le processus dès son implantation.

- La gestion de l'approvisionnement de toutes ces entreprises résulte d'une décision stratégique d'affaires.

- La tendance est de centraliser les négociations relatives aux prix et de décentraliser les achats.

- Certaines entreprises gèrent l'approvisionnement nécessaire à la production et celle de diverses autres marchandises alors que d'autres gèrent également le transport.

- Elles pratiquent l'approvisionnement de source unique, mais la plupart d'entre elles ont deux fournisseurs pour s'assurer de quantités suffisantes et pour diminuer les risques.

- Elles s'assurent avec soin de la participation des fournisseurs dès la mise en route du processus.

- De nombreuses entreprises augmentent l'investissement en capital de leur service d'approvisionnement.

- Elles passent à leurs fournisseurs une commande ferme couvrant leurs besoins pour un mois et établissent leur prévision pour les 12 mois qui suivent.

- Elles ont toutes un système efficace d'évaluation des fournisseurs.

- Leurs objectifs relatifs à l'amélioration de la qualité et à la réduction des temps d'exécution sont très ambitieux ; elles se fixent également une réduction annuelle des coûts.

- La plupart d'entre elles ont un système d'approvisionnement unique et d'avant-garde.

- Elles ont toutes amélioré les compétences de leurs ingénieurs du service des achats ; certains d'entre eux possèdent des diplômes d'études supérieures en commerce.

- Elles ont toutes réduit leur service d'approvisionnement de 50 %.

- La plupart d'entre elles ont lancé ce programme parce que leurs fournisseurs les y ont encouragées et non parce qu'elles en avaient besoin.

- La plupart d'entre elles ont établi des relations de partenariat avec leurs fournisseurs.

Les entreprises qui ont réussi leur programme de gestion de l'approvisionnement estiment :

- que ce programme n'est pas une mode passagère ;

- qu'il n'est pas un outil avancé pour surcharger davantage les fournisseurs ;

- qu'il ne correspond pas à une cage dorée pour les fournisseurs ;

- qu'il n'est pas un exercice futile de la haute direction basé sur des pratiques courantes ;

- que l'adhésion des fournisseurs à ce programme est volontaire, sans contraintes ni menaces.

Pour terminer, voici les conclusions auxquelles toutes ces entreprises sont arrivées. La gestion de l'approvisionnement ne relève pas du domaine de la technologie, mais de celui de la communication et dépend fortement du personnel. Elle permet de coordonner et d'intégrer les fonctions de l'entreprise avec celles de ses fournisseurs.

Malheureusement, les ingénieurs de la conception, de la fabrication, du contrôle de qualité et de l'approvisionnement ne parlent pas le même langage : c'est certainement l'obstacle majeur à l'implantation de la gestion de l'approvisionnement.

Cet obstacle est à l'origine de la création des groupes fournitures et fournisseurs dont les membres viennent de toutes les fonctions. Pour réussir, ces groupes favorisent la communication entre les différents intervenants par le travail d'équipe. Leur lieu de travail se trouve de préférence à proximité des clients internes et du lieu de travail de leurs membres.

■ LES CLASSIFICATIONS SIMPLES, LES STRATÉGIES, LES TACTIQUES, LES TECHNIQUES ET LES OUTILS DE MISE EN ROUTE

Pour lancer son processus de gestion de l'approvisionnement, votre entreprise devra assimiler des stratégies et des techniques d'implantation simples et efficaces permettant de classer les informations de son service d'approvisionnement en éléments faciles à gérer. La plupart des entreprises font appel à des techniques et à des stratégies d'implantation variées par suite de la diversité des besoins de leurs fournisseurs. La classification dépendra fortement de la banque de données de leur système d'approvisionnement.

Les meilleures entreprises ont une base de données informatisée contenant toutes les informations sur les caractéristiques anciennes, actuelles et futures en fonction des numéros de pièce, du matériau, du fournisseur, du produit, d'un sous-assemblage ou de l'utilisateur. Les contrats sont également informatisés et automatiquement mis à jour tous les trois mois. Il en va de même pour les mesures relatives à la qualité : les résultats d'inspection à la réception, la production hors norme, les garanties, l'état d'avancement des mesures correctives et les avis de modifications des processus sont tous informatisés.

Cela permet au service de l'approvisionnement d'analyser le coût total de son fonctionnement. Si une telle base de données n'existe pas, on la créera en priorité dès le début. Pour la plupart des entreprises et quel que soit leur système de classification, chaque élément de classification contient la liste des fournisseurs clés. Voici les méthodologies les plus couramment utilisées.

Les schémas de classification

1. Selon le type de relations.

Lors de l'établissement de partenariats, les entreprises chefs de file ont défini quatre types de relations en fonction de la participation des fournisseurs lors de la conception des produits.

- Conception et production : le fournisseur a l'entière responsabilité de la conception et de la production de la pièce, du sous-assemblage, du système, etc.

- Conception conjointe et production : le client et le fournisseur conçoivent ensemble le produit et le fournisseur le fabrique.

- Production : le client conçoit le produit sans la participation du fournisseur.

- Marchandises : le client achète à partir d'un catalogue un produit qui suit les caractéritiques du fournisseur.

2. Selon l'évolution des relations

Étape 1: La confrontation avec les fournisseurs. Cette étape est la moins agréable pour les deux partenaires : aucun ne veut s'engager. Elle est caractérisée par une longue période de mise en route, des prévisions en dents de scie et peu fiables. Elle doit être corrigée très rapidement.

Étape 2 : Les relations distantes. Dans cette étape, la confrontation fait place à des efforts prudents de conciliation. Elle est caractérisée par de longs cycles de préparation et de production.

Étape 3 : L'émergence d'objectifs communs . Le travail d'équipe débute réellement lors de cette étape : le « nous » remplace le « je ». Cette étape est caractérisée par la volonté de faire des progrès et d'aboutir à la certification par la production en petites quantités.

Étape 4 : Les relations de pleine confiance. À tous les niveaux hiérarchiques, le client et le fournisseur s'accordent une entière confiance. Le fournisseur obtient la certification pour la livraison directe sans vérification. Les attitudes favorables au partenariat apparaissent. Cette étape est caractérisée par une meilleure productivité au travail et une livraison presque instantanée au client.

Étape 5 : L'alliance stratégique. Dans cette étape, un effet synergique apparaît et les relations confèrent des avantages compétitifs uniques aux deux partenaires. Très souvent, ils développent des relations privilégiées confirmées par la signature d'accords officiels. Cette étape est caractérisée par :

- un investissement en capital par le client chez le fournisseur pour permettre à ce dernier d'améliorer son rendement et pour prévenir les besoins futurs de ses propres clients ;

- des efforts communs en recherche et développement, en production, en achat d'équipements, en vente et en marketing ;

- des plans d'affaires communs.

3. L'analyse de Pareto

L'analyse de Pareto permet de se doter rapidement et facilement d'un plan de travail qui permet d'agir immédiatement. Elle fait appel à trois paramètres critiques : la qualité, la logistique (coût, éloignement) et les valeurs en dollars des produits (A, B et C). Préoccupez-vous ainsi des articles A et B, autrement dit des articles à fortes valeurs (A) et à faibles valeurs (B). Éliminez tous les articles C.

Étape 1 : L'analyse de la qualité. La qualité des fournisseurs sera évaluée par un étalonnage concurrentiel. En général, on comparera le fournisseur qui est certifié (donc accepté par l'entreprise) avec celui qui ne l'est pas (non accepté par l'entreprise mais susceptible de le devenir). S'il est certifié, on admettra que ses produits sont de haute qualité pour les besoins de cette analyse. La certification peut être obtenue de plusieurs manières. Ainsi, aucun rejet à l'inspection pendant 12 mois, zéro-défaut dans les documents et la livraison peuvent signifier haute qualité. La livraison des produits dans les aires de fabrication sans qu'aucune inspection ne soit nécessaire est l'objectif ultime à atteindre.

Qualité

		Haute	Médiocre
Valeur de l'article	Haute	Mettre en œuvre le JAT (juste-à-temps) Vérifier l'éloignement	Système de qualité du fournisseur ou changement de fournisseur
	Faible	Sans inspection	Changement de fournisseur

Évaluez les fournisseurs selon ce tableau en commençant par les articles de haute valeur (articles « A »). Placez les fournisseurs de ces articles dans la case de la haute qualité ou de la qualité médiocre. De façon semblable, placez les articles de faible valeur. Vous pouvez également mentionner la valeur totale des articles (quantité x valeur unitaire).

Étape 2 : L'étude logistique du coût et de l'éloignement. On doit effectuer cette étude après l'analyse de la qualité. L'éloignement et le coût sont critiques pour le juste-à-temps (JAT). Il est bon de s'assurer de sources d'approvisionnement les plus proches possible des utilisateurs, ce qui influencera fortement votre politique d'approvisionnement à l'étranger. Comme ci-dessus, vous évaluerez à nouveau les mêmes articles et vous les placerez dans le tableau matriciel à deux entrées :

Logistique coût-distance

		Haute (grande distance)	Médiocre (petite distance)
Valeur de l'article	Haute	S'assurer d'un nouveau fournisseur	Passer au JAT Haute priorité
	Faible	Réduire au maximum les livraisons	Le montant de la commande est le critère clé

Dans cette classification, vous devrez déterminer le point de rentabilité pour choisir entre un approvisionnement éloigné ou un approvisionnement proche. Le choix dépend des préférences et de la situation particulière de chaque unité de production. En règle générale, considérez qu'une petite distance correspond à un temps de déplacement pour livraison de 4 à 8 heures et une grande distance, à un temps de déplacement supérieur à 8 heures.

Étape 3 : Les relations fournitures-fournisseurs. Après l'étude des fournisseurs, vous pourrez décider des mesures à prendre pour les huit catégories de fournisseurs.

Ainsi, pour la catégorie (H,H,G) (haute qualité, haute valeur et grande distance), vous avez le choix entre trois scénarios :

1. Obtenez que vos fournisseurs se rapprochent.

2. Ouvrez un entrepôt local.

3. Trouvez les moyens de réduire le transport et les temps de livraison (consultez vos fournisseurs).

Un conseil : dans le cas du JAT, vous devrez absolument réduire les distances.

Pour la catégorie (H,F,G) (haute qualité, faible valeur, grande distance), le choix est le suivant :

1. Envisagez des livraisons moins fréquentes.

2. Faites expédier les produits directements dans les aires de production.

3. Réduisez au minimum les frais de manutention et d'emballage.

Étape 4. Le passage à l'action. Les huit catégories précédentes déterminent la priorité des mesures à mettre en place. Le groupe fournitures peut alors rapidement mettre en place un programme fournisseur. Ainsi, il fera livrer à intervalles rapprochés les articles de haute et de faible valeur ayant des coût de transport faibles.

Cette méthode permet au groupe fournitures d'évaluer et de classer les fournisseurs en fonction de leur rendement. On pourra faire connaître cette classification aux organisations internes ainsi qu'aux fournisseurs eux-mêmes. Elle réduit la complexité et la confusion lors de la recherche du meilleur fournisseur.

Dans un premier temps, vous pouvez mettre cette technique en pratique à l'aide de documents écrits et l'informatiser par la suite.

Les stratégies et les tactiques. Vous disposez de deux stratégies principales pour sélectionner des partenaires de calibre international et pour les former à vos besoins.

La stratégie évolutive. Dans cette stratégie, le client et le fournisseur élaborent simultanément une amélioration continue mesurable (ACM). Si le client ne dispose pas d'un système interne de qualité, il commencera les activités d'amélioration de ses fournisseurs en lançant une activité pilote de contrôle statistique des procédés (CSP) avec un ou plusieurs d'entre eux. Chaque fournisseur enverra au client ses cartes de CSP prouvant que les caractéristiques critiques de la qualité (ou autres caractéristiques spécialement choisies) sont suivies et contrôlées. Avec le temps, vous pourrez demander à vos fournisseurs d'adopter des techniques statistiques de prévention des erreurs couvrant l'ensemble de leurs activités et d'améliorer leur qualité à un rythme supérieur ou égal à votre propre amélioration.

La stratégie de progression par étapes. Dans cette stratégie, le fournisseur devra augmenter sa qualité par incréments de plus en plus importants. Arrivé au niveau supérieur, il disposera d'un processus avancé d'amélioration continue mesurable et aura le statut de source unique ou de partenaire.

Les fournisseurs seront évalués en fonction des résultats d'un audit. Leur évaluation détermine leur statut : fournisseur préféré, accrédité ou à l'essai. Ceux qui n'atteignent pas le niveau de qualité exigé à la date prévue seront rayés de la liste des fournisseurs. La qualité des produits du fournisseur détermine leur destination : ils iront à l'inspection ou directement à l'entreposage. Le fournisseur deviendra partenaire du client lorsqu'il aura atteint le niveau le plus élevé de la certification.

Au début des relations visant l'établissement d'un partenariat, séparément ou en groupe, le client pourra former ses fournisseurs en plan d'expériences, en fabrication assistée par ordinateur, en techniques de juste-à-temps, en conception pour fabrication ainsi qu'en d'autres outils avancés.

Ne pas réinventer la roue. Le processus de certification assure d'énormes progrès et tout service d'approvisionnement devrait en posséder un. Il est intéressant de mentionner les problèmes que pose la certification. Aux États-Unis, il n'existe pas de consensus sur la manière de certifier les fournisseurs. À ce sujet, nous recommandons l'utilisation de la norme de l'*American Society of Quality Control* (ASQC).

Le comité ASQC des relations client-fournisseur a établi un minimum de huit critères :

1. Aucun rejet dû aux produits du fournisseur pour une période donnée, qui correspond en général à 12 mois ;

2. Aucun autre rejet dû au fournisseur (autre que relié à ses produits) pour une période donnée ;

3. Aucun incident de production causé par le fournisseur pour une période donnée, qui correspond en général à 6 mois ;

4. Une évaluation satisfaisante d'un système de contrôle de qualité sur le terrain ;

5. La participation du client et du fournisseur lors de l'établissement des caractéristiques des produits ;

6. Un système et un processus de qualité précisés par écrit ;

7. La capacité de produire des copies des certificats d'analyses, d'inspection et des essais ;

8. Des résultats de laboratoire analysés et certifiés que le client pourra utiliser comme s'ils étaient ses propres résultats de certification des fournisseurs.

La stratégie d'accélération

C'est la stratégie de la survie du meilleur. Le fournisseur doit atteindre un très haut niveau de qualité en peu de temps. S'il dispose d'un processus d'amélioration continue, il pourra atteindre ce niveau très rapidement. De nombreuses entreprises qui recherchent le prix Malcolm Baldrige demandent à leurs fournisseurs de poser leur candidature et de subir l'évaluation effectuée par les vérificateurs responsables de l'attribution de ce prix. Le fournisseur qui s'efforce de dépasser les exigences de ses clients rafle tous les contrats et devient ainsi le partenaire de son client. Quelle que soit la stratégie ou la tactique utilisée pour améliorer votre service d'approvisionnement, il est essentiel que vous fassiez une évaluation professionnelle de vos fournisseurs et de l'organisation interne de votre propre entreprise.

Les outils et les techniques

Les techniques d'évaluation. Un bon nombre de techniques permettent d'évaluer les fournisseurs et de les surveiller. Le niveau de l'assurance qualité et l'importance du produit en déterminent le choix. Le coût et le temps nécessaires augmentent avec ce niveau. Voici les méthodes courantes d'évaluation:

- *Les certifications.* Leur principal avantage: le fournisseur doit subir des évaluations de plus en plus exigeantes pour devenir fournisseur de source unique.

- *Les enquêtes.* Une enquête est généralement une autoévaluation rapide que l'équipe de vérification du client peut exiger d'un fournisseur existant (ou potentiel) lors de sa visite.

- *Les essais mécaniques, les analyses chimiques et autres essais.* Un essai mécanique, par exemple un essai de traction, permet d'évaluer la résistance d'un produit. D'autres essais peuvent caractériser ses propriétés chimiques et physiques ou ses dimensions.

- *Les essais de fiabilité.* Ils déterminent la qualité du produit à long terme. Ces essais simulent les conditions d'utilisation du produit.

- *L'inspection des premiers exemplaires produits.* Elle permet de vérifier si la fabrication peut respecter toutes les caractéristiques critiques.

- *L'inspection des produits.* La vérification du niveau de qualité sur un échantillonnage statistique permet de contrôler la qualité annoncée par les fournisseurs.

- *L'analyse des modes de défaillances, de leurs effets et de leurs criticités (AMDEC).* Cette technique détermine les principales défaillances possibles du produit. On remédiera à ces défaillances en les éliminant ou en renforçant le produit aux endroits critiques.

- *Le contrôle statistique des procédés (CSP).* Cette technique statistique permet de déterminer les principaux éléments d'un processus qui sont susceptibles de le modifier.

- *Les études de faisabilité*. Une étude de faisabilité montre que le produit peut être fabriqué de manière reproductible par un procédé manufacturier.

- *Les coûts de la non-qualité*. Ces coûts concernent les erreurs internes et externes, la prévention des erreurs et les vérifications.

- *Les vérifications*. Elles permettent d'évaluer et de suivre le rendement du fournisseur. Le contrôle interne de la qualité et de son efficacité sont deux exemples d'utilisations importantes des vérifications. Une vérification fait appel à des entrevues, à la collecte de données ainsi qu'à d'autres activités pour s'assurer des contrôles internes.

L'étude d'un partenariat. Le partenariat repose sur des relations solides, de longue date et de type gagnant-gagnant. Pour établir de telles relations, les entreprises doivent à la fois faire confiance et vérifier. La vérification peut consister en un audit de la direction, un contrôle de la qualité du produit, la mesure d'une dimension critique ou l'examen des services aux clients. Les procédures de la norme ISO 9000 décrites au chapitre 5 de ce livre réduisent les coûts de ces vérifications.

Les deux parties devront considérer le processus d'évaluation comme un moyen de conserver leur part de marché pour les produits existants et d'introduire de nouveaux produits dans de nouveaux marchés, à l'aide de l'amélioration continue des processus.

Une évaluation périodique permet également de s'assurer que l'amélioration continue couvre toute l'entreprise. L'amélioration continue n'est pas un effort naturel ; elle est la conséquence des besoins du marché.

Trop souvent, les dirigeants rejettent les avantages du partenariat en reprenant ce refrain bien connu : « Rien de neuf : une mode passagère qui sera vite oubliée. » Malheureusement, la lutte pour la survie dans les années 90 est telle qu'une attitude de ce type conduit obligatoirement à la disparition des entreprises. Ce processus de partenariat force le fournisseur à atteindre des niveaux de qualité successifs de plus en plus élevés. Arrivé au plus haut niveau, un fournisseur préféré disposera d'un processus d'amélioration continue efficace et sera un fournisseur unique ou l'un des partenaires de son client.

■ LE PROCESSUS DE GESTION DE L'APPROVISIONNEMENT

Nous discuterons dans cette section de la modélisation du processus de base de la gestion de l'approvisionnement et des mesures à prendre par le personnel de l'approvisionnement et par le personnel des entreprises extérieures concernées.

Chaque grande entreprise a sa propre conception du processus de gestion de l'approvisionnement (PGA). Nous favorisons celle qui fait participer le service d'approvisionnement à la réalisation des objectifs d'affaires de l'entreprise. Grâce à une amélioration continue mesurable, l'effort principal visera la satisfaction du client. L'amélioration du rendement, voilà la priorité essentielle.

Avant de s'engager dans l'amélioration avec ses fournisseurs, le service des achats devra répondre à ces questions :

- Quel est le but que nous poursuivons ?

- Quel est le chemin à suivre pour l'atteindre ?

- Quels sont les points de référence relatifs à l'étalonnage concurrentiel correspondant ?

- Comment atteindrons-nous ce but ?

- Qui en sera le responsable ?

- De quelles ressources devrons-nous disposer ?

- Combien de temps nous faudra-t-il pour l'atteindre ?

Ce sont les questions fondamentales que toute entreprise doit se poser quand elle aborde un nouveau projet, car elles concernent sa stratégie d'affaires, ses objectifs, ses planifications, ses responsabilités, ses ressources, ses coûts, son à-propos et son étalonnage concurrentiel. Si elle ne se pose pas ces questions et si elle n'y répond pas, le groupe fournitures ne sera plus d'aucune utilité. Dans ce cas, le fournisseur qui souhaite participer à l'effort d'amélioration ne recevra pas de directives claires et risque de concevoir des produits et des services de qualité inacceptable.

Le service de gestion de l'approvisionnement de l'entreprise doit implanter une stratégie unique applicable à toute l'entreprise. Cependant, il n'existe pas de réponses infaillibles à ces questions. Les réponses changent en fonction du secteur industriel, de la culture de l'entreprise, de la gamme de produits, du service d'approvisionnement, des capacités techniques et des ressources humaines. Néanmoins, répondre à ces questions fait habituellement partie de tout effort d'amélioration continue.

■ LE MODÈLE DE BASE DE LA GESTION DE L'APPROVISIONNEMENT : LES 10 ÉTAPES

Voici les dix étapes qui permettent d'implanter le processus de gestion de l'approvisionnement :

Étape 1 : La création d'un groupe fournitures

Étape 2 : L'élaboration d'un plan d'action. L'équipe débutera par un essai pilote avec un fournisseur particulier ou avec un petit nombre de fournisseurs.

Étape 3 : L'établissement de caractéristiques et de normes. L'amélioration continue n'est possible que si le client définit des normes et des mesures détaillées, précisant la qualité, le service et le coût, et les communique à ses fournisseurs.

Étape 4 : L'établissement des priorités des caractéristiques du produit. Un produit possède de nombreuses caractéristiques. Les plus importantes seront précisées sur les plans. Si celles-ci ne sont pas conformes aux caractéristiques, le produit peut être dangereux pour la santé et la sécurité. Il risque également d'être inutilisable. Par exemple, le non-respect d'une caractéristique secondaire peut être un défaut mineur, mais peut concerner l'apparence du produit.

Étape 5 : L'analyse du contrôle et de la capacité des procédés de fabrication. Après la mise en place d'un système de mesures décidé d'un commun accord et l'établissement des priorités des propriétés du produit, le fournisseur soumettra le diagramme de fonctionnement de ses procédés de fabrication et précisera les endroits où l'on pourra vérifier au mieux la qualité et effectuer les essais les plus représentatifs. Il se servira du contrôle statistique des procédés pour suivre les caractéristiques représentatives de la qualité du produit.

Étape 6 : La mesure du rendement. Le système de mesures indique la rapidité des améliorations. Il témoigne également de l'efficacité du groupe fournitures.

Étape 7 : La réalisation de l'amélioration. Elle consiste à fixer les objectifs d'amélioration du rendement et des caractéristiques et à s'en rapprocher graduellement.

Étape 8 : La prise de « possession ». Après avoir entrepris son effort d'amélioration, le client encouragera le fournisseur à devenir le « propriétaire » de cet effort et à en assumer la responsabilité. Seuls quelques rares fournisseurs auront suffisamment de persévérance pour un engagement à long terme.

Étape 9 : La vérification

Étape 10 : L'amélioration continue. Revenez à l'étape 1 et perfectionnez votre processus de gestion de l'approvisionnement par l'utilisation d'outils plus avancés à chaque étape.

■ LE GROUPE FOURNITURES

Pourquoi le terme « fournitures » ?

Au fur et à mesure que nous allons définir le domaine de responsabilité et les activités du groupe fournitures, nous allons nous rendre compte que le champ d'action de ce dernier est vaste, quoique limité, pour ce qui est des fournitures et des profits.

Voici un énoncé possible de la vision d'un groupe fournitures : « Évaluer les fournitures sous tous leurs aspects et présenter les résultats obtenus aux clients internes de façon suffisamment détaillée pour permettre l'élaboration d'un plan fournitures et ensuite obtenir l'autorisation de l'implanter. »

Au total, 20 % des profits, 25 % de l'avoir, 25 % du personnel, 40 % des locaux et 70 % des stocks sont perdus dans la manipulation de composantes ou de produits défectueux et dans l'utilisation de processus mal définis (Source : H.P.). Ils constituent les coûts de la non-qualité. Le travail du groupe fournitures portera sur ces éléments qui touchent la gestion totale de l'amélioration (GTA). Il appliquera les règles générales de fonctionnement aussi bien aux structures internes de l'entreprise qu'aux fournisseurs.

De ce point de vue, l'implantation correcte du concept de fournitures devient une décision d'ordre stratégique. Elle exige une bonne planification, des ressources adéquates et du temps.

En conséquence, la sélection et la formation des groupes fournitures est l'une des tâches les plus importantes de la haute direction. Ces groupes évoluent dans un environnement interne et externe à haut risque. La direction éliminera tous les obstacles à leur travail. Elle aura une autre préoccupation importante : s'intéresser aux changements d'attitude de ses cadres et de son personnel de soutien administratif qui s'imposent et résoudre les problèmes qui s'y rattachent.

Les principaux domaines de responsabilité

Le groupe fournitures a la responsabilité :

- d'obtenir systématiquement les informations concernant l'entreprise, le service d'approvisionnement, l'industrie et la concurrence. Cette activité est la base de la « gestion par l'information » ;

- d'élaborer une vision mondiale et de la conserver ;

- de définir des projets à court terme (moins d'un an) et à long terme (trois ans) qui réduiront les coûts d'acquisition ;

- d'élaborer des plans précis d'amélioration de la qualité du fournisseur (par exemple, les fournisseurs, les produits, les numéros de pièces) qui permettent de réduire les coûts, qui aboutissent à la certification du fournisseur et à la normalisation ;

- d'implanter des systèmes de mesures manuels et automatiques pour contrôler l'efficacité du service d'approvisionnement par rapport aux tendances de l'industrie du point de vue des prix, ainsi que les produits, les processus et les services ;

- de fournir des rapports détaillés sur les problèmes, les profits et les actions futures et les diffuser auprès de la haute direction, des clients internes et des fournisseurs ;

- d'incorporer le plan d'amélioration du fournisseur avec ses mesures adéquates de rendement dans les accords de l'entreprise, de ses divisions ou de ses groupes ;

- de mettre continuellement à jour les outils et les techniques utilisés en éduquant et en formant le personnel. Devenez une « maison d'enseignement ».

Le groupe fournitures est en quelque sorte un groupe administratif responsable d'obtenir le maximum de rendement des investissements, de créer un service d'approvisionnement compétitif et de dépasser les attentes du client. Dans ce groupe, vous pourrez faire une carrière passionnante remplie de défis, mais qui exige d'excellentes connaissances en ingénierie et en administration.

■ LA CERTIFICATION PAR L'UTILISATION DU PROCESSUS DE GESTION DE L'APPROVISIONNEMENT

La complexité de l'approvisionnement, les marchandises et les problèmes administratifs actuels exigent une certaine souplesse de la part du groupe fournitures lors de l'utilisation du PGA. Selon mon expérience, voici comment il faut implanter le PGA.

Les enquêtes sur les fournisseurs

Depuis de nombreuses années, les enquêtes auprès des fournisseurs ont toujours fait partie des programmes d'assurance qualité des fournisseurs. Ainsi, il est possible de trouver de nombreuses listes de contrôle dans des ouvrages de référence ou dans les normes. Comme on peut s'y attendre, les listes de contrôle se ressemblent toutes et les clients comme les fournisseurs n'éprouvent plus aucune difficulté dans ce rituel des relations client-fournisseur. Les enquêtes sur les différentes entreprises se différencient par le niveau de détail et par leur fréquence. Quoi qu'il en soit, de façon générale, ces enquêtes sont à présent pure routine.

Un groupe d'enquête se compose généralement d'un acheteur du client, d'un ingénieur de production et d'un ingénieur qualité. Dans certaines entreprises, une même personne peut représenter deux ou plusieurs de ces fonctions, mais toute enquête qui ne fait pas appel à ces trois fonctions ne donnera aucun résultat satisfaisant. Habituellement, chaque participant se présentera avec une liste de contrôle relative à son domaine de formation. Nombreuses sont les listes qui sont simplement des « recettes » et qui permettent à l'enquêteur de donner facilement une note à des dizaines d'éléments des activités de production du fournisseur. La plupart de ces listes pondèrent chaque question, ce qui permet de calculer une note finale pondérée que l'on peut alors comparer à des valeurs limites ; celles-ci déterminent une appréciation générale du type « acceptable », « acceptable sous conditions » et « inacceptable ».

Lorsque les enquêtes sur les fournisseurs n'ont pas la qualité voulue, les listes de contrôle ou les barèmes de notation, qui sont habituellement bien faits, ne sont généralement pas en cause. Très souvent, un nombre astronomique de questions précises et des visites d'usine rapides constituent le défaut principal de ces enquêtes. Les visites ne durent jamais plus d'une journée, tout au plus quelques heures. De longues listes de questions et des visites trop courtes conduisent à des enquêtes superficielles. Si l'on ajoute à cela que la plupart des questions possèdent des réponses correctes évidentes et que de nombreux fournisseurs sont passés maîtres dans l'art de répondre ce que les enquêteurs souhaitent entendre, il en résulte que les enquêtes classiques auprès des fournisseurs prennent énormément de temps pour obtenir peu de résultats.

Il existe de nombreuses manières d'augmenter l'efficacité de ces enquêtes. Tout d'abord, limitez le nombre de fournisseurs possibles en recherchant dans les répertoires industriels, dans les registres des chambres de commerce, auprès des services d'analyse financière, etc., ceux qui obéissent à un certain nombre de critères de base prédéterminés, comme, la taille, la situation financière, la localisation, la gamme de leurs services. (Souvent, il n'est pas nécessaire d'enquêter sur les entreprises qui ont obtenu la certification à une des normes ISO 9000). Ensuite, procédez à une enquête par courrier auprès de ceux qui semblent offrir les meilleures possibilités. Cette enquête devra comporter toutes les questions d'une enquête classique en plus de faire connaître l'aptitude du fournisseur à satisfaire de nouvelles commandes selon des délais bien déterminés.

De telles enquêtes améliorent considérablement l'efficacité du processus d'enquête. Vous pourrez éliminer d'emblée certains fournisseurs en fonction de leurs réponses à des questions d'ordre technique ou administratif. Des fournisseurs potentiels très valables vous indiqueront très clairement qu'ils ne peuvent satisfaire certaines commandes telles qu'elles sont décrites dans le questionnaire ou que celles-ci ne les intéressent pas. En négligeant simplement de répondre à votre enquête, d'autres manifesteront leur désintéressement que, néanmoins, vous devrez vérifier par téléphone.

Votre équipe peut très bien se rendre uniquement chez les fournisseurs potentiels les plus prometteurs. Comme ceux-ci auront déjà répondu à la majeure partie des questions lors de l'enquête postale, il ne vous faudra que peu de temps pour clarifier quelques réponses vagues. Sur le terrain, vous consacrerez l'essentiel de votre temps à la vérification de certains éléments importants de l'enquête, comme la compétence et la capacité du support technique interne par des entrevues individuelles, les cartes de contrôle des procédés dans les ateliers de production, etc. ; vous vérifierez si ces cartes sont exactes et que si les ouvriers les interprètent correctement. Vous devrez également avoir une bonne idée de la volonté du fournisseur d'atteindre les niveaux de qualité souhaités et d'établir un véritable partenariat technique et commercial avec un client potentiel.

Dans le cas des enquêtes effectuées auprès d'un fournisseur existant, vous tiendrez compte d'un facteur clé supplémentaire : sa performance passée. Votre équipe d'enquête devra connaître à fond les détails de sa production sur un minimum de 12 mois précédant l'enquête, notamment les mesures correctives qu'il aura prises lorsque vous lui avez refusé une livraison durant cette période. Si cette performance s'avère excellente, est-elle due à des livraisons peu nombreuses, à une inspection à la réception superficielle ou à un contrôle très strict chez le fournisseur ? Dans ce dernier cas, vos enquêteurs pourraient simplement vérifier si ce contrôle existe toujours et s'il a été amélioré depuis la dernière enquête. Même si le passé du fournisseur est irréprochable, une vérification poussée s'impose. Cette performance n'est-elle pas le résultat des efforts du fondateur de l'entreprise, qui est sur le point de prendre sa retraite, ou d'un excellent équipement qui, à présent, commence à montrer des signes de faiblesse ? L'entreprise n'a-t-elle pas entrepris un vaste programme d'expansion qui l'oblige à embaucher de nombreux employés moins compétents ?

Très souvent, les entreprises négligent de se tenir au courant de la situation réelle de leurs fournisseurs. Vous pouvez oublier très facilement qu'aucune enquête officielle n'a été effectuée auprès d'un fournisseur avec qui vous entretenez des relations techniques et commerciales étroites. Comme une telle enquête est généralement très détaillée, elle vous fera découvrir des aspects différents de ceux que vous remarquerez lors de vos relations habituelles. Il est conseillé d'effectuer une enquête par an pour tous vos fournisseurs courants.

Actuellement, les enquêtes sur les fournisseurs suivent les nouvelles normes internationales : les normes ISO 9000. Ces normes prévoient la certification par des organismes indépendants, ce qui simplifie les relations entre clients et fournisseurs et qui réduit considérablement leurs coûts. En janvier 1994, plus de 20 000 entreprises ont obtenu la certification à ces normes rédigées par l'Organisation internationale de normalisation dont le siège se trouve à Genève, en Suisse. Lors d'une enquête menée par Deloitte et Touche, 80 % des entreprises ont déclaré que la certification aux normes ISO 9000 déterminait le choix de leurs fournisseurs. En Europe, la certification à ces normes est indispensable. Pour de plus amples renseignements sur ces normes, consultez le chapitre 5.

La première qualification d'un fournisseur

Avant d'accepter des livraisons importantes régulières d'un fournisseur potentiel récemment choisi, vous devrez vérifier si ses produits satisfont à un certain nombre de critères de qualification. Ceux-ci peuvent varier considérablement et le processus de qualification sera d'autant plus long que le produit sera complexe, la technologie du produit récente, l'utilisation du produit par le client critique, etc.

Le cycle de qualification commence par l'évaluation d'échantillons. Généralement, ceux-ci seront peu nombreux, mais subiront un grand nombre d'essais permettant de déterminer leurs propriétés physiques, leur comportement vis-à-vis de l'environnement, leur durée de vie ainsi que leur conformité aux caractéristiqes et aux plans. À cette étape, il s'agit simplement pour le client de s'assurer que le fournisseur est bien capable d'offrir un produit acceptable. À cette étape préliminaire, le fournisseur ne dispose guère des équipements, tels que des matrices, des moules et d'autres outils. Les échantillons pourront très bien n'être que des exemples de sa production courante, même différents de votre produit, mais qui reflètent néanmoins ses capacités de fabrication.

Lorsque vous aurez accepté la qualité de ses échantillons, vous pourrez autoriser le fournisseur à acquérir les équipements qui serviront à la production de masse de votre produit. Ceci fait, généralement le fournisseur procédera à quelques courtes campagnes de production (qui peuvent se résumer à la fabrication d'une seule pièce si celle-ci est complexe et coûteuse), vérifiera soigneusement les résultats à la fin de chacune d'elles et fera les ajustements nécessaires à l'équipement et au produit afin de rendre ce dernier acceptable.

À présent, le fournisseur est prêt à soumettre un échantillonnage de sa production future à votre approbation. L'expérience montre que de nombreux problèmes peuvent apparaître si cette étape est traitée à la légère ou trop rapidement. Les échantillons doivent être suffisamment nombreux et choisis de façon aléatoire afin d'être représentatifs de la production à pleine capacité. Vous accorderez votre approbation en fonction de votre expérience et des critères d'ingénierie en tenant compte des coûts, du temps de fabrication et de la capacité de production. Un minimum de cinq échantillons est nécessaire pour déterminer les variations du procédé de fabrication, mais, dans de nombreux cas, il est préférable de choisir une vingtaine d'échantillons. Souvent, il est difficile d'établir les conditions qui déterminent la représentativité de ces échantillons, en particulier si la fabrication définitive du produit est assurée par plusieurs ouvriers et s'étend sur plusieurs postes de travail.

Du point de vue économique, le fournisseur ne pourra produire ces échantillons que pendant quelques heures ou quelques jours. Quoi qu'il en soit, le client s'informera toujours des conditions qui ont prévalu lors de la fabrication de ces échantillons et des différences pouvant exister entre ces conditions et celles de la production future. Il pourra facilement obtenir ces informations en surveillant la campagne de production avec l'ingénieur responsable, en examinant le procédé de fabrication et en choisissant lui-même les échantillons à analyser.

Une fois les échantillons choisis, ils subiront une inspection complète chez le client. Le fournisseur enverra les résultats de sa propre inspection en même temps que les échantillons : on vérifiera ainsi la concordance des résultats et on rectifiera toute différence éventuelle. Seule une erreur de mesure sera tolérée comme explication pour de telles différences. Même s'il estime que le produit répond à toutes les caractéristiques, le client pourra toujours exiger du fournisseur des modifications à son équipement. En voici deux exemples : toutes les mesures d'un paramètre obéissent aux caractéristiques, mais se rapprochent trop des limites de tolérance ; les mesures d'un paramètre varient fortement et couvrent toutes les valeurs permises par les tolérances. Il se peut aussi que les résultats exigent une modification des équipements qui risque d'être dangereuse ou entraîne des coûts élevés. Dans ce cas, un changement mineur dans le design effectué par les ingénieurs de conception du client, comme l'augmentation des tolérances ou la modification d'une caractéristique qui ne change pas la finalité du produit, sera la solution pratique à retenir. En tout cas, retenez que l'acceptation des échantillons signifie bien plus que le simple respect de toutes les caractéristiques. C'est aussi une étude détaillée de données qui confirme que le fournisseur est fin prêt à commencer la production de masse.

Si son produit ou son procédé de fabrication est complexe, le client devra procéder à un essai pilote de fabrication pour tester les pièces de ses fournisseurs avant de se lancer définitivement en production. Dans ce cas, il suivra de très près l'utilisation d'un grand nombre de pièces dans son produit, de quelques douzaines à quelques centaines, et évaluera ses produits finis avec soin lors des derniers essais pour s'assurer de leur conformité. Les essais pilotes permettent également de s'assurer que les pièces du fournisseur s'adaptent bien aux équipements d'assemblage du client, surtout si ces derniers sont hautement automatisés et susceptibles de ne pas tolérer de faibles variations dans les composantes du produit.

Certaines entreprises accordent la qualification à leurs fournisseurs après réception de leur production de masse. Elle consiste à homologuer une pièce particulière d'un fournisseur après un nombre prédéterminé de livraisons zéro-défaut.

La certification d'un fournisseur

Voici les objectifs de la certification d'un fournisseur :

- une confiance absolue dans l'assurance qualité, dans le contrôle des procédés de fabrication, dans la qualité des services et dans l'engagement de la direction du fournisseur. Aucune inspection à la réception ;

- l'assurance que vos fournisseurs certifiés vous enverront leur production accompagnée des preuves du contrôle des procédés de fabrication et du programme de vérification périodique. (Passage direct du quai de réception à l'entreposage, zéro-défaut.)

Le fournisseur et le groupe fournitures établissent ensemble le diagramme de fonctionnement du processus de certification, le modifient selon les besoins, puis le mettent en pratique.

Ce processus est très détaillé et exige des ressources de la part des fournisseurs et de votre entreprise. Cette certification demande temps et argent ; aussi, accorderez-vous de l'importance aux relations avec vos fournisseurs. La plupart des entreprises certifient annuellement six ou sept fournisseurs. Ainsi, au fil des années, ils disposeront d'un bon éventail de fournisseurs hautement compétitifs.

Tâche n° 1 : la direction décide de l'organisation de la certification, des responsabilités et alloue les ressources

Tâche n° 2 : l'établissement du plan d'action du groupe fournitures :

- recherche des chiffres d'affaires (passé, présent et futur) ;
- examen des politiques, des procédures, des systèmes et des pratiques ;
- analyse du coût par activité de l'entreprise.

Tâche n° 3 : la recherche des domaines d'amélioration possibles (fournisseur, marchandises, articles divers)

Tâche n° 4 : l'envoi des rapports d'études et d'examen aux fournisseurs

Tâche n° 5 : l'envoi des rapports d'études et des plans d'amélioration aux fournisseurs

Tâche n° 6 : l'invitation du fournisseur à venir discuter des attentes et des besoins

Tâche n° 7 : la vérification commune chez le fournisseur et chez le client :

- utilisation des documents de certification et des procédures standard des deux partenaires.

Tâche n° 8 : la récapitulation commune des résultats des vérifications :

- une présentation pour chaque partenaire ;
- recommandations et actions à entreprendre pour la certification ;
- évaluations des économies pour les deux partenaires.

Tâche n° 9 : la rédaction du plan d'amélioration :

- incorporation du texte dans les accords de ventes corporatifs ;
- lettres d'intention ;
- autres éléments, comme un plan d'amélioration continue annuel ;
- obtention des autorisations des directions et des services juridiques des deux partenaires.

Tâche n° 10 : l'implantation de l'amélioration :

- les travaux communs d'une équipe fournisseur-client :
  - le plan d'action détaillé ;
  - les mesures du rendement ;
  - les choix des propriétaires pour chaque activité ;
  - le système de traçabilité ;
  - le système de vérification.

Tâche n° 11 : la mise à jour du plan fournitures.

Tâche n° 12 : la mise à jour des dossiers fournisseurs.

Tâche n° 13 : la certification du fournisseur.

Tâche n° 14 : l'élaboration d'un nouveau plan fournitures

■ LE GROUPE FOURNITURES : SES ACTIVITÉS ANNUELLES ET SES RESPONSABILITÉS

Voici une description générale des réunions à tenir. Vous adapterez cette description à chaque fournisseur. Ce ne sont pas des réunions de négociation, mais bien des réunions de travail.

Réunions				
Réunion interne de préparation	Réunion de mise en route	Réunion mensuelle du groupe fournitures	Revue de direction trimestrielle et semestrielle	Revue de direction annuelle
Participants				
L'équipe du fournisseur et l'équipe du client*	Le client et l'équipe du fournisseur, les dirigeants des deux partenaires (client, fournisseur)	Les services des achats, technique, qualité et autres	Les services des achats, technique, qualité et autres (client, fournisseur), correspondant des fournisseurs	Les services des achats, technique, qualité et autres (client, fournisseur), correspondant des fournisseurs
La réunion des clients internes Le but de la réunion : Les objectifs Les sujets Les responsabilités des participants	La présentation du programme L'obtention d'un accord commun et de l'engagement individuel La mise en place d'équipes et nomination des responsables des relations La présentation et la discussion des objectifs d'affaires du client et du fournisseur	L'élaboration et la mise à jour des résultats, des buts, des objectifs et des plans d'action La discussion des différents sujets L'analyse et la discussion des délais, de la qualité et des temps d'exécution, du plan des mesures correctives, de la certification et des progrès	Les sujets principaux L'analyse de la performance La revue des objectifs et des attentes La performance réelle de chaque partenaire La technologie Les tendances Les tendances du secteur industriel Le programme de certification Les modifications concernant l'efficacité	La visite d'usine du fournisseur La revue générale de la performance L'établissement des objectifs de l'année à venir : qualité, réduction des coûts, temps d'exécution, livraison, prévision du pourcentage du chiffre d'affaires

* Cette équipe comprend des représentants des services des ventes, du contrôle de la qualité, de l'ingénierie et d'autres représentants selon les besoins.

■ LES LIGNES DIRECTRICES ET MODÈLES D'IMPLANTATION DE LA GESTION DE L'APPROVISIONNEMENT

Étape 1 — L'officialisation. Obtention de l'approbation par les plus hautes instances de l'implantation dans toute l'entreprise et de l'engagement personnel du pdg. Choix d'un employé (le champion) dont la responsabilité sera de faire accepter le processus de gestion de l'approvisionnement dans tous les services et filiales.

Étape 2 — La préparation en vue de la réussite. Élaboration d'un programme de gestion de l'approvisionnement adapté à l'organisation et à la culture de l'entreprise. Voici trois modèles efficaces couramment utilisés aujourd'hui :

• *Modèle 1* : la gestion par un responsable du fournisseur (le champion). La direction nomme un de ses directeurs à ce poste à temps plein pour une ou deux années.

• *Modèle 2* : la gestion par une « équipe du fournisseur ». La direction crée cette équipe dans l'entreprise. Ses membres disposent des ressources nécessaires au processus de gestion de l'approvisionnement (PGA). Ses fonctions sont les mêmes que celles du gestionnaire au modèle 1, mais sont partagées par plusieurs membres.

• *Modèle 3* : la gestion par une nouvelle structure de l'approvisionnement. La direction crée une structure hiérarchique composée des cadres et des employés de l'approvisionnement qui gèrent une partie des fournisseurs et de leurs produits, comme cela a été décrit au modèle 1. Cette structure bénéficie du soutien des différentes fonctions selon les besoins.

Étape 3 — La mise en place de l'équipe fournitures. Une équipe fournitures sera mise en place pour évaluer et classer les fournisseurs potentiels en fonction de facteurs tels que le risque, la criticité, l'importance pour la mission de l'entreprise, les profits.

Étape 4. — L'obtention de l'approbation de la direction. L'équipe fournitures sollicitera l'approbation de la direction pour :

• son choix des fournisseurs clés ;

• son choix du niveau d'engagement ;

• l'implantation d'un plan fournitures pour chaque fournisseur ;

• l'ordre du jour de la réunion de démarrage des activités ;

• la planification de la gestion des activités courantes ;

• le choix d'un correspondant interne avec les fournisseurs essentiels.

Étape 5 — Le choix des fournisseurs et le début des relations. L'équipe fournitures correspondra par courrier avec les entreprises qui auront été retenues comme fournisseurs clés et leur demandera de participer à un projet pilote pour implanter le PGA en vue de l'amélioration totale.

Étape 6 — L'implantation du projet pilote. Lorsque les fournisseurs auront compris le processus de gestion de l'approvisionnement et auront accepté de participer au projet pilote, l'équipe fournitures mettra sur pied un plan d'implantation et un échéancier avec la participation du fournisseur. De cette activité résulteront autant de plans d'implantation que de fournisseurs participant au projet pilote.

Étape 7 — Le maintien du contact avec le secteur industriel. En tant que groupe, les fournisseurs doivent se faire entendre. Les projets de gestion de l'approvisionnement et de l'amélioration continue mesurable (ACM) sont extrêmement coûteux. Les fournisseurs risquent d'être mécontents de la nouvelle situation. Certains choisiront de travailler avec un ou deux clients et, au mieux, de prêter attention aux autres.

En fait, de nombreux fournisseurs recherchent d'autres possibilités, tout comme leurs clients : ils travailleront avec un certain nombre de partenaires. L'avenir nous réserve ainsi quelques changements intéressants dans les relations client-fournisseur.

Étape 8 — La réévaluation générale du projet pilote. Une fois le projet pilote terminé, les clients internes, les fournisseurs et le groupe fournitures en feront une évaluation complète.

Étape 9 — L'extension du PGA à d'autres produits. À l'aide du PGA amélioré, le groupe fournitures étendra son programme à d'autres produits. À cette étape, la direction examinera la contribution des fournisseurs, des clients internes et du groupe fournitures et les récompensera de façon appropriée. C'est également le moment de bien définir le rôle idéal de chacun de ces trois participants.

■ LES PIÈGES À ÉVITER DURANT L'IMPLANTATION

Le pdg doit évaluer et mentionner clairement ce que l'entreprise attend du processus de gestion de l'approvisionnement.

Le PGA semble être l'activité à la mode dans les années 90. Toutes les entreprises l'ont acceptée sans retenue au point de l'implanter sans études préalables. En fait, elle a obtenu tellement de succès qu'il est indispensable de la lancer le plus rapidement possible, et l'ignorer peut même être dangereux. Si son concept et sa démarche sont si parfaits, pourquoi tant d'entreprises n'ont-elles pas réussi son implantation ? Pire encore, pourquoi les dépenses du PGA sont-elles supérieures au rendement des investissements correspondants ?

Toute entreprise doit comprendre que le PGA est une stratégie d'affaires et que c'est sa principale raison d'être. Comme telle, il doit faire partie du plan d'affaires général de l'entreprise. Les origines du PGA se trouvent dans des décisions saines d'ordre financier. Il donne lieu à des dépenses et doit donc mener à des gains, des profits, etc.

Comment éviter les écueils

1. Toute entreprise doit aborder le PGA comme toute autre activité d'affaires et ne pas se laisser éblouir par son concept.

2. La haute direction et toute l'équipe de direction doivent assumer l'entière responsabilité de la réussite ou de l'échec du PGA.

3. N'essayez ni de copier ni de calquer le programme d'une autre entreprise. Vous devez l'adapter à votre propre culture et à vos propres besoins.

4. Le personnel, en particulier celui de l'ingénierie, doit accepter le PGA comme une étape logique de la progression de l'entreprise.

5. Dans le plan du PGA, les cadres moyens doivent être convaincus que réussir son implantation jouera un rôle essentiel dans l'évaluation de leur performance.

6. Les cadres moyens doivent disposer de moyens adéquats.

7. Mettez en place un système de mesures avancé commun au PGA et au plan d'affaires. Chaque mesure doit être claire, simple et facilement compréhensible par tous.

8. Vous devez réussir le projet pilote. Il jouera le rôle de modèle pour les projets ultérieurs.

9. Diffusez toutes les informations utiles sur le programme. Concevez une formation fortement adaptée. Déterminez les outils essentiels du PGA et formez le personnel à ces outils.

10. Définissez un mécanisme permettant de profiter des idées nouvelles venant des clients internes et externes.

11. Nommez des équipes actives, travaillant à plein temps au PGA.

12. Faites appel à l'éducation et à l'étalonnage concurrentiel pour élargir votre cadre de référence. Éliminez vos faiblesses.

13. Nommez clairement les responsables et les « propriétaires » du PGA.

14. Si vous devez modifier la culture de votre entreprise, celle-ci devra mentionner le comportement de chaque fonction vis-à-vis du PGA.

15. Fixez des objectifs internes communs relatifs au PGA pour les services d'ingénierie, d'assurance qualité, des achats ainsi que pour la direction.

16. Vous ne serez jamais au bout de vos efforts : vous serez évalué en permanence en fonction d'un plan d'affaires qui devra rester compétitif et en constante amélioration.

■ LA GESTION DE L'APPROVISIONNEMENT : UN NOUVEL AVANTAGE COMPÉTITIF INDÉNIABLE

À leurs clients et à leurs fournisseurs, les entreprises d'avant-garde présentent leur processus de gestion de l'approvisionnement comme un avantage compétitif. Leur but est clair : « Il vaut mieux être le premier à devenir le numéro un. Que les concurrents se partagent les autres places. »

Le processus de marketing et de ventes repose sur le partenariat et le travail d'équipe.

• Nous aurons une vue d'ensemble sur les affaires.

• Nous ferons évoluer les paradigmes des affaires.

• Nous en profiterons tous.

• Nous ferons des affaires avec les meilleurs.

• Le principe de source unique est excellent, mais uniquement lorsqu'il s'agit de fournisseurs « vitaux ».

• Ensemble, nous améliorerons nos processus d'affaires et nos produits.

• Ensemble, nous évaluerons notre réussite et nous partagerons nos gains.

■ EN RÉSUMÉ

Le débat continue : faut-il consacrer ses premiers efforts à améliorer les fournisseurs étant donné leur place au début du processus d'approvisionnement ou faut-il perfectionner ses activités internes avant d'exiger des autres entreprises ce dont nous sommes incapables ? Nous ne voyons qu'une seule réponse à ce débat. Faites de l'ordre dans vos propres affaires avant de l'exiger des autres. L'industrie automobile est un excellent exemple de ce qu'il ne faut pas faire. Au tout début de leur processus d'amélioration, les constructeurs automobiles ont imposé à leurs fournisseurs des conditions auxquelles ils ne pouvaient satisfaire eux-mêmes. Malgré quelques bonnes réalisations, cette démarche n'a pas permis l'établissement de bonnes relations entre le client et les fournisseurs. Nous avons souvent entendu les fournisseurs de pièces d'automobiles le confirmer : « GM, Ford et Chrysler se servent de nous pour corriger leurs erreurs de gestion. Pourquoi ne donnent-ils pas l'exemple en se corrigeant et en prouvant que les améliorations sont possibles ? »

Soyez plus strict dans vos normes plus sévères que ce que vous exigez de vos fournisseurs. Ne vous attendez pas à ce que vos fournisseurs obtiennent les certifications aux normes ISO 9000 si vous-même en êtes incapable.

Votre gestion de l'approvisionnement doit instaurer un climat de confiance, de coopération et de compréhension entre votre entreprise et vos fournisseurs. Si vous vous heurtez à des problèmes, admettez que vous en êtes la cause à moins de preuves contraires. Ne cachez pas à votre fournisseur d'éventuels problèmes, mais, éventuellement, faites-lui savoir que vous n'êtes pas sûr d'en trouver la cause dans votre propre entreprise.

Voici comment différentes entreprises conçoivent la gestion de l'approvisionnement :

Qui gère les relations avec les fournisseurs ?

Entreprises perdantes : chaque employé peut discuter de n'importe quel sujet avec son fournisseur.

Entreprises survivantes : le service des achats effectue tous les contacts.

Entreprises gagnantes : les employés dont le travail exige le contact avec les fournisseurs reçoivent la formation leur permettant de prendre des engagements pour l'entreprise et de décider des informations qu'ils peuvent transmettre.

La position envers les fournisseurs

Entreprises perdantes : nous les payons assez cher, nous voulons de bons produits et non de bonnes excuses.

Entreprises survivantes : nous réussissons à obtenir de bons produits la plupart du temps si nous menons nos fournisseurs par la main.

Entreprises gagnantes : les fournisseurs connaissent leurs produits mieux que nous, c'est pour cela qu'ils doivent participer à notre processus de conception afin que nous puissions tirer profit de leur expérience.

L'inspection à la réception

Entreprises perdantes : l'inspection à la réception permet d'éliminer les mauvais produits. C'est elle qui nous protège contre les erreurs des fournisseurs.

Entreprises survivantes : l'inspection coûte cher, mais elle est nécessaire. Nous devons certifier nos fournisseurs pour réduire nos coûts d'inspection.

Entreprises gagnantes : nous nous en servons uniquement en préproduction pour élaborer notre processus d'acquisition de pièces ou de produits. Si nous devons inspecter plus de cinq livraisons, nous avons un problème. Cependant, nous vérifions la première livraison consécutive à une modification majeure d'ingénierie et nous lançons un essai pilote de production pour nous assurer de la constance de la qualité de nos produits.

Les sources d'approvisionnement secondaires

Entreprises perdantes : une deuxième source d'approvisionnement est obligatoire, mais il est préférable d'en avoir quatre. Plus il y a d'entreprises concurrentes, meilleur est le prix d'achat.

Entreprises survivantes : nous avons quelques bons fournisseurs non syndiqués que nous utilisons comme source unique d'approvisionnement, mais, en général, nous aimons avoir un deuxième fournisseur en cas de coup dur.

Entreprises gagnantes : nous travaillons avec quelques fournisseurs excellents qui comprennent nos processus et qui nous offrent des produits et des services de qualité supérieure. Nous leur passons toutes les commandes qu'ils peuvent satisfaire, même si cela nous revient un peu plus cher. Nous nous efforçons d'avoir les meilleurs fournisseurs et nous laissons les autres à nos concurrents.

Les relations de développement de produits avec les fournisseurs

Entreprises perdantes : nous concevons nos produits et nous recherchons les fournisseurs susceptibles de respecter nos caractéristiques.

Entreprises survivantes : les fournisseurs ont de bonnes idées. Ils participent aux travaux de nos équipes de conception de produits.

Entreprises gagnantes : nous investissons dans le processus d'amélioration de nos fournisseurs pour qu'ils orientent leurs efforts vers la réalisation de nos objectifs et de nos besoins futurs. Nos fournisseurs participent activement aux travaux de nos équipes de conception et de développement de produits.

■ RÉFÉRENCE

1. *Objectif qualité totale*, Les Éditions Transcontinental.

Chapitre 10

La percée des processus :

le démarrage accéléré des processus

On ne peut être gagnant dans les marchés actuels en utilisant les procédés du passé.

H. JAMES. HARRINGTON

■ INTRODUCTION

Même si la haute direction détermine la vision et l'orientation, si les équipes corrigent les problèmes et si le personnel est créatif, c'est malgré tout le processus qui fait avancer les affaires de l'entreprise. Peu importe l'excellence de votre direction et de votre personnel, votre entreprise ne pourra être gagnante si elle continue de mettre en œuvre les processus des années 80. La méthodologie de la percée des processus fournit un plan de travail qui permet à l'entreprise d'améliorer ses processus vitaux d'au moins 1 500 %. Elle consiste à rationaliser les processus administratifs cruciaux, en utilisant des outils tels que la reconception des processus, la conception de nouveaux processus et l'étalonnage concurrentiel.

L'entreprise doit-elle mettre l'accent sur l'amélioration continue ou sur les méthodologies avancées (par exemple, la reconception du processus, la réingénierie des processus administratifs, le processus d'amélioration, etc.) pour devenir plus compétitive ? Telle est la question qui se pose souvent. La réponse est évidente : elle doit mettre l'accent sur les deux pour survivre.

Les équipes d'amélioration du service, les équipes de travail naturelles, les groupes de tâche, les équipes autonomes, le contrôle statistique des processus, le déploiement de la fonction qualité, les systèmes de suggestions, etc., ont tous insisté sur l'amélioration continue : c'est effectivement ce dont nous avons besoin. Ainsi, l'idée du groupe d'amélioration d'un service au ministère du Revenu a permis au gouvernement des États-Unis d'économiser 7 milliards de dollars par an. Cependant, nous devons procéder à une mise en route rapide de certaines de nos activités. Le coût et le temps de réalisation de nombreux processus qui nous permettent de gérer notre entreprise doivent être réduits d'au moins 50 % dans les 12 prochains mois tout en augmentant la qualité des extrants. De façon logique, la méthodologie de la percée des processus (MPP) utilise simultanément l'étalonnage concurrentiel, la réingénierie des processus, la reconception du processus, la conception de nouveaux processus, l'innovation dans les processus, l'établissement des coûts par activité ainsi que l'analyse globale pour modifier rapidement et en profondeur tout processus administratif.

■ COMMENT AMÉLIORER VOS PROCESSUS ADMINISTRATIFS

La complexité de notre environnement administratif et la multiplicité des entreprises engagées dans des processus critiques exigent la mise au point d'une approche détaillée de la réingénierie des processus administratifs (RPA). Cette méthodologie comprend 5 sous-processus ou phases et 27 activités distinctes.

Phase 1	La préparation de la réingénierie	(7 activités)
Phase 2	La compréhension du processus	(6 activités)
Phase 3	La rationalisation du processus	(6 activités)
Phase 4	L'implantation, les mesures et les contrôles	(5 activités)
Phase 5	L'amélioration continue	(3 activités)

■ PHASE 1 — LA PRÉPARATION DE LA RÉINGÉNIERIE

Au cours de la phase 1, la haute direction recevra la formation en réingénierie des processus administratifs, choisira les processus cruciaux et nommera un *propriétaire* pour chaque processus. Le propriétaire du processus sera responsable de l'amélioration générale du processus, même si plusieurs services sont engagés dans sa réalisation. Il créera un groupe d'amélioration du processus (GAP) qui déterminera les limites du processus, définira les mesures de tout le processus, fixera les objectifs de l'amélioration et planifiera les travaux.

Activité 1 — Le choix des processus administratifs critiques

Des milliers de processus administratifs se déroulent simultanément dans la plupart des entreprises. La direction doit choisir ceux qui sont essentiels à l'entreprise et les améliorer. Habituellement, elle n'en choisira pas plus de trois pour lancer son processus d'amélioration.

Pour choisir les processus administratifs critiques, le comité directeur de l'amélioration sélectionnera des 3 à 10 processus importants dans chaque processus général. Après avoir examiné tous les processus généraux et lorsqu'il disposera d'une liste d'une trentaine de processus, le CDA établira la matrice des priorités en fonction du plan d'affaires de l'entreprise, de son positionnement concurrentiel, de ses compétences, de ses capacités fondamentales et des caractéristiques essentielles du processus, telles que son adaptabilité, ses possibilités d'amélioration, son impact sur les clients externes, etc. Il définira un coefficient de priorité pour chacun des processus importants en faisant appel au maximum de données réelles. Il réduira sa liste pour en garder de 8 à 15 : ces processus auront la plus haute priorité. Il en choisira au plus trois auxquels il s'attaquera en premier.

Activité 2 — Le choix des propriétaires de processus

Ne pas se sentir *propriétaire* des processus administratifs : voilà le problème essentiel. Pour y remédier, la direction devra assigner un propriétaire à chaque processus sélectionné lors de l'activité 1 de la phase 1. Ce sera une personne dont le salaire et l'avancement dans l'entreprise dépendront du rendement général du processus. La direction choisira un employé qui a un fort intérêt personnel dans l'amélioration du processus. Si, par exemple, le processus choisi lors de l'activité 1 est la mise au point d'un nouveau produit, elle pourra nommer le chef de l'ingénierie de fabrication comme propriétaire du processus. Cette responsabilité supplémentaire augmentera la charge de travail du propriétaire du processus pendant une période de trois à quatre mois, mais, à long terme, celle-ci s'allégera par suite d'une meilleure efficacité, d'une rentabilité accrue et de l'adaptabilité du processus.

Activité 3 — La création et la formation des groupes d'amélioration des processus

Définir les limites de son processus est la première tâche du propriétaire du processus. Cela sera plus difficile qu'il n'y paraît a priori, car les opinions des personnes travaillant dans le processus peuvent varier considérablement. Le propriétaire du processus fixera des limites relativement larges pour résoudre les problèmes connus, mais suffisamment restreintes pour permettre la gestion du processus. Les possibilités d'amélioration dépendront de la latitude de ces limites. Reprenons l'exemple du processus de mise au point d'un nouveau produit. Il pourrait débuter par les enquêtes réalisées par le service de marketing ou au moment où ce service fournit les caractéristiques du produit au service de l'ingénierie de mise au point. Il pourrait se terminer après l'élaboration des caractéristiques du produit fabriqué ou avec la livraison du premier produit au client. Il est toujours préférable d'étendre le champ du processus autant que possible afin d'augmenter les possibilités d'amélioration tout en prenant soin de ne pas augmenter le groupe d'amélioration du processus (GAP) au point de le rendre inefficace. Le GAP devra être devra être constitué de 6 à 12 membres. On assignera également à ce groupe un faciliteur et un spécialiste en traitement des données.

Activité 4 — La création et la formation des groupes d'amélioration

Le propriétaire du processus établira le diagramme de fonctionnement de son processus et le détaillera jusqu'aux différents services. Tout service engagé dans le processus sera représenté au GAP. Le chef d'un service dont la participation au processus est particulièrement importante désignera un représentant qui sera membre titulaire du GAP. Par la suite, le GAP recevra la formation de base en travail d'équipe : aucun de ces groupes ne devra se réunir sans avoir reçu préalablement une formation en outils de base.

Ils recevront la formation relative aux 10 outils fondamentaux de la réingénierie des processus administratifs (1) selon un échéancier de type juste-à-temps :

- les concepts de la réingénierie des processus administratifs ;
- l'établissement des diagrammes de fonctionnement ;
- les techniques d'entrevue ;
- les méthodes de mesures de la réingénierie des processus administratifs ;
- les méthodes d'élimination des activités sans valeur ajoutée ;

- l'élimination de la bureaucratie ;

- les techniques de simplification des processus et de la paperasserie ;

- les méthodes relatives à l'utilisation d'un langage simple ;

- les méthodes du cheminement des processus ;

- l'analyse des coûts et des temps de réalisation (établissement des coûts par activité).

Activité 5 — La délimitation du processus

En délimitant le processus, le GAP définira au mieux tous les services concernés, tous les intrants du processus ainsi que tous ses extrants en fonction des informations dont il dispose. Il fixera les limites de début et de fin, ainsi que les limites supérieure et inférieure du processus de façon définitive. Les deux dernières limites permettent d'encadrer complètement le processus. Les limites supérieure et inférieure déterminent respectivement les points d'entrée des intrants du processus et les points de sortie des extrants.

Activité 6 — L'implantation des mesures

Le GAP examinera maintenant le processus dans son ensemble afin de définir les mesures, à savoir les mesures relatives à l'efficacité, au rendement et, très souvent, à l'adaptabilité. Ne vous arrêtez pas après avoir déterminé les exigences des clients internes. En ne vous préoccupant que de vos clients internes, vous risquez de négliger les vrais objectifs de l'entreprise. Lorsque ces mesures seront retenues, le GAP implantera un système permanent permettant de recueillir les données utiles et notera les valeurs initiales de ces mesures le plus tôt possible. Il est important de relever non seulement les valeurs moyennes, mais aussi les valeurs extrêmes (maximale et minimale), car c'est souvent un écart aux valeurs moyennes qui entraîne la perte de bons clients.

Activité 7 — La planification des travaux et de la gestion du changement

À cette étape, le GAP établira la planification des travaux de la réingénierie du processus considéré. Cette planification mentionnera :

- la mission du GAP ;

- le nom de la planification ;

- la liste des mesures clés et des objectifs de la réingénierie ;

- l'échéancier de l'étude du processus ;

- la planification du changement pour préparer les intervenants aux modifications du processus ;

- les ressources nécessaires aux phases 2 et 3.

On ne soulignera jamais assez l'importance d'une bonne planification du changement dans le processus et dans son implantation. Voici quels doivent être les objectifs de la planification de la gestion du changement :

- augmenter au maximum l'engagement au changement des participants du processus ;

- réduire au minimum la résistance au changement de la part des employés qui participent au processus ;

- augmenter au maximum l'efficacité du groupe d'implantation du changement ;

- minimiser les ressources et le temps nécessaires lors de l'implantation du changement.

■ PHASE 2 — LA COMPRÉHENSION DU PROCESSUS

Malheureusement, la plupart des processus administratifs ne sont pas précisés par des documents écrits ; s'ils le sont, l'entreprise suit rarement ces documents. Dans la phase 2, le groupe d'amélioration des processus (GAP) établira l'état actuel du processus, réunira les données sur les coûts et les temps de réalisation et comparera les travaux journaliers aux procédures. Trois activités constituent cette phase.

La phase 2 permet au GAP de se familiariser en détail avec le processus et son organisation (coûts, temps de réalisation, pourcentage d'erreurs, etc.). Dans la phase 3, il se servira du diagramme de fonctionnement ainsi que d'un modèle représentant le fonctionnement réel pour améliorer le processus.

Activité 1 — L'établissement du diagramme du processus

Il existe de nombreux types de diagrammes pour représenter graphiquement un processus. Voici les plus courants :

- Le diagramme de fonctionnement

- Le diagramme standard ANSI

- Le diagramme géographique

- Le diagramme fonctionnel

- Le diagramme des déplacements

Le GAP établira le diagramme de fonctionnement de l'ensemble du processus. Il commencera par les intrants, puis construira le diagramme de façon à inclure toutes les activités du processus en cours d'étude. Habituellement, les diagrammes s'arrêtent au niveau des activités ; cependant, ils peuvent mentionner les tâches des activités importantes. Une fois le diagramme terminé, il évaluera pour chaque case :

- Le temps total du processus

- Le temps de réalisation

- Le coût de chaque activité

- Le pourcentage d'intrants concernés par cette activité

À ce stade, le GAP aura la meilleure évaluation du temps d'exécution, du temps de cycle et du coût du processus. Plus loin dans cette phase, il recueillera les données réelles.

Activité 2 — La modélisation du processus

Les données qui sont à l'origine du diagramme de fonctionnement seront entrées dans un programme informatique avec d'autres informations telles que la vérification des documents, la localisation des activités, les évaluations des coûts, du temps de cycle et du temps d'exécution. Le logiciel établira le parcours critique du processus, son temps total d'exécution, son temps de cycle et le coût du cycle. Le programme rassemblera les informations pour permettre la représentation du processus selon les différents types de diagrammes : le GAP dispose ainsi de nombreuses représentations du processus. Cela procure de nombreux avantages : au fur et à mesure que des informations seront disponibles, le modèle pourra être facilement amélioré. Lors de la phase III, le modèle résultant servira à évaluer l'impact des changements qui seront proposés.

Une telle modélisation est essentielle, car traiter et analyser manuellement des données relatives à un processus est un travail de cyclope. Plusieurs logiciels excellents facilitent ce travail ; entre autres, *Work Draw - Business Redesign Tool Kit*, de Software Inc., *Pleasanton*, en Californie, ou *Envision*, de Future Tech Systems Inc., d'Auburn dans l'État de Washington.

Activité 3 — Le cheminement du processus

À partir du GAP, formez à présent de petites équipes de cheminement constituées de deux ou trois membres. Ces équipes iront sur le terrain pour suivre les activités du processus et interviewer le personnel qui les effectue. Elles recueilleront les informations relatives à chaque activité, par exemple la manière de l'effectuer, son temps de réalisation, son coût, les problèmes que l'opérateur éprouve, etc. Toutes ces données serviront à améliorer la modélisation du processus.

Activité 4 — L'analyse du temps de réalisation et du coût du processus

Bien que les équipes de cheminement s'efforcent de recueillir les meilleures valeurs des coûts ainsi que du temps d'exécution réel et total, quelques données manqueront toujours. Très souvent, les ressources allouées seront insuffisantes pour mener à bien cette analyse. Au cours de cette activité, les équipes vérifieront les données dont elles disposent et rechercheront les valeurs manquantes.

Activité 5 — L'implantation de mesures provisoires

À présent, le GAP connaît un bon nombre de possibilités d'amélioration du processus. Certaines d'entre elles peuvent être implantées rapidement et à peu de frais, ce qui permet de réaliser de fortes économies ou d'améliorer le rendement. En règle générale, implantez toute modification dont les coûts d'implantation sont inférieurs aux économies mensuelles qu'elle permet de réaliser. Au cours de cette activité, le GAP éliminera toutes les aberrations qui se produisent dans le processus.

Activité 6 — L'obtention d'un processus conforme aux procédures

Souvent, le cheminement du processus montre que certaines activités ne se déroulent pas conformément aux documents. Si les employés utilisent de meilleures procédures, il faudra modifier ces documents en conséquence. Par contre, si les documents décrivent de bonnes procédures, il faudra reprendre la formation des employés qui ne les respectent pas.

■ PHASE 3 — LA RATIONALISATION DU PROCESSUS

La phase de rationalisation de la réingénierie des processus administratifs est la plus importante et également la plus intéressante. C'est durant cette phase que les membres du GAP feront vraiment la preuve de leur talents créatifs. La phase de rationalisation comporte six activités (fig. 10.1)

Il y a trois approches possibles pour la rationalisation : une nouvelle conception du processus, la conception d'un nouveau processus ou l'étalonnage concurrentiel. La première est la plus courante (environ 70 % des cas), bien que concevoir un nouveau processus soit bien plus profitable. Les coûts et les temps d'implantation des modifications ainsi que les risques augmentent avec l'importance des modifications.

Le GAP évaluera l'état actuel du processus ainsi que les objectifs fixés à la phase 1. En fonction de cette évaluation, il choisira l'une ou l'autre des approches possibles. Très souvent, il commencera par une nouvelle conception du processus ; si cette approche ne permet pas d'atteindre les buts voulus, il passera à la conception d'un nouveau processus. Quelquefois, le GAP fera un étalonnage concurrentiel s'il peut comparer les résultats de son processus à ceux des meilleurs processus mondiaux.

Activité 1 — La reconception du processus

Cette approche permet d'éliminer le gaspillage, d'améliorer le temps d'exécution et l'efficacité du processus. Après avoir simplifié le processus, on mettra à profit l'automatisation et les technologies de l'information pour maximiser les valeurs du rendement, de l'efficacité et de l'adaptabilité du processus. Les améliorations possibles sont de l'ordre de 300 % à 1 000 % ; les temps d'exécution et les coûts sont réduits de 40 % à 60 %. C'est généralement l'approche la plus économique et la plus courante, car elle comporte le moins de risques. C'est également l'approche la plus appropriée pour environ 70 % des processus administratifs.

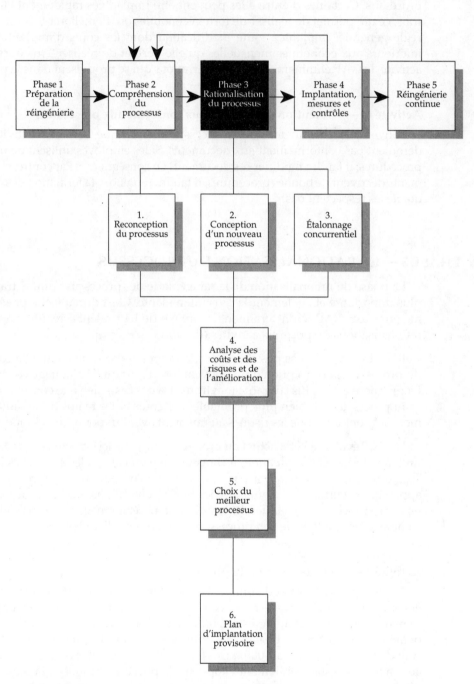

Figure 10.1. La phase 3 : la rationalisation du processus

La reconception du processus comme démarche de rationalisation comporte 11 tâches :

1. L'élimination de la bureaucratie

2. L'analyse de la valeur ajoutée

3. L'élimination des activités redondantes

4. La simplification

5. La réduction du temps d'exécution

6. La protection contre les erreurs

7. La reclassification du processus

8. L'utilisation d'un langage simple

9. L'uniformisation

10. Le partenariat avec les fournisseurs

11. L'automatisation, la mécanisation, l'informatisation et la mise en œuvre des technologies de l'information

Avant de procéder à l'élimination ou à la modification d'une activité, on se servira du modèle informatisé pour déterminer son impact sur tout le processus. Fréquemment, celui-ci pourra être favorable à une certaine partie du processus tout en étant défavorable à une autre. Le modèle peut déterminer cet impact sur l'ensemble du processus très rapidement. Très souvent, on pourra changer une activité de nombreuses manières. Il faudra alors considérer le processus dans son ensemble. Appliquez-vous à trouver la meilleure manière, et non celle qui permet d'éliminer l'origine d'un problème. En général, en procédant à une reconception du processus, le GAP pourra terminer les phases 1 à 3 en 90 jours.

Activité 2 — La conception d'un nouveau processus (amélioration du processus, innovation, analyse globale)

Cette approche considère les objectifs du processus sous un angle nouveau. Elle ignore le processus existant ainsi que son organisation. Elle met à profit les nouvelles technologies de l'information et les derniers développements en matière de mécanisation et d'automatisation et peut même les améliorer.

Lorsqu'il est bien conçu, un nouveau processus conduit à des améliorations qui varient de 700 % à 2 000 % et réduit les coûts et les temps d'exécution de 60 % à 90 %. La conception d'un nouveau processus est souvent appelée « innovation dans le processus », car sa réussite dépend fortement de l'innovation et de l'esprit créatif des GAP. D'autres entreprises la dénomment « analyse globale » ou « réingénierie des processus ».

Une nouvelle conception du processus conduit à une meilleure amélioration, mais exige plus de temps et d'argent qu'une reconception. Elle comporte également plus de risques. Très souvent, elle modifie la structure du processus, ce qui perturbe fortement l'entreprise. Seules quelques entreprises peuvent implanter simultanément de telles modifications.

En se servant de la conception d'un nouveau processus comme démarche de rationalisation, le GAP peut élaborer un processus aussi parfait que possible. Il prendra un certain recul par rapport au processus existant et pourra ainsi, en l'absence de toute contrainte, concevoir un processus. Souvent, cette démarche stimulera le GAP à élaborer un processus méconnaissable qui constitue un progrès de taille. Une telle démarche est souvent qualifiée de réingénierie du processus. Cependant, le préfixe « re » nous gêne quelque peu, car dans cette démarche vous repartez à zéro, comme si vouliez concevoir le processus pour la première fois.

Concevoir un tout nouveau processus comprend cinq tâches :

1. L'analyse globale

2. La théorie de l'unicité

3. L'automatisation, la mécanisation, l'informatisation

4. La restructuration de l'entreprise

5. La modélisation du processus

Tâche 1 : L'analyse globale.   Dans cette tâche, le GAP ne subit que quelques contraintes très générales. Le nouveau processus doit rester conforme à la mission et à la stratégie de l'entreprise. Il doit également renforcer les capacités et les compétences fondamentales. Avant de concevoir le nouveau processus, le GAP devra bien saisir l'orientation de l'entreprise, les besoins futurs que le processus pourra satisfaire et les changements qui offriront le meilleur avantage compétitif.

Ensuite, il pourra décrire le processus futur et imaginer son fonctionnement. Dans cette description, essayez de soustraire le GAP à ses influences habituelles pour lui permettre de penser librement. Remettez en question toutes les hypothèses et toutes les contraintes ; n'acceptez que la perfection et doutez des évidences. Recherchez les éléments technologiques qui limitent le processus et trouvez les améliorations qui permettent d'atteindre l'excellence. La description du processus ne mentionne que les activités. Par exemple, l'entreprise n'exige pas une facture pour payer.

Tâche 2 : La théorie de l'unicité.   Quand vous aurez rédigé cette description, déterminez les activités permettant de transformer les intrants en produits finis livrables aux clients. Trouvez pourquoi cette transformation ne peut se faire en une seule activité, en un seul endroit par un seul employé, ou mieux sans une intervention humaine. N'ajoutez une activité ou des ressources que lorsqu'elles sont strictement nécessaires.

Tâche 3 : L'automatisation, la mécanisation et l'informatisation.   À présent, le GAP pourra automatiser, mécaniser et informatiser les activités afin d'accomplir toutes les tâches au meilleur coût, dans le meilleur temps, tout en produisant un extrant sans défaut. Ayez comme objectif l'élimination de toute intervention humaine dans le processus. Essayez d'obtenir des temps d'exécution de quelques microsecondes au lieu de quelques jours.

Tâche 4 : La nouvelle structure de travail du processus. Quand il aura défini les activités du processus et les compétences nécessaires pour le réaliser, le GAP examinera comment intégrer le processus dans les activités générales de l'entreprise. Souvenez-vous que chaque fois qu'un service participe au processus, il augmente le nombre de problèmes, les coûts et les temps d'exécution. Il vaut mieux confier une activité à un seul groupe de travail (par exemple, un seul service), car l'inefficacité dans les tâches annexes augmente avec le nombre de services concernés. En établissant la nouvelle structure de travail du processus, justifiez chacune de ces activités annexes.

Tâche 5 : La modélisation du processus. Lorsqu'il aura terminé l'élaboration du nouveau processus, le GAP vérifiera si les objectifs correspondent à ceux de la description. Si c'est le cas, il modélisera le processus et établira le tableau matriciel des mesures.

Habituellement, les risques et les coûts de l'implantation d'un nouveau processus sont plus élevés que dans le cas de la reconception du processus ; les résultats doivent alors être meilleurs pour justifier les dépenses additionnelles. Normalement, en élaborant un nouveau processus, le GAP terminera les phases 1 à 3 au bout de 9 à 12 mois.

Activité 3 — L'étalonnage du processus

Effectuer l'étalonnage concurrentiel est une activité très courante, car elle permet de comparer le processus aux meilleurs processus semblables existants dans le monde. Il n'est pas nécessaire que ces derniers soient pratiqués dans le même secteur d'activité. Bien que l'étalonnage ne corresponde pas à une démarche normalement suivie, il permet néanmoins de vérifier les résultats obtenus par les deux méthodologies précédentes. Le GAP peut y trouver de nouvelles idées susceptibles d'être améliorées puis incorporées au processus. Dans environ 10 % des cas, l'étalonnage est la meilleure des trois méthodologies.

Lorsqu'une entreprise possède des unités de production à différents endroits, il est préférable de commencer par un étalonnage interne, puisqu'il est alors facile d'obtenir des informations détaillées et que l'on profitera d'une bonne coopération. Un étalonnage externe fait souvent suite à l'étalonnage interne. Dans ce cas, lors de la rationalisation du processus, les efforts porteront essentiellement sur des activités précises de valeur ajoutée réelle ou de valeur ajoutée administrative. Pour vos activités d'étalonnage, vous pouvez vous procurer un excellent logiciel auprès de LearnerFirst Inc.

Activité 4 — L'évaluation des coûts, du risque et des améliorations

À la fin des activités 1, 2 et 3, le processus pourra prendre différentes formes, puisqu'il n'y a pas de manière unique de réaliser une tâche donnée. Pour procéder à l'évaluation des différents modèles et pour déterminer celui qui convient le mieux à l'entreprise, le GAP fera une analyse des coûts, des risques et de l'amélioration. À cet effet, il simulera le fonctionnement de chaque modèle et évaluera son efficacité, son rendement et son adaptabilité. De plus, il évaluera la durée et les coûts de l'implantation des modifications ainsi que les chances de réussite et déterminera les problèmes qui se poseront éventuellement (fig. 10.2).

Activité 5 — Le choix du meilleur processus

Le GAP présentera les résultats de son analyse au comité directeur de l'amélioration (CDA). Il recommandera un certain processus et proposera un plan d'implantation. Le CDA comparera les différents modèles et décidera de l'allocation des ressources de l'entreprise. Le CDA sera responsable du choix définitif du processus et de son équipe d'implantation.

Activité 6 — Le plan d'implantation provisoire

À présent, le GAP s'occupera de rédiger un plan d'implantation provisoire. Ce plan comprendra des essais de production et des essais pilotes destinés à vérifier les prévisions de rendement établies à l'activité 4.

■ PHASE 4 : L'IMPLANTATION, LES MESURES ET LES CONTRÔLES

Pendant cette phase, le CDA nommera une équipe chargée d'implanter le nouveau processus avec ses systèmes de mesures et de contrôle. Afin de consolider les améliorations et de parfaire le processus, ces systèmes seront conçus de manière à assurer une rétroaction rapide aux employés. Cette phase comporte cinq activités :

1. Le plan d'implantation définitif

2. L'implantation du nouveau processus

3. La mise en place des systèmes de mesures internes

4. La mise en place de la rétroaction

5. L'évaluation des coûts de la non-qualité

PRÉVISIONS CONCERNANT LE FONCTIONNEMENT DU PROCESSUS

	Processus original	Processus de référence	Processus modifié	Nouveau processus
Efficacité (qualité)				
Rendement (productivité)				
Adaptabilité				
Temps d'exécution				
Coût par cycle				

PRÉVISIONS CONCERNANT L'IMPLANTATION DU PROCESSUS

	Processus de référence	Processus modifié	Nouveau processus
Coût			
Temps d'implantation			
Probabilité de réussite			
Temps d'exécution			
Problèmes principaux	Il manque quelques données	Temps consacré à la formation	Nouvelle structure de fonctionnement

Figure 10.2 L'analyse des coûts, des risques et des améliorations

Activité 1 — Le plan d'implantation définitif

Le CDA nomme une équipe d'implantation qui élaborera le plan d'implantation détaillé et qui coordonnera les modifications. Cette équipe comprendra la totalité ou une partie du GAP. Souvent, certains groupes d'amélioration du service (GAS) seront concernés par le plan d'implantation ; aussi, feront-ils partie de cette équipe. Quelquefois, cette équipe sera divisée en sous-groupes (par exemple, le sous-groupe des systèmes informatiques). Généralement, le plan d'implantation comporte trois parties :

1. Les modifications à court terme (implantées en 30 jours)

2. Les modifications à moyen terme (implantées en 90 jours)

3. Les modifications à long terme (implantées en plus de 90 jours)

Chaque modification aura son propre plan d'implantation.

Activité 2 — L'implantation du nouveau processus

On obtiendra une implantation générale efficace en combinant le plan d'implantation du processus au plan de gestion du changement. L'équipe d'implantation suivra de très près chaque modification. Souvent, elle procédera à une série d'essais de mise au point pour confirmer la validité de chaque modification et pour s'assurer d'une implantation en douceur. Elle vérifiera si chaque modification atteint le but recherché et si elle est favorable à l'ensemble du processus. Après chaque modification, elle mettra à jour la description du processus.

Activité 3 — La mise en place des systèmes de mesures internes

Avant de concevoir un système de mesures, vous devez définir vos besoins. Pour chaque activité figurant sur le diagramme de fonctionnement définitif, il faudra établir les besoins des clients, puis concevoir les mesures permettant de vérifier efficacement si ces besoins sont satisfaits. Vous remarquerez que jusqu'ici le système de mesures concernait uniquement les résultats généraux du processus. À présent, il s'agit de mettre au point les mesures et les contrôles relatifs à chacune des activités.

Vous obtiendrez les meilleures mesures et le meilleur système de rétroaction en restant très proche des activités. L'autoévaluation est idéale, car elle permet des mesures correctives instantanées. Cependant, elle n'est pas toujours facile ; quelquefois elle est impossible.

Activité 4 — La mise en place de la rétroaction

Une activité sans rétroaction pour l'employé qui l'effectue n'est qu'une activité sans valeur ajoutée. La rétroaction précède toujours l'amélioration. La plupart des entreprises recueillent trop de données, et en utilisent trop peu. Une rétroaction favorable ou défavorable est indispensable à tout employé.

Si une rétroaction est nécessaire en permanence pour les employés concernés par le processus, ceux-ci doivent également recevoir des rapports résumant la situation en même temps que la direction. Ces rapports seront peu nombreux, car une grande quantité d'informations risquent de faire perdre leur temps aux employés comme aux dirigeants. Ces rapports servent à réorienter les efforts vers les améliorations possibles.

Activité 5 — L'évaluation des coûts de la non-qualité

Le gaspillage coûte cher. Dans certaines entreprises, les coûts de la non-qualité peuvent atteindre 80 % du budget. Il est courant de rencontrer des valeurs de 50 % et plus avant de procéder à la réingénierie des processus administratifs. Même si celle-ci diminue ces coûts de 50 %, les processus gaspillent toujours 25 % du budget des entreprises, ce qui constitue une fortune à récupérer en amélioration continue. Vous trouverez de plus amples renseignements sur les coûts de la non-qualité dans l'ouvrage *Poor-Quality Cost*, de H. J. Harrington, publié en 1987 par Marcel Dekker Inc., New York.

■ PHASE 5 : L'AMÉLIORATION CONTINUE

La réingénierie des processus est-elle vraiment efficace ? Il suffit de poser cette question aux entreprises qui l'ont mise en application — Ford, Boeing, IBM, 3M, Corning, Nutrasweet, McDonnell Douglas — pour obtenir un oui franc et massif. Voici quelques résultats :

McDonnell Douglas

- Réduction de 20 % à 40 % des charges ;
- Réduction de 30 % à 70 % des stocks ;
- Réduction de 5 % à 25 % du coût des achats ;
- Amélioration de 60 % à 90 % de la qualité ;
- Réduction de 20 % à 40 % des coûts administratifs.

Federal Mogul

- Réduction du temps de développement des produits de 20 semaines à 20 jours ouvrables, soit une réduction de 75 %.

Aetna Life and Casualty Co.

- Réduction annuelle de la charge de travail en informatique égale à 750 personnes-année ;
- Réduction du nombre de bureaux traitant les réclamations de sinistres de 63 à 23 ;
- Revenus atteignant 207,2 millions, soit une augmentation de 50 %.

■ EN RÉSUMÉ

Le processus et son système de contrôle constituent le véritable problème auquel font face les entreprises et non les employés qui doivent travailler à l'intérieur de limites fixées par la direction. Les employés doivent travailler dans le cadre du processus et la direction doit définir ce processus. Consacrez vos efforts d'amélioration et vos programmes de soutien au processus et non aux employés. Cela impose une coopération de tous les services pour optimiser l'efficacité, le rendement et l'adaptabilité de l'ensemble du processus. Vous obtiendrez une telle coopération en nommant un responsable du fonctionnement du processus qui se fera aider par tous les intervenants du processus et ainsi fournira le meilleur rendement possible.

Voici comment différentes entreprises conçoivent leurs processus :

Entreprises perdantes :

- les employés constituent le problème, nous devons les motiver ;

- tout ira bien si chacun fait son travail ;

- on ne peut se fier aux employés ni aux cadres : il faut procéder à de nombreux bilans et vérifications ;

- la réduction des effectifs se fait de façon identique dans tous les services ; c'est la façon équitable de procéder ;

- en moyenne, les processus apportent 15 % de valeur ajoutée.

Entreprises survivantes :

- tout ira bien si chaque groupe fonctionnel améliore sa contribution au processus, le problème réside dans le grand nombre d'erreurs commises ;

- elles subissent la bureaucratie ;

- elles mettent en œuvre les méthodologies de réingénierie ou de percées ;

- elles se servent de l'informatique pour réduire le temps d'exécution de leurs activités et leurs coûts ;

- la réingénierie des processus a pour but de réduire les coûts ;

- les modifications de processus qui réduisent les charges restent confidentielles jusqu'à la dernière minute ;

- en moyenne, les processus apportent 30 % de valeur ajoutée.

Entreprises gagnantes :

- la réingénierie des processus sert essentiellement à améliorer les éléments qui touchent le client (par exemple, la qualité, le temps d'exécution) et non les charges ou les coûts ;

- il n'y a pas de bonne bureaucratie ;

- quand elles sont forcées de réduire leurs effectifs, elles éliminent les activités sans valeur ajoutée de leurs processus, elles font disparaître le travail inutile et les ressources correspondantes sont rayées de leur budget ;

- elles n'informatisent leurs processus qu'après les avoir rationalisés ;

- elles fixent les priorités de leurs activités de réingénierie des processus en fonction de leur plan d'affaires, de la compétitivité et de leurs compétences et capacités fondamentales ;

- en moyenne, leurs processus apportent 50 % de valeur ajoutée.

Pour de plus amples détails sur ce chapitre, consultez *Business Process Improvement* de H. J. Harrington, publié en 1991 par McGraw-Hill, New York, et *Process Innovation*, par Thomas H. Davenport, publié par Harvard Business School Press à Boston en 1993.

■ RÉFÉRENCE

1. HARRINGTON, H. J., *Business Process Improvement*, McGraw-Hill, New York, 1991.

Chapitre 11

L'excellence du processus de production :

l'aspect de la fabrication dans les entreprises

par
Jose R. Rodriguez-Soria
Président, Q-2000 Group
et
H. J. Harrington
Associé, Ernst & Young

Nous devons conserver notre industrie lourde et notre secteur de production. Aucun pays ne peut assurer sa défense avec des services.

H. JAMES HARRINGTON

■ INTRODUCTION

Dans notre monde complexe, nous distinguons de plus en plus difficilement la conception des produits de la conception des processus. Une qualité supérieure et une mise en marché plus rapide imposent des cycles de développement de produits très courts. La AMBRA Corporation, qui appartient à IBM, entend modifier tous ses produits trois ou quatre fois par an afin de profiter des plus récents progrès. Afin de rester compétitives, les entreprises doivent mettre en œuvre des techniques nouvelles, comme la conception assistée par ordinateur (CAO), la fabrication assistée par ordinateur (FAO), l'ingénierie simultanée, la conception de la fabrication optimalisée, le juste-à-temps (JAT), l'analyse des modes de défaillance et de leurs criticités (AMDC). En les mettant en pratique simultanément et de manière effective, les entreprises pourront commercialiser des produits de qualité plus rapidement.

Bien que ce chapitre soit essentiellement consacré aux processus de fabrication de produits, les principes et la plupart des techniques dont il sera question ici concernent également les entreprises de services. Il est essentiel de bien comprendre que toute organisation possède des activités de production (par exemple, régler des factures) et des activités de services. Toute entreprise doit bien distinguer ces deux types d'activités, car les démarches d'amélioration correspondantes sont différentes. Prendre conscience de cette différence a permis aux meilleures entreprises de se remettre en question et a permis de renforcer les échanges d'information entre les industries de production et les entreprises des services.

■ LES PROCESSUS DE FABRICATION

L'élaboration d'un processus de fabrication comporte essentiellement deux phases : la conception du produit et la conception du processus de fabrication suivie de sa réalisation. Voici les étapes de la première phase :

- La recherche des concepts possibles du produit

- Le choix du concept

- La conception du produit

- Les essais de conception

- La conception du produit final

- La fabrication d'un prototype

  Voici les étapes de la phase relative à la production :

- L'élaboration des concepts de fabrication

- La conception du processus

- L'installation pilote

- La production pilote

- L'implantation finale du processus
- L'homologation du processus
- La fabrication

■ LA PHASE DE DÉVELOPPEMENT DU PRODUIT

Les processus de fabrication débutent avec la conception des produits souhaités par les clients et avec la conception de leur fabrication. Pour réussir cette mise en route, nous devons concevoir des produits qui répondent aux besoins des clients et qui utilisent les compétences fondamentales de nos entreprises. Des produits réussis possèdent les caractéristiques suivantes : leur valeur est supérieure à celle des produits concurrents ; ils ne sont pas une imitation améliorée de ces derniers, ils en diffèrent radicalement ; les clients ou les consommateurs y voient une excellente qualité.

Les compétences fondamentales

L'ensemble unique des ressources qui permettent à l'entreprise d'occuper sa place sur les marchés définit ses compétences fondamentales. Par ressources, nous incluons la technologie, le personnel et les investissements. De nos jours, l'habileté à concevoir rapidement de nouveaux produits est l'une de ces compétences fondamentales. Le temps de mise en marché est de plus en plus court dans tous les secteurs, de l'automobile jusqu'aux hypothèques. Une entreprise ne pourra réussir dans le climat actuel de concurrence que dans la mesure où elle réduira continuellement ce temps. Ford l'a fait passer de cinq ans à trois ans et vise actuellement deux ans. Honeywell met en marché un nouveau produit en moins de 12 mois. Hewlett-Packard réalise plus de 50 % de ses ventes avec des produits créés dans les cinq dernières années.

Comprendre les besoins et concevoir les produits qui pourront satisfaire les clients sont deux autres compétences fondamentales.

Le déploiement de la fonction qualité

Le déploiement de la fonction qualité (DFQ) est la meilleure technique à mettre en œuvre pour connaître et satisfaire les exigences du client. Non seulement le DFQ révèle ces exigences, mais il transmet également la « voix du client » vers les processus, les sous-processus et les activités ; cela favorise la qualité, met en valeur les compétences, réduit les coûts et accroît la fiabilité. Il met en place un système de qualité que l'entreprise adopte tout naturellement et qui confère la qualité aux produits. Le déploiement de la fonction qualité regroupe en un seul processus les différentes étapes de la conception des produits et des services.

Ce sont des entreprises japonaises, comme Bridgestone, Matsushita, Kayaba et Toyota, qui ont mis au point la pratique du déploiement de la fonction qualité. Une prévention des erreurs, une réduction du temps de développement, une diminution du nombre de modifications lors de la conception, une meilleure connaissance des caractéristiques souhaitées par les clients et une augmentation de la satisfaction des clients sont quelques avantages du déploiement de la fonction qualité.

Quel est le rôle du déploiement de la fonction qualité ? De façon générale, cette technique fait le lien entre le client, les processus de fabrication et l'entreprise, autrement dit le lien entre les besoins du client et les moyens permettant de les satisfaire.

Le déploiement de la fonction qualité débute par une étude détaillée des exigences du client ; par la suite, cette technique fait connaître la voix du client de manière rigoureuse au cours du développement du produit et de la fabrication.

Son objectivité est plus grande que celle des groupes de consultation. De tels groupes sont dirigés par un animateur, ils suivent un ordre du jour préparé à l'avance et discutent généralement de produits ou de services. S'ils ne génèrent habituellement pas d'idées nouvelles concernant les produits, leurs suggestions aident néanmoins certaines fonctions à envisager de nouvelles approches. Les groupes de consultation définissent la direction à prendre et la nature des produits en sondant les désirs des clients.

Selon notre expérience, saisir la voix du client est la tâche la plus difficile, la plus longue et la plus importante du déploiement de la fonction qualité.

Nous recommandons fortement que les membres de l'équipe interfonctionnelle du DFQ participent tous à la collecte des informations auprès des clients. De telles activités sont très efficaces pour définir les besoins du client. On peut également y trouver de nombreux enseignements. Par exemple, lors d'une enquête, on demanda à un client d'ouvrir un paquet. Lorsqu'on sollicita son avis, il répondit qu'« il était facile à ouvrir », bien qu'il ait dû se servir de ses dents pour défaire l'emballage.

On regroupera les informations obtenues par les études de marché dans un *diagramme des besoins du client*, puis on définira la qualité *exigée* par ces besoins.

La diagramme de la qualité.   Le diagramme de la qualité, ou la matrice de planification du produit (figure 11.1), décrit les relations entre les exigences du client et les critères de qualité. Ce diagramme révèle votre performance actuelle, celle de vos concurrents, la planification de votre entreprise et les points de vente possibles. Il permet aussi de fixer les priorités en fonction de la voix du client. Le diagramme de la qualité sert à concevoir non seulement un produit particulier, mais toute une gamme de produits. Grâce à ce diagramme, le déploiement de la fonction qualité contribue fortement à réduire le temps de mise en marché en éliminant la duplication des efforts et en maintenant ces efforts dans la bonne direction.

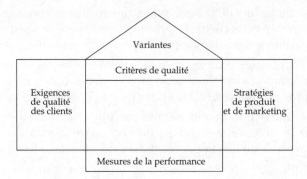

Figure 11.1 La matrice de planification du produit

À ce stade, nous construisons une matrice (figure 11.1) en mentionnant dans sa partie inférieure la liste des éléments de la *qualité exigée*. En partie supérieure, nous inscrivons les *critères de qualité* déterminés par la *qualité exigée*. Ensuite, nous établissons les relations entre ces critères et la qualité exigée, ce qui permet de fixer les objectifs de rendement correspondant à la qualité exigée par le client. Au-dessus des critères de qualité, nous indiquons les variantes possibles ainsi que les modifications de conception qu'elles entraînent. À l'extrême droite de la matrice, nous comparons les stratégies de produit et de marketing. Nous définissons ensuite les exigences critiques du client en fonction de la concurrence et de la planification de notre entreprise. Se préoccuper des exigences du client permet aux entreprises de bien cerner l'essentiel. Chaque employé peut ainsi se concentrer sur les rares éléments qui confèrent à l'entreprise un avantage compétitif indéniable pour le client.

La fiabilité

Les études de fiabilité ont d'abord porté sur les équipements et les systèmes électriques. En termes simples, la fiabilité est ce qui assure le fonctionnement prévu d'un produit pendant sa durée de vie. C'est pourquoi il est essentiel d'avoir un produit fiable. Le produit doit être conçu de manière à prévoir toute défaillance susceptible de se produire durant son cycle de vie. Pour des produits peu compliqués, le temps moyen avant défaillance définit la fiabilité. Pour des produits plus complexes, c'est le temps moyen entre défaillances qui la définit. D'habitude, la fiabilité se résume au comportement du produit après son acceptation par le client. En conséquence, la mesure de la fiabilité est la mesure la plus importante pour le client. Dans le cas de produits peu fiables, les dépenses d'entretien dépassent souvent le prix d'achat.

Lors de la conception, on peut améliorer la fiabilité en faisant l'analyse par arbre des causes de pannes et l'analyse des modes de défaillances, de leurs effets et de leurs criticités (AMDEC). L'analyse par arbre des causes de pannes conduit à un diagramme arborescent qui montre les défaillances et les défauts par ordre d'importance. Elle permet de cibler et d'éliminer les causes premières des défaillances. La figure 11.2 montre un exemple d'arbre de pannes. Le diagramme de décision d'action, l'un des sept outils de gestion et de planification, présente un diagramme semblable. Il sert à prévenir les défaillances, mais aussi à parer aux imprévus.

Tout comme l'analyse par arbres des causes de pannes, on peut effectuer l'analyse des modes de défaillances, de leurs effets et de leurs criticités (AMDEC) d'un produit ou d'un processus. Dans le cas de la conception du produit, votre équipe recherchera les pannes possibles et les problèmes dus à la conception. Dans le cas de la fabrication ou du processus de fabrication, elle se préoccupera de l'aptitude des processus à produire les diverses composantes du produit ; dans ce dernier cas, on admettra que le processus de fabrication respecte fidèlement la conception du produit. Dans les deux cas, le but de l'AMDEC consiste essentiellement à déterminer la probabilité des défaillances, la gravité de ces dernières et les possibilités de détecter un défaut avant la livraison. Grâce aux informations ainsi obtenues, vous pourrez consolider la conception de vos produits et améliorer vos processus de fabrication.

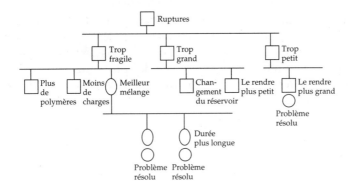

Figure 11.2 L'analyse par arbre des causes de pannes

Le déploiement de la fonction qualité permet de classer par ordre d'importance les modes de défaillance en conception et en fabrication. Vous pourrez diriger vos efforts vers les éléments essentiels du comportement du produit en vous servant des arbres des causes de pannes et de l'AMDEC. L'arbre des causes de pannes établit ce classement selon :

- les exigences des clients ;
- les fonctions de votre entreprise ;
- les produits ;
- les processus ;
- les composantes du produit ;
- les matériaux.

La fiabilité du produit doit être une des caractéristiques mises en valeur par le service du marketing et doit être contrôlée sur des échantillons envoyés à quelques clients durant tout le cycle de la conception. Des essais spécifiques fourniront les données permettant d'évaluer la durée de vie des composantes. Les résultats serviront à prédire la fiabilité du produit avant la mise en route de la production. La qualité de l'assemblage de ses composantes, la valeur de la puissance électrique nécessaire à son fonctionnement, son environnement d'utilisation, etc., déterminent ensemble la fiabilité du produit. Le doublement de certains éléments permet souvent d'augmenter la fiabilité des produits.

De plus, des essais sur les produits après assemblage, sur les produits finis ou sur les sous-produits permettent de s'assurer de la fiabilité prévue avant leur livraison aux clients. Une excellente fiabilité et une forte satisfaction du client vont de pair.

La conception de la fabrication facilitant l'assemblage

Bien que l'on ait créé la conception de la fabrication facilitant l'assemblage (CFA) pour simplifier les composantes des produits de type assemblage, on peut appliquer ses principaux concepts à de nombreux autres processus de fabrication. Les règles générales qui permettent d'éviter la complexité des processus et des produits sont essentielles pour améliorer le comportement du produit et pour prévenir les défauts. Les voici :

- Utilisez le minimum de composantes.

- Évitez les attaches.

- Facilitez le montage.

- Adoptez une construction modulaire.

Ces règles s'appliquent à des processus manuels ou automatisés. Comme exemple, prenons Motorola. Cette entreprise s'est efforcée de faciliter la réparation des postes de télévision Quasar qu'elle fabriquait dans les environs de Chicago. Les réparateurs aimèrent beaucoup cet appareil, car les réparations étaient non seulement aisées mais également très fréquentes. C'est ce qui élimina Motorola du marché des postes de télévision, malgré ses nombreux brevets.

Entreprise	Produit	Résultats
DEC	Souris	Composantes en moins : 50 % Économie de temps : 53 %
NRC	Matériel de ventes	Composantes en moins : 80 % Économie de temps : 75 %
TI	Réticule	Composantes en moins : 67 % Économie de temps : 84 %

Figure 11.3 Les avantages de la conception de la fabrication facilitant l'assemblage

La clé de la réussite en conception de la fabrication facilitant l'assemblage réside dans la connaissance des processus et de leurs coûts. De plus, vous devez étudier minutieusement la structure et la conception du produit et trouver les améliorations possibles : vous diminuerez ainsi les coûts et faciliterez l'assemblage. La figure 11.3 montre quelques avantages de ce type de conception.

Entre autres, les logiciels de Component Analysis System (CAS), de PPS, de PERL et de Boothroyd/Dewhurst facilitent la CFA.

Pour obtenir le maximum de profits, vous pratiquerez l'ingénierie concourante en même temps que la CFA. Les industries de l'automobile et de l'électronique sont les entreprises qui ont le plus utilisé cette dernière technique. La conception de la fabrication facilitant l'assemblage est essentielle pour réduire le temps de mise en marché.

L'ingénierie et la conception simultanées

L'ingénierie et la conception simultanées ou ingénierie simultanée (ou conception participative) touchent les services du marketing, de la qualité, de la production ainsi que toutes les autres fonctions qui interviennent dans le cycle de conception. L'ingénierie simultanée correspond à une conception de produit qui tient compte de tous les éléments du cycle du produit : des équipes interfonctionnelles élaborent simultanément le produit et son processus de fabrication. Le temps du cycle de développement et le nombre de changements techniques diminuent lors de l'étape de fabrication.

L'ingénierie simultanée utilise au mieux les possibilités de l'ingénierie, la conception et la fabrication assistées par ordinateur. Son avantage est encore plus marqué lorsque toutes ces techniques sont intégrées : on peut ainsi modifier la conception générale du produit pour l'adapter à un équipement particulier de production. Cela réduit considérablement le temps de mise en marché. De plus, l'ingénierie simultanée évite de nombreuses dépenses, puisqu'elle diminue le nombre d'essais préliminaires et de produits défectueux. L'informatique améliore la qualité en réduisant les possibilités d'erreurs, entre autres parce qu'elle réconcilie les « ennemis » traditionnels en ingénierie : la conception et la fabrication.

L'ingénierie simultanée s'adapte parfaitement au déploiement de la fonction qualité, aux plans d'expérience, à la conception de la fabrication et du montage optimaux ainsi qu'à d'autres techniques de gestion de la qualité totale. Elle permet d'élaborer un système de qualité « naturel » qui permet d'obtenir simultanément un produit de qualité et un excellent processus de fabrication. De plus, ses procédures favorisent grandement la mise en application des règles de la norme ISO 9000.

L'ingénierie simultanée n'est pas un concept nouveau. Le rapport technique TR02.901, rédigé par H. J. Harrington en septembre 1980, contient toutes les informations concernant sa mise en pratique.

L'innovation et le temps de mise en marché

Une mise au point rapide de nouveaux produits, services et processus est essentielle pour conserver un avantage concurrentiel sur les marchés actuels. Les temps de production doivent également décroître en continu. Cette nouvelle stratégie, basée sur l'innovation et le temps de mise en marché, a pleinement réussi dans toutes ses utilisations.

Innover signifie croissance et survie. Les meilleures entreprises, comme 3M (qui prévoit que moins d'un quart de ses produits vendus seront des produits qui ont moins de cinq ans), Sony et Honda imposent non seulement l'évolution à leur secteur, mais dament aussi le pion à leurs concurrents. Elles veulent que, dans leur secteur, leurs produits obtiennent les plus grands succès. Pendant un certain temps, Sony a mis en marché quotidiennement un nouveau baladeur. Rapidement, le nombre de baladeurs dépassa deux cents. Dans le secteur de l'automobile, Chrysler et Ford ont mis en marché leurs modèles récents en moins de trois ans.

Dans l'industrie pharmaceutique, les produits ont un cycle de développement relativement long, essentiellement parce que cette industrie est fortement réglementée. Cette lenteur a causé la mort de milliers d'Américains et de nombreuses souffrances inutiles que l'on aurait pu éviter avec un temps de mise au point plus court. Le gouvernement accélère à présent la commercialisation des médicaments ; le public peut ainsi en profiter plus rapidement.

Une mise en marché lente entraîne plus de pertes que le dépassement des budgets consacrés à la mise au point des produits (ce dépassement étant la mesure traditionnelle de la réussite). Une mise en marché plus rapide permet aux entreprises de diversifier leurs gammes de produits. Les pratiques courantes actuelles rendent les activités difficiles et onéreuses. Appliquer les principes du juste-à-temps, non seulement à la production mais à toutes les autres fonctions de l'entreprise, permet de contourner ces difficultés.

L'innovation et la conception des processus de production

Les objectifs de cette technique sont :

- l'augmentation de la vitesse de production et des quantités produites ;

- l'augmentation des capacités de production ;

- la réduction du temps de mise en marché ;

- l'augmentation de la qualité.

Ces objectifs améliorent le positionnement concurrentiel des entreprises.

L'augmentation de la qualité et la diminution des coûts qui résultent de l'implantation de stratégies relatives aux processus donnent un excellent avantage concurrentiel à de nombreuses entreprises allemandes et japonaises. Les entreprises japonaises se distinguent dans leurs systèmes de production flexibles par une utilisation intensive de robots. Ainsi, Sony, Hitachi, Lyon et bien d'autres entreprises peuvent modifier très rapidement leurs produits.

Le concept du juste-à-temps consiste à se faire livrer le minimum de produits entre deux commandes. Au lieu d'être entreposés en attente d'utilisation, les produits sont livrés directement sur le lieu de fabrication. Cette façon de fonctionner réduit considérablement les aires de stockage nécessaires à la production. Dans certains cas, Toyota fait effectuer des livraisons toutes les quatre heures ; d'autres entreprises, toutes les 24, 48 ou 168 heures.

Le principe du stock zéro s'applique au concept du juste-à-temps dans le cas des processus internes de fabrication. Dans ce cas, le service de l'ingénierie de production conçoit des équipements qui ne demandent qu'un temps de réglage très court. Ainsi, il a été possible de réduire le changement de matrices de 6 heures à 10 minutes. Cela permet la fabrication de petits lots, ce qui contribue à diminuer les aires et les coûts de stockage. Dans ce domaine, la percée la plus significative a été l'assemblage complet ininterrompu de chaque produit. Une campagne de production peut alors très bien se réduire à la fabrication d'un seul exemplaire.

Ces concepts diminuent les délais d'exécution, améliorent le temps de réponse et stabilisent le flux de la production. Le stock zéro est une stratégie peu coûteuse, car c'est le personnel qui est visé, et non une utilisation massive de l'automatisation. Le stock zéro et le juste-à-temps favorisent l'amélioration continue et la qualité.

La mise en œuvre simultanée du stock zéro et de l'automatisation définissent les unités de production (d'un système de production flexible, par exemple). La technologie des réseaux locaux d'ordinateurs (LAN) permet de centraliser efficacement toutes les informations. Des unités entièrement automatisées ressemblent à celles des systèmes de production flexibles, cependant leur degré d'automatisation est plus poussé.

L'étalonnage concurrentiel a accéléré le processus d'innovation : il montre comment vos produits et vos technologies se comparent à ceux de vos concurrents et à ceux des entreprises de calibre international. L'étalonnage concurrentiel débute par une bonne connaissance des processus et il a pour but l'amélioration. L'étalonnage concurrentiel des produits et des processus de fabrication a entraîné des améliorations remarquables depuis le début des années 50. Ford, GE, IBM et HP pratiquent cet étalonnage depuis plus de 30 ans. Xerox lui doit un redressement spectaculaire de ses affaires au début des années 80. Il vous aidera à faire le bon choix entre plusieurs possibilités d'amélioration.

La capacité opérationnelle du processus de production

Chaque processus possède des facteurs propres qui agissent sur la qualité du produit. L'ensemble de ces facteurs détermine la capacité opérationnelle du processus. Lorsqu'un processus est stable (c'est-à-dire qu'il ne subit que les influences courantes), il est contrôlé statistiquement et un indice de capacité quantifie sa capacité opérationnelle. Cet indice révèle les déviations dues au processus et les compare aux tolérances mentionnées dans les caractéristiques techniques. Autrement dit, cet indice décrit la qualité du produit et quantifie les écarts par rapport aux tolérances. De plus en plus, les entreprises fixent la capacité opérationnelle bien avant l'étape de la conception : elles s'assurent ainsi du respect des caractéristiques et des tolérances exigées par les clients.

Motorola vise la norme de fonctionnement « six sigmas ». Malheureusement, elle rencontre un certain nombre d'obstacles pour atteindre cet objectif, bien qu'elle ait calculé les capacités par des méthodes plus contraignantes que celles couramment admises. George Fisher, président du conseil d'administration et pdg, a déclaré : « De plus, les améliorations en qualité des produits semblent se heurter à un mur de 5 à 5,2 sigmas. »

La capacité opérationnelle d'un processus définit habituellement la reproductibilité à long terme et tient compte de la rotation du personnel, des variations de qualité dans les intrants et d'autres facteurs (se reporter à la page 16.15 du *Quality Control Handbook* de Juran). En utilisant cette définition, Motorola a conçu son programme « six sigmas » afin d'obtenir une capacité opérationnelle de processus correspondant à 4,5 sigmas, donc légèrement meilleure que celle normalement admise qui est de 4,0.

◼ LA QUALIFICATION DU PROCESSUS DE PRODUCTION

La qualification du processus est une étape essentielle du développement du processus. Si elle est effectuée selon les règles de l'art, elle indiquera si les efforts précédents ont été efficaces. Elle servira ainsi de tremplin pour les améliorations futures. Un processus qualifié comporte des procédures, de la documentation, des mesures, des contrôles et des vérifications nécessaires à son bon fonctionnement ; le personnel a reçu la formation nécessaire : le processus peut ainsi produire des extrants de haute qualité, même en situation de crise. En atteignant ce niveau d'excellence, l'étape de conception du processus et du produit est terminée, et le processus peut entrer dans une phase de consolidation et d'amélioration.

Cela ne signifie pas que le processus est parfait et qu'on ne peut plus réduire le nombre de ses erreurs. Bien au contraire, la qualification est le début du processus d'amélioration et des efforts permettant d'atteindre le zéro-défaut. L'implantation systématique des activités de certification est l'une des meilleures pratiques pour transformer une entreprise de type « analyse et correction des erreurs » en une entreprise de type « prévention des erreurs ».

La qualification est une opération dont la complexité dépend de celle du processus. Pour vous donner une vue d'ensemble aussi complète que possible, examinons maintenant les exigences de la qualification d'un processus de fabrication en couche mince d'un circuit électronique.

Le plan de qualification

Tout d'abord, voici deux définitions :

Certification. Une activité simple ou une pièce d'équipement peuvent être *certifiées*. Lorsqu'elles atteignent un niveau de fiabilité acceptable et qu'elles peuvent produire un extrant ayant la qualité voulue en suivant une documentation précise, elles peuvent être certifiées. De façon générale, cela requiert une capacité opérationnelle du processus d'au moins ± 4,0 sigmas.

Qualification. Un processus constitué de nombreuses opérations peut être *qualifié*. Pour qu'un processus soit qualifié, toutes ses opérations et tous ses équipements doivent être certifiés. Il a été prouvé qu'un processus qualifié peut produire en permanence des produits de haute qualité qui répondent aux attentes du client.

Dans les secteurs de production, le service de l'assurance qualité est habituellement responsable de la qualification des processus. Dans les autres secteurs (secteurs administratifs), les responsables sont les groupes d'amélioration des processus ; normalement, dans ce cas, ces groupes n'effectuent pas toutes les étapes mentionnées dans l'exemple donné ci-après.

Dans un processus complexe, on retrouve normalement trois unités de production bien différentes :

1. L'unité de mise au point. Les laboratoires de développement produisent des prototypes grossiers en utilisant des équipements de laboratoire complexes afin de vérifier un concept ou une théorie.

2. L'unité pilote. Une unité pilote permet de produire de grandes quantités de produits aux fins de vérification interne.

3. L'unité de production. Cette unité fabrique le produit final qui sera livré au client.

Voyons maintenant comment accorder les quatre niveaux de qualification à ces trois processus.

Un processus dont la planification de l'amélioration est jugée acceptable reçoit le niveau de qualification I. Ce niveau est accordé à l'étape de développement en laboratoire dans les premières phases des activités. Lors de l'évaluation de qualification, il est essentiel de mettre en place des contrôles de base, de recueillir des données pertinentes et d'analyser les possibilités de fabrication sans nuire à la créativité de l'environnement de travail.

Le niveau de qualification II concerne les essais pilotes de fabrication dont le but est de fixer les caractéristiques et de faire certaines vérifications internes. Il est essentiel de posséder une bonne connaissance du processus avant de procéder à ces essais critiques de fabrication et avant d'élaborer les caractéristiques. Les essais de qualification évaluent le nouveau processus et vérifient s'il satisfait simultanément aux attentes des clients et à celles de l'entreprise.

La production de masse remplacera alors les lots de production pilote et on réduira au maximum les temps de fabrication pour atteindre les coûts cibles. On automatisera les processus manuels. On modifiera considérablement les équipements, les opérateurs de machines pourront alors remplacer les techniciens de développement hautement qualifiés. Ces activités présentent des défis importants pour l'ingénierie de fabrication et entraînent des changements majeurs dans les équipements. Pour la première fois, le processus doit être capable de produire les quantités voulues.

Dans la plupart des cas, une chaîne de fabrication simple dont seule une partie de la production peut être livrée aux clients reçoit la qualification de niveau III. Par la suite, le processus d'une telle chaîne s'allonge et le nombre d'équipements de fabrication augmente.

Jusqu'à présent, nous avons consacré nos efforts de qualification à contrôler les processus et nous n'avons pas encore commencé les livraisons aux clients. La livraison ne débute en effet qu'au niveau IV : c'est pour cela qu'il faudra mettre en place toutes les mesures de contrôle avant d'accorder ce niveau. La qualification d'un processus au niveau IV a pour but de s'assurer que le processus est bien contrôlé et qu'il permet de fabriquer en permanence des produits répondant aux attentes des clients.

Pour mieux comprendre le processus de qualification à ses différents niveaux, nous allons passer en revue les trois activités principales de la qualification au niveau III :

1. La certification de chaque activité du processus

2. Les lots de qualification

3. Le programme d'audit par une tierce partie

La certification. La certification passe par l'analyse de quatre aspects de chacune des activités du processus :

1. La documentation

2. Les équipements d'essais et de production

3. Les conditions de fabrication

4. L'acceptabilité des produits

La documentation est essentielle à tout processus, car elle permet de transmettre les connaissances et l'expérience accumulées lors d'activités précédentes à l'employé qui exécute le travail. D'autre part, si sa tâche est mal décrite, l'employé a toutes les chances de commettre des erreurs.

La qualité et la productivité d'un secteur peuvent dépendre fortement des équipements d'essais et de production (machines, matrices, outils, etc.). Certifier un équipement consiste à s'assurer qu'il peut effectivement réaliser le travail souhaité et qu'il peut être entretenu de façon satisfaisante. Voici quelques activités relatives à la certification des équipements :

1. La vérification de la précision et de la reproductibilité en tenant compte de la rotation des employés qui les font fonctionner ;

2. L'examen des procédures de calibrage et de l'entretien préventif ;

3. L'évaluation du point de vue sécurité ;

4. L'évaluation de la validité des normes de contrôle ;

5. La comparaison de pièces semblables produites dans différentes unités de production ;

6. L'étude des écarts de production à long terme ;

7. La prise en compte des critères d'acceptation du produit. Il faudra fixer des limites pratiques pour les variations de production si les erreurs des appareils de mesure sont supérieures à 5 % des valeurs précisées. Ces limites évitent la livraison de produits non conformes au client.

Il faudra également revoir les conditions de fabrication. Jusqu'à présent, nous avons toujours considéré le processus de production et non les employés : c'est le processus qui produit les erreurs ; dans ce cas les employés ne peuvent effectuer un travail parfait.

Les trois premiers aspects de la certification visent l'acceptabilité des produits en tout temps. Voici quelques activités typiques :

1. À ce stade de la certification, obtenir en permanence les rendements prévus pendant quatre semaines consécutives.

2. Respecter les prévisions journalières et suivre la courbe d'apprentissage prévue.

3. Soumettre les produits à certains essais afin d'évaluer leur fiabilité dans les moindres détails.

4. Établir la traçabilité des composantes du produit.

5. Vérifier la concordance des mesures d'inspection à la réception avec celles des fournisseurs.

6. Les variations de la production correspondant à ± 3 sigmas (99,7 % de la production) doivent être inférieures à 75 % des tolérances précisées par le service de l'ingénierie. Au niveau IV, il faudra réduire ces variations à moins de 50 %. IBM imposa ces chiffres vers la fin des années 70 ; Motorola les adopta vers la fin des années 80.

Les lots de qualification. Lorsque chaque activité aura été certifiée, on produira des lots de certification pour évaluer la conception du processus. Ces lots permettront de connaître le fonctionnement de l'ensemble du processus, de mesurer les rendements et de déterminer les limites de production lors d'essais contrôlés. Un essai pour qualifier la conception d'un processus au niveau III consistera à vérifier les capacités des équipements et les volumes de production. Il faudra produire un minimum de cinq lots différents sans omettre aucune activité lors de la fabrication.

L'audit par une tierce partie. La prochaine étape du processus de qualification sera la réalisation d'un audit détaillé. Le service de l'assurance qualité dirigera une équipe d'audit indépendante composée d'employés extérieurs au processus. Ceux-ci pourront provenir des services de l'ingénierie, de l'ingénierie de mise au point, de l'ingénierie de fabrication, de l'assurance qualité et des ventes. Entre autres choses, l'équipe d'audit évaluera les aspects suivants du processus :

1. A-t-on démontré qu'il est possible de fabriquer le produit ?

2. Le service de la conception du produit a-t-il tenu compte des défauts des produits semblables et les a-t-il corrigés ?

3. Les caractéristiques du nouveau produit améliorent-elles la fiabilité et la qualité des produits précédents ?

4. La fabrication ou les technologies mises en œuvre posent-elles des problèmes techniques particuliers ?

5. A-t-on effectué les activités de certification et de qualification comme prévu et a-t-on résolu les problèmes essentiels ?

6. Les caractéristiques du produit répondent-elles actuellement aux attentes du client de façon satisfaisante ?

Dès la fin de ses travaux, l'équipe de l'audit se réunira avec l'équipe de l'ingénierie concourante pour lui communiquer les résultats. Par la suite, elle consignera ces résultats dans un rapport final d'audit. L'équipe de l'ingénierie concourante devra élaborer des mesures correctives à chaque problème avant le passage du processus au niveau III.

IBM se servait de ce processus de qualification à la fin des années 70. Encore aujourd'hui, il n'y a pas de meilleur processus pour évaluer les procédés de fabrication. Pour en savoir davantage, demandez à IBM de vous faire parvenir une copie du rapport technique TR 02.901 intitulé « Process Qualification - Manufacturing's Insurance Policy », du 15 mars 1980.

■ L'INNOVATION ET LA CONCEPTION DES PROCESSUS

Les concepts de l'élaboration des processus manufacturiers

Par le passé, nous avons consacré presque tout notre budget de recherche et développement à nos produits. Seule une faible partie a servi à améliorer les processus de fabrication. De nos jours, cette situation évolue, car la direction a pris conscience que la conception des processus de fabrication était tout aussi importante que celle des produits. En fait, très souvent l'avantage concurrentiel repose sur l'excellence et le caractère innovateur de ces processus.

La production en continu. Pendant un siècle, nous avons cru maximiser le rendement de nos ressources en produisant des lots importants de pièces. Nous avons commis l'erreur de ne pas considérer tous les coûts (par exemple, ceux des aires de stockage, de l'inventaire, des rejets, etc.). Aujourd'hui, nous nous efforçons de concevoir des processus capables de produire chaque exemplaire de façon ininterrompue (par le principe des cellules autonomes). Cela a considérablement modifié l'agencement de nos ateliers de fabrication. Dans le passé, nous avons regroupé les équipements semblables (par exemple, toutes les fraiseuses d'un côté, les équipements de sablage d'un autre). Ainsi, nous avons rentabilisé au maximum les pièces d'équipement coûteuses. Par contre, nous avons dépensé de fortes sommes en aires de stockage, en déplacements, en contrôles de production, en inventaire et en rejets. IBM a mis en œuvre ce concept pour la première fois dans son usine d'Endicott, dans l'État de New York, en 1948, pour produire l'ordinateur 077. Malheureusement, à un moment donné, elle oublia ses propres expériences et elle retomba dans la production de masse chère à Henry Ford pour y rester jusqu'à la fin des années 80.

Avec nos efforts d'organisation des travailleurs en cellules autonomes, nous avons fait disparaître les secteurs n'effectuant qu'une seule opération et avons regroupé des équipements différents de manière à fabriquer les produits en série en une suite d'opérations effectuées par la même unité de travail (fabrication en îlots). Cela nécessite un certain nombre de changements, entre autres :

- l'implantation d'un programme juste-à-temps chez les fournisseurs ;

- la formation du personnel à des tâches très diverses ;

- la réduction du temps de réglage des machines, de quelques heures à quelques minutes ;

- la conception simultanée de l'aménagement des aires de production et des produits ;

- la simplification des systèmes de contrôle de production,

- l'harmonisation de toute la chaîne de fabrication.

Cette nouvelle façon de concevoir les processus manufacturiers a modifié la conception de l'efficacité en production. À titre d'exemple, voici quelques mesures effectuées par Harley-Davidson :

- L'amélioration de la productivité

- Le respect des échéanciers

- L'amélioration de la qualité

- Le respect des exigences

- La réduction des coûts de transformation

- La réduction du temps du cycle total de fabrication

- La diminutions des stocks

- La réduction des rejets et des reprises

- La réduction des heures supplémentaires

- Les écarts sur les coûts des matériaux

Le changement rapide de fabrication. Trois éléments permettent d'atteindre la production ininterrompue :

- Des composantes de très haute qualité

- Une main-d'œuvre hautement qualifiée

- La conversion rapide des chaînes de production

Le dernier de ces trois éléments constitue l'obstacle le plus important à une production ininterrompue. Dans le passé, l'ingénierie de production avait estimé qu'il était rentable de répartir les coûts des longs temps de réglage des machines sur de nombreux exemplaires. Très rapidement à la fin des années 80, nous avons commencé à ne plus tolérer ces pertes de temps. Petit à petit, nous avons réduit ces temps lorsqu'il a fallu modifier plus rapidement nos chaînes de production afin de suivre l'évolution des besoins de la clientèle. Toyota fut la première entreprise à s'engager dans cette nouvelle voie. Ses équipes d'ingénierie s'efforcèrent de concevoir des techniques de production que le personnel pouvait modifier rapidement. Cela entraîna une révolution dans la conception des machines et dans les stratégies de production. Alors qu'il fallait environ quatre heures pour adapter une perceuse à la production d'une nouvelle pièce, grâce à ce nouveau concept, cette opération peut maintenant se faire en moins de 10 minutes. La plupart des entreprises d'avant-garde mettent en œuvre ces innovations de façon courante : elles sont essentielles pour faire face à la concurrence sur les marchés internationaux.

Les systèmes anti-erreurs. En améliorant la polyvalence de l'équipement, nous nous sommes aperçus que nous produisions un grand nombre de rejets pour deux raisons : un mauvais réglage des outils et un mauvais positionnement des pièces dans les équipements. Afin d'éliminer ces erreurs, nous avons développé le concept des systèmes anti-erreurs. Ce concept consiste essentiellement à modifier les équipements et les outils de manière à positionner les pièces et à les usiner sans risque d'erreurs. Par exemple, dans le cas du fraisage d'une plaque d'acier entaillée sur un côté, on peut fixer à la fraiseuse une cheville qui s'engage dans l'entaille lorsque la plaque est bien positionnée. Si elle ne l'est pas, cette cheville empêche l'entrée de la plaque dans la fraiseuse. Shigeo Shingo a été le chef de file de ce concept. Ses livres *Zero Quality Control : Source Inspection and the Poka-Hoke System* et *Nonstock Production*, publiés aux éditions Productivity Incorporated, vous renseigneront davantage sur les systèmes anti-erreurs et sur la production en continu.

Les systèmes de contrôle de la production. Un procédé de fabrication ininterrompue sans stock de pièces de secours ne pourra donner satisfaction que si le système de contrôle de production est simple. Nous ne pouvons attendre qu'un logiciel nous signale la nature et le moment des opérations pour changer de production. Alors que les entreprises occidentales utilisent l'informatique pour contrôler et planifier les processus de production, les entreprises japonaises simplifient les processus et obtiennent de bien meilleurs résultats. Elles demandent tout simplement à leurs employés de produire suffisamment de pièces pour remplir des contenants vides qu'elles mettent à leur disposition. D'autres entreprises attachent une carte au produit après une modification : l'employé sait ainsi qu'il doit produire une nouvelle pièce. Souvent, l'utilisation de l'informatique facilite la vérification des données. Dans certains cas, il est cependant préférable de simplifier les activités pour maximiser l'efficacité de l'ensemble des opérations.

■ LA PHASE DE PRODUCTION

Lorsque le processus est qualifié, l'entreprise peut commencer la livraison en grande quantité à ses clients externes. Lors de cette phase de la vie d'un produit, il faut s'assurer avec grand soin que la qualité du produit et l'excellence des processus de production ne sont pas affectées par des changements éventuels dans les matières utilisées, dans les autres processus et dans le personnel.

Le cycle du contrôle des processus

Les toutes premières activités de ce cycle visent le contrôle des processus ; viennent ensuite les activités consacrées aux améliorations. Un processus de fabrication passe en général par quatre phases (fig. 11.4) :

Phase A : le processus est erratique

Phase B : le processus est stable

Phase C : le processus progresse par améliorations successives

Phase D : l'expédition au client (ou l'amélioration continue)

Phase A : Le processus est erratique. Durant cette phase, très souvent les produits ne respectent pas les caractéristiques. En priorité, le groupe d'amélioration du processus (GAP) doit rechercher les raisons de ces écarts et implanter les contrôles qui permettent de les éliminer.

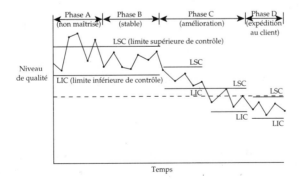

Figure 11.4 Le cycle de contrôle des processus

Phase B : Le processus est stable .   Pendant cette phase, le rendement du processus est statistiquement constant, mais les produits ne répondent pas aux attentes du client. La stabilisation du processus constitue un résultat remarquable, mais ne résout guère tous les problèmes. Un processus qui est stable statistiquement, mais qui ne répond pas aux attentes du client doit être revu de fond en comble, ce qui est extrêmement coûteux. En conséquence, le GAP doit passer le plus rapidement possible à la phase C.

Phase C : La progression par améliorations successives.   Lorsque le processus est contrôlé, nous devons analyser soigneusement les produits qui ne satisfont pas aux attentes du client et déterminer l'origine des variations de production. On établira les priorités des améliorations en tenant compte de leurs coûts, de la facilité de leurs implantations et de l'impact prévu. On établira une planification qui permet l'implantation et l'évaluation de toutes les modifications possibles. On laissera s'écouler suffisamment de temps après chaque modification : le processus peut ainsi se stabiliser et on pourra évaluer l'impact sur l'ensemble du processus. On poursuivra ce cycle de mesures correctives jusqu'à ce que l'indice de capacité du processus atteigne 1,4. On pourra alors se dispenser de l'inspection de tous les produits.

Phase D : L'expédition au client.   À présent, nous disposons de preuves statistiques suffisantes pour attester que le produit satisfait aux exigences des clients. Nous pouvons donc commencer sa livraison, convaincus qu'il donnera entière satisfaction.

Le contrôle des processus

Après avoir contrôlé le processus, il est indispensable d'effectuer des vérifications et de le maîtriser. Différentes méthodes faciles à mettre en œuvre permettent de caractériser, de mesurer et de mettre en évidence des défauts :

- les feuilles de contrôle : elle servent à recueillir et à analyser les données ;

- les graphiques : ils servent à représenter les données. Il y a les graphiques en forme de ligne, les graphiques à bâtonnets, les graphiques « camembert » ;

- les histogrammes : une variante des graphiques à bâtonnets qui permet de représenter la distribution de toutes les grandeurs mesurées ;

- les diagrammes de Pareto : une autre variante de diagramme à bâtonnets qui classe les données par ordre d'importance décroissante.

La mesure des procédures.   On fera appel aux méthodes statistiques pour évaluer l'efficacité d'un processus ou pour déterminer dans quelle mesure il satisfait aux besoins du client. Voici brièvement trois de ces méthodes :

1. L'échantillonnage

Cette méthode permet de tirer des informations à partir d'un petit nombre d'échantillons lorsque les dépenses en temps et en argent sont trop importantes pour les analyser tous.

2. La cueillette de données

Cette méthode a trois buts :

a) analyser le processus :

b) déterminer si le processus est contrôlé ;

c) accepter ou rejeter un produit.

3. La stratification

La stratification est une technique statistique particulière qui utilise des informations provenant de sous-groupes d'un nombre élevé d'échantillons. Représentées sous forme d'histogrammes, ces informations peuvent révéler des distributions anormales.

L'amélioration du processus. Lorsque les détails des mesures seront définis et que le système de mesures sera implanté, le groupe d'amélioration du processus (GAP) devra revoir à fond l'ensemble du processus afin de définir les grandeurs qui se prêtent au contrôle statistique. Ce travail sera normalement effectué avant d'accorder le niveau de qualification III au processus.

Les cartes de contrôle du processus. Lors de sa qualification, nous avons consacré passablement de temps à analyser le processus et à le contrôler. Il s'agit à présent de maintenir le contrôle du processus et d'empêcher les dérives. C'est ce que réalisent les cartes de contrôle.

La théorie des cartes de contrôle repose sur le fait qu'il existe invariablement des différences d'un échantillon à un autre. Au fur et à mesure que le GAP et les employés se familiarisent avec le processus et réduisent les variations, les cartes de contrôle révéleront une situation particulièrement intéressante. Celles-ci montreront que les grandeurs mesurées se rapprochent des valeurs nominales. C'est à ce stade que vous pourrez définir les limites «naturelles» du processus, les reporter sur les cartes de contrôle et vous assurer ainsi que le processus maintient ses améliorations. En perfectionnant le processus, vous pourrez définir de meilleures limites : cette itération continue peut alors être qualifiée d'amélioration illimitée du processus. Il est très profitable de s'y engager, car les entreprises deviennent hautement compétitives, elles améliorent constamment leurs objectifs de coûts et peuvent alors soumissionner sans arrêt pour de nouveaux produits.

On nous pose souvent les questions suivantes : «Pourquoi vouloir réduire les écarts de production à des valeurs inférieures aux caractéristiques ? Pourquoi ne pas mettre à profit toute la tolérance permise ? » Voici deux réponses à ces questions :

1. Lorsque les variations de production seront inférieures aux caractéristiques, vous pourrez réduire les inspections vérifiant la conformité des produits.

2. L'expérience a montré que le produit final s'améliore d'autant plus que les grandeurs mesurées sur la production correspondant à 3 sigmas se rapprochent des valeurs nominales. Nous pouvons citer des exemples où la qualité du produit s'est améliorée de 100 % par rapport à un produit qui respectait parfaitement toutes les caractéristiques lorsque le processus est passé à un indice de capacité de 2.

La figure 11.5 décrit un cycle typique d'amélioration de processus. Au cours de la phase A, le processus est instable et les produits doivent tous être vérifiés. Pendant la phase B, le processus livre des produits conformes aux caractéristiques ; une vérification occasionnelle permet de constater l'absence de tendances défavorables. À la phase C, les produits respectent aisément les caractéristiques et les mesures ne servent qu'à vérifier si le processus se dégrade.

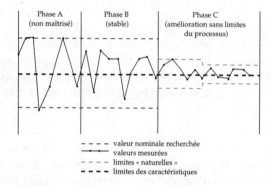

Figure 11.5 Le cycle d'amélioration du processus

Les plans d'expériences

En étudiant la capacité des processus, on ne considère qu'un seul facteur. En planification des expériences, on les considère tous. L'analyse des données ainsi recueillies varie selon le type de collecte. Deux approches sont possibles : l'approche traditionnelle et les méthodes de Taguchi. Dans la première, on se sert d'arrangements et de combinaisons ; dans la seconde, de matrices orthogonales. La méthode traditionnelle recherche les valeurs optimales alors que les méthodes de Taguchi analysent les variations. Les plans d'expériences sont plus efficaces pour réduire les variations que le contrôle statistique des processus.

■ L'INFORMATIQUE

Les systèmes informatiques

Les systèmes informatiques de conception et de contrôle des processus deviennent de plus en plus complexes. Voici quelques outils qui sont actuellement d'un usage courant :

- La planification des processus assistée par ordinateur (PAO)

- La fabrication assistée par ordinateur (FAO)

- L'acquisition et la logistique assistées par ordinateur (ALAO)

- L'entrée électronique des données (EED)

La PAO agit de concert avec la CAO/FAO (conception assistée par ordinateur/fabrication assistée par ordinateur) pour planifier les processus. La FAO se définit comme « l'utilisation effective des ordinateurs en gestion et en contrôle de la production et des processus » (définition adaptée de celle de CAM-I d'Arlington, au Texas). La FAO contrôle le fonctionnement des robots. Le ministère de la Défense des États-Unis introduisit l'ALAO afin de favoriser la centralisation et l'échange d'information à l'échelle de l'entreprise (conception et production) d'une part, et entre fournisseurs et clients d'autre part. L'ALAO a pour avantages une réduction importante des documents et une meilleure fiabilité des données.

L'EED permet l'échange d'information entre les entreprises, en particulier lors des rapports entre fournisseurs et clients. Le secteur de l'automobile se sert énormément de cette technologie pour planifier et contrôler la production, en particulier pour coordonner les livraisons aux usines d'assemblage. Des systèmes d'EED ont permis à Wal-Mart de traiter directement avec les producteurs, sans passer par des distributeurs, et d'offrir ainsi de meilleurs prix aux clients.

Les mesures

Le domaine des mesures subit également des modifications profondes. Des techniques comme l'étalonnage concurrentiel et l'établissement des coûts par opération ouvrent la voie à de nouvelles possibilités. L'établissement des coûts par opération diminue les erreurs lors de la répartition des frais fixes dans les systèmes habituels de coûts. Actuellement, de nombreuses entreprises répartissent ces frais en fonction des temps de production et des matières consommées, contrairement aux pratiques qui les répartissent en fonction de la main-d'œuvre.

Les mesures traditionnelles, comme le temps d'utilisation de l'équipement, la main-d'œuvre, les écarts de coûts ne sont pratiquement plus utilisées. Elles ont été remplacées par :

- les temps de mise en production ;

- l'inventaire ;

- la disponibilité des processus ;

- le taux de rejets ;

- la mesure d'éléments concernant les matériaux ;

- le temps moyen de fonctionnement entre défaillances ;

- les indices de capacité ;

- la variabilité ;

- le temps de mise en marché ;

- les délais de livraison au client.

Les nouvelles mesures concernent la qualité, les coûts, les délais et les temps.

■ LE CAS DE MOTOROLA

En mai 1974, Motorola a vendu sa division télévision à Matsushita Electric Industries of Japan (MEI) pour 108 millions de dollars. Pour gérer ces nouvelles acquisitions, MEI créa la Matsushita Industrial Company (MIC) qui devint sa filiale américaine de fabrication. MIC se mit rapidement au travail avec l'aide d'un groupe conseil dont le nombre de membres ne dépassa jamais trente et entreprit de restructurer sa nouvelle filiale. Au moment de la vente, Motorola possédait trois usines aux environs de Chicago qui fabriquaient des postes de télévision. De très nombreux échelons hiérarchiques les dirigeaient : chaque fonction avait son vice-président et chaque secteur, son directeur, soit un total de 18 hauts dirigeants. Pour augmenter la qualité des produits et améliorer les profits, MIC prit les mesures suivantes :

1. La fermeture de deux des trois usines.

2. La relocalisation du développement des produits au Japon où ce développement était déjà en cours.

3. L'élimination de certains niveaux de direction et d'activités fonctionnelles non indispensables.

4. L'achat de nouveaux équipements de production et de manutention pour une somme de 9 millions de dollars.

5. L'achat de composantes auprès de fournisseurs japonais dont la qualité des produits était plus stable que celle des producteurs américains.

6. Le passage d'une production à la chaîne sur bande transporteuse à une production à flux libre (avec transporteur tampon).

7. La création d'un programme montrant l'intérêt de la direction pour ses employés et sa réceptivité devant leurs besoins.

8. La nouvelle conception des produits afin de réduire de façon significative le nombre de plaintes et de faciliter la production.

MIC obtint des résultats étonnants :

- une forte augmentation de la motivation des employés ;

- la réduction de presque 40 % de la main-d'œuvre indirecte ;

- la diminution des frais annuels de garantie, qui sont passés de 22 millions de dollars à 3,2 millions ;

- les rejets de production passant de 14 % à moins de 6 % ;

- la productivité par employé en augmentation de 30 % ;

- la productivité plus que doublée (changement de processus, de fournisseurs et de conception des produits) ;

- les reprises et les déchets diminuant de 75 %.

Lorsque nous avons visité l'usine et parlé aux dirigeants et aux employés, nous avons constaté un climat de confiance et d'engagement, et une attitude recherchant l'excellence chez tous les membres de l'équipe du MIC. Ils étaient fiers de leurs réalisations, du travail en équipe et de leur engagement.

Voici en tout cas une leçon douloureuse pour un géant du secteur de la télévision, qui a été un chef de file lors des premiers développements de la télévision.

■ EN RÉSUMÉ

Toute entreprise, banque, hôtel ou constructeur automobile, possède des processus de production. Il est essentiel que les entreprises connaissent les processus que leurs clients considèrent comme critiques et qu'elles les améliorent continuellement. Traditionnellement, le secteur de la production a orienté ses efforts vers ce type de processus. Malheureusement, les entreprises du secteur des services ont mis du temps à comprendre que ces processus non seulement peuvent être contrôlés, mais doivent l'être si elles veulent rester compétitives au XXIᵉ siècle.

Voici comment les trois types d'entreprises abordent la conception de leurs processus et les implantent.

Le cycle d'un nouveau produit

- *Entreprises perdantes* : une activité effectuée en série par les diverses fonctions concernées, chacune s'enchâssant dans le travail de la fonction précédente.

- *Entreprises survivantes* : le personnel de fabrication participe au processus de conception pour s'assurer des possibilités de fabrication.

- *Entreprises gagnantes* : un processus ouvert où les mêmes employés conçoivent à la fois le produit et le procédé de fabrication. L'équipe qui est à l'origine de la conception du produit reste active jusqu'à la qualification du produit chez le client.

La qualification du processus

- *Entreprises perdantes :* aucun processus officiel.

- *Entreprises survivantes :* elles s'intéressent essentiellement aux possibilités du processus. Si le processus ne peut atteindre un indice de capacité de 1,0, elles renforcent les vérifications pour permettre la livraison au client.

- *Entreprises gagnantes :* elles obtiennent la compatibilité des processus à l'échelle mondiale en certifiant tous les éléments du processus ainsi que les essais de qualification. Elles s'assurent en permanence de l'interchangeabilité des produits qui proviennent de différentes usines et qui sont utilisés tout au long du processus.

Les contrôles des processus

- *Entreprises perdantes :* les vérifications lors des expéditions constituent le principal contrôle de qualité. Habituellement, le service du contrôle de la qualité effectue ces vérifications.

- *Entreprises survivantes :* la direction et les services de l'ingénierie utilisent les cartes de contrôle des processus pour détecter les tendances. Des employés du service du contrôle de qualité ou de la production effectuent les mesures.

- *Entreprises gagnantes :* les employés mettent à profit le contrôle statistique des processus pour détecter les tendances et les corriger. Ils disposent de l'autonomie nécessaire pour résoudre les problèmes au fur et à mesure qu'ils se présentent et peuvent solliciter l'aide de la direction et de l'ingénierie s'ils la jugent nécessaire.

Le contrôle de la qualité

- *Entreprises perdantes :* les inspecteurs de la qualité représentent 10 % de la main-d'œuvre. Ces entreprises s'assurent essentiellement de la qualité en la vérifiant aux endroits clés.

- *Entreprises survivantes :* les employés de production procèdent eux-mêmes aux vérifications et sont responsables de la qualité de leur travail.

- *Entreprises gagnantes :* le service de l'assurance qualité a la responsabilité de conduire des audits à tous les niveaux de l'entreprise. Il est responsable du respect de toutes les procédures.

L'automatisation

- *Entreprises perdantes :* pas ou peu d'automatisation.

- *Entreprises survivantes :* elles automatisent pour réduire les coûts de la main-d'œuvre.

- *Entreprises gagnantes :* elles automatisent pour améliorer la qualité des produits et réduire la monotonie du travail. Elles accordent la priorité au réglage rapide des machines.

La conception des processus de production

- *Entreprises perdantes* : production de masse et fabrication par activités successives.
- *Entreprises survivantes* : conception basée sur le juste-à-temps et la fabrication par lots.
- *Entreprises gagnantes* : conception de la production à flux poussé (fabrication par cellules autonomes).

Les caractéristiques des gagnants

- Ils implantent la dose convenable de technologie et d'automatisation.
- Ils pratiquent l'ingénierie concourante.
- Leurs processus ont un indice de capacité de 1,4.
- Ils recherchent l'innovation.
- Ils améliorent la fiabilité de leurs produits et de leurs services.

Chapitre 12

L'excellence des processus de services :

comment combler vos clients

Par
Craig A. Anderson
Chuck Bayless
James S. Harrington
M. Melanie Polack
et
William D. Wilsted

Les entreprises ont trois fois plus de chances de perdre un client pour un mauvais service que pour un mauvais produit.

H. JAMES HARRINGTON

■ INTRODUCTION

L'important, c'est de rendre les enfants heureux. Peu importe
le vendeur de jouets. N'est-ce pas ?

PÈRE NOËL, 1947

Lors des fêtes de fin d'année, les spectateurs du monde entier assistent à un remarquable exemple de qualité dans le secteur des services. La qualité ne se trouve pas dans les séminaires, les salles de classe, les livres ou les salles de conférence, mais dans les salles de cinéma de répertoire et dans les films de fin de soirée à la télévision. Un exemple de cette qualité de service serait le film de George Seaton « Miracle sur la 34e Rue », qui met en vedette Maureen O'Hara, John Payne, Natalie Wood et Edmund Gwenn dans le rôle de l'inoubliable Kris Kringle.

Ce film est intéressant, car, dans le scénario, Macy's engage le vrai père Noël pour jouer son propre rôle dans son magasin de New York. Lorsque les parents lui confient leurs problèmes financiers, le père Noël leur propose des solutions, même d'aller acheter le jouet dans un autre magasin ! Cette préoccupation débordante des besoins du consommateur peut paraître néfaste pour Macy's, mais en fait, elle sert ses intérêts. En aidant ses clients, ce grand magasin a su obtenir leur respect et leur confiance, et les a ainsi fidélisés.

Bien sûr, cet exemple a été imaginé par les producteurs d'Hollywood. En réalité, le père Noël a été un acteur embauché par un studio, et non par Macy's. C'est néanmoins une bonne illustration des entreprises qui considèrent que le client est la personne la plus importante en affaires.

Peut-être que les dirigeants de Macy's auraient dû prendre cet exemple plus à cœur, car c'est ce type de préoccupation du client qui a permis à Nordstrom ainsi qu'à d'autres excellentes entreprises de services de se hisser aux premières places de leur secteur.

■ QU'EST-CE QU'UNE ENTREPRISE DE SERVICES ?

Toutes les entreprises offrent des services à leur clients, même celles qui fabriquent des produits bien « palpables », comme U.S. Steel, GM, Ford et Boeing. La raison d'être de ces entreprises n'est pas de produire des objets, mais d'offrir des services. Le vrai but de Ford n'est pas de construire des Mustang, mais de permettre à ses clients de se déplacer d'un endroit à un autre avec le minimum de dépenses énergétiques. Tout producteur de biens matériels possède invariablement quelques processus de services qui ne produisent aucun extrant pour ses clients, et ceux-ci sont peut-être plus nombreux qu'il ne le pense. C'est pour cela que toutes les entreprises peuvent profiter des techniques utilisées par les meilleures entreprises de services.

Le dictionaire *Webster* définit le service comme une « contribution au bien-être d'autrui » et comme un « travail utile qui ne produit aucun bien matériel ». Ces deux définitions font ressortir que l'industrie des services est l'un des principaux acteurs dans le monde des affaires aux États-Unis et dans le monde.

Élargissons le champ d'action des deux définitions précédentes. Voici notre définition : « Un processus de services est un processus dont la contribution principale au bien-être d'autrui est de produire un bien immatériel. »

Cette définition s'applique à des entreprises comme Nordstrom. Même si elles produisent des biens matériels (vêtements), elles se distinguent dans leur secteur par les excellents services qu'elles offrent à leurs clients.

Les processus de services se démarquent ainsi des processus de fabrication par le transfert d'une entité immatérielle entre un fournisseur et un client. En considérant les problèmes que posent les processus de services, nous constatons des différences marquées entre les deux types de processus.

■ L'IMPORTANCE DES INDUSTRIES DE SERVICES DANS L'ÉCONOMIE AMÉRICAINE

On l'a souvent répété : les États-Unis sont en plein changement. Nous passons de l'ère de production à l'ère des services, tout comme nous avons évolué d'une économie basée sur l'agriculture à une économie de production. En fait, quelques simples chiffres nous montrent que nous avons déjà atteint l'ère des services.

Les industries de services emploient de loin le plus fort pourcentage de notre main-d'œuvre. Actuellement, elles mobilisent 75 % des emplois aux États-Unis et, selon les prévisions, ce chiffre atteindra la valeur phénoménale de 88 % en 1999.

Le secteur gouvernemental, à l'échelle nationale, des États, des comtés et des localités, est le secteur qui comporte le plus d'emplois. C'est évidemment un secteur de services. Vient ensuite l'agriculture, puis un autre secteur de services : les soins de santé.

Comme les services englobent deux des trois plus importants secteurs économiques, il est évident que les industries de services dominent l'économie actuelle. Cette prédominance ne se retrouve pas seulement aux États-Unis, mais presque partout dans le monde. Les industries de services emploient actuellement la plus forte partie de la main-d'œuvre mondiale. Par exemple, aux États-Unis et au Japon, les industries de services rapportent 60 % du produit national brut (PNB).

■ LES SERVICES : LE PROBLÈME N° 1 DES ÉTATS-UNIS

Nous continuons de fermer notre industrie lourde et nos usines de production ; aussi comptons-nous de plus en plus sur les services pour assurer notre avenir. Dans le passé, nous avons consacré énormément d'efforts à améliorer la qualité et la productivité dans les industries de fabrication : il est maintenant essentiel d'investir autant d'efforts dans les entreprises de services.

Les économistes se sont plu à accuser les industries de fabrication, comme l'industrie automobile et les aciéries, de n'avoir pu suivre la qualité et la productivité de leurs concurrents étrangers, les Japonais, par exemple. En fait, l'employé le moins doué des chaînes de montage de Ford commet moins d'erreurs que la plupart des économistes.

Alors qu'il est relativement facile de remarquer un défaut dans un produit, relever une erreur dans un service est bien plus difficile. Ainsi, chez Ford, quand la production ne respecte pas les caractéristiques, les conséquences apparaissent rapidement : les pièces fabriquées ne s'ajustent plus les unes aux autres. Mais comment trouver la cause exacte d'un mauvais service dans un hôpital ? Comment un patient peut-il juger s'il a reçu de bons soins ?

L'une des principales raisons pour lesquelles les produits ont accaparé tous les processus d'amélioration réside dans cette différence de nature entre les services et les produits. Durant les 15 dernières années, nous avons considérablement amélioré les activités de production. Au cours des années 80, la productivité du secteur industriel a progressé de 34 %. Malheureusement, durant la même période, la productivité des industries de services n'a guère évolué.

Si cette productivité avait suivi celle de la production durant cette période, les impôts générés auraient permis de rembourser l'intégralité de notre dette fédérale. Cela représente une somme astronomique, mais que l'on peut admettre facilement puisqu'elle correspond à une amélioration de 34 % d'un secteur qui représente les deux tiers de notre économie.

Pour illustrer ce qui s'est passé, prenons l'exemple des banques. À la fin des années 70, six des plus grandes banques mondiales étaient des banques américaines. Aujourd'hui, la première banque américaine est reléguée à la vingt-cinquième place. En classant les banques en fonction des actifs qu'elles contrôlent, nous retrouvons 8 banques japonaises dans les 10 premières banques mondiales. Et Fuji Bank and Trust est la banque américaine la plus productive !

Alors que les entreprises de fabrication mettaient tout en œuvre pour obtenir le « zéro défaut », les entreprises de services affichaient des critères de qualité absolument lamentables. On en trouve de nombreux exemples dans les entreprises gouvernementales : les services téléphoniques du ministère du Revenu transmettent des informations fausses 38 % du temps ; deux millions de gens ont été oubliés lors du dernier recensement ; en se trompant de classification dans ses listes informatisées, le *Federal Financial Help* Program a accordé 18 millions de dollars en trop à une municipalité.

Pourquoi les processus de services doivent-ils être différents ?

Les processus de services possèdent certaines caractéristiques propres qui les différencient de ceux de la production. Les voici :

1. Les services sont immatériels. Ils ne peuvent être mesurés, vérifiés et testés avant livraison.

2. Les services reflètent les idées des fournisseurs.

3. Une occasion manquée ne peut être rattrapée.

4. Le client fait partie du processus.

5. Il est impossible de retourner un service comme on le fait pour un produit.

6. Il faut terminer les activités de l'assurance qualité avant de livrer le service. On ne peut inspecter la qualité d'un service.

7. Le nombre de participants au service augmente les risques de mécontentement du client.

Le plus grand dilemme des processus de services

Contrairement aux processus de production, dans les processus de services la qualité et la productivité sont souvent incompatibles. Nous avons tendance à nous préoccuper de la qualité des services aux dépens de la productivité. Vouloir offrir un excellent service à ses clients tout en essayant de satisfaire davantage de clients par employé met l'entreprise dans une situation de type « Catch 22 ». Croire que haute qualité s'oppose à forte productivité en services semble justifié une fois que les erreurs ont été corrigées, mais c'est faux.

En travaillant chez Waldenbooks, je me suis retrouvé un jour aux premières loges d'une situation « Catch 22 ». Le gérant avait donné deux directives à ses employés : satisfaire pleinement les clients et avoir les rayons de livres bien garnis en tout temps. En d'autres termes, il fallait choisir entre la qualité et la productivité.

À l'instar de mes camarades de travail, j'ai rapidement découvert qu'en obéissant à la première directive, au bout d'une demi-heure, je pouvais trouver le livre de zoologie recherché, ce qui me mettait en retard pour la deuxième directive et diminuait ma productivité. Par contre, lorsque nous étions en retard pour exposer les nouveaux livres et qu'il fallait augmenter notre productivité, le service aux clients laissait fortement à désirer.

Non seulement chez Waldenbooks, mais dans toutes les entreprises de services au monde, obtenir à la fois une haute qualité et une forte productivité est le problème le plus important à résoudre. Quelle que soit l'entreprise de services, elle aura toujours un aspect production. Chez Waldenbooks, c'est exposer les livres sur les étagères ; à la Chase Manhattan Bank, encaisser les chèques ; chez British Airways, s'occuper des bagages. Il y a toujours un aspect « chaîne de montage » dans toute entreprise.

C'est cet aspect qui entraîne les problèmes, car les clients sont des personnes, et non des produits, et ils souhaitent qu'on les respecte. Les clients veulent à la fois qualité et productivité. Le problème vient du fait qu'ils les exigent uniquement quand ils peuvent en profiter. Vous voulez que le préposé à la réservation de votre compagnie aérienne prenne le temps nécessaire pour satisfaire toutes vos demandes (qualité), mais vous voulez aussi qu'il accélère le passage des clients qui attendent avant vous (productivité).

Dans d'autres cas, vous souhaitez même différents niveaux de qualité et de productivité selon ce qui vous arrange. Chez Victor, à San Francisco, je souhaite passer une soirée tranquille à dîner, alors que je m'énerve chez Jack in the Box, à Los Gatos, si je dois attendre plus de 10 minutes pour être servi.

En examinant ces exemples, il est clair que les dilemmes dans les entreprises de services résultent des difficultés associées à la qualité et à la productivité. Les entreprises de services qui réussiront seront celles qui trouveront le bon équilibre entre ces deux éléments selon le client.

■ LES CARACTÉRISTIQUES DES SERVICES

Étant donné la grande diversité des entreprises de services, il faut s'attendre à éprouver des problèmes très variés lors de l'amélioration des services. Dans chaque secteur de services et pour chaque client, l'entreprise devra posséder quelques traits particuliers qu'elle devra soigner particulièrement pour rester compétitive. Ces traits ne sont certainement pas les mêmes pour Delta ou American Airlines et Safeway ou Wal-Mart.

En gardant cela en mémoire, nous pouvons voir que les entreprises qui recherchent la qualité dans leur service devront considérer au moins cinq éléments principaux :

1. Posséder des points de contact conviviaux : les clients de la Bank of America souhaitent des guichets automatiques dont ils peuvent apprendre le fonctionnement rapidement. De façon générale, nous souhaitons que les services soient d'un accès et d'une utilisation faciles.

2. Assurer la formation de leurs employés : les clients n'aiment pas avoir en face d'eux quelqu'un qui ne maîtrise pas le service qu'ils exigent.

3. Mettre sur pied et maintenir une entreprise orientée vers le client externe : cela signifie que tous les employés ne doivent pas uniquement satisfaire les clients de leur mieux, mais également agir de façon à mettre en valeur leur entreprise.

4. Réduire les temps de réaction : pour conserver vos clients, vous devez les satisfaire le plus rapidement possible.

5. Avoir des employés autonomes : la structure des entreprises doit permettre aux employés qui côtoient les clients de résoudre les problèmes au fur et à mesure qu'ils se présentent.

■ UNE CLASSIFICATION DES ENTREPRISES DE SERVICES

Bien que notre définition d'une entreprise de services, même suffisamment large, ne facilite pas la classification de toutes ces entreprises, la majeure partie d'entre elles appartiennent à l'une des huit catégories suivantes. On divise souvent ces huit catégories en sous-catégories :

- le tourisme ;
- les soins de santé ;
- les services financiers ;
- la restauration ;
- la vente au détail ;
- les spectacles ;
- les services publics ;
- le gouvernement.

Bien que ces huit secteurs soient tous essentiels à la vitalité de notre économie, nous n'aborderons que trois de ces catégories pour ne pas alourdir le texte. En les choisissant très différentes, nous verrons en détail comment améliorer nos processus de services.

■ LA QUALITÉ DANS LES INSTITUTIONS FINANCIÈRES (PAR WILLIAM D. WILSTED)

Par leur taille et par leur présence, le secteur bancaire joue un rôle essentiel dans le fonctionnement de l'économie en tant que garant des paiements. Les actifs des 11 360 banques commerciales aux États-Unis totalisaient 3 477 milliards de dollars à la fin de 1992 (1). De plus, tout adulte et presque toutes les entreprises des États-Unis font appel aux services offerts par les institutions financières. C'est pourquoi il est important de passer en revue les possibilités d'amélioration et de discuter des techniques à mettre en œuvre dans cet exposé relatif à la gestion totale de l'amélioration des institutions financières.

Les principaux problèmes des institutions financières

Actuellement, ce secteur fait face à des défis qui marqueront son histoire. Les banques commerciales viennent de traverser les années les plus difficiles depuis la Dépression : elles émergent des années 80 avec des gains qui ne cessent de décroître, avec un nombre record de faillites et les changements économiques sans précédents des « déréglementation et reréglementation ». Le sort de la Loan and Savings a été un scandale national. Bien avant les banques, les entreprises de courtage ont également eu leur lot de difficultés, ce qui a entraîné de nombreuses acquisitions, fusions, associations et faillites. À présent, de nombreux experts estiment que c'est au tour des compagnies d'assurances d'être secouées par des difficultés financières semblables à celles auxquelles les banques et les entreprises de courtage eurent à faire face.

Bien que des causes très différentes soient à l'origine de ces difficultés, très peu d'entre elles sont communes aux différents secteurs financiers. Parmi ces causes, nous retrouvons une réglementation différente d'un secteur à l'autre, le chaos dans les rapports profit/coût traditionnellement stables, des systèmes de distribution qui ne peuvent concurrencer les coûts d'autres secteurs, une surcapacité responsable d'une concurrence effrénée ainsi que les profits en chute libre qui en résultent. Le besoin d'amélioration de toutes les activités est omniprésent dans ces secteurs, depuis les processus mettant en jeu les relations avec les clients jusqu'aux activités internes les plus obscures.

La comparaison avec les industries étrangères du même secteur

Bien que traditionnellement la réglementation ait protégé les marchés des services financiers contre la concurrence, les barrières correspondantes commencent à tomber. Actuellement, plus de 25 % des actifs des banques de Californie sont contrôlés par des banques étrangères et la concurrence mondiale fait une apparition accélérée dans les marchés financiers « protégés ». Très souvent, les concurrents étrangers profitent de certains avantages sur les marchés américains, dont ne profitent pas les institutions américaines. Par exemple, ils accèdent plus facilement au marché américain que les institutions américaines aux marchés étrangers, ceci souvent à des coûts moindres que ces dernières ; ils profitent de la coopération avec leurs propres gouvernements et de relations clients-fournisseurs qui favorisent leurs activités sur le territoire américain. Des différences d'organisation désavantagent également les institutions américaines. Ainsi, de nombreuses banques étrangères peuvent offrir des services d'assurances et de courtage sans intermédiaire et sont autorisées à accorder des prêts aux entreprises dont elles possèdent des actions. Un exemple : selon certaines informations, la Deutsche Bank posséderait 28 % des actions de Daimler Benz, ce qui serait illégal pour les banques américaines.

Les tendances en qualité et en productivité et leurs mesures

La qualité et la productivité sont deux facteurs importants pour les services financiers et pour les banques. Ces secteurs ont une tradition d'exactitude et de fiabilité. Mais en tout temps, elles n'ont guère été à la hauteur de celles des secteurs de production dans le développement des mesures et dans les techniques d'amélioration. Leurs méthodes de mesures sont relativement grossières ; elles sont conçues pour évaluer le fonctionnement et ne sont guère orientées vers les besoins et les attentes des clients. Pour la majorité des banques, la mesure de la productivité s'arrête à la détermination de grandeurs très générales, tels le montant en dollars des dépôts par client ou par employé ou le nombre d'erreurs par mille opérations effectuées. Et jusqu'à très récemment, elles se contentaient d'améliorer leur qualité par des vérifications et par la réduction des erreurs internes.

L'état actuel des activités d'amélioration

Les efforts effectués pour améliorer la qualité et la satisfaction du client évoluent actuellement de façon spectaculaire. L'enquête *A Survey of Quality Practices in Banking* effectuée par Williams D. Wilsted a révélé que :

a) moins de 20 % des banques américaines (au total plus de 12 000) avaient entrepris un programme officiel visant la qualité et la satisfaction du client ;

b) la majorité des cent plus grandes banques avaient adopté un tel programme, mais son ampleur, son champ d'action et sa complexité variaient fortement d'une banque à l'autre ;

c) les banques qui avaient lancé très tôt ce programme commençaient à le réorienter, des activités internes vers les relations avec les clients ;

d) certaines banques possédaient des programmes de mesures bien structurés, des processus de prise en compte des plaintes ainsi que quelques autres activités plus limitées ;

e) moins d'une douzaine de banques possédaient des systèmes de gestion totale de la qualité (GTQ) ;

f) seules quelques-unes avaient mis en place des systèmes détaillés de GTQ et souhaitaient présenter leur candidature au *Malcolm Baldrige National Quality Award*.

Les 8 stratégies de la qualité

Dans une autre étude, *Eight Quality Strategies* (3), William D. Wilsted a caractérisé huit stratégies mises en œuvre dans le secteur bancaire. La qualité de leurs implantations variaient fortement : certaines étaient superficielles ; d'autres, très complètes. Toutes les activités d'amélioration tombaient dans l'une ou l'autre des huit principales catégories :

1. **Une forte motivation :** former des représentants très motivés. Cette approche de la qualité risque de n'être efficace qu'à court terme si cette stratégie est la seule utilisée, mais elle est essentielle à toutes les activités de qualité réussies à long terme.

2. **La revendication de la qualité :** annoncer publiquement la qualité sans faire quoi que ce soit pour l'obtenir. Il est assez surprenant de constater que les institutions qui mettent en œuvre cette stratégie prétendent posséder la qualité.

3. **La technologie :** mettre à profit la technologie, la simplification des activités et de leur enchaînement, instaurer des procédures hautement routinières pour réduire les erreurs humaines.

4. **L'apaisement et la satisfaction du client**: éliminer tous les aspects négatifs des affaires qui sont l'objet de plaintes ; par exemple, le raccourcissement des files d'attente, la prolongation des heures d'ouverture, l'installation de lignes téléphoniques et de guichets rapides, l'aménagement de salles d'attente, etc.

5. **La réponse aux plaintes**: mettre l'accent sur la réponse aux plaintes plutôt que sur la correction des erreurs ou l'amélioration du service.

6. **La qualité garantie**: promouvoir un service de qualité en garantissant la satisfaction du client. Nous voyons de plus en plus l'annulation des frais de transaction ou le remboursement en espèces. Notre étude démontre que les banques qui garantissent la satisfaction ne remboursent que l'équivalent de 0,5 % des montants de leurs comptes.

7. **La discrimination de la qualité**: en tenant compte de la règle des 20-80, n'implanter les améliorations précédentes que pour des clients particuliers (en commençant par les plus riches).

8. **Une culture de la qualité**: l'approche la plus efficace de la qualité. Elle fait appel à toutes les stratégies précédentes et met en œuvre une organisation qui permet d'obtenir la qualité et de la conserver.

Une mise à jour de ces 8 stratégies

En 1990, une mise à jour de *Eight Quality Strategies* (3) a révélé quelques faits intéressants mais non surprenants :

1. Ceux qui mettent en pratique la stratégie de la culture de la qualité (n° 8) la désignent maintenant par gestion totale de la qualité.

2. Bien que les institutions qui ont implanté une ou plusieurs des huit stratégies aient proclamé rapidement leur réussite en 1987, elles peuvent difficilement prouver qu'elles ont maintenu les profits initiaux obtenus par les stratégies 1 à 7 sur une période de trois ans.

3. Seule la gestion totale de la qualité (stratégie n° 8) a entraîné un avantage compétitif continu sur une période de trois ans.

Les conclusions de cette mise à jour prouvent la valeur de la gestion totale de la qualité.

Les données de la *International Quality Study* (4) montrent que seul un faible pourcentage des banques participantes (54 des plus importants centres financiers américains, régionaux ou nationaux) avait utilisé les outils de base de la qualité.

Nous pensons que d'autres secteurs des services financiers suivent l'exemple des banques et implantent des programmes structurés d'amélioration : la majorité d'entre eux se contentent d'un minimum d'efforts alors que quelques rares institutions, dans chaque secteur, s'efforcent d'atteindre la qualité de calibre international.

Comment les institutions s'améliorent

Le manque d'intérêt pour la qualité et l'amélioration qui caractérisait les années 80 évolue actuellement de façon spectaculaire. Le *Banking Industry Reports* (5), extrait de *The International Quality Study* (IQS), révèle les diverses facettes de l'amélioration des banques. L'IQS a réuni les informations montrant la volonté de changement des banques pour les trois prochaines années. Voici quelques-unes des prévisions principales :

- L'accent sera mis davantage sur la qualité : celle-ci a priorité sur la réduction des coûts et sur le respect des échéanciers.

- Les efforts consacrés à la fiabilité, au rendement, à la simplification, aux temps de réponse et à la faculté d'adaptation des produits seront approximativement doublés.

- Les banques estiment que leur réputation dépendra essentiellement de la qualité.

- Les probabilités d'atteindre les buts principaux, comme la rentabilité et la fidélisation des clients, seront doublées si l'on met l'accent sur la qualité.

- La qualité sera le facteur dominant des plans stratégiques des banques.

- Même les sections du personnel (par exemple, la section juridique) doubleront leurs efforts en qualité.

Par ailleurs, la *International Quality Study* révèle d'autres tendances de l'évolution des banques vers des produits souhaités par les clients (5) :

- Les banques utiliseront deux fois plus d'outils modernes de marketing pour les biens de consommation, comme les études de marché et les groupes de discussion.

- Les fonctions qui n'ont jamais pris part au développement de nouveaux produits dans le passé feront partie intégrante de ce processus.

- Les clients participeront à la conception des produits internes et aux groupes d'étude des produits.

- Les banques prévoiront les attentes des clients par des études de marché au lieu de les rechercher en analysant les plaintes.

- Le mot d'ordre « Le client a toujours raison », même s'il n'est pas toujours valable (par exemple, dans le cas d'une demande de prêt), sera suivi deux fois plus souvent en tant que démarche essentielle en affaires.

- Les banques mettront à profit tout moyen d'information à leur disposition pour être à l'écoute du client : depuis les enquêtes et les numéros de téléphone 800 jusqu'à l'étalonnage concurrentiel, en passant par les analyses statistiques et les visites à domicile.

Qui sont les clients et quelles sont leurs attentes ?

Presque toute la population adulte, l'ensemble des entreprises ainsi que d'autres organisations constituent la clientèle des banques. À la fois les entreprises et les organisations se raffinent dans la gestion des capitaux. Elles comprennent davantage l'importance du temps pour la valeur de l'argent et se rendent mieux compte de la diversité des produits financiers, des services et de leurs fournisseurs. Dans une autre étude, *Two Sides to Quality* (6) W. D. Wilsted remarqua que très souvent les banquiers (ainsi que d'autres représentants de produits et services) ont du mal à comprendre les attentes de leurs clients actuels ou potentiels. En fait, les données révèlent que dans l'esprit des représentants, la qualité telle que la perçoivent leurs clients est souvent le reflet de leur propre perception des clients (fig. 12.1). Le magazine *Fortune* jugea cette constatation suffisamment intéressante pour la mentionner dans l'article de fond du numéro du 4 juin 1990 (7).

Il est intéressant de noter que les banquiers (et les représentants commerciaux des entreprises de production et de haute technologie) mettent l'accent sur l'efficacité du produit et du service offerts, alors que les clients recherchent davantage une manifestation de l'intérêt qu'ils portent à leurs besoins financiers personnels et à leur personne en tant que client.

Il est évident que les services financiers présentent de nombreux aspects particuliers. La figure 12.2 en mentionne quelques-uns.

Ces différences, ainsi que d'autres, entraînent les efforts d'amélioration vers des voies différentes. Tout d'abord, elles rendent la normalisation encore plus difficile. Ensuite, la compréhension des besoins du client devient plus cruciale que dans le cas d'un produit manufacturé.

Les outils d'amélioration actuellement utilisés et les tendances futures

L'*International Quality Study* est à nouveau le meilleur document qui décrit l'utilisation des outils d'amélioration et les nouvelles tendances. En ce qui concerne les activités d'amélioration, cette étude mentionne que :

- la qualité et son introduction dans les services se généraliseront de façon significative et remplaceront les activités de « dépannage » ;
- la technologie servira à améliorer la qualité mais également à réduire les coûts et à augmenter les profits ;
- les systèmes de traitement et les processus relatifs aux documents, et non les principaux systèmes de comptabilité, profiteront le plus des progrès futurs de la technologie ;
- selon les prévisions, le nombre de techniques d'amélioration des processus administratifs quadruplera ;
- les informations relatives à la gestion de la qualité tripleront ;

- dans l'avenir, de 20 % à 40 % des employés se serviront des outils de base de la qualité ; dans le passé, ce chiffre était de 5 %.

L'*International Quality Study* (9) mentionne également les attentes des banques relativement au perfectionnement de leur personnel :

- une meilleure compréhension de la planification stratégique à tous les niveaux, employés, fournisseurs et investisseurs ;

- une formation poussée en communication multipliée par un facteur de 5 ;

- une autonomie quasi générale des employés dans l'accomplissement de leur travail ;

- la résolution des problèmes de qualité par des équipes dans presque toutes les banques ;

- une réorientation de la gestion vers la qualité, la rentabilité et le travail d'équipe.

Perception de la qualité par les représentants		Perception de la qualité par les acheteurs
± 70 %	Efficacité	± 10 %
± 20 %	Réceptivité	± 20 %
± 10 %	Manifestation de l'intérêt	± 70 %

Figure 12.1 Les deux facettes de la qualité (résultats obtenus par William D. Wilsted)

Produits manufacturés	Services bancaires	Conséquences pour les services bancaires
Matériels	Immatériels	Comparaison difficile entre différentes banques
Durables	Temporaires	Prolifération des produits, combinaisons et permutations des produits
Inventoriables	Consommés à la livraison	La capacité de production doit suivre une forte demande
Impersonnels	Fortement personnalisés	Chaque transaction est presque unique
Normalisation aisée	Normalisation assez difficile	Nécessité d'une formation poussée
Qualité moins influencée par le client	Qualité fortement influencée par le client (transaction entre personnes)	Le client joue son rôle de client, mais agit également sur la réussite de la transaction
Relation émotionnelle faible	Relation émotionnelle forte (aspect financier)	Client très sensible au non-respect de ses attentes

Figure 12.2 Les caractéristiques relatives aux produits et aux services (William D. Wilsted)

Les grandes lignes de l'amélioration d'un processus bancaire typique

L'*International Quality Study* a montré que les banques comptaient utiliser davantage les outils et les paradigmes d'amélioration de la qualité. Deux outils présentent un intérêt particulier : la sous-traitance et les alliances stratégiques. Il est de plus en plus courant pour les banques de sous-traiter les activités de fonctions entières et d'obtenir ainsi un meilleur rendement, des coûts moindres et de nombreux autres avantages.

Regrouper ses efforts pour concevoir la prochaine génération d'équipements et de logiciels informatiques, comme l'ont fait récemment trois grandes banques, est une autre tendance à signaler. En réunissant volume et ressources, ces trois banques planifient exploiter la technologie du futur à un niveau qu'aucun de leur concurrent ne pourra atteindre seul. Encore très récemment, les banques, les investisseurs et le législateur auraient repoussé de telles associations, les jugeant fortement suspectes.

Les informations de l'*International Quality Study* présentent un remarquable ensemble de suggestions d'amélioration en fonction du niveau actuel du rendement de l'institution financière : faible, moyen ou élevé. La figure 12.3 résume ces recommandations.

Les banques en résumé

Les systèmes de traitement des données des banques jouissent d'une solide réputation d'exactitude et de fiabilité. Cependant, jusqu'à la fin des années 80, peu de banques se servaient d'outils d'amélioration de la qualité. Actuellement, il semble que toutes les banques adoptent de plus en plus rapidement la qualité et qu'elles multiplient l'utilisation des techniques d'amélioration à un rythme accéléré. Les récentes allocations en ressources des banques et leur nouvelle orientation permettent de tirer trois conclusions :

1. Les efforts relatifs à la qualité et aux améliorations sont indispensables et non facultatifs.

2. La réussite vis-à-vis des concurrents exige d'autres améliorations essentielles : la diminution des coûts et la satisfaction totale du client.

3. Les outils et les paradigmes de la gestion totale de l'amélioration (GTA) permettent d'obtenir cette diminution et cette satisfaction.

Banques à rendement faible (banques perdantes)	Utilisation des outils de base pour corriger les problèmes fondamentaux des processus de services aux clients, rejet des outils à la mode qui ne règlent pas les problèmes.
Banques à rendement moyen (banques survivantes)	Utilisation des outils d'amélioration pour élever le niveau des processus et mettre au point les activités déjà effectuées correctement
Banques à rendement élevé (banques gagnantes)	Utilisation d'outils avancés pour parfaire les processus et pour prévoir les changements des exigences des clients

Figure 12.3 Les recommandations de l'*International Quality Study* en fonction du rendement actuel

■ LA QUALITÉ DES SERVICES DANS LES SOINS DE SANTÉ
(PAR M. MELANIE POLACK ET CRAIG A. ANDERSON)

Introduction

Vous vous demandez certainement pourquoi ce livre traite de la qualité des soins de santé. La réponse est simple : les soins de santé constituent une partie importante de l'économie des États-Unis et nous concerne tous, nos entreprises, nos organisations ainsi que les budgets de la nation et des différents États. En 1992, les dépenses fédérales en soins de santé ont été de 138 milliards de dollars. Ce chiffre correspond aux dépenses totales de toute la Finlande, pays qui se trouve au 15e rang international pour les dépenses internes totales. Les États-Unis occupent la première place pour les dépenses en soins de santé (751 milliards de dollars en 1991), le Japon venant en deuxième place (223 milliards de dollars) et l'Allemagne en troisième (133 milliards de dollars).

L'augmentation des coûts des soins de santé aux États-Unis présente un défi intéressant pour notre compétitivité sur les marchés mondiaux. Ces dépenses représentent 13,9 % de notre produit national brut et dépassent d'un facteur de 2 les dépenses identiques des pays qui sont nos concurrents sur les marchés des produits et des services (fig. 12.4).

Comme le montre cette figure, ce problème ne fait que croître, car ces coûts continuent leur montée vertigineuse alors que les autres pays les contrôlent. C'est pour cela que l'attention se porte actuellement sur le système des soins de santé et que toute la nation s'intéresse à la réforme de la santé pilotée par le gouvernement fédéral (le plan Clinton).

Nous devons tous contribuer aux efforts de réduction des coûts et d'amélioration de ce système : voilà la raison de cette partie de chapitre. Il est possible d'appliquer aux soins de santé les principes de la qualité exposés ailleurs dans ce livre sans les modifier. Nous nous proposons non seulement d'expliquer la nature particulière des soins de santé, mais aussi de prouver qu'ils doivent subir une amélioration continue. Si la réforme des soins de santé est adoptée, certains encouragements et certains sujets discutés ici risquent de changer considérablement.

La résolution des problèmes de qualité dans les soins de santé est-elle différente de celle des autres organisations ?

On a beaucoup discuté pour savoir s'il était possible d'adapter les démarches de la gestion totale de la qualité aux soins de santé et d'obtenir d'aussi bons résultats que dans les secteurs de production. Dans le secteur des soins de santé, les avis sont partagés. Certains établissements considèrent que la qualité est une mode passagère. Plusieurs ont tenté d'implanter la qualité totale et n'en ont retiré aucun bénéfice, alors que d'autres basent tout leur avenir sur la réussite de la gestion totale de la qualité dans l'administration de leurs soins. Il est essentiel de bien comprendre un certain nombre d'éléments des soins de santé avant d'en discuter.

	1960	1970	1980	1990
États-Unis	5,4	7,5	9,3	12,5
Canada	5,4	7,3	7,4	8,2
Allemagne	4,8	6,1	8,6	8,2
Japon	3,0	4,6	6,5	6,7

Figure 12.4 Les dépenses en soins de santé en pourcentage du produit national brut

Le secteur des soins de santé se compose d'institutions très différentes : les hôpitaux, les centres de convalescence, les regroupements de médecins, les agences de soins à domicile, etc. Les hôpitaux eux-mêmes se divisent en hôpitaux de soins intensifs, hôpitaux spécialisés, hôpitaux universitaires, hôpitaux privés, hôpitaux à but non lucratif, etc. Examinons les hôpitaux à but non lucratif offrant des soins intensifs pour faire ressortir la différence entre les hôpitaux et les autres institutions.

Premièrement. Le statut de société à but non lucratif donne naissance à un état d'esprit particulier. Jusqu'à très récemment, les coûts de ces hôpitaux étaient payés quels que soient leurs montants. Bien que les règles aient changé, ces hôpitaux ne subissent les impératifs concurrentiels d'efficacité et de rendement que depuis peu. Il est évident qu'ils ignoraient les incitatifs économiques auxquels obéissent les organisations à but lucratif.

Deuxièmement. La plupart des soins dont bénéficient les patients sont immatériels. Alors que J. D. Powers octroit les notes dans l'industrie automobile et que des publications du type Consumers Report analysent de nombreuses autres industries, ce sont des critères non mesurables qui président au choix et à l'attribution des soins de santé. Très souvent, la confiance en leur médecin est le seul critère utilisé par les patients pour l'évaluation de la qualité.

Troisièmement. Le personnel des achats dans les hôpitaux, soit les médecins, ne sont pas des employés. Ils commandent des analyses, choisissent les soins et, dans bien des cas, décident du temps d'hospitalisation. Malheureusement, les médecins n'ont aucun intérêt personnel à optimiser leur hôpital et ses ressources. Ils ne sont pas partie prenante. Par conséquent, ce sont des organisations externes, comme les compagnies d'assurances, qui imposent l'établissement des budgets et les ressources.

Quatrièmement. Le patient fait appel aux produits et aux services de l'hôpital à un moment critique de sa vie. Il est malade physiquement et sa santé est sa seule préoccupation. Il est inquiet et craint fortement de prendre de mauvaises décisions. Le contraste entre l'état d'esprit du patient et celui de l'acheteur de biens et services qui décide du moment et du lieu pour agir est frappant. Acheter un poste de télévision, des vêtements ou de la nourriture n'est pas une situation de vie ou de mort, mais plutôt un événement joyeux et planifié.

Cinquièmement. La plupart du temps les hôpitaux desservent un marché local, sans grande concurrence, qu'un nouvel arrivant ne peut pénétrer rapidement et facilement. Les personnes malades souhaitent une hospitalisation proche de leur maison et de leur famille. Ils ont du mal à évaluer la qualité des soins des hôpitaux de leur ville et suivent généralement l'avis de leur médecin. C'est pourquoi les hôpitaux n'ont jamais senti le besoin de se concurrencer sur les coûts ou sur leur valeur. Contrairement aux franchises de la restauration rapide qui apparaissent du jour au lendemain et aux chaînes d'hôtels qui se démarquent de leurs concurrents par une publicité à l'échelle nationale, les patients font confiance aux panneaux bleu et blanc des hôpitaux pour déterminer leur choix.

Nous pourrions continuer à citer d'autres éléments qui distinguent les hôpitaux des autres institutions, la conclusion resterait la même : les hôpitaux occupent une place unique, tout comme toute autre entreprise d'ailleurs. Si la Cadillac Motor Company et le Ritz Carlton peuvent tous les deux remporter le *Malcolm Baldridge Award* alors qu'ils sont totalement différents, pourquoi les hôpitaux ne le remporteraient-ils pas eux aussi ? Une analyse de quelques principes de la qualité aidera à trouver la réponse à cette question.

Les clients des soins de santé

La plupart des dirigeants acquis à la qualité seront d'accord pour affirmer que satisfaire et dépasser les attentes des clients sont les buts essentiels de la qualité. Le concept traditionnel du client évoque des idées claires dans la plupart des esprits : c'est une personne qui achète un bien ou un service mis à sa disposition par une entreprise.

Le concept de client en soins de santé est moins clair. Tout d'abord, la personne qui décide des services à recevoir n'en est pas le bénéficiaire. C'est le médecin qui décide et qui impose le choix de l'hôpital, qui choisit le moment de l'hospitalisation ainsi que les analyses et les services nécessaires. Or, nous avons déjà mentionné que, dans de nombreux cas, le médecin est un agent indépendant qui ne profite pas directement de la qualité et du coût de ces services. En fait, le contexte légal place le médecin dans une situation malheureuse qui lui impose de demander plus d'analyses qu'il n'en faut afin d'éviter des procès pour mauvaise pratique. Cependant, le médecin ne souffrira pas des conséquences de ses décisions. Ce n'est pas lui qui couchera quelques jours de plus dans un lit d'hôpital, qui recevra de nombreuses piqûres de plus ou qui aura le plaisir de goûter plus longtemps à la bonne cuisine d'hôpital !

Dans ce cas, le patient est-il plus qu'un simple client ? Il est en tout cas le bénéficiaire des services hospitaliers. Cependant, il n'a aucune compétence pour évaluer s'il reçoit de bons ou de mauvais services. En situation de crise, le patient accepte tout ce qu'on lui prescrit et savoir si ses attentes sont satisfaites ou dépassées n'a plus aucun sens. De plus, le patient ne paie pas directement pour les services qu'il reçoit. Dans la plupart des transactions habituelles, les clients se défont d'une partie de leurs possessions pour acquérir un bien ou un service. Par contre, les patients possèdent généralement une assurance quelconque qui réglera le montant des services reçus.

Le client serait-il alors la compagnie d'assurances, puisque c'est elle qui règle la facture de l'hôpital ? Ces compagnies ont été singulièrement tenues à l'écart des processus des soins donnés aux patients. Cette situation évolue actuellement et de nombreux experts en santé prévoient que dans le futur le meilleur modèle de soins sera une organisation qui, simultanément, gérera les assurances-maladie et donnera les soins.

Le grand nombre de clients complique la conception des efforts visant la qualité dans un environnement hospitalier. Définir clairement les attentes est possible, mais risque d'être une opération contreproductive. Ainsi, la voix du client, la raison principale qui conditionne la plupart des entreprises sensibles à la qualité, n'est guère prise en considération dans les soins de santé.

La mesure de la qualité dans les soins de santé

Les processus de mesure constituent un autre élément important des entreprises recherchant la qualité. Les entreprises de calibre international mesurent leur qualité de façon continue à tous les niveaux. Une évaluation commence généralement par la détermination de la qualité de l'extrant.

Nous avons déjà mentionné que l'industrie automobile devait beaucoup à J. D. Powers pour ses mesures concernant les automobiles. L'information touchant l'extrant a été l'un des plus importants éléments de dissuasion de l'adoption de la gestion totale de la qualité. Les dirigeants de l'industrie des soins de santé prétendent que soigner un malade ne ressemble en rien à construire une automobile. Ils considèrent que chaque malade est différent et qu'il est impossible d'évaluer la réussite d'un traitement par la mesure traditionnelle des extrants. Cette façon de voir prévalait essentiellement lorsque les hôpitaux étaient rétribués pour les coûts qu'ils facturaient. Il n'y avait ainsi aucun avantage à définir des mesures et encore moins à les effectuer.

Vers la fin des années 80, certaines organisations commencèrent à élaborer des mécanismes de plus en plus avancés pour mesurer l'efficacité du processus des soins donnés à un patient. De nombreuses mesures ont alors permis les inspections et les certifications par des agences externes. En particulier, la *Joint Commission on Accreditation of Health Care Organizations* a mis sur pied une inspection complexe que les hôpitaux ont adoptée pour mesurer, suivre et documenter la qualité. En évolution constante depuis les années 50, ce système cherchait le « coupable », c'est-à-dire l'employé dont le travail ne correspondait pas aux normes, et l'obligeait à s'améliorer.

Ce n'est que récemment que les institutions des soins de santé ont constaté les mérites des mesures orientées vers la qualité totale. Elles apprécient ainsi davantage les mesures de la qualité, car elles permettent de réduire les temps d'exécution, de suivre les indices de satisfaction des patients, de diminuer le nombre d'erreurs et d'améliorer d'autres éléments relatifs à la qualité. La qualité voit son champ d'action s'élargir et les mesures sont en train de devenir un élément essentiel des processus des soins de santé.

Le développement des qualités de leadership

La plupart des organisations orientées vers la qualité peuvent faire remarquer aux dirigeants qui ont piloté avec succès le processus de la qualité que leur rôle n'est pas de prendre sur le fait les employés qui travaillent mal, mais de créer un environnement qui les transforme en « héros ». Ces dirigeants ont à la fois la responsabilité et le pouvoir de faire progresser l'entreprise. En général, ils sont secondés par un conseil d'administration actif qui prend à cœur les intérêts de leurs actionnaires.

Comparez cette situation avec celle d'un hôpital ordinaire. Aux États-Unis, le directeur général d'un hôpital reste en moyenne moins de quatre ans à son poste. Bien qu'il ait la responsabilité de diriger un hôpital efficace, généralement il n'exerce que peu d'autorité sur le corps médical, qui, en dernier ressort, décide des dépenses en ressources et des temps d'exécution et qui choisit les fournisseurs des produits. De plus, le conseil de surveillance est souvent composé de personnes qui ne sont pas rétribuées pour leur temps, qui n'ont pas de comptes à rendre aux actionnaires, qui sont engagées dans la vie associative, n'ont aucune connaissance du processus des soins de santé et qui, de toute façon, ne le remettront pas en question.

Ainsi, l'environnement des hôpitaux est moins propice au développement du leadership que l'industrie. Les cadres intermédiaires subissent également les paradigmes traditionnels de gestion et de contrôle. Ils ont été évalués de la même manière depuis des années : en fonction de leur efficacité à produire le nombre requis d'opérations défini par l'importance des budgets (par exemple, un nombre donné d'analyses) et en fonction du nombre d'affrontements avec le corps médical. À mesure qu'apparaissent de nouvelles conceptions du leadership où les dirigeants sont évalués en fonction des progrès de la qualité, de l'accroissement de l'efficacité de leurs équipes et de la création d'un environnement qui permet aux employés de devenir des héros, la qualité des soins ira certainement en s'améliorant.

Les utilisations de la technologie

En ce qui concerne l'amélioration de leurs produits et de leurs services, les entreprises de calibre international dépendent de la synergie entre leurs employés, les processus et la technologie. Cette synergie est remise en question lorsque la technologie progresse plus rapidement que la création d'une culture d'entreprise qui tient compte de l'aspect humain de la qualité et qui est orientée vers les objectifs d'affaires imposés par les processus. Aucune industrie ne fait face à un défi d'une telle ampleur que celle des soins de santé. Les progrès de la technologie des soins évoluent avec une rapidité telle que les institutions sont incapables de les incorporer dans leurs processus et de les suivre financièrement. Une technologie particulière est souvent recherchée par les médecins qui envoient alors les patients dans les hôpitaux où elle est disponible. Parallèlement, cette technologie est exigée par les patients qui, menacés de perdre la vie, apprennent par leurs amis ou par les médias qu'elle est essentielle pour obtenir les meilleurs soins.

Cette tendance à la définition et à l'évaluation des résultats dans les soins de santé exerce également une forte influence sur les technologies de l'information. Les systèmes informatiques hospitaliers ont évolué péniblement, essentiellement parce que les hôpitaux n'ont pas saisi leur importance et parce qu'ils continuent d'attendre des instructions claires des agences de financement externes avant de décider de l'achat d'équipements et de logiciels importants.

Dans l'industrie, les technologies nouvelles ont vu le jour sous la pression des clients. Dans les soins de santé, le caractère scientifique et l'aspect recherche conditionnent les nouvelles technologies, alors que dans l'industrie elles sont inventées, mises en marché et finalement vendues aux entreprises industrielles.

Des progrès technologiques rapides continueront à modeler nos conceptions de la fourniture de services et de la fabrication de produits. Deux éléments seulement agissent sur l'évolution du secteur des soins de santé. Tout d'abord, le processus de soins reste conditionné par des questions d'ordre émotionnel, traitant de la vie et de la mort. Cela favorise une situation où la demande est facilement créée et justifiée. En même temps cependant, l'utilisation grandissante de technologies de plus en plus poussées est, entre autres, fortement responsable de l'explosion des coûts des soins de santé. La technologie permet de garder en vie des enfants de faible poids à la naissance et des personnes âgées fragiles. En tant que membres de la société, nous attachons une forte importance au prolongement de la vie à n'importe quel prix, bien que les coûts technologiques dépassent souvent nos possibilités. Nous dépensons plus de 25 % de tous les coûts de santé dans les six derniers mois de notre vie. Très bientôt, notre société devra choisir entre des progrès technologiques illimités et des ressources financières limitées.

Le cycle d'achat et ses rapports avec la valeur

Quand le besoin de soins se fait sentir, notre décision d'achat repose largement sur les conseils de notre médecin, conseils que nous ne comprenons que rarement et que nous ne discutons presque jamais. Nous « consommons » ou « achetons » ce qu'il nous recommande, au moment choisi par lui et, dans la plupart des cas, nous ne connaissons pas la valeur de notre achat en qualité et en coût (presque toujours, nous supposons qu'elle est bonne). L'absence de processus d'achat rationnel crée un environnement où la qualité est mal comprise et où les institutions ne se préoccupent guère de communiquer la valeur de leurs produits et de leurs services à leurs clients.

Les soins de santé : en résumé

Les résumés de plusieurs chapitres de ce livre mentionnent les stratégies à mettre en œuvre par les entreprises perdantes, survivantes et gagnantes. Nous allons reprendre cette idée, à une différence près. Par suite d'une compétitivité moins marquée dans les soins de santé, à court terme, les institutions « perdantes » ne feront pas faillite si elles ne modifient pas leurs stratégies. À long terme cependant, elles risquent de ne pas survivre. C'est pourquoi les stratégies recommandées aux perdantes devront leur permettre de devenir survivantes et les survivantes de devenir gagnantes. Par contre, si votre institution n'implante pas ces stratégies, elle risque de rétrograder. Voici quelques stratégies extraites de l'*International Quality Study* (4).

Le leadership

*Les entraîneurs capables de schématiser un match
sur un tableau ne manquent pas. Les grands entraîneurs
sont ceux qui se mettent dans la peau des joueurs pour les motiver.*

VINCE LOMBARDI

Dans les institutions de soins, le problème le plus important est de transformer les dirigeants en leaders. À tort ou à raison, les soins de santé ont subi le carcan d'un paradigme qui commence à évoluer rapidement. Ce changement exige la mise en place d'un nouveau modèle qui tient compte des attentes des clients : les patients, les médecins, les compagnies d'assurances et le gouvernement. Le directeur d'un hôpital reste en moyenne moins de quatre ans à son poste : période nettement insuffisante pour développer un leadership soutenu favorisant les activités visant la qualité. Les cadres intermédiaires (chefs de service) devront également devenir de bons leaders et ne pas se contenter d'être de bons gestionnaires. Cet aspect des soins permettra de distinguer clairement les gagnants des perdants.

- *Institutions perdantes :* compte tenu de l'accélération probable du changement dans les soins de santé, les institutions qui conserveront leur style de gestion traditionnel n'auront aucune chance de réussir.

- *Institutions survivantes :* les institutions survivantes apprendront à élaborer une culture basée sur la qualité suffisamment souple pour s'adapter à de nouveaux modèles relatifs aux soins. Ces institutions deviendront la base du nouveau système de soins aux États-Unis.

- *Institutions gagnantes :* les futurs leaders en soins de santé seront des innovateurs : ils modifieront de fond en comble les anciens systèmes des soins de santé pour en faire des modèles intégrés.

La formation

*À 20 ans ou à 80 ans, celui qui n'apprend plus devient vieux.
Celui qui continue d'apprendre reste jeune.
Garder un esprit jeune est ce qu'il y a de plus excitant dans la vie.*

HENRY FORD

Dans les soins de santé, la formation occupe beaucoup trop de place au détriment du leadership et du développement d'une culture. En termes plus précis, le secteur des soins de santé consacre une quantité anormale de son énergie à former son personnel aux outils et aux techniques de la qualité. Il considère presque toujours que formation et amélioration vont de pair.

- *Institutions perdantes :* tout type de formation permettra à des institutions à faible rendement (perdantes) d'atteindre un meilleur niveau de qualité. Une formation en qualité orientée vers le client aura la plus haute priorité. Mais les vraies priorités de ces institutions seront la réorganisation de leurs structures et la formation de leaders. Utilisée seule, la formation ne pourra jamais les extirper de leur dernière place.

- *Institutions survivantes*: elles doivent mettre en place des plans de formation dont les programmes auront été établis avec soin. Elles bénéficieront davantage de cours sur le leadership; les cours facultatifs seront peu nombreux. La formation continue est essentielle si elles souhaitent progresser et devenir gagnantes.

- *Institutions gagnantes*: elles limiteront les cours de formation à leurs dirigeants. Ces cours permettront d'atteindre des objectifs bien précis. Ces institutions ont réussi à consolider les bases de l'organisation de leur entreprise.

Les équipes

Développez un sentiment d'union dans votre équipe,
de dépendance des uns envers les autres,
de force qui dérive de chaque membre.

VINCE LOMBARDI

La plupart des hôpitaux engagés en qualité s'appuient fortement sur le travail d'équipe pour résoudre leurs problèmes. En tout temps, les équipes ont joué, jouent et continueront de jouer un rôle crucial en résolution de problèmes. Il existe de nombreux types d'équipes, chacun d'eux produisant des résultats différents.

- *Institutions perdantes*: les équipes de service ou inter-services ont chacune leur utilité propre. Les équipes de service s'occupent des problèmes fondamentaux des affaires, alors que les équipes inter-services interviennent dans les processus critiques touchant la mission de l'institution. À nouveau, les institutions perdantes considèrent les équipes comme la panacée. Sans aucune autre contribution, elles ne pourront jamais obtenir de résultats.

- *Institutions survivantes*: elles doivent consacrer leurs efforts aux problèmes relatifs aux clients qui sont d'une importance critique pour la qualité des soins.

- *Institutions gagnantes*: elles devraient éviter les équipes de service. De telles équipes ont tendance à consolider les barrières entre les différents services et à éloigner l'attention de l'institution des processus de soins.

L'étalonnage concurrentiel à l'échelle mondiale

Il faut simplifier les choses, non les rendre plus simples
qu'elles ne le sont en réalité.

ALBERT EINSTEIN

On considère généralement l'étalonnage concurrentiel comme une stratégie essentielle pour toute organisation qui veut réussir. Dans son effort de simplification des processus de soins, la recherche des références pour fins de comparaison sera critique. Cependant, l'étalonnage concurrentiel peut se révéler désastreux pour les institutions qui n'auront pas assimilé les conséquences d'une culture basée sur l'excellence.

- *Institutions perdantes :* généralement, les institutions perdantes ne profitent pas d'un étalonnage concurrentiel à l'échelle mondiale, car leurs cultures et leurs processus nécessitent beaucoup trop d'améliorations et de modifications.

- *Institutions survivantes :* les institutions survivantes sont bien mieux préparées à relever les défis relatifs à l'amélioration de leur organisation. L'étalonnage concurrentiel est essentiel pour leur progression. À nouveau, effectuer un étalonnage en dehors de leur secteur n'est guère indispensable pour leur mission, bien que de plus en plus d'hôpitaux moyens se servent d'entreprises étrangères aux soins de santé comme références.

- *Institutions gagnantes :* lors de l'étalonnage concurrentiel, les institutions gagnantes doivent fixer leurs objectifs en s'inspirant des meilleures entreprises ; la plupart du temps, ces objectifs viendront de secteurs extérieurs aux soins de santé. En conséquence, les hôpitaux gagnants devront remettre en question leurs pratiques en innovant et en créant des services qui n'existent pas aujourd'hui.

L'autonomie

> *Ne montrez jamais aux gens comment faire.*
> *Dites-leur ce que vous voulez qu'ils fassent*
> *et vous serez surpris de leurs réactions.*

> GEORGE PATTON

De nombreux experts prétendent qu'un environnement d'employés autonomes est crucial pour atteindre l'excellence. Si cette affirmation est certainement valable pour les institutions évoluées, accorder l'autonomie aux employés dans les hôpitaux exige quelques précautions.

- *Entreprises perdantes :* rendre autonomes certains collaborateurs risque de nuire aux institutions perdantes. Dans les organisations qui ne sont pas structurées en fonction des processus, des employés autonomes risquent d'aggraver le fonctionnement des processus déjà non contrôlés.

- *Entreprises survivantes :* les institutions survivantes risquent de profiter davantage de l'autonomie, mais seulement dans le cas de certains processus de soins bien définis. Des processus qui mettent en jeu la vie des patients exigent des démarches structurées ; l'autonomie ne convient pas sans restrictions à toutes les activités.

- *Entreprises gagnantes :* les institutions gagnantes devraient bénéficier fortement de l'autonomie de leurs employés. Pour créer de nouvelles orientations dans les soins, les employés devront réussir dans leurs innovations.

Comme on peut le voir dans ces comparaisons, il n'existe pas de démarche universelle de la qualité dans les soins de santé. Alors que l'amélioration totale ne semble pas être la solution pour obtenir la meilleure qualité au meilleur coût pour les soins de santé, la stratégie permettant d'y arriver dépend fortement de la performance actuelle de l'hôpital.

■ LA QUALITÉ DU SERVICE DANS LES SERVICES PUBLICS
(PAR CHUCK BAYLESS)

Introduction

Depuis que Thomas Edison a inventé la lampe à incandescence et que les réverbères ont illuminé les coins de rue des centres urbains, les compagnies d'électricité et de gaz n'ont pas subi de période de changement aussi radicale et apparemment aussi menaçante pour leur existence qu'actuellement. L'arrivée massive de nouveaux concurrents à la suite des récentes modifications dans les lois et l'apparition de contraintes environnementales plus sévères sont en train de modifier ces industries de fond en comble.

Pour réussir dans un milieu compétitif en plein changement, ces services publics doivent atteindre deux objectifs critiques. À court terme, ils doivent améliorer leur productivité et leur rendement pour représenter une plus grande valeur aux yeux de leur clientèle ; à long terme, il est impératif qu'ils changent leurs cultures pour prospérer dans leur nouvel environnement. Les services publics ont implanté des stratégies pour relever les défis, les meilleures étant celles qui s'attaquent à la fois à la productivité et au changement de culture. Leur réussite dépend énormément de leur histoire, de leur culture et des stratégies mises en place.

Les éléments qui bloquent les efforts d'amélioration

Traditionnellement, les entreprises d'électricité et de gaz détenaient le monopole de leur service pour un territoire donné et avaient l'obligation de servir tous les clients qui s'y trouvaient. En contrepartie de ce monopole, elles étaient réglementées par les commissions des services publics de chaque État, par des agences fédérales comme la *Federal Energy Regulatory Commission* (FERC) et la *Nuclear Regulatory Commission* (NRC).

Depuis toujours, ces entreprises desservaient un marché captif et protégé dont la réglementation variait selon les États et les circonstances. Certains États favorisaient des tarifs peu élevés pour attirer les industries, d'autres préféraient la fiabilité. Comme leur monopole les mettait à l'abri de la concurrence, souvent ces entreprises s'efforçaient uniquement de satisfaire les commissions régulatrices et d'éviter les publicités défavorables. Dans un environnement qui permettait de fixer les tarifs sans avoir à tenir compte de la concurrence (les tarifs sont déterminés par les agences gouvernementales et non par le marché), elles pouvaient procéder à des améliorations de leurs services en augmentant leurs dépenses. Aussi longtemps que ces dépenses semblaient raisonnables aux commissions et qu'elles ne fournissaient aucune donnée permettant d'évaluer le coût réel des améliorations, elles pouvaient améliorer leurs services en utilisant davantage de ressources plutôt qu'en analysant leurs méthodes de fonctionnement et en les perfectionnant.

Le processus de la réglementation lui-même possédait ses défauts : il n'y avait aucun incitatif à le modifier pour tenir compte de ce qui se pratiquait ailleurs dans le même secteur, car les différences auraient été traitées d'« anormales » et de « non standard ». De plus, tout effort d'amélioration du rendement présente des risques d'échec. Les commissions n'auraient certainement pas accepté les coûts des échecs, et, d'autre part, on risquait de ne pas récupérer le coût des améliorations potentielles (rendement des investissements inférieur aux prévisions). Comme il décourageait lui-même la prise de risques et comme les avantages des améliorations étaient minimes, le système de la réglementation a mis en place une industrie caractérisée par la stabilité et par une faible prise de risque.

Peu d'entreprises de services publics tiennent leurs dirigeants responsables des résultats. La plupart des gestionnaires sont toujours évalués et récompensés essentiellement en fonction du respect des budgets. Les mesures de productivité varient considérablement d'une entreprise à une autre. Quelques rares entreprises gèrent leur main-d'œuvre de façon relativement rigoureuse avec un bon suivi des activités et une bonne documentation sur leur productivité. Cependant, une telle situation constitue une exception plutôt que la norme. Cette absence de mesure de productivité et de rendement des processus est partiellement due à des pourcentages de profits qui étaient fixés d'avance par les commissions. Pour conserver leur sécurité et maintenir la constance des dividendes, ces entreprises ont dû se serrer la ceinture à intervalles réguliers. Un été et un hiver doux accompagnés d'une faible demande en énergie entraînaient souvent des compressions en fin d'année afin de maintenir les dividendes. Des investissements qui dépassent considérablement les prévisions entraînaient également des compressions budgétaires. De façon générale, la croissance était prévisible et les commissions suffisamment complaisantes pour que les entreprises n'aient pas à contrôler rigoureusement leurs coûts. De plus, comme de petits épargnants recherchant une croissance stable à long terme et des dividendes assurés constituaient la plus grande partie de leurs investisseurs, la Bourse favorisait ces entreprises aussi longtemps que les taux d'intérêt étaient stables ou en baisse. Ce n'est plus le cas. Les entreprises de services publics se démènent pour réduire leurs coûts et améliorer leur productivité afin de satisfaire la masse changeante de leurs investisseurs.

Ce que désirent les clients

La concurrence se développant, il est essentiel que les compagnies d'électricité et de gaz poursuivent leurs efforts pour satisfaire ou dépasser les attentes des clients. Voici quelques exigences de leurs clients clés :

- La livraison du gaz et de l'électricité en toute sécurité

- Des tarifs raisonnables

- Un dépannage rapide

- Le maintien de la fiabilité

- Un rétablissement rapide du service après une interruption

- Des factures exactes et faciles à comprendre

- Le respect de la propriété des clients

- La livraison d'un courant électrique stable

- Une écoute du client

Ces exigences n'ont pratiquement pas changé depuis 5, 10 ou même 20 ans. Par contre, le client exige à présent l'amélioration de ces divers points. L'arrivée de concurrents sur le marché permet maintenant à ces entreprises d'effectuer des comparaisons et d'évaluer leur rendement : ces comparaisons ne leur sont généralement pas favorables.

Le changement de culture et l'amélioration du rendement

Une main-d'œuvre loyale, une forte culture axée sur le service et la continuité ainsi qu'une présence dans la communauté locale constituaient les forces principales de ces entreprises avant l'avènement de la concurrence. Elles étaient désavantagées par une productivité plus faible que dans les industries concurrentes et une culture qui décourageait la prise de risque et le changement. En présence de la concurrence, les entreprises de services publics se sont retrouvées devant un choix difficile. À court terme, pour soutenir la concurrence, elles doivent améliorer leur productivité ; tout devient une question de compétences et de techniques. Mais pour réussir à long terme, elles doivent modifier leur culture pour s'adapter, prendre des risques et être prêtes à s'orienter vers de nouveaux objectifs. Ce qui revient à remettre en question toutes les normes et les habitudes qui forment la base de ce type d'industrie.

Comment augmenter la productivité, améliorer les temps de réponse et prendre plus de risques sans perdre les forces dont disposent leurs entreprises (la loyauté de leur personnel, les efforts investis dans le service, leur présence dans leur communauté) : tel est le dilemme auquel font face les dirigeants. Ces entreprises se sont lancées dans différents types d'amélioration qui consistent à accélérer ce qu'elles ont déjà effectué dans le passé (par exemple, la réduction des budgets), à effectuer des efforts nouveaux et plus risqués (par exemple, l'étalonnage concurrentiel, la qualité totale, la résolution des problèmes et la réingénierie des processus administratifs) et à réaliser des activités plus douloureuses, comme réduire rapidement leur taille. Les efforts pour améliorer leur fonctionnement se divisent en quatre catégories (qui se recouvrent généreusement) :

- L'amélioration du fonctionnement et la modification simultanée de leur culture

- L'amélioration du fonctionnement par un changement de culture

- L'amélioration du fonctionnement par une prise de décision centralisée traditionnelle et par des projets bien précis

- L'amélioration du fonctionnement par une gestion traditionnelle des budgets et par des techniques de réduction de taille

Nous allons à présent analyser chacune de ces catégories.

L'amélioration continue

Les changements de réglementation touchant les entreprises de services publics sont entrés en vigueur au moment où le concept de la qualité totale commençait à se répandre. Il était alors tout naturel que leurs dirigeants se tournent vers la qualité totale pour faire face aux conséquences de la déréglementation. Comme elle s'adresse à la fois au rendement et aux problèmes de culture, la qualité totale est apparue comme une démarche qui pouvait procurer des avantages à long terme. C'était également la démarche la plus difficile à entreprendre, car la culture et les antécédents de cette industrie ne lui permettaient pas d'acquérir les compétences et les comportements fondamentaux nécessaires. Plusieurs entreprises se sont lancées en qualité totale avec des résultats très variables.

La Public Service Electric & Gas (PSE&G) de Newark, dans le New Jersey, a implanté un programme ambitieux de qualité totale. «Je crois que la qualité totale est le secret pour nous mettre en valeur dans les années 90 », a déclaré Lawrence R. Codey, directeur et pdg. «Elle nous permet d'implanter le changement indispensable à nos affaires si nous voulons relever les défis que pose une industrie changeante et de plus en plus compétitive. La qualité totale a été la stratégie préférée des industries : elle est maintenant devenue une nécessité. »

Dans son programme de qualité totale, PSE&G a :

- mis au point un système d'avant-garde pour mesurer en continu la satisfaction des clients ;

- réaligné toutes ses stratégies, ses plans d'affaires et ses objectifs individuels vers des buts à long terme ambitieux ;

- amélioré l'environnement de travail et les systèmes qui soutiennent les efforts en qualité, introduit la formation et le perfectionnement, consolidé les bases permettant de perfectionner les compétences internes indispensables à la qualité ;

- caractérisé les processus compétitifs clés et jeté les bases nécessaires à l'amélioration continue des processus administratifs ;

- généralisé l'utilisation de l'étalonnage concurrentiel et commencé à comparer l'entreprise aux critères du prix Malcolm Baldrige ;

- motivé tous ses employés à améliorer leur performance.

Codey a ajouté: «Dans l'avenir, PSE&G consacrera des efforts importants au processus de l'amélioration de la qualité: nous reverrons notre manière de travailler, nos relations les uns avec les autres, nos relations avec le monde extérieur des affaires. Nous mettrons au point les outils d'analyse de la qualité pour réaliser nos objectifs d'amélioration continue.»

Depuis six ans, l'Illinois Power (IP) mène une activité *Qualité et productivité* qui se rattache de très près à un changement de culture. «Nous avons augmenté nos efforts pour favoriser une attitude d'"équipe gagnante" chez nos 4 500 employés. Cela correspond à un changement souhaité de notre culture d'entreprise», a annoncé Larry Haab, pdg de IP. «Une équipe gagnante n'est pas difficile à former», a-t-il précisé. «Pour réussir, nous devons susciter un environnement dans lequel les employés à tous les niveaux sont respectés, encouragés à contribuer individuellement à la réalisation de nos objectifs, récompensés adéquatement et reconnus pour leurs mérites.» Les efforts de IP ont tellement bien réussi qu'ils ont été couronnés par le *Edison Award*, prix décerné annuellement à l'entreprise qui a donné l'exemple à toute l'industrie de l'électricité au point de vue fonctionnement, innovation et service à la clientèle. Le programme *Qualité et productivité* comprend les éléments suivants:

- la centralisation des activités reliées au service à la clientèle et réponse téléphonique 24 heures par jour, 365 jours par an à un numéro d'appel sans frais;

- la mise en place d'un système de repérage des avaries dans la transmission et la distribution de l'électricité avec établissement des priorités des interventions;

- la création d'un réseau d'assistance à la clientèle destiné à satisfaire aux besoins particuliers des clients résidentiels;

- le lancement d'un programme au cours duquel des équipes d'employés ont présenté plus de 5 000 suggestions d'amélioration du service à la clientèle et de la rentabilité;

- la participation de tous les employés à un plan de rémunération motivant;

- l'implantation d'un programme de planification de carrière pour les employés;

- la mise en place d'un programme de réingénierie des processus administratifs.

Les tentatives de la Florida Power & Light (FP&L) révèlent quelques-uns des pièges qu'une entreprise de services publics peut rencontrer en qualité totale. Les erreurs de la FP&L pourraient faire l'objet de longs articles: en résumé, cette entreprise a consacré trop d'efforts à décrocher le prix Deming et à créer des groupes de réingénierie. Elle a consacré trop peu d'efforts aux améliorations souhaitées ou obtenues.

Le changement de culture dans les entreprises de services publics

Un certain nombre d'entreprises ont pris conscience que le secret de la réussite du changement résidait dans une modification de la gestion de leurs affaires. Cela signifie changer les normes de travail de leurs dirigeants, leur comportement et, ce qui est encore plus important, les systèmes de récompense et d'évaluation de leurs employés. Cette démarche est certainement très inhabituelle, car elle touche des questions de gestion et non des questions techniques plus communes à ce genre d'entreprise. Accorder autant ou plus d'importance à changer leur culture qu'à améliorer leurs résultats peut également empêcher ces entreprises de maintenir une telle démarche.

Il y a deux raisons pour pratiquer une telle démarche. Tout d'abord, traditionnellement, la gestion simple, les activités et l'importance accordée aux budgets sont tellement bien implantées dans les entreprises de services publics qu'elles ne peuvent réussir le passage vers une gestion axée sur les processus et le rendement sans changer complètement la mentalité et le système de récompense de leurs employés. En effet, en mettant l'accent sur les résultats, le personnel reviendra automatiquement à l'ancienne gestion et empêchera le changement. Ensuite, cette démarche concerne essentiellement le personnel, ce qui fait appel à la loyauté des employés, la force traditionnelle de ces entreprises. Citizen's Gas a pratiqué cette démarche: le livre de David Griffiths, *Quality with a Customer Focus,* raconte sa réussite et son expérience.

La centralisation des efforts

Traditionnellement, les entreprises de services publics ont centralisé fortement leurs décisions et en ont décentralisé l'exécution et le contrôle de l'exécution. Certaines entreprises abordent leur amélioration en implantant ce type de fonctionnement, mais s'aperçoivent très vite des difficultés à obtenir l'appui de leur organisation, ce qui empêche toute réussite dans les changements souhaités. Sans un consensus général, des secteurs décentralisés peuvent bloquer tout effort de changement.

Pour contrebalancer cette tendance, les entreprises font de plus en plus appel à des experts externes pour les seconder dans leurs efforts de changement et mettent en œuvre des techniques d'amélioration avancées comme la réingénierie des processus administratifs, l'étalonnage concurrentiel, etc. Elles essaient d'atteindre les objectifs qui leur permettent de battre la concurrence, mais non de changer leur culture. Changer de culture est généralement un objectif secondaire, quelquefois même inexistant.

Les entreprises de services publics ont réalisé des mesures de comparaison entre elles depuis plus longtemps et de façon plus approfondie que la plupart des autres industries. Comme elles ne subissaient aucune concurrence sérieuse dans le passé, elles divulguaient assez facilement leurs méthodes de fonctionnement. Depuis longtemps, la *American Gas Association*, le *Edison Electric Institute* et le *Electric Power Research Institute* faisaient office de centres de recherche sur les questions touchant la gestion des entreprises de services publics.

L'étalonnage concurrentiel n'examine pas seulement les mesures du rendement, mais aussi le processus des exigences des clients, les processus technologiques et les processus de gestion. Bien qu'utilisé rarement, l'étalonnage concurrentiel se répand de plus en plus, car les entreprises tentent d'égaler leurs concurrents. Cette industrie essaie davantage de connaître les expériences d'entreprises extérieures à son secteur et d'en profiter. Par exemple, l'étude de l'étalonnage concurrentiel touchant le budget et la planification mentionnée précédemment avait tiré profit de la participation d'un nombre approximativement égal d'entreprises appartenant et n'appartenant pas au secteur des services publics.

De nombreuses entreprises avaient également mis sur pied des groupes de résolution de problèmes ainsi que d'autres méthodologies d'amélioration des processus. Bien que ces activités aient entraîné de nombreuses améliorations, les entreprises se sont généralement heurtées à deux types d'obstacles :

1. Le manque de compétences, essentiellement dans le cas des tentatives d'amélioration mettant en œuvre des méthodologies avancées, comme la réingénierie des processus administratifs ;

2. Le comportement : une faible motivation, un suivi inexistant, une mauvaise gestion du changement, etc.

Les compressions

La compression des budgets et la réduction de leur personnel est la dernière stratégie utilisée par les entreprises de services publics. Cette démarche présente un certain nombre d'inconvénients. Tout d'abord, les changements dans cette industrie sont si profonds qu'ils exigent une modification de la conduite des affaires : la conception des processus des services publics doit être entièrement revue ou subir une amélioration. Simplement diminuer les ressources sans modifier les processus eux-mêmes conduit généralement ces entreprises à leur perte. D'autre part, une réduction du personnel est contraire à la tradition d'emplois permanents de ces entreprises, ce qui entraîne une forte diminution de la motivation de leurs employés.

C'est ainsi que la réduction du personnel s'est souvent soldée par des réactions imprévues qui en ont fait perdre tous les bénéfices. Comme les entreprises n'avaient pas repensé les processus qu'elles avaient comprimés, la charge de travail était restée la même. Les avantages des compressions furent uniquement temporaires et les frais généraux se remirent à augmenter après une ou deux années lorsqu'il fallut embaucher du personnel contractuel pour compenser les mises à pied. Réduire son personnel est la réaction immédiate à une réduction de la part de marché, mais de nombreuses entreprises de services publics commencent à se rendre compte qu'elle ne constitue pas la solution dans un environnement en plein changement.

L'industrie des services publics : en résumé

L'écart entre les pratiques actuelles du fonctionnement et de la gestion et les pratiques de gestion indispensables dans un environnement de concurrence est si énorme que tout effort de changement correspond à un défi de taille sujet à un haut risque. L'expérience de qualité totale des entreprises de services publics est très variable ; à de nombreuses exceptions près, elles se sont heurtées à de fortes difficultés pour atteindre les niveaux d'amélioration prévus ou constatés dans les autres industries. Néanmoins, il apparaît très clairement que la réduction des effectifs et les compressions seules ne permettent pas de réussir.

Les entreprises qui ont les meilleures chances de gagner la course aux améliorations sont celles qui mettent en œuvre sans relâche un ensemble de stratégies de réingénierie des processus (de préférence à des efforts d'amélioration de leur différentes fonctions), qui changent à la fois leur conception des affaires et leur culture. Une équipe de cadres qui est non seulement convaincue du changement, mais qui est également prête à risquer son emploi pour le défendre, est l'élément clé de ces efforts gagnants.

Les entreprises qui réussissent élaborent un ensemble de stratégies qui partagent une vision précise de leur part de marché et de ses modifications futures, acceptée par tous. En fonction des exigences futures de leurs processus et de leur rendement actuel, elles consacrent leurs efforts d'amélioration aux processus qui ont le rendement le plus bas et qui leur permettront d'atteindre les objectifs futurs.

L'implantation varie selon l'importance des processus qu'elles ont choisi d'améliorer et correspond à un bon équilibre entre des efforts rapides et d'autres plus réfléchis. Pour obtenir une amélioration rapide de leur fonctionnement, les entreprises qui réussissent consacrent leurs efforts aux processus clés tout en menant une politique de changement de culture caractérisée par la décentralisation, par des efforts d'amélioration et par l'engagement de leur personnel. Une implantation réussie dépend d'un deuxième élément important : la volonté et la capacité des entreprises de gérer les conséquences de leurs efforts et de tenir compte non seulement des intrants, mais aussi des processus et de leurs extrants lors de l'évaluation de leur amélioration.

Enfin, les entreprises qui réussissent se distinguent par la capacité de gérer le changement. De nombreuses entreprises de services publics ont une longue tradition de lancer des activités majeures et de les abandonner en cours de route. Des compétences inadéquates en gestion du changement expliquent partiellement ce fait : peu de coordination, une mauvaise communication, du personnel ou des équipes d'implantation inexistants et une gestion indifférente. Cette capacité est cruciale pour ces entreprises, car leur réussite à long terme dépend autant du changement de leur culture que de l'obtention d'améliorations exemplaires à court terme.

Certaines entreprises de services publics, que l'on pourrait caractériser de « réticentes » face à l'ouragan du changement, maintiennent des stratégies de décisions centralisées visant une amélioration de leur fonctionnement sans modifier leur culture. Celles qui embrassent les stratégies de compression et de réduction de personnel se dirigent probablement vers leur perte.

■ UNE VUE D'ENSEMBLE DE L'AMÉLIORATION DANS LES ENTREPRISES DE SERVICES PUBLICS

Dans ces trois rapports détaillés, nous voyons clairement à quel point il est important pour les entreprises de services publics d'appliquer les concepts de l'amélioration. Comme vue d'ensemble, voici quelques exemples d'activités à entreprendre, ou à ne pas entreprendre, pour maintenir la qualité des services.

Investir au bon endroit

Nous souhaitons tous que les banques, les hôpitaux, les fabricants d'ordinateurs s'améliorent. Par contre, peu d'entreprises à but non lucratif se sont donné la peine de s'améliorer, et nous incluons dans ces entreprises le gouvernement des États-Unis. La *American Society for Quality Control* (ASQC), une association à but non lucratif, répète sans cesse qu'une amélioration de la qualité placera les États-Unis dans une situation compétitive enviable. En fait, l'ASQC est, elle aussi, une entreprise de services qui sert ses membres et la société en général par son enseignement des technologies de l'amélioration. Très souvent, ceux qui enseignent la qualité ne la pratiquent pas, ce qui n'est pas le cas de l'ASQC.

L'ASQC a commencé officiellement ses efforts d'amélioration à la fin des années 80 et ses efforts commencent à porter fruit. L'un des directeurs, Paul E. Borawski, se souvient de l'ancienne situation : « Je me rappelle qu'un certain après-midi, un employé est arrivé dans mon bureau avec une poignée de chèques pour me demander ce qu'il fallait en faire. Je me suis aperçu que les chèques totalisaient 500 000 $ et que certains de ces chèques dataient de trois mois. Nous avions également 7 000 changements d'adresses à enregistrer, pour certains nous étions en retard de 6 mois. Je me souviens également que le service des adhésions allait voler des formulaires au service à la clientèle ; il nous fallait de 8 à 10 semaines pour entrer le nom des nouveaux membres dans notre banque de données. »

Bien que le processus d'amélioration de l'ASQC ne soit pas à lui seul responsable de tous les gains suivants, il y a néanmoins fortement contribué :

Mesures du rendement des entreprises

	Année 1	Année 2
Taux de croissance	25 %	plus de 30 %
Surplus de fonctionnement	0,18 $	2,5 millions $
Taux de rétention des membres	77,2 %	83 %
Pourcentage de plaintes	27 %	7 %
Évaluation des services : excellent	à 65 %	à 85 %
Heures supplémentaires et personnel temporaire	forts	acceptables
Roulement du personnel	34 %	8 %
Conseil d'administration	houleux	dynamique

Paul E. Borawski a précisé : « Notre centre de services et notre processus d'amélioration étaient la meilleure preuve de notre préoccupation envers nos clients. Nos efforts ont contribué de façon remarquable aux améliorations de notre fonctionnement durant les cinq dernières années. »

Grâce à un programme d'encouragement, le personnel obtient des gratifications s'il atteint certains objectifs relatifs au service.

Au cours d'un trimestre de 1993 :

- le personnel de l'ASQC a respecté tous les délais ;

- l'équipe du développement des produits et de la publicité a augmenté les revenus autres que les cotisations de 25 % par rapport à l'année précédente ;

- le service à la clientèle a répondu à 96 % des appels téléphoniques avant la quatrième sonnerie ;

- la satisfaction relative aux cours et à la certification a augmenté essentiellement grâce aux efforts du personnel visant l'amélioration de l'information, les temps d'exécution, le service, les programmes et les formateurs.

Croyez-le ou non, l'ASQC a considéré que ce trimestre avait été mauvais. Ce trimestre particulier a été le premier sans aucune rémunération aux résultats depuis le début du programme d'incitation de 1991. Sans aucun doute, les efforts avaient été investis au bon endroit.

L'héritier présomptif : Michael Eisner chez Disney

Dans les 10 dernières années, il n'y a peut-être pas de meilleur exemple d'une entreprise axée sur les besoins du client que Disney. Depuis l'arrivée d'Eisner, Disney est devenu un géant du spectacle alors qu'elle n'était auparavant qu'un parc d'amusement. Les profits de Disney avaient diminué pendant les trois années qui précédaient l'arrivée d'Eisner, mais ont augmenté d'un facteur de huit sous sa direction, passant de 1,4 milliard de dollars à 5,8 milliards par an.

Disney doit cette réussite à la capacité infaillible d'Eisner non seulement de connaître les besoins des clients, mais aussi de les dépasser. Eisner s'est engagé dans de nouvelles voies et y a apporté partout le style et le service de Disney. Il connaissait les formules de la réussite et les a appliquées avec succès dans de nombreux projets : les Disney Stores, les films à grand spectacle, l'extension des parcs, etc. Il ne pouvait se tromper. Et pourtant…

Euro-Disney fit alors son entrée et prouva que même les dirigeants infaillibles peuvent se tromper. Rappelez-vous le dicton : tendez une main et le bras entier y passe. Eisner flaira un besoin. Il le créa pour un grand bassin de population qui ne pouvait accéder facilement à un grand parc Disney, mais qui pouvait en payer l'entrée. Là où Eisner a flanché, c'était de définir un besoin en fonction de Disney au lieu de créer un parc dont le thème tiendrait compte de l'endroit, de la population, du climat et de la nature.

Eisner ouvrit Euro-Disney avec les mêmes formules qui ont permis de réussir aux États-Unis et au Japon, sans modifier le contenu en fonction de ce que souhaitaient la France et les autres pays européens. Le système immuable et breveté de Disney imposait de ne pas servir de vin dans ses parcs. Le Français donne au vin une note de 9 sur une échelle de 1 à 10 où 1 représente la destruction de l'univers et 10 l'air pur. L'introduction du style américain de restauration rapide dans tous les restaurants, alors que les Européens préfèrent manger lentement et tranquillement était une autre bévue de taille.

Eisner s'est attelé à corriger ces erreurs. Qu'il réussisse ou non à rattraper cette erreur de jugement et à la retourner à son avantage, son cas sera l'un des cas d'études typiques du XXe siècle. Nous sommes persuadés d'une chose : il ne réussira pas sans comprendre les besoins du client européen et sans les satisfaire.

Quelques exemples d'entreprises de services : lumières ou ténèbres ?

Nous terminerons ce chapitre avec quelques exemples de deux types d'entreprises de services : les entreprises « lumières » et les entreprises « ténèbres ». Les premières sont celles qui ont résolu leurs problèmes et qui sont sur le point d'améliorer la qualité de leurs services. Si elles n'ont pas encore réussi, au moins elles ont lancé leurs efforts dans cette direction. Les autres sont celles qui continuent leur chemin, donnant un mauvais service et résolvant les problèmes en catastrophe au fur et à mesure qu'ils se présentent.

Les entreprises « lumières ». Voici quelques entreprises qui ont compris qu'il fallait donner un service exemplaire :

AFCO Financial Services Co of Canada : AFCO a lancé son processus d'amélioration dans les années 80. Voici les résultats obtenus au bout de 18 mois :

- Une augmentation des revenus de 51 % ;
- Une augmentation du rendement des investissements de 26 % ;
- Une ouverture prévue de 20 nouveaux bureaux ;
- Le passage d'une timide deuxième place pour les prêts personnels à la première place qui laisse les concurrents loin derrière elle.

Le Oklahoma City Parks and Recreation Department. Cette agence a mis au point un système automatisé pour améliorer l'efficacité de l'entretien des propriétés de la ville et mieux connaître sa productivité. Ce système de planification de l'entretien établit l'échéancier des activités d'entretien. Il génère des rapports d'analyse statistique des interventions et de leurs coûts. Ce système permet d'effectuer l'entretien complet des propriétés de la ville de façon plus ordonnée aux meilleurs moments. Le nombre de plaintes des citoyens concernant l'entretien des parcs en est une preuve : il a diminué de 69 %.

Le vice-président Albert Gore. Le vice-président Gore a réservé 50 % de son temps pour procéder à la réingénierie du gouvernement fédéral. Il espère réduire le nombre de règlements et de procédures qui engloutissent une forte proportion des ressources du gouvernement des États-Unis (en argent, en temps, etc.). La question est de savoir si cela n'est qu'un engagement politique qui ne sera jamais tenu ou si Al Gore est vraiment sérieux. Est-ce que l'histoire se souviendra de M. Gore comme d'un vice-président « lumières » ou d'un vice président qui a œuvré dans les « ténèbres » ?

Les ténèbres. Voici quelques entreprises ou personnes qui œuvrent dans les ténèbres en fournissant des services. Une expression courante légèrement modifiée s'applique ici : « Le nom réel des entreprises et des personnes a été omis afin de protéger les coupables. »

Un hôpital étranger. Un célèbre hôpital universitaire de Londres est incapable de retrouver le dossier de ses patients 30 % du temps. Voici ce qu'il en résulte :

- Le patient perd une journée, car sans dossier il est inutile que son médecin aille le voir ;

- Le dossier des traitements du patient doit être reconstitué, d'où perte de temps pour l'administration ;

- Les recherches se font souvent en double ;

- Les coûts de fonctionnement de l'hôpital augmentent.

Remarque : le dossier d'un patient a été perdu 29 fois.

Un récent président des États-Unis. En 1987, le président des États-Unis a émis un *Executive Order* demandant au gouvernement d'augmenter sa productivité de 20 %. Même si les « lumières » avaient éclairé le président sur la nécessité d'augmenter la productivité, cette amélioration se fait toujours attendre. (En fait, le pourcentage du PNB dépensé par le gouvernement n'a cessé d'augmenter depuis, entraînant à sa suite le plus important déficit jamais enregistré.) Le président a semblé être dans les « ténèbres » en appliquant cet ordre et en tenant ses engagements. Souvenez-vous : l'amélioration commence avec l'engagement des hauts dirigeants et nécessite la participation constante et le suivi de la haute direction pour l'implanter efficacement.

Des services généraux de marketing. Certains de ces services passent 70 % de leur temps à rechercher les raisons des retards de livraison.

Les meilleures entreprises de services. Raymond J. Larking, d'American Express, souligne que la norme de fonctionnement de sa compagnie est «non seulement meilleure et mieux orientée vers la clientèle que nos concurrents, mais fortement supérieur à la concurrence et dépassant les attentes des clients». Cette affirmation présente un défi important pour chaque employé : la nécessité de s'améliorer en permanence.

Vous trouverez facilement les meilleures entreprises de services : il suffit d'aller les rencontrer et de faire des affaires avec elles. Vous n'aurez pas toujours le meilleur prix chez Nordstrom, et pourtant Nordstrom est toujours achalandé. Pourquoi ? La réponse tient en un mot : service. Les entreprises comme American Express, Nordstrom, British Airways, Federal Express, Disney et Ritz-Carlton savent ce que représente la qualité pour le client et quelles sont ses attentes. Ces entreprises ont établi la norme de fonctionnement des entreprises de calibre international dont voici quelques éléments :

- Une stratégie de services bien définie : elle met en valeur les priorités des clients ;

- Des employés au contact de la clientèle, intéressés à rencontrer les clients et qui aiment leur entreprise : ils savent évaluer la situation du client, son état d'esprit et ses besoins ;

- Des systèmes conviviaux : ils sont conçus pour le client et non pour l'entreprise.

■ LE SECTEUR DES SERVICES : EN RÉSUMÉ

Dans les classes de maîtrise en administration, nous apprenons que les quatre «P» —produit, prix, place, promotion — sont les quatre clés de la réussite des ventes. Bien qu'il puisse conférer un certain avantage à l'entreprise, un bon produit n'assurera sa réussite définitive que si le client est ravi et s'il trouve un plaisir renouvelé à l'utiliser. Les clients doivent quitter l'entreprise en se disant : «J'ai vraiment bien fait de venir ici.» Les entreprises qui réussissent gèrent leurs relations avec les clients. Que recherche le client lors de cette relation ? Les cinq points suivants vous feront gagner ou perdre des points :

- Le produit : avez-vous ou pouvez-vous produire ce que recherche le client ? ;

- La connaissance : avez-vous une vision claire du produit, c'est-à-dire de sa nature et de ses limites ? Le client souhaite avant tout faire des affaires avec du personnel qui est parfaitement au courant et qui peut recommander un produit différent qui convient mieux ;

- L'adaptation à la situation : le client n'aime pas la vente sous pression, mais ne veut pas pour autant être ignoré. Il souhaite que vous répondiez à ses questions, que vous lui présentiez différents choix et que vous preniez son argent. (Ne faites jamais attendre les personnes qui vous proposent de l'argent.) Il souhaite être traité comme une personne importante dont le temps est précieux, mais n'aime pas être poussé à l'achat d'un produit qui ne lui convient pas ;

- La fiabilité : les clients souhaitent vous rencontrer durant les heures d'ouverture affichées, obtenir le service que vous promettez ; ils espèrent que vous fassiez honneur à votre réputation et que vous soyez honnête même si cela risque de vous faire perdre une vente ;

- L'image : le petit magasin de réparation poussiéreux du coin a disparu depuis longtemps. Les clients veulent des locaux propres, car ceux-ci reflètent le comportement du personnel et de la direction. Ils ne s'attendent pas à voir le mécanicien couvert de graisse et de saleté. Tout doit être propre et reluisant. Ils se détournent d'une vitrine encombrée. Le magasin ne doit cependant pas ressembler à une salle d'exposition avec fond de musique douce comme chez Nordstrom. Prenez l'exemple de Wal-Mart.

Wal-Mart possède une planification de ventes exceptionnellement simple pour vendre les produits des grandes marques de bonne qualité à des prix abordables dans un environnement sans éclat qui convient parfaitement aux achats en famille. Entrez dans un magasin Wal-Mart : il n'y aura pas de quatuor à cordes pour vous jouer une sérénade. Tout reste simple et élémentaire. Est-ce un service de qualité ? Bien sûr, s'il est bien conçu, un magasin où le client se sert lui-même peut donner satisfaction aussi bien qu'un magasin à service fortement développé comme Nordstrom.

Ce que vous avez appris dans ce chapitre vous permet d'offrir un service de qualité à vos clients, que votre entreprise fasse partie ou non des industries de services, car toute entreprise possède une section de services dans ses activités. Chaque fois qu'un employé rencontre un client, il vaut mieux qu'il agisse comme une entreprise de services, car vous risquez de perdre ce client.

Les institutions financières, les institutions de soins de santé et les entreprises de services publics constituent les secteurs les plus importants des affaires aux États-Unis. Les exemples cités ici montrent la voie à suivre pour n'importe quelle entreprise. Voici quelques différences clés entre différents types de processus de services :

Les exigences des clients

- *Entreprises perdantes* : nous savons ce que veulent les clients.

- *Entreprises survivantes* : les enquêtes nous apprennent les intentions des clients.

- *Entreprises gagnantes* : nous parlons régulièrement avec nos clients pour cerner leurs besoins réels et déterminer ce dont ils auront besoin dans le futur lorsque leurs besoins auront changé.

Le personnel

- *Entreprises perdantes* : le personnel est un intrant dans nos processus, nous devons le motiver.

- *Entreprises survivantes* : nous devons former le personnel.

- *Entreprises gagnantes* : notre personnel ne constitue pas le problème, mais fait partie de sa solution.

Le style de gestion

- *Entreprises perdantes* : maintenir le contrôle par une structure hiérarchique.

- *Entreprises survivantes* : les agents de maîtrise et les cadres intermédiaires pratiquent la gestion participative.

- *Entreprises gagnantes* : les équipes de travail sont bien informées et autonomes.

Le but essentiel des affaires

- *Entreprises perdantes* : les profits trimestriels.

- *Entreprises survivantes* : satisfaire les besoins des clients.

- *Entreprises gagnantes* : construire une entreprise solide et ouverte à ses clients.

La planification des affaires

- *Entreprises perdantes* : la haute direction élabore cette planification et la garde confidentielle pour ne pas la révéler aux concurrents. Ces entreprises accordent beaucoup d'importance aux budgets.

- *Entreprises survivantes* : la haute direction élabore cette planification et la communique partiellement aux employés.

- *Entreprises gagnantes* : tous les employés participent à cette planification, car elle met en jeu directement leurs intérêts personnels. Ces entreprises mettent l'accent sur les résultats.

Les communications

- *Entreprises perdantes :* elles communiquent mal les objectifs de l'entreprise. La direction donne les ordres et peu d'informations circulent vers le haut de la hiérarchie.

- *Entreprises survivantes :* une bonne communication existe vers le haut et vers le bas de la hiérarchie, mais les informations ne sont pas toujours en accord avec les activités.

- *Entreprises gagnantes :* la communication se fait dans les cinq sens et informe les employés de la relation entre les activités et les objectifs de l'entreprise.

Les réactions face à un ralentissement des affaires

- *Entreprises perdantes :* elles réduisent les dépenses non essentielles, les heures supplémentaires et les contrats extérieurs.

- *Entreprises survivantes :* elles pratiquent la mise à la retraite anticipée.

- *Entreprises gagnantes :* elles planifient un ralentissement, seuls les employés temporaires sont alors touchés. Elles accélèrent la formation du personnel et augmentent leurs investissements en activités d'amélioration.

L'environnement de travail

- *Entreprises perdantes :* le laisser-aller et une faible responsabilité y règnent les employés ne connaissant pas l'impact de leur travail sur la santé de leur entreprise à long terme.

- *Entreprises survivantes :* elles prennent les décisions par consensus. Le travail s'effectue en équipes dans toute l'entreprise. Les employés sont conscients de l'urgence des activités, mais il y a peu de coordination.

- *Entreprises gagnantes :* le personnel comprend la nécessité des activités et l'accepte. L'entreprise fonctionne comme un ensemble bien coordonné orienté vers la réalisation des objectifs. Elles encouragent le personnel à prendre des risques, mais exigent qu'il en rende compte.

Le leadership de la haute direction

- *Entreprises perdantes*: l'engagement de la haute direction vis-à-vis du processus de la qualité se limite à fournir les ressources.

- *Entreprises survivantes*: la haute direction s'intéresse fortement au processus de la qualité: elle assiste aux réunions et insiste sur l'importance de la qualité pour la réussite de l'entreprise.

- *Entreprises gagnantes*: la haute direction est fascinée par le processus de la qualité et lui est toute acquise. Elle recherche activement de nouveaux moyens pour l'améliorer. À l'interne comme à l'externe, on la reconnaît comme le leader des activités d'amélioration de l'entreprise. Elle est prête à risquer sa carrière pour améliorer le fonctionnement de l'entreprise.

Les mesures

- *Entreprises perdantes*: les mesures sont éparpillées et concernent essentiellement les activités et les intrants (le budget).

- *Entreprises survivantes*: les mesures sont toutes intégrées dans un même système (par exemple, l'établissement des coûts par activité).

- *Entreprises gagnantes*: les mesures touchent à la fois la planification stratégique et le plan d'affaires. Ces mesures évaluent l'ensemble des activités et concernent les processus administratifs et les intérêts prioritaires des actionnaires.

■ BIBLIOGRAPHIE SUR LES INSTITUTIONS FINANCIÈRES

1. The Federal Reserve Bank of Chicago.

2. *A Survey of Quality Practices in Banking*, rapport inédit, tous droits reservés, William D. Wilsted, octobre 1987.

3. *Eight Quality Strategies*, rapport privé, tous droits réservés, William D. Wilsted, décembre 1987.

4. *The International Quality Study*, The American Quality Foundation et Ernst & Young, Cleveland, 1992.

5. *The Banking Industry Report, The International Quality Study*, The American Quality Foundation et Ernst & Young, Cleveland, 1992.

6. *Two Sides of Quality*, rapport privé, tous droits réservés, William D. Wilsted, mai 1988.

7. *What The Customer really Wants, Fortune*, 4 juin 1989, p. 58 à 68.

8. *A Comparison of Product and Service Attributes*, William D. Wilsted, avril 1993.

9. *The Banking Industry Report, The International Quality Study,* The American Quality Foundation et Ernst & Young, Cleveland, 1992.

10. *Best Practices Report, The International Quality Study,* The American Quality Foundation et Ernst & Young, Cleveland, 1992.

Chapitre 13

Le processus de mesure :

un tableau de mesures bien équilibré

par
H. James Harrington
Associé, Ernst & Young
Conseiller international en qualité
et
Dorsey J. (Jim) Talley
Président, Tally-Ho Enterprises

Mesurer permet de comprendre ; comprendre permet de connaître ; connaître, c'est posséder le pouvoir. De tout temps, la capacité d'observer, de mesurer, d'analyser et d'utiliser les informations obtenues pour réussir les changements a permis aux hommes de se démarquer des autres animaux.

H. JAMES HARRINGTON

■ INTRODUCTION

Connaître le caractère d'une entreprise n'est guère difficile. Il suffit d'évaluer ses mesures et d'analyser les priorités qu'elle accorde à chacune d'entre elles. Pour cela, trouvez ce qui motive l'augmentation des gratifications de ses dirigeants. Si c'est l'aspect financier, l'entreprise compare les coûts de production aux coûts prévus, elle détermine les coûts du service après-vente et les profits, elle contrôle ses budgets, etc. Si c'est la qualité, elle mesure le niveau de satisfaction de ses clients, les coûts de la non-qualité, les rendements de début de production ; elle compte les défauts des produits au commencement de leur cycle d'utilisation ainsi que le nombre de plaintes des clients par exemplaire produit ; etc. Si ce sont les ressources, elle mesure le renouvellement des stocks, la valeur ajoutée par employé, les coûts de l'inventaire, les temps d'exécution, etc. Si c'est l'intérêt de ses investisseurs, elle détermine sa part de marché, suit la valeur de ses actions, le rendement de ses actifs, les taux de croissance de sa productivité, les profits, etc.

Une entreprise prospère possède un système (un ensemble, un tableau) de mesures bien équilibré où elle accorde les plus hautes priorités aux mesures relatives à ses clients : la part de marché, l'indice de satisfaction des clients, les prix et la fiabilité de ses produits, etc. Ses priorités vont ensuite aux mesures qui décrivent sa performance : la productivité, les coûts de la non-qualité, le pourcentage de produits réussis, la valeur ajoutée par employé, le rendement de l'actif, etc.

Ce système de mesures témoigne de l'importance que l'entreprise accorde à certains domaines. Il doit refléter ses principes fondamentaux et son attitude envers ses investisseurs. Presque toujours, ces systèmes de mesures se préoccupent essentiellement des intérêts des investisseurs et des dirigeants. Dans ce cas, les autres partenaires se rendront très vite compte que l'entreprise les exploite. L'évolution de la société est à présent telle que les entreprises doivent se sentir responsables envers tous leurs partenaires. L'élaboration d'un système de mesures bien équilibré est un premier pas dans cette direction.

Il n'y a pas de doute à ce sujet : de nombreux exemples prouvent que l'absence d'un bon système de mesures est un obstacle majeur à l'amélioration des processus. Tout cadre expérimenté sait que, dans tout effort d'amélioration, il est important de rendre compte à chaque employé de la qualité de son travail. Il sait aussi que si cette qualité n'est pas évaluée, il ne peut la contrôler ; s'il ne peut la contrôler, il ne peut la maîtriser. C'est aussi simple. Nous avons déjà vu comment mettre en place des systèmes de mesures de la satisfaction des clients, nous allons maintenant voir en détail l'amélioration de la qualité du produit fini et l'amélioration de la qualité des différentes étapes des processus. Nous implanterons des mesures internes qui ressemblent à des fenêtres : elles permettent de voir l'intérieur du processus et de suivre son évolution. Ces fenêtres doivent être bien choisies et doivent donner une vue d'ensemble de tout le processus. Sans mesures fiables, vous ne pourrez prendre aucune décision valable. Ce chapitre montre le fonctionnement des systèmes de mesures et leur application aux processus administratifs.

Nous allons répondre aux questions suivantes :

1. Pourquoi mesurer ?
2. Où faut-il mesurer ?
3. Que doit-on mesurer ?
4. Quand doit-on mesurer ?
5. Qui doit-on évaluer ?
6. Qui doit effectuer les mesures ?
7. Qui doit effectuer la rétroaction ?
8. Qui doit vérifier ?
9. Qui doit établir les objectifs administratifs (objectifs standard) ?
10. Qui doit établir les objectifs d'excellence ?
11. Que doit-on faire pour résoudre les problèmes ?

Il est crucial d'effectuer les mesures pour :

- comprendre ce qui se passe ;
- évaluer la nécessité de l'amélioration ;
- évaluer les conséquences d'un changement ;
- maintenir les gains acquis ;
- rectifier les situations incontrôlables ;
- établir les priorités ;
- décider de l'augmentation de certaines responsabilités ;
- planifier les modifications pour répondre à un nouveau besoin exprimé par les clients ;
- établir des échéanciers réalistes ;
- satisfaire vos partenaires.

■ L'UTILISATION DES MESURES

Lorsqu'elles sont utilisées à bon escient, les mesures sont des outils efficaces pour les entreprises, mais peuvent les desservir lorsque les résultats sont mal interprétés. On prétend que si l'on donne suffisamment de données à un statisticien, il prouvera n'importe quoi, comme dans l'histoire suivante. Trois statisticiens chassent ; lorsqu'ils lèvent un lièvre, le premier le manque en tirant à un mètre en avant du lièvre, le deuxième en tirant à un mètre en arrière ; le troisième remet alors son fusil à l'épaule en disant : « En faisant la moyenne, nous l'avons eu. »

Si les mesures sont utiles pour guider les entreprises, elles ne remplacent cependant pas le bon sens, mais peuvent améliorer fortement leurs décisions. Il y a trois principales catégories de mesures. Celles-ci caractérisent :

1. La performance

- le rendement de l'actif

- les profits

- le pourcentage des produits vendus

- les coûts

- le renouvellement des stocks

- les temps de production

- les coûts du service après-vente

2. Le processus de l'amélioration

- le pourcentage de produits défectueux

- les coûts de la non-qualité

- la capacité opérationnelle des processus

- les rendements de début de production

- la comparaison avec les concurrents

3. Les prévisions

- l'analyse des tendances du marché

- les coûts de production

- les attentes des clients

- les caractéristiques des nouveaux produits

- l'établissement des budgets

Chacune de ces trois catégories possède des impératifs propres dont il faut tenir compte en concevant le système de mesures. Ainsi, ce système doit être suffisamment détaillé pour que l'entreprise puisse gérer tous les éléments précédents à tous les niveaux de l'entreprise. Il doit également tenir compte des priorités des six partenaires de l'entreprise (voir la *Vue d'ensemble* au début de cet ouvrage).

Les mesures sont essentielles à une bonne performance : elles orientent l'entreprise sur la voie de la réussite. Par contre, un système de mesures mal utilisé peut lui être défavorable. Vous pourrez améliorer vos mesures :

- en améliorant les processus sur lesquels vous effectuez les mesures ;

- en consacrant la majeure partie de vos efforts aux mesures ; vous négligez ainsi l'amélioration des parties de processus non mesurées ;

- en les présentant de manière à simuler l'amélioration.

Nous avons rencontré ces trois types d'amélioration dans presque toutes les entreprises. Un système de mesures efficace est indispensable pour obtenir l'amélioration et pour informer fidèlement les dirigeants.

◼ LES AVANTAGES DE LA MESURE

Comment se fait-il qu'un employé qui se plaint d'avoir travaillé fort toute la journée puisse rentrer chez lui et jouer trois sets de tennis ? Comment se fait-il qu'il aille ainsi dépenser volontairement deux fois plus d'énergie que pendant sa journée de huit heures de travail ? La réponse se trouve dans le système qui lui permet d'évaluer ce qu'il accomplit. Pourquoi ne voyez-vous pas votre voisin courir dans sa cour en tapant dans des balles avec une raquette de 250 $? Il ferait autant d'exercice et acquerrait la même dextérité dans la coordination de ses mouvements pour toucher la balle. Tout simplement, il n'y a aucune stimulation à frapper une balle sans règles établies, sans quelqu'un pour apprécier sa valeur, sans pouvoir ni gagner ni perdre. Aux quilles, l'intérêt n'est pas de lancer la boule, mais de compter le nombre de quilles renversées.

En absence de règles, un joueur n'éprouve que peu de satisfaction à frapper une balle de tennis dans sa cour : il n'y a ni gagnant ni perdant et aucun spectateur pour apprécier sa valeur. Bref, il n'y a aucun système de mesures. Sans mesure, il n'y a aucune satisfaction personnelle de réussite, aucun incitation à s'améliorer ni même à donner le meilleur de soi-même. Le rendement de nos activités est essentiellement fonction de la qualité de son évaluation et de l'intérêt qu'il suscite dans notre entourage. Seulement 1 % des personnes se réalisent dans les domaines où l'opinion d'autrui est sans importance.

De façon générale, la direction ne peut être félicitée pour ses systèmes de mesures des processus administratifs. Une enquête réalisée en 1988 par l'*American Productivity and Quality Center* révéla que seulement 38,7 % des employés estimaient que des mesures d'évaluation équitables et justes avaient été mises en place dans leur milieu de travail. Nous voulons être évalués et nous avons besoin de l'être. Il n'y a que les mauvais travailleurs qui ne veulent pas être évalués. En fait, lorsque la direction n'évalue pas le personnel, les bons employés vont trouver eux-mêmes des moyens de s'évaluer pour montrer leur excellence. Très souvent, cette autoévaluation ne permet pas de connaître leur vraie contribution à l'entreprise. La direction devra s'entendre avec les employés sur des méthodes d'évaluation qui puissent à la fois juger l'employé et sa contribution à l'entreprise.

Dans le sport, les règles sont bien définies. Ainsi, personne ne peut marquer plus de 300 points au jeu de quilles. Les procédures (règles) imposent des limites à notre valeur. Le rôle de la direction est de mettre au point un ensemble de procédures qui permettent aux employés de donner le meilleur d'eux-mêmes. Les employés sont responsables de l'amélioration de leur travail ; ainsi, la qualité de l'extrant du processus se rapprochera de la valeur définie par les capacités du processus.

Pourquoi effectuer des mesures ? Sans elles, vous enlevez à l'employé toute satisfaction dans son travail et vous ne saurez jamais qui renvoyer ou qui promouvoir. Un bon système de mesures et un bon système de récompenses encouragent l'employé, ou son équipe, à fournir cet effort particulier qui saura distinguer votre entreprise.

Une mesure ne trouve sa raison d'être que dans son utilisation. Ce n'est qu'une perte de temps, d'argent et de main-d'œuvre que de vouloir effectuer des mesures sans avoir mis en place auparavant un système de rétroaction. Avec un système de rétroaction, tout employé profite de chaque mesure et peut se corriger au besoin.

Ainsi, quand l'usine d'IBM située à Havant, en Angleterre, a communiqué le résultat des contrôles de production à chaque ouvrier de sa chaîne de montage, il en est résulté une réduction de 90 % des rejets.

Des résultats aussi spectaculaires peuvent être obtenus ailleurs qu'en production. Par exemple, en consultant une fois par semaine les feuilles de temps qui lui permettent de payer ses employés et de déterminer les heures supplémentaires, une entreprise s'est aperçue que 15 % de ces feuilles étaient en retard ou mal remplies et que cela entraînait des frais supplémentaires. Elle a alors envoyé un graphique très simple à chaque cadre de l'entreprise pour l'informer du pourcentage de feuilles erronées et en retard. En l'espace de 6 mois, cette rétroaction et les mesures correctives qui ont été prises ont fait passer ce pourcentage de 15 à 1.

■ COMPRENDRE LES MESURES

Pourquoi mesurer ?

Les mesures sont essentielles à notre vie. Nous mesurons tout ce qui nous entoure. Nous mesurons nos vies en secondes, minutes, heures, jours et mois. Nous mesurons les distances à parcourir en kilomètres, la nourriture en grammes ou en kilogrammes, le lait en litres. Les mesures font partie intégrante de notre vie, et nous ne pouvons nous en passer.

Lorsque nous étions petits, le médecin nous a pesés et a mesuré notre taille pour s'assurer que nous étions en bonne santé. À l'école, nos professeurs nous ont donné des notes pour nous faire comprendre nos points faibles et nous aider à les améliorer. Le système d'évaluation scolaire qui a mis en compétition tous les étudiants et qui a forcé chacun à devenir le meilleur est, sans aucun doute, la principale raison qui a permis au Japon de se développer si rapidement. Après avoir quitté l'école, nous continuons à être évalués dans notre travail. Notre salaire et notre performance sont alors les mesures de notre valeur.

Où mesurer ?

La principale difficulté de la plupart des processus administratifs vient du fait qu'ils ne sont évalués qu'une fois terminés. Dans presque tous les cas, leur évaluation ne fournit aucune information sur les différentes activités qui s'y rattachent ; si elle en donne, il est toujours trop tard pour effectuer des corrections.

L'entreprise devra définir des points de mesures pour chaque activité afin de permettre une rétroaction directe et efficace pour les employés qui en sont responsables. Par exemple, il serait difficile de répartir la facture des appels téléphoniques interurbains si tous les appels étaient facturés à un seul compte.

Quand mesurer ?

Effectuez la mesure aussitôt l'activité terminée. Ne gérez pas votre entreprise comme quelqu'un qui émettrait des chèques sans les noter et qui attendrait le relevé de banque pour connaître le solde de son compte. Retarder les mesures ne fait qu'augmenter les risques d'erreurs.

Quoi mesurer ?

Mesurer le rendement d'un dirigeant n'est pas chose aisée. Comment évaluer une personne d'après son jugement ? Tout comme leurs employés, les dirigeants doivent œuvrer à l'intérieur de budgets. Toute organisation, à but lucratif ou non, doit justifier ses résultats financiers. Bien que de nombreux employés s'opposent à une évaluation objective, ils souhaitent néanmoins être récompensés pour un bon travail. Alors, prenez votre mal en patience. Il faut évaluer tout dirigeant, toute équipe et toute personne quantitativement, objectivement et équitablement.

Même si les données financières ne peuvent témoigner fidèlement de la performance d'un dirigeant, d'une équipe ou d'un employé, elles fournissent toutefois un certain nombre d'informations utiles. Un bon ensemble de mesures fournit des données provenant de différents systèmes d'information : leur répartition entre données quantitatives et qualitatives sera bien équilibrée et bien représentative de chaque fonction et de chaque processus. « Gérez l'entreprise comme le ferait la nature, sans méchanceté et sans pitié (1). »

Assurez-vous que votre système de mesures est équitable et juste, sans favoritisme. Vous augmenterez ainsi votre efficacité et votre rendement.

Il est essentiel de mesurer non seulement l'aspect financier, mais également l'efficacité, le rendement et la faculté d'adaptation de tous les secteurs de votre entreprise. Voici quelques mesures typiques d'un processus de vente :

- les ventes réelles par rapport aux ventes prévues ;

- le pourcentage des soumissions comportant des erreurs ;

- le nombre de factures impayées après 20 jours ;

- le pourcentage de ventes manquées ;

- le pourcentage d'appels téléphoniques sans réponses pendant quatre heures ;

- le pourcentage de lettres à redactylographier ;

- les sommes facturées en fonction des sommes payées ;

- le délai entre la réception et le traitement d'une commande ;

- le pourcentage de commandes urgentes.

Pour en savoir plus sur d'autres mesures de processus typiques, consultez *Total Quality Management - Cost and Performance Measures,* de Dorsey J. Talley ou le *Technical Report TR 93.014,* d'Ernst & Young.

Définir ses objectifs par des grandeurs mesurables est le travail le plus important d'une planification ou d'une activité d'équipe. Par quoi faut-il commencer pour définir et quantifier les objectifs et les mesures ?

- Décrivez les objectifs en mentionnant les réalisations visées.

- Élaborez un programme de mesures en fonction du temps.

- Imposez les objectifs : l'entreprise doit s'y soumettre et les atteindre, puis en profiter.

- Faites connaître ces objectifs à tout votre personnel en utilisant différents moyens de communication, affichez ces objectifs et les résultats obtenus sur un *tableau de l'amélioration.*

- Faites ressortir clairement les possibilités liées à ces objectifs, décrivez-les en termes simples pour que votre personnel les comprenne facilement et se sente concerné.

Les employés à évaluer

La direction est responsable de la mise en place de systèmes de mesures fiables, elle doit effectuer la rétroaction et aider tous les employés à améliorer leur travail.

Elle met l'accent sur ce qui est important en décidant de le mesurer. Cependant, il y aura toujours des employés qui affirmeront que si telle ou telle activité n'est pas évaluée, elle n'est pas nécessaire. Par conséquent, vous devez évaluer toutes les activités. Du point de vue pratique, il peut être difficile de transmettre à chaque employé les résultats des mesures effectuées sur son travail. Pour commencer, vous examinerez toutes les priorités de vos partenaires, vous vérifierez si les mesures correspondantes existent et si leurs résultats sont diffusés.

Ces mesures révèlent :

- la satisfaction des clients (clients externes) ;
- la valeur ajoutée par employé (les dirigeants) ;
- la sécurité d'emploi (le personnel) ;
- la prolongation des contrats (les fournisseurs) ;
- le rendement de l'actif (les investisseurs) ;
- les taxes et impôts locaux (la communauté).

La priorité suivante consiste à examiner les diagrammes de fonctionnement des processus critiques et à caractériser les activités qui influencent le plus fortement leur efficacité, leur rendement et leur adaptabilité. Définissez les mesures pour ces activités en particulier et pour le processus en général.

Vous identifierez alors un troisième ensemble d'activités : celui qui conditionne le niveau de satisfaction des clients internes. Vous insisterez particulièrement sur les activités qui ne donnent pas entière satisfaction.

Ensuite, vous accorderez la priorité aux activités qui exigent des ressources importantes et à celles dont la rétroaction n'est donnée qu'à un seul employé. Vous pourrez évaluer leur qualité en mesurant des grandeurs représentatives du rendement et de l'efficacité (par exemple, les temps d'exécution d'une tâche ou du processus entier) ou en chiffrant les dépenses en tenant compte de toutes les ressources engagées (coûts de la valeur ajoutée, coûts de la main-d'œuvre, etc.).

La cinquième priorité consiste à mesurer le rendement de chaque employé et à lui donner une rétroaction personnelle et confidentielle. Les résultats de telles mesures sont cruciaux et permettent à chaque employé de progresser vers l'excellence.

Quand vous implanterez vos systèmes de mesures, n'hésitez pas à chercher de l'aide. Demandez à vos clients ce qui est important, à vos employés ce qui est sensé, à vos fournisseurs ce que vous pouvez raisonnablement exiger. Obtenez le consensus et l'aide de tous les participants pour votre système de mesures. Robert Kaplan et David Norton ont appelé « tableau de mesures bien équilibré » cet ensemble de mesures essentielles (3).

Qui mesure ?

La personne la plus compétente pour effectuer les mesures est celle qui fait le travail. C'est elle qui maîtrise le mieux son travail, d'autant plus que la rétroaction se fait instantanément. Si le taux de rejets lors d'un tel autocontrôle reste trop élevé, demandez aux membres de l'équipe de se contrôler mutuellement. Ils feront ainsi des progrès très rapides. C'est une excellente manière d'acquérir de nouvelles connaissances et d'échanger des idées. C'est aussi un excellent moyen pour lancer l'uniformisation des tâches. Si nécessaire, faites effectuer les contrôles sur l'extrant par une personne étrangère à l'activité. Ne confiez jamais l'ultime inspection à votre client externe. Si le processus interne fait défaut, vérifiez si votre système d'acquisition de données recueille et diffuse les informations utiles qui permettent de corriger le processus et son système de mesures. L'employé qui effectuera les mesures aura reçu une formation poussée et devra évaluer les produits en fonction de critères bien établis.

Qui fait la rétroaction ?

Nous revenons ici sur notre théorie du partenariat entre clients et fournisseurs. Chaque fois qu'une personne reçoit un intrant, elle devrait en faire une évaluation. Elle devrait ainsi émettre des critiques constructives et en faire part à son fournisseur.

Qui doit faire la vérification ?

Le service de l'assurance qualité s'assure que le personnel de production travaille correctement. Nous embauchons des vérificateurs externes pour contrôler nos finances et ainsi éviter les fraudes. Ne serait-il pas normal dès lors de surveiller également nos activités administratives ? Ou, du moins, les cadres dans chaque secteur ne devraient-ils pas effectuer une vérification sérieuse, à intervalles réguliers, selon des procédures écrites et bien établies ? Les résultats de tels contrôles devraient être communiqués à la direction et aux employés en leur signalant en même temps les mesures correctives prises.

Qui établit les objectifs administratifs (les standards) ?

Examinez les objectifs administratifs (standards) et ce qu'ils représentent. Un standard définit la performance minimale d'un employé ou d'une équipe pour une activité donnée. Il définit aussi la qualité produite par le processus quand il est effectué par un employé formé à son poste et qui dispose des outils et a les compétences nécessaires pour réaliser le travail. Cette qualité standard n'est généralement pas la qualité atteinte. Celle-ci est généralement supérieure à la qualité standard si la personne effectuant le travail a une bonne expérience de son travail. Si le niveau standard n'est pas atteint, vous êtes en présence d'un problème qui exige des mesures correctives.

Considérons maintenant les deux grandeurs clés à mesurer, soit le rendement et l'efficacité, et voyons comment établir les standards pour chacune d'elles. Examinons d'abord l'efficacité (qualité). La personne ou le groupe de personnes qui reçoivent un intrant (les clients internes ou externes) doivent établir les standards d'efficacité. Vous devrez les rencontrer pour définir exactement ce dont elles ont besoin. Concevez alors un processus qu'un employé de niveau inférieur à la moyenne peut effectuer tout en respectant les standards. Souvenez-vous que 50 % de vos employés sont de niveau inférieur à la moyenne et adaptez votre processus en conséquence. N'oubliez pas qu'un jour ou l'autre, de tels employés travailleront sur tous vos processus.

Par contre, le rendement (productivité) n'est pas imposé par le client : il est imposé par le processus. Tout processus a un rendement qui lui est propre : il correspond au minimum de ressources nécessaires pour réaliser l'extrant quand tout se passe bien. Ce qui, malheureusement, n'est pas toujours le cas. Tout procédé comporte sa part de gaspillage et d'inefficacité.

En conséquence, la méthode systématique qui consiste à analyser chaque tâche est remplacée par une méthode moins précise qui revient à établir, par le cadre et ses employés, les standards de rendement à partir des données de rendement du passé. Le cadre devra alors évaluer si la valeur ajoutée est compatible avec son coût. Dans la négative, il lui faudra concevoir un processus différent ou supprimer l'activité. Les standards de rendement établis de cette manière sont fonction de l'expérience de l'employé face au processus et risquent d'être trop élevés pour un employé moins expérimenté.

Qui doit établir les objectifs d'excellence ?

Ne confondez pas les objectifs administratifs avec les objectifs d'excellence. Ce sont deux types d'objectifs très différents. Les objectifs administratifs sont imposés soit par les clients — ils reflètent alors leurs attentes — soit par la direction — dans ce cas, ils définissent le minimum acceptable de la performance du personnel. Par contre, un objectif d'excellence est un objectif que s'imposent un employé ou un groupe d'employés. Un objectif d'excellence est toujours plus ambitieux qu'un objectif administratif, car il est soumis à l'effort d'amélioration continuel. Ce sont les objectifs d'excellence qui permettent d'offrir une qualité supérieure aux clients. Un objectif d'excellence non atteint ne devrait pas nuire au plan d'affaires. Votre objectif sera toujours de dépasser les attentes des clients, de faire mieux que les prévisions du plan d'affaires et d'obtenir le meilleur rendement pour les ressources.

Lorsque les objectifs administratifs seront atteints, l'équipe, ou l'employé, devra établir ses objectifs d'excellence afin d'atteindre des niveaux de performance encore plus élevés.

■ LES MESURES SONT ESSENTIELLES À L'AMÉLIORATION

Charles Coonradt, un consultant en management, estime que nous devrions traiter les affaires comme un jeu. Il fait remarquer que les employés qui exigent des vêtements spéciaux pour travailler pendant 20 minutes dans la chambre froide et qui demandent 10 minutes de pause pour se réchauffer sont ceux qui vont passer une journée entière à pêcher sur un lac gelé. Quand le système de climatisation tombe en panne et que la température atteint 30 °C, nous fermons les bureaux. En rentrant chez eux, les employés vont aller jouer au golf ; autrement dit, ils vont payer pour rester dans la même chaleur.

Pourquoi ? Les sports passionnent les foules, car ils ont :

- des règlements ;

- des mesures ;

- des récompenses.

Voyons comment appliquer ces mêmes principes aux affaires.

Les règlements. Tout sport a ses règlements. Nous les connaissons et nous savons que nous serons pénalisés si nous n'en tenons pas compte (par exemple, un handicap de 15 pieds vous sera imposé si vous frappez un joueur au football américain). Le milieu des affaires a également ses règlements. Ce sont les procédures et les descriptions de tâches. Si vous n'obéissez pas à ces règlements, vous devriez également être pénalisé.

Les mesures. Il est important que nous connaissions notre valeur personnelle. Pensez-vous que le golf aurait autant d'adeptes si, après avoir joué toute une journée avec 200 autres joueurs, on donnait seulement la moyenne des scores sans donner le sien à chacun ? Les mesures sont essentielles pour maintenir l'intérêt d'une activité, en particulier si l'on tient à s'améliorer.

Mesurez la performance de chaque employé ainsi que la performance de l'équipe. C'est une équipe et non une personne qui gagne ou perd au base-ball. Effectuez les mesures sur une petite équipe (20 personnes au maximum). Au football américain, il y a 11 joueurs par équipe, au base-ball, 9 et au basket-ball, 5.

Les récompenses. Les amateurs de sport sont récompensés quand ils améliorent leur performance. Les joueurs professionnels reçoivent des salaires plus importants, les amateurs récoltent des trophées : ils sont tous soumis à un système de mesures. En affaires, nous devrions tous être des professionnels, sinon il est préférable de changer d'emploi. S'il est agréable de recevoir des trophées et des médailles et d'être invités à des réceptions quand nous sommes les meilleurs, il est encore plus agréable de toucher des récompenses en argent. C'est pourquoi notre salaire devrait faire partie de notre système d'évaluation personnelle.

Les mesures sont essentielles à l'amélioration pour plusieurs raisons :

- Elles mettent l'accent sur les facteurs qui permettent d'atteindre les objectifs de l'entreprise.

- Elles caractérisent le rendement de nos ressources.

- Elles nous aident à fixer les objectifs et nous indiquent les tendances du changement.

- Elles nous donnent de l'information sur les erreurs et leurs origines.

- Elles nous indiquent de nouvelles possibilités d'amélioration.

- Elles donnent aux employés un sentiment d'accomplissement.

- Elles permettent de savoir si vous gagnez ou si vous perdez.

- Elles permettent de suivre les progrès en cours.

Il est courant de croire que les structures administratives ne peuvent être évaluées. C'est pour cette raison que, dans le passé, nous avons évalué uniquement les secteurs manufacturiers et non les processus administratifs. Voici pourquoi :

- Dans les années 50 et 60, le coût d'un produit (pièces et main-d'œuvre) constituait l'essentiel du coût total. C'est ce qui incita la direction à l'évaluer et à le gérer. Le coût des processus administratifs était un élément mineur et, par conséquent, a été ignoré.

- Les techniques de mesures des intrants et des extrants en production ne pouvaient s'appliquer facilement aux processus administratifs.

- Les employés de bureau croyaient que leur travail changeait de jour en jour et qu'il ne pouvait donc être mesuré.

Actuellement, on a tendance à évaluer :

- les processus ou les services plutôt que les produits ;

- la gestion des actifs plutôt que la gestion des profits ;

- l'amélioration continue plutôt que les objectifs ;

- le rendement, l'efficacité et l'adaptabilité plutôt que les quantités produites ;

- les attentes des clients externes ou internes plutôt que des grandeurs techniques ou des règlements administratifs ;

- le processus plutôt que l'employé (on pensait que les employés pouvaient contrôler tous les résultats ; maintenant, on pense que c'est le processus qu'il faut évaluer).

D'autre part, on favorise l'implantation des systèmes de mesures et la gestion de la performance par les équipes plutôt que par imposition dictatoriale du haut vers le bas de la hiérarchie.

Les processus administratifs doivent être évalués et gérés tout comme le sont les processus manufacturiers.

■ LES TYPES DE DONNÉES POUR LA MESURE

En implantant un système de mesures, l'entreprise devra travailler avec deux types de données : les données qualitatives (les attributs) et les données quantitatives (les variables).

Les attributs

Ce sont des données qui ne sont pas mesurées mais comptées. En général, pour être représentatives, ces données doivent être obtenues en grand nombre. Vous les utilisez pour obtenir des réponses de ce type : oui/non ; allez/arrêtez ; acceptez/refusez ; etc. Par exemple :

- L'employé est-il arrivé à l'heure ?

- La lettre a-t-elle été écrite sans fautes ?

- Le service respecte-t-il le budget ?

- La réunion a-t-elle commencé à l'heure ?

- Le rapport est-il sorti à temps ?

- Le téléphone a-t-il été décroché au deuxième coup de sonnerie ?

Les variables

Comparées aux données précédentes, les variables permettent des évaluations plus précises. Il s'agit ici de quantifier une caractéristique, ce qui exige moins de données. Par exemple :

- Le nombre de coups de sonnerie avant d'obtenir une réponse

- Le coût du courrier rapide

- Le nombre d'heures de travail pour effectuer une modification technique

- La valeur des stocks en dollars

- Le nombre de jours de maladie pris par les employés par année

- Le nombre de jours nécessaires pour résoudre un problème

Il est parfois difficile d'effectuer une mesure (par exemple : quelle était la qualité de cette présentation ? Quelle est la qualité de reproduction de ce document ? Quelle est la propreté de ce bureau ?). Dans de nombreux cas, il faut faire appel au jugement humain ; vous comparez alors des valeurs relatives. Un exemple : vous pouvez juger de la qualité de photos en comparant plusieurs tirages.

Dans certains cas, vous n'aurez d'autre choix que de demander leur opinion à vos clients pour les évaluations qui sont les plus subjectives, car, après tout, leur opinion est la mesure définitive de la qualité.

■ DES STANDARDS DE QUALITÉ BIEN COMPRIS

Au cours des deux dernières années, la revue *Industry Week* a réalisé deux enquêtes sur la gestion des entreprises. L'enseignement principal de ces enquêtes est remarquablement clair et logique : « Une moins bonne connaissance des objectifs dans le bas de la hiérarchie s'accompagne d'une diminution semblable, mais moins prononcée, de celle des standards de rendement. Au total, 80 % des hauts dirigeants visent des objectifs précis ; ce pourcentage tombe à 70 pour les cadres intermédiaires et à 61 pour les agents de maîtrise. » Ces résultats éclairent les observations concernant le rendement.

■ LES CARACTÉRISTIQUES DES MESURES

Les mesures sont essentielles. Sans elles, vous ne pouvez contrôler. Si vous ne contrôlez pas, vous ne pouvez gérer. Et si vous ne pouvez gérer, vous ne pouvez améliorer. Sans mesures, tout résultat peut surprendre. Elles sont à l'origine des améliorations, car elles décrivent votre situation actuelle et vous permettent de fixer les objectifs de votre situation future. Sans elles, il est difficile de modifier et d'améliorer les processus. Il est crucial d'implanter des mesures d'efficacité (qualité), de rendement (productivité) ainsi que d'adaptabilité (flexibilité) et de fixer des objectifs correspondants pour tous les processus critiques.

Voici quelques caractéristiques d'un tableau de mesures bien équilibré auquel vous devrez porter attention :

1. Il doit refléter les orientations du client.

2. Il doit refléter les orientations de la direction.

3. Il doit refléter la contribution des exécutants du processus.

4. Les objectifs doivent être réalisables, mais non faciles.

5. Les mesures doivent être simples.

6. Les mesures doivent être décrites de manière précise et facilement compréhensibles.

7. Les mesures doivent contribuer à la réalisation de la vision et des objectifs de l'entreprise.

En les définissant, n'oubliez pas que les mesures du processus ne serviront pas à punir, mais à améliorer. Il sera utile de vérifier si l'entreprise effectue déjà des mesures qui pourraient servir d'indicateurs du processus. Un ensemble de trois à neuf mesures donne une évaluation plus détaillée de l'amélioration qu'une seule mesure.

Il y a plusieurs éléments à considérer lors du choix de ces indicateurs. Tout d'abord, ils doivent illustrer différents points de façon équilibrée : ceux qui sont importants pour les clients (aspect externe) et ceux qui le sont pour les exécutants du processus (aspect interne). D'autre part, ces trois à neuf indicateurs doivent caractériser à la fois le rendement, l'efficacité et l'adaptabilité.

L'efficacité. Les indicateurs d'efficacité témoignent de la réussite d'un processus ou d'une activité visant à satisfaire les besoins et les attentes des clients. Dans ce cas, le terme « client » englobe non seulement les personnes qui réceptionnent le produit, mais aussi toutes celles qui l'utiliseront dans le futur. Être efficace signifie avoir le bon produit, au bon moment, à un prix convenable. Il est facile de voir que l'efficacité ne concerne pas uniquement la qualité. Voici quelques mesures d'efficacité :

- La fiabilité du produit

- Sa facilité d'utilisation

- La facilité de son entretien

- Son apparence

- La rapidité de réponse

- Le nombre d'erreurs par produit

- Le pourcentage de livraisons dans les délais

- La satisfaction du client

Les indicateurs internes de l'efficacité décrivent l'assiduité des fournisseurs à satisfaire aux exigences de leurs clients. Souvent, les clients externes ignorent les problèmes relatifs à ces exigences. En voici quelques exemples :

- Les opérations qui commencent par « re » : reprises, rejets, réparation, etc.

- La correction des erreurs qui ont été constatées.

- Les modifications nécessaires qui se présentent.

- Les arrêts de production.

Les indicateurs externes de l'efficacité montrent à quel point le produit satisfait le client externe du processus. Voici quelques exemples :

- Les livraisons en retard

- Les plaintes des clients

- Les produits retournés sous garantie

- Les écritures comportant des erreurs

L'efficience. Les mesures de l'efficience caractérisent la quantité de ressources nécessaires à la fabrication du produit. Le rendement augmente quand les ressources utilisées diminuent. Voici quelques mesures typiques du rendement :

- Le temps total de fabrication par unité

- Le temps effectif de fabrication par unité

- Les ressources mises en œuvre par unité

- Les coûts de la valeur ajoutée par unité

- Le nombre de transactions effectuées par heure

- Le nombre d'analyses par heure

- Le nombre de rapports par cadre

- Le nombre de pièces produites par heure

L'adaptabilité (la flexibilité). Les mesures de l'adaptabilité caractérisent la capacité du processus, ou de l'activité, de prendre en compte l'évolution des attentes et les demandes particulières du client. On ignore généralement ces mesures bien qu'elles soient cruciales pour atteindre une position concurrentielle. Les clients se souviendront toujours de l'accueil que vous avez réservé à leurs demandes spéciales. Voici quelques mesures de l'adaptabilité :

- Le pourcentage de commandes particulières acceptées par heure

- Le pourcentage de commandes spéciales satisfaites par heure

- Le pourcentage de commandes spéciales confiées à des niveaux hiérarchiques inférieurs

Les mesures d'ordre financier. La majeure partie des entreprises se servent des mêmes grandeurs pour caractériser les aspects financiers. Ce sont :

- Le rendement de l'actif

- Le rendement des investissements

- Les profits en pourcentage des ventes

- L'actif

- Les ventes annuelles

- Les coûts de fonctionnement

- La valeur ajoutée par employé

- La cote en bourse des actions

Les mesures relatives à l'exploitation. D'autres mesures concernent l'exploitation et n'appartiennent pas aux groupes de mesures précédents :

- Le nombre d'accidents par 10 000 heures de travail

- La part de marché

- Le nombre d'effractions par mois

- Le renouvellement des stocks par an

■ LE PROCESSUS D'ÉLABORATION DES MESURES

Il est préférable que l'ensemble des mesures soit élaboré par une équipe formée d'employés. Il faudra respecter les étapes suivantes :

1. **La revue des objectifs importants.** La direction et l'équipe devront avoir une idée précise des objectifs de l'amélioration. Ceux-ci dérivent de la vision, de la stratégie, du plan d'affaires et des objectifs fixés par la direction en collaboration avec le personnel. Les mesures concerneront directement ces objectifs.

2. **La revue des principes des mesures.** Ce sont les principes que nous avons exposés plus haut. Reportez-vous aux annexes du livre sur la gestion totale de la qualité de J. Talley qui énumèrent plus de 400 mesures.

3. **La séance de remue-méninges.** L'équipe dressera la liste des mesures possibles. Après une période d'explications, vous regrouperez les mesures et vous les classerez par ordre de priorité.

4. **La discussion.** L'équipe débattra des mérites de chaque mesure et éliminera celles qui font double emploi.

5. **La présentation à la direction de la liste des mesures classées par ordre de prorité.** La direction et l'équipe s'entendront sur le tableau final équilibré des mesures.

6. **L'élaboration par l'équipe d'une planification.** Cette planification définira les activités de collecte et de suivi des mesures ainsi que l'analyse des résultats.

7. **L'établissement d'un niveau de référence.** L'équipe définira les valeurs de référence des mesures et calculera au besoin un indice décrivant le rendement.

8. **Le relevé des mesures à intervalles réguliers.** L'équipe effectuera les mesures à intervalles réguliers pour déterminer les progrès de l'amélioration et comparera cette amélioration aux objectifs d'excellence.

9. **La compatibilité des formats.** Le format des mesures cadre-t-il avec celui des coûts de la non-qualité de l'entreprise ? L'équipe peut-elle éliminer les coûts des mesures des plans comptables ou faut-il changer le système financier ?

■ LE COÛT DE LA NON-QUALITÉ

L'un des objectifs principaux de la réingénierie des processus administratifs (RPA) est de réduire les pertes causées par une mauvaise qualité. La mauvaise qualité vous fait perdre beaucoup d'argent. La bonne qualité en économise. Selon James E. Olson, ancien président de AT&T, « beaucoup de personnes prétendent que la qualité coûte trop cher. C'est faux. La qualité coûte moins cher ». Malgré cela, de nombreuses entreprises ne prennent pas la peine d'évaluer le coût de la non-qualité. Si elle n'est pas évaluée, comment pouvez-vous la réduire ? Pourquoi la haute direction n'insiste-t-elle pas pour que soient appliqués les mêmes contrôles financiers sur le coût de la non-qualité (CNQ) que sur l'achat des fournitures, alors que bien souvent le budget CNQ dépasse le budget total des fournitures ?

L'évaluation du CNQ n'est qu'un des nombreux outils nécessaires aux entreprises pour implanter une gestion totale de l'amélioration (GTA). C'est cependant un outil important, car il retient l'attention de la direction et permet d'évaluer la réussite de l'entreprise dans ses efforts d'amélioration. Il donne aussi à la direction les moyens de s'assurer que la sous-optimisation n'exerce aucune influence défavorable sur l'ensemble du processus.

Le CNQ est défini comme la somme des dépenses effectuées pour aider chaque employé à faire son travail correctement à chaque coup, des dépenses pour vérifier si l'extrant est de qualité satisfaisante et de tous les coûts occasionnés à l'entreprise et au client par un produit non conforme aux caractéristiques ou aux attentes du client. La figure 13.1 donne une liste de tous les éléments du CNQ.

À quoi sert le CNQ ?

Le CNQ modifie considérablement les idées du personnel et de la direction en ce qui concerne les erreurs. Le CNQ sert à :

1. Attirer l'attention de la direction. Il est préférable de s'adresser à la direction en termes financiers. C'est ce que fait le CNQ en transformant la notion abstraite de qualité en une notion concrète qui peut alors se comparer à d'autres notions concrètes comme d'autres coûts, des délais, etc.

2. Changer les idées du personnel concernant les erreurs. Dire à un employé, qui a mal fait son travail, qu'il faut faire une évaluation des conséquences a moins d'influence sur son comportement futur que de lui dire que l'évaluation va coûter 3 000 $. Dans le premier cas, c'est une activité supplémentaire qui apparaît, dans le deuxième cas, ce sont des billets de 100 $ qui disparaissent. Il faut bien faire comprendre aux employés les coûts associés à leurs erreurs.

3. Obtenir un meilleur rendement des activités de résolution des problèmes. Le CNQ établit la liaison entre les problèmes et leurs coûts et permet ainsi d'orienter les mesures correctives vers les solutions qui donnent le meilleur rendement. James R. Houghton, président de Corning Glass Works, a rapporté que «chez Corning, la notion de coût associé à la qualité est utilisée pour définir des améliorations, pour leur assigner une priorité, pour établir les objectifs et pour mesurer les progrès effectués. C'est un outil extraordinaire, mais nous prenons bien soin de ne pas le transformer en matraque».

4. Évaluer l'efficacité des actions correctives et des changements visant l'amélioration du processus. C'est en analysant le CNQ de tout le processus que l'on peut éliminer la sous-optimisation.

5. Comprendre l'effet de la non-qualité sur l'entreprise et l'influence des mesures sur l'amélioration.

6. Relier de façon très simple les mesures de rendement et d'efficacité.

Les divers coûts de la non-qualité

I. Les CNQ directs

    A. Les CNQ des contrôles
        1. Coût de prévention
        2. Coût de détection

    B. Les coûts des défaillances
        1. Coût des défaillances internes
        2. Coût des défaillances externes

    C. Les CNQ relatifs aux équipements

II. Les CNQ indirects

    A. Coût en clientèle

    B. Coûts engagés à cause du mécontentement du client

    C. Coût entraîné par une perte de réputation

Figure 13.1 Les divers coûts de la non-qualité

Les CNQ directs

Il y a deux types de CNQ : les coûts directs et les coûts indirects. Les CNQ directs sont mieux compris ; ils ont été régulièrement utilisés par la direction pour diriger l'administration, car ils sont moins sujets à interprétation. Les CNQ directs se trouvent dans les livres de l'entreprise et peuvent être vérifiés par les comptables. Ces coûts incluent toutes les dépenses engagées pour éviter que le personnel ne fasse des erreurs et celles engagées pour former le personnel et lui permettre de faire son travail correctement. Les CNQ directs incluent trois types de dépenses : les coûts des contrôles, les coûts des défaillances et les coûts relatifs aux équipements.

Les CNQ indirects

L'autre grande partie des CNQ est constituée par les CNQ indirects, définis comme les coûts qui n'apparaissent pas directement dans les livres de l'entreprise, mais qui font partie des coûts de la non-qualité du cycle de vie du produit. Les coûts se répartissent en trois catégories :

- les CNQ en clientèle ;

- les CNQ engagés à cause du mécontentement du client ;

- les CNQ entraînés par une perte de réputation.

Nous parlerons en détail de ce type de coût : peu d'entreprises s'en préoccupent bien que ce soit le coût de la non-qualité le plus important pour les clients.

Les coûts en clientèle apparaissent quand l'extrant n'est pas conforme aux attentes du client. Ce sont :

- la diminution de productivité quand un service ne respecte pas l'échéancier ;

- les frais de déplacement et le temps nécessaire à une deuxième réunion quand les informations n'étaient pas disponibles lors de la première réunion ;

- le temps perdu à attendre les intrants en retard ;

- les coûts associés à l'achat d'équipements en double pour parer aux pannes de l'équipement principal.

Les CNQ engagés à cause du mécontentement du client apparaissent quand le client arrête d'acheter un produit qui ne lui donne plus satisfaction. Le client se manifeste de deux manières : il est soit satisfait soit mécontent, rarement indifférent.

Le niveau de qualité des produits américains ou européens n'a pas baissé brusquement ; il s'est même amélioré. Ce sont les clients qui sont devenus plus exigeants : ils requièrent maintenant des produits de qualité bien plus élevée que précédemment. Le niveau de mécontentement des clients s'est élevé, alors que dans de nombreuses entreprises le niveau de qualité est resté constant et n'a pas suivi l'évolution des exigences des clients. Même si ces entreprises ont certainement produit des pièces conformes aux caractéristiques, elles auraient dû améliorer leurs caractéristiques pour fidéliser leurs clients et en attirer de nouveaux. Beaucoup de nos dirigeants s'aperçoivent que les attentes des clients évoluent. À ce propos, F. James McDonald, ancien président de General Motors, a dit : « Chez General Motors, nous sommes fiers des progrès que nous avons faits dans les domaines de la qualité et de la productivité et nos clients constatent nos efforts. Mais si notre propre performance augmente, les attentes de nos clients augmentent aussi. »

Le CNQ entraîné par une perte de réputation est encore plus difficile à évaluer ou à prévoir que le CNQ par mécontentement du client ou que le CNQ en clientèle. Les coûts de perte de réputation sont différents des coûts par mécontentement du client, car c'est l'attitude du client à l'égard de toute l'entreprise qui est concernée, et non son attitude à l'égard d'un produit. La perte d'une bonne réputation se répercute sur toute la production de l'entreprise. On peut évaluer ce coût par la diminution de la part du marché.

Lorsqu'il était vice-président de General Electric au début des années 50, Armand V. Feigenbaum a mis au point le concept du coût de la qualité. En 1987, il écrivit : « À l'origine, la mise au point du concept et de la quantification du coût de la qualité avait comme objectif de donner à toute femme et à tout homme, employés dans notre entreprise, des outils pratiques et un savoir-faire de base pour qu'ils puissent connaître et gérer leurs coûts de qualité. Par la suite, ces notions de coûts ont permis de gérer la qualité dans les entreprises et de rendre possible la communication entre tous ceux concernés par la qualité. C'est pour cela que nous avons continué à mettre au point, à implanter et à améliorer la connaissance du coût de la qualité dans le monde entier. »

Pour de plus amples renseignements sur les coûts de la non-qualité et sur l'implantation d'un système des coûts de la non-qualité relatif aux processus administratifs, consultez le livre *Poor-Quality Cost,* de H. James Harrington, publié chez Marcel Dekker.

■ LES SONDAGES COMME OUTIL DE MESURE

Les sondages constituent un autre outil de mesure efficace. Ils sont particulièrement efficaces lorsqu'il s'agit de mesurer des caractéristiques non quantifiables mais importantes pour les partenaires de l'entreprise. Des questions comme : « Que pensez-vous de… ? », « Que faudrait-il faire, selon vous ? », « Qu'est-ce qui est meilleur ? » se prêtent bien aux sondages.

Toutes les entreprises devraient effectuer régulièrement des sondages pour évaluer le changement d'attitude, de croyances et de perceptions des partenaires suivants :

1. Les clients externes

2. Les fournisseurs

3. Les employés

4. Les investisseurs

5. La direction

6. La communauté et la société

La plupart des entreprises effectuent régulièrement des sondages auprès de leurs clients, certaines auprès de leur personnel, mais très peu s'en servent pour comprendre les exigences et les préoccupations de leurs partenaires et pour les mesurer. Les sondages seront essentiellement consacrés aux priorités de chacun des partenaires. Vous trouverez les cinq priorités principales de chaque partenaire dans le chapitre *Vue d'ensemble* de cet ouvrage. Vous concevrez les sondages de manière à pouvoir calculer les indices clés de chaque partenaire à partir des résultats des divers groupes de questions. Vous procéderez dès que possible à ces sondages durant les six mois qui suivent le lancement de votre processus de GTR. Ces sondages précoces établiront les valeurs de référence et vous aideront à trouver les possibilités d'amélioration.

Pour la direction, ces enquêtes d'opinion constituent un nouveau moyen de prendre le pouls de ses partenaires. Lorsqu'elle connaît les tendances générales de ces derniers, la direction peut prévenir les problèmes en prenant les mesures correctives voulues. Vous mènerez ces enquêtes avec soin en vous rappelant qu'il faudra les répéter pour déceler les tendances.

Examinons maintenant un type particulier d'enquête pour bien les comprendre tous. Nous prendrons l'exemple d'une enquête d'opinion auprès des employés. En général, cette enquête comportera entre 60 et 120 questions qui touchent les 11 domaines suivants :

1. La satisfaction générale ressentie au sein de l'entreprise

2. Le travail en particulier

3. Les salaires

4. Les possibilités d'avancement

5. La direction

6. Le soutien et l'évaluation

7. Le plan de carrière

8. La qualité et la productivité

9. L'environnement de travail

10. Les avantages sociaux

11. Les efforts d'amélioration

D'autres questions pourraient être :

A. En considérant l'ensemble de l'entreprise, quel est votre degré de satisfaction ?

a) totalement mécontent

b) très mécontent

c) mécontent

d) ni satisfait ni mécontent

e) satisfait

f) très satisfait

g) totalement satisfait

B. Que pensez-vous de la phrase suivante : « Mon travail fait appel à toutes mes habiletés et à toutes mes compétences » ?

a) totalement faux

b) faux

c) ni faux ni exact

d) exact

e) totalement exact

C. Quelle est la confiance que vous accordez à votre supérieur hiérarchique direct ?

a) aucune confiance ou confiance très limitée

b) limitée

c) moyenne

d) forte

e) très forte

De plus, vous laisserez un espace pour permettre au personnel de faire des commentaires et de soulever des problèmes qui n'ont pas été couverts par l'enquête.

L'anonymat et la confidentialité sont de rigueur pour obtenir des résultats utilisables. Vous porterez un soin particulier à toutes les étapes de l'enquête : lors des réponses au questionnaire, lors du dépouillement des résultats, lors de la présentation des conclusions à la direction et surtout lors de la rétroaction que vous donnerez aux petits groupes.

Pour aider chaque cadre à soulever les problèmes, vous lui présenterez les réponses de ses employés sous forme de rapport. Pour chaque question, vous comparerez son équipe à l'ensemble de la fonction et à l'entreprise tout entière.

Chaque cadre tiendra une réunion de rétroaction durant laquelle il présentera les résultats à son personnel. De telles réunions sont importantes à plusieurs titres :

- Les employés attendent les résultats et souhaitent connaître leur valeur vis-à-vis du restant de l'entreprise.

- Les réunions permettent à la direction de discuter des préoccupations de son personnel.

- Elles permettent d'exprimer des idées et des suggestions.

- Elles prouvent l'attention de la direction pour les résultats obtenus.

- Elles permettent au personnel de prendre des mesures correctives.

■ L'UTILISATION DES CRITÈRES DU *NATIONAL QUALITY AWARD*

Le gouvernement des États-Unis présente le *National Quality Award* aux entreprises qui ont fait preuve d'excellence dans sept domaines particuliers et qui ont atteint un niveau de performance élevé dans leurs affaires. C'est le « championnat national » des entreprises. Ce prix est décerné chaque année en novembre par le président des États-Unis.

Bien que six prix puissent être décernés chaque année (deux dans trois catégories), seules sont récompensées de deux à quatre entreprises qui ont pu satisfaire à des critères très sévères. Les meilleurs experts ont élaboré une définition acceptable de l'excellence en gestion après un travail soutenu pendant plusieurs mois pour aider les entreprises qui souhaitent poser leur candidature au prix. Ce travail intense a permis de définir 7 domaines principaux comportant chacun plus de 30 éléments d'évaluation. Le total des points est de 1 000 : à chaque élément correspond un certain nombre de points, les éléments essentiels recevant le plus grand nombre de points.

En parlant du *Malcolm Baldrige National Quality Award*, George Bush, alors président des États-Unis, a déclaré : « Toutes les entreprises américaines profitent de l'existence d'une norme d'excellence qu'elles essaient d'atteindre et que un jour elles dépasseront certainement. » Ce processus de mesure se perfectionne en permanence. La figure 13.2 présente les domaines, leurs éléments ainsi que la note maximale pour chacun d'eux.

Domaines et éléments notés	Nombre maximal de points
1.0 Leadership	100
2.0 Informations et analyses	60
3.0 Planification stratégique de la qualité	90
4.0 Utilisation des ressources humaines	150
5.0 Assurance qualité des produits et des services	150
6.0 Résultats concernant la qualité	150
7.0 Satisfaction des clients	300
Nombre total des points	1 000

Figure 13.2 Les critères d'attribution du *Malcolm Baldrige National Quality Award*

Dans le monde, de nombreux pays décernent également des prix nationaux de qualité. Ces prix permettent d'évaluer les progrès de l'un des éléments du processus de GAT (la qualité), mais non la performance générale de l'entreprise, puisqu'ils ne s'intéressent qu'à la qualité. Par exemple, une entreprise de Houston, au Texas, fit faillite quelques mois après avoir reçu le prix ; les actions d'une autre entreprise tombèrent de 75 %, elle licencia plus de 100 000 employés et réduisit ses dividendes de 75 % après avoir obtenu le prix.

Vous comparerez votre entreprise à ces critères d'excellence de préférence au cours des six premiers mois du fonctionnement de votre processus d'amélioration, et ce, pour bien connaître les valeurs de départ de vos mesures. À ce stade, cette évaluation ne pourra servir pour poser votre candidature aux prix de qualité ; elle permettra uniquement de délimiter les domaines d'amélioration et d'atteindre de hauts niveaux d'excellence.

Vous avez le choix entre plusieurs évaluations de type prix national. Probablement, la meilleure approche consiste à embaucher un auditeur agréé pour recueillir les informations et les analyser. Cette méthode permet de mieux comparer les évaluations successives. Dans ce cas, l'évaluateur aura sans doute recours à des enquêtes pour obtenir les informations utiles et connaître les opinions des employés de tout niveau sur les domaines clés de l'évaluation. En fin de compte, il accordera une note comprise entre 0 et 1 000 à l'excellence de l'entreprise et énumérera les faiblesses qu'il aura constatées. Une note supérieure à 500 correspond à un bon début, mais vous êtes cependant loin de gagner le prix.

Une autre approche qui a fait ses preuves consiste à demander à une équipe interne de remplir les formulaires du prix et à poser votre candidature. Vous aurez ainsi une évaluation de votre excellence non seulement par votre équipe, mais également par le jury du prix. Même si vous ne gagnez pas, le jury vous communiquera un certain nombre d'informations qui vous aideront à vous améliorer. Cette approche présente un problème : les délais sont longs et vous risquez de n'obtenir les résultats qu'au bout d'un an. Pour y remédier, vous pouvez toujours embaucher un spécialiste pour analyser les formulaires remplis par votre équipe.

■ LES MESURES DU SYSTÈME INFORMATIQUE DE GESTION

Toutes les fonctions administratives, tous les gestionnaires et toutes les équipes se servent des mesures pour conduire leurs affaires. Jim Talley, un pilote qui a plus de 7 000 heures de vol à son actif ainsi que de nombreuses évaluations, estime qu'il est essentiel de considérer les données complexes qui figurent généralement sous forme condensée dans un rapport. Dans une cabine de pilotage d'avion, les instruments sont regroupés pour saisir les informations importantes en un coup d'œil et repérer instantanément toute anomalie.

Un système informatique de gestion possède cinq groupes de mesures :

1. Le groupe clients

   Comment les clients nous perçoivent-ils ?

2. Le groupe propriétaires/actionnaires

   Comment obtenir un rendement des investissements acceptable pour les propriétaires de l'entreprise ?

3. Le groupe productivité et qualité

   Quel est le rendement de nos ressources et quelle est l'excellence de nos produits ?

4. Le groupe du personnel

   Comment utilisons-nous les compétences créatrices et innovatrices et la formation de nos employés ?

5. Le groupe des autres partenaires

   Ce groupe rassemble les mesures qui sont importantes pour les autres partenaires.

Ces cinq groupes vous donnent rapidement les plus importantes informations sur votre entreprise. Ce système de gestion utilise les mesures du niveau 3 des fonctions, processus et équipes (voir *Vue d'ensemble*). Il peut être géré manuellement ; les résultats pourront être présentés sous forme de rapport, mais il est préférable de pouvoir les consulter en temps réel par courrier électronique ou par réseau informatique interne. Il réduit à l'essentiel d'innombrables données qui, autrement, risquent de passer inaperçues. Dans la plupart des entreprises, la quantité d'écritures est telle que la recherche d'un document revient à chercher une aiguille dans une botte de foin. Ce système fait le lien entre les différentes mesures dont il a été question plus haut dans ce chapitre. Il évite à la direction de ne considérer qu'un seul aspect de l'entreprise et de faire du « dépannage » de dernière heure. Trop souvent, la direction attire l'attention :

- en créant une situation de crise ;

- en « politicaillant » ou en sous-rationalisant la fonction ou le projet.

Voyons à présent le premier groupe de mesures de notre « avion ».

Le groupe clients

La majorité des entreprises ont une vision, une mission ou une politique de la qualité envers leurs clients. Par exemple, celle de Tandy Electronics Computer Division s'énonce ainsi : « La politique est d'obtenir la satisfaction complète du client en lui livrant des produits et des services sans défauts dans les délais prévus. » Un système de mesures relatif aux clients doit évaluer les délais, la qualité, les coûts, les plaintes, etc. (fig. 13.3)

Le système de mesures relatives aux clients		
Stratégie	Objectifs	Mesures
Part de marché	L'améliorer	• Pourcentage du marché
Clientèle	Séduire les clients	• Enquêtes sur les réalisations • Plaintes • Coût associé à la garantie • Livraison
Nouveaux produits	Leur nombre	• Moment de mise en marché • Pourcentage des ventes par rapport aux prévisions
Préférence	Comptes principaux	• Pourcentage de partage des comptes cibles • Réductions
Partenaires	Collaboration	• Équipes intégrées de développement de produits • Nombre de soumissions acceptées • Analyse DFQ

Figure 13.3 Les mesures relatives aux clients

Le groupe propriétaires/actionnaires

Comment nous situons-nous dans notre secteur industriel, vis-à-vis de nos concurrents, et quel est le rendement que nous offrons à nos actionnaires ? (Ces derniers englobent généralement le personnel.) L'énoncé de la vision se poursuit ainsi : « … ce qui nous permet de réussir comme entreprise et d'offrir un rendement raisonnable à nos actionnaires ». Mais toutes ces activités d'amélioration font-elles vraiment grimper nos bénéfices : rendement des investissements, profits, dividendes ? (fig. 13.4)

Le système de mesures relatives aux propriétaires/actionnaires		
Stratégie	Objectifs	Mesures
Standard industriel	Amélioration	• Ventes par employé
Survie	Marge brute d'autofinancement	• Comptes clients dans les 30 jours
	Inventaire	• Renouvellement des stocks
Gains	Augmentation	• Profit par employé

Figure 13.4 Les mesures relatives aux propriétaires/actionnaires

Le groupe productivité et qualité

Après avoir déterminé les souhaits des clients en faisant appel aux partenariats et au déploiement de la fonction qualité, comment allons-nous en tenir compte pour les mesures internes de notre effort d'amélioration continue? Notre vision impose : « ...un processus d'amélioration continue... ». Nous pouvons nous servir des excellents critères du prix Malcolm Baldrige et de la norme ISO 9001. En étudiant les processus, votre équipe sélectionnera les tâches à valeur ajoutée et éliminera le gaspillage. Chaque employé doit contribuer à l'amélioration des temps d'exécution, des rendements en début de production et des coûts dans les limites de son travail (fig. 13.5).

Les mesures relatives à la productivité et la qualité		
Stratégie	Objectifs	Mesures
Nouveaux produits	Conception	• Nombre de changements d'ingénierie évitables
Clients	Les séduire	• Délais de mise en marché
Excellence en production	Réduction des coûts	• Coûts des rejets et des reprises • Temps d'exécution • Coûts unitaires • Rendements
Excellence administrative	Réingénierie des processus	• Temps d'exécution • Efficacité • Réduction des écritures • Rendement • Adaptabilité
Approvisionnement	Fournisseurs Juste-à-temps	• Diminution du nombre de fournisseurs • Pourcentage de fournisseurs qualifiés • Exactitude de l'inventaire • Taux de renouvellement des stocks

Figure 13.5 Les mesures relatives à la productivité et à la qualité

Le groupe du personnel

La capacité d'une entreprise de s'améliorer, d'innover et d'apprendre est liée aux compétences de ses employés. L'amélioration continue de l'efficacité et du rendement dépend de la formation principale et complémentaire et de la motivation des mêmes personnes. Les entreprises se dépassent et tendent vers des niveaux plus élevés d'amélioration en se fixant des objectifs de plus en plus ambitieux pour les résultats de leurs mesures. Notre vision se poursuit : « … notre personnel est notre force. Il est notre intelligence, il conditionne notre réputation et notre vitalité ; le travail d'équipe et notre engagement sont nos valeurs fondamentales. » La figure 13.6 donne quelques exemples de mesures relatives au personnel.

Les mesures relatives au personnel		
Stratégie	Objectifs	Mesures
Main-d'œuvre	Formation	• Pourcentage du personnel ayant reçu une formation • Pourcentage ayant reçu une formation complémentaire • Nombre d'heures par employé par an
	Présence	• Pourcentage d'absentéisme
Technologie	Techniques	• Mise au point intégré des produits • Déploiement de la fonction qualité • Statistiques
Environnement	Sécurité Motivation	• Temps perdu • Nombre de griefs par employé • Nombre de suggestions par employé
Communauté	Œuvres de bienfaisance	• Don par employé • Nombre de familles aidées par service • Don reçu par employé lors de campagne de financement

Figure 13.6 Les mesures relatives au personnel

Avec la GCT, la GPT, la GQT, la GTR et la GTT, les dirigeants se rendent compte que ce ne sont plus seulement les aspects financiers qui décident du choix des mesures. Seul un tableau de mesures bien équilibré permettra à une entreprise de gérer la GTA. Cette répartition bien équilibrée des mesures mettra l'entreprise sur la voie de la réussite.

◼ LA PLANIFICATION DU SYSTÈME DE MESURES DE LA GAT

La capacité de mesurer l'état et les conséquences de la GAT évolue en fonction du temps. Le système de mesures de la GAT comprend trois phases :

Phase 1 — Les activités de mesure. La phase 1 débute quand la direction décide de lancer le processus de l'amélioration et de mesurer en continu les activités relatives à la GAT. Voici quelques mesures typiques :

- le nombre d'employés formés à l'utilisation des outils d'amélioration ;
- le nombre d'équipes d'amélioration formées ;
- le nombre d'heures consacrées par la haute direction à la GAT.

Phase 2 — Les résultats de l'amélioration. Cette phase débute six mois après le lancement du processus de GAT et dure environ 60 mois. Durant les six premiers mois, il n'y a pas, ou peu, de résultats d'amélioration mesurables et la direction ne doit pas s'attendre à ce que l'entreprise lui en présente. Cela ne signifie pas qu'il faut ignorer complètement de telles mesures durant ce temps. Quelques mesures typiques pourraient être :

- les coûts de la non-qualité ;
- le temps de réponse aux suggestions et le pourcentage de suggestions retenues ;
- les économies en argent réalisées par le travail d'équipe.

Phase 3 — Les résultats relatifs au rendement (aux affaires). Pour que tous les partenaires puissent profiter de l'amélioration, il faut absolument améliorer ces résultats. On commencera à mesurer en continu le rendement environ 18 mois après le lancement de la GAT. Voici quelques mesures courantes :

- le pourcentage de la part du marché ;
- les profits ;
- la fidélisation des clients et le nombre de nouveaux clients ;
- les profits par action.

◼ EN RÉSUMÉ

Pourquoi les efforts d'amélioration échouent-ils ? Le manque de mesures précises est l'une des principales causes. Cette cause reste la même quels que soient la fonction ou le secteur des entreprises. Connaître l'impact économique de l'amélioration (par exemple, le rendement des investissements) est un besoin essentiel à court et à long terme. Sans stratégies, sans objectifs et sans mesures, il n'y a pas de gagnants.

Lorsque tous les employés comprennent l'influence de leur rendement dans la réussite de leur entreprise, ils n'hésitent pas à apporter cet effort supplémentaire pour conserver leur emploi et maintenir leur niveau de vie.

L'attitude envers les mesures

- *Entreprises perdantes :* les mesures ne sont pas importantes.

- *Entreprises survivantes :* les mesures sont peut-être importantes.

- *Entreprises gagnantes :* elles implantent un système de mesures dès le lancement du processus d'amélioration. Elles définissent ainsi les niveaux de référence et peuvent évaluer les progrès effectués.

Les objectifs

- *Entreprises perdantes :* la direction fixe les objectifs.

- *Entreprises survivantes :* les employés fixent les objectifs pour eux-mêmes.

- *Entreprises gagnantes :* la direction fixe les objectifs. Les employés se donnent des objectifs plus ambitieux. L'objectif est moins important que l'adhésion à l'amélioration.

Les mesures relatives aux communications

- *Entreprises perdantes :* les employés recueillent les informations pour que la direction puisse conserver le contrôle de l'entreprise.

- *Entreprises survivantes :* les mesures relatives au travail sont effectuées en commun avec les employés.

- *Entreprises gagnantes :* elles affichent tous les résultats des mesures d'amélioration et en discutent avec les équipes du personnel au moins quatre fois par an.

L'utilisation des mesures

- *Entreprises perdantes :* elles s'en servent pour repérer les employés qui doivent s'améliorer.

- *Entreprises survivantes :* elles les utilisent pour caractériser les problèmes et évaluer les progrès.

- *Entreprises gagnantes :* elles s'en servent pour aider les employés à comprendre l'influence de leur travail sur l'entreprise et pour orienter les objectifs de chacun sur ceux de l'entreprise.

■ RÉFÉRENCES

1. SLOMA, Richard S., *How to Measure Managerial Performance*, MacMillan Publishing Co. Inc., NY 1980.

2. SOMMER, Dale W. et Mark FROHMAM, *American Management Still Missing Some Basics*, *Industry Week*, vol. 241, n° 14, 20 juillet 1992, p. 36-38.

3. KAPLAN, Robert, S. et A. L. DICKINSON, *The Balanced Scorecard - Measures That Drive Performance*, HBR, janvier-février 1992.

Chapitre 14

L'organisation de l'entreprise :

sa restructuration pour le XXIe siècle

par
Paul C. Kikta
Associé, Ernst & Young

Nous nous sommes entraînés avec ardeur, mais chaque fois que nous commencions à former de vraies équipes, nous avons subi une réorganisation. Plus tard, j'ai appris que l'habitude voulait que l'on aborde toute nouvelle situation par une réorganisation. Il n'y a rien de mieux pour donner une illusion de progrès alors que l'on répand la confusion, l'inefficacité et la démoralisation.

CAIUS PETRONIUS, AUTEUR LATIN, 70 AP. J.-C.

■ INTRODUCTION

Depuis de nombreuses années, la réorganisation a été le fer de lance de la direction. L'entreprise ne fonctionne pas comme prévu ? On réorganise ! On centralise ! On décentralise ! Mettez le service à la clientèle et toutes les autres fonctions essentielles directement sous les ordres du président ! Et les tendances à la réorganisation ne font que se renforcer.

Les entreprises sont entrées dans une période de changement et d'incertitude sans précédent. Voilà pourquoi les dirigeants sont de plus en plus à la recherche de nouveaux types de structures, car dans un environnement en pleine modification le modèle basé sur les fonctions paraît moins efficace que par le passé.

Il y a trois tendances très précises qui forcent les entreprises à trouver des structures plus souples, plus rentables et plus adaptables :

La mondialisation des marchés

La mondialisation des marchés entraîne une concurrence plus forte. Sur leur propre terrain, les entreprises ne sont plus à l'abri de concurrents dont le siège social se trouve à l'autre bout du monde. Il n'y a plus de marchés garantis pour les protéger contre des pertes éventuelles sur des marchés plus risqués mais potentiellement plus payants. C'est pourquoi les entreprises doivent s'organiser autour de structures qui peuvent s'adapter à des marchés très diversifiés. La mondialisation exige également que les entreprises soient plus souples, car de nouvelles techniques de gestion des affaires font leur apparition dans le monde entier.

L'accélération des changements technologiques

Le cycle de vie technique des produits et services décroît rapidement, ce qui diminue la durée de vie de certains processus. Les fabricants d'ordinateurs, dont les produits avaient des cycles de vie de deux à trois ans, peuvent à présent s'estimer heureux lorsque leur produit reste le meilleur pendant 18 mois sans que leurs concurrents ne mettent en marché un ordinateur plus rapide et moins cher. Chaque nouvelle génération technologique crée d'innombrables possibilités de reconcevoir les processus ou d'en faire l'amélioration. Cette accélération des changements technologiques impose des structures souples qui peuvent suivre des changements rapides en technologie et en processus.

Les changements démographiques

Les entreprises doivent s'adapter rapidement pour utiliser les services des travailleurs non traditionnels (travailleurs contractuels ou à temps partiel, fournisseurs et vendeurs travaillant en partenariat) qui constituent un pourcentage de plus en plus élevé de la main-d'œuvre. L'entreprise virtuelle est plus qu'un concept, elle est devenue une réalité. Dans certaines entreprises actuelles, les employés ne communiquent plus que par l'intermédiaire d'outils technologiques. Dans d'autres, les membres d'une même équipe de projet travaillent dans différentes entreprises ou dans des lieux différents.

Ces tendances donnent naissance à un climat économique en évolution rapide, imprévisible et hautement compétitif. Pour contrer la concurrence, les entreprises doivent savoir s'adapter rapidement et efficacement.

Les structures traditionnelles, basées sur le modèle militaire, le paradigme du commandement et une conception mécaniste des processus d'affaires, se sont de plus en plus figées. Récemment, de nouvelles structures plus souples se sont ajoutées à l'ensemble des modèles existants.

■ L'ÉVOLUTION DE LA STRUCTURE DES ENTREPRISES

Les structures des entreprises se modifient sous la contrainte exercée par les nouveaux aspects des affaires. Jusqu'à présent, on distinguait quatre phases principales dans leur évolution :

1. La phase verticale

2. La phase bureaucratique

3. La phase de décentralisation

4. La phase des réseaux

L'évolution des grandes entreprises a généralement suivi ces quatre phases dans l'ordre donné ci-dessus. Par contre, chaque entreprise subit cette évolution différemment. Certaines peuvent se doter de structures que nous n'avons pas mentionnées, bien que toutes les entreprises passent par les phases énumérées ci-dessus.

■ LA STRUCTURE VERTICALE

La structure verticale, la plus courante dans les années 50 et 60, a permis de gérer les compétences particulières des différentes fonctions. Elle mettait l'accent sur la performance de chaque fonction et sur une équipe de direction centrale restreinte qui prenait les décisions concernant la production et concernant ses subordonnés, ces derniers représentant de 70 % à 80 % de la main-d'œuvre totale. La planification des activités se faisait parallèlement à leur exécution. L'avancement du travail se faisait en étapes distinctes consacrées à la réalisation de tâches précises.

Cette structure est basée sur un style de commandement et de contrôle militaire qui date de plusieurs siècles. Dans l'Antiquité, Moïse avait déjà réparti les Juifs en groupes de 10 personnes lors de la fuite d'Égypte. Un supérieur commandait à 10 chefs de groupe et ainsi de suite jusqu'au sommet de la hiérarchie. Cette structure impose des devoirs très précis à chaque personne et restreint considérablement la latitude de commandement. Dans le modèle militaire, chaque soldat est responsable d'une tâche bien définie.

Le processus est fluide, même si chaque soldat n'en effectue qu'une petite partie. Les tâches sont indépendantes, elles se suivent selon des procédures précises et claires avec des protocoles de communication servant à coordonner les activités des groupes et des personnes. Tant que les processus et la technologie restaient stables, cette structure donnait entière satisfaction (fig. 14.1).

De plus, les gradés n'avaient pas seulement la responsabilité de commander et d'exécuter, ils devaient également transmettre leurs connaissances. Généralement, les officiers montaient en grade progressivement et transmettaient les connaissances et les compétences de leur fonction à leurs subordonnés. Comme dans le modèle militaire, dans une structure verticale la hiérarchie est l'élément essentiel du transfert des connaissances.

Comme la répartition des activités d'une organisation industrielle ressemblait à celle des armées, la structure militaire s'est alors imposée aux entreprises comme le modèle idéal. En fait, pendant très longtemps, les entreprises industrielles ont très bien fonctionné selon cette structure. Avec la réussite, l'expansion devint nécessaire et de nouvelles structures pouvant gérer des activités plus complexes s'imposèrent.

Avantages	Désavantages
• Excellente définition des tâches	• Souplesse réduite et relations épisodiques avec d'autres activités
• Connaissances et compétences réduites pour une exécution convenable des activités	• Possibilités de carrière réduites
• Facilité du transfert vertical des connaissances	• Difficulté du transfert latéral des connaissances
• Bonnes possibilités d'amélioration des compétences	• Compétences réduites
• Rendement prévisible dans un environnement stable	• Rendement imprévisible dans un environnement instable ou changeant

Figure 14.1 Les avantages et les désavantages d'une structure verticale d'organisation

■ LA STRUCTURE BUREAUCRATIQUE

Avec le temps et la réussite, les entreprises se sont agrandies. Ainsi, les constructeurs automobiles ont augmenté leur production en multipliant les modèles et les options. Ils ont alors acquis de nouveaux équipements, ce qui a nécessité l'embauche de nouveaux employés et cadres.

Par la suite, il a fallu élaborer de nouvelles politiques et de nouvelles procédures pour coordonner et contrôler l'augmentation de la main-d'œuvre et la complexité des activités. Ce qui, dans une progression sans fin, a nécessité d'autres employés et cadres. Peu à peu, la réussite a transformé les entreprises à structure verticale en monstres bureaucratiques.

Les origines de la structure bureaucratique se trouvent directement dans le modèle de la structure verticale. Dans cette dernière structure, les postes de travail et les différents niveaux hiérarchiques assuraient la coordination des politiques et des processus (fig. 14.2).

Les organisations bureaucratiques, caractérisées par d'innombrables niveaux hiérarchiques et par des politiques et des procédures tentaculaires, étaient généralement incapables de suivre les changements rapides des marchés. En conséquence, comme il fallait répondre plus rapidement aux exigences des marchés, les entreprises ont commencé à se restructurer une nouvelle fois.

■ LA STRUCTURE DÉCENTRALISÉE

Cette fois-ci, les grandes entreprises se sont aperçues que les coûts de la bureaucratie augmentaient en fonction de leur taille et de leur complexité. Une décision logique s'imposait : diviser l'entreprise en organisations plus petites.

Avantages	Désavantages
• Politiques et procédures claires	• Politiques et procédures n'autorisant aucune souplesse • Temps d'exécution longs si le processus touche plusieurs domaines de responsabilité
• Structure d'organisation et processus stables	• Opposition ferme aux changements
• Niveaux de qualité et de service constants	• Aucune initiative personnelle ni autonomie
• Performances attendues connues	• La performance satisfait les besoins internes
• Travail et responsabilités bien établis	• Coopération difficile entre différents travaux et domaines de responsabilité
• Orientation vers toutes les activités de l'entreprise	• Orientation vers l'intérieur de l'entreprise
• Excellent déploiement des stratégies	• Difficultés à modifier en profondeur les stratégies
• Optimisation jusqu'au dernier détail	• Possibilités de sous-rationalisation à l'échelle de l'entreprise

Figure 14.2 Les avantages et les désavantages d'une structure bureaucratique

Ainsi, les grandes entreprises ont commencé à se scinder en petites unités fonctionnelles décentralisées ayant chacune un centre de profit directement sous les ordres d'un directeur des opérations. En général, chaque unité était indépendante, mais devait suivre des directives corporatives lors de l'implantation des politiques et des procédures régissant les profits et les dividendes accordés aux actionnaires. Dans l'industrie automobile, la production a été répartie en unités, chaque unité produisant un modèle particulier.

La décentralisation apporte plusieurs avantages (fig. 14.3). Les petites unités sont généralement plus souples et répondent ainsi plus rapidement aux changements dans les marchés. De plus, leurs frais fixes de gestion sont habituellement moins élevés. Toutefois, la coordination entre ces unités est moins efficace que dans le cas d'une structure centralisée. Ces unités réagissent plus rapidement, mais souffrent d'une coordination plus coûteuse.

C'est pourquoi les organisations décentralisées se heurtent souvent à des problèmes de coordination avec les clients. Un exemple courant : plusieurs représentants commerciaux servent un même client, mais aucun ne connaît parfaitement toute la gamme de produits. Un deuxième exemple : deux entreprises d'un même fabricant de pièces d'automobiles se font concurrence auprès des mêmes clients, ce qui permet à ces derniers de faire baisser les prix sans qu'elles s'en aperçoivent.

Remarquez cependant que la structure en unités décentralisées ne change que très peu la structure de fonctionnement. Les grandes entreprises font simplement place à des entreprises plus petites. Les principes de la structure subsistent : mêmes domaines de responsabilité, fonctions distinctes, transfert des connaissances par le supérieur, etc.

Malgré ses limites, la décentralisation a bien profité aux entreprises avant l'apparition de la compétition à l'échelle mondiale et avant que la satisfaction des clients ne devienne un élément crucial de la réussite. Un changement s'imposait à nouveau.

Avantages	Désavantages
• Forte orientation vers le client	• Faible orientation vers l'entreprise
• Chaque unité réagit aux changements des besoins des clients et des exigences des marchés	• Action concertée à l'échelle de l'entreprise très difficile
• Chaque unité fonctionnelle est focalisée sur les besoins de ses segments propres du marché	• Coordination entre différents centres de travail si le même client se trouve dans plusieurs segments de marché
• Autonomie au niveau du centre de travail	• Duplication des ressources et mauvais rendement au niveau de l'entreprise
• Excellente connaissance du client	• Transfert difficile des connaissances d'un centre de travail à un autre
• Autonomie des unités dans leurs efforts de perfectionnement de leurs compétences dans les domaines qui renforcent leur réussite	• Maintien difficile du niveau des compétences propres à chaque fonction
• Autonomie des unités pour l'élaboration de leurs propres standards à l'intérieur des lignes directrices corporatives	• Niveaux de compétences pouvant être très inégaux, incompatibilité possible des processus et des technologies
• Comptabilité et contrôle effectués au niveau de l'unité	• Rivalité et concurrence internes pour l'obtention de ressources définies par le système de mesures

Figure 14.3 Les avantages et les désavantages d'une structure décentralisée

◼ LA STRUCTURE EN RÉSEAUX

La structure en réseaux, le plus récent modèle du renouvellement des structures, est la première innovation réelle dans les structures d'entreprises. La structure en réseaux met l'accent sur le client et non sur les fonctions internes de l'entreprise. En s'orientant vers l'extérieur plutôt que vers l'intérieur, les organisations en réseaux sont mieux adaptées pour répondre aux besoins des clients et à l'évolution des marchés.

Dans les entreprises organisées en réseaux, des équipes d'employés sont responsables du fonctionnement d'un processus ou s'occupent d'un client : les différents niveaux hiérarchiques où chaque employé effectuait une tâche propre aux fonctions ont disparu.

La structure en réseaux trouve son origine dans deux conceptions nouvelles en gestion des affaires. La première résulte de la prise de conscience de l'importance d'une main-d'œuvre polyvalente. Ce changement de conception rejette l'idée d'Adam Smith qui veut que la spécialisation dans le travail procure les meilleurs profits. La deuxième résulte du fait que la réussite ne dépend pas exclusivement des compétences techniques et fonctionnelles mais de leur application à des processus, et des ressources qui permettent de satisfaire les besoins des clients.

Une structure en réseaux dérive des structures matricielles du passé. Dans une structure matricielle, la gamme de produits ou les clients reliaient de façon très libre les différents secteurs des fonctions. Ces structures, qui servaient essentiellement à réaliser un programme ou un projet, ont donné des résultats plus ou moins convaincants. Bien qu'elles aient permis une meilleure focalisation vers le client tout en conservant l'organisation en fonctions, elles ont presque toujours donné naissance à des tensions internes et à des difficultés reliées à l'existence de hiérarchies parallèles.

Qu'elles aient été une réussite ou un échec, elles ont toutes souffert des conceptions en gestion et des technologies du passé. Par leur évolution récente, elles ont néanmoins permis l'émergence de l'organisation en réseaux comme nouvelle structure prometteuse.

Pourquoi cette évolution tardive ?

Les facteurs qui imposent aux entreprises d'être plus souples et plus rentables sont connus depuis longtemps. Pourquoi alors n'a-t-on pas introduit cette nouvelle structure plus rapidement ? Il a fallu attendre trois circonstances pour favoriser son apparition :

1. Les progrès des technologies de l'information

2. Le passage vers une économie basée sur les services

3. Le début des activités de qualité totale

Les technologies de l'information

Ces technologies ont pratiquement créé la structure en réseaux.

1. Elles ont permis aux entreprises de se passer de dirigeants.

2. Elles permettent à des employés de travailler en équipe sans qu'ils aient à se côtoyer physiquement.

3. Elles permettent aux employés de participer à des travaux et de les coordonner à tout moment.

Traditionnellement, chaque employé avait sa spécialité et des experts assuraient le transfert des connaissances techniques et fonctionnelles selon les besoins. La valeur des employés augmenta lorsqu'on fit appel à leur expérience et à leurs connaissances. Avec l'arrivée de systèmes experts et de logiciels basés sur la connaissance, les informations spécialisées ne sont plus l'apanage de quelques personnes. Elles sont stockées dans les mémoires des ordinateurs et il suffit d'un ordinateur de bureau et d'un minimum de formation pour y accéder. Les connaissances spécialisées se sont transformées en avantages corporatifs.

Par exemple, chaque service administratif avait généralement ses experts en avantages sociaux. À présent, un employé ayant une formation générale en avantages sociaux peut se servir d'un système expert ou de tout autre outil de prise de décision pour effectuer son travail. De la même manière, les ouvriers dont les activités dépendaient des informations reçues de leur supérieur hiérarchique ou des stocks peuvent maintenant consulter des terminaux d'ordinateurs sur le lieu de leur travail.

Les progrès technologiques ont fortement repoussé les limites de contrôle. Les dirigeants peuvent maintenant suivre leurs employés et le fonctionnement de leurs entreprises situées dans différentes parties de la terre. Grâce aux progrès des communications téléphoniques cellulaires et des ordinateurs portatifs, un cadre des ventes peut maintenant communiquer avec ses représentants en déplacement sur une grande étendue géographique.

Les communications à l'échelle du globe, des logiciels de groupe ainsi que d'autres innovations technologiques permettent à des employés ou à des groupes de coordonner leurs efforts non seulement à partir de différents points du globe mais aussi à tout moment. Des processus, qui devaient s'enchaîner pour effectuer un travail donné, peuvent à présent se réaliser en parallèle grâce à de meilleures communications et à une coordination accrue. Un système de courrier électronique recueille les messages et envoie les réponses 24 heures par jour. Une équipe peut travailler sur un projet commun tout en étant aux quatre coins du monde.

Par le partage des connaissances et des informations, les dirigeants n'ont plus à se préoccuper du contrôle des activités et de la résolution de problèmes à court terme. Ils peuvent ainsi consacrer leur temps à planifier et à organiser. Il en résulte une entreprise moins hiérarchisée et plus souple.

À la suite des changements technologiques, les employés prennent de meilleures décisions et connaissent à tout moment le fonctionnement général de leur entreprise. Leur horizon s'étend à présent plus loin que les murs de leur usine ; le domaine de leur travail s'élargit. Ils ne peuvent que travailler mieux.

Une économie basée sur les services

Les modèles de structures des entreprises industrielles se sont vite avérés peu efficaces dans le secteur grandissant des services. Une plus grande diversité et une plus faible répétition dans les activités de service justifient partiellement ce fait. Cette plus grande mobilité des activités résulte directement des interactions des employés avec leurs clients.

Par exemple, les employés de banque exécutent une grande variété de transactions que le client peut compliquer à volonté. Un client ne pourra présenter un reçu de dépôt, un autre voudra répartir son argent dans deux comptes différents, un troisième souhaitera faire un virement d'un compte à un autre. Chacune de ces transactions se réduit à un dépôt, cependant leur exécution diffère et exige une attention particulière aux besoins de chaque client.

Le passage d'une économie de type industriel à une économie basée sur les services a mis en relief l'importance des employés qui savent réagir rapidement et efficacement à des besoins très variés de leurs clients. Ces derniers n'admettent plus de se faire envoyer de bureau en bureau pour obéir à des procédures, à des politiques et à une bureaucratie organisée. Ils exigent que les entreprises satisfassent à leurs besoins particuliers sans délais.

Ainsi, plutôt que de passer de guichet à guichet dans une banque, le client s'attend à ce que l'employé au premier guichet disponible puisse effectuer toutes les transactions souhaitées. Un employé du secteur des services joue à présent le rôle d'intermédiaire entre les besoins fluctuants des clients et les processus, les politiques et les procédures de son entreprise. Dans un tel contexte, les définitions de postes et les responsabilités très strictes n'ont plus aucune raison d'être.

Ce passage vers une économie de services a également forcé les entreprises à mieux comprendre et à mieux satisfaire les besoins des clients. L'orientation client devient de plus en plus cruciale par suite de la concurrence directe entre les entreprises pour attirer de nouveaux clients. Un modèle universel dans la conduite des affaires est à présent un anachronisme dans le climat de concurrence actuel. La bureaucratie, les structures et les procédures qui ont fait les beaux jours de la production de masse ne peuvent plus satisfaire le client d'aujourd'hui.

Les activités en qualité totale

C'est en brisant leurs habitudes et en voulant satisfaire les besoins de chacun de leurs clients que les entreprises se sont aperçues qu'elles devaient modifier leurs attitudes en affaires. Cette volonté de s'améliorer afin de combler les clients se retrouve dans de nombreux slogans.

Il semble actuellement que toutes les entreprises aient lancé au moins une activité d'amélioration. Même si ces activités sont très différentes les unes des autres, elles s'attaquent à des problèmes importants qui sont généralement les mêmes. Le plus important est d'harmoniser les rapports entre le personnel, la technologie et les processus afin de satisfaire le client.

Généralement, un tel but favorise les organisations en réseaux pour plusieurs raisons. Tout d'abord, il encourage l'orientation client que les structures traditionnelles non intégrées ont bien du mal à adopter. Ensuite, il favorise la création d'équipes interfonctionnelles et la formation d'employés polyvalents. Et enfin, il conduit à l'autonomie des employés.

■ DEUX MODÈLES DE STRUCTURES EN RÉSEAUX

Les entreprises implantent actuellement deux modèles de structures en réseaux bien connus : la gestion de cas et la gestion horizontale des processus.

La structure en réseaux de type gestion de cas

La gestion de cas est une structure conçue pour surmonter les désavantages des structures plus traditionnelles (fig. 14.4). Le secteur des soins de santé a le premier introduit ce type de gestion par suite de l'importance du service offert au patient et de la complexité relative de ce type de service. Dans les établissements de soins de santé, un employé, ou une équipe, est chargé de suivre un patient pendant son séjour à l'hôpital et de gérer la totalité du processus de ses soins.

Avantages	Désavantages
• Forte orientation vers le client	• Orientation réduite vers l'entreprise
• Entreprise souple	• Possibilités d'inefficacité et d'inconstance dans les délais de livraison des produits et des services
• Responsabilité totale de la satisfaction du client	• Climat de travail tendu par suite de l'interdépendance des niveaux hiérarchiques
• Diversité des tâches	• Exige des employés hautement qualifiés
• Facilité du travail entre différentes fonctions	• Rôles et responsabilités mal définis
• Décentralisation et interfonctionnalité fortes	• Dispersion des ressources
• Réaction rapide envers les besoins des clients et les exigences des marchés	• Difficulté de maintenir une orientation stratégique

Figure 14.4 Les avantages et les désavantages d'une structure en réseau de type gestion de cas

La gestion de cas ne fait pas disparaître les différentes fonctions d'une entreprise; au contraire, elle facilite leur intégration lorsqu'un employé prend la complète responsabilité d'un cas donné du début à la fin.

Dans le rapport technique *Case Managers : The End of Division of Labor*, Thomas Davenport et Nitin Nohria mentionnent quatre éléments clés pour réussir la gestion de cas :

1. Un processus de travail en boucle fermée : la gestion et la réalisation en totalité d'un service ou d'un produit livré à un client.

2. Un poste de travail dans la structure des activités relié à la fois au client et aux fonctions qui participent à la création ou à la livraison d'un service ou d'un produit.

3. Une autonomie des employés qui leur permet de prendre des décisions et de répondre à tous les besoins des clients.

4. Un accès électronique facile à toutes les informations disponibles dans l'entreprise et l'utilisation des technologies de l'information pour faciliter la prise de décisions.

La structure en réseaux de type gestion horizontale des processus

Plus avancée que la structure de gestion de cas, la structure de gestion horizontale des processus possède elle aussi ses avantages et ses inconvénients (fig. 14.5)

Dans ce cas, l'entreprise examine chacun de ses processus fondamentaux et conçoit une structure qui tient compte de toutes les exigences qui permettent de satisfaire les besoins des clients relatifs à ce processus. Voici quelques processus fondamentaux typiques :

- la conception de nouveaux produits ;

- l'exécution des commandes ;

- la réception des commandes ;

- la présentation de nouveaux produits ;

- le service après-vente ;

- les partenariats avec les fournisseurs ;

- etc.

Cette structure ressemble à la structure matricielle, toutefois son point fort est le processus et non les fonctions.

Il ne s'agit pas de rendre le processus complètement horizontal. Au contraire, chaque entreprise doit trouver le bon équilibre entre une structure horizontale et une structure verticale, ce qui permet d'atteindre la performance optimale.

Les 10 principes suivants constituent l'essentiel d'une organisation en processus horizontaux :

1. Organisez votre structure en fonction des processus et non en fonction des tâches.

2. Réduisez la hiérarchie en minimisant la division du flux du travail et en éliminant les activités sans valeur ajoutée.

3. Nommez un propriétaire de processus responsable du rendement.

4. Liez les objectifs de rendement et les évaluations à la satisfaction des clients.

5. Les équipes et non les employés sont la pierre angulaire du rendement.

6. Combinez autant que possible les activités de gestion avec d'autres activités.

7. Généralisez la polyvalence des employés.

8. Apprenez aux employés à être polyvalents et donnez-leur la formation nécessaire à l'avance.

9. Multipliez au maximum les contacts entre les fournisseurs et les clients.

10. Récompensez le perfectionnement des compétences individuelles des employés et des équipes plutôt que les réalisations individuelles.

Avantages	Désavantages
• Structure alignée sur les stratégies de l'entreprise	• Duplication des ressources
• Orientation client	• Objectifs contradictoires entre équipes de différentes fonctions et de différents niveaux hiérarchiques
• Responsabilité totale envers le fonctionnement des processus	• Environnement de travail tendu par suite de l'interdépendance des niveaux hiérarchiques
• Main-d'œuvre formée en fonction des processus	• Possibilité de barrière invisible qui empêche l'avancement de la femme
• Toutes les ressources nécessaires à l'exécution du travail sont disponibles dans les réseaux	• Masse critique non atteinte ou diminution des économies d'échelle
• Temps d'exécution du processus réduit	• Dispersion des connaissances
• Exécution efficace des processus	

Figure 14.5 Les avantages et les désavantages d'une structure en réseaux de type gestion horizontale des processus

■ L'IMPLANTATION DES STRUCTURES EN RÉSEAUX

L'implantation d'une structure en réseaux entraîne de nombreuses conséquences pour les entreprises. Elle modifie non seulement leurs structures, mais également les aspects suivants :

1. Le style de gestion

2. Le système de gestion du rendement

3. Les programmes de formation et de perfectionnement

4. Les processus de communication

5. Les salaires et les systèmes de récompenses

6. L'avancement des cadres

Si vous avez pris la décision de vous réorganiser, le changement de structure de votre entreprise ne représente que le sommet de l'iceberg.

Le style de gestion

L'implantation de l'un des modèles de structure en réseaux dans une entreprise requiert un virage à 180° du style de gestion de nombreux dirigeants. Pour certains, ce virage exige l'apprentissage d'une toute nouvelle conception des affaires. D'autres, spécialistes de la gestion de projets réalisés par des équipes interfonctionnelles, n'auront que peu de modifications à apporter à leur style. La majeure partie des dirigeants se trouveront dans une situation intermédiaire, entre ces deux extrêmes.

Ce virage ne diminuera pas pour autant les responsabilités des dirigeants. Ils devront toujours prouver leur engagement, qui sera orienté différemment cette fois-ci. Plutôt que d'espionner chaque employé, les dirigeants devront suivre les progrès de leurs équipes et essayer d'améliorer les compétences de ces dernières en matière de prise de décisions.

Ainsi, les dirigeants deviennent des meneurs d'équipe en fournissant l'information utile et en facilitant la prise de décisions. Les responsables des processus dirigent en apportant leur soutien à leur équipe.

Le système de gestion du rendement

Une structure en réseaux impose également une modification du système de gestion du rendement. Une entreprise structurée en fonctions récompense un employé lorsqu'il se perfectionne dans son domaine de spécialisation. Ce qui n'est pas nécessairement le cas dans une structure en réseaux. Le degré de satisfaction du client est ici le critère essentiel de la réussite. Au lieu d'apprécier le rendement d'un employé uniquement en fonction de ses compétences, l'évaluation tiendra également compte de la contribution de ses compétences à la satisfaction des clients et de la contribution de son équipe aux objectifs stratégiques de l'entreprise.

La formation et le perfectionnement

Les entreprises devront procéder à une formation complémentaire lors de l'implantation d'une structure en réseaux. La formation sera axée sur les nouvelles compétences nécessaires, mais aussi sur le perfectionnement des techniques qui leur permettent d'effectuer de nombreuses tâches et de prendre des décisions rapides. Cette formation pourra soulever quelques problèmes, en particulier pour les employés au bas de l'échelle hiérarchique. Qui faudra-t-il former ? Que faut-il enseigner ? Quel niveau de formation faut-il donner ? Faut-il embaucher du personnel déjà qualifié ou faut-il former le personnel existant ?

Le système de communication

Pour que les équipes puissent travailler de façon satisfaisante dans une structure en réseaux, une bonne circulation des informations est essentielle. Informations sur les processus, données sur l'entreprise, stratégie opérationnelle ne sont que quelques-unes des données que tout employé devra pouvoir consulter rapidement.

Si vos équipes doivent prendre des décisions, la qualité de ces dernières dépendra directement de la quantité d'informations que vous mettez à leur disposition. Il leur faudra également des contacts directs avec les clients et les fournisseurs.

Les salaires et les récompenses

Dans une structure en réseaux, vous devrez encourager, récompenser et reconnaître les employés polyvalents qui travaillent en équipes et qui se soucient de la satisfaction des clients. Vous devrez modifier en conséquence votre système de reconnaissance et de récompenses. C'est ce qui a favorisé la notion de salaires en fonction du rendement, des compétences ainsi que les systèmes de primes à la productivité dans les entreprises modernes.

De plus, dans une entreprise structurée en réseaux, que ce soit en gestion de cas ou en gestion horizontale des processus, vous devrez récompenser les employés ou les équipes en fonction de la satisfaction des clients, de leur contribution individuelle ou de groupe et de leur performance en général.

L'avancement des cadres

Les entreprises dont la hiérarchie est réduite deviennent de plus en plus courantes ; aussi, les chances d'avancement se raréfient. Comment une entreprise peut-elle alors offrir un plan de carrière à ses employés ? Tout d'abord, en valorisant des changements horizontaux de poste comme éléments d'une carrière. Ensuite, en modifiant les objectifs, les évaluations et le processus de développement de carrière pour repérer les cadres qui ont su bâtir des réseaux et les mettre au service des clients, plutôt que ceux qui ont perfectionné leurs propres compétences.

■ LA CONCEPTION D'UNE STRUCTURE D'ENTREPRISE

« J'aimerais recommander à toutes les entreprises l'adoption d'une structure en réseaux, mais je ne le ferai pas. D'après ma propre expérience, en fonction de leur environnement, les entreprises devraient envisager les quatre types de structures ou même une combinaison de ces quatre structures », nous dit H. J. Harrington.

Après avoir pris la décision de changer de structure, vous aurez à répondre à la question suivante : « Quelle est la meilleure structure organisationnelle pour mon entreprise et son environnement concurrentiel qui ferait un usage optimal de mes compétences fondamentales ? » Un seul outil de diagnostic ne vous donnera pas la réponse. Vous la trouverez davantage dans une quête interactive d'informations à l'aide d'analyses et de discussions.

La première étape consiste à représenter l'entreprise selon trois aspects : stratégique, organisationnel et opérationnel.

L'*aspect stratégique* vous montre l'entreprise du haut de la hiérarchie vers le bas : il vous révèle son organisation générale. Prenez les éléments principaux et faites-les coïncider avec votre organisation.

L'*aspect organisationnel* concerne les unités stratégiques fonctionnelles. Examinez l'entreprise sous deux angles : en premier lieu, vérifiez la concordance précédente en descendant la hiérarchie ; puis, assurez-vous d'un bon équilibre entre les processus de gestion, de fonctionnement et de soutien en remontant la hiérarchie.

Enfin, en ce qui concerne l'*aspect opérationnel*, définissez les équipes et les postes de travail en remontant la hiérarchie.

Ces trois aspects définissent l'organisation de votre entreprise. Vous les utiliserez comme point de départ pour déterminer la structure qui s'adapte le mieux à votre entreprise.

Passons maintenant aux détails et voyons quelles sont les questions que vous devrez vous poser.

L'aspect stratégique

Lors du processus de conception de l'aspect stratégique, vous devrez allouer au mieux les ressources nécessaires à la réalisation de la stratégie de votre entreprise.

Pour lancer ce processus, vous devrez bien connaître l'état actuel de votre entreprise et de son environnement. Voici quelques questions auxquelles vous devrez répondre :

- Quelle est l'influence de la concurrence sur notre conception des affaires ? Nous impose-t-elle une structure particulière ?

- À quel degré satisfaisons-nous les besoins de nos clients ? Quelle est la meilleure structure pour améliorer notre capacité à satisfaire nos clients ?

- Quelles sont les relations entre les différentes fonctions et les différents centres d'exploitation ? Quelles sont leurs influences réciproques ? Quelle est la structure qui facilite leur coordination ?

- Quelles sont nos compétences fondamentales ? Comment contribuent-elles à la stratégie de l'entreprise ? Quelle est la meilleure structure pour réaliser cette stratégie ?

- Quelle a été l'influence de notre histoire et de notre culture sur l'organisation de notre entreprise ? Quelles difficultés pourraient-elles soulever lors de l'implantation d'une nouvelle structure ?

Les réponses à ces questions indiqueront votre champ d'action concernant votre structure. Si votre priorité stratégique première consiste à réagir rapidement dans un marché volatil où les besoins des clients changent à tout moment, vous devrez opter pour un service de conception des produits décentralisé et rattaché à une structure de type horizontal, de préférence à un service qui serait centralisé et rattaché directement au siège social.

Vous pouvez répondre à ces questions en considérant les intrants et les extrants du processus de conception de la structure ainsi que les principes généraux influençant la structure. La figure 14.6 illustre cette démarche telle qu'elle a été mise en œuvre par une entreprise particulière. Cette démarche s'étendra normalement sur une période de quelques semaines, période nécessaire à la collecte des informations concernant les intrants. Tenant compte des principes, vous utiliserez ensuite ces informations et vous vous servirez des choix possibles pour vous guider vers l'aspect opérationnel de la structure.

Pour l'entreprise mentionnée dans le paragraphe précédent, voici le résultat de cette démarche :

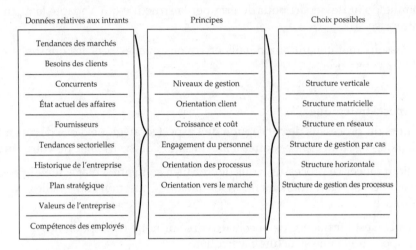

Données relatives aux intrants	Principes	Choix possibles
Tendances des marchés		
Besoins des clients		
Concurrents	Niveaux de gestion	Structure verticale
État actuel des affaires	Orientation client	Structure matricielle
Fournisseurs	Croissance et coût	Structure en réseaux
Tendances sectorielles	Engagement du personnel	Structure de gestion par cas
Historique de l'entreprise	Orientation des processus	Structure horizontale
Plan stratégique	Orientation vers le marché	Structure de gestion des processus
Valeurs de l'entreprise		
Compétences des employés		

Figure 14.6 Le tableau matriciel de l'établissement de la structure de l'entreprise

« Voici les buts recherchés dans une nouvelle structure : une meilleure coordination entre les différentes fonctions, une direction décentralisée, un engagement plus poussé du personnel aux niveaux inférieurs de la hiérarchie, une restructuration du processus de prise de décision, des responsabilités définies plus clairement et une attitude innovatrice et proactive.

Lors de la conception d'une nouvelle structure, abattre les barrières entre les différentes fonctions et faciliter leur coopération ont été notre préoccupation principale. La structure définitive possédera des éléments d'une structure horizontale ; les processus et les équipes seront ses principales constituantes. Les équipes seront des équipes interfonctionnelles responsables de quatre processus principaux ; la hiérarchie sera réduite pour autoriser la prise de décisions aux niveaux inférieurs. »

Le travail de l'élaboration d'une nouvelle structure pourra être moins détaillé. Une autre entreprise s'est contentée de développer quelques points essentiels :

- La gestion par processus et non par fonctions

- L'harmonisation des objectifs pour obtenir la satisfaction des clients

- La consultation entre différents secteurs sur l'implantation de nouvelles politiques et de nouvelles procédures

- La diminution des blâmes entre services et divisions

- La prise de conscience par les employés du rôle de leurs services et de leurs responsabilités

- La normalisation des tâches entre les différents services

- Le transfert des connaissances entre employés

L'aspect organisationnel

L'étape suivante consiste à déterminer l'influence de la structure sur les centres d'exploitation stratégiques et trouver la manière de coordonner les activités pour réaliser la stratégie d'entreprise et pour maintenir celle-ci dans la direction voulue.

Entre autres possibilités, vous pouvez utiliser trois types de regroupements : en *activités*, en *extrants* et en *segments* (fig. 14.7).

Chaque regroupement possède ses avantages et ses inconvénients au point de vue réaction à la concurrence, réaction au marché, fonctionnement interne et implantation de stratégies.

Le regroupement en *activités* ressemble à la structure traditionnelle verticale où l'*activité* serait un service ou un groupe assurant une fonction particulière. Une telle structure possède avant tout des éléments fonctionnels vers le haut de la hiérarchie (service financier, service de l'exploitation, service des ventes et du marketing, etc.).

Une structure en activités favorise les compétences fonctionnelles et utilise efficacement le personnel. Elle est particulièrement souhaitable lorsque les compétences fonctionnelles et le transfert des connaissances sont essentiels à la stratégie de l'entreprise. Cependant, comme les processus d'exploitation couvrent généralement plusieurs fonctions, des tensions risquent de naître entre ces dernières.

Regroupement	Conséquences	Exemple
ACTIVITÉ (fonction - connaissances - compétences)	Regroupement de tous les employés qui accomplissent des activités similaires ou qui y participent, qui assurent des fonctions semblables	Les constructeurs automobiles ont traditionnellement utilisé le regroupement par activité : les fonctions de marketing, de production et de service étaient toutes indépendantes
EXTRANT (produit - service - projet)	Regroupement de tous les spécialistes pour la fourniture d'un produit ou d'un service ou pour la réalisation d'un projet particulier	Les constructeurs automobiles se sont orientés vers une structure horizontale avec des équipes interfonctionnelles regroupées par produit. Par exemple, il y a une division pour les fourgonnettes, les voitures haut de gamme et les voitures compactes.
SEGMENT (marché ou industrie - clients ou consommateurs - secteurs géographiques)	Regroupement de tous les spécialistes qui desservent un marché ou une industrie, qui subviennent aux besoins de clients ou de consommateurs, qui couvrent différents secteurs géographiques	Les banques ont généralement des divisions qui desservent des secteurs géographiques donnés (région Est, région Ouest, etc.)

Figure 14.7 Les trois différents regroupements

Organiser l'entreprise en fonction de ses *extrants* permet à chacun des groupes de production de se consacrer efficacement à la fourniture d'un produit ou d'un service. De telles entreprises offrent essentiellement des produits et des services, comme l'électronique grand public, les produits industriels, les pièces détachées, etc.

Une organisation en fonction des produits et des services favorise la productivité et l'innovation. Elle permet une réponse rapide à l'égard des marchés existants. Elle est particulièrement utile dans des marchés hautement compétitifs où les forts rendements sont essentiels. Par contre, la coordination des activités de marketing des différentes gammes de produits est généralement peu efficace. De même, tout avantage obtenu des distributeurs et des fournisseurs par une logistique et des achats communs est généralement inférieur à ceux obtenus par une structure basée sur le regroupement en activités.

Organiser l'entreprise en fonction de ses *segments* de marché permet à ces groupes de consacrer leurs efforts à la réalisation des produits et des services. Vous pourrez structurer votre organisation en fonction des aires géographiques desservies ou des besoins des clients. Cette répartition donne naissance à des structures du type : groupe américain, groupe d'opérations européennes, groupe des clients importants, etc.

La répartition en segments réduit les temps de mise en marché et favorise l'orientation client de l'entreprise. Elle possède généralement des systèmes d'aide à la clientèle bien coordonnés qui répondent rapidement aux besoins des clients. Ce type de structure convient particulièrement aux marchés des produits ou services sur demande.

La plupart des entreprises mettent en œuvre plusieurs de ces regroupements. Ainsi, dans les entreprises traditionnelles à regroupement par activité où les plus grandes divisions sont la production, les ventes et le service, les sous-divisions sont généralement organisées en fonction des segments ou des extrants.

Le secret réside dans le choix de la combinaison satisfaisante des trois types de regroupements. L'analyse de l'aspect stratégique et la représentation de la structure fourniront les éléments qui détermineront ce choix. Rappelez-vous que l'aspect opérationnel est le lien entre la stratégie d'entreprise et les moyens qui permettent l'exécution des activités.

Il est important de comprendre qu'un regroupement particulier n'exclut pas les deux autres. En fait, les entreprises prospères mettent à profit les trois types de regroupement. Au niveau de la haute direction, vous trouverez le regroupement en activités ; au niveau des divisions, le regroupement en segments de marché ; au niveau de la fabrication, le regroupement en produits et au niveau des processus et du flux de travail, le regroupement selon les clients.

L'aspect opérationnel

Qu'il s'agisse d'une équipe ou d'un employé, nous devons comprendre comment organiser le travail au niveau opérationnel. Tout comme dans les deux aspects précédents, vous devrez vous poser un certain nombre de questions pour prendre les bonnes décisions :

1. Dans quelle mesure peut-on définir clairement le début d'un travail et son extrant propre ? Quel est le temps qui s'écoule entre la fin du travail et la fin du processus correspondant ?

2. Quels sont les différents types de travaux qu'il faut regrouper avant de les confier à un employé ou à une équipe ? Quels sont les liens entre les travaux qui s'enchaînent les uns aux autres ?

3. Comment faut-il gérer et coordonner les travaux ? Qui prendra les décisions ? À quel niveau hiérarchique les prendra-t-on ? Comment les prendre ?

4. Comment circulent les informations et les connaissances ? La rétroaction concernant les tâches et les résultats des opérations est-elle entière, immédiate, directe et personnalisée ?

5. Quel est le degré de routine du travail ? Le travail est-il régi par des procédures et des méthodes ? Change-t-il de jour en jour, de client à client ?

En fin de compte, la parfaite connaissance de ces trois aspects fournira toutes les informations dont vous aurez besoin pour concevoir la structure de votre entreprise. Maintenant, si vous croyez être au bout de vos efforts, voici un dernier obstacle à franchir.

■ LES OBSTACLES À L'IMPLANTATION D'UNE NOUVELLE STRUCTURE

Il existe de nombreux obstacles à l'implantation d'une nouvelle structure : préférences en gestion des hauts dirigeants, culture d'entreprise, législation, exigences des clients actuels. Les obstacles sont soit temporaires, soit reliés à la structure même. Si vous souhaitez passer d'une structure traditionnelle verticale à une structure horizontale en équipes, vous allez vous heurter aux éléments suivants :

1. Les besoins de perfectionnement en leadership et en gestion. La réduction du nombre de niveaux hiérarchiques augmentera la responsabilité des cadres. Une implantation réussie nécessite une analyse en profondeur de la volonté des cadres d'assumer des responsabilités accrues. Les hauts dirigeants, qui avaient l'habitude de prendre la majeure partie des décisions au jour le jour, devront céder une partie importante de leurs prérogatives à leurs équipes de travail et s'armer de patience en attendant que les membres de ces équipes se perfectionnent pour assumer de nouvelles responsabilités.

2. Le cloisonnement des fonctions. Dans une structure horizontale, pour que les équipes puissent agir efficacement, ses membres devront s'effacer partiellement devant leur équipe et prendre du recul par rapport à la fonction à laquelle ils appartiennent. La tradition de fidélité à sa fonction risque de soulever quelques problèmes lors de la formation des équipes. Lorsque des entreprises structurées en fonctions essaient de s'améliorer, elles perfectionnent habituellement les activités internes aux fonctions.

3. L'animation des équipes. Il est essentiel que les équipes horizontales aient un leader qui comprenne parfaitement les processus se déroulant entre différentes fonctions et qui ait suffisamment de prestige pour lancer et implanter la nouvelle structure.

Les obstacles temporaires

1. La friction entre employés. Ce type d'obstacle se manifeste de façon passive et résulte directement du changement même. La transition d'une structure à l'autre entraîne inévitablement des heurts dans l'exécution du travail, dans les communications, dans les prises de décisions et dans le fonctionnement de la hiérarchie. Ces heurts ne devraient pas nuire à la bonne progression de la transition vers une gestion par équipes, mais ils pourraient faire naître un climat de résistance s'ils ne sont pas contrôlés.

2. La résistance. Ce type d'obstacle signale l'existence d'une résistance active au processus de transition. La réaction brutale qui vient d'un état de friction et qui va en s'augmentant en est un exemple. Si le processus de transition est trop souvent interrompu, ce qui n'était d'abord que résistance au processus de changement peut se transformer en résistance au changement même.

Comprendre les obstacles rencontrés lors de la transition vers une nouvelle structure aide à découvrir la voie à suivre pour atteindre son but. Souvenez-vous que les transitions d'une structure à une autre se modifient en cours de route et ressemblent à une courbe d'apprentissage où chaque étape améliore l'étape précédente. Dès le début, nous recommandons l'embauche d'experts pour assister les équipes de la nouvelle structure à fixer les objectifs, délimiter les processus et suivre les progrès. Lorsque l'entreprise et ses employés auront acquis suffisamment d'expérience et auront perfectionné leurs compétences, ils pourront confier les activités de transition aux niveaux inférieurs de la hiérarchie.

Quand votre stratégie sera définie, la nouvelle structure conçue et les obstacles connus, vous serez prêt à passer à la phase de l'implantation.

Certains changements seront tellement inhabituels que les dirigeants devront faire preuve d'efforts herculéens. Par exemple, le passage d'une structure hiérarchique en fonctions à une structure en équipes exigera d'eux patience, engagement à long terme, tolérance pour les erreurs et l'obligation de donner l'exemple du type de comportement recherché. Le processus de transition peut exiger des années et non des mois, et si l'ensemble de l'entreprise n'est pas disposé à soutenir les efforts, la transition échouera et les dirigeants perdront toute crédibilité auprès de leur personnel.

■ EN RÉSUMÉ

Motorola est un bon exemple d'entreprise qui s'oriente vers une structure en réseaux ; cependant, même Motorola n'a pas retenu le concept d'une structure pure en réseaux et, très probablement, ne l'implantera pas. Pour offrir le meilleur service possible à ses partenaires, toute entreprise devra élaborer une structure unique qui fera appel à des éléments provenant des trois types de structures et qui pourra satisfaire tous ses besoins particuliers.

Afin d'obtenir des résultats en croissance exponentielle permettant la survie dans un environnement en pleine évolution, il est crucial de considérer de nouvelles structures. Les futures entreprises florissantes seront celles dont les décisions au jour le jour concerneront les processus, les clients et les équipes, et non la spécialisation du travail et les ordres de la hiérarchie des anciens modèles. Lorsqu'elles sont correctement implantées, ces nouvelles structures ouvrent la porte à des réussites sans précédent.

Malgré cela, il est très probable que la structure en réseaux ne fasse pas long feu. De nouvelles idées devront jaillir alors que des technologies imprévisibles naissent quotidiennement et que la main-d'œuvre évolue à pas de géant. Les structures des entreprises de demain n'auront aucun point commun avec celles que nous connaissons. Peut-être appartenir à une entreprise consistera simplement à posséder un code d'accès à un réseau d'ordinateur. Quelles en seront alors les conséquences ?

Voici comment les trois types d'entreprises abordent un changement de structure :

- *Entreprises perdantes* : elles pratiquent fréquemment la réorganisation pour profiter des compétences et stimuler les intérêts de leurs principaux dirigeants. La réorganisation est soit le résultat de luttes pour le pouvoir ou le prétexte pour renvoyer un dirigeant peu efficace. Elles considèrent le changement de structure comme remède à tous leurs maux. Leur devise : les affaires vont mal, réorganisons. Elles vont habituellement choisir la dernière structure à la mode en espérant trouver la panacée. Elles orientent généralement chaque changement vers l'intérieur de l'entreprise avec l'espoir d'améliorer le fonctionnement plutôt que le service à la clientèle.

- *Entreprises survivantes* : elles effectuent des réorganisations focalisées sur des produits particuliers ; ces réorganisations leur permettent également de maintenir la faible taille de leurs unités de fonctionnement. La direction générale n'exerce que peu de contrôle sur ces unités. Leur structure est généralement décentralisée.

- *Entreprises gagnantes* : les possibilités présentées par les clients et le développement de nouveaux produits sont à l'origine des restructurations. La restructuration vise une utilisation maximale des compétences et des capacités fondamentales du personnel. De nombreuses entreprises ont évolué d'une structure de petites unités de fonctionnement à une structure mettant en relief leurs processus essentiels ; à présent, elles expérimentent avec prudence les structures en réseaux. Cette attitude reflète une volonté de changement dès qu'apparaissent de nouveaux concepts susceptibles d'améliorer leur avantage compétitif. Elles ne se précipitent pas sur de nouvelles structures comme premier pas vers la résolution de leurs problèmes. Elles s'assurent de bien connaître les causes principales de leurs problèmes et de les résoudre, essentiellement en modifiant leurs processus. Ensuite, elles choisissent la bonne combinaison de structures en considérant les aspects stratégique, organisationnel et opérationnel et en refusant la solution de type passe-partout. Elles savent qu'une structure facilite la prise de décision. Elles adoptent le style de gestion qui permet le fonctionnement optimal des processus de prise de décisions.

Chapitre 15

La reconnaissance et les récompenses :

la politique recommandée

Toutes les règles de conduite sont écrites. Il reste à les mettre en pratique.

BLAISE PASCAL

■ INTRODUCTION

Fondamentalement, notre comportement est influencé par les récompenses. À notre naissance, notre première leçon nous a appris que pleurer permet d'être récompensé : nos parents nous ont nourris ou ont changé nos couches. Plus tard, nous avons pleuré pour qu'ils nous prennent dans leurs bras. En grandissant, nous avons eu droit à de bons desserts après avoir vidé nos assiettes. Si nous avons été gentils, le père Noël nous a apporté de nouveaux jouets. Plus tard, nos parents nous ont permis d'aller au cinéma lorsque notre chambre était bien rangée.

En effet, toute notre vie nous avons été récompensés pour des actions conformes à des attentes déterminées par nous-mêmes ou par autrui, et punis dans le cas contraire. De telles récompenses permettent d'avaler plus facilement la soupe au tapioca et de tondre le gazon. Remarquez que dans ces cas, la récompense suit de très près les actions. S'il avait fallu attendre une semaine pour le dessert, un mois pour aller au cinéma ou être gentil à partir de février pour avoir un cadeau de Noël, nous n'aurions certainement pas agi selon les attentes.

Trois facteurs conditionnent le comportement attendu :

• la nature de la récompense ;

• le temps qui s'écoule entre l'action et la récompense ;

• le degré de dépassement du comportement attendu.

Jusqu'à présent, nous avons essentiellement parlé des incitations directes qui encouragent l'humain à agir selon un comportement voulu. En voici deux autres :

• le renforcement négatif ;

• le renforcement positif.

Le renforcement négatif provoque une douleur mentale chez la personne qui n'agit pas selon le comportement voulu. Voici quelques exemples de renforcement négatif : forcer un enfant à rester à table pour qu'il vide son assiette alors qu'il souhaite jouer ; ne pas l'autoriser à regarder la télévision avant qu'il ait fini ses devoirs ; lui donner la fessée parce que sa chambre est en désordre. Un dirigeant pratique le renforcement négatif quand il reproche un rendement inacceptable à un employé. Souvent, les employés eux-mêmes s'infligent cette douleur mentale. Nos avons tous quitté une réunion en disant : « Qu'est-ce qui m'a pris de dire cela ? Où avais-je la tête ? » Des employés consciencieux vont se reprocher une erreur bien plus que ne le feraient leurs dirigeants.

Lorsqu'une personne est satisfaite de son comportement ou lorsque son entourage apprécie son comportement, elle ressent un renforcement positif. Bien que cette récompense soit immatérielle, son influence est généralement favorable et ne doit pas être négligée. Quelques exemples : nous accrochons un bulletin de bonnes notes sur la porte du réfrigérateur pour signaler le travail d'un enfant ; en classe, le professeur fait circuler un dessin particulièrement réussi.

Dans la mesure du possible, pratiquez simultanément ces deux types de stimulation. C'est ce que vous faites en accordant une promotion à un employé : vous le stimulez indirectement par la promotion et directement par une augmentation de salaire. Souvent, les dirigeants estiment que ces deux types de stimulation sont deux activités séparées. Le renforcement positif n'est qu'un des éléments du système de récompenses qui doit renforcer le comportement souhaité de l'ensemble du personnel. Selon Don Roux, un consultant en marketing et en ventes de Minneapolis, « ils (les systèmes de récompenses) encouragent le personnel à réaliser un travail ou à atteindre un objectif en offrant une récompense. En récompensant une performance souhaitée, elle se répétera ».

En 1989, Xerox a remporté le *Malcolm Baldrige Award*. Voici un extrait du communiqué de Xerox Business Products and Systems annonçant l'obtention de ce prix :

« Système de reconnaissance et de récompenses : il encourage le personnel de Xerox à adopter de nouvelles attitudes. Il récompense chaque employé et chaque équipe pour ses efforts d'amélioration de la qualité. Les récompenses peuvent varier d'un simple remerciement à une récompense en espèces. »

Cela illustre un point très important. Jusqu'à présent, il a été question de récompenser des personnes, ce qui est insuffisant. Dans l'environnement actuel, l'entreprise doit encourager les équipes à coopérer pour devenir la plus rentable, la plus efficace et la plus souple. Si nous ne récompensons que les personnes, nous transformons l'entreprise en un réservoir de vedettes dont le seul intérêt est de se distinguer. C'est pourquoi le système de récompenses doit s'adresser aux employés, mais également aux équipes.

La complexité de l'environnement et la diversité des employés actuels exigent l'implantation d'un système qui dispose d'un large éventail de récompenses, car un type unique de récompenses ne stimule pas nécessairement tous les employés. De plus, l'entreprise doit adapter ce système à sa propre culture. Un système de récompenses qui a fait ses preuves dans les années 70 est probablement inefficace aujourd'hui, car le caractère des entreprises a fortement changé depuis. L'arrivée des femmes et des minorités ethniques sur le marché du travail a considérablement modifié la structure de ces systèmes.

Le comportement humain a bien changé lui aussi. L'âge de la population masculine a augmenté. L'homme n'est plus le seul à subvenir aux besoins de la famille, ainsi l'aspect financier le motive moins que par le passé. Payer les heures supplémentaires à 150 % ne suffit plus pour le faire travailler le samedi. C'est pourquoi nous devons modifier nos systèmes de récompenses et les améliorer pour qu'ils puissent satisfaire aux besoins des entreprises actuelles et à leurs objectifs ambitieux.

Vince Lombardi a affirmé : « Gagner n'est pas tout, mais c'est la seule chose qui compte. » Si de nombreuses personnes sont de cet avis, d'autres se contentent de contribuer à la réussite d'autrui. Aux Jeux olympiques, la médaille d'or en ski de fond n'est décernée qu'à une seule personne, malgré les nombreux spectateurs placés sur le parcours qui ont aidé le vainqueur en lui donnant de l'eau et qui ont facilité sa victoire. Pour ces inconnus, et ils sont plus nombreux que les gagnants de médailles d'or, la récompense n'est très souvent que la reconnaissance de leur mérite. Chacun de nous souhaite être reconnu, nous avons besoin de la reconnaissance et nous la recherchons tous activement. Certaines études montrent que les individus accordent la plus haute importance à cette reconnaissance.

■ LES ÉLÉMENTS D'UN SYSTÈME DE RÉCOMPENSES DANS UNE ENTREPRISE

Un bon système de récompenses poursuit huit objectifs principaux :

1. Reconnaître les contributions inhabituelles des employés et leurs efforts en vue d'une amélioration.

2. Montrer l'intérêt de l'entreprise pour les performances exceptionnelles.

3. S'assurer du maximum de retombées par un processus de communication qui fait largement connaître le nom des employés récompensés.

4. Disposer d'un éventail complet de récompenses et stimuler la créativité des dirigeants à concevoir un système de récompenses original.

5. S'assurer que les cadres comprennent que la diversité des récompenses améliore l'impact du système de récompenses.

6. Augmenter la motivation du personnel en le récompensant de façon adéquate.

7. Favoriser le type de comportement souhaité par la direction.

8. S'assurer que les employés récompensés soient reconnus par leurs collègues.

Pourquoi la reconnaissance est-elle importante ? Voici la réponse de George Blomgren, président des psychologues d'entreprises : « La reconnaissance transforme les hommes en gagnants. Ils ressentent un fort besoin de reconnaissance, la plupart d'entre eux donneraient leur vie pour elle. »

■ LA STRUCTURE D'UN SYSTÈME DE RÉCOMPENSES

Dans ce chapitre, le terme « récompense » décrit tout ce qui est offert ou accordé en reconnaissance d'une contribution exceptionnelle et toute rémunération pour les efforts accomplis.

Il y a trois types de récompenses :

• Les rémunérations : le remboursement des dépenses pour services rendus ;

• Les prix : l'attribution d'un cadeau pour une contribution inhabituelle ou pour une qualité exemplaire ;

• La reconnaissance : l'appréciation d'un comportement particulier.

■ LA JUSTIFICATION DES RÉCOMPENSES

Après leur avoir donné leur paie et accordé une assurance-maladie, que devrait faire de plus une entreprise pour ses employés ? Une entreprise ne doit pas se contenter d'assurer la sécurité financière de ses employés. Les employés excellent lorsqu'ils se sentent heureux et satisfaits et lorsque l'entreprise apprécie leurs efforts. Un système de récompenses bien organisé peut accomplir des miracles dans ce domaine.

Les enquêtes ont montré que lorsque les employés sont récompensés par la direction quand leur performance est conforme aux attentes, ils travaillent mieux et donnent un meilleur service à la clientèle. Les meilleures entreprises, celles qui servent de référence lors des étalonnages concurrentiels, ont généralement des méthodes bien établies et bien rodées pour informer leurs employés qu'elles les considèrent comme importants. Dans les entreprises de calibre international, les employés qui dépassent les attentes dans leur travail passent pour des héros et deviennent des modèles pour toute l'entreprise. Il en résulte un service à la clientèle amélioré en permanence dans toute l'entreprise.

■ LES RÈGLES GÉNÉRALES POUR L'ATTRIBUTION DES RÉCOMPENSES

Vous devrez concevoir un processus de récompenses qui tient compte des points suivants :

- la culture de l'entreprise ;
- les schèmes de comportement souhaités ;
- les priorités des employés ;
- les délais entre les réalisations et les récompenses ;
- une mise en pratique facile.

Le processus de récompenses doit être compatible avec la culture et le caractère de l'entreprise. Une récompense qui convient à une entreprise donnée peut être totalement mal venue dans une autre.

Ce processus doit renforcer les schèmes de comportement souhaités ou doit en favoriser de nouveaux. C'est pourquoi vous devez définir ces schèmes en premier lieu. Réussir l'implantation de nouveaux schèmes est bien plus difficile que de renforcer ceux qui appartiennent déjà à la culture de l'entreprise. C'est pour cela qu'il faudra concevoir le processus de récompenses avec une attention particulière pour qu'il encourage les employés à adopter les nouveaux schèmes.

Pour être efficace, une récompense doit être attrayante. Ainsi, un système de récompenses qui prévoit des billets gratuits pour les remonte-pentes motivera plus efficacement l'employé qui aime skier. Si l'employé approche de la retraite, de tels billets ne présentent aucun intérêt : une amélioration de son régime de retraite l'encouragera davantage. Je donne énormément de conférences. Recevoir une plaque pour avoir présenté une communication m'ennuie plus que recevoir un prix ; par contre, j'apprécie fortement un stylo avec un porte-mine, car un tel cadeau m'est fortement utile dans mes activités.

Pour s'assurer de son efficacité, il est essentiel que le personnel participe à l'élaboration du système. À cet effet, vous sélectionnerez un groupe d'employés pour vous aider. Faites-leur connaître votre budget et ils vous indiqueront la meilleure manière de le dépenser.

D'autre part, ne perdez pas de temps à octroyer les récompenses. Pour encourager un employé à maintenir ses efforts, récompensez-le immédiatement après un comportement exemplaire. Ou mieux, récompensez-le au moment même d'un tel comportement (par exemple : «J'apprécie fortement que vous restiez plus tard pour attendre un client qui vient chercher sa commande. Invitez votre conjointe au restaurant en fin de semaine et apportez-moi la facture. »). Trop souvent, les dirigeants hésitent à reconnaître un bon comportement en espérant pouvoir donner plus tard une plus forte récompense. Dans ce cas, nous recommandons de donner immédiatement une récompense mineure et une autre plus importante par la suite. De cette manière, vous renforcez le comportement de l'employé d'autant plus qu'il se souviendra mieux de deux récompenses.

Autant que possible, évitez la bureaucratie dans votre système de récompenses. Donnez des directives générales à vos cadres et ne procédez aux justifications et aux vérifications que pour les plus hautes récompenses. Par exemple, n'accordez pas plus de trois récompenses mineures à un employé donné par an et limitez à 10 % le nombre d'employés pouvant recevoir les plus hautes récompenses. Assurez-vous de ne pas octroyer de récompenses à des employés qui se contentent de faire leur travail habituel.

Autorisez vos cadres à accorder les récompenses et remplissez les formulaires officiels plus tard. Pour les plus hautes récompenses, créez un comité chargé de vérifier si elles correspondent aux critères d'attribution établis. Donnez aux cadres une longue liste des récompenses qu'ils pourront accorder sans aucune formalité : repas pour deux, billets de théâtre et de cinéma, bons pour 50 $ de marchandises, etc.

■ LES DIFFÉRENTS TYPES DE RÉCOMPENSES

Un «merci !» n'a pas la même signification pour tous, et un système de récompenses doit en tenir compte. Certains préfèrent une somme d'argent ou une tape dans le dos, d'autres souhaitent être présentés à la haute direction ou se distinguer vis-à-vis de leurs collègues.

La Paul Revere Insurance Company a implanté le programme PEET (Program to Ensure that Everyone is Thanked : programme pour s'assurer de l'attribution des récompenses). Dans ce programme, chacun des 20 hauts dirigeants rencontre deux employés par semaine sur le lieu de leur travail pour les féliciter. Ces dirigeants reçoivent également chacun cinq jetons pour un repas gratuit à la cafétéria. Par mois, chacun doit désigner cinq employés qui ont dépassé les exigences de leur poste, puis rencontrer ces employés afin de leur remettre les jetons et de les remercier pour leurs contributions. Cela a forcé les dirigeants à mieux connaître le travail de leur personnel et à sortir de leurs bureaux pour profiter d'une expérience nouvelle. Tous les mois, ils doivent rendre compte de ces actions. Au tout début du programme, ils n'ont distribué qu'un faible pourcentage de leurs jetons. À partir du moment où on leur a fait remarquer qu'il n'était pas très honorable d'avoir moins de cinq employés qui dépassent les exigences de leur travail, la situation a changé. Recevoir un jeton devint rapidement un honneur et, en conséquence, les employés gardèrent un nombre élevé de jetons comme des trophées.

American Express met en œuvre un programme appelé *Great Performer Award Luncheon* (repas décerné à l'employé exemplaire). Voici quelques réalisations qui ont valu un tel repas à leurs auteurs :

- Un employé a fait sortir de prison un touriste français à Columbus, en Georgie ;

- Un autre avait apporté des couvertures et des sandwichs à des passagers coincés à l'aéroport Kennedy ;

- Un autre a permis à une mère japonaise qui ne parlait pas l'anglais de se rendre à Philadelphie lorsque son avion a dû atterrir à Boston. Il l'a conduite à la gare, lui a acheté le billet et lui a noté sur une feuille le chemin à suivre pour arriver à destination.

Faut-il autoriser les employés à agir de manière inhabituelle ? Bien sûr ! C'est la seule façon d'avoir des employés autonomes et de bâtir une entreprise de calibre international.

Il est facile de voir que le processus de récompenses n'est limité que par la créativité de vos employés et de ceux qui l'ont élaboré. Une étude de la *National Science Foundation* a remarqué que « la motivation est le secret pour avoir des employés satisfaits et productifs : il faut susciter et maintenir la volonté de travailler efficacement. La productivité n'est pas la conséquence de la contrainte, mais de l'engagement des employés ». Cette étude a également mentionné ceci : « Les principaux facteurs qui transforment les employés en travailleurs hautement motivés et satisfaits sont la reconnaissance d'un travail productif et sa récompense présentées sous une forme qu'ils peuvent apprécier, qu'elles soient pécuniaires ou morales. »

Pour vous aider à structurer votre système, classez les récompenses :

1. Gratifications pécuniaires

   a) salaire

   b) commission

   c) salaire à la pièce

   d) prime individuelle

   e) prime d'équipe

f) partage des profits

g) partage des objectifs

h) option d'achat d'actions

i) plan de souscriptions aux actions

j) avantages sociaux

2. Prix en espèces

a) prix décernés pour suggestions

b) prix décernés pour brevets

c) prix décernés pour contribution exceptionnelle

d) prix du meilleur employé (par exemple, meilleur représentant commercial, employé de l'année, etc.)

e) prix spéciaux (par exemple, prix du président)

3. Récompenses décernées aux équipes

4. Reconnaissance publique

5. Reconnaissance en privé

6. Récompenses décernées par les pairs

7. Récompenses décernées aux clients

8. Prix décernés aux entreprises

En général, les récompenses seront :

1. une somme d'argent

2. des produits

3. des plaques ou des trophées

4. un communiqué

5. une communication verbale

6. des privilèges particuliers

Un bon processus comportera toutes les récompenses précédentes, car chacune a ses avantages et ses inconvénients. La direction commet souvent l'erreur de motiver les employés de façon uniforme. Les employés n'ont pas les mêmes besoins, les récompenses les motivent donc différemment. Voici un classement général des besoins :

- l'argent
- le statut personnel
- la sécurité
- le respect

Voici maintenant leurs avantages et leurs inconvénients :

Les avantages de la récompense en argent
- Sa valeur ne fait pas de doute.
- Elle est facile à octroyer.
- Le gagnant en fait ce qu'il veut.

Les inconvénients de la récompense en argent
- Une fois dépensée, il n'en reste rien.
- Elle risque d'être considérée comme faisant partie du salaire de base si elle est octroyée trop souvent.
- Il est difficile de la présenter lors d'une cérémonie.
- La famille du lauréat n'en profite que rarement.

Les avantages de la récompense en produits
- Elle peut servir à la famille du lauréat.
- Elle a la valeur d'un trophée.
- Le lauréat peut les accumuler (par exemple, si ce sont des points, il peut les collectionner en vue d'un produit de plus grande valeur).
- Elle ne peut être considérée comme un salaire.

Les inconvénients de la récompense en produits

- Les services administratifs y consacrent du temps.

- Elle exige de maintenir un stock de produits.

- Les produits peuvent ne pas plaire au lauréat.

Les avantages des plaques et des trophées

- Ils sont directement reliés à la réalisation.

- Ils durent une éternité et ne se dégradent pas.

- Ils s'adaptent facilement au lauréat (son nom peut y être gravé).

Les inconvénients des plaques et des trophées

- Le lauréat peut ne pas les apprécier.

- Ils n'ont généralement aucune utilité.

- Généralement, la famille y est indifférente.

Les avantages des communiqués

- Ils peuvent être très détaillés.

- Ils sont diffusés partout.

- Ils ne coûtent pas cher.

- Ils restent connus longtemps.

Les inconvénients des communiqués écrits

- Ils n'ont pas de valeur réelle.

- Ils peuvent nuire au travail d'équipe et faire naître la jalousie.

- Le lauréat peut gonfler exagérément une contribution ponctuelle par rapport à l'ensemble de ses réalisations.

Les avantages de la communication verbale

- Elle est très personnelle.

- Elle peut être faite sur-le-champ.

- C'est la récompense la moins chère.

Les inconvénients de la communication verbale

- Elle ne possède aucun aspect tangible.

- Elle peut passer inaperçue.

- Elle risque d'être mal interprétée.

Les avantages des privilèges particuliers

(Exemples : assister à un congrès, voyage d'affaires, journées de congés supplémentaires, nouvel équipement)

- Le lauréat peut participer au choix de sa récompense.

- Des privilèges peuvent satisfaire un besoin particulier.

- Ils peuvent contribuer à la réalisation des objectifs de l'entreprise.

- Les employés les tiennent en haute estime.

Les inconvénients des privilèges particuliers

- Ils peuvent susciter la jalousie.

- Ils peuvent influencer le fonctionnement de l'entreprise si le lauréat est absent.

- Ils peuvent coûter cher.

Un système efficace comportera ces différentes formes de récompenses ; vous pourrez ainsi tirer profit des avantages des uns et éviter les inconvénients des autres. Par exemple, vous pourrez distinguer une réalisation particulière en présentant à la fois un chèque et une plaque au lauréat.

■ LES GRATIFICATIONS PÉCUNIAIRES

La majorité des gourous et des consultants n'apprécient pas les gratifications pécuniaires à leur juste valeur. Dans la revue *Psychology*, le professeur Frédérick Herzberg a écrit : « L'argent n'est pas un élément motivant important, sauf si l'entreprise affame ses employés au point qu'ils aient besoin d'argent supplémentaire pour se nourrir. L'attrait de l'argent fait travailler l'homme, mais ne le motivera pas. »

Nous partageons l'avis d'experts comme L. Porter et E. Lawler qui affirment que l'argent sert à autre chose qu'à procurer de la nourriture et un toit. L'homme y voit sa valeur personnelle, car il juge directement la valeur que l'entreprise accorde à ses efforts par le salaire que celle-ci lui verse. Il y a deux montants dans les gratifications financières : celui qui permet d'assurer les besoins familiaux, tels que la nourriture, le gîte, l'habillement et les soins médicaux (les besoins de subsistance, selon Herzberg), et celui qui assure le statut social, les loisirs, la fierté et le pouvoir. La valeur de l'argent pour survivre est indéniable, mais il est tout aussi important de récompenser une personne pour ses efforts.

Les deux valeurs extrêmes de la récompense en espèces sont illustrées dans les deux exemples suivants : 1. La personne qui reçoit chaque mois son chèque de l'assistance sociale et qui à aucun moment n'essaie de gagner davantage ; 2. Le vice-président qui consacre toute sa vie à l'argent et à la puissance. La première personne n'apporte aucune valeur ajoutée à la société, la deuxième travaille entre 60 et 70 heures par semaine alors que les 2 ou 3 premières heures suffiraient à subvenir à ses besoins essentiels.

Il faut se souvenir que l'argent peut apporter plus que la nourriture, le toit et quelques biens. Il peut apporter puissance, respect et confiance en soi. N'en déduisez pas que l'argent peut compenser des déficiences personnelles, par contre son absence peut empêcher l'homme de se réaliser pleinement.

Certains membres du service des ressources humaines pensent toujours que les gratifications financières ne motivent pas le personnel. Je leur pose alors la question : « Comment expliquez-vous que les pdg de 438 entreprises sur les 500 qui figurent au palmarès de *Fortune* touchent des gratifications qui varient en fonction de la performance de leur entreprise ? ». Il est évident que ces pdg ont moins besoin de cet argent que le débardeur qui travaille sur le quai de réception pour payer les traites de son réfrigérateur. Si l'argent motive le pdg, il motive également ses employés. Lorsqu'il discute du problème des gratifications, Brian King, président de Delta Business Systems, prétend ceci : « Remarquer qu'un rameur fait avancer rapidement son canot, c'est lui donner une incitation à ramer plus vite. »

■ LES PRIX EN ESPÈCES

Le terme *prix* indique que la récompense décernée à un employé ou à une équipe qui a apporté une contribution exceptionnelle aux objectifs de l'entreprise est *unique*. Les prix en espèces sont des gratifications payées immédiatement après une réalisation inhabituelle qui dépasse de loin les attentes. Un employé peut également recevoir un tel prix pour une contribution exceptionnelle à long terme ou pour un leadership exemplaire. Le prix doit être unique ; la direction et le personnel devront traiter les lauréats comme des employés exceptionnels. Le montant du prix sera fonction de l'importance de la réalisation. Vous classerez les prix en espèces en quatre catégories :

• Les prix pour l'émission de suggestions

• Les prix pour l'octroi de brevets

• Les prix pour les contributions à l'entreprise

• Les prix spéciaux et les prix du meilleur employé

■ LES RÉCOMPENSES DE GROUPE

Les groupes de résolution de problèmes constituent un élément essentiel du processus d'amélioration. Il serait alors mal venu d'exclure ces groupes du processus de récompenses. Très souvent, les récompenses se réduisent à une rencontre avec la haute direction, à une plaque ou à une tape dans le dos. Ne commettez pas l'erreur de vous limiter uniquement à de telles récompenses. Certaines entreprises établissent des critères précis pour reconnaître les équipes qui ont apporté des contributions exceptionnelles. Les équipes qui souhaitent présenter leur candidature à un prix décrivent par écrit leurs réalisations et les résultats obtenus. Leurs documents sont transmis à un comité de récompenses des groupes qui les analyse en vue de choisir les gagnants. Les groupes gagnants présentent alors leur travail à la haute direction et lors d'une cérémonie de remise des prix. Très souvent, les entreprises enregistrent ces présentations et les diffusent par leurs moyens de communication.

Le Japon organise des réunions régionales dans tout le pays pour désigner les meilleurs cercles de qualité. Par la suite, lors d'une réunion nationale, ces équipes régionales se disputent le titre du meilleur cercle de qualité de l'année. Dans ce concours, les équipes mettent davantage en relief l'utilisation des méthodologies de l'amélioration que les gains réalisés. Ce concours permet la participation de n'importe quelle équipe, indépendamment de ses possibilités de contribution à son entreprise. Aux États-Unis, l'*Association for Quality and Participation* tient des éliminatoires semblables et présente un prix annuel à la meilleure équipe.

Lorsque cela est possible, vous laisserez aux équipes le choix de leur récompense en leur demandant de respecter le budget. Voici ce qu'en dit Linda Goldzimmer, consultante de New York et auteure du livre *I'm First : Your Customer's Message to You* (Je suis le plus important : un message de votre client) : « Un système bien étudié de récompenses tient compte des souhaits différents. Si l'équipe réalise X dollars et si X vaut 1 000 $ pour chaque membre de l'équipe, chaque membre doit pouvoir choisir la nature de sa récompense. Le programme doit être réalisable administrativement, mais les membres de l'équipe travailleront mieux s'ils peuvent choisir leur récompense. »

C'est pourquoi il est très courant de rencontrer les récompenses suivantes destinées aux groupes : produits d'un catalogue, voyages, jours de congé, repas, plaques ou actions en bourse. Les produits de catalogues sont très courants dans de nombreuses entreprises. La majorité des consultants recommandent de ne pas accorder de récompenses en espèces aux groupes. Nous ne sommes pas de cet avis. Les sommes d'argent permettent aux employés de choisir eux-mêmes leur récompense et n'empêchent pas la reconnaissance publique des lauréats. Il est essentiel que vous fassiez une nette différence entre les gratifications normales et les prix en espèces. Les prix en espèces ne sont qu'un type de prix parmi ceux que vous inclurez dans votre processus de récompenses.

Décerner des récompenses à un groupe est un excellent moyen de développer son esprit d'équipe. Les récompenses sont d'excellentes incitations à la coopération à l'intérieur d'un groupe et font naître un sentiment d'interdépendance entre les différents membres.

■ LA RECONNAISSANCE PERSONNELLE PUBLIQUE

De nombreux experts estiment que les concours pour les prix sont nuisibles à la consolidation des équipes. En pratique, c'est faux. La concurrence entre les groupes, ou entre les entreprises, favorise l'amélioration et l'esprit compétitif et, à long terme, profite à tout le monde. Pour s'en convaincre, il suffit de remarquer que les efforts d'un athlète aux Jeux olympiques ne nuisent en rien à ceux de ses concurrents. Nous sommes persuadés que courir le mille en moins de quatre minutes n'aurait jamais été possible si les records successifs n'avaient pas été enregistrés pour encourager les coureurs à les battre. Un vieux dicton dit : la différence entre gagner et jouer pour ne pas perdre est identique à la différence entre la réussite et la médiocrité.

Napoléon excellait dans l'art de la reconnaissance. Il savait utiliser de petits morceaux de métal ornés de rubans pour motiver ses soldats à sacrifier leur vie. Dans le monde entier, toutes les organisations militaires connaissent l'importance de la reconnaissance personnelle publique pour motiver et récompenser leurs soldats pour un comportement exceptionnel.

Dans *In Search of Excellence,* de Tom Peters et Robert Waterman Jr, on peut lire : « Nous conservons précieusement nos médailles de boy-scout, quelques trophées couverts de poussière et quelques médailles obtenues lors de petits concours de ski il y a des dizaines d'années. Rien ne vaut un petit encouragement. Tout le monde en a besoin. » La reconnaissance personnelle publique, accompagnée d'un trophée, d'une médaille, d'une somme d'argent ou de produits, favorise le comportement souhaité non seulement des lauréats, mais aussi des employés qui sont témoins de cette reconnaissance.

À la Stacoswitch Corporation, à Costa Mesa, en Californie, tous les agents de maîtrise portent des badges avec la mention : « Nous travaillons correctement ou alors nous arrêtons de travailler. » Les agents de maîtrise dont les équipes ont le taux de rejet le plus bas ont le droit de coller des étoiles d'or sur leur badge. Dans ses bureaux dans tout le pays, National Car Rental affiche des plaques portant le nom des employés dont le travail a été exceptionnel. Les grandes chaînes d'hôtel pratiquent le même type de reconnaissance. Les joueurs de football américain mettent des étoiles sur leurs casques pour chaque match qu'ils réussissent particulièrement bien. Dans les écoles secondaires, les athlètes reçoivent un chandail chaque fois qu'ils sont admis dans l'équipe de leur établissement.

L'impact de la reconnaissance sur l'employé est un élément essentiel. La reconnaissance personnelle publique a tendance à imposer en continu à l'employé un niveau de travail exceptionnel. Une employée qui a le meilleur emplacement pour stationner sa voiture orné d'une pancarte annonçant : « Réservé pour Mary Brown, employée du mois » travaille fort pour maintenir sa réputation et rester en continu un modèle pour tous ses collègues.

LensCrafters se sert astucieusement de la reconnaissance personnelle. Cette entreprise tient annuellement, à l'échelle régionale, des Championnats de laboratoire au cours desquels les techniciens rivalisent d'adresse pour gagner un voyage à Hawaï où se tiennent les éliminatoires à l'échelle corporative. Ils concourent pour gagner de nombreuses récompenses en espèces et autres, des médailles d'or, d'argent et de bronze, tout en festoyant comme des rois. Les gagnants reçoivent des bagues serties de diamants que leur décerne le président.

■ LA RECONNAISSANCE PERSONNELLE PRIVÉE

Dire seulement : « Vous avez fait un bon travail en rédigeant ce rapport » procure un sentiment de fierté à la majorité des employés. En apparence, ils seront embarrassés et même contrariés, mais au plus profond d'eux-mêmes cela les stimule à faire encore mieux la fois suivante. Les félicitations sont contagieuses : plus vous en recevez, plus elles vous incitent à travailler davantage. Voici ce qu'en dit Charles Schwab, fondateur de la firme de courtage Charles Schwab & Co. Inc. : « Je n'ai pas encore trouvé un employé qui soit moins motivé à mieux travailler sous le coup d'un encouragement que sous le coup d'une critique. »

Nous apprenons à nos cadres comment se comporter envers les employés qui travaillent mal, mais non comment dire « merci » ! Ils savent aborder les problèmes et critiquer dans les situations difficiles, alors que les félicitations changent plus rapidement un mauvais comportement que les critiques. Un employé réagit à une critique, car il n'a pas le choix. Lorsque vous félicitez quelqu'un, il essayera de s'améliorer, car c'est ce qu'il souhaite. Si un employé vous cause des problèmes par son comportement, recherchez le moment où son travail est acceptable et félicitez-le avec des mots comme : « Voilà qui est bien ! » Toute personne souhaite faire un bon travail et se sentir indispensable. Dans le volume D/N° 2A de *Bits and Pieces*, on trouve la phrase suivante : « Tout ce qui est rare est précieux : une félicitation, par exemple ! » Une machine fonctionne bien mieux lorsqu'elle est huilée et entretenue régulièrement. Il en va de même pour les hommes.

De toutes les activités de reconnaissance, celle de la reconnaissance personnelle devrait êtré la plus courante. Pour les autres types de reconnaissance, nous avons recommandé de n'attribuer les récompenses qu'aux travailleurs exceptionnels. Cette recommandation n'est plus valable pour la reconnaissance personnelle privée : il faut récompenser fréquemment tout employé. Quotidiennement, les cadres doivent diversifier leurs façons de remercier tout leur personnel.

À un degré plus ou plus ou moins important, nous devons tous effectuer des travaux peu intéressants. Malheureusement, de tels travaux sont indispensables à la bonne marche des affaires. Mais ces travaux deviennent supportables lorsqu'un dirigeant reconnaît leur existence et qu'il remercie ses employés de les effectuer. Très souvent, il ne sait exprimer avec sincérité sa reconnaissance pour un travail bien fait. Ce sont pourtant ces petites tapes dans le dos qui nous font tous progresser. Sans ces encouragements, nous avons tendance à ralentir nos efforts et à hésiter dans nos décisions. Les rétroactions favorables permettent aux employés d'établir leurs priorités et de s'assurer qu'ils sont sur la bonne voie.

Nous avons remarqué que les dirigeants qui assurent sans arrêt des rétroactions favorables sont tout simplement ceux qui ont la chance d'avoir les meilleurs ouvriers.

Les services de ces dirigeants respectent toujours les délais, semblent travailler sans effort et, lorsqu'un problème se présente dans l'entreprise, ils sont toujours les premiers à se manifester pour le résoudre. Leur taux d'absentéisme est bas ; leur rendement et leur engagement sont élevés.

Mais ce qui compte encore davantage, c'est la sincérité du dirigeant, qui doit venir droit du cœur. Un employé sait reconnaître rapidement des propos non sincères. Selon Leo Buscaglia, « trop souvent, nous sous-estimons l'importance d'une tape dans le dos, d'un sourire, d'un mot aimable, d'une oreille attentive, d'un compliment sincère ou d'un tout petit geste prouvant notre préoccupation : ils peuvent changer radicalement une vie ».

■ LES RÉCOMPENSES DÉCERNÉES PAR LES PAIRS

Une reconnaissance sincère manifestée par ses pairs est l'une des plus hautes récompenses pour un travail bien fait. Le plus souvent, ce sont les associations professionnelles qui pratiquent ce type de reconnaissance : leurs membres élisent le plus méritant d'entre eux et le récompensent lors d'un banquet. Dans de nombreuses entreprises, ce type de récompense devient un important élément de motivation. Les lauréats sont élus par les employés et non par la direction.

Le plus souvent, la direction fixe les règles générales et établit le budget des récompenses par les pairs. Des délégués du personnel définissent les réalisations dignes d'être récompensées et les formalités d'attribution. En laissant ses employés libres de choisir les récompenses, la direction a d'agréables surprises en constatant le degré de créativité qui préside à l'utilisation de budgets restreints. Nous avons remarqué que très souvent les employés planifient une manifestation amusante et que celle-ci touche profondément les lauréats. En général, lorsque la direction organise une cérémonie, l'attribution des récompenses ne dépasse pas le stade de la cérémonie. Lorsque les employés se chargent de l'organisation, la cérémonie se transforme en fête et les récompenses viennent du cœur et non du porte-monnaie.

■ LES RÉCOMPENSES DÉCERNÉES AUX CLIENTS

Très souvent, le client externe est le grand oublié lors de l'élaboration du système de récompenses. C'est pourtant grâce à lui que nous avons un emploi. Ne devrions-nous pas l'en remercier ? Souvenez-vous : il en coûte 10 fois plus de trouver un nouveau client que d'en conserver un seul. Toute entreprise devrait donc partager cette économie avec ses clients fidèles.

Les premiers programmes visant à récompenser les clients datent des années 30 : les stations d'essence et les cinémas offraient des assiettes aux clients fidèles. Dans les années 60 et 70, les supermarchés distribuaient des timbres que les clients pouvaient échanger contre des marchandises. De nos jours, les cartes de crédit, les compagnies aériennes, les entreprises de location d'automobiles et les hôtels récompensent les clients qui utilisent fréquemment leurs services en leur offrant des voyages ou des produits gratuits. General Motors réduit le prix de ses voitures en fonction de l'utilisation de sa carte de crédit. Toutes les entreprises devraient généraliser cette pratique et récompenser les clients pour leur fidélité.

■ LES PRIX DÉCERNÉS AUX ENTREPRISES

Un objectif essentiel de la majeure partie des processus d'amélioration est de faire comprendre aux employés qu'il est important de faire confiance à l'entreprise et d'en être fier. Malheureusement, depuis 40 ans dans le monde occidental, les employés font de moins en moins confiance à leur entreprise.

Nous devons retrouver cette fierté envers nos entreprises. Lorsqu'elle existe, cette fierté se retrouve dans les réalisations des employés qui veillent à ne pas ternir la réputation de leur entreprise. Fierté et dévouement de leur personnel sont les principaux avantages que possèdent les entreprises japonaises sur les entreprises occidentales.

Se faire reconnaître par ses pairs est un excellent moyen pour les entreprises de faire renaître cette fierté. À cet effet, des associations professionnelles ont créé un certain nombre de prix, ces prix servant également à établir des références pour l'étalonnage concurrentiel. Actuellement dans le monde entier, de nombreux prix récompensent l'excellence des meilleures entreprises :

- le prix Deming au Japon
- le *Japan Quality Control Price* au Japon
- le *Malcolm Baldrige National Quality Award* aux États-Unis
- le *Shingo Price* aux États-Unis
- le *NASA Award* aux États-Unis
- le *President Award* (du gouvernement fédéral) aux États-Unis
- le *European Quality Award* en Europe
- le *Australian Quality Award* en Australie
- le *Best Hardware Laboratory* chez IBM

■ L'IMPLANTATION DU SYSTÈME DE RÉCOMPENSES

Pour élaborer un système de récompenses efficace, vous devrez tenir compte de nombreux facteurs. Les points suivants vous permettront d'éviter certaines erreurs courantes :

1. *Le fonds des récompenses.* L'entreprise devra créer un fonds spécial pour les récompenses. Le coût des récompenses devra respecter le budget de ce fonds.

2. *Le groupe de travail des récompenses.* Ce groupe élaborera le système de récompenses et le réactualisera en fonction des besoins.

3. *La liste des récompenses.* Le groupe de travail des récompenses dressera la liste de toutes les récompenses, avec cérémonies de remise ou non.

4. *La liste des comportements souhaités.* Le groupe précédent établira cette liste.

5. *L'examen du système de récompenses.* L'entreprise s'assurera que l'ensemble de son système de récompenses est compatible avec sa culture et sa vision présentes et futures.

6. *L'examen des comportements souhaités.* Pour favoriser chaque comportement, l'entreprise définira une ou plusieurs catégories de récompenses. Elle prévoira au moins deux types différents de récompenses par comportement.

7. *Le guide des récompenses.* Après avoir conçu son système de récompenses, l'entreprise rédigera un guide. Ce guide décrira le but recherché par chaque catégorie de récompenses ainsi que les procédures d'attribution. Ce guide aidera les cadres et les employés à comprendre le système et à uniformiser les récompenses dans toute l'entreprise.

8. *La formation des cadres.* Généralement, les cadres ne reçoivent aucune formation relative à la gestion des processus de récompenses. Il en résulte qu'ils s'en servent mal ou très peu souvent.

En concevant un processus de récompenses, gardez à l'esprit les points suivants :

- le processus doit toujours favoriser un comportement donné ;
- récompensez un service inhabituel rendu à un client ;
- faites bien connaître la raison de l'attribution des récompenses ;
- créez un système de points qui permet de récompenser une équipe ou un employé pour de petites ou de grandes réalisations. L'employé doit pouvoir collectionner les points pour obtenir de plus grandes récompenses ;

- créez un processus qui permette de décerner la plus petite récompense à au moins la moitié du personnel chaque année ;

- créez un processus qui permette aux cadres de donner libre cours à leur créativité et de mettre à profit leur connaissance de l'employé à récompenser ;

- assurez-vous que toute personne peut reconnaître le mérite d'un collègue ;

- définissez un mécanisme d'attribution rapide.

Dans l'un de ses articles intitulé *Reinforcing Quality*, Shelly Sweet (consultante en qualité de Palo Alto, en Californie) donne la liste de sept pièges à éviter :

1. Des procédures complexes : leurs frais administratifs sont élevés ;

2. Des cadres intermédiaires ou supérieurs qui ne soutiennent pas le processus de façon continue ;

3. Des récompenses attribuées de manière non uniforme ;

4. Des comportements inattendus ;

5. L'impression chez les employés que ce sont toujours les mêmes qui sont récompensés ;

6. Une diminution de l'intérêt porté au processus ;

7. Une compression du budget des récompenses pour réduire les coûts de l'entreprise.

■ EN RÉSUMÉ

Nous avons placé les récompenses dans le dernier élément constitutif du processus de la gestion de l'amélioration totale (GAT) parce qu'elles renforcent toute la pyramide, et non parce que cet élément est le moins important. C'est le « ciment » qui soude tous les autres éléments constitutifs. Cet élément est le joyau qui couronne la pyramide de l'amélioration. L'absence d'un processus de récompenses n'empêche pas les employés de penser qu'ils font un bon travail. Par contre, sa présence les convainc que les changements qu'ils effectuent respectent les attentes de l'entreprise.

Voyons maintenant comment les différents types d'entreprises abordent le processus de récompenses.

La planification du processus de récompenses

- *Entreprises perdantes :* le processus naît par suite de circonstances particulières et est conçu par la direction.

- *Entreprises survivantes :* le processus est bien défini et bien contrôlé.

- *Entreprises gagnantes :* elles conçoivent le processus pour encourager les comportements souhaités et pour faciliter l'implantation de leur plan d'affaires.

La formation des cadres au processus de récompenses

- *Entreprises perdantes :* elles ne pratiquent aucune formation, car elles estiment que leurs cadres savent utiliser le processus.

- *Entreprises survivantes :* elles effectuent cette formation comme toutes les autres formations.

- *Entreprises gagnantes :* elles consacrent un cours particulier à cette formation. Ce cours insiste sur les rôles que les cadres doivent jouer et tous les cadres le suivent.

L'utilisation des récompenses

- *Entreprises perdantes :* elles n'accordent les récompenses qu'après vérification complète des mérites.

- *Entreprises survivantes :* elles accordent les mêmes récompenses à tous les employés.

- *Entreprises gagnantes :* la direction recherche continuellement de nouveaux moyens de récompenser ses employés. Ces entreprises considèrent que le processus de récompenses est un outil de gestion important qui ne sera jamais trop utilisé lorsque les mérites sont justifiés. Leurs employés obtiennent de meilleurs résultats, car ces entreprises les récompensent davantage. Leurs employés sont persuadés qu'elles se préoccupent de leur travail et de leur manière de travailler.

Une brève conclusion est notre récompense pour avoir lu ce livre jusqu'à la fin. Merci de nous avoir permis de partager nos idées avec vous.

(Vous trouverez d'autres informations concernant les récompenses dans le livre *Objectif qualité totale* publié aux Éditions Transcontinental et dans le rapport technique TR 93.016, d'Ernst & Young)

AUTRES TITRES PARUS
AUX ÉDITIONS TRANSCONTINENTAL

Collection Succès sans frontières

Le pouvoir mental illimité
Ibrahim Elfiky

16,95 $
112 pages, 1997

Les 10 clés de la réussite
Ibrahim Elfiky

16,95 $
112 pages, 1997

Collection Ressources humaines
(sous la direction de Jacques Lalanne)

Adieu patron! Bonjour coach!
Dennis C. Kinlaw

24,95 $
200 pages, 1997

Collection principale

Top vendeur
Ibrahim Elfiky

27,95 $
260 pages, 1997

**Comprendre et mesurer
la capacité de changement des organisations**
Taïeb Hafsi et Christiane Demers

36,95 $
328 pages, 1997

DMR : la fin d'un rêve
Serge Meilleur

27,95 $
308 pages, 1997

L'entreprise et ses salariés
Desjardins Ducharme Stein Monast

44,95 $
408 pages, 1996

Comment réduire vos impôts (9ᵉ édition)
Samson Bélair/Deloitte & Touche

16,95 $
276 pages, 1996

Rebondir après une rupture de carrière
Georges Vigny

29,95 $
300 pages, 1996

La stratégie des organisations
Une synthèse
Taïeb Hafsi, Jean-Marie Toulouse et leurs collaborateurs

39,95 $
630 pages, 1996

La création de produits stratégiques
Une approche gagnante qui vous distinguera de la concurrence
Charles Handy

24,95 $
240 pages, 1996

Le Québec économique
Panorama de l'actualité dans le monde des affaires   27,95 $
Jean-François Garneau et Richard Déry   420 pages, 1996

L'âge de déraison
Un impératif pour l'entreprise   39,95 $
Charles Handy   240 pages, 1996

Croître
Un impératif pour l'entreprise   39,95 $
Dwight Gertz et João Baptista   210 pages, 1996

Du mécanique au vivant
L'entreprise en transformation   49,95 $
Francis Gouillart et James Kelly   280 pages, 1996

Top manager
12 réalités incontournables pour une gestion supérieure   34,95 $
Ibrahim Elfiky   328 pages, 1996

Ouvrez vite !
Faites la bonne offre, au bon client, au bon moment   29,95 $
Alain Samson   258 pages, 1996

Évaluez la gestion de la qualité dans votre entreprise (logiciel) 119,95 $
Howard Heuser   1996

La conquête du travail   39,95 $
William Bridges   295 pages, 1995

Le choc des structures
L'organisation transformée   26,95 $
Pierre Beaudoin   194 pages, 1995

L'offre irrésistible
Faites du marketing direct l'outil de votre succès   26,95 $
Georges Vigny   176 pages, 1995

Le temps des paradoxes   39,95 $
Charles Handy   271 pages, 1995

L'état des affaires   27,95 $
Richard Déry et Jean-François Garneau   352 pages, 1995

La guerre contre Meubli-Mart   24,95 $
Alain Samson   256 pages, 1995

La fiscalité de l'entreprise agricole
Samson Bélair/Deloitte & Touche

19,95 $
224 pages, 1995

100 % tonus
Pour une organisation mobilisée
Pierre-Marc Meunier

19,95 $
192 pages, 1995

9-1-1 CA$H
Une aventure financière dont vous êtes le héros
Alain Samson

24,95 $
256 pages, 1995

**Redéfinir la fonction finance-contrôle
en vue du XXIe siècle**
Hugues Boisvert, Marie-Andrée Caron

24,95 $
188 pages, 1995

Le guide des franchises et du partenariat au Québec (3e édition)
Institut national sur le franchisage et le partenariat

36,95 $
464 pages, 1995

Planifier sa retraite pour mieux en profiter
Samson Bélair/Deloitte & Touche, Danielle Brien
et Bruce McCarley

19,95 $
336 pages, 1995

La stratégie du président
Alain Samson

24,95 $
256 pages, 1995

Les fonds mutuels (2e édition)
Nicole Lacombe et Linda Patterson

14,95 $
160 pages, 1994

Motiver et mobiliser ses employés
Richard Pépin

29,95 $
320 pages, 1994

**La réingénierie des processus d'affaires dans
les organisations canadiennes**
François Bergeron et Jean Falardeau

24,95 $
104 pages, 1994

Survoltez votre entreprise !
Alain Samson

19,95 $
224 pages, 1994

La réingénierie des processus administratifs
H. James Harrington

44,95 $
406 pages, 1994

La nouvelle Économie
Nuala Beck

24,95 $
240 pages, 1994

Processus P.O.M.
Une analyse du rendement continu de l'équipement
Roger Lafleur

34,95 $
180 pages, 1994

La certification des fournisseurs
Maass, Brown et Bossert

39,95 $
244 pages, 1994

Un plan d'affaires gagnant (3e édition)
Paul Dell'Aniello

27,95 $
208 pages, 1994

1001 trucs publicitaires (2e édition)
Luc Dupont

36,95 $
292 pages, 1993

Maître de son temps
Marcel Côté

24,95 $
176 pages, 1993

Jazz leadership
Max DePree

24,95 $
244 pages, 1993

Objectif qualité totale
Un processus d'amélioration continue
H. James Harrington

34,95 $
326 pages, 1992

Comment faire sa publicité soi-même (3e édition)
Claude Cossette

24,95 $
184 pages, 1989

COLLECTION ENTREPRENDRE

Des marchés à conquérir
Guatemala, Salvador, Costa Rica, Panama
Pierre-R. Turcotte

44,95 $
364 pages, 1997

La gestion participative
Mobilisez vos employés
Gérard Perron

24,95 $
208 pages, 1997

Comment rédiger son plan d'affaires
À l'aide d'un exemple de projet d'entreprise
André Belley, Louis Dussault et Sylvie Laferté

24,95 $
200 pages, 1996

J'ouvre mon commerce de détail
24 activités destinées à mettre toutes les chances de votre côté
Alain Samson

29,95 $
240 pages, 1996

Devenez entrepreneur (version sur cédérom)
Plan d'affaires
Alain Samson, en collaboration avec Paul Dell'Aniello

59,95 $
1996

Devenez entrepreneur (version sur disquettes)
Plan d'affaires
Alain Samson

34,95 $
3 disquettes, 1996

Communiquez ! Négociez ! Vendez !
Votre succès en dépend
Alain Samson

24,95 $
276 pages, 1996

La PME dans tous ses états
Gérer les crises de l'entreprise
Monique Dubuc et Pierre Levasseur

21,95 $
156 pages, 1996

La formation en entreprise
Un gage de performance
André Chamberland

21,95 $
152 pages, 1995

Profession : vendeur
Vendez plus... et mieux !
Jacques Lalande

19,95 $
140 pages, 1995

Des occasions d'affaires
101 idées pour entreprendre
Jean-Pierre Bégin et Danielle L'Heureux

19,95 $
184 pages, 1995

Comment gérer son fonds de roulement
Pour maximiser sa rentabilité
Régis Fortin

24,95 $
186 pages, 1995

Des marchés à conquérir
Chine, Hong Kong, Taiwan et Singapour
Pierre R. Turcotte

29,95 $
300 pages, 1995

De l'idée à l'entreprise
La République du thé
Mel Ziegler, Patricia Ziegler et Bill Rosenzweig

29,95 $
364 pages, 1995

Donnez du PEP à vos réunions
Pour une équipe performante
Rémy Gagné et Jean-Louis Langevin

19,95 $
128 pages, 1995

Marketing gagnant
Pour petit budget
Marc Chiasson

24,95 $
192 pages, 1995

Faites sonner la caisse !!!
Trucs et techniques pour la vente au détail
Alain Samson

24,95 $
216 pages, 1995

En affaires à la maison
Le patron, c'est vous !
Yvan Dubuc et Brigitte Van Coillie-Tremblay

26,95 $
344 pages, 1994

Le marketing et la PME
L'option gagnante
Serge Carrier

29,95 $
346 pages, 1994

Votre PME et le droit (2e édition)
Enr. ou inc., raison sociale, marque de commerce...
et le nouveau Code Civil
Michel A. Solis

19,95 $
136 pages, 1994

Profession : entrepreneur
Avez-vous le profil de l'emploi ?
Yvon Gasse et Aline D'Amours

19,95 $
140 pages, 1993

La passion du client
Viser l'excellence du service
Yvan Dubuc

19,95 $
210 pages, 1993

Devenez entrepreneur (2e édition)
Pour un Québec plus entrepreneurial
Paul-A. Fortin

27,95 $
360 pages, 1992

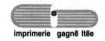

imprimerie gagné ltée

IMPRIMÉ AU CANADA

DATE DE RETOUR L.-Brault